시루섬, 그날
1972년 8월 19일 시루섬의 24시간

시루섬, 그날

김문근

이 책은 22명의
소중한 증언을 토대로 이루어졌다.
증언해주신 한 순간의 기억 조각이라도
놓치지 않으려고 애를 썼다.
아픈 기억을 꺼내주신 분들께 감사드린다.

샛골섬의 주요 지명

시루섬

시루섬은 1985년 충주댐 건설로 대부분이 수몰되어 지금은 무인도이다. 예전 모습을 볼 수 없기 때문에 그날의 절박함과 그날의 기적을 상상하는데 한계가 있다. 그래서 그날 사건에 대한 이해를 돕기 위해 시루섬의 주요 지명을 지도로 만들어 보았다.

❶ 본강 시루섬과 에두러 철길 사이를 연중 관통하는 남한강의 본류를 이루는 큰 강. 바위가 많고 수심이 깊었음

❷ 샛강 시루섬과 국도 사이를 흐르는 작은 강. 평상시에도 진펄끼엔 장마가 져서 물이 불어나면 강물이 흐름. 모래가 많고 수심이 얕았음. 평소 시루섬 사람들이 밖으로 드나들던 곳

❸ 윗송정 시루섬 물뎅기 바로 위쪽 소나무가 많았던 곳. 50~100년 된 아름드리 소나무가 40~50그루 정도 있었음. 행정적으로는 2반에 해당. 약 26가구 거주

❹ 아랫송정 시루섬 검영한 남 섬 앞쪽의 그날이 기적을 상상하는데 한계가 있다. 117가구 정도 거주

❺ 구두 여울 모양이 마치 군화나 구두 같이 생겼다고 해서 구두 여울이라고 불림

❻ 두명소 시루섬 앞 본강 한복판에 있는 깊은 곳. 물을 많이 담아두고 쓰는 큰 가마니 이름. 독을 지칭하는 두명과 비슷해서 붙여진 이름

❼ 빨래터 마을 사람들이 빨래를 하던 곳. 모두 세 군데

❽ 원대이 시루섬 본강 건너 적성면 에두러에 있는 자연부락. 전 중앙선 철길 옆. 유명한 시인 신동문 님이 살던 곳. 지금의 이끼테는 남들 사이에 두고 수양계 신사유물진관과 마주하는 곳. 시루섬이 한눈에 내려다보임

❾ 쇠가리 바위 김영한 남 섬 앞쪽 서쪽 방향이 육지에 있는 작은 바위. 쇠가리가 잘 잡혀서 쇠가리 바위라고 불림

❿ 함수머리 시루섬 하류 쪽 본강과 샛강이 합쳐지는 곳

⓫ 나루터 장마철 시루섬 샛강에 물이 차면 마을 배가 사람들을 태우고 내리던 곳

⓬ 조개 바위 시루섬 동쪽의 샛강 나며에 있는 바위. 중함처럼 생긴 검은 말조개가 많이 서 붙여진 이름

⓭ 붕어 떡거리 낚시집을 하면 특히 붕어가 잘 나오는 곳. 샛강 쪽 조계 바위 앞 지역

⓮ 돌담 시루섬 최상단 지역에서 위치. 마지 사람이 일부러 쌓아 놓은 것처럼 생긴 작은 독

⓯ 구편장 시루섬 중간쯤 상하 잡과 좌우 길이 만나는 십자로 중앙에 있던 작은 상점. 박정호 님이 운영

⓰ 공동묘지 섬의 북서쪽, 잠실센터 부근, 지금의 단양역 앞쪽에 위치

⓱ 성황당 시루섬 중간 샛강 쪽 아가시아 숲에 위치. 회양목 나무와 아가시아 나무에 줄을 쳐 놓고 마을이 안녕을 빔

지루섬의 주요 지명

기억의 조각을 모아주신 22명의 증언

● 충청일보 기자와 단양군 직원 등
- **조율형** 당시 25세, 1947년 출생
  당시 단양군 잠업지도원으로 잠업센터 담당
  현재 매포읍 거주
- **김운기** 당시 35세, 1937년 출생, 충청일보 기자
  당시 수해 상황을 취재하고 보도함
  현재 청주시 거주
- **윤수경** 1949년 출생
  1993년 단양군 공무원으로 마을자랑비 제작 담당
  현재 영춘면 거주

● 잠업센터 연수생
- **송순옥** 당시 16세, 1956년 출생, 1971년 잠업센터 교육 이수, 현재 서울시 거주
- **신준옥** 당시 18세, 1954년 출생, 물탱크에 대피, 현재 원주시 거주
- **오선옥** 당시 15세, 1957년 출생
  물탱크에 대피, 어상천면 임현리 출신, 현재 안산시 거주
- **배금숙** 당시 16세, 1956년 출생
  물탱크에 대피, 어상천면 임현리 출신, 현재 제천시 거주

● 윗송정
- **이몽수** 당시 32세, 1940년 출생, 당시 증도리 전직 이장, 주민 대피를 적극적으로 주도, 2023년 별세
- **조옥분** 당시 30세, 1942년 출생, 이몽수 님의 아내, 물탱크에 대피, 현재 제천시 거주
- **유상순** 당시 27세, 1946년 출생, 이창수 님의 아내, 물탱크에 대피, 현재 단양읍에 거주
- **최옥희** 당시 33세, 1939년 출생, 안철호 님의 아내, 물탱크에 대피, 백일 된 아들이 압사되는 아픔을 겪음. 현재 용인시 거주
- **한길선** 당시 40세, 1932년 출생, 김용환 님의 아내, 물탱크에 대피, 현재 단양읍 거주
- **김경란** 당시 13세, 1960년 출생, 김은종 님의 장녀, 물탱크에 대피, 현재 서울시 거주
- **오재창** 당시 16세, 1956년 출생, 오병국 님의 4남, 물탱크에 대피, 현재 단양읍 거주
- **이대수** 당시 18세, 1954년 출생, 이종음 님의 차남, 제1원두막에 대피, 현재 청주시 거주
- **최면호** 당시 8세, 1964년 출생, 최면순의 남동생, 애곡리에서 횃불 밝힘, 현재 충주시 거주

이 책은 증언자 22분의 생생한 증언을 바탕으로 쓰인 책이다.
증언을 남겨주신 22명은 시루섬 주민 15명과 외부인 7명이다. 시루섬 주민은 아랫송정(1반) 6명, 윗송정(2반) 9명이며 외부인은 잠업센터 연수생 4명 그리고 충청일보 기자와 단양군 직원 등 3명이다.

아랫송정

- 김현수 당시 45세, 1927년 출생, 그 당시 1반 반장, 물탱크에 대피, 2020년 별세
- 권순이 당시 35세, 1937년 출생, 김현수 님의 아내, 제2원두막에 대피, 2022년 별세
- 오근택 당시 17세, 1955년 출생, 오재운 님의 차남, 제2원두막에 대피, 현재 서울시 거주
- 박동준 당시 23세, 1949년 출생, 박현걸 님의 장남, 제3원두막에 대피, 현재 제천시 거주
- 박동희 당시 18세, 1954년 출생, 박현걸 님의 장녀, 물탱크에 대피, 현재 제천시 거주
- 김기홍 당시 15세, 1957년 출생, 김주환 님의 차남, 물탱크에 대피, 현재 매포읍 거주

작가의 말

김문근

    필자는 1980년 단양군에서 공무원 생활을 시작했다. 1972년 물난리가 일어난 것이 불과 8년전이라 시루섬 이야기가 많이 회자되고 있었다. 그러나 필자는 나이와 경험, 식견이 부족해서 '그냥 그런 일이 있었구나.' 하는 마음으로 스쳐 지났었다.

    다시 33년이란 세월이 흘러 2013년 단양군 부군수로 부임했다. 여전히 1972년 시루섬 물난리 일을 생생하게 이야기하고 있었다. 그것은 결코 과장되지 않은, 드라마보다 더 드라마틱한 사실이었다. 그대로 묻히게 두는 것이 너무나 안타까웠다. 더욱이 당시 마을의 리더급이었던 분들이 이미 상당수 작고하셨으니, 이야기가 사라질까 조급해졌다.

앞으로 10년이 더 지나면 연로하신 분들은 대부분 돌아가실지도 모르는 일이다. 그렇게 되면 시루섬의 사실들, 역사적 진실도 강물 속에 저 멀리 떠내려가고 말 것 같았다. 하루속히 이 진실의 조각들을 모아 두지 않으면 옛날 우리 민초들의 역사가 그러했듯이 먼 훗날 아득한 전설로만 남을 것이다. 아마도 그 전설은 가감이 많아 진실과는 먼 얘기가 될 수도 있고 아예 잊힐지도 모를 일이다.

시루섬 분들이 작고하시기 전에 누군가 당시의 상황을 가감 없이 기록, 보존해야 한다면 그 '누군가'는 내가 되고 싶었다. 주민의 세금으로 한평생 녹봉을 받아온 공직자로서, 지역에 의미 있는 무엇을 남기고 싶었다. 시루섬 이야기의 기록은 죽기 전에 반드시 해야 할 강한 소명이다. 금덩어리같이 소중한 이 이야기들을 모으려는 시도를 아직까지 누구도 한 적이 없었다. 이는 어쩌면 나를 위해 예비해 둔 일인지도 모른다.

2014년, 몇 달간 수소문 끝에 최옥희 님을 찾았다. 그분은 시루섬 수해에서 아기를 잃으신 분이다. 용인에 사시는 걸 확인하고 전화를 드렸다. 신분과 목적을 밝히고 인터뷰하기 위해 찾아뵙겠다고 말씀드리니 "악몽을 떠올리고 싶지 않다. 다시 눈물짓고 싶지 않다."면서 여러 번 거절하셨다. 우여곡절 설득 끝에 방문해서 증언을 들을 수 있었.

이렇게 시작해서 22명을 찾아 인터뷰했다. 처음에는 최옥희 님만이 영웅인 줄 알았는데 인터뷰를 거듭하다 보니 영웅은 한두 분이 아니었다. 특히, 작고하셨지만 자식 셋을 잃어버린 김현수 님, 이몽수 님을 비롯해 온 동네 사람들이 모두 심금을 울리는 영웅들이었다.

이 책은 그분들의 이야기다.

그간 말로만 무성하던, 그날의 흩어진 영웅담과 진실의 조각들을 체계적으로 모으려고 10년간 애써왔다. 때로는 흥분되고 때로는 목이 메는 감동에 시간 가는 줄 모르고 몰입했다. 이 책을 바탕으로 앞으로 시루섬의 그날에 대한 관심이 많아지길 기대한다. 그 관심은 많은 연관 작품으로 이어지리라. 장편 드라마 또는 대서사시 같은 시루섬의 영웅담이 여러 장르의 예술 소재가 될 수 있다는 마음으로 이 책을 낸다.

물론 반백 년이 지난 일이라 증언자 간 엇갈린 기억도 있었다. 그러나 자연스러운 일일 수도 있기에 굳이 어느 것이 맞는지 사실을 밝히려고 필요 이상 노력하지 않았다. 기나긴 세월만큼 기억하기에 어려움도 있었을 것이다. 그래서 본문이나 주석을 통해 다른 기억도 있음을 가감 없이 기록했다.

단편적인 사실보다 그분들이 겪었던 절박함이 우선이었다. 후대에 사실 그대로 생생히 전달해 주기 위한 역사 다큐멘터리를 쓴다고 생각했다. 인터뷰 후 정리하면서 이해가 안 가거나 모순, 생략된 부분이 있으면 다시 방문하거나 전화로 추가 인터뷰함으로써 완성도를 높이려고 했다.

그러나 여러 해 준비해 왔음에도 막상 마감하려니 미흡한 곳이 너무 많다. 일부 부정확하거나 충돌, 중복되는 부분이 있을지도 모른다는 걱정에 마음이 무겁다. 마을 주민 간 친척 관계도 정리해 보고 싶었고 삽화도 더 많이 그려놓고 싶었지만 아쉬움도 크다. 욕심을 다 채우려면 다시 몇 년이 지나도 모자랄 것 같다. 이제 그 욕심을 내려놓을 시점이다. 지난 10년간 어려움도 많았지만 숨겨진 역사, 숨겨진 비밀을 캐는 것 같아 보람도 있었다.

영웅은 누구인가? 역사적으로 진정한 영웅은 나라님, 위정자보다도 평범한 민초들이었다. 나라가 어려울 때마다 늘 일반 국민이 나서서 위기를 극복할 수 있었다. 그렇다. 그날 시루섬 사람들은 생사가 갈리는 절체절명의 위기 앞에서 나만 살겠다고 하지 않았다. 서로 희생, 양보하면서 똘똘 뭉쳐 단결해서 침착하고 지혜롭게 위기를 극복한 진정한 영웅들이었다.

우리 단양군은 지금 28,000명도 안 되는 매우 작은 규모의 군이다. 군민 모두가 힘을 합쳐도 모자랄 판인데 지역사회 곳곳에서 집단 갈등이 심각하다. 시루섬 사람들의 정신을 이어받아야 한다. 서양에 타이타닉 정신이 있다면 우리에게는 시루섬 정신이 있다. 이 시루섬의 정신을 후대에 물려줄 자랑스러운 단양의 정신으로 계승하고 발전시켜 나가길 바란다.

이 책이 완성될 수 있도록 인터뷰에 응해 주신 분들과 기초 자료를 제공해 준 충청일보, 동아일보, 충청북도, 단양군 등에도 깊은 감사의 인사를 올린다. 또한 시루섬 수해 때 목숨을 잃으신 여덟 분과 인터뷰에 응해 주신 분 중 작고하신 세 분의 명복을 빌며 모든 시루섬 사람들에게 이 책을 바친다.

2023. 11.

추천하는 글 1

시루섬 그날, 다시 떠오르다

박동준
시루섬기념사업회 회장

   저의 고향 시루섬은 본강과 샛강으로 둘러싸인 아름다운 섬마을이었습니다. 1972년 청천벽력과 같은 수해가 있기 전까지는 누에를 치고 담배와 땅콩 농사를 짓고, 오월 단오에 그네를 뛰며 오순도순 살던 마을이었습니다.
   하지만 1972년 수해를 만나면서 모든 것을 잃었습니다. 설상가상으로 신단양 건설 때는 시루섬의 바위, 자갈, 모래를 모두 파다가 사용하여 지금은 그 형체만 겨우 알아볼 정도입니다.
   시루섬 뒷산에 조상 묘가 있어서 일 년에 한 번 벌초하러 갈 때마다 바라본 고향마을의 모습은 늘 가슴을 아리게 했습니다.
   돌아보면 그렇습니다. 시루섬 수해를 당한 후 오랜 시간이 지나도록 누구 하나 관심을 두지 않았습니다. 마을 사람들도 고향을 떠난 후 먹고 살아야 한다는 절박함 속에서 하나둘 옛 기억을 지워야 했습니다. 그렇게 시루섬에 대한 기억은 심연 속으로 가라앉았습니다.
   그런데 아주 여러 해 전 저를 찾아와 시루섬에 관해 묻는 이가 있었습니다. 저뿐만 아니라 수해 당시 시루섬 마을 사람들을 어렵사리 수소문해서 그날의 사연을 꼬치꼬치 물으면서 그날의 아픔을 위로하는 이가 있었는데 바로 지금의 김문근 군수님이셨습니다.

지난해에는 시루섬 50주년이라는 특별한 행사를 열어서 흩어졌던 사람들을 한자리에 모이게 하였습니다. 그때 방송과 신문에서는 시루섬을 대서특필하였고 시루섬의 아픈 사연이 전 국민의 심금을 울리기도 하였습니다.

다시금 1년여가 지나서 그동안의 발품 기록에 각종 자료를 더하여 『시루섬, 그날』 책자를 발간한다는 소식을 들었습니다.

마을 사람들이 저마다 기억하던 시루섬 사건을 한 곳에 모으니 전후좌우가 확연해집니다. 우리가 각자의 몫으로 기억하고 있던 시루섬 수해 사건은 부분에 불과하였습니다. 그런데 여러 사람의 기억 조각을 맞추고 사진과 신문기사 같은 객관적 기록을 더하니 전체가 완성되었습니다.

시루섬 사람들이 겪은 사건을 시루섬 사람들이 제대로 볼 수 있게 되었습니다. 이 책으로 인하여 개별 기억은 사건의 커다란 물줄기를 이루며 마침내 시루섬의 역사가 되었습니다.

기록물로 인하여 시루섬은 '망향'이나 '추억'의 범주를 넘어 '자랑'과 '긍지'가 되었습니다. 이제 우리 아이들도 그들 아버지, 할아버지의 고향 시루섬을 기억할 수 있게 되었습니다.

책자 발간에 대하여 저를 비롯한 우리 시루섬 마을 사람들은 실로 감개무량합니다. 우리 마을의 잊혀진 기억과 사연을 되살려 주셨습니다. 심연 속에 가라앉아 있던 시루섬이 다시금 물 위로 떠오르게 해주신 그간의 노력과 열정, 시루섬 사람들에게 보여주신 무한 애정에 대하여 머리 숙여 감사드립니다. 긴 시간 수고하셨습니다.

추천하는 글 2

시루섬 정신과
유토피아 단양

이원종
전 충청북도지사

　시루섬 정신은 단양의 보배입니다. 수마가 덮쳤던 50여 년 전의 그날은 잊지 못할 비극이었지만 그분들의 희생정신이 단양인들의 가슴속에 계승되고 승화되어 왔기 때문입니다.
　인류의 역사를 돌이켜 보더라도 그 지역이나 국가를 지켜오는 시대정신이 미래를 결정해 왔습니다. 영국은 16세기까지 식량도 해결하지 못하는 섬나라였지만 새로운 사조 프로테스탄티즘(Protestantism)에 힘입어 산업혁명을 일으키며 해가 지지 않는 대영 제국이 되었고, 필그림 파더스(Pilgrim Fathers)가 미개척 분야에 도전했던 프런티어(Frontier) 정신이 세계 최강국 미국을 만들었습니다.
　그리고 '우리도 한번 잘 살아보세'를 외치며 온 국민이 하나가 되었던 새마을 정신이 오천년의 배고픔에서 해방시켜 주었습니다.
　신선의 땅 단양은 장구한 역사 속에 산수 아름답고 인심 순후한 축복의 땅이었습니다. 그런데 1972년 8월 19일 시루섬의 24시간은 인간한계를 벗어날 만큼 엄청난 고난과 비극의 하루였습니다.
　생사가 갈리는 위기 속에서도 시루섬 주민을 비롯한 단양 사람들은 대대로 지켜 온 희생정신과 지혜로 하나가 되어 지옥 같은 재난과 싸웠습니다. 시루섬의 이야기를 들으며 그것은 바로 단양 사람들의 모습이며 단양 정신이라는 생각이 들었습니다.

 그때를 잠시 떠올려 봅니다. 좁은 물탱크 위 좁은 공간에서 한 사람이라도 더 살리겠다고 스크럼을 짜고 인간 울타리로 밤을 지새웠던 협동 단결 정신과 사람 틈에 끼어 압사한 아기를 안고 남에게 피해가 될까 싶어 울음마저 참았던 젊은 엄마의 이야기만으로도 마음이 숙연해집니다.

 그리고 다급한 상황에서도 "(연수차 머물던)외지인들 죽으면 안 된다."라고 소리치던 마을 어르신들의 배려정신이나 횃불 밝히며 구조에 도움이 되고자 고통을 함께한 강 밖의 주민들의 참여 정신 등은 드라마보다도 더한 감동입니다.

 이토록 생사를 넘나드는 재난 속에서도 하나가 되어 어려움을 극복해낸 것은 얼마나 귀하고도 값진 단양인의 모습입니까?

 이제 반세기가 넘는 세월이 흐르다 보니 사람들의 기억 속에서 희미해지기도 하고 바쁜 일상 속에 묻혀버릴 수도 있었습니다.

 그러나 다행히도 고향 땅에서 일찍이 공무원 생활을 시작했던 김문근 군수께서 잊혀져 가던 시루섬의 사실들을 낱낱이 찾아 그날의 감동을 되살렸습니다. 기록을 통해 『시루섬, 그날』을 다시 살려낸 것입니다.

 다행스럽고도 고마운 일입니다. 요즘처럼 각박하고 타산적인 사회일수록 더욱 필요하고 키워나가야 할 귀한 정신을 되살리는 것이기 때문입니다.

 모쪼록 이 책의 출간을 계기로 시루섬 정신이 지역사회를 밝히는 횃불이 되어 더욱 행복하고 남들이 부러워하는 유토피아 단양을 열어가는 계기가 되기를 바랍니다.

 축하드립니다.

추천하는 글 3

어제의
기록과 보존이
새로운 내일로

김영환
현 충청북도지사

"옛것을 익히고 그것을 미루어 새것을 안다."라는 의미의 온고지신溫故知新 이란 사자성어가 있습니다. 의미 있는 어제의 기록과 보존이 새로운 내일로 향하는 첫걸음이자 원동력이 됩니다. 오랜 준비 끝에 1972년 8월 19일, 기적 같은 그날의 기록을 한 권의 책으로 완성하신 김문근 군수님의 노고에 깊은 감사의 인사를 전합니다.

지난해 8월 함께 했던 "시루섬의 기적 50주년 행사"는 50년 만에 고향으로 돌아와 충청북도지사로서의 첫발을 내딛고 있던 저에게 잊지 못할 기억으로 남아 있습니다.

시루섬 이야기를 전해 듣고 서울에서 단양으로 내려오는 차 안에서 축사 대신 써내려 갔던 "시루섬의 석양"이란 자작시 한 구절이 문득 떠오릅니다.

> **시루섬의 기적 위에
> 레이크파크 르네상스가 시작될 것입니다.**

  그날 행사장에 울려 퍼졌던 저의 헌시는 그날 시루섬의 이야기가 평소 제가 그려왔던 충북 레이크파크 르네상스의 출발이 될 것이라는, 제 스스로에 대한 다짐이자 약속이었습니다.

  백일된 아기의 죽음을 알고도 혼자 감내해야만 했던 어머니의 희생, 위기 속에서 더욱 빛났던 약자에 대한 배려, 작은 물탱크 위 15시간을 함께 버텨낸 그들의 연대는 앞으로 충북 도정을 이끌어 나갈 막중한 책임을 갖게 된 저에게 큰 울림으로 다가왔습니다.

  단양의 한 작은 섬에서 시작된 이 시루섬 정신은 자신과 다르다는 이유로 서로를 헐뜯고 비난하기에 바쁜 현대사회에 경종을 울리며 큰 깨달음을 주고 있습니다. 우리 모두 이 시루섬 정신을 계승하여 충청북도가 대한민국의 중심, 더 나아가 세계의 중심으로 우뚝 설 수 있을 그 날을 그려봅니다.

  다시 한번 어려운 여건 속에서도 포기하지 않고 끊임없는 열정으로 뜻깊은 출간을 맞이하신 김문근 군수님께 축하의 말씀을 전하며, 이 책을 읽는 많은 이들에게 그날의 깊은 감동이 오래도록 기억되기를 기원합니다.

추천하는 글 4

지역 갈등
극복 방안을 제시하는
시루섬 이야기

이동필
전 농림축산식품부 장관

먼저 주민들이 협력해서 절체절명의 위기에서 살아남은 전설 같은 이야기를 엮은 『시루섬, 그날』 발간을 축하드립니다. 바쁜 공직생활 가운데 시간을 쪼개 사람을 만나 자료를 정리하여 숨은 미담을 책자로 발간하는 것은 결코 쉬운 일이 아니었을 겁니다. 소멸 위기의 지역을 살리기 위해서는 주민들의 위기의식과 자조·자립·협동하는 마음, 그리고 관계기관의 헌신적 노력과 책임 있는 관리가 중요합니다. 이 사실을 확인하는 계기를 마련했다는 점에서 이 책이 의미가 있다고 생각합니다.

저출산·고령화로 절대 인구가 줄어드는 상황에서 지방인구의 수도권 유출이 심화되면서 기초자치단체의 절반이 소멸위기에 처해있습니다. 정부가 국가균형발전특별법, 농어촌주민의 삶의 질 향상과 지역개발에 관한 특별법, 인구감소지역특별법 등 제도를 마련하고 막대한 예산을 들여 저출산·고령화대책이나 지역개발정책을 추진해 왔음에도 지역인구 감소와 수도권 집중은 개선될 기미가 보이지 않습니다. 하지만 새마을사업의 경우 1971년부터 1984년까지 약7조 2000억원(정부투자 57%)을 투자하여 도시 근로자 소득을 능가하는 농가소득과 농촌의 근대화란 성과를 얻었습니다. 그때보다 신장된 국력과 주민 역량을 기초로 지역개발을 위해 다양한 정책과 더 많은 예산을 투입했습니다. 그러나 이렇다 할 성과를 얻지 못하고 있습니다. 그 이유는 무엇일까요?

전문가들은 중앙정부가 주도하는 하드웨어 중심의 획일적 사업을 부처별, 또는 지역별로 추진해 온 탓에 지역의 여건에 맞는 사업이나 주민개발 수요를 제대로 반영하지 못했기 때문이라는 지적을 하고 있습니다. 공감하지만 여기에 덧붙여 '이대로는 안 되겠다.'라는 절박함과 '어떻게 든 함께 노력해서 스스로 살길을 찾아보자.'라는 자각 없이 그저 남의 돈으로 주인 없는 사업을 하는 것, 즉 주민들 스스로 주택개량과 마을안길 넓히기 등에 앞장선 새마을사업에 비해 주인 정신과 책임감, 그리고 자조·자립 의지와 협동 정신이 퇴색한 것도 원인이 아닌가 생각합니다.

단양군은 전체 면적의 83%가 산림으로 적은 농경지에 과일이나 마늘 등을 재배하는 지역입니다. 다행히 수려한 자연경관을 바탕으로 그동안 볼거리와 즐길거리, 먹을거리를 마련하고 관광산업 개발에 주력한 결과 지금은 연간 1천만 명의 관광객이 찾는 관광명소가 되었습니다. 비슷한 처지에 있는 다른 지역이 감히 이루지 못한 놀라운 성과로 보입니다.

하지만 한때 9만 명이 넘던 인구가 3만 명이하로 줄어들고 재정자립도는 11%에 불과한 실정입니다. 제 생각에 이는 그간의 지역개발이 기반 산업인 농업이나 주민들의 생활과 연관이 적었기 때문인데 관광산업을 일자리와 주민소득, 생활환경 개선 등 주민의 삶의 질 향상과 연계하는 방안을 찾아야 합니다. 지역의 공직자는 물론 주민과 기업체, 심지어 출향민들의 이해와 협조를 통해 갈등을 극복하고 지역 역량을 결집하여 미래를 스스로 개척해 나가야 합니다. 그렇기 때문에 위기에서 살아남는 방법을 이야기하는 "시루섬의 영웅들"의 출간이 의미 있는 것입니다.

춘추전국시대 제齊나라와 초楚나라 사이에 끼여 전전긍긍하던 약소국 등滕나라의 문공文公이 맹자에게 어떻게 해야 살아남고 발전할 수 있을지 묻자 맹자는 "피할 수 없다면 백성들과 더불어 성을 높이 쌓아 죽음을 무릅쓰고 지켜야 한다."라고 조언했다고 합니다. 이는 소멸위기의 작은 지역이 살아남으려면 무엇보다 주민들이 마음을 모아 스스로 살기 좋은 지역을 만들고 가꾸는데 앞장서도록 해야 한다는 뜻이 아니겠습니까?

김문근 군수님의 "시루섬의 영웅들" 발간을 거듭 축하드리며, 이 책자가 단양군은 물론 소멸위기에 처한 대한민국의 농촌과 지방이 살아남고 지속적으로 발전하는 지혜의 실마리가 되기를 기원드립니다.

감사합니다.

> 추천하는 글 5

반세기만에 '시루섬'의 전설이 살아나다니…

조철호
현 동양일보 회장

　난 지금도 기자지만, 51년 전에도 기자였다.
　1972년 '8.19 단양수해'는 기자 생활 꼭 10개월짜리 '병아리 기자'가 맞닥뜨린 대형 사건이었다. 단양 현지 기자의 생사조차 알 수 없어 편집국은 뒤숭숭했다. 나는 한순간 전율이 일었다. 망설일 일이 아니어서 편집국장께 '현지에 가보겠으니 허락해 달라'고 결연하게 말씀을 드렸다. 지금 생각해도 그때의 그런 기자정신은 가상했다.
　전대미문의 집중폭우로 교통과 통신이 두절된 단양을 향해 가는 길은 마치 전쟁터를 향해 장도에 오르는 종군기자처럼 내심 각오를 다지며 출발했다. 카메라 백에는 필름 20통과 비상용 빵과 컵라면 몇 개를 넣고 아침에 청주를 떠나 직행버스로 충주까지, 그리고 완행버스로 살미면까지, 그리고 찻길이 끊겨 오토바이를 빌려 수산을 지났으나 길이 끊겼다. 산길을 걸어 몇 시간일까 단양여중 이재민 수용소에 도착한 시간은 밤이 깊어서였다. 2층 건물까지 물이 차올랐다 빠진 읍내는 텅 비어있었고, 인근 야산에는 군데군데 불을 놓고 옷가지를 말리거나 취사하는 듯한 모습들이 먼발치로 보일 뿐 괴괴했다.

새벽이 되면서 시야에 들어오는 정경은 필설로는 형용키 어려운 '참상의 현장'이었다. 읍내의 모든 길은 개펄이 되어 발목이 빠졌다. 전봇대에 자동차 타이어가 걸렸고, 길가 상점 지붕 위에 떠내려가다 주저앉은 된장독이며 가재도구들이 즐비했다. 이재민 사이를 누비며 여러 정황을 듣다가, 한 쪽에 무리 지어 망연한 표정들로 널부러져 있는 사람들이 '시루섬'에서 겨우겨우 목숨을 건져 살아나온 것을 알게 됐다.

그러나 그들 대부분은 입을 다물었다. 너무나 엄청난 일을 당한 이들이어서 넋이 나간 듯, 기억을 되살리고 싶지 않은 듯했다. 겨우 알아낸 것은 시루섬에서 잠업 연수를 하고 있었고, 물난리가 나자 외지에서 왔던 이들을 우선 물탱크 위로 올리고 주민들도 올라가 겨우 목숨만을 건졌다는 것이다.

그 기적의 물탱크 위에서 밤새 스크럼을 짜고 급류에 휩쓸리는 것을 막아냈던 생존자 중 많은 분들이 이젠 세상을 달리했다. 실로 반세기가 넘는 먼 먼 옛날의 이야기였다. 물에 묻혔던 그 단양읍이 신 단양으로 옮겨졌다. 현재의 단양이 건설되는데 쓰인 그 많은 모래며 자갈을 시루섬에서 퍼 날랐다. 보조댐이 생기면서 수심이 깊어졌다. 그래서 시루섬이 사라졌다. 단양의 수해 참사-시루섬의 악몽이 서서히 잊혀져 가고 있었다.

기억해 보니 10년 전인 2013년 어느 날 단양군청에 들렸다가 신임 부군수를 만났다. 불쑥 단양수해 때 이야기가 나왔다. "1972년 8월 19일 단양수해 현장에 최초로 들어 온 취재기자였다는 소문이 맞느냐"고 내게 물어왔다. 그렇게 만나 당시의 몇 이야기들을 전해줬었다. 군청을 나오면서 '단양출신 부군수여서 그래도 관심이 있구나' 정도로 생각했었다.

그리고 지난해 7월, 8.19 단양수해 50년을 맞아 살아있는 시루섬 주민들을 초대하여 잔치를 한다고 했다. 취임한 지 한 달 남짓한 김영환 도지사는 행사장에 오는 차 안에서 썼다는 시루섬을 주제로 한 즉흥시를 낭독했고, 나는 당시 수해현장의 몇 기억들을 회상해 들려 줬다. 10년 전의 부군수가 어엿한 민선군수가 되었고, 초지일관 시루섬에 관해 관심을 쏟아오며 기록을 정리하고 있다는 발표에 '어?'하고 그를 다시 보았다.

그리고 얼마 전 실로 놀라운 소식을 접했다. 바로 그 김문근 단양군수가 엮은 『시루섬, 그날』이 곧 책으로 발간된다는 것이다. 10년간에 걸쳐 시루섬에 관한 자료를 모으고, 증언을 채집하고… 이제 축간사만 넣으면 책이 완성된단다. 51년 전 그 시루섬과 관련한 적지 않은 사람들도 이제 대부분 사라지고, 단양 수해 못지않은 갖가지 재난 사고가 빈발하는 이 시대에 여차하면 아예 잊혀질 만한 세월이 지났음에도 이 같은 다큐멘터리가 남게 된다니, 이 또한 기적 같은 일이 아니겠는가. 더구나 글을 쓰는 사람이 아님에도 고향의 재난과 그 생사의 기로에서 발휘된 인간의 지혜와 순박한 인간애 면면을 증언을 통해 재현해 놓으니 이보다 더 귀한 일이 어디 있겠는가.

'기록되지 않으면 기억되지 않는다'는 역사의 교훈을 새기는 참으로 값지고 숭고하기까지 한, 땀 밴 소산이 아닐 수 없어 경이로움과 감동을 담아 힘껏 박수를 보낸다.

저자 김문근 군수, 고생했습니다. 멋집니다. 고맙습니다.

추천하는 글 6

『시루섬, 그날』,
지방소멸위기 극복의
기회로

엄태영
현 제천단양 국회의원

안녕하세요. 국회의원 엄태영입니다.
 기적과도 같은 실화였지만 오랜 기간 기억 저편에 남겨져 있던 시루섬의 이야기가 스토리텔링 되어 세상에 나오게 되었습니다.
 별도의 기록물도 남아 있지 않아서 더욱 뭉클하고 가슴 아픈 단양의 역사이자 이야기입니다. 남은 가족들과 생존자들이 감당해야 했을 아픔이 얼마나 컸을지 가늠조차 하기 어렵습니다. 당시 주민들이 보여준 놀라운 희생과 헌신을 기억하고 알리고자 노력하신 많은 분들이 있었습니다.
 무엇보다 생존자들을 직접 찾아다니며 수집한 생생한 증언과 사진 등을 통해 당시의 상황을 알 수 있게 해주시고 그분들의 아픔과 애환을 살펴주신 이 책의 저자 김문근 군수님의 노고에 깊이 감사드립니다.
 지금의 단양은 지방소멸지역으로 많은 어려움 가운데 봉착해 있습니다. 하지만 시루섬의 기적과 같이 당시 주민분들의 용기와 희생 정신을 기억하고 계승한다면 지방소멸지역의 위기를 충분히 극복하리라고 생각합니다.

　시루섬은 1985년 충주댐이 만들어지면서 작은 섬으로의 흔적만 남아있지만 단양강 잔도, 만천하스카이워크와 연계하는 생태 탐방교 건설이 추진되고 있고 에코순환루트 인프라 구축사업과 단양 호빛마을 조성사업 등 많은 관광자원을 통해 천만 관광객 유치의 중요한 포인트로 부상하였습니다.

　과거와 현재의 모습이 모두 공존하고 있는 시루섬과 태고 때부터 이어져 내려온 소중하고 귀한 관광 명소들이 있고 군민들의 노력으로 태어난 보석 같은 관광지들이 모여 있는 단양의 발전을 위해 저 또한 국회에서 필요한 예산과 정책으로 함께 하도록 하겠습니다.

　다시 한번 발간을 축하드리면서 시루섬과 함께한 생존자 분들과 단양군민 여러분 모두에게 행복이 가득하시기를 기원합니다.

　감사합니다.

Contents

작가의 말	김문근		08
추천하는 글 1	박동준	시루섬 그날, 다시 떠오르다	12
추천하는 글 2	이원종	시루섬 정신과 유토피아 단양	14
추천하는 글 3	김영환	어제의 기록과 보존이 새로운 내일로	16
추천하는 글 4	이동필	지역 갈등 극복 방안을 제시하는 시루섬 이야기	18
추천하는 글 5	조철호	반세기만에 '시루섬'의 전설이 살아나다니…	21
추천하는 글 6	엄태영	『시루섬, 그날』, 지방소멸위기 극복의 기회로	24

Part Ⅰ. 시루섬 마을 훑어보기

1. 시루섬의 유래와 역사   34
떡시루를 닮은 시루섬 / 물로 만들어진 마을 / 우물을 파면 마을이 망한다고 / 스님의 충고에 따라 쌓은 제방 / 조선 중기의 문신 김난상의 유배지 / 큰 아픔 없이 지나간 시루섬의 병자년 수해 / 한국전쟁 당시 미군 주둔지

2. 마을의 특성   44
마을 풍경 / 김 씨·이 씨·오 씨 집성촌 / 기와집과 너와집이 많았던 마을 / 소나무와 넓은 백사장이 아름다운 '단양의 해변' / 4무 5다도四無五多島 / 강물이 불면 모두 나와 거랭이질 / 강가에 즐비한 빨래터

Part Ⅱ. 시루섬 수해 한눈에 보기

한눈에 보는 1972년 시루섬 수해   54

1. 시루섬 수해 이해를 위한 키워드 셋   58
하나, 시루섬 사람들을 살린 물탱크 / 둘, 잠업센터 / 셋, 마을 배(철선)

2. 수해를 즈음한 기상 상황   76
한반도를 강타한 태풍 베티 / 기록으로 본 베티

3. '그날' 시루섬의 사람들   80
그날 시루섬에 있던 사람들은 / 사람들이 피했던 곳 / 증언자들이 피했던 곳 / 우리 곁을 떠난 분 / 당시의 직속 정부인사

Part Ⅲ. 시루섬 그날 자세히 보기

1. 평화롭기만 했던 시루섬   88
그해 여름, 마을의 모습 / 유난히 풍요롭던 그해 농사 / 잠업센터에 추잠 연수생 입교 / 시루섬을 나선 사람들 / 얘들아, 캠핑 가자! / 간헐적으로 내리는 비 / 평화로웠던 그날의 아침 / 담배 건조실 아궁이 제사

2. 밀려들어 오는 물   101
북상하는 태풍 '베티' / 심상치 않게 변하는 날씨 / 손질하던 물고기를 내팽개치고 / 아랫송정 사람들 피난을 시작하다 / 윗송정마저 물이 차오르다 / 가방도 싸지 말고 빨리 몸만 피하라

Contents

3. 온 동네가 난리 북새통　　　　　　　　111
가제도구 보다 중요한 담뱃잎부터 / 높은 곳으로, 더 높은 곳으로 / 군청과 마지막 통화 / 물탱크 위까지 가져간 나라 물건, '전화기' / 강물이 마을 한복판을 쳐들어오면서 마을을 둘로 나누다 / 집 쓰러지는 소리를 뒤로 하고 / 지체되는 피난길

4. 물탱크 오르기　　　　　　　　　　123
물탱크 앞에 모인 사람들 / 긴 사다리를 구해 오라 / 사다리는 한 개일까, 두 개일까 / 본격적으로 물탱크에 오르다 / 소고삐를 풀어 주기 위해 다시 내려오다 / 외지 사람부터 먼저 올려라 / 굉음이 가득한 시루섬

5. 원두막 짓기　　　　　　　　　　　135
황급히 만든 원두막 / 어떻게 세 개나 만들 수 있었을까 / 물탱크에 가로목을 걸쳐 놓은 제1원두막 / 비교적 튼튼하고 넓은 제2원두막 / 자식을 살린 아버지의 지혜 / 5가족 21명의 대피소 / 비상 다리가 된 제3원두막 / 형제를 살린 불편함

6. 물탱크 위에서의 사투　　　　　　　148
짐승에게서 배운 지혜, 스크럼 / 사다리와 뱃줄을 잡은 사람들 / 짐 보따리를 강물에 던져라 / 휩쓸려 나가는 집을 내려다보며 / 망망대해 한가운데에서 / 하느님, 살려 주세요! / 이산가족이 된 시루섬 사람들 / 아들만 챙기다니 / 물탱크 주변을 헤엄치는 소 떼 / 가축의 수난 / 시루섬의 방주, 철선

7. 물탱크에서의 15시간   163

콩나물시루처럼 비좁은 물탱크 / 밀리고 돌아 반대편에 / 피할 길 없는 지옥 같은 시간 / 우산으로 질서를 잡다 / 협동과 끈기로 버티다 / 스크럼은 두 겹이었을까 / 물탱크의 어느 곳까지 물이 찼을까 / 마을 사람들과 외지 사람들

8. 쓰러진 원두막   174

거의 동시에 쓰러진 두 개의 원두막 / 개미처럼 떠내려가는 제2원두막 사람들 / 원두막이 쓰러진 시각 / 원두막이 쓰러진 이유 / 어느 원두막이 먼저 쓰러졌을까 / 목숨을 구한 '아버지의 밧줄' / 자녀 셋을 가슴에 묻다 / 낮이었다면 모두 살았을까 / 윗송정 소나무 숲이 없었다면

9. 불빛과 달빛 그리고 별 한 송이   192

삼 남매와 어머니 / 백일 아기의 마지막 웃음 / 이름 없는 아기, 하늘의 별이 되다 / 횃불을 든 사람들 / 섬을 둘러싼 감동의 불빛 '4+1' / 희망의 라디오 소리 / 기적을 만든 사람들

10. 다시 밟은 땅   206

악몽의 밤이 지나고 / 구조선이 된 철선 / 15시간 만에 물탱크에서 내려오다 / 다시 밟은 땅 / 마지막으로 내려온 사람 / 다섯 구의 시신과 세 명의 실종자 / 아이들을 지켜주지 못해 미안하구려

11. 흔적 없이 사라진 마을   220

밖에서 본 시루섬의 아침 / 온몸으로 버텨낸 가축 / 우리 집터가 어디쯤이었던가 / 뼈대만 남아 있는 집 / 파헤쳐진 공동묘지 / 앞으로 살아갈 수가 있을까

Contents

12. 물에 불은 쌀로 해 먹은 주먹밥   229
불을 지피다 / 무쇠솥만 뒹구는 황량한 마을 / 거름통의 물로 밥을 짓다 / 뽕잎에 싼 주먹밥 / 도지사를 보고 참았던 눈물을 쏟다

13. 시루섬 탈출   240
시루섬을 뒤로하고 / 시루섬에 온 헬기는 / 말이 씨가 된 "비 오면 비행기 타고 나가지 뭐" / 다른 지역의 수해 상황 / 신문에 보도된 수해 상황

14. 새롭게 잡은 터전   254
수재민 수용소 / 흩어지는 시루섬 사람들 / 시루섬 수해 보도로 '특종기사상' 수상 / 취재 헬기 추락 / 국무총리와 대통령이 단양을 시찰 / 우시장에서의 생활 / 수해 주택으로의 이주 / 다시 시루섬으로 / 4년 뒤에 또 다시 찾아온 악몽 / 그날의 트라우마 / 시루섬을 지나며

15. 아쉬움과 원망   276
천재인가 인재인가 / 신단양 건설에 뼈와 살을 다 바쳤는데 / 마을자랑비의 수난사 / 희생자를 추모할 수 있다면 / 사라진 물탱크와 물에 잠긴 시루섬 / 시루섬 사람들에 대한 오해와 진실 / 군청 잠업계장에 대한 엇갈린 평가

16. 바람과 희망   290
잊혀진 영웅 이야기 / 합동 생일잔치 / 죽기 전에 다시 만날 수 있을까 / 물탱크를 돌려주세요 / 시루섬의 미래 가치 / 이야기를 마무리하며

17. 그날 시루섬 사람들은 모두 영웅이었다   298

부록〈증언록〉 그날의 영웅들

Ⅰ. 시루섬, 기록 속의 그날   307
1. 신문 속의 그날   308
단양 지방은 완전침수〈충청일보〉 / 쌀 한 말 삼천 원까지〈동아일보〉 / 수중도시 단양… 수마와 44시간〈충청일보〉 / 단양 수해의 문제점〈충청일보〉 / "수해지구 의원들 열변"〈충청일보〉 / "생각했던 것보다 큰 피해"〈충청일보〉 / 처참한 수해현장〈충청일보〉 / 협동·인내로 이겨낸 수마〈충청일보〉 / 박 대통령 지시〈매일경제〉 / 박 대통령, 수해지 공중시찰〈동아일보〉 / 김 총리 수해지구 시찰〈동아일보〉 / 단양지구 피해 전국서 제일 커〈충청일보〉 / 죽음 무릅쓴 공무원의 수훈〈충청일보〉 / "이대로 기다려야 하나"〈충청일보〉 / 박 대통령 단양 수해지구 시찰〈충청일보〉 / 단양과 청풍 시가는 새터전에 새로 건설하자〈충청일보〉 / 공복의 수훈·63명 구해〈충청일보〉 / 전봇대를 넘은 범람의 자국…〈충청일보〉 / 떼죽음 면한 협동과 끈기〈동아일보〉 / 사상 최대최악의 충북 물난리… 그 참상은 이러했다〈충청일보〉 / 제천지구〈추석절 수해복구 상황〉〈경향신문〉

2. 책 속의 그날   344
충북잠업사 / 신단양건설지 / 단양의 고을고을 그 역사따라 향기따라

Ⅱ. 시루섬, 영웅들의 목소리   353
이몽수·조옥분 부부 / 김현수·권순이 부부 / 유상순 님 / 최옥희 님 / 한길선 님 / 오근택 님 / 박동준 님 / 박동희 님 / 오재창 님 / 이대수 님 / 김기홍 님 / 최면호 님 / 김경란 님 / 송순옥 님 / 신준옥 님 / 오선옥 님 / 배금숙 님 / 조율형 님 / 김운기 님 / 윤수경 님

Part I

시루섬 마을 훑어보기

단양군은
소백산맥 자락에 자리한
수직의 지역이다.

시루섬은
단양의 높이 뻗은 자연환경 속에 자리한
수평의 공간으로
단양에서 독특한 지형이다.

시루섬의
유래와 역사

떡시루를 닮은 시루섬

시루섬은 퇴적물이 광범위하게 쌓여 이루어진 섬이다. 단양을 관통하며 흐르는 남한강*이 상진리 만학천봉** 절벽에 부딪혀 돌아나가면서 형성되었다. 강폭이 800m 이상으로 단양군에서는 가장 넓은 곳이다. 우리말로는 시루섬이라 부르며 법정·행정리 이름은 증도리이다. 시루 증甑자와 섬 도島자를 쓴다. 마을 모양이 떡시루를 닮은 까닭에 붙은 이름이다.

그러나 큰물이 한 번 휩쓸고 나가면 그 생김새가 다르게 변하곤 했다. 때로는 배의 모양 같기도 하였고 마늘쪽 같기도 하였다. 본강 쪽은 직선에 가깝고 샛강 쪽은 둥글어서 마치 마늘쪽을 반으로 쪼개어 놓은 것 같았다.

상류인 상진리 쪽은 둥그스름하고 하류인 현천리 쪽은 군밤장수 모자처럼 날렵하게 마무리를 지은 모양새다. 때때로 그 모양이 다르게 보

---
* 남한강: 지금은 단양 지역에서 단양을 굽이쳐 흐르는 남한강을 '단양강'으로 많이 부른다. 그러나 수해 당시에는 '남한강'이라는 명칭을 사용했으므로 이 책에서는 남한강으로 지칭한다.
** 만학천봉: 상진대교 옆의 거대한 절벽을 만 개의 산골짜기와 천 개의 봉우리라는 뜻의 만학천봉이라 불렀다. 여기서 유래한 만학은 상진의 별칭이었다. 상진은 세종실록 지리지에 소개될 만큼 연원이 오래되었다.

였지만 마을 사람들은 오래전부터 떡시루를 닮은 '시루섬'이라고 불러왔다.

물로 만들어진 마을

좁은 길을 달리던 남한강은 갑자기 넓어진 물목을 만난다. 물결에 쓸려 온 토사는 이곳에 머물게 되는데 무거운 바위와 자갈은 앞쪽에, 가벼운 모래는 뒤쪽에 자리를 잡는다. 그렇게 만들어진 곳이 시루섬이다.

육지 속의 섬, 시루섬은 첩첩이 산으로 둘러싸인 단양에서는 흔치 않은 독특한 풍경을 자아내는 마을이었다. 평상시에는 육지였지만 적어도 1년에 한 번씩 장마 때가 되면 마을은 섬이 되었다.

1972년 이전까지 단양 사람들의 기억에서 강물이 시루섬을 쓸고 간 일은 없었다. 어른들의 기억에 잔재한, 그 유명한 1936년 병자년 수해 때에도 마을은 섬이 되었을 뿐 어떤 피해도 보지 않았다. 마을 어른들이 '시루섬은 물로 만들어진 동네'라며 격양가를 부르는 이유이기도 했다.

시루섬의 적당한 홍수는 오히려 즐거운 수확이기도 했다. 큰물이 내려갈 때면 마을 사람들은 굵은 나무를 건져 올릴 수 있었다. 물살의 흐름에 따라 떠내려온 나무는 시루섬에 들어왔다가 건너 쪽으로 나가곤 했다. 바싹 마른 좋은 나무들도 떠내려왔는데 어떤 때는 6자(6자는 약30.3cm) 이상짜리 나무를 건지기도 했다. 그러나 아무리 굵고 좋은 나무라도 힘에 부치면 얼른 포기했다. 끝까지 건지려고 욕심을 부리면 물에 휩쓸려 목숨을 잃을 수도 있기 때문이었다. 때로는 힘겹게 나무를 건져 놓고도 나무 상인에게 들켜 빼앗기기도 하였지만 대개의 경우 무탈하게 송판을 만들어 쓸 수 있었다.

이렇듯 시루섬 사람들은 강물을 마시고, 강물에 몸을 담그며, 그 강물에서 고기를 건져 올렸다. 그들은 강물이 실어다 준 모래땅에서 농사를 짓고 살았으며 그 모래 언덕에 몸을 묻으며 삶을 마무리하였다.

단양의 지명은 붉은 기운의 단丹과 뜨거운 빛의 양陽이 합쳐져 모두

화기火氣를 가지고 있다. 그래서인지 큰 화재火災가 날 위험이 있으니 동쪽 산에 소금 단지를 묻어 땅의 기운을 다스리라는 전설이 전해지기도 했다. 이 전설에 따라 소금을 묻은, 이른바 '소금무지 산'도 있다. 이러한 단양 지역이 화재가 아닌 수재水災를 겪게 될 줄은 꿈에도 몰랐으리라…….

1972년 샛강을 건너는 시루섬 주민들

우물을 파면 마을이 망한다고

 어떤 마을에서든 우물이나 펌프를 흔히 볼 수 있다. 그러나 시루섬에는 그 흔하디흔한 우물이 없었다. 마을 사람들은 누구나 불편을 무릅쓰고 강물을 길어 먹었다. 배처럼 생긴 시루섬에 구멍을 내면 액운이 따른다는 전설이 있기 때문이었다. 섬에 우물을 파는 것은 배 한복판에 구멍을 뚫는 것을 연상하게 한다. 그러니 우물을 파면 배에 물이 들어와서 가라앉는 것처럼 마을이 망가진다고 여겼을 것이다. 비록 전설이지만 마을 사람 누구도 우물을 팔 생각을 하지 않았다. 마을 어른들이나 이웃집 눈치를 보지 않을 수 없었기 때문이었다.
 그래서 시루섬 사람들은 큰강에서 물지게로 강물을 길어다 먹어야 했다. 집집마다 물을 저장하는 물두멍이라는 단지를 부엌 땅속에 묻어

놓고 이물질이 가라앉으면 떠먹었다. 조상의 지혜가 담긴 전통적인 방법이지만 여간 불편한 것이 아니었으리라…….

그런데 시루섬에 잠업센터가 들어서면서 전설의 금기를 어긴 것이라는 견해가 나오기도 했다. 잠업센터가 시루섬에 들어설 때 처음으로 식수 공급을 위해 우물을 팠다고 한다. 또한, 『충북잠업사』에 보면 물탱크를 설치할 때도 "섬에 우물을 파면 배에 구멍을 뚫는 것과 같다고 노인들이 반대하였으나 간곡히 설득하여 처음으로 설치했다."라는 기록이 있다.

잠업센터가 들어오고 연수생들과 관리원이 거주하면서 우물을 파고 두레박으로 물을 길어 마셨다. 일부 말하기 좋아하는 사람들은 우물을 팠기 때문에 시루섬에 물난리가 났다고 주장하기도 했다.

스님의 충고에 따라 쌓은 제방

시루섬에 대한 또 다른 전설은 『신단양건설지』에도 전하고 있다.

> 시루섬에는 어떤 관리의 커다란 묘가 있었다. 어느 날 한 스님이 찾아와 시주를 청하였지만 묘를 관리하는 사람이 나타나 스님의 바랑에 소똥을 잔뜩 퍼 넣으며 내쫓았다. 화가 난 스님은 인근 마을에 사는 묘주墓主의 후손을 찾아갔다.
> "묘소 앞이 훤히 내다보이니 좋지 않습니다. 묘 앞쪽에 둑을 쌓도록 하세요."
> 스님은 후손에게 말하고는 어디론가 사라졌다. 그 말을 들은 후손들은 이듬해 봄, 묘 앞에 2m 가량의 높이로 둑을 쌓았다. 그러자 앞이 보이지 않아 배가 앞으로 나갈 수 없는 형상이 되었다. 그

후로 그 집안은 얼마 지나지 않아 몰락하였다. 그 둑은 수해가 일어나기 전까지도 마을 앞에 있었다고 한다. 결국 시루섬은 충주댐 수몰로 인해 신단양 건설 골재 채취장으로 변하였고 나머지는 물 속에 잠기게 되었다.

마을 사람들은 스님이 둑을 쌓으라고 한 이유를 더 자세히 설명했다.

"마을이 배의 모양을 하고 있고, 그 배 위로 물이 기어 오르려는 모양새이니 묘지를 섬의 앞부분에 쓰되 묘지 앞의 허한 곳은 둑을 쌓아 보충하시오."

마을 주민들은 '둑 때문에 묘의 후손뿐만 아니라 마을 전체가 망했는지도 모른다.'라고 말했다. 둑을 쌓는 바람에 앞이 보이지 않아서 선장이 여울이나 파도를 보지 못하고, 배가 가라앉는 모양이 되어버려 망했다는 것이다.

조선 중기의 문신 김난상의 유배지

시루섬은 1566년 김난상金鸞祥, 1507~1570이 2년간 유배 생활을 한 곳이다. 그러나 이곳의 유배는 단순히 귀양살이 장소를 바꾸는 이배移配와는 다르다. 죄를 감등하게 되어 한양 가까운 곳으로 옮기는 양이量移였다.

김난상은 1507년중종 2년 한양에서 태어났다. 23세에 둘째 형과 함께 사마시에 장원으로 합격하였다. 이때 퇴계 이황도 합격하면서 두 선비는 학문을 논하는 평생 벗이 되었다. 31세에는 문과에 4등으로 합격하였다. 38세중종 39년 병조좌랑, 사재 감정을 거치고, 인종 1년에 사간원 정언正言이 되었다.

  김난상은 준엄한 풍채를 지녔으며 불의를 배격하고 바르고 옳은 것을 추구하였기에 동료들도 그를 두려워하고 우러렀다고 한다. 김난상이 정언이 된 후 을사사화로 인해 9개월이란 짧은 기간임에도 조정에서 정치적 변화가 많았다. 선생은 이때에도 정치적 협박에 굴하지 않고 항의하다가 파직되어 영천榮川, 지금의 경상북도 영주으로 내려갔다.

  2년 후, 41세명종 2년에 벽서 사건을 조작한 정미사화에서 다시 화를 입어 남해로 귀양을 가게 되었다. 남해에서 18년간 유배 생활을 하다가 59세에 단양 시루섬으로 양이 되어 온 것이다. 그 당시 단양군수 김세주金世趎가 시루섬에 찾아와 술자리를 베풀었다는 기록과 이듬해 퇴계 이황 선생이 찾아왔다는 기록도 있다.

  선생은 유독 사마시에 함께 급제한 퇴계 선생과 가깝게 지냈다. 퇴계 선생은 김난상 선생보다 여섯 살 위였지만 을사년 파직 후 영주에 내려가 있을 때에도 자주 왕래했다. 남해 유배 시절에도 서신을 주고받았으며 복직 후에도 가장 기뻐하며 조용한 산사에서 하룻밤을 함께 자면서 19년간 쌓였던 회포를 풀기도 했다.

  2년간 시루섬에서 유배 생활을 할 무렵인 61세에 복직되었고, 다시 직첩을 되돌려 준다는 왕명을 받았다. 그해에 명종이 승하하고 선조가 즉위하였다. 이후 성균관 직강直講에 제수되어 임금의 부름을 받았고, 이듬해 홍문관 직제학, 호조참의, 성균관 대사성, 공조 참의, 이조 참의, 사간원 대사간에 이르렀다.

  그러나 대사헌에 제수된 지 오래지 않아 사임했으며 향리에 돌아와 있으면서 퇴계 선생의 사망 소식을 듣고 슬프게 곡을 했다. 선생도 며칠 뒤 지금의 강화도에서 향년 64세로 돌아가셨다.

큰 아픔 없이 지나간 시루섬의 병자년 수해

　병자년 수해는 1936년 여름 8월 10일부터 14일까지 한반도에 내린 집중 호우로 인한 대홍수를 말한다. 이는 태풍 '3693호'의 영향을 받은 것이다. 시루섬 수해가 난 1972년으로부터 36년 전의 일이다. 병자년에는 기록적인 피해를 입었다. 특히 경상남도와 강원도의 피해가 가장 심했다. 사망자만 무려 1,916명에 달했고 농경지 침수 면적이 38,835ha에 이를 정도였다.
　시루섬에는 섬 맨 아래쪽에 5칸 ㄱ자형 집이 있었는데 병자년에는 그 집까지만 물이 찼을 뿐, 더 이상의 피해는 없었다. 그때 마을 사람들은 강가 쪽에 매어 놓은 소들을 높은 곳으로 옮기고 참외밭 원두막에서 하룻밤을 지냈을 뿐이었다. 샛강 쪽 변두리에 물이 들어왔지만 떠내려간 집은 없었다. 이튿날 물에 잠긴 집에 가보니 부엌까지 물이 들어왔고, 행랑채가 비스듬히 기울어져 있었다. 그때 이후로 시루섬에는 물이 많이 불어나도 마을 입구만 조금 잠길 뿐이었다.
　그래서인지 시루섬 사람들은 "병자년 물난리에도 끄떡없었던 시루섬인데……."라며 홍수를 대수롭지 않게 여겼다. 이러한 모습이 기록에도 남아 있다. 『충북잠업사』의 기록에서는 물을 피하지 않고 버티는 노인들을 조문행 잠업 계장이 겨우 설득해서 물탱크로 대피시켰다는 내용이 있다. 또한 〈충청일보〉 1972년 8월 23일 자 '단양 수해의 다섯 가지 문제점'이라는 기사에서도 두 번째 문제점으로 '피신 요구에 병자년 장마를 기준으로 대피를 거부한 노인의 고집'을 꼽았다. 같은 날짜 조문행 씨 관련 기사인 '협동·인내로 이겨낸 수마' 편에서는 '부락 노인들은 36년 전 병자년 장마를 들어 위험하지 않다고 우겨댔다.'라고 보도했다.

한국전쟁 당시 미군 주둔지

한국전쟁 당시에 시루섬에는 미군이 거의 살다시피 했다. 거의 3년 내내 주둔한 것으로 보인다. 그러나 미군의 수가 그렇게 많은 것은 아니었고, 시루섬 몇 군데에 천막을 치고 있었을 뿐이다. 주둔군은 마을 주민들에게 피해를 주거나 나쁜 짓은 하지 않았다. 오히려 마을 어린이들을 보면 귀여워하며 안고 다니기도 했고, 사탕을 하나씩 건네주기도 했다.

전쟁 후 마을 사람들은 미군이 사용했던 그리스*를 손 베인 곳에 바르곤 하였는데 상처가 덧나지 않고 잘 아물었다고 한다. 탄피나 포탄 등이 땅속에 많이 묻혀 있어 고물상 하는 사람들이 쇳덩이를 찾기 위해 동그란 지뢰 탐지기를 이용해 캐가기도 했다. 마을 사람들도 쇳조각이나 탄피를 주워 엿장수가 오면 엿으로 바꿔 먹기도 했다. 겨울에 꽁꽁 언 강물 위를 지나다가 강바닥에 아주 커다란 포탄이 보여 신고한 일도 있었다. 군인들이 바로 달려와 폭파했다고 한다.

놀거리가 없던 시루섬 아이들에게 실탄과 탄약 상자는 매우 흥미로운 장난감이었다. 아이들은 모닥불에 실탄을 집어넣고 터뜨리며 놀기도 했고, 탄약 상자에 바퀴를 달아 친구를 태우거나 돌을 싣고 동네 사방을 끌고 다니기도 했다.

미군이 철수하자 주민 중에는 미군이 쳐두었던 철조망을 사용해 집 울타리로 쓰는 사람도 있었다. 1972년 수해 시에는 제2원두막 붕괴로 떠내려가던 주민이 이 철조망에 걸려 목숨을 구하기도 했다.

---

* 그리스(gaease) : 기계의 마찰 부분에 쓰는 매우 끈적끈적한 윤활유. 반고체 상태로 점도가 높아 기름이 오래 보존되지 않는 부분이나 급유가 곤란한 곳 따위에 쓰인다.

2

마을의 특성

마을 풍경

　1972년 당시 시루섬 마을 면적은 24정보町步, 72,000평이었으며 둘레는 5km였다. 주로 평지여서 못 쓰는 땅이 없었으나 대부분은 모래밭이었다. 마을자랑비에는 밭이 14ha였다고 새겨져 있다. 마을에는 진흙이나 큰 돌이 귀했기 때문에 집집마다 담장이 없었다. 몇몇 집은 싸리나무나 버드나무 가지를 엮어 만든 울타리나 뽕나무로 담장을 대신했다.
　마을 곳곳에는 아름드리 소나무가 많았다. 그래서 남쪽의 소나무 군락지를 아랫송정松亭, 북쪽의 군락지를 윗송정이라고 불렀다. 남쪽인

수해 전 박동희 님이 본인 집 앞

아랫송정이 1반, 북쪽인 윗송정이 2반이었으며 1반 반장은 김현수 님, 2반 반장은 김용환 님이었다.

이몽수 님이 마을의 이장을 맡아 다년간 일해 왔으나 수해가 나던 해부터 이몽수 님보다 두 살 위인 지선탁 님이 맡았다. 이몽수 전前 이장 집에 가설되었던 행정 전화가 아직 신新 이장 집에 이설移設이 되지 않았기 때문에 수해 때에 시급한 상황을 군청에 통화한 사람은 이몽수 님이었다.

세대 수에 대해서는 『충북잠업사』와 〈충청일보〉 등에 37세대로 기록되어 있다. 일부 증언자들은 36가구라고도 하였다. 필자가 증언을 토대로 그렸던 시루섬 마을 지도에는 서른다섯 개의 가옥이 표시되어 있다. 세 들어 사는 가구를 포함하면 37가구가 맞는 것으로 보인다.

김 씨·이 씨·오 씨 집성촌

시루섬의 마을에는 외지에서 이사 와서 거주하는 가구도 일부 있었지만 김 씨, 오 씨, 이 씨가 많았다. 이들은 대부분 친인척 관계였다. 그 시절 대부분이 그렇듯 3대가 함께 대가족을 이루어 사는 경우가 많았다.

김 씨의 경우 김근종, 김명종, 김수종, 김성종, 김은종, 김원종, 김태종, 김필종, 김성종 등 '종'자 돌림 가구가 제일 많았는데 김경환, 김용환, 김재환 등 '환'자 돌림과 김정식, 김양식, 김재식 등 '식'자 돌림도 많았다. 이 씨의 경우 이대수, 이동수, 이몽수, 이창수 등 '수'자 돌림 가구도 여러 집 있었다. 오 씨의 경우는 오병국, 오재영, 오재운 세 집이 있었다.

증언을 토대로 살펴보면, 이몽수 님은 이상하 님의 조카이자 이태호·이재호 님과 4촌, 이창수·이창열 님과 8촌이었다. 김용환 님은 김주환 님과 친형제, 김영환·김경환 님과 4촌, 김기홍 님은 조카였다. 오재창 님과 오근택 님은 7촌 관계였다. 또한 오근택 님의 어머니는 김덕순 님이었는데, 이분은 김주환·김용환·김경환·김영환 님과 5촌 당숙이거나 조카였다. 증언자들은 시간이 오래 지나 잘 기억나지는 않지만, 친가와 외가의 친척을 8촌까지 범위를 확대하면 대다수의 마을 주민이 친인척 관계였다고 했다.

그러나 마을 사람들은 간혹 들어오는 외지 사람을 경계하거나 배제하지는 않았다. 박동준 님은 "우리 집처럼 친척이 없었던 집이나 외지에서 들어온 사람도 구별 없이 잘 대해 주었어요. 그러니까 외지에서 온 분들도 마을 일이면 팔을 걷어붙이고 적극적으로 도왔죠."라며 정이 많았던 마을의 모습을 기억했다.

기와집과 너와집이 많았던 마을

시루섬은 논농사를 지을 수 없다 보니 짚을 구하기 어려워 초가집이 귀했다. 이태호, 지선탁, 백낙일, 김용환 님 등 불과 몇 집 되지 않았다. 초가를 엮으려면 외지에서 짚을 사와야 했기 때문에 관리하기도 어려웠다.

마을의 대부분 가옥은 기와집 아니면 너와집이었다. 비율로 본다면 반반 정도였다. 너와집은 얇은 돌을 지붕으로 쓰는 일종의 돌집이었는데 가까운 노동리에 이런 돌들이 많았다. 시루섬의 너와집 지붕은 주로 노동리에서 떼온 너와를 사용했다. 그래서 수해가 났을 때 다른 마을에서는 짚으로 엮은 초가가 물에 둥둥 뜨며 지붕이라도 보였지만 시루섬의 너와집이나 기와집들은 물이 차기 무섭게 푹석 주저앉았다.

소나무와 넓은 백사장이 아름다운 '단양의 해변'

 강물로 둘러싸인 마을 전체가 어린이들의 놀이터였다. 그래서 시루섬 주민들은 어린아이들도 모두 수영을 잘했다. 본강 쪽은 바위와 돌이 많은 조금 높은 지대였지만 샛강을 따라 길게 내려오는 백사장은 모래가 아주 깨끗하고 고왔다. 주변에서 이보다 더 깨끗한 모래를 볼 수 없을 정도였다.

 넓고 긴 백사장은 모래찜질로도 사랑받는 '단양의 해변'이었다. 백사장 쪽에 밭을 부치는 사람들은 한여름에는 밭에 가지 못했다. 모래가 달구어져 발바닥이 뜨거워 일을 할 수 없을 정도였다. 얼마나 뜨거웠는지 뱀도 못 살았고 짐승도 다닐 수 없었다고 했다. 그러니 모래찜질로 사랑받을 수밖에 없었을 것이다. 수심이 얕은 샛강 쪽에는 강조개가 많아 외지 사람들도 강조개를 잡으러 많이 찾아왔다. 시루섬은 아름다운 풍경은 물론 즐거움이 가득한 곳이었다.

 시루섬 양쪽으로 강물이 흐르고 소나무가 많아서인지 학생들의 단

수해 전 시루섬에 소풍을 온 학생들

골 소풍 장소였다. 숨길 곳이 많았기 때문에 보물찾기는 단골 프로그램이었다. 만약 이 마을이 사라지지 않고 그대로 있었다면 전국적으로 꽤나 이름난 관광지가 되었을 것이다.

4무 5다도 四無五多島

시루섬에는 오래전부터 우물을 파면 마을이 망한다는 전설이 있어서 마을 안에 우물이 없었다. 대신 집집마다 '두멍'이라는 큰 물단지를 묻어 놓고 강물을 길어와 놓고 먹었다.

또한 시루섬은 모래가 많았기 때문에 배수가 워낙 잘 되어 진흙이 없었다. 그래서 가옥이 부서지고 갈라진 벽을 보수하려면 다른 마을에 가서 진흙을 지게로 지어 오거나 리어커로 실어와야 했다. 집집마다 지게 없는 집은 있었어도 리어커 없는 집은 없었다. 형편이 나은 집은 우마차도 있었다. 진흙이 귀해서 가옥을 수리하기에도 벅찼으니, 담장을 만들 여력이 있을 리가 없었다. 그래서 시루섬 마을에는 담장도 없었다. 진흙이 없으니 논도 없었다. 논이 없으니 벼농사를 지을 수 없었고, 밭농사를 지어서 수확한 작물을 팔아 쌀을 사 먹어야 했다. 수수나 조, 보리는 직접 키워서 밥을 해 먹을 수 있었지만, 쌀은 귀하고 귀했다.

밭농사는 특히 땅콩 농사와 담배 농사를 많이 지었다. 모래가 많은 곳이라 땅콩 농사가 잘되었다. 오병국 님의 경우 50~100 가마니를 수확할 정도로 많이 지었다. 집집마다 담배 재배도 많이 하였다. 담배건조실이 한두 집 건너마다 한 채씩 있을 정도였다. 담배 농사는 시루섬 주변의 외지 마을 주로 현천리에서 재배해서 마을로 운반하여 건조하는 방식이 대부분이었다.

시루섬에는 뽕나무가 아주 많았다. 외부에서 마을로 들어오다 보면 뽕나무가 가로수처럼 늘어서 있었다. 또한, 샛강 쪽에는 모래만 있고 돌이 많이 없어서 밭을 구분하기 위해서도 뽕나무를 심었다. 이렇게 뽕나무가 많았으니 자연스레 잠업을 하는 농가도 많았다. 단양군 잠업센터를 시루섬에 설치할 정도였다. 단양군에서 양잠이 제일 성행했던 지역이라고 해도 과언이 아니었다.

시루섬은 지대가 낮아서 습한 곳이 많았다. 풀도 무성해서 뱀이 한 번 들어오면 밖으로 나가지 않았다. 그래서인지 유난히 뱀이 많았다. 울타리를 휠 정도의 큰 뱀도 있었다. 안방 문구멍으로 들어온 뱀이 몸의 반을 걸치고 버티는 경우도 있었는데, 이러한 때는 얼른 머리카락을 잘라 불을 붙인 후 냄새를 피우면 뱀이 쉽게 도망가곤 했다. 시루섬의 비책 아닌 비책이랄까……. 이렇게 시루섬에는 어디를 가나 흔하게 뱀을 볼 수 있었다.

그래서 시루섬은 우물과 진흙, 논, 담장 4가지가 없고, 모래, 땅콩, 담배, 뽕나무, 뱀 5가지가 많았으니 '4무5다도四無五多島'였던것이다.

강물이 불면 모두 나와 거랭이질

강물이 불어 날 때면 언제나 물고기가 잘 잡혔다. 때로는 전기 배터리를 구해 물속을 지지면 잠깐 사이에 뱀장어를 한 다래끼*나 잡기도 했다. 간혹 다이너마이트를 던지다가 실수해서 목숨을 잃은 경우도 있었다고 한다. 그래서 농사일로 바쁜 틈에도 물이 찼던 강물이 빠지는 것을 보면 너나없이 족대를 들었다.

장마 때 강에 나가면 뱀장어, 모래무지, 피라미, 쏘가리, 꺽지가 지천

---

* 다래끼 : 싸리나무로 만든 주둥이가 작게 만든 그릇이다.

이라 거랭이*질만 하면 한 바구니씩 잡아 오는 것은 예삿일이었다. 거랭이질은 삼각형으로 생긴 그물로 물고기를 잡는 것을 말한다. 우선 나무로 삼각형을 만들고 족대처럼 물고기가 들어갈 수 있는 그물을 단다. 그 다음 삼각형의 각 꼭짓점 세 곳에 줄을 달아서 한 점으로 모은 뒤에 하나의 긴 줄을 매달면 거랭이질을 하기 위한 채비가 완성된다.

그렇게 만든 거랭이를 가지고 물고기를 잡기 시작한다. 한 사람은 물에 들어가서 삼각형 그물을 물에 넣고, 다른 한 사람은 물 밖에서 거랭이와 연결된 긴 줄을 잡아당겨 물고기를 잡는다. 그래서 거랭이질은 최소한 두 명이 한 팀이 되어야 할 수 있었다. 이렇게 친구들과 삼삼오오 모여 잡은 물고기로 매운탕을 끓이고 거기에 수제비까지 더하면 별미 그 자체였다.

꼭 거랭이질을 하려고 강가에 갔던 것은 아니었다. 특별한 놀이 시설이 없었던 시루섬에서 물가는 아주 좋은 놀이터였다. 팬티 하나만 입은 채로 조개, 다슬기, 진개미민물 새우의 방언를 한 바구니씩 잡아 집에 가져

* 거랭이 : 족대에 삼각대를 매고 끈을 매달아 끌어 당기는 어구(漁具)를 말한다.

가기도 했다. 진개미는 봄에만 볼 수 있었다. 따뜻한 날에 잘 잡히기 때문에 잡는 재미가 쏠쏠했다.

어머니들은 자녀들이 잡아온 말조개나 민물조개를 큰 가마솥에 넣고 요리해서 함께 먹었다. 박동희 님은 그중에서도 진개미로 특별한 요리를 만들었던 것을 기억했다. "봄이라 아직 자라고 있는 조그만 파를 뽑아서 달걀에 묻힌 뒤 진개미랑 같이 끓이면 얼마나 맛있던지 보약처럼 아주 잘 먹었다."라고 어린 시절을 회상했다.

강물이 불어나기 전, 강가의 바위에는 다슬기가 많이 달라붙어 있었다. 본강 쪽에는 큰 바위들이 많았는데 마치 바위 색깔이 검정색으로 보일 정도로 다닥다닥 붙어 있었다. 한 마리씩 손으로 잡을 필요도 없이 훑기만 하면 금방 한 바구니를 채울 수 있었다. 그렇게 잡은 다슬기를 팔기도 하고, 먹기도 했다. 수해가 났던 그날도 물이 늘자 거랭이를 들고 고기잡이에 나선 사람들이 많았다.

강가에 즐비한 빨래터

시루섬 서쪽에는 빨래터가 세 곳이 있었다. 시루섬처럼 37가구 정도가 사는 마을에는 한두 군데의 빨래터가 있는 것이 보통이었다. 그러나 시루섬은 물과 가까워서 다른 마을보다는 빨래터가 더 많았다. 여느 마을처럼 아낙네들은 그곳에 모여 방망이질을 했다. 여름에는 그나마 괜찮았지만, 겨울에는 얼음을 깨고 빨래를 해야 했다. 지금처럼 고무장갑이 있던 시절이 아니어서 맨손으로 빨래를 하다 보면 손이 얼마나 시린지, 펴지도 오므리지도 못하면서 힘겹게 빨래를 했다. 그렇게 빨래를 하고 나면 벌겋게 부은 손을 부여잡고 집으로 돌아갔다.

Part II

시루섬의 수해
한눈에 보기

1972년 8월 19일 수해가 나기 전
시루섬은 여유롭고 인심 좋은
강변 마을이었다.

1972년 8월 19일 그즈음
담배농사, 누에치기, 강수욕…….
평화롭고 순후한 곳, 시루섬.
그 시루섬을 태풍 베티가 위협하고 있었다.

한눈에 보는
1972년 시루섬 수해

짧고도 길었던 그날로 돌아가 함께 위기의 순간을 이겨내기 바라는 마음으로 한눈에 보는 1972년 시루섬 수해를 정리했다.

증언자들의 증언 내용을 종합해서 한눈에 알아볼 수 있도록 시간대별로 정리하기가 무척 어려웠다. 시각을 기억하지 못하거나 증언자별로 기억하는 시각이 다른 경우도 적지 않았기 때문이다. 그러나 다수가 기억하는 시각, 그리고 여러 사람을 인터뷰하면서 필자가 느낀 약간의 확신을 더해서 정리해 보았다. 필자 역시 시간대별 상황을 구성한다는 것이 무리인 줄 알면서도 그날의 참상을 이해하려면 꼭 필요한 사항임을 절감했기 때문이다.

8월 17일
오후부터 비가 내리기 시작
밤새도록 굵은 비가 내림

8월 18일
밭에서 일할 수 있을 정도로 날이 잠시 갬
저녁 무렵 장대비가 내리기 시작
18일 정오부터 충북 도내 북부지방에 집중호우가 있었다고 〈충청일보〉가 보도
물의 깊이는 시루섬 샛강을 걸어서 건널 수 있을 정도

8월 19일 새벽
잔뜩 흐렸지만 비는 내리지 않음
시루섬 샛강은 물이 불어 건널 수 없음

오전 9시
갑자기 장대비가 내림
비는 오다가 그치기를 반복

● 오전 10시
굵은 비가 가랑비로 바뀜
시루섬 주민 여러 명이 얕은 강가에서 족대로 물고기를 잡을
정도로 가는 비가 내림
강물의 수위는 줄어들지 않았고 오히려 늘어남
마을의 담배 건조실마다 전날 미리 따온 담뱃잎을 말리는 등
시루섬은 평온함

● 오전 11시
다시 굵은 빗줄기가 퍼붓기 시작
강물이 급작스레 불어나 섬 아래쪽 여러 집에 물이 들기 시작
마을 전체에 홍수 소식이 퍼지지 않음
상당수는 마을 상황을 모른 채 일상 유지

● 오후 1시
강물이 걷잡을 수 없이 불어남
마을 이장, 반장을 비롯해 평소 마을 일에 열성적인 이들이 골목골
목 돌면서 주민 대피 독려
이몽수 님은 마을이 물에 잠기기 전 마지막으로 상황을 알리기 위
해 군청에 전화
강물이 공동묘지 쪽에서부터 마을에 들이침
아랫마을의 집들이 강물에 휩쓸림

● 오후 2시
마을 사람들이 물탱크 주변에 집결
먼저 모인 사람들이 긴 사다리를 1.5~2m 높이의 사각보조탱크
위에 올려놓고 물탱크 위로 올라가기 시작
가옥과 담배건조실 등이 가파른 물살에 허무하게 무너져 내림
담배건조실에 피워놓은 석탄불 터지는 소리가 포탄 소리처럼 남

● 오후 2시 30분
윗 송정 가까이 물이 들어참
물탱크 위로 올라가지 못한 사람들을 위한 대피용 원두막과 비상
가교를 만들기 시작

● 오후 3시
몇몇이 뒤늦게 물탱크에 오름
철선에 10명 정도 대피
물탱크 위로 올라가지 못한 사람들은 원두막이나 비상 가교로 피신
강물이 보조 탱크를 덮을 정도로 차오름
시루섬이 완전히 물에 잠김

● **오후 5시**
물탱크 위에서 청년들이 스크럼을 짜고 노약자와 잠업센터 연수생들 보호
물탱크 주변에 16마리 정도의 소 떼가 몰려 강물 위를 계속 헤엄치며 오르내림

● **오후 10시**
비가 계속 내림
강물은 최고 수위 기록

● **오후 11시**
비가 그치자 구름을 헤치고 달이 나타남
물탱크 위는 아비규환의 연속
물탱크 가운데에 있던 사람들과 잠업센터 연수생들은 두 손을 머리 위로 올린 채 밤을 새움
앉을 수 있었던 이는 고령 노인과 아기를 안고 있던 최옥희 님

● **오후 12시**
비는 그친 상태
제3원두막 격인 '비상 가교'를 지탱하던 아름드리 소나무가 무너지고, 그 소나무가 제2원두막을 지탱하던 나무를 연쇄적으로 쳐 원두막을 쓰러뜨림
제2원두막에 대피했던 수십 명이 강물에 빠짐

8월 20일 ● **오전 1시**
비가 완전히 그침
열하루 날, 달이 간간이 구름 속을 헤치고 비치기도 함
정체되었던 강물 수위가 조금씩 내려가기 시작
물탱크가 기우는 바람에 최옥희 님의 아기가 물탱크 입구 주둥이에 부딪혀 사망
최옥희님은 사망 사실 함구

● **오전 2시**
물탱크에서 애곡리 원대이 부근 철길 위 횃불 목격
샛강 옆 국도변 또는 산중턱에서도 심곡리 사람들이 횃불을 밝힘
상진리 군부대 정문에서 서치라이트를 비춤
현천리 철교 위에서 당시 단양경찰서장이 플래시를 들고 뛰어다님
철선에서도 횃불로 화답의 신호를 보냄
5곳의 횃불이 새벽까지 꺼지지 않고 시루섬을 빙 둘러 타오름

- **오전 3시**
  강물이 빠지기 시작
  물탱크 주변 일부 땅바닥이 보임
  동이 트기 전 사각보조탱크 지붕이 보일 정도로 물이 빠짐

- **오전 5시**
  먼동이 트기 직전, 물탱크와 무너지지 않은 원두막에서 사람들이 내려오기 시작
  나뭇가지나 울타리, 가시철망 등에 걸린 사람 철선으로 구조
  일부 시신 수습 시작

- **오전 7시**
  물이 완전히 빠지지 않아 소형 헬기 착륙 실패
  소형 헬기 정찰하고 시야에서 사라짐

- **오전 8시**
  물탱크 아래 땅바닥이 완전히 드러날 정도로 물이 빠짐
  '두멍'이나 '거름통'에 고인 물을 뜨고, 물에 불은 쌀과 보리쌀을 찾아 밥을 짓고, 뽕잎으로 주먹밥을 만듦

- **오전 9시**
  태종학 충청북도지사가 헬기로 시루섬에 착륙하여 주민 위로
  온 마을 주민들이 참았던 눈물을 흘려 금세 눈물바다를 이룸
  도지사는 섬에서 나가야 한다는 주민 의견대로 조치할 것을 약속
  상진대교가 무너져 철길을 따라 출근하던 단양면사무소 조율형 잠업 지도원이 시루섬에 내린 헬기를 보고 사람들이 살아있음을 짐작

- **오전 10시**
  사망자 시신을 수습하여 매장함(실종된 시신 중 1구는 며칠 후 마을 웅덩이에서 발견)

- **오전 11시**
  소형 헬기 2대에 이어 대형 미군 치누크 헬기 2대가 여러 번 시루섬을 드나듦
  단양여중에 마련된 수재민 임시 수용소로 시루섬 주민 수송 완료

시루섬 수해 이해를 위한 키워드 셋

1

하나, 시루섬 사람들을 살린 물탱크

**물탱크는
왜 설치되었나**

1972년 시루섬의 수해가 있기 몇 해 전 단양군은 시루섬에 물탱크를 설치하였다. 23세 무렵부터 7년 동안 증도리를 위해 봉사하던 이장 이몽수 님을 격려하기 위해 단양면장 신재복이 후의를 베푼 것이다. "그래서 내가 그 양반 이름을 생전 안 잊어버리고 있어요."라는 조옥분 님의 말, "신재복 님 덕분에 증도리 사람들 대부분이 살 수 있었지요."라는 김현수 님의 증언처럼 이 물탱크가 온 동네 사람들의 목숨을 살린 것이다.

물탱크가 설치된 것은 결코 우연이 아니었다. 항상 마을을 걱정하고 주민을 위해 헌신한 이몽수 님의 공덕을 치하하고, 다른 마을에도 귀감이 될 수 있도록 홍보하기 위해서였을 것이다. "증도리에 젊은 사람이 이장을 잘 보고 있으니까 남편의 기운을 살리기 위해 매포 평동으로 물탱크가 지정돼 있는 걸 옮겨 주었어요."라는 조옥분 님의 말과, "(수해 후)회사에 입사하면서 다시 이몽수 님에게 이장을 넘겼어요. 이몽수 님은 이장을 안 보려고 이사까지 갔을 정도였죠. 그분은 그 정도로 주민들에게 신망이 있었고 일도 잘 하셨어요."라는 박동준 님의 말, 그리고 다른 주민들의 증언을 종합하면 충분히 짐작이 가능하리라.
물탱크가 설치된 위치는 윗송정의 소나무 숲 아래였다. 아름드리 소나무 40~50 그루가 숲을 이루고 있었는데, 이 숲이 거센 물살로부터

1972년 8월 19일 시루섬 주민 201명이 올라 목숨을 건질 수 있었던 물탱크

물탱크를 막아 주고 보호하는 기능을 했다. 이 소나무 군락이 없었다면 물탱크 아래 기초 부분이 물살에 패여 물탱크가 쓰러질 수도 있었다. 물탱크를 설치한 것도, 소나무 숲 아래에 설치한 것도 모두 시루섬 사람들을 살리려는 하늘의 뜻이 아니었을까. 물탱크 옆에 듬직하게 서 있던 아름드리 큰 참나무는 무슨 일이 생길지도 모르는 시루섬 사람들에게 오월 단오 때면 그네를 매도록 해주었다. 물탱크 주변의 나무들은 언제나 시루섬 사람들과 함께였다.

큰 도움이 되지 않았던 간이 상수도

일부 증언자들과 『충북잠업사』에서는 잠업센터가 생기면서 연수생 식수 공급을 위해 물탱크가 설치됐다고 하는데 이는 사실과 다른 것으로 보인다. 당시 신문 보도를 보아도 그러한 기록은 없다. 특히 주민들은 "물탱크가 잠업센터보다 먼저 설치되었어요."라고 증언하는 사람이 많다. 대부분 수해 나기 3년 전쯤 물탱크가 만들어졌다고 말했다. 잠업센터 교육은 1969년 가을부터 1972년까지 3년간 실시되었고, 잠업센터가 생기기 2~3년 전 물탱크가 설치되었다는 주민들의 증언을 종합해 보면 물탱크는 아마도 1969년경에 설치된 것으로 보인다.

물탱크를 설치한 후로 강에서 1km 정도 떨어진 마을의 가장 높은 곳까지 강물을 끌어 올려 물탱크에 물을 받아 두었다. 즉, 물탱크는 집집마다 물을 공급하는 간이 상수도였다. 하지만 큰 도움은 안 되었다. 그나마 지대가 낮은 아래쪽 집에는 물이 조금씩 나왔지만, 지대가 높은 집에는 물이 거의 나오지 않았기 때문이다. 용량이 적어서인지 수압이 약해서인지는 알 수 없다.

고장이 잦아 한 달만 사용되고 방치

물탱크 사용에 어려움이 있었다. 당시 마을에는 전기가 들어오지 않아 의정부 미군 부대에서 발전기를 사 와서 물탱크를 가동해야 했다. 그러나 자꾸 고장이 났다. 상수원은 지하수가 아니라 강물이었는데, 강물을 끌어 올리지 못하니 상수도 사용이 불가능했다. 수압이 약하고 고장이 잦은 탓에 물탱크는 설치 후 한 달 정도만 사용되고 방치되었다. 원래의 역할을 하지는 못했지만 마을 가장 높은 곳에서 상당기간 시루섬을 지키고 있다가 마을 사람들의 생명을 구할 물탱크가 될 줄은 아무도 몰랐다.

시루섬 사람들은 물탱크가 설치된 이후에도 여전히 강물을 이용해야 했다. 매일 물지게로 물을 길어와서 먹거나 생활용수로 사용했다.

물탱크 앞에서 박동희 님과 그 조카

집집마다 매일 네다섯 번씩 물지게를 지지 않으면 안 되었다. "강을 얼마나 여러 번 왔다 갔다 했는지 내가 죽으면 어깨가 제일 먼저 썩는다고 했어요."라고 말한 한길선 님의 증언이 그 당시 고단했던 삶의 모습을 잘 보여준다.

물탱크는 어떻게 생겼을까

시루섬에 세워진 물탱크는 『신단양건설지』 등 다양한 자료를 통해 알 수 있었다. 물탱크는 원형탱크와 사각보조탱크가 나란히 세워졌다. 둥그런 물탱크의 높이는 6m, 지름은 5m였다. 면적으로 환산하면 19.625$m^2$5.95평이다. 『단양의 고을 그 역사따라 향기따라』에는 16$m^2$5평으로 기록돼 있다.

물탱크 꼭대기까지 오르내릴 수 있는 사다리나 손잡이는 전혀 없었다. 물론 옥상에도 난간 시설이 없었다. 물탱크 꼭대기는 그냥 평평한 면이었다. 다만, 한 사람이 들어갈 수 있는 구멍과 그 구멍을 막아두는 뚜껑이 있었다.

원형 물탱크 옆에는 높이가 2m 정도 되는 작은 직육면체 모양의 보조 물탱크가 있었다. 보조탱크는 정수 기능을 담당하는 것으로 자체 정화를 위한 자갈이 깔려 있었다. 두 개의 문이 있는데다, 안이 꽤 널찍해서 어린이들의 놀이 공간으로 안성맞춤이었다. 학교에 가기 싫은 날에는 이곳에 숨어 있기도 했고, 숨바꼭질할 때는 여기에 몸을 감추기도 했다.

수해 직전까지는 보조탱크의 중간까지 흙으로 덮여 있었다. 그래서 대피할 때, 사람들은 보조탱크에 올라가 원형 물탱크에 사다리를 기대었을 것이다. 즉, 사각보조물탱크는 원형 물탱크에 오르기 위한 발판이었다.

수해 다음날

아기가 부딪혀 희생당한 '전두부 아구리'

'전두부 아구리'는 원형 물탱크의 물을 청소할 때 안으로 들어갈 수 있게 만든 입구를 말한다. 시멘트로 만든 출입구였는데 물탱크 옥상의 중앙과 북쪽 가장자리 사이에 있었다. 입구의 넓이는 사람이 간신히 들어갈 수 있을 정도였고, 높이는 옥상 바닥에서부터 40~50cm 정도로 조금 튀어나와 있었다. 평소에는 뚜껑에 덮여 있었다. 사람들은 이곳을 '전두부 아구리', '전드가리' 또는 '물탱크 주둥이'라고 불렀다.

수해 때 물탱크 위에 대피했던 사람들은 너무나 비좁아 앉을 공간이 없어 모두 서 있었지만 갓난아기를 안고 있는 최옥희 님은 앉아 있도록 배려했다. 최옥희 님은 이 '전두부 아구리'에 등을 기대고 앉아 있을 수 있었다. 그런데 사람들이 한 덩이가 되어 수시로 이리저리 밀고 밀리다가 한 번은 한쪽으로 크게 확 쏠렸다. 그때 아기를 안고 앉아 있는 최옥희 님의 어깨 위로 사람들이 타고 앉듯이 쏟아져 내리게 됐다.

최옥희 님은 힘을 다해 막아보려 했지만 아기를 안은 채 옆으로 쓰러질 수밖에 없었다. 옆으로 엎어질 때 안고 있던 아기가 하필이면 이 전두부 아구리에 머리를 부딪치고 말았다. 그 때 아기는 '애~' 하는 비명을 마지막으로 숨을 거두었다. 최옥희 님은 나중에 보니 아기의 관자놀이가 쏙 들어가 있더라고 증언했다.

수해로 물탱크가 약간 기울어졌다

아기 엄마인 최옥희 님과 장남인 안승상 님은 사람들이 갑자기 확 쏠려 넘어진 것은 물탱크가 약간 비스듬히 기울어지던 순간이라고 믿고 있다. 바로 그때 사람들이 낮은 쪽으로 쏠리면서 아기가 사고를 당하게 됐다는 것이다. 사진을 보면 물탱크가 땅과 직각이 아니라 약간 기울어져 있는 것으로 보이기도 한다. 아마도 물탱크 아래쪽 바닥이 홍수에 패여 나가면서 물탱크가 약해진 바닥 쪽으로 기울어졌고, 그 바람에 아주 강력한 휩쓸림 현상이 발생해서 사고가 났을 것으로 추정된다.

 최옥희 님은 물탱크가 원래 이렇게 삐딱하지는 않았던 것으로 기억했다. 김기홍 님도 내려와 보니 물탱크가 약간 삐딱하게 기울어져 있었다고 했다. 필자 역시 아무리 봐도 우측으로 약간 기울어진 것으로 보여 증언에 공감한다. 그러나 이몽수, 한길선, 신준옥, 이대수, 오재창 님을 비롯한 다른 증언자들은 물탱크에 기초 콘크리트가 잘 되어있었을 것이라며 이 점에 공감하지 않았다.

둘, 잠업센터

잘 사는 단양을 만들기 위해 설립된 시루섬의 잠업센터

과거 먹을 것이 부족해 풀뿌리나 나무껍질과 같은 거친 음식으로 연명하던 시절, 특히 마땅한 소득이 없어 삶이 고단했던 농촌에서는 누에고치를 치는 일이야말로 보릿고개를 넘는 특별한 농사였다. 필자 역시 어린 시절 누에고치를 팔아야 새 옷을 입을 수 있었던 추억이 아직도 생생하다.

시루섬에 '단양군 잠업센터'가 설립되었는데, 설립 과정은 『충북잠업사』에 자세히 기록되어 있다. 1960년대 단양군을 비롯한 충청북도 북부 지역의 잠업 규모는 대단했다. 당시 청주시 사직동에 있던 남한제사 청주공장을 폐쇄하고, 제천시 강제동의 제2공장으로 통폐합할 정도였다. 단양군은 1961년 2월 24일에 '충청북도 잠업증산추진대회'를 개최했는데 장소는 단양군 적성면 적성양잠특설지구였다. 농가 규모는 영세하지만 산뽕을 이용하는 농가가 많아 소잠掃蠶량은 청원군과 비슷할 정도로 규모가 컸다.

1966년 중앙정부에서 낙후된 농촌 부흥을 위한 노력으로 농민들의 일본 연수를 추진했다. 이때 단양군에서는 북상리에 거주하는 명망 높은 독농가 지덕구池德九 씨가 선발되어 일본의 잠업 기술 연수를 마치고 돌아왔다. 이렇게 중앙정부의 방침과 그리고 잠업으로 잘 사는 단양을 만들어 가자는 지덕구 씨와 당시 이중천李重天 군수의 의지에 따라 잠업센터를 설립하게 된 것이다.

시루섬의 황무지, 뽕나무 밭으로 변해

이듬해인 1967년 단양군에서는 잠업센터를 설립하고자 하는 특수시책을 본격적으로 추진했다. 신상택申相澤 산업과장을 선봉으로 그의 진두지휘 하에 추진되었다. 사업의 핵심은 시루섬의 황무지에 대규모 뽕나무밭을 만들고 잠업센터를 설립하는 것이었다. 시루섬의 북동쪽, 즉 지금의 단양역 앞 지역은 큰 돌이 넓게 깔려 있었다. 밭으로 개간할 수 없을 정도로 버려진 땅이었다. 지대도 약간 높아 홍수 때가 아니면 물이 차지 않아 늘 걸어서 다닐 수 있는 곳이었다. 그래서 이곳에 잠업센터 설립을 결정하고 터를 잡았으나 기계 없이는 공사가 너무 힘들었다.

마침 중앙정부에서 2년 전 체결된 한일협정에 따라 일본으로부터 현물로 보상받은 코마츄사 불도저를 일선 시군에 배정했다. 단양군은 이 불도저 장비를 제일 먼저 시루섬 북쪽 현장에 투입했다. 시루섬의 버려진 황무지를 개간하고 그곳에 뽕나무밭을 조성하게 된 것이다.

1967년 봄, 개간사업이 시작된 시루섬 북쪽 지역은 1500평의 뽕나무가 무성하게 자라는 곳이 되었다. 시루섬에 충북의 대표적인 잠업센터가 건립되었다. 봄에 심은 뽕나무가 어찌나 잘 자랐는지 그해 가을에는 누에를 칠 수 있을 정도로 성장했다. 그만큼 시루섬은 섬 전체가 뽕밭 조성의 최적지였던 것이다. 시루섬의 표토가 강 주변의 자갈에 눌렸기 때문에 비옥한 거름이 유실되지 않고 쌓였고 그로 인해 강변의 충적토가 되었기 때문이다.

원래부터 뽕나무와 잠업 농가가 많았던 시루섬은 정부와 단양군의 방침에 따라 황무지조차도 뽕나무밭으로 변한 곳이 되었다. 이를 지켜본 당시 한충구 충청북도 농촌진흥원장은 황무지를 옥토로 만들었다며 "상전벽해桑田碧海 : 뽕나무밭이 푸른 바다로 변했다가 아니라 벽해상전碧海桑田 : 푸른 바다가 뽕나무밭으로 변했다이다."라는 말로 격려했다고 한다.

잠업센터의 규모는

잠업센터 사진을 구하려고 백방으로 노력했지만 단양군청에는 남아 있는 기록이 없어 몹시 아쉬웠다. 다만 박동희 님이 개인적으로 소장하고 있는 사진이 단 한 장 있을 뿐이었다.

증언들을 종합해보면 시루섬 최북단에 건립된 잠업센터는 시멘트로 지어졌으며 옥상이 있는 2층 양옥 건물이었다. 단층 건물이었다고 기억하는 분들조율형, 신준옥, 오선옥도 있으나 박동희 님의 사진으로 보아도 2층임이 분명했다. 사진 한 장이 주는 기록의 중요성을 절감했다.

잠업센터의 구조를 살펴보면 교실, 숙소, 사무실, 지하실, 식당, 목욕탕, 누에 치는 방이 있었으며 관리사도 별도로 있었다. 신축건물이다 보니 마을에서 제일 클 수밖에 없었다. 주민들이 순박해서 그랬는지 담장은 없었다. 숙소는 방이 꽤 여러 개가 있었는데 한 방에 5~6명씩 숙박했다. 마당도 학교 운동장만큼은 아니지만 피구를 할 수 있을 정도는 되었다. 마당 한 켠에는 큰 솥을 걸어 놓고 밥을 해 먹기도 했다.

지하실은 한여름에도 시원해서 뽕나무에서 따온 뽕잎을 저장할 수 있었다. 그리고 주기적으로 물을 뿌려 뽕잎이 마르지 않도록 보관했다. 한여름 몹시 더운 날 숙직을 서다

잠업센터 앞의 박동희 님과 친구들

더위에 뒤척였던 조율형 님은 "옥상 위에 올라가 자면 아주 시원했어요. 거기는 강바람이 불어서 오히려 추울 정도였으니까요."라고 기억했다.

시루섬에는 아직 전기가 들어오지 않은 상태라 호롱불을 사용해서 방을 밝혔다. 센터를 관리 운영하던 사람은 단양군 공무원인 센터장, 관리사, 식당에서 밥을 해주시는 분까지 총 3명이었다. 센터장인 공무원은 시루섬에 상주하지는 않았으나 거의 매일 출장을 나왔고, 교육이 진행되는 기간에는 이따금 숙직도 했다. 이와 달리 관리사와 밥을 해주시는 아주머니는 시루섬에 상주했다. 관리사는 건물과 뽕밭 관리, 누에 치는 제반 업무를 맡았고 밥을 해주시는 아주머니는 학생들의 식사를 책임졌다. 둘은 부부 사이였는데 '노 기사'로 불리는 관리사는 먼 곳에서 온 연수생들을 잘 챙겨 주었다.

양잠농가 현지 지도교사를 양성해

단양군에서는 30~40명의 젊은 여성들을 모아 한 달 정도 누에 키우는 기술을 교육했다. 주로 중학교를 갓 졸업한 나이 정도의 소녀들이 많았다. 그중에는 교육을 받고, 잘 되면 농촌지도소에서 근무할 수도 있다는 기대감을 가진 사람들도 있었다. 시루섬에서 나고 자란 토박이로 잠업센터 1기 연수생이었던 박동희 님은 "동기생들은 20~30명 정도였고, 동기 중에는 남자도 다섯 명에서 여섯 명 정도가 있었어요."라고 기억했다.

잠업센터에서는 1년에 봄춘잠, 여름하잠, 가을추잠 이렇게 세 번씩 누에 치는 요령을 가르쳤다. 무상으로 교육받은 연수생들이 군내의 양잠 농가를 다니면서 누에 치는 요령을 직접 지도해 주도록 하는 것이 잠업센터의 교육 목적이었다. 그렇기 때문에 이론보다는 주로 실습 위주로 교육이 이루어졌다. 몇 개 조로 나뉘어 교대로 배우기 때문에 뽕잎을 따

뽕가락지

와서 누에에게 주는 실습 조와 교실에서 배우는 조를 교대로 운영했다.

뽕잎을 수확할 때는 반지처럼 생긴 특별한 도구를 사용했다. 엄지손가락에 반지처럼 끼우면 그 앞에 칼날이 달려있었는데 '뽕가락지'라고도 불렀다. 손으로 뽕잎을 따면 뽕나무에 눈이 떨어지며 그곳에는 이파리가 다시 안 나온다고 교육을 받았다. 그래서 뽕잎을 딸 때는 항상 도구를 사용한 것이다. 뽕잎은 위로 올라가며 자라기 때문에 아래에 있는 잎은 뻣뻣하고 위쪽은 연한 새순이 자랐다. 알에서 막 깨어난 개미같이 작은 누에에게 밥을 줄 때는 맨 위에서 딴 잎의 가장 연한 부분을 썰어서 줘야 한다는 교육도 받았다.

공무원이 상주하지 않았기 때문에 관리사는 연수생들과 함께 누에를 길렀다. 아침, 점심, 저녁 시간에 맞추어 하루 세 번 잘게 썬 뽕잎을 누에에게 먹였다. 어떤 연수생은 오전에 두 번, 오후에 두 번 뽕잎을 주었던 것으로 기억하는 분도 있었다. 연수생들은 밭에 나가 뽕잎을 따가지고 와서 누에가 큰 경우에는 잠박에 바로 얹어 주기도 했지만 누에가 어릴 때는 도마 위에 놓고 잘게 썰어 주기도 했다.

잠박

잠업센터의 연수생들은 한 달간의 연수 기간 중 나눠준 교재를 익히고 시험에 합격해야만 수료증을 받고 양잠 교사가 될 수 있었다. 잠업 교사는 단양군 내에 누에를 많이 치는 집에서 한 달간 먹고 자면서 현지에서 양잠을 지도하는 직업이었다. 월급은 면사무소에서 지급했고 여비는 별도였다. 1년 내내 활동하는 게 아니라 1년에 2~3회 정도로 한 달씩 활동했다.

이렇게 특별한 잠업센터를 운영하기 위해 단양군과 단양면은 잠업 행정에 집중했다. 단양면사무소 산업계에는 산업계장과 담당자 외에도 잠업 지도원 3명이 근무할 정도로 잠업의 비중이 컸다. 잠업을 권장하기 위해 뽕나무를 한 그루씩 헤아려서 집중적으로 관리할 정도였다.

잠업 교사의 현지 지도는 원활히 진행되는 곳도 있었고 그렇지 않은 곳도 있었다. 나이 어린 처녀가 잠업 지도를 나가면 품을 팔러 온 노인들이 "네까짓 게 뭘 아느냐?"라고 무시하거나 다투는 경우도 종종 있었다. 그렇게 힘든 현지 지도가 끝나면 한 달 월급을 계산해서 받았다. 박동희 님은 그 당시 급여를 오천 원에서 육천 원으로 기억했다. 일반적인 여성들이 밭에 나가서 일을 하고 받는 것보다는 더 큰 금액이었다. 현장 지도를 나가지 않을 때는 단양면사무소에 가서 누에고치를 골라서 오물이 묻은 것도 고르고 품질에 따라 선별하는 작업도 했다. 그러면 낮은 등급을 받은 농민은 자신이 애지중지 키운 노력이 허사가 되는 것처럼 느꼈기에 불만을 가지기도 했다.

결국 3년만 운영

잠업센터는 1969년 가을부터 1972년까지 3년간 운영했다. 짧은 기간이었지만 매 기수마다 20~30명 정도의 연수생을 배출했다. 잠업센터에서 교육을 이수한 교사가 잠업 농가에 나가 출장 지도를 했고 그렇게 키운 누에고치를 팔기 위해 수매장에 갈 때는 꼭 교사를 데리고 갔다. 수매 검사원에게 "잠업센터에서 배운 분이 기술적으로 잘 기른 고치입니다."라고 말하면 품질을 믿을 수 있었기에 한 등급을 올려서 평가해 주기도 했다.

수해를 앞둔 1972년 8월 가을누에 사육을 앞두고 잠업센터에서 새로

이 연수가 시작되었다. 어상천면 임현리에서 온 오선옥 님은 당시 열다섯 살이었는데 연수생 중에 가장 나이가 어렸다. 오선옥 님은 같은 동네에서 온 친구 두 명과 함께 입소했다. 면사무소 직원으로부터 입교 추천을 받았던 것으로 기억했다. 잠업 연수원으로 교육받으러 간다고 했을 때 부모님께서 새 옷을 한 벌 사주시어 설레는 마음으로 입교 가방을 꾸렸다고 했다.

하지만 설레는 감정을 가질 수 있었던 것은 오선옥 님이 마지막이었다. 1972년 8월 19일의 물난리로 잠업센터가 흔적도 없이 사라졌기 때문이다. 잠업 교육이 3년의 짧은 여정을 끝마치게 된 것이다. 교육을 시

뽕나무 밭으로 변한 잠업센터 자리

작한 지 얼마 안 되었던 연수생들은 교육을 수료하지 못해서 잠업 지도를 할 수 없었다. 시루섬에 다시 잠업센터가 세워지지 않았기에 교육장으로서의 기능은 소멸되었다. 당시 센터장이었던 조문행趙雯行 단양군청 잠업 계장은 제천 청풍 분으로 시루섬에서 물난리를 직접 겪으면서 너무 혼비백산한 나머지 그 후유증으로 일찍 세상을 떠나셨다고 한다.

| 운명의 날
| 연수생은 몇 명

1972년 8월 19일 운명의 그 날, 연수생이 몇 명이었는지는 증언하시는 분마다 기억이 상이하다. 이몽수 님과 박동준 님은 '40명 가까운 인원', 유상순 님은 '30~40명 정도', 신준옥 님은 '처음에는 40명 정도였으나 교육받으면서 연수생이 줄어 수해 날에는 30여 명', 오재창 님은 '30여 명', 조율형 님은 입소한 사람 중에도 사정이 있어 중간에 포기하고 퇴소하는 분도 더러 있었기에 '인원은 23명', 한길선 님은 '15~20명 정도'로 기억했다. 그날 교육 중이었던 배금숙, 신준옥, 오선옥 님은 읍면 당 2~3명의 인원이 왔기에 20~30명 정도의 인원이었던 것으로 기억했다. 그러나 당시 신문과 『충북잠업사』에서는 18명으로 기록했다. 이렇게 정확한 연수생의 인원 파악은 어렵기에 여기서는 '30여 명'으로 추정하고자 한다.

며칠에 입소했는지도 명확하지 않다. 당시 연수생 세 분은 교육을 시작한 지 7일 내지 10일 정도 되었다고 기억하고 있다. 8월 25일 〈충청일보〉에서는 8월 16일부터 잠업 기술을 지도했다고 보도했는데 그러면 교육 시작 후 3일 만에 수해를 당한 셈이다.

셋, 마을 배(철선)

    시루섬은 말이 섬이지, 육지나 다름없었다. 북쪽에서 남쪽으로 흐르는 남한강이 시루섬을 감싸고 있었지만 본류에서 동쪽으로 가지를 친 샛강은 연중 대부분 건천乾川이라 걸어 다니기에 아무런 문제가 없었다. 그래서 사람들은 시루섬 동쪽인 심곡리나 아랫동네 현천리와 닿아 있는 자갈길로 걸어 다녔다. 해변같이 펼쳐진 백사장을 지나면 동글동글한 자갈밭이었다. 강물이 약간 불어 얕은 물이 흐르면 바지를 걷어 올리고 강물을 건너다녔다.

    수해가 나기 1년 전인 1971년 시루섬 잠업센터 연수생이었던 송순옥 님은 "연수하면서 이따금 집에 다녀올 때도 있었는데 언젠가 한 번은 물에 빠져서 건넌 적도 있었어요. 배 운행 시각이 맞지 않아서 그랬는데 샛강이 무릎 정도로 얕아서 위험하지는 않았어요."라고 증언했다. 그러나 장마로 물이 불어 걸어서 드나들 수 없을 때가 매년 몇 번씩은 있었다. 평상시에도 본강을 건너야 할 경우가 있었기 때문에 마을에서

애곡나루의 목선

관리하는 배가 꼭 필요했다. 철로 만들어서 철선鐵船이라고도 불렀는데 노를 저어 운행되는 무동력 배였다. 전에는 목선木船이었으나 수해 나기 몇 해 전 시루섬 주민들이 단양면장신재복 님에게 건의해서 철선으로 교체했다고 한다.

마을에는 주민들이 돌아가면서 이 철선을 관리하는 제도가 있었다. 배는 마을 공동의 재산일 뿐만 아니라 생명줄과도 같아서 뱃사공을 누가 하느냐는 항상 주민들의 관심사였다. 물이 적을 때는 한 사람이, 많을 때는 두 사람이 뱃사공을 했다. 하지만 놀랍게도 이 배를 돌보는 문제로 한 번도 다투는 일이 없었다. 주민 모두가 협조를 잘했기 때문이다. 이런 전통이 있었기에 수해로 주민 몰살의 위기에 빠졌던 그날을 잘 넘길 수 있었던 것이다.

장마에 배가 떠내려가면 함께 노를 저어 힘들게 다시 시루섬으로 가져와야 했기에 마을에서는 늘 배를 잘 관리해야만 했다. 비만 오면 이장, 반장들은 배를 높은 곳으로 끌어 올려놓았고, 물이 더 불면 다시 더 높은 곳으로 끌어 올려놓아야 했다. 만약 깜박 잊으면 배가 떠내려가 버렸다. 떠내려가던 배는 다행히 물길이 꺾이는 외중방리 구미에서 멈추곤 했다. 그러면 이장과 반장들을 포함한 마을 사람들이 밤중에라도 달려가 함께 노를 저어 다시 시루섬으로 찾아온 적도 여러 번 있었다. 강물을 거슬러 올라와야 하는 힘든 일이었지만 그럴 때마다 마을 사람들이 서로 힘을 합쳤기에 비교적 쉽게 가져올 수 있었다.

수해 때는 물탱크 위 대피 공간이 너무 비좁아 이 배에 식량, 석유, 솜방망이 등을 싣고 오재운, 김성종 님 등 몇 명이 타고 있었다. 물탱크 위에 밧줄을 맬 곳이 없어 그 위에 있던 이창수 님 등 몇 사람이 밤새 배의 밧줄을 붙잡고 있었다. 앞으로 일이 어떻게 될지 모를 상황에서 최후의 생명줄이 될 수도 있는 소중한 배였기 때문에 가족의 안위를 걱정할 틈도 없었다.

2

수해를 즈음한 기상 상황

한반도를 강타한 태풍 베티

　1972년 14호 태풍 베티는 8월 8일에 발생해 중국에 상륙한 후 8월 19일 오전 3시 열대 저기압으로 약화되었다. 하지만 베티로 인해 생성된 강한 기압골의 영향으로 8월 18일부터 20일까지 대한민국 전역에 집중호우가 내렸다. 이로 인해 대한민국 곳곳에서 피해가 발생했다.

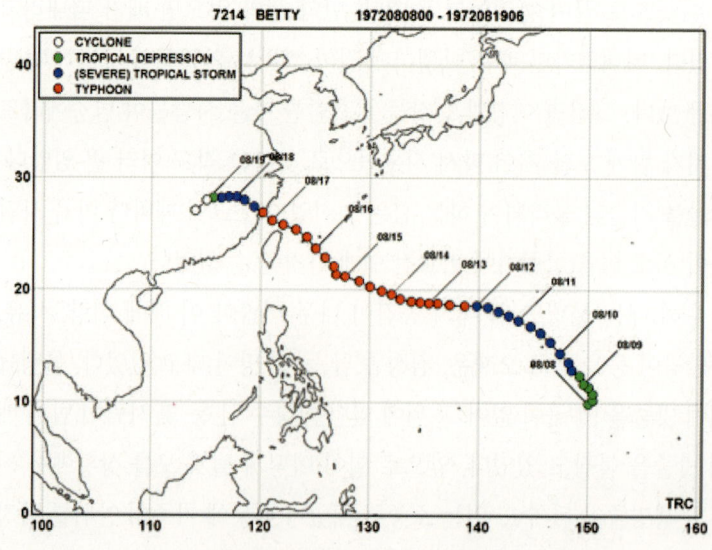

〈1972년 제 14호 태풍 BETTY〉 출처:태풍연구센터

이 기간에 서울은 452.4㎜, 이천은 431.3㎜의 비가 내렸다. 8월 19일 최대 강우량은 해남 407.5㎜, 이천 376㎜였다. 시간당 최대 강우량은 해남 80㎜, 충주 67㎜, 원주 49㎜였다. 호우로 인해 전국적으로 사망·실종은 550명, 부상자는 405명, 재산 피해는 1,846억 원을 기록했다. 태풍 베티는 태풍 사라에 이어 큰 인명피해를 낸 태풍이었다.

시루섬 역시 역대급 태풍 베티의 희생양이었다. 기록에 의하면 1936년 태풍 3693호의 사망자가 1,232명으로 가장 많았고 1923년 2353호 1,157명, 1959년 사라 849명 순으로 피해가 컸다. 베티는 네 번째로 인명피해가 컸던 태풍으로 '7214호'이다.

기록으로 본 베티

기상관측소 기록으로 본 베티

기상청 '국가기후데이터센터' 확인 결과, 단양 지역 남한강의 수해에 결정적으로 영향을 미치는 단양, 영월, 평창, 정선 등지는 당시 기상관측소가 설치되지 않아 강수량을 정확히 알 수 없었다. 기상관측소가 설치된 인근의 영주, 충주, 원주, 문경, 청주의 강우량 기록을 보면 영주, 문경 등 경북 지역은 전날까지도 비가 내리지 않았고, 8월 19일 당일도 123.5㎜, 163㎜로 심각한 상황은 아니었다.

언론 등의 기록에서도 침수 직전까지 단양 지방의 강우량은 2일간 450㎜, 당일은 180~186㎜로 나타나는데, 이 강우량만으로는 그날의 수해를 설명하기에는 부족하다. 원주 지방의 경우, 전날까지도 비가 제법 내렸고 특히 당일에는 308.3㎜라는 기록적인 폭우가 내렸다는 점을 볼 때 원주 인근 지역인 영월, 평창, 정선 지역에도 300~400㎜의 많은 비가 내린 것으로 추정해 볼 수 있다. 며칠 후 보도한 〈충청일보〉에서도

'영월 방면에서 범람키 시작', '영월에서부터 밀어닥친' 등 남한강 수해의 원인으로 상류 쪽을 지목했다.

  8월 19일 남한강 상류 지역인 영월, 평창, 정선 지방에 역대급 폭우가 있었고 이로 인해 영월 → 단양 → 청풍 → 충주 등 남한강 일대를 강타한 것으로 보인다. 실제로 라디오를 갖고 물탱크에 올라간 김기홍 님의 "라디오에서 강원도 지방에서 많은 비가 내려 한강이 크게 불었다는 뉴스를 계속 들을 수 있었다."라는 증언으로 볼 때 원주·영월·평창·정선 지방에 역대급 폭우가 있었음을 알 수 있다. 다음은 인근 지역 강우량 기록을 한눈에 보기 쉽도록 표로 작성한 것이다.

날짜	영주	문경	청주	충주	원주
1972. 8. 16.			15.1	5.0	0.1
1972. 8. 17.				54.5	30.5
1972. 8. 18.			11.3	13.5	25.0
1972. 8. 19.	123.5	95.7	102.5	163.0	308.3
1972. 8. 20.					

출처 : 기상청 국가기후데이터센터

『충북잠업사』 기록으로 본 베티

2007년 11월 충청북도와 충북잠업사발간위원회에서 발간한 『충북잠업사』에서는 '1972년 8월 19일 오후 1시부터 단양 지방에는 하루에 180㎜의 폭우가 있었다고 하였다. 8월 19일은 토요일이었으며 음력으로 7월 11일이었다. 또한 영월 지방에서 큰물이 내려 수위가 급격히 늘어났다.'라는 기록도 있다.

지역 언론보도로 본 베티

1972년 8월 23일 〈충청일보〉에는 "수해의 가장 큰 이유는 185㎜(18일 하오 2시 침수직전까지)의 비가 '설마 어떠랴' 싶었던 방심을 깨고 영월 방면에서 범람키 시작한 남한강 상류의 급류가 넘친 데서 시작…"으로 보도했다. 이어 이틀 뒤인 8월 25일 〈충청일보〉는 "지난 18일부터 단양군엔 180㎜의 폭우가 쏟아지기 시작했고 남한강 물이 불어 단양으로 밀려 닥치기 시작했다."라고 보도했다. 8월 27일 〈충청일보〉에서도 "2일간에 450㎜라는 엄청난 큰비는 사상 최대의 큰비라고 하므로 홍수가 나고 피해가 컸음도 수긍이 간다."라고 보도했다.

3

'그날'
시루섬의 사람들

그날 시루섬에 있던 사람들은

　그날 시루섬에는 잠업센터에서 교육을 받던 젊은 여성 연수생이 30여 명 있었고, 여름방학이라 친척 집을 찾아 나가 있거나 외부에서 들어와 있는 사람들도 많았다. 또한 골재 채취를 위해 들어온 외부인도 몇 명 있었다고 한다. 따라서 그때 물난리를 겪은 시루섬 사람들이 몇 명이었는지 정확히 파악하는 일은 불가능하다. 증언을 해주신 주민들도 그 수를 기억하지 못하고 있는 상황이다. 더구나 수해 시점에 관한 공적公的 문서에도 그날 시루섬에 있었던 사람들이 몇 명이었는지 기록이 없다.

　'마을자랑비', 『신단양건설지』, 『단양의 고을 그 역사따라 향기따라』 등에는 237명이 대피했다고 기록되어 있다. 일부 마을 주민들도 이튿날 물탱크에서 내려와서 마을 사람들 인원 파악을 해보니 237명이었다고 기억하고 있다. 다만 이 237명이 살아남은 사람만을 헤아린 숫자인지 아니면 사망자를 포함하여 대피했던 시루섬의 전체 인원을 뜻하는지는 불명확하다.

　그런데 당시 〈충청일보〉에는 242명이 대피했고, 사망자 8명을 뺀 234명이 헬기로 긴급 구조됐다고 4회에 걸쳐 보도했다. 『충북잠업사』에도 잠업센터 연수생 18명을 포함한 234명의 인명을 구했고, 8명은 실종되었거나 사망했다고 기록하고 있어 총인원이 242명이었음을 알 수 있다.

정리해 보자면, 수십 년이 지난 현재의 기억으로는 237명, 신문이나 관공서 자료는 242명으로 5명의 차이를 보인다. 큰 차이는 아니지만 필자는 후자 쪽이 좀 더 사실과 가까울 것으로 추측한다.

그러나 242명 모두가 시루섬 사람들은 아니다. 증도리 이장을 7년이나 지낸 이몽수 님은 마을 주민은 물론 자주 마을에 방문하는 사람들까지 알고 있었다. 남의 집에 방문하는 친척까지 알 정도로 마을 주민들과 가깝게 지냈다. 이러한 이몽수 님은 수해가 났을 때 잠업센터 연수생과 관리인, 타지에서 돈 벌러 온 사람, 풀 베러 온 사람, 여름방학이라 도시에서 놀러 온 친척들 등을 포함하면 그날 시루섬에 있었던 242명 중 외지인이 대략 70여 명 되었을 것이라고 말했다.

사람들이 피했던 곳

당시 시루섬에 있었던 242명 모두가 물탱크 위로 대피했을까? 아니다. 물탱크 위에는 201명이 대피했고, 그 외에도 세 곳의 원두막과 철선 이렇게 다섯 군데로 나누어 대피했다.

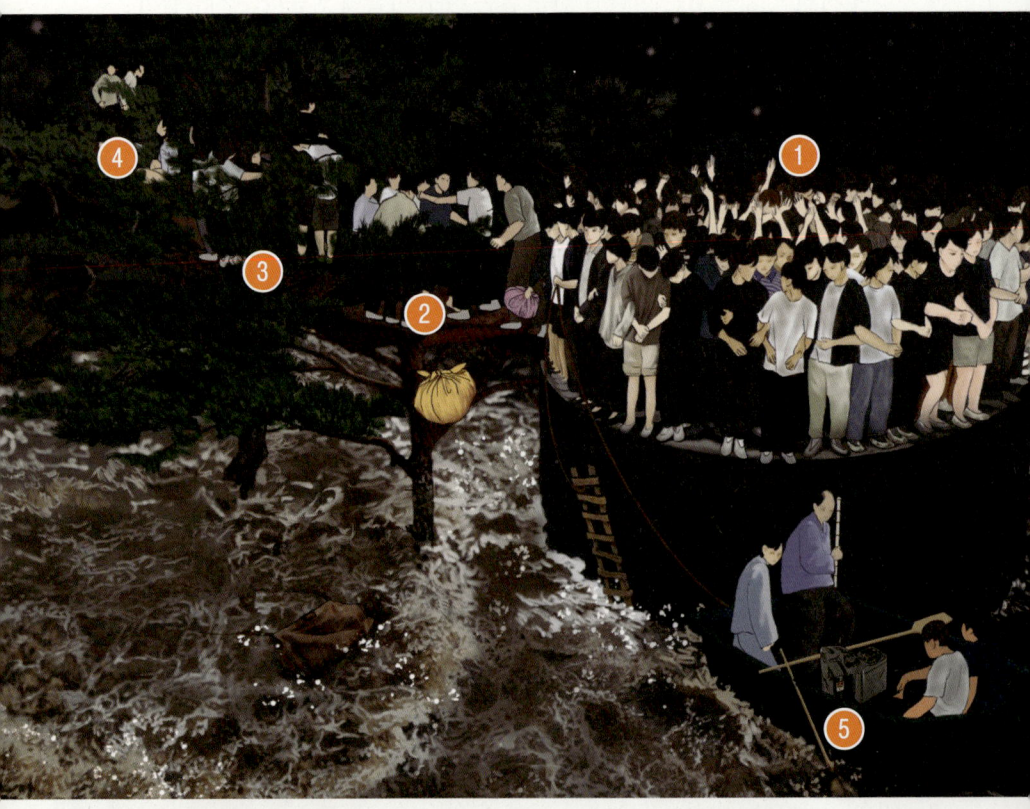

① 물탱크 201명

'물탱크'에는 가장 많은 사람들이 대피했다.
이곳에 대략 201명이 있던 것으로 추측된다. 그날 마을에 있던 사람 수를 242명이라고 가정한다면 원두막 3개소 31명과 철선 승선자 10명을 빼면 201명이 되기 때문이다.

2 제1원두막 8명

'**제1원두막**'은 물탱크 바로 옆에 있었다.

이곳에 대피했던 이대수 님은 이곳에 김주환, 김태종, 김복수, 김정종, 이대수 님 등 7~8명(이하 8명으로 한다)이 대피한 것으로 기억했다.

3 제2원두막 21명

'**제2원두막**'은 가장 넓은 원두막으로 오각형 모양이었다.

이곳에는 약 21명이 있었다. 제2원두막에 대피했던 김현수 님, 오근택 님을 비롯한 많은 증언자들의 이야기를 종합하면 다섯 가족이 피하고 있었다.

가족별 대피자
- 최대우 님 가족(총5명): 최대우, 차녀, 3녀, 최면배(장남), 최면순(4녀) 등 모두 5명이었다.
- 오재운 님 가족(총7명): 김덕순(아내), 오진택(장남), 오근택(차남), 오수택(3남), 오주택(4남), 오정혜(장녀), 오정옥(차녀) *가장 오재운 님은 철선 승선
- 김현수 님 가족(총6명): 권순이(아내), 김옥희(장녀), 김희배(장남), 김형배(차남), 김승배(3남), 김순이(차녀) *가장 김현수 님은 물탱크에 피신
- 김충배 님 가족(총2명): 김충배, 석금옥(아내)
- 이현석 님

4 제3원두막 2명

'**제3원두막**'은 가교 역할을 했다.

이곳에는 박동준 님과 동생 박동구 님 형제가 피신했다.

5 철선 10명

'**철선**'은 물탱크 앞쪽에 있었다.

이곳에 대피한 10명에 대해서는 1972년 8월 25일 〈충청일보〉의 보도를 보면 알 수 있다. 증언자 중 일부는 7~8명으로 기억하지만 오재운, 김성종 님 외의 승선자는 기억을 못 하고 있다.

증언자들이 피했던 곳

　그날 시루섬에 있었던 증언자 17명은 여러 장소에서 잔혹한 수해와 맞서고 있었다. 먼저 물탱크에 가장 많은 인원인 13명이 대피했고, 제1원두막에 1명, 제2원두막에 2명, 제3원두막에 1명이 대피했다.

　물탱크에는 김경란, 김기홍, 김현수, 박동희, 배금숙, 신준옥, 오선옥, 오재창, 유상순, 이몽수, 조옥분, 최옥희, 한길선 님이 대피했다. 가장 안쪽에는 잠업센터 연수생인 배금숙, 신준옥, 오선옥 님이 있었고 그보다 조금 밖에 최옥희 님이 아기를 안고 앉아 있었다. 그리고 그 바로 옆에는 유상순 님과 조옥분 님이 있었고 다른 한쪽에는 오재창, 한길선, 박동희 님이 있었다. 그리고 가장자리에는 김현수, 이몽수 님이 철선을 잡고 있었고, 김기홍 님은 스크럼을 짜고 있었다.

　제1원두막에는 이대수 님이 있었다. 그는 물이 허리까지 차오를 때 가장 마지막으로 원두막으로 올랐다. 원두막은 물탱크처럼 비좁지는 않았지만, 가족과는 떨어져 혼자 있어야 했다.

　제2원두막은 물탱크와 약 40m 정도 거리에 있었다. 비도 많이 내리고 안개도 자욱해서 모습은 잘 보이지 않았지만, 고함이나 말소리는 간혹 들을 수 있었다. 여기에는 오근택, 권순이 님이 대피했다. 권순이 님은 원두막 중간에 앉았고 오근택 님은 원두막 가장자리에 앉아 있었다.

　제3원두막에는 박동준 님이 있었다. 물탱크와는 꽤 멀리 떨어져 있었지만, 시야를 방해하는 것이 하나도 없어서 해가 지기 전까지는 물탱크의 모습을 간간이 볼 수 있었다.

　이날 시루섬에서 수해로 인한 사망자는 총 8명이다. 7명은 원두막이 무너져 강물에 빠져 사망한 것이고, 다른 1명은 물탱크 위에서 사망한 최옥희 님의 백일 된 갓난아기이다. 원두막과 물탱크에서는 왜 사망자가 발생했고 어떤 비극이 발생했는지 이제 그 이야기를 시작하고자 한다.

우리 곁을 떠난 분

장소	인적사항		이름 (성별·나이)	사망 경위
	가구주			
	성명	관계		
물탱크 위	안철호	4남	무명 (남, 백일아기)	사망 (구조물에 머리를 부딪힘)
제2 원두막 (붕괴)	김현수	차남	김승배 (남, 13세)	실종
		삼남	김형배 (남, 10세)	실종
		차녀	김순이 (여, 7세)	사망(시신이 뽕나무에 걸림)
	오재운	차녀	오정옥 (여, 7세)	실종
	최대우	사녀	최면순 (여, 10세)	사망 (수해 며칠 뒤 아랫송정 웅덩이에서 시신이 발견)
	이현석	본인	이현석 (남, 50대)	사망 (과일나무에 걸려 구조되었으나 의식을 되찾지 못하고 결국 사망)
	김충배	본인	김충배 (남, 70대)	사망 (시신이 샛강쪽 나무에 걸림)

당시의 직속 정부인사

시루섬이 수해를 입었던 1972년 당시의 대통령은 박정희였으며, 국무총리는 김종필이었다. 충청북도의 지사는 태종학, 단양의 군수는 정경모였다. 수해가 났던 8월 당시의 단양 면장은 정복영이었다. 정복영은 3월부터 단양의 면장에 임용되었고 그 전은 신재복이 단양의 면장이었다. 그는 1964년에 임용되어 1972년 2월까지 면장직을 수행했다.

Part III

시루섬 그날 자세히 보기

그날 시루섬 사람들은
생사가 갈리는 절체절명의 위기 앞에서
나만 살겠다고 하지 않았다.

서로 희생하고, 양보하면서
똘똘 뭉쳐 단결하여
침착하고 지혜롭게 위기를 극복한
진정한 영웅들이었다.

평화롭기만 했던 시루섬

1

그해 여름, 마을의 모습

1966년 7월 샛강을 건너는 시루섬 주민들

시루섬은 늘 열린 공간이었다. 단양과 제천을 잇는 국도가 마을 옆을 지나고, 중앙선 철도의 관문인 단양역이 가까이 있기 때문이다. 동네 아이들은 말할 것도 없고 역전마을 아이들까지 몰려와 강수욕을 즐기다가 해가 지면 '서리' 명목으로 땅콩밭으로 기어들어 가는 또 다른 재미가 있었다.

그해, 시루섬 여름에는 아이들이나 어른들 모두 바빴다. 누에와 고추, 여기에 담배까지 더해져 주민 일손만으로는 감당하기 어려울 지경이었다. 부족한 일손을 돕기 위해 혹은 여름의 시루섬 경관을 즐기기 위해 친척이나 외지인이 찾아들었다.

논이 없고 모래밭만 있는 시루섬에는 밭농사뿐이었다. 주로 땅콩 농사, 고추 농사, 담배 농사를 지었다. 비옥한 토양이 퇴적되는 강 하류에 위치한 시루섬은 뽕나무가 아주 잘 자랐다. 뽕나무가 많으니 잠업센터는 물론이고 주민들도 자연스레 누에를 키웠다. 또한 누에 못지않게 담배 농사를 짓는 집도 많았다. 당시 잠업과 담배 농사 모두 목돈이 되었기 때문이었다. 하지만 누에는 담배 냄새를 싫어했다. 누에를 잘 키우려면 담배 농사를 포기해야 했다. 그러나 한 푼이 아쉬웠던 시골에서 담배 농사와 누에치기 둘 중에 어느 하나를 포기하기는 쉽지 않았다.

그래서 주민들은 대안을 찾았다. 이몽수 님처럼 마을과 조금 떨어진 시루섬 북쪽 그러니까 지금 단양역 앞쯤에 담배밭을 마련하거나 현천리, 심곡리, 애곡리 등 시루섬 밖에서 담배를 경작했다. 그리고 담뱃잎을 따서 섬 안으로 들인 뒤 담배건조실에서 말렸다.

담배밭까지 길은 멀기도 하고 울퉁불퉁 고르지도 않았다. 리어카 바퀴가 모래밭에 빠지기도 하고, 자갈길에 흔들리며 실었던 짐이 떨어지기도 하고, 때로는 강을 건너야 하는 번거롭고도 고된 길이었다. 하지만 따온 담뱃잎을 정리해서 수매收賣하면 집안의 곳간을 채울 수 있었다. "온 동네 사람들이 담배 농사를 지었다고 봐야지요."라는 김현수 님의 말에서 알 수 있듯이 담배 농사는 마을 살림을 돕는 효자종목이었다.

유난히 풍요롭던 그해 농사

1972년 이창수 님은 폐가 좋지 않아 움직이기 어려웠다. 가장이 집안에 누워있는 시간이 길어지자 농사도 제대로 지을 수 없었고 생계유지에도 어려움이 생겼다. 할 수 없이 부인인 유상순 님은 수확한 야채를 내다 팔기도 했고, 막걸리 장사까지 하며 생계를 꾸려나갔다.

그렇게 생계를 꾸렸던 유상순 님은 지금 생각해 보면 참으로 아쉬운 일이 있다며 그때 일을 회상했다. 수해가 났던 1972년에 유난히 고추와 담배 농사가 잘되었기 때문이다. 비록 물난리에 다 떠내려가서 손에 넣은 것은 하나도 없지만 "내가 살아오면서 그해처럼 고추, 담배가 잘 된 해는 없었어요."라며 아까운 마음을 잊지 못했다.

"그해 고추는 키도 크고, 고춧대에 털이 숭숭 나고 고추가 얼마나 많이 달렸는지 고추골에서 보면 온통 고추만 보일 정도였어요. 그 후로는 그렇게 잘 된 고추는 못 봤어요. 아마도 수해가 나서 없어지려고 그런 건 아닌지, 지금 생각해도 신기합니다."라고 그해 농사가 유독 잘 되었던 것으로 기억했다. 만약 그렇게 잘 된 농작물을 수확할 수 있었다면 가계에 꽤 보탬이 됐을 것이라며 아쉬워하기도 했다.

그해 농사가 상당히 잘되었다는 기억은 비단 유상순 님뿐만이 아니었다. 8월 19일 정오 무렵 강물이 불어나자 김현수, 최옥희, 이몽수 님 등 담배 농사를 지은 마을 사람들 대부분은 가재도구보다도 "잘 말린 담뱃잎부터 챙겨서 높은 곳으로 옮겼어요."라고 입을 모았다.

잠업센터에 추잠 연수생 입교

수해 며칠 전인 8월 14일경, 더위가 한창 기승을 부릴 무렵, 잠업센터에서는 새로운 추잠 교육과정이 시작됐다. 신준옥, 배금숙, 오선옥, 임순일, 이경자 님 등 연수생들은 모두 단양 군내에서 선발된 여성으로 대부분이 20대 미만이었다. 그중에서도 어상천면사무소 이상하 직원의 소개로 배금숙, 임순일 님과 함께 입교한 오선옥 님이 열다섯 살로 가장 어렸다.

입교하던 날 아침, 오선옥 님과 배금숙 님은 잠업센터로 가기 위해 어상천면 임현리에서 출발한 제천행 버스에 몸을 실었다. 어상천면과 시루섬은 같은 단양에 있었지만 거의 끝과 끝에 위치하고 있었다. 더군다나 두 곳을 잇는 교통편이 없었기 때문에 제천을 거쳐야 시루섬으로 갈 수 있었다. 먼 길이어서 묻고 물으며 제천에서 버스를 갈아타고 저녁 무렵이 돼서야 시루섬 강가에 내렸다.

샛강을 건너 자갈밭, 땅콩밭, 모래밭, 뽕나무밭을 지나 센터를 찾아갔더니 저녁 식사 준비가 한창이었다. 30여 명의 연수생 소녀들은 이리저리 분주히 움직이며 커다란 상 위에 밥과 반찬을 차리고 있었다. 전기가 없을 때라 호롱불 아래로 비친 실내는 모두가 희미하게 보였다. 서로 아는 얼굴도 몇 사람 있었지만, 대부분은 처음 보는 사람들이었다. 반찬은 양파를 고추장에 무친 것과 김치뿐이었다. 하지만 그 당시는 양파가 귀한 시절이었기에 양파 무침을 아주 맛있게 먹었다.

저녁 식사 후 입소 축하 파티가 있었다. 큰 방에 모두 모여 차례로 일어나 자기소개를 하고 마지막에는 노래도 한 곡씩 불렀다. 오선옥 님은 찬송가 외에는 아는 노래가 없어 본인의 차례가 다가올수록 '어떻게 해야 하나…….' 하는 고민만 늘어갔다. 그때 옆에 있던 배금숙 님이 "진달래 피고 새가 울면은~"으로 시작하는 정훈희의 '꽃길'이라는 노래를 대신 불러줘 얼마나 고마웠는지 몰랐다.

　입소식이 끝난 다음 날 본격적인 연수가 시작되었다. 잠업 교육은 누에가 한 잠, 두 잠, 세 잠, 네 잠을 자고 나서 누에고치가 되어 실을 켜는 것까지가 하나의 정규 과정이었다. 연수생들이 처음 본 누에는 알에서 갓 깬 아주 작은 것이었다. 교육 담당자가 잘게 썬 뽕잎을 누에에게 이불처럼 덮어 주어야 한다는 주의 사항을 알려주는 것으로 잠업 지도사로서의 첫걸음을 뗐다.

　한편 수해 전년도인 1971년에 15살의 나이로 잠업 연수를 받았던 송순옥 님은 "넓은 마당 가에 큰 솥을 걸어 놓고 밥을 해 먹기도 했어요. 식당에서 밥을 해주시는 아주머니 한 분이 계셨는데 우리 연수생들과 함께 고추장도 담갔던 생각이 납니다. 고추장을 끓이고 함께 간을 보고 그랬었죠."라고 시루섬에서의 여유로웠던 한 때를 회상했다.

　또한 당시 단양면사무소 잠업 지도원으로 근무하면서 잠업센터 교육을 담당했던 조율형 님은 "어느 여름날에는 연수생들과 함께 큰 그릇을 몇 개 들고 강가에 나가서 올갱이를 주워 와서 끓여 먹기도 했어요. 저녁 식사 후 마당에 앉아 노래자랑도 했지요."라며 그 시절을 떠올렸다. 잠업센터에서는 잠업 교육만 이루어진 것이 아니라 또래 친구들과 어울릴 수 있는 공간도 제공한 것이다. 그래서 연수생들은 한 달이라는 시간 동안 잠업에 대한 지식뿐만 아니라 다양한 추억도 함께 얻을 수 있었다. 이렇게 시작된 잠업 교육이 일주일 만에 물난리 당할 줄을 그 누가 알았으랴!

시루섬을 나선 사람들

 그해 여름도 아이들이 좋아하던 방학과 함께 저물어가고 있었다. 학교별로 편차는 있었지만, 대체로 7월 20일부터 8월 20일까지가 통상적인 방학 기간이었다. 8월 19일은 토요일이었으니 단양의 학교들도 개학을 코앞에 둔 시점이었다. 시루섬 친척 집에 다니러 왔던 아이들도 하나둘 돌아갔다. 한편, 서울 친척 집으로 상경했던 이경희 님은 아직 돌아오지 않고 있었다. 미취학 아동이었던 최면호 님도 개학과 상관없이 원대이 누이 집을 찾아 어머니와 함께 집을 비우고 있었다.

 최면호 님의 큰누나인 최정숙 님은 출가하여 원대이에 신접살림을 차렸다. 잠업센터 출신인 큰누나는 매형과 함께 신동문 씨의 잠업을 돌봐주고 있었다. 주인을 대신해서 잠업과 일꾼들을 총괄하는 역할을 했던 것이다. 어머니 석종순 님은 딸 내외가 살고 있는 집을 자주 찾았다. 수해가 있기 전날에도혹은 전전날 막내아들을 데리고 원대이를 찾았다. 샛강이 넘치지 않을 때 시루섬을 나와 심곡 나루터에서 배를 타고 수양개 나루터로 들어갔다. 그곳 강 언덕에 올라서면 중앙선 철길이 옷바위

최정숙 부부가 관리했던 신동문 님 주택

쪽에서 현천 쪽으로 이어졌다. 철길에 놓인 침목을 하나둘 세다 보면 어느새 원대이 큰딸네 집에 다다를 수 있었다.

원래 큰딸네 집에는 막내 최면순 님도 함께 오기로 되어 있었다. "면순 누나도 큰누나의 집으로 같이 가려고 했는데 둘째 누나최정희가 못 가게 말렸어요. 여기 집에 있으라고 말이죠. 아마도 개학 준비를 하라고 말렸던 것 같아요. 면순이 누나가 우리랑 같이 원대이에 갔으면 안 죽었겠지요. 그래서 한동안 우리 둘째 누나가 죄책감에 고생을 많이 했어요." 그때는 그 단순한 선택이 생과 사의 운명으로 갈리는 일인 줄 까맣게 몰랐다.

얘들아, 캠핑 가자!

수해가 일어나기 전 8월 중순은 여름방학의 끝자락이었다. 시루섬에 친척을 둔 도시의 학생들은 피서를 위해 많이 놀러와 있었다. 반면 이경희 님처럼 서울의 친척 집을 방문하느라 시루섬에 아직 돌아오지 않은 이들도 있었다. 시루섬 밖 외지에 마땅한 친척이 없던 학생들은 모아 둔 돈은 없었지만, 방학을 맞아 어디로든 떠나고 싶었다. 마음 같아서는 멀리 무전여행이라도 훌쩍 떠나고 싶었지만, 그들은 아직 어렸다. 나름 여름방학의 즐거움을 만끽하기 위해 가까운 영춘으로 캠핑을 가기로 했다. 시루섬에 남아 있던 또래 친구 중 마음 맞는 사람 몇 명을 추려서 일행을 만들었다. 그렇게 모인 학생들김기홍, 오근택, 오재창, 이대수 등은 반합과 담요, 그리고 한국 전쟁 시 미군이 남기고 간 텐트를 챙겼다.

일행은 8월 16일 오후에 시루섬을 출발했다. 목적지는 영춘의 온달산성 바로 아래 강변이었다. 이들은 샛강을 건너 상진리를 지나 비포장길을 걸어서 지금의 도전리 선착장 앞에 도착했다. 그들은 절벽과 가까운, 현재 폭포수가 있는 곳 주변의 강가에서 텐트를 치고 밤을 보냈다. 그날은 비도 안 왔고 강물도 깊지 않아서 잠자는 데는 문제가 없었다.

이튿날 8월 17일, 일행은 걸어서 영춘 선착장에 도착했지만, 뱃삯을 낼 돈이 없어 군간나루에서 배를 타지는 못했다. 그러면 또 어떠랴. 친구들과 새로운 추억을 만들었다는 사실만으로 그들은 행복했다. 배로 남한강을 건너진 못했지만 영춘까지 온 김에 온달산성이라도 보고 가자며 그들은 산길을 오르기 시작했다. 온달산성을 지난 일행은 온달동굴 주변 강가에 도착했다. 주변에 있던 어른들은 "여기는 옛날부터 호랑이가 나오는 무서운 곳이다."라면서 겁을 주었지만, 일행은 "에이 요즘 호랑이가 어디 있어요?"라며 아랑곳하지 않고 텐트를 쳤다. 잠자리를 마련한 그들은 물놀이도 하고 물고기도 잡아 구워 먹으며 둘째날 밤을 보냈다.

캠핑 마지막 날인 18일. 일행은 시루섬으로 돌아가기 위해 텐트를 걷었다. 영춘에서 출발해서 상진리에 다다랐을 무렵 누군가 "집에 가기도 싫으니 우리 여기서 하룻밤을 더 자고 가자."라고 제안했다. 캠핑을 끝내기 아쉬웠던 학생들은 부모님이 걱정하든 말든 친구와의 추억이 더 소중했기에 "그래! 하루 더 자고 가자!"라며 의견을 모아 시루섬이 내려다보이는 상진리 산기슭에 텐트를 쳤다. 그러나 그들의 뜻은 얼마 가지 못했다. 어두워질 무렵 잠을 청하려고 눕자 비가 오기 시작하더니 이내 빗방울이 점차 굵어졌기 때문이다. 커지는 빗소리에 텐트 밖으로 나온 일행은 한 치 앞도 안 보일 정도로 거세게 내리는 빗방울에 서둘러 캠핑을 중단하고 텐트를 걷어 시루섬으로 향했다. 며칠 동안 내린 비로 인해 강물이 불어 있었지만, 배를 타야 할 정도는 아니었다. 수위가 아주 높지는 않았기에 그들은 샛강을 건너 헤어지며 "내일 거랭이질로 물고기를 잡아 또 천렵을 즐기자."라고 약속한 뒤 각자의 집으로 향했다.

간헐적으로 내리는 비

즐거운 추억을 담고 캠핑을 다녀왔던 일행은 "8월 18일 오후부터 비가 많이 왔어요."라고 기억했다. 당시 1반 반장이었던 김현수 님은 "8월 17일은 밤새도록 비가 왔지만 18일에는 날이 잠시 개었죠. 그래서 8월 18일 담배를 뜯어서 배에 싣고 들어왔고, 담배를 꿰어 건조실에 다는 작업을 했습니다."라고 수해 전날의 기상 상황을 기억했다. 또한 수해 당일인 8월 19일 "오전에는 비가 오지 않아서 건조실 남은 공간을 채우려고 담배를 더 뜯기 위해 현천리 밭으로 향했습니다."라고 말했다.

수해가 나기 4개월 전 제대해서 집안일을 돕던 박동준 님은 "약 1주일 전부터 비가 계속 많이 와서 몇 차례 물이 늘었다 줄었다를 반복했어요."라고 회상했다. 잠업센터 연수생 오선옥 님도 "8월 19일 그날만이 아니라 며칠 전부터 비가 계속 내려서 걱정이었고, 그때마다 집에 가고 싶어요."라며 기억을 떠올렸다.

증언을 조합하면 수해 즈음의 단양에는 며칠 동안 줄기차게 비가 많이 온 것이 아니라 태풍 '베티'의 영향으로 간헐적으로 비가 내렸던 것으로 짐작된다. 그래서 증언자마다 기상에 대한 기억이 다른 것으로 보인다.

마을 사람들은 수해가 나기 직전에도 비가 잠시 개면 담배 뜯기·꼭지 묶기·잎 말리기 등의 담배 일과 고추 따기 등 여러 일을 하고 있었다. 푹푹 찌는 8월의 무더위에도 고추 수확, 담뱃잎 따기 등으로 눈코 뜰 새 없이 바빠 부지깽이 손이라도 빌릴 판이었다.

평화로웠던 그날의 아침

수해 당일 이른 오전에는 흐리긴 했지만 비는 오지 않았다. 이몽수, 조옥분 부부는 "그날, 날은 흐렸지만 이른 아침부터 비가 온 것은 아니었습니다."라고 수해 당일 아침의 풍경을 기억했다. 하지만 비가 오지 않았다고 해서 시루섬 모습에 변화가 없었던 것은 아니다. 밤사이에 강원도 쪽에서 내린 폭우가 남한강에 합류했고, 본강과 샛강 모두 잔뜩 성이 나서 시루섬을 휘돌아 치고 있었기 때문이다. 그래도 오전까지는 물에 잠긴 곳이 없었기에 마을 주민들은 평소와 다름없는 평화로운 아침을 보내고 있었다.

박동희 님과 어머니는 새벽부터 고추장을 담그기에 여념이 없었다. 여름에는 고추장을 잘 담그지 않는 편이지만 시골에는 고추장이 없으면 아무 음식도 못 해 먹으니 별수 없었다. 그래서 며칠 전부터 보리쌀 고추장을 담그기 위해 햇고추를 화로와 햇볕에 말려 준비를 마쳐놓은 상태였다.

한편 아침 7시 무렵 윗송정에 살던 이몽수 님 부부는 친하게 지내던 김정식 님 집으로 갔다. '성종네'로 불리던 김정식 님은 어제 억수같이 내리는 비를 맞으며 담뱃잎을 잔뜩 따서 담배건조실에 풀어 놓았다. 작업을 부지런히 하지 않으면 말리기에 어려움이 있어 '이걸 다 어떻게 해야 하나.'라는 걱정을 할 때 이몽수 부부가 찾아온 것이다. 김정식 님은 새벽같이 찾아와 준 이몽수 부부가 더없이 고마웠다. 두 집 부부 네 사람은 "갑자기 물이 더 늘어 마을에 차오르지는 않을까? 그럼 어떻게 하지?"라며 이런저런 얘기를 하면서 담뱃잎 꼭지를 묶고 새끼줄에 널었다.

그 시각 강가에는 물고기를 잡는 사람이 많았다. 전날 캠핑을 다녀온 이대수 님과 또래 친구들 김기홍, 오재창, 이재호, 오근택 님 형제들 오진택, 오수택, 오주택, 박동준 님 형제 등 여러 그룹이 강가로 나가서 거랭이질을 시작하고 있었다. 메기, 피라미, 동자개, 모래무지, 뱀장어를 비롯한 물고기를 잡느라 강가가 북적거렸다.

　김정식 님 집에서 한참을 일하고 있던 이몽수 님은 동네 친구들이 '이장'을 부르는 소리에 고개를 들었다. 이장직을 내려놓고 잠시 쉬고 있던 그였지만 7년 동안이나 성실히 이장을 봐온 그에게 마을 사람들은 계속해서 이장이란 호칭으로 불러주었다. 친구들 김춘웅, 박정호, 박태호, 이재호, 이태호은 "이장! 우리 물고기나 잡으러 가자!"라고 이몽수 님을 유혹했다. 3일 동안 내린 장대비에 발이 묶였던 그들은 모처럼 비가 내리지 않자 족대와 다래끼를 메고 거랭이질 채비를 마친 상태였다. 도와주던 일이 있어 물고기 잡으러 가는 것이 썩 내키지 않아 이리저리 눈치를 보던 이몽수 님의 등을 집주인인 김정식 님이 떠밀었다. "아침부터 심상치 않은 저 강물의 상태도 살펴봐."라는 말을 덤으로 하면서 말이다.

　강가에서 물고기를 잡던 다른 사람들보다 조금 늦은 9시 무렵 강에 도착한 이몽수 님은 강물이 거꾸로 뒤집혀 흙탕물이 밀려오고 있는 광경을 목격했다. 일단 족대를 펼쳤던 일행은 물고기를 잡다가는 본인들이 강물에 삼켜질까 두려워 잡는 걸 포기하고 한발 물러섰다.

　거랭이질을 포기하고 돌아서자 이번에는 본인의 담배밭이 생각났다. 그의 담배밭은 '참 잘 된 농사여서 빛깔 좋은 담뱃잎'이 파라솔처럼 펼쳐져 있었다. 하지만 그곳은 강과 가장 가까운 낮은 지역이라 홍수 때면 물이 제일 먼저 들어오는 곳이기도 했다. 옆에 있던 친구들이 "애써 키운 담배가 물에 잠겨 손해 보면 안 되니까 잎 따주는 일을 도와주겠으니 빨리 가자."라고 해서 담배밭으로 향했다. 담배밭이 물에 잠기면 그해 농사를 망칠 것이 자명했기 때문이다.

　윗송정에서 살던 한길선 님의 아침도 평소와 다름없었다. 2반 반장이었던 김용환 님과 결혼해서 슬하에 7남매를 두었지만, 혼기를 채운 장녀와 차녀는 이미 출가한 뒤였다. 그래서 수해 당일에는 시아버지, 남편, 5남매와 함께 시루섬에 있었다. 그녀는 평소처럼 소에게 먹일 소죽을 끓여 놓고 집안일을 하며 분주한 아침을 보내고 있었다.

잠업센터 연수생들은 평소처럼 식당 아주머니가 해주시는 아침밥을 먹고 아홉 시부터 교육을 받고 있었다. 잠업센터 입소 후 1주일 정도가 지났으니 누에는 고물고물 기어갈 정도로 아기누에였다. 누에는 얇은 창호지 위에 올리고 잠박에 담았다.

담배건조실 아궁이 제사

김현수 님은 전날에 이어 19일 아침에도 담배를 뜯기 위해 현천리 밭으로 출발했다. 하지만 샛강에 이르러 물이 불어나 건널 수 없다는 것을 알고 이내 발길을 돌려 집으로 향했다. 집으로 돌아온 김현수 님은 '쉬면 무얼 하나…….'란 생각에 어제 따온 담배를 손질하기 위해 건조실로 들어섰다. 그리고 담뱃잎을 새끼줄에 엮어 건조실에 매달기 시작했다. 담배 농사를 짓는 사람이면 담뱃잎을 높이 매달수록 잘 마른다는 사실은 상식이었다. 그래서 최대한 사다리를 길게 만들고 높이 매달린 새끼줄에 담배를 널었다.
　가까운 이웃의 선배 이상하 님이 그의 작업을 거들었다. 담뱃잎을 모두 매달자 온몸이 땀 범벅이 되었지만 미리 피워 둔 연탄불 기운으로 젖은 몸을 말렸다. 그리고는 부뚜막에 개다리소반을 올려놓고 제사 준비를 했다. 담뱃잎이 노랗게 잘 나오게 해달라고 비는 제사였다. 이상하 님이 막걸리 병을 들었고 김현수 님이 술잔을 올렸다. 소반 위에는 호박전에 얼갈이배추로 심을 넣은 부침개와 간장 종지가 놓여 얼추 제사상의 구색은 갖추었다.

2

밀려들어 오는 물

북상하는 태풍 '베티'

1972년 수해가 날 즈음 시루섬은 대한민국 전역에 시작된 집중호우에 대한 정보를 잘 알 수 없었다. 전화는 이몽수 님 집에 한 대 있는 것이 전부였고, 사람들이 일부러 섬으로 들어와 정보를 전해 줄 형편도 아니었기 때문이다. 그래서 마을 사람들은 비가 많이 오더라도 매년 으

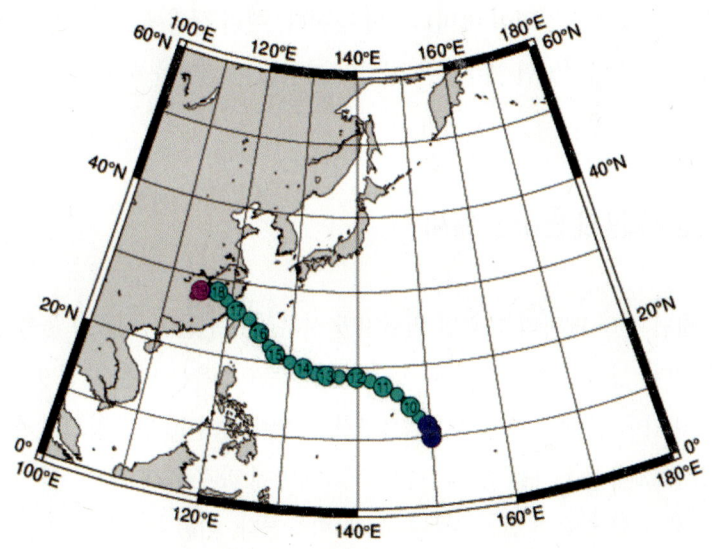

1972년 태풍 베티의 진로(출처: KITAMONO Asanobu@National Institute of Informatics

레 오는 정도겠거니 하고 일상생활을 이어갔다.

1972년 14호 태풍 베티는 8월 8일 북태평양에서 발생해서 일본 오키나와 해상에서 북서진했다. 이때 중심기압은 915hpa이었고, 중심 최대 풍속은 초속 60m로 강풍을 동반한 태풍이었다. 중앙관상대_{지금의 기상청,} _{1972년에는 중앙관상대라고 부름}는 태풍 베티가 한국이 아닌 대만의 북쪽을 지나 중국 본토에 상륙해서 한반도에는 영향을 주지 않을 것으로 예측했다. 실제로 8월 16일은 확장된 북태평양 고기압의 영향으로 30도를 넘는 무더위가 일부 중부지방에 기승을 부리기도 했다. 이후 중국에 상륙한 베티는 8월 19일 오전 3시 열대저기압으로 약해졌지만, 그로 인해 강한 기압골을 형성하며 8월 18일부터 20일까지 대한민국 전역에 강한 비를 뿌렸다.

1972년에는 기상 관측 장비도 고도화되지 않았고, 전국에 기상관측소도 많이 설치되어 있지 않았다. 그래서 집중호우에 대한 정확한 예측이나 대비가 전혀 이루어지지 않았다. 그렇기에 단 며칠간의 집중호우로도 대한민국 전역이 마비되었던 것이다. 이런 상황에서 외부의 소식을 접하기 어려웠던 시루섬은 평소와 다름없는 생활을 하고 있었다.

심상치 않게 변하는 날씨

매년 장마 때마다 봐왔던 비였지만 시루섬 주민들은 마음을 놓을 수 없었다. 성종네 집에서 담배 조리를 도와주던 조옥분 님은 오전 9시 무렵 비가 놋날같이 쏟아지기 시작하자 걱정이 되어 10시쯤 집으로 돌아왔다. 그때 물고기를 잡으러 갔다가 담배밭에 가기 위해 농기구를 챙기러 잠시 집에 들른 남편 이몽수 님과 마주쳤다. 이몽수 님은 문밖을 나서며 "여러 사람이 비를 맞고 올 것이니 점심 식사로 따끈한 수제비국을 끓여 놔."라고 아내에게 당부했다.

급히 담배밭에 도착한 이몽수 님은 담뱃잎을 조금이라도 더 챙기기 위해 억센 비를 맞으며 수확에 열중했다. 그러나 얼마 지나지 않았는데도 담배밭에 물이 들어차기 시작했다. 한 번 들어오기 시작한 물은 줄어들 기미가 보이지 않고 계속해서 담배밭을 파고들었다. 그는 담뱃잎이 문제가 아니라 이러다가는 집도 잠기겠구나 싶었다. 서둘러 이 위급한 상황을 마을에 빨리 알려야겠다는 생각에 수확한 담뱃잎 중 일부만을 품에 안고 집으로 향했다.

그 시각 교육을 시작한 지 열흘도 안 된 잠업센터에서는 아침을 먹고 10시쯤 실습을 나가려고 준비 중이었다. 밖을 나서려던 연수생들은 갑자기 거세진 비에 일단 걸음을 멈추었다. 신준옥 님과 다른 연수생들은 밖을 바라보며 어찌할 바를 몰라 머뭇머뭇 기다리고 있었다. 비가 오면 뽕잎을 따기도 어렵거니와, 물기 있는 뽕잎을 누에 먹이로 쓰기도 어려웠기 때문이다. 담배건조실에서 아궁이 제사를 지내고 강가에 도착한 김현수 님은 물이 벌써 마을 아래쪽을 뒤덮고 있는 것을 확인하고는 놀라지 않을 수 없었다. 강물이 이미 마을로 쳐들어오고 있었기 때문이다.

손질하던 물고기를 내팽개치고

수제비를 끓여 놓으라며 밭으로 나섰던 이몽수 님은 11시가 넘어 담배를 한 아름 안고 다시 집으로 돌아왔다. 그의 담배밭에는 미처 가져오지 못한 담뱃잎이 많았지만, 지금은 담뱃잎이 중요한 게 아니었다. 큰 솥에 반 정도 물을 붓고 불을 때서 점심 준비를 하던 조옥분 님에게 이몽수 님은 "아이고! 수제비국 끓일 시간도 없어요. 지금 사람들을 높은 곳으로 올려보내다 왔으니 우리도 빨리 짐 싸서 나가야 해요."라고 말했다. 그리고는 이몽수 님은 짐을 쌀 겨를도 없이 아직 소식을 전해 듣지 못한 마을 주민들에게 위급 상황을 알리고 높은 곳으로 대피시키기 위해 다시 집을 나섰다. 마을 곳곳을 돌아다니며 "높은 곳으로 대피하세요!"라고 연신 소리쳤다.

오전에 강가에서 물고기를 잡은 주민들은 각자 집으로 가거나 아니면 모여서 매운탕 끓일 준비를 했다. 중학교 3학년이었던 김기홍 님은 정오 무렵에 마을 구판장인 박정호 님 집 앞에서 매콤한 매운탕 맛을 떠올리며 물고기의 배를 따고 있었다. 그때 마을 사람들에게 "높은 곳으로 대피하세요!"라고 소리 지르던 이몽수 님이 지나갔다. 김기홍 님은 "지금 너희 할머니 집에 물이 들어오고 있는데 시방 여기서 뭣하냐?"라는 이몽수 님의 질책에 화들짝 놀라 손질하던 물고기를 내팽개치고 아랫송정의 할머니 집으로 향했다.

김기홍 님의 할머니 집은 시루섬 최남단 제일 낮은 곳에 있어서 홍수가 나면 가장 먼저 물이 들어오는 곳이었다. 아니나 다를까 그가 도착했을 때는 이미 집 마당에 물이 넓게 차 있었다. 김기홍 님은 할머니의 안부를 물을 겨를도 없이 짐을 높은 곳으로 나르기 시작했다.

물고기 배를 따서 매운탕을 끓이던 오근택 님도 "물 들어 온다!"라는 아버지의 말에 매운탕을 먹지도 못하고 살림살이를 옮기기 시작했다.

한편, 박동준 님은 집에 도착해서 동생과 함께 잡은 꽤 많은 양의 물고기를 빗물을 받고 있던 큰 대야에 넣어 두었다. 그리고는 방으로 들어가 잠시 눈을 붙였다. 비가 계속 내려 밖에서 할 것도 없었거니와 비를 맞으며 물고기를 잡은 탓에 으스스 춥기도 했기 때문이었다. 거랭이질이 피곤했던지 금세 잠이 들었던 박동준 님은 어머니의 다급한 목소리에 부스스 일어났다.

어머니는 "동준아, 얼른 일어나 봐라! 지금 밖에는 집이 막 떠내려가서 난리가 났다!"라며 잠을 깨웠다. 박동준 님은 "아니! 우리가 조금 전에 들어왔는데 무슨 집이 떠내려간다는 소리를 하세요?"라며 일어나 집 밖으로 뛰쳐나갔다.

박동준 님은 그때가 오전 11시 정도였던 것으로 기억했다. 그렇게 밖으로 나온 그는 마을을 보고 아연실색하고 말았다. 어머니의 말대로 윗송정의 낮은 곳최대우, 김은종, 안철호 님 댁에도 물이 차고 있었기 때문이다. 윗송정이 이 정도라면 아랫송정은 말할 것도 없었다. 그래서 걱정되는 마음을 안고 서둘러 아랫송정으로 향했다.

그날 시루섬 강가에서 물고기를 잡은 사람은 여럿이었지만 잡은 물고기로 매운탕을 끓여 제대로 먹은 사람은 한 명도 없었다. 다만 손질하던 물고기들이 동네 여기저기에 덩그러니 내팽개쳐져 있을 뿐이었다.

아랫송정 사람들 피난을 시작하다

9시쯤부터 거세게 내리기 시작한 비는 계속되었고 점심 무렵에는 강물도 무섭게 차오르기 시작했다. 12시쯤 강과 가장 가까운 아랫송정 김영환, 김경환 님의 집에 가장 먼저 물이 들어차기 시작했고, 이를 알아챈 동네 사람들은 거리로 뛰어나와 아랫송정에 물이 들어오고 있다고 소리쳤다.

오재창 님은 "언덕을 넘어서니 아랫송정 깊숙이 처들어오는 강물이 한눈에 들어왔어요. 평지니까 강물이 조금의 틈만 있으면 파고든 거였죠. 이렇게 쉽게 들어오리라고는 생각도 못 했는데 강물이 넘실거리며 급속히 치고 올라왔죠."라며 급박했던 그 당시 상황을 증언했다. 이몽수 님은 오후 1시경 억세게 내리는 비와 걷잡을 수 없이 늘어나는 강물을 보고 이제는 누구도 섬을 빠져나갈 수 없는 상황임을 직감했다. 그래서 소나무 밑 물탱크가 있는 송정으로 사람들을 빨리 대피시켜야겠다는 생각으로 마을을 뛰어다니며 소리쳤다.

"마을에서 제일 높은 곳으로 대피하라!"

방송시설도 없었을 시절이니 마을의 반장 두 분1반 반장 김현수 님, 2반 반장 김용환 님과 함께 마을을 돌아다니며 손나팔을 불며 소리쳤다. 처음에는 "빨리 짐을 싸라."라고 말했지만 나중에는 다급해져서 "짐도 싸지 말고 얼른 물탱크로 가라. 재물이 문제가 아니고 사람이 먼저 살아야 한다."라며 돌아다녔다.

그 무렵 물탱크 바로 옆 가장 높은 지대에 살던 이창수 님은 점심을 먹고 물 구경도 하고 소화도 시킬 겸 집 밖으로 나왔다. 이창수 님은 이몽수 님의 친척 형제로 평소 시루섬 일이라면 두 팔 걷고 앞장을 서는 사람이었다. 그날도 누워 있다가 아내유상순 님가 끓여준 수제비로 점심을 먹고 가벼운 마음으로 집을 나섰다. 그러나 여유롭게 산책을 가려던 마음과 다르게 대문 밖은 물난리로 아수라장이었다.

남편이 밖으로 나간 뒤, 유상순 님은 첫돌 배기 막내아들이방희을 업고 쪽마루에 앉았다. 그녀에게 시루섬의 장마는 처음이 아니었다. 비록 병자년 수해를 눈으로 보지 못했지만 세차게 내리는 비에 강물이 늘어나는 것을 여러 번 봤던 그녀였다. 그렇게 비가 많이 내렸어도 그녀의 집에서는 강물이 보이지 않았다. 하지만 그날 강물의 모습은 이전과는 확연히 달랐다. 마루에 앉은 그녀의 눈에 시뻘겋게 넘실거리는 강물이 보였다. 그녀는 이전에는 일어난 적 없던 큰일이 닥칠 수도 있다는 불안감과 두려움에 괜스레 자녀의 얼굴을 한 번 더 쳐다보았다.

집을 나선 이창수 님은 황급히 아랫송정의 큰 느티나무 옆에 살던 김영환 님 집으로 향했다. 김영환 님은 물이 막 넘어오는 와중에도 낮잠을 자고 있었다. 이창수 님이 깜짝 놀라서 그에게 "얼른 피난 가야 한다!"

라고 소리치자 그는 "병자년 수해 때에도 물이 안 넘어왔는데 무슨 소리냐?"라면서 방문을 열고 나왔다. 동분서주하며 마을의 대피를 주도하던 사람들이몽수, 김현수, 김용환과 합류한 이창수 님은 김영환 님을 닦달해서 대피시킨 것은 물론 아랫송정 전체를 돌아다니며 "무조건 우리 집으로 빨리 피난 가."라고 고함치며 정신없이 마을을 뛰어다녔다.

그 무렵 박동준 님과 동생박동구도 함께 아랫송정에 도착했다. 형제는 먼저 김경환 님과 길 건너편의 김영환 님 집의 대피를 도와주었다. 이미 김영환 님의 집에는 손자인 김기홍 님이 대피를 돕고 있었다. 급한 짐들을 꺼내 리어카에 실어 높은 곳으로 옮긴 후 이번에는 마을 북쪽이 걱정되어 뛰어 올라갔지만 멀리서 지켜볼 수밖에 없었다. 이미 낮은 지대인 김용환, 노진수 님의 집이 먼지가 풀썩 나며 떠내려가고 있었기 때문이다.

아랫송정 본강 쪽에 살던 오재운, 이상하 님은 마당에 쌓아 놓았던 담배가 떠내려가지 않도록 지대가 높은 김현수 님 집으로 급하게 옮겼다. 시루섬에는 계속해서 비가 내리고 있었고, 아랫송정에서 "물 들어온다!", "모두 윗송정으로 피난 가!", "높은 곳으로 다 움직여!"라며 날카롭게 외치는 고함이 여기저기 메아리치고 있었다. 이 외침에 사람들의 발걸음은 더욱 다급해질 수밖에 없었다. 너무나 갑작스럽고 혼란스러운 상황이라 가족들도 뿔뿔이 흩어져 각자 대피하느라 분주하기만 했다. 아비규환의 시작이었다.

윗송정마저 물이 차오르다

비가 오고 물이 불어나기 시작할 때도 이대수 님은 그다지 심각하게 생각하지 않았다. 본인의 집이 마을에서 가장 높은 곳에 있었기에 안심하고 있었기 때문이다. 그러나 윗송정의 집 중 강에서 가장 가까운 김용환 님 집으로 갔을 때 이미 그 집 마당에도 물이 들어차기 시작한 것을 보고 깜짝 놀랐다. 그는 이불 보따리 등 살림살이를 리어카에 싣고 지대가 높은 곳으로 이동했다.

그렇게 시루섬은 아랫송정뿐만 아니라 윗송정마저 점점 물에 잠기고 있었다. 피난을 도와주던 이대수 님은 김용환 님이 세차게 흐르는 강물을 건너서 집으로 돌아가는 모습을 보았다. 그곳은 여울이 가장 센 두 명소와 가까워서 물살에 휩쓸리면 바로 죽을 수도 있는 위험한 곳이었다. 김용환 님이 그 위험한 물살을 건넌 이유는 땔감 위로 올라간 닭을 보았기 때문이었다. 이대수 님은 당시 어린 나이였지만 너무나도 위험한 행동을 하던 동네 아저씨김용환의 모습이 지금도 눈에 선하다고 했다.

일제강점기 시절 시루섬으로 시집온 한길선 님은 "옛날 병자년 수해 때 물이 많이 불었어도 우리 집까지는 안 들어왔다고 해서 안심하다가 '피난가라!'라는 소리를 듣고 급하게 집을 나섰어요."라고 말했다. 지난 20여 년 동안 시루섬에 살면서 이런 물난리를 겪어본 적이 없었기에 밑에서 물이 올라오는 모습을 보고도 집이 잠길 것이라고는 상상조차 하지 못했다.

오후 1시 무렵 박동준 님은 마을을 돌아다니다가 잠시 본인의 집에 들렀다. 그곳에는 아직 고추장 담그기에 여념이 없는 모녀가 있었다. 박동준 님은 "어머니! 빨리 나오세요. 물 들어와서 얼른 피하셔야 해요. 밑에 낮은 지대는 이미 다 잠겼고 이제 우리 집도 위험해요. 동희야 너도 얼른 나와라. 고추장이 중요한 게 아냐! 다른 사람들은 이미 물탱크로 다 올라갔어!"라고 재촉했다. 박동준 님의 어머니는 오전 내내 만든 고추장을 항아리에 담는 중이었다. 이제 뚜껑을 덮고 장독을 옮기기만 하면 끝이었지만 아들의 성화에 뚜껑도 제대로 덮지 못하고 겉절이를 만들 때 쓰던 양푼을 푹 덮어만 놓았다. 결국, 단지를 옮기지도 못한 채 그대로 바닥에 두고 밖으로 나섰다. 박동희 님은 오빠의 재촉에 짐도 제대로 챙기지 못하고 '물이 들어와도 조금 들어오다가 말겠거니…….' 하는 생각에 맨몸으로 물탱크로 향했다.

윗송정에서 처음 물에 잠기기 시작한 김용환 님 집뿐만 아니라 다른 집들도 서서히 물에 잠기기 시작했다. 시루섬 전체가 물에 잠기고 있었다. 마을을 돌며 "얼른 피난 가!"라고 외치던 이몽수 님은 마을에 있던 잠업센터도 빼놓지 않고 챙겼다.

가방도 싸지 말고 빨리 몸만 피하라

잠업센터 연수생들은 아침부터 세차게 내리는 비와 늘어나는 강물을 보며 불안감을 감출 수 없었다. 그럼에도 불구하고 그들은 교육 일정에 따라 움직이고 있었다. 점심 식사 후 오선옥, 배금숙 님은 점심 식사 후의 상황으로 기억하고, 신준옥 님은 오전 10시 무렵으로 기억한다. 연수생 일부는 뽕잎을 따러 나가거나 강의실에서 수강 준비를 하고 있었다. 이때 누군가 강의실 문을 급히 열더니 "빨리 가방을 싸!"라고 외쳤다. 교실 창가에서 바라보니 수업을 할 때는 몰랐던 강물이 잠업센터 쪽으로 밀려오고 있었다. 교육 담당자는 뽕잎을 따러 나간 사람들에게도 이 사실을 알리기 위해 뽕밭으로 향했다.

뽕잎을 따러 나갔던 배금숙 님은 일에 열중하느라 주변을 살피지 못했다. 그러다 "빨리 들어와!"라는 소리를 듣고 주변을 둘러보니 물이 사방에서 들어오고 있었다. 옆에 있던 연수생도 모두 놀라 숙소로 뛰어나 가는데 다시 들려 오는 다급한 외침이 들렸다.

"가방도 싸지 말고 빨리 몸만 피해!"

센터는 이미 혼비백산이었다. 강물이 잠업센터 마당까지 삼킬 기세였다. 연수생 중에는 가방을 싸려고 숙소로 가는 사람도 있었고, 옥상까지는 물이 차오르지 않을 것이란 생각으로 옥상으로 대피해서 사방에서 밀려오는 강물을 관찰하는 사람들도 있었다. 배금숙 님은 숙소로 돌아와서 옷가지와 소지품을 챙겨 가방을 싸서 옥상으로 올라갔다. 신준옥 님은 작은 똑딱이 지갑을 챙겨 주머니에 넣었고, 가방에는 비교적 덜 중요한 물건을 넣어 급하게 짐을 꾸렸다.

처음에 옥상으로 올랐던 연수생들은 강물이 쳐들어오는 모양이 심상치 않음을 느꼈다. '이곳에 머물면 안 되겠다.'라고 생각한 연수생들은 옥상에서 내려왔다. 물은 이미 허리까지 차올라 급류를 이루고 있었다. 땅이 물에 잠겨 안 보이니 길 찾기도 어려웠고 강물이 몸을 이리저리 흔들어 놓아서 휘청거리기도 하는 위험한 상황이었다. 잠업센터 연수생들은 그 난관을 뚫고 계속해서 높은 곳으로 향했다.

잠업센터 연수생들은 마을 주민들이 피난 가는 행렬에 합세했다. 그리고 무조건 높은 곳으로 빠르게 이동했다. 마을 사람들도 집집마다 난리였다. 길을 재촉하다가 뒤를 잠깐 돌아보니 지붕만 조금 보이던 잠업센터는 어느새 물에 다 잠겨버렸다.

온 동네가
난리 북새통

3

가제도구 보다 중요한 담뱃잎부터

아랫송정에 살던 최옥희 님은 함께 일하던 일꾼들과 점심을 먹고 담배 조리를 했고, 남편안철호은 담배 고동*불을 지피기 위해 담배건조실에 있었다. 오후 2시 무렵 이창수 님이 허겁지겁 마당으로 뛰어 들어왔다.

> "물이 들어와서 온 동네가 대피하느라 난리인데 왜 담배 조리만 하고 계슈. 빨리 대피, 대피하세유!"

다급하게 외치는 이창수 님의 고함을 듣고 밖으로 나온 최옥희 님은 그제야 난리가 난 것을 알게 되었다. 최옥희 님이 본 광경은 놀랍기 그지없었다. 본인의 집 길가에 마당이 있는데 벌써 그 마당 앞의 밭까지 물이 철렁철렁 들어오고 있었던 것이다. 그리고 동네는 이미 리어카에 짐을 싣고 피난을 시작한 사람들로 북새통을 이루었다.

멍하니 서 있는 최옥희 님 곁으로 남편 안철호 님이 오더니 서둘러 담배를 리어카에 담으며 잠깐 다니러 온 막내 처남**에게 다급하게 말했다.

---

* 고동: 작동을 시작하게 하는 기계 장치이다.
** 당시 최옥희 님의 막냇동생은 외지에 살고 있었으나 여름 휴가철이라 잠시 누나인 최옥희 님의 집을 방문했다.

"살림살이도 가져가지 말고 얼른 좋은 담배만 싣고 올라가게나. 승상이를 데리고 윗송정으로 올라가 있어."

동생과 아들을 먼저 보낸 최옥희 님은 남편과 함께 담배를 좀 더 수습한 뒤 윗송정으로 따라나섰다.

김현수 님의 집도 담배로 가득했다. 그의 집은 강가에 접한 집들보다는 조금 높은 지대에 있었다. 그래서 아래 지대에 살던 사람들은 그의 집으로 담배를 옮겨 놓았다. 자식같이 정성 들여 잘 키운 담뱃잎을 떠내려 보낼 수는 없었다. '담배를 살려야 한다.'라는 생각뿐이었기에 마루고 방이고 구분할 것 없이 빈 곳만 보이면 어김없이 담배를 밀어 넣어 온 집안이 담배로 가득 찼다. 이 모든 것들이 다 떠내려가리라고는 꿈에도 생각하지 못하고 곧 물이 빠질 것이라고 믿었던 것이다.

높은 곳으로, 더 높은 곳으로

마을 사람들은 물난리를 피해 대피하면서 살림살이를 높은 지대로 옮기고 또 옮겼다. 한꺼번에 제일 높은 곳으로 옮기기도 했고 '설마 여기까지 물이 오겠는가?' 하는 생각에 중간까지 옮겼다가 물이 들어오니까 다시 더 높은 곳으로 옮기기를 여러 번 반복했다. 하지만 모든 살림살이를 다 옮기지는 못했다. 그래서 불어난 강물은 넘실거리며 이집 저집 가리지 않고 주민이 미처 챙기지 못한 집안의 물건을 모두 쓸어가 버렸다. 마지막에는 높은 곳으로 옮겨 놓았던 짐들도 모두 같은 신세가 되어 버렸다. 순식간에 물이 차오르는 그때의 그 상황을 마을 사람들은 다음과 같이 묘사했다.

김현수 님
한 번 출렁일 때마다 한꺼번에 1m씩은 쑥쑥 올라오는 것처럼 자꾸 차올랐다.

한길선 님
한 번 물이 이렇게 탁 치면 집이 넘어가고 또 한번 물길이 탁 지나가면 집이 무너지고 말도 안 나오는 광경이었다.

이몽수 님
물이 들어온다기보다는 갑자기 막 굉장히 날뛰었다.

유상순 님
하여튼 물이 한번 철렁하면 5m 이상씩 대번에 올라왔다.

이대수 님
천천히 걸어가는 속도와 똑같이 물이 따라 올라왔다. 높은 곳에 있는 우리 집에 오니까 거기까지 물이 올라왔다.

    그날 물이 급격히 차오르는 모습을 영상으로 확인할 수도 없고 재연할 수도 없다. 증언자들의 증언을 통해 가늠해볼 뿐이다. 증언자들은 이제껏 본 적 없는 큰물이 시루섬을 덮쳤다고 입을 모았다. 사람들은 차오르는 물을 보며 '이만하면 다 올라왔으니 이제 점점 줄겠지.'라는 생각에서 '시루섬이 물에 다 잠길 수도 있겠다.', '이젠 어떻게 해야 하나…….'라는 공포와 두려움을 느끼기 시작했다.

    하지만 대피를 멈출 수는 없었다. 일단은 시루섬에서 제일 높은 곳으로 피해야 했다. 그래서 오재운 님은 아들 오근택에게 큰 소 한 마리와 송아지 한 마리를 끌고 윗송정으로 올라가라고 한 뒤, 약간의 살림살이를 철선에 싣고 물탱크로 향했다. 이대수 님은 마을 사람들의 짐을 날라 주다가 물이 많이 차올랐을 때에야 집으로 돌아왔다. 방에 있던 이대수 님의 아버지는 고개를 절레절레 저으며 말했다.

    "설마 우리 집까지 물이 들어오겠느냐? 웬 소란을 이렇게 떠는 것이냐? 병자년 수해 때에도 그렇게 난리였지만 우리 집은 잠기지 않았다."

물이 마당까지 들어오는데도 약주만 드실 뿐이었다. 이대수 님은 손에 땀이 날 정도로 아버지를 설득했다.

"아버지! 지금은 그럴 상황이 아니에요. 얼른 피하셔야 해요!"

이대수 님은 아버지를 간신히 설득해서 물탱크로 향했다. 이렇게 아랫송정은 물론 윗송정 사람들까지 모두 짐을 싸서 높은 곳으로 피했다. 가장 지대가 높은 물탱크 옆에는 이창수 님네 집을 포함하여 네 집이창수, 이종음, 이창열, 김수종이 있었다. 피난 온 사람들과 그들이 가지고 온 짐으로 온 집안이 꽉꽉 들어찼다.

군청과 마지막 통화

이몽수 님은 주민들의 대피를 독려하다가 이창수 님의 "관官에 말은 전했는가?"라는 말에 집으로 황급히 돌아왔다. 이미 집에는 마당까지 물이 들어오고 있었지만, 본인은 짐을 쌀 겨를이 없었다. 그래서 가족에게 "얼른 짐을 싸서 나가."라고 말한 뒤, 방에 들어가서 수화기를 들었다.

당시 시루섬 마을에는 전화기가 딱 한 대 있었다. 군청에서 시루섬과 연락하기 위해 이장 집에 설치해 준 것이다. 그 당시 현직 이장은 지선탁 님이었지만 아직 전화기를 옮기지 못했기 때문에 전화는 아직 이몽수 님 집에 있었다. 이 전화는 군청과 마을 간의 연락을 담당했을 뿐만 아니라, 외지에 있는 사람과 시루섬 사람들을 연결하는 유일한 통신선이었다.

이몽수 님 집에서 시작된 신호는 두 명의 교환원을 거쳐 단양군과 간신히 연결되었다. 수화기에서는 잡음만이 가득했고 사람의 말소리는

잘 들리지 않았다. 그는 지직거리는 수화기에 대고 외치다시피 소리를 질렀다.

"지금 중도리가 다 떠내려가고 있어요!"

하지만 수화기 너머의 사정도 지직거리기는 마찬가지인지 잘 알아듣지 못한 것 같았다. 얼핏 "중도리의 상황이 어떠하냐?"라는 말이 드문드문 들렸다. 그래서 그는 계속 소리를 질렀다.

"시루섬이 다 떠내려가게 생겼는데 무슨 상황 타령입니까? 어떻게든 우리 시루섬의 사람을 살려 달란 말입니다!"

그는 전화통에 대고 계속 말을 이어 나갔다. 하지만 물이 급하게 들어오자 그는 마지막 말을 할 수밖에 없었다.

"이제 이 전화가 마지막입니다. 전화통 떼고 대피해야 합니다! 마을을 지나는 저 고압선이 쓰러지면 물에 전기가 통해서 우린 다 죽고 말겁니다!"

이몽수 님은 젖먹던 힘까지 다 짜내며 외쳤지만, 통화가 그만 끊어지고 말았다. 그때 강물은 방에 있는 이몽수 님의 엉덩이까지 감쌀 만큼 차오르고 있었다. 다행히 고압선에는 전기가 통하지 않아서 사망자가 발생하지는 않았다. 하지만 전기가 흐르고 있었다면 물에 몸이 닿았던 사람은 모두가 감전사했을 만큼 위험한 상황이었다.

물탱크 위까지 가져간 나라 물건, '전화기'

마을 주민들의 피난을 돕던 박동준 님은 이몽수 님 집 주변을 지나다가 흘러나오는 큰 소리에 발길을 멈추고 무엇인가에 홀린 듯 마당에 들어섰다. 방안에는 전화 수화기를 들고 있는 이몽수 님이 있었다. 그 순간 불현듯 그의 여자 친구가 떠올랐다.

"제 여자 친구가 이장님 댁으로 전화하면 마을 방송도 없을 때라서 이장님 사모님이 직접 우리 집까지 오셔서 '여자 친구한테 전화가 왔다.'라고 알려주셨어요. 그러면 저는 그 소식에 기뻐서 이장님 댁으로 뛰어가서 통화한 적이 있지요. 딱 한 번이었습니다."

그는 그렇게 멈춰 서있을 때 옷도 제대로 갖춰 입지 못하고 여자 친구가 군시절 보내준 수영 팬티만을 입고 있었다. 사랑은 위기와 간절함 속에 더욱 피어난다고 했던가? 그는 이렇게 긴박한 상황에서도 여자 친구의 목소리를 듣고 싶었다. 그러나 지금은 재난 상황이었다. 마지막이 될 수도 있는 그녀의 목소리를 들을 수 없었다. 지금 전화를 하지 않는 것이 '무소식이 희소식'일 것이라 애써 위로하며 마을 사람들을 도와주기 위해 떨어지지 않는 발걸음을 재촉했다. 박동준 님은 지금의 아내가 된 그녀를 바라보며 "내가 그렇게 위급한 상황에서도 수화기를 보며 당신을 생각했어."라며 그날을 잊지 못한다고 말했다.

이몽수 님이 군청에 전화하고 있을 때 조옥분 님은 이불 보따리, 그릇 등 이삿짐을 싸서 이창수 님의 집 부엌으로 옮겼다. 이 많은 짐을 어떻게 다 나를까 걱정하던 조옥분 님의 눈에 아주 큰 대야가 눈에 들어왔다. 이몽수 님이 이장 일을 잘 수행한다고 부상으로 준 것이었다. 이 대야에 놋그릇, 스테인리스 그릇을 담아 짐을 옮겼다. 엉덩이까지 올랐던 물은 어느새 가슴까지 차올라 있었다. 마지막으로 짐을 챙겨 집을 나설 때 조옥분 님은 고추장 단지를 머리에 이고 먼저 물탱크로 향했고, 이몽수 님은 신발도 못 신고 옷도 잠옷으로 입는 파자마 차림으로 달랑 전화기 하나만 머리 위로 들고 급하게 집을 나섰다. 그때 물은 이미 어깨까지 차오른 뒤였다.

이몽수 님이 마지막으로 집을 나설 때, 그의 귀에 천둥이 치는 듯한 소리가 울렸다. 뒤를 돌아보니 건조실이 쓰러지며 먼지가 이는 것이 눈에 들어왔다. 조금만 늦었어도 건물에 깔리거나, 물에 휩쓸려 나오지 못했을 찰나의 시간이었다.

이창수 님은 "전화기를 왜 가져 왔느냐?"라고 동생인 이몽수 님에게 그 이유를 물었다.

"나라 물건이니 높은 곳에 있는 형님네 집에다 간수를 좀 해주슈."

이몽수 님은 이 말을 하며 이창수 님에게 전화기를 건넸다. 전화기는 이몽수 님이 그대로 물탱크 위까지 챙겼고 이후에도 오랫동안 그가 귀중하게 '모시는' 의미 있는 물건이 되었다.

강물이 마을 한복판을 쳐들어오면서 마을을 둘로 나누다

이몽수 님은 그날의 모습을 회상하며 손을 떨었다.

"물이 들어온다기보다는 갑자기 막 날뛰는 거예요. 전에 장마 때도 그러지 않았는데 처음 봤어요. 처음에는 강 가까운 집부터 집어삼키기 시작했던 강물은 이내 지대가 낮은 농경지로 물길을 내더니 마을 한복판으로 날뛰기 시작하더군요. 그때 1시간만 늦게 대피했어도 사망자가 많이 나올 뻔했지요."

시루섬 마을 한복판이 약간 낮은 지형이라 농경지도 많았고 길도 있었는데 강물은 바로 이 길을 타고 쳐들어왔다. 약간 높은 지대인 본강 상류 쪽에 사는 10여 가구 사람들은 자칫 시기를 놓치면 물탱크까지 오지 못한 채 고립될 수밖에 없었다. 이몽수 님은 "이곳 사람들이 물탱크로 대피하고 있는데 바로 뒤에서 건

조실이 막 쓰러지는 걸 보면서 나왔어요. 먼지가 퍽석 나더라고요. 조금만 늦었어도 낮은 지대를 건너지 못하고 물에 휩쓸려 나갔을 겁니다."라고 긴박했던 상황을 증언했다.

원대이의 큰누나 집을 방문했던 최면호 님은 시루섬 밖에서 당시 상

황을 목격했다. 그는 "원대이 언덕에서 시루섬이 물에 잠기는 모습을 지켜 보았어요. 본강과 샛강이 넘치고 시루섬의 한가운데 길로 강물이 들이치는 모습이었어요."라고 8살의 어린 나이에 애타는 마음으로 시루섬을 바라볼 수밖에 없었던 당시를 회상했다.

집 쓰러지는 소리를 뒤로 하고

김기홍 님과 함께 구판장 앞에서 물고기 배를 따던 오재창 님도 윗송정 집으로 돌아가고 있었다. 주위를 둘러보니 낮은 지역에는 집안까지 강물이 들어차 이집 저집 마구 쓰러지고 있었다. 김기홍 님의 집은 종갓집으로 'ㄱ자 돌기와집'이었으며 아주 넓은 마루가 있었다. "낮 12시 무렵 강물이 우리 집을 들고 내려가더군요. 아마 벽은 수수깡에 진흙을 덧칠하듯 채웠고, 집도 나무집이라 가벼워서 서까래, 대들보, 벽까지 그대로 들고 나갔던 것 같아요."

뒤늦게 대피를 시작한 한길선 님은 높은 지대로 향하던 중에 등 뒤에서 마을의 집들이 물에 잠기고 있음을 느꼈다. 낮은 지대에 있던 그녀의 집은 그녀가 집 밖을 나설 때에도 이미 마당에 물이 많이 차 있었기 때문이었다.

한길선 님뿐 아니라 대피를 시작한 사람들은 걷는 중에 등 뒤에서 나는 큰 소리에 고개를 여러 번 돌렸다. 물에 잠겼던 집들이 물살을 이기지 못해 무너져 내리며 소리를 냈기 때문이다. 무너진 집채는 형체를 알아볼 수 없을 정도로 부서져 강물에 떠내려갔다. 사람들은 본인의 집이 어떻게 되는 게 아닐까 걱정되었지만 혼란한 상황에서 집이 떠내려가는 것을 지켜볼 여유는 없었다. 강물은 시루섬의 집뿐만 아니라 사람들까지 삼킬 기세로 맹렬히 사람들을 쫓아오고 있었다.

지체되는 피난길

 이장과 반장들의 안내에 따라 마을 사람들과 잠업센터 연수생들이 피난을 시작했지만, 모두가 빠르게 피할 수 있었던 것은 아니었다. 김현수 님은 집이 물탱크에서 비교적 가까운 곳에 있었고 담배도 일찍 처리해서 누구보다 빨리 물탱크 위로 올라갈 수 있었다. 하지만 증도리 1반 반장으로서 한 동네에서 형님, 동생 하며 정답게 지내던 마을 주민들이 본인 집으로 짐을 옮기는 모습을 보고 도저히 외면할 수가 없었다. 오재운, 이상하 님도 마찬가지였다. 김현수 님까지 세 사람은 김충배, 정기남 님 등 아랫송정 사람들의 담뱃잎을 옮겨 주었다.

 김현수 님이 동분서주하며 동네 사람들의 대피를 돕고 뒤늦게 집으로 돌아왔을 때 가족들은 걱정의 눈빛으로 그를 기다리고 있었다. 그는 아내에게 "왜 먼저 물탱크에 올라가지 않았느냐?"라고 물었지만, 아내는 "가장도 없이 우리가 가기는 어딜 가요?"라고 말했다. 여유롭게 아내와 대화할 시간이 없었다. 이미 물탱크 위는 사람들로 가득해서 그의 가족이 밀고 들어갈 자리가 없었다. 강물은 여전히 급속히 불고 있었기에 가족을 어떻게 안전하게 대피시켜야 할지 불안하고 초조한 마음에 가슴이 꽉 막히는 듯했다.

 그래서 그는 물탱크 옆 나무에 원두막을 급하게 지었다. 송판이나 서까래까지 동원해서 나름 튼튼하게 지었으나, 밤을 지나며 원두막이 무너져 자녀 셋을 잃고 말았다. 남의 집 가족을 먼저 챙기느라 정작 제 가족을 못 챙긴 것이다. 이는 결국 참혹한 결과로 이어졌고 그에게 평생의 포한抱恨이 되었다.

 한편, 마을 주민의 대피를 도와주던 박동준 님은 앞이 안 보일 정도로 자욱이 낀 물안개를 뚫고 집으로 돌아왔다. 마을에서 두 번째로 높은 곳에 있던 박동준 님의 집에는 마을 주민들이 가져다 놓은 짐이 산더미처럼 쌓여 있었다. 주민들은 그 짐들이 떠내려가지 않게 기둥과 문틈에 묶어 놓았다. 박동준 님이 가만히 생각해보니 '그냥 두면 물이 들어차서 자칫 우리 집도 넘어가겠다.' 싶어서 짐을 고정했던 밧줄을 풀었다. 동생인 박동구 님도 손을 보탰다.

  밧줄을 풀고 집을 나서려는 순간 이번에는 닭장과 토끼장이 눈에 들어왔다. 그대로 우리 안에 두면 모두 수장될 것이 뻔했다. 혹여 살 수 있기를 바라는 마음에서 닭과 토끼들을 꺼내어 행랑채 주변 높은 곳에 던져 놓았다. 이렇게 박동준 님과 동생박동구이 이리저리 뛰어다니다 보니 높은 지대 쪽에 속했던 본인의 집까지도 배꼽까지 물에 차올랐다. 형제는 뒤늦게 집안일을 마무리하고 황급히 물탱크 쪽으로 이동했다. 마을 사람은 물론 잠업센터 연수생, 외지인들도 높은 곳을 찾아 앞다투어 대피했다. 본능적으로 그저 높은 지대로 올라가다 보니 물탱크 주변에 모이게 된 것이다. 이제 더 이상 올라갈 더 높은 땅은 없었다. 강물이 계속 차오르더니 본강과 샛강 양쪽에서 진흙물이 밀어닥쳤다. 시루섬은 강 안에 있는 섬이 아니라 바다 한가운데 있는 섬처럼 더 작아졌다.

물탱크 오르기

4

물탱크 앞에 모인 사람들

물탱크는 시루섬에서 제일 높은 곳에 있었다. 물탱크는 앞으로 시루섬을 위해 어떤 역할을 해야 하는지 알기라도 하듯이 그날따라 더욱 웅장하고 위엄있는 모습으로 마을 사람들을 기다리고 있었다. 그 주변에는 아름드리 소나무가 많았고, 비가 오면 지대가 높아 물이 사방으로 흘러내렸다. 그래서 노인들은 "예로부터 홍수가 나도 거기까지는 물이 안 찬다. 거기만 가면 물난리를 다 피할 수 있다."라고 말했다.

마을 사람들은 물탱크의 존재를 알았지만 잠업센터 연수생들을 비롯한 외지인 중에는 물탱크가 어디 있는지조차 모르는 사람도 있었다. 오선옥 님도 그중 하나였다. 그분은 "처음에는 시루섬이 섬인지도 몰랐습니다. 잠업센터에서 나와 사람들을 따라 걷다 보니 땅콩밭, 뽕밭, 동네를 지나 물탱크가 보였어요. 강을 건너 섬 밖으로 나가는 줄 알았는데 그게 아니었어요."라며 물탱크에 도착해 막막했던 그때를 떠올렸다.

사람들은 마을에서 제일 높은 물탱크 앞에 모두 모였다. 강물은 사람들의 마음을 아는지 모르는지 줄기는커녕 계속해서 불어나고 있었다. 처음에는 높은 지대에 피하기만 하면 안전할 것이라고 생각했지만, 현실은 그렇지 않았다. 사람들은 바다처럼 넓어진 강물을 건널 수 없으니 땅이 모두 잠길 상황을 대비해서 더 높은 곳으로 피할 장소를 찾아야 했다. 피신처를 찾던 사람들의 눈앞에 보인 것은 물탱크와 아름드리나무였다. 마을의 어른들은 물탱크가 위에 난간은 없어도 평평한 시멘트 바닥이므로 피하기 좋을 것이며 아름드리나무에는 다른 나무를 걸치면 사람들이 올라갈 수 있을 것이라고 입을 모았다. 그래서 일부는 물탱크에 오를 준비를 하고 다른 일부는 아름드리나무에 원두막을 짓기 시작했다.

이대수 님은 계속 차오르는 강물을 보며 '설마 여기까지 물이 들어차지는 않겠지…….'라고 생각했다. 하지만 어떠한 대비도 하지 않은 채 차오르는 것을 멍하니 바라볼 수는 없는 노릇이었다. 그래서 혹시나 사용할 수도 있는 원두막을 짓기 위해 송판이나 나무를 나르는 것을 도왔다.

누군가 물탱크에 오르자는 의견을 제시했지만, 상황은 녹록지 않았다. 수직으로 6m 높이나 되는 물탱크 위로 올라갈 방법이 없었기 때문이다. 상수도 급수용으로 설치한 물탱크에는 사람들이 오를 수 있도록 부착한 손잡이도 사다리도 없었다. 평소라면 6m가 그리 높지 않았겠지만 긴박한 상황에서 사람들이 느끼는 높이는 태산 같았다. 사람들은 이곳에 오를 방법을 찾아야만 했다.

긴 사다리를 구해 오라

8월 19일. 시루섬의 땅이 모두 잠겼을 때, 사람들은 물탱크 위, 원두막 위, 철선에 올라 수해를 버텨냈다. 2m 높이의 보조 탱크로부터 4m 위에 있는 물탱크 위로 올라갈 때나, 높은 나무에 설치한 원두막으로 올라갈 때에도 사다리가 필요했다. 그래서 사람들은 긴 사다리를 찾아야 했다. 급한 순간에 긴 사다리는 어디서 구할 수 있었을까?

물이 완전히 섬을 덮기 전에 사다리를 구할 수 있었던 것은 단순한

'행운'이라기보다는 목숨을 건 사투 끝에 획득한 필연적 '결과'라고 할 수 있었다. 이 필연적 결과는 이창수, 이몽수 친척 형제의 빠른 판단에서 나온 것이라는 사실을 유상순 님의 증언으로 알게 되었다. 이창수 님은 동생인 이몽수 님에게 "몽수야! 너 빨리 가서 사다리 가지고 와!"라고 소리쳤다. 이 말을 들은 이몽수 님은 배꼽까지 물이 들어온 상황에서도 가장 가까운 담배건조실김정식 님네 집로 향했다. 건조실도 언제 무너질지 모르는 위험한 상황이었지만 두리번거리며 사다리를 찾았다. 이몽수 님에게 건조실이 무너지는 것쯤은 별로 중요하지 않았다. 반드시 사다리를 구해야 했다. 그의 머릿속에는 단 한 가지 생각뿐이었다.

'사다리가 없으면 사람들이 더 이상 피할 곳이 없다. 그러면 사람들은 다 죽는다. 반드시 사다리를 찾아야 한다.'

이리저리 두리번거리던 이몽수 님 눈에 사다리가 들어왔다. 사다리는 강물에 반쯤 잠겨 꼼짝도 하지 않았다. 그런 사다리를 밀고 당기며 간신히 챙겨서 밖으로 나왔다. 대문을 나서는 그의 발걸음 뒤로 집이 풀썩 무너져내렸고 이 소리를 뒤로한 채 황급히 물탱크로 향했다. 위험한 상황이었는데도 물속을 헤집고 사다리를 꺼내 온 이몽수 님을 보고 사람들은 감탄하지 않을 수 없었다. 이렇게 담배건조실에서 이용하는 아주 긴 사다리를 확보한 덕에 마을 사람들을 물탱크 위로 올려보낼 수 있었다.

사다리는 한 개일까, 두 개일까

물탱크에 오르기 위한 사다리가 하나의 긴 사다리였는지 두 개의 사다리를 연결한 것인지 증언이 엇갈렸다. 가장 먼저 사다리에 오른 유상순 님과 곧이어 오른 김기홍 님, 그리고 늦게 오른 박동희 님은 하나의 긴 사다리였다고 기억하는 반면, 김현수, 이대수, 최옥희, 한길선 님은 사다리 두 개를 묶어 연결했다고 증언했다.

  유상순 님은 "담배 곳간에서 사용하는 사다리가 워낙 길어서 그 긴 사다리 한 개를 놓고 물탱크 위로 올랐어요. 어떤 이는 '사다리 두 개를 연결해서 설치했어.'라고 하는데 두 개가 아니라 한 개가 맞아요. 내가 제일 처음으로 물탱크 위에 올라갔으니까 정확하게 압니다."라고 증언

했다. 또한 김기홍 님도 "그 사다리는 분명히 한 개였어요. 집집마다 담배, 누에농사 하느라 낙엽송으로 만든 아주 긴 사다리가 있어서 하나의 긴 사다리를 사용했습니다."라고 기억했다. 박동희 님은 "사다리는 두 개였지만 연결되어 있진 않았습니다. 작은 사다리 하나는 보조탱크 위로 올라갈 때 썼고, 긴 사다리 하나는 원형 물탱크 위로 올라갈 때 사용했어요. 이은 사다리가 아니고

하나의 사다리였죠. 그때는 담배건조실이 있는 집이면 물탱크에 오를 만큼 긴 사다리가 있었습니다."라고 그날을 기억하고 있었다.

하지만 최옥희 님은 사다리 두 개를 이은 것으로 기억했다. "내가 송정에 도착했더니 그곳도 이미 물이 점점 차오르기 시작했어요. 그래서 사람들은 담배건조실 사다리 두 개를 이어서 물탱크 벽에 기대어 놓고 물탱크 위로 올라갔어요."라고 했다. 김현수 님도 "사람들이 담배건조실에서 쓰는 긴 사다리 두 개를 길게 묶었던 것"으로, 이대수 님 또한 원두막에 오르며 보았는데 "물탱크에 사다리 두 개가 걸쳐 놓아 있던 것"으로 기억했다. 한길선 님도 "물탱크 위로 오르는 사다리는 두 개인지 세 개인지를 이어서 긴 사다리를 만들었습니다."라고 기억했다.

어쨌든 사람들은 물탱크에 사다리를 놓고 순서를 지키며 차례차례 올랐다. 그 당시 마을에는 연세가 지긋한 노인들이 있었지만 등에 업고 올라갈 정도는 아니었기에 모두가 스스로의 힘으로 물탱크에 오를 수 있었다. 하지만 급하게 가져온 사다리는 고정이 잘 되지 않았고, 비를 맞아 미끄러웠기 때문에 오르는 데에는 상당한 시간이 소요되었다. 그래서 먼저 올라간 사람들은 사다리를 타고 오르는 사람을 당겨주었고, 아래에서는 사다리가 흔들리지 않도록 꼭 붙들어 주었다.

시루섬 사람들의 마음은 하나였다. '나 혼자만 사는 게 아니라 다 같이 살아남아야겠다.'라는 생각이었다. 그렇기에 누군가 상황을 총 지휘하지 않아도 모두가 빨리 사람을 올려야겠다는 마음으로 지혜를 모았던 것이다.

그날 사용된 사다리는 물탱크에 놓였던 사다리 외에도 더 있었다. 물탱크 위로 오르지 못한 사람들은 세 개의 원두막이나 나무 위에 설치된 가교로 대피할 때 사다리를 놓고 올라갔기 때문이다. 사람들은 나무에 오르면서 본인이 사용한 사다리가 물살에 떠내려가지 않도록 나무에 묶어 두고 올라가기도 했다.

새벽에 물이 빠지고 원두막에서 내려와 보니 사람들이 묶어 놓은 사다리는 떠내려간 것도 있었고, 쓰러진 나무에 걸려 있던 것도 있었다. 하지만 나무에 묶여 있지 않았음에도 떠내려가지 않은 사다리가 있었다. 그것은 바로 물탱크 꼭대기에서 손이 부르트도록 잡고 있었던 사다리였다.

본격적으로 물탱크에 오르다

사다리가 하나였는지 둘이었는지가 분명하지 않은 것처럼 물탱크에 오르기 시작한 시각도 증언자마다 기억이 다르다. 이몽수 님은 오후 2시부터 사람들이 물탱크 위로 올라가기 시작한 것으로 기억했다. 그는 "노약자들이 많아 식구들을 일찌감치 물탱크 위로 대피시켰습니다. 마을의 노약자들은 2시 무렵 올라갔고 나를 비롯해 늦게 올라간 남자들이 2시 반 정도 되었을 것입니다."라고 추정했다.

조옥분 님이 기억하는 시간은 2시에서 3시 사이다. "남편은 우리 식구들에게 얼른 물탱크 위로 올라가라고 해서 오후 2시경 사다리를 타고 올라갔습니다. 먼저 올라간 사람이 앞에서 당겨주고 나중에 오르는 사람은 앞 사람을 밀어주면서 올라갔습니다. 물탱크 위로 올라가서 보니 강물이 동네를 빙 돌며 집집마다 강물이 들이닥치더군요."라고 했다.

오재창 님은 마을 사람들이 모두 물탱크 앞에 도착해서 오르기 시작한 시각을 대략 오후 3시경으로 기억했다. 김기홍 님도 "우리처럼 젊은 사람들은 혼자 힘으로 나중에 올라갔습니다. 입은 옷은 러닝셔츠뿐이었죠. 깨끗한 옷은 가져오지 못하고 다 강물에 떠내려갔어요. 대략 오후 3시 무렵이었어요."라고 기억했다.

물탱크에 오른 시각이 차이가 나는 것은 여러 가지 이유가 복합적으로 작용했을 것이다. 계속해서 내리는 비로 시간이 경과한 것을 가늠하기 어려웠을 것이고 먼저 오른 사람과 늦게 오른 사람의 시각 차이도 있을 것이다. 또한 정확히 시간을 확인할 수 있는 시계를 찬 사람도 드물었기 때문이다.

다만 다수의 증언자들이 점심 식사 전후로 피난을 시작했고, 물탱크 앞에 도착한 시간과 사다리를 찾는 데 걸린 시간 등을 종합적으로 고려해봤을 때 물탱크에 처음 오른 시각은 '오후 1~2시 사이'일 것으로 추정된다. 그 무렵 시루섬은 본강과 샛강이 모두 포위되어 마치 바다처럼 넓은 강물 속에 갇혔고, 얼마 뒤 온 동네가 물바다로 변했다.

소고삐를 풀어 주기 위해 다시 내려오다

시루섬 마을에는 농사짓는 데 큰 도움이 되는 수십 마리의 소가 있었다. 1970년대는 '소 팔아서 대학 보낸다.'라고 할 정도로 소의 값어치가 높았던 시절이었다. 그래서 오재운, 박현걸 님을 비롯한 동네 사람들은 집안의 가장 큰 재산인 소를 이끌고 물탱크 쪽으로 모였고 물탱크에 오르기 전에 소의 고삐를 풀어 주었다. 또 어떤 분은 고삐를 소의 목에 빙빙 돌려 감아 매어 두기도 했다. 만약 소고삐가 매 있는 상태에서 소가 떠내려간다면 그 고삐가 나무라든가 어떤 물체에 휘감겨 소가 자유롭지 못해 목숨을 잃을 수 있기 때문이었다. 늘 함께 살아온 소에 대해 시루섬 사람들이 취한 최후의 배려였다.

물탱크에 오르지 못한 가족을 피신시키기 위해 소나무 위에 원두막을 만들던 김현수 님은 원두막을 겨우 다 만들고 가족을 모두 올리고 나서야 뒤늦게 외양간에 매어 놓은 큰 소가 생각났다. 가족과 같았던 소를 살려야 했기에 원두막에서 급히 내려와 집으로 향했다. 그런 그의 앞에 주인이 누구인지 알 수 없는 소 한 마리가 보였다. 김현수 님은 "물속에서 허우적대던 소가 나를 보자 머리를 쳐들며 워워~ 하고 울길래 물속으로 들어가 허우적대던 소의 코뚜레 끈부터 풀어 주었다. 그러자 다행히 소가 물 위에 떴다. 몸이 자유로워진 소는 꼬리로 물살을 가늠하며 물탱크 쪽으로 헤엄을 쳤다. 물이 더 늘어나기 전에 '어서 높은 곳으로 가라!'라고 물탕을 치며 소를 쫓았습니다."라고 증언했다.

그렇게 남의 소를 보낸 뒤 집에 도착한 김현수 님은 외양간에 매어 놓은 소를 몰고 물탱크를 향해 다시 돌아섰다. 올라오는 길에는 여전히 나무에 매인 소들이 있어서 여기저기 다니며 소들의 고삐를 풀어주었다. 그렇게 고삐가 풀린 소들은 자연스럽게 물탱크 주변으로 움직였다. 그는 소의 고삐를 풀어주는 것은 물론이고 혹시나 집에 남아 있는 사람이 없는지 재차 확인하며 올라왔다.

소고삐를 풀어 준 사람은 김현수 님만이 아니었다. 조옥분 님은 물탱크 위에 함께 있던 남편 이몽수 님이 물탱크 아래로 내려가는 모습을 보았다. 물탱크 위에서 내려다보니 고삐를 풀어 주지 않은 소들이 몇 마리 있었다. 이몽수 님은 "소는 고삐만 풀어 주면 스스로 물 밖으로 헤엄쳐 나가서 산다."라면서 물탱크에서 다시 내려가서 소의 고삐를 낫으로 끊어주었다.

조옥분 님도 고삐에 매인 소들을 보고 불쌍하다는 생각을 했지만 선뜻 내려갈 용기가 나지 않았다. 마음속으로는 남편도 모르는 척하고 그냥 있기를 바랐다. 이 부부에게는 아직 중학교도 입학하지 못한 장녀와 그 아래로 4남매가 있기 때문이었다. 하지만 조옥분 님은 내려가기로 마음먹은 남편을 말릴 수 없다는 걸 잘 알았다. 언제나 가족보다 마을 일이 먼저였던 남편에게 서운했던 적이 한두 번이 아니었지만 마을을 위해서라면 천 길 낭떠러지도 마다하지 않을 사람이라는 것을 잘 알고 있었다.

한편 김현수 님은 소들의 고삐를 풀어 주고 본인의 소와 함께 물탱크 앞에 도착했다. '어디에 소를 피신시켜야 하나.' 고민하던 그에게 물탱크 양쪽에 한 길 정도 높이의 네모난 콘크리트 둑이 보였다. 그곳이 평지보다는 조금 더 높아서 데려온 소를 그곳에 두었다. 소를 피신시키고 나니 둑까지 물이 차올라 엉덩이까지 잠길 정도였다. 혼자 몸이라도 이동하기가 어려웠다. 소를 피신시키고 한시름 놓은 김현수 님은 가족이 피신해 있는 제2원두막을 쳐다보았다. 하지만 그곳에 있는 가족을 볼 수만 있을 뿐 합류하지는 못했다. 그가 집에 다녀온 사이 원두막 위에 오른 사람도 많았고 시간이 지남에 따라 한 길이 넘게 불어난 강물을 건너기가 어려웠기 때문이다. 좁지만 물탱크 위로 올라갈 수밖에 없었다.

마지막까지 마을 일을 돌보던 오재운 님과 그의 삼촌은 제일 늦게 물탱크 위로 올라왔다. 철선 주변으로 돼지와 소들이 여기저기에 떠다녔다. 가축은 의지할 공간이나 밧줄도 없이 온몸으로 수해를 버티고 있었다. 그 모습을 바라보는 시루섬 사람들은 자식을 잃는 슬픔을 느꼈다. 그러나 사람이 있을 자리도 부족한 배나 물탱크 위에 가축을 위한 자리를 마련할 수 없었다.

외지 사람부터 먼저 올려라

그날 시루섬 사람들을 살렸던 것은 다름 아닌 물탱크였다. 구름같이 모인 사람들은 하나둘 물탱크 위로 올랐다. 밑에서 차례를 기다리던 잠업센터 연수생들은 물탱크 아래에서 발을 동동 구르며 걱정하고 있었다. 옆에 있던 마을 사람들은 "안심해요. 괜찮을 겁니다."라고 어린 연수생들을 위로했다.

그때였다. 누군가 소리쳤다.

"외지 사람들 죽으면 안 된다. 외지 사람들을 먼저 올려보내자!"

물탱크 앞에서 기다리던 잠업센터 연수생인 신준옥, 배금숙 님뿐만 아니라 2살 막내딸을 등에 업고 있던 한길선 님과 원두막을 짓기 위해 분주했던 오근택 님도 이 소리를 들었다. 마을 어른들도 흔쾌히 동의했다. 만약 그 외침이 없었다면 시루섬 사람들이 먼저 올라가고 젊었던 연수생들은 늦게 올라오거나 최악의 경우 오르지 못할 수도 있었다. 위기의 상황에서 나보다 남을 배려한 시루섬 주민들의 희생정신이 발휘된 순간이었다.

그래서 사다리 앞에 섰던 마을 사람들을 제치고 잠업센터 연수생들이 가장 앞으로 나섰다. 연수생 신준옥 님은 사다리 앞에 섰지만 높은 사다리가 무서웠다. "사다리가 이렇게 좁고 흔들리는데 어떻게 올라가요……. 떨어질까봐 걱정돼서 못 올라가겠어요."라고 말했다. 시루섬 사람들은 걱정하지 말라며 사다리 위와 아래에서 사다리를 단단하게 꽉 잡아주었다. 차례를 기다리던 배금숙 님과 오선옥 님도 물탱크에 올라가기 위해 사다리 앞으로 다가왔다.

둘은 간단한 짐을 싼 가방을 품에 안고 있었는데 누군가가 가방을 낚아채어 멀리 던졌다. 물탱크 위에 사람이 올라갈 자리도 부족하다는 것을 일깨워 준 것이다. 어린 연수생들은 그제야 상황이 심각함을 인지했다. 두 소녀는 군말 없이 낭창낭창 흔들리는 사다리를 타고 물탱크 위로 올라갔다. 배금숙 님이 물탱크 위로 올랐을 때, 누군가가 "반듯하게 서 있어라. 죽으면 모두 죽고 살면 다 산다!"라며 동요하지 말고 침착하게 자리를 지키라고 말했다.

그렇게 잠업센터 연수생, 노약자, 청년들 순서로 물탱크에 올랐고,

이몽수 님을 비롯해 201명 정도의 사람들이 물탱크에 오를 수 있었다.

최옥희 님은 한 손으로는 세 살배기 아들을 안고 다른 한 손으로는 사다리를 붙잡고 물탱크에 올랐다. 그런 그녀의 등에는 백일 된 아들이 업혀 있었다. 고정이 어려워 휘청휘청 흔들리던 사다리는 비를 맞아 미끄럽기까지 했다. 하지만 '혹시 사다리에서 떨어지면 어떻게 하나……' 하고 걱정할 겨를도 없었다. 아이를 둘이나 챙겨야 했기 때문이다. 아이를 지키기 위한 마음을 품고 한 손으로만 사다리를 거의 다 올랐을 때 누군가 품 안에 있던 아들을 받아 주었다. 두 손이 자유로워진 그녀는 힘을 내어 마지막 몇 걸음을 내디뎌 물탱크 위에 안전히 설 수 있었다.

누구나 위험이 닥치면 남보다 본인의 안위를 지키기 위해 행동하는 것이 인지상정이다. 그것은 이기적인 것이 아니라 본능일 것이다. 1972년 8월 19일 시루섬의 상황은 일생일대의 위기 그 자체였다. 시루섬에 있던 242명 남녀노소 모두 생존의 위협을 느끼는 순간이었다. 그런 위기의 상황에서 본능대로 행동했다면 각자 먼저 물탱크 위에 오르려고 악을 썼을 것이며 다른 사람들은 상관없이 나만 안전하면 그만이었을 것이다. 만약 나만 살면 된다고 생각했다면 물탱크로 오르는 사다리가 밀고 당기는 사람들의 아우성 속에서 넘어가거나 훼손되었을 것이다. 혹은 강물에 휩쓸리기도 전에 사상자가 발생할 수도 있는 일이었다.

그러나 시루섬 사람들은 그러지 않았다. 사람들은 본인의 안전보다 타인을 먼저 생각하는 이타주의자들이었다.

이기적인 인간의 본성을 뛰어넘었던 것이다. 본인보다 가족을 먼저 생각했고, 가족보다 이웃 주민들을 먼저 생각했고, 이웃 주민보다 외부인들의 안위를 먼저 생각했던 것이다. 이제 만난 지 열흘도 채 되지 않아 얼굴도 잘 모르는 잠업센터 연수생부터 대피시키는 그 마음은 도대체 어디서 나온 것일까? 그렇게 가슴 시리고 숭고한 시루섬 사람들의 희생으로 마을 사람들은 물론 외지 사람들까지 모두 강물에 휩쓸리지 않을 수 있었다.

굉음이 가득한 시루섬

조옥분 님은 오후 2시경쯤 물탱크 위에서 온 동네가 물에 잠겨있는 모습을 보았다. 30분쯤 지나자 여기저기서 대포 소리가 터져 나왔다. 집집마다 담배건조실에서 담배를 찌기 위해 불을 때고 있었는데 물이 들어차게 되자 불꽃이 터지면서 난 소리였다. 그리고 물살의 힘에 건조실이 넘어가는 소리, 집이 넘어가며 부서지는 소리도 들렸다. 그날 시루섬은 강물 소리, 대포 소리, 분주하게 움직이는 사람들 소리로 포탄이 빗발치는 전쟁터나 마찬가지였다.

유상순 님은 "물탱크에서 우리 집이 제일 가까워서 우리 식구가 앞서 올라갔습니다. 올라가서 복판에 서서 보니 멀리 집이 떠내려가는 게 보이더군요. 집이 밑에서부터 조금 흔들리더니 먼지가 퍽석 나면서 순식간에 사라져 버렸어요."라며 생활 터전이 허무하게 사라지는 모습을 지켜볼 수밖에 없었던 상황을 증언했다. 그러나 유상순 님은 정작 본인의 너와집에 물이 들어차는 광경은 볼 수가 없었다. 바로 눈앞에 있던 본인의 집까지 물이 찼을 때는 물탱크 위에 사람들이 너무 많아 시야를 가렸기 때문이다.

5

원두막
짓기

황급히 만든 원두막

1972년 8월 19일과 20일 양일간 시루섬에 갇혀 있던 242명 중 201명의 사람을 살린 것은 섬의 제일 높은 곳에 자리한 물탱크였다. 하지만 물탱크 위 공간은 6평 정도였기 때문에 모든 사람이 피신한다는 것은

1972년 그날 마을의 상황을 그린 지역 화가의 그림

불가능한 일이었다. 시루섬 사람들은 터무니없이 부족한 물탱크 외에 또 다른 대피 장소를 찾아야만 했다. 급박한 상황에서도 시루섬 어른들은 침착하면서도 빠르게 해결책을 찾았다. 물탱크 주변에 굵고 오래된 나무들이 많다는 것을 잘 알고 있었던 것이다. 큰 나무와 나무 사이에 송판 등을 얹어서 원두막을 짓기 시작했다. 이렇게 세 개의 원두막이 황급히 만들어졌다.

원대이에서 줄곧 어머니를 따라다니던 최면호 님도 시루섬의 광경을 자세히 볼 수 있었다. 그는 "강물은 점점 늘어나고 누나와 매형도 옆에서 함께 걱정하고 있었어요. 사람들이 물탱크로 올라가는 모습이나 나무에 서까래를 매서 원두막을 만드는 모습이 잘 보였어요."라고 외부에서 시루섬을 지켜본 모습을 증언했다.

제1, 제2원두막은 완전한 형태를 가진 원두막이었지만 제3원두막은 나무와 원두막을 이어주는 비상 가교와 같은 것이었다. 제3원두막은 온전한 모습을 갖추지 못해서인지, 많은 증언자가 원두막으로 기억하지 못했다.

증언을 토대로 물탱크와 원두막의 거리를 계산해보면 다음과 같다.

- 물탱크 ↔ 제1원두막: 약 5~10m 정도(서까래를 하나 놓을 수 있을 정도). 원두막과 물탱크 위를 긴 서까래로 얹어 놓았다.
- 물탱크 ↔ 제2원두막: 약 40m* 정도. 참나무를 기둥나무로 삼았다는 증언(김현수, 권순이 님)과 소나무로 삼았다는 증언(유상순, 한길선, 오근택, 박동준, 오재창, 김기홍)이 엇갈

---

* 이대수 님은 제2원두막과 물탱크의 거리가 30m 정도, 제2원두막을 만든 김현수 님은 40~50m 정도, 제3원두막에 대피한 박동준 님은 50m 정도 거리가 떨어져 있었던 것으로 기억한다.

린다. 원두막의 모습은 사각형(김현수 님) 혹은 오각형(오근택, 박동준 님)이었다.
- 물탱크 ↔ 제3원두막: 약 50m 정도. 원두막의 형태라기보다는 몇 개의 서까래를 나무에 걸친 형태였다.

8월 19일 밤을 보내며 세 개의 원두막 중에서 두 개의 원두막제2, 제3원두막은 지탱해주던 나무가 쓰러지면서 무너져 많은 사상자를 냈고, 하나의 원두막제1원두막은 쓰러지지 않았다. 이대수 님은 쓰러지지 않은 원두막에 있었다. 물탱크 바로 옆에 붙어 있는 원두막인데 큰 나무라 뿌리가 깊어 모래, 자갈이 떠내려가도 나무가 쓰러지지 않았던 것이다.

반면 박동준 님은 불완전한 제3원두막에 있었다. 그도 원두막이 세 개였다고 증언했다. "물탱크 바로 옆에 물탱크와 연결되어 이대수 님 등이 올라간 제1원두막이 있었고, 김현수 님 가족 등이 대피한 제2원두막, 그리고 우리 형제가 제3원두막 격인 '비상용 가교'에 앉아서 밤을 지새웠다."라고 증언했다. 물탱크에 사람이 다 오를 수 없는 상황에서 궁여지책으로 만든 원두막에 30여 명이 피신하여 당장의 위기를 모면할 수 있었다.

어떻게 세 개나 만들 수 있었을까

촌각을 다투는 상황에서 세 개의 원두막을 급히 지을 수 있었던 것은 원두막을 지을 수 있는 재료가 가까이에 충분히 있었기 때문이다. 일단 담배 모판용 송판이 집집마다 많았고, 잠실에 누에판을 거는 서까래와

---

* 긴 장대를 뜻하는 단양 지방의 방언이다.

어리덕*도 많았다. 특히나 물탱크 바로 옆에 살던 이창수 님네 집에는 헛간을 허물고 행랑채를 새로 낼 작정으로 준비한 목재도 많았다. 또한 목재와 나무를 이어줄 끈은 담배건조실마다 흔하게 널려 있었다.

재료는 유상순 님의 집뿐만 아니라 종갓집이던 김기홍 님의 집에서도 많이 가져왔다. 그의 집은 물탱크와는 거리가 꽤 되었지만 애써 장만한 송판이 떠내려가지 않도록 높은 곳으로 옮겨 놓았기 때문이다. 오래된 마루를 교체하기 위해 마련해 두었던 송판은 원두막을 만드는데 아주 좋은 재료가 되었다. 이렇게 여러 집에서 가져온 긴 나무와 송판이 넉넉해서 나무 위에 얼기설기 깔고 비교적 쉽고 빠르게 원두막을 세 개나 지을 수 있었다.

가장 먼저 지어진 것은 제1원두막이었다. 물탱크와 아름드리나무를 나무다리로 연결한 형태였다. 원두막을 다 지은 가장들은 마을 일을 보기 위해 다시 원두막 밑으로 내려갔다. 김현수 님이 앞장섰고 곁에 있던 오재운 님도 따라나섰다. 아래에 있던 이상하 님은 내려오는 오재운 님에게 "애들만 두고 어딜 따라와? 자네는 여기 있어."라며 말렸다. 그러자 원두막에 있던 이현석 님이 "오 선생, 아이들은 내가 봐줄 테니 다녀오시게."라며 그의 등을 밀었다. 이렇게 마을 사람들을 위해 손을 걷어붙였던 분들 중에는 가족이 있던 원두막에서 내려왔다가 다시 돌아가지 못하는 경우가 있었다. 그들은 가까운 물탱크나 철선에 올라 본의 아니게 이산가족이 되었다.

원두막에 오른 사람들은 불어나는 강물을 보면서 불안한 마음을 감출 수가 없었다. '이러다 죽는 것은 아닐까?', '물이 조금만 더 위로 올라오면 사람들을 다 쓸어가지 않을까?' 별의별 걱정에 마음을 놓을 수가 없었다.

물탱크에 가로목을 걸쳐 놓은 제1원두막

"원두막 3개 중에서 우리 것이 제일 안전했던 것 같아요. 김현수 님 가족이 있는 원두막과 조금 더 위에 있던 원두막은 쓰러졌으나 우리 원두막은 쓰러지지 않았으니까요."

이대수 님은 당시 제1원두막에 있었던 상황을 자세히 설명했다. 그가 올라간 제1원두막은 물탱크 바로 옆에 있었다. 서까래 같은 긴 나무 몇 개로 아름드리나무와 물탱크를 연결한 형태였다. 물탱크와 나무가 기둥 역할을 한 셈이다. 만약 물탱크에서 일이 생기면 원두막으로 이동할 수 있는 교량 역할을 기대했던 것 같다. 그래서 물탱크보다 높이가 약간 낮았다.

유상순, 최옥희 님 등 몇 분은 이리저리 밀리면서도 아름드리나무와 물탱크에 걸쳐 놓은 서까래에 다리가 꽉 끼어있었다. 그날 다리를 뺄 수 없었던 까닭에 종아리가 시퍼렇게 멍이 들었고, 그 후에도 수십 년 간 고생하기도 했다. 제대로 움직일 수 없는 물탱크 위에서 제1원두막 과 연결한 나무에 다리가 눌려 많은 사람이 고통을 받았을 것으로 추측 된다.

이대수 님은 18세의 어린 나이였지만 어른들이 원두막을 짓는데 손을 보탰다. 송판을 갖다 놓는 일이나 잠시 밧줄을 잡고 있는 등의 심부름이었다. 이렇게 원두막 짓는 것을 돕다 보니 물탱크에 올라갈 때를 놓치고 말았다. 이미 물탱크에는 사람들이 빼곡해서 도저히 올라갈 틈이 없었다. 어쩔 수 없이 맨 마지막으로 제1원두막에 올랐다.* 물은 이미 마을 꼭대기까지 들어차고 있었다. 이 원두막에는 이대수 님 외에도 "기석이 아버지김주환, 복수 아버지김태종, 나보다 한 살 어린 김정종을 비롯해 8명 정도가 올라간 것"으로 기억했다.

연수생인 신준옥 님도 제1원두막에 대해 기억하고 있다. "우리 연수생들은 물탱크에 모두 올라갈 수 있었어요. 비좁아서 못 올라오시는 분들도 많았어요. 물탱크 바로 옆 양쪽에 소나무에다가 밧줄 같은 걸 매고 나무, 송판으로 원두막을 만들더니 거기에 7~8명 정도가 올라가 있었던 것 같아요. 그 옆에는 나무에 잡아맨 배도 하나 있었고요."라며 당시의 기억을 더듬었다.

한편 이대수 님은 제1원두막에 오른 뒤 멀리 보이는 제2원두막이 걱정되었다. 물살이 갈라지며 땅이 패일 수도 있을 것 같았기 때문이다. 제2원두막이 지어진 장소는 마치 뱃머리가 바다를 향해 나가는 모습처

---

* 이대수 님은 위쪽에 설치한 원두막(제2, 제3원두막)에 물이 불어날 경우를 대비해 뗏목을 준비해 놓았다는 이야기를 들었다고 증언했다. 하지만 직접 보지못했기 때문에 본인도 확실하지 않다는 말을 덧붙였다. 제2원두막과 제3원두막에 대피했던 오근택, 박동준 님은 뗏목에 대한 언급이 없었다. 나무 위에 뗏목을 올릴 만한 충분한 공간이 없었을 것이기에 뗏목의 존재 가능성은 희박한 것으로 보인다.

럼 뾰족하게 돌출된 모양이어서 위태로워 보였다. '혹시나 나무가 무너져 원두막이 넘어가지는 않을까?'라는 이대수 님의 우려는 안타깝게도 현실이 되고 말았다.

비교적 튼튼하고 넓은 제2원두막

제2원두막은 8월 19일 운명의 그날, 시루섬 수해의 최대 피해를 입은 비극의 원두막이었다. 원두막의 기둥이 무너지며 대피해 있던 사람들이 물에 빠졌고, 안타까운 7명의 희생자가 발생한 곳이기 때문이다. 제2원두막을 만드는 데 주도적인 역할을 한 분은 김현수 님이었다.

> "아름드리 소나무가 많았던 곳은 물탱크와는 거리가 좀 멀었어요. 그래서 주변에 있던 다른 참나무를 이용해 원두막을 지었지요. 아름드리 참나무 4그루를 서까래나 잡목으로 묶어서 연결해서 중간쯤에 만들었어요. 담배 모판용 송판이 많았는데 이 송판과 널판지들을 나무에 올려서 얼기설기해서 깔았어요. 나무 위니까 정사각형은 아니고 비뚤어진 사각형으로 만든 원두막이었지요. 원두막에서 보면 물탱크가 위에 있어서 고개를 올려야 보이더라고요"

김현수 님은 원두막 제작 과정을 상세히 기억했다. 제2원두막은 김수종 님의 감자 저장고 위에 만들어졌다. 담배 모판용 송판과 널빤지들을 나무에 올려서 얼기설기 깔아 만들었다. 제1원두막에서부터 상류쪽으로 40m정도 거리에 있었다.* 아름드리 소나무가 휘어지지 않고 비교

---

* 이대수 님은 제2원두막과 물탱크의 거리를 30m 정도로 보았고, 김현수 님은 40~50m 정도로 보았다. 그러나 제3원두막으로 대피한 박동준 님은 50m 정도 떨어져 있던 것으로 기억했다.

적 가지런히 뻗어 있어서 원두막을 만들기에 용이했다. 나무 꼭대기까지는 못 올라가고 가지가 비교적 튼튼한 중간쯤에 만들었다. 제2원두막 모습에 대한 증언은 엇갈렸다. 김현수 님은 '정사각형은 아니고 비뚤어진 사각형'*이었다고 하는데 사각형인지 오각형인지에 대한 의견은 다르지만, 나머지 두 개의 원두막보다는 비교적 튼튼하고 넓었다는 기억은 일치했다.

사람들이 제2원두막을 만드느라 분주한 사이 권순이 님은 잠시 집으로 돌아가 비에 젖은 바지를 겨울 누비옷으로 갈아입었다. 또한 비에 젖은 5남매가 추울까 염려되어 아이들의 겨울옷도 챙겼다. 아직 물이 들어가지 않았던 안방의 장롱을 뒤져 겨우 가지고 올 수 있었다.

마침내 제2원두막이 완성되었다. 김현수 님은 아내권순이와 아이들5남매을 원두막에 올린 시간이 오후 4시에서 5시경이라고 말했다.** 가족을 모두 제2원두막에 올린 김현수 님은 물이 계속 차오르고 있긴 했지만 일단 가족을 피신시켰다는 생각에 조금은 안도할 수 있었다. 여유가 조금 생긴 그는 자식들이 배고프면 깨물어 먹으라고 라면을 건네주었다.

김현수 님이 원두막에 오르기 전 주위를 살폈을 때 밑에 남아 있는 사람이 없었다. 그런데 시간이 조금 지나자 이상하게 원두막 아래가 소란스러웠다. 아래를 내려다본 김현수 님은 안절부절못하고 있는 김충배 님 내외를 보았다. 김충배 님은 아랫송정에 모래를 채취하러 온 외지인이었지만 시루섬에 거처를 정하고 정착해 살고 있었다. 무슨 이유에서인지 동네 사람들보다 조금 늦게 도착한 노부부는 물탱크에 오르지 못해 발을 동동 구르고 있었다. 그들은 김현수 님에게 원두막에 함

---

* 오근택, 박동준 님은 소나무 5그루를 이용한 오각형으로 기억했다.
** 원두막에 오른 시간은 오후 3시경이었다. 김현수 님이 연로하여 기억이 희미하신 듯 하다. 실제로 필자가 2019년 인터뷰한 내용이 부군수 시절(2014년)에 인터뷰한 내용과 다르기도 했고, 몹시 혼란해 하셨다.

게 올라가게 해달라고 사정했다. 김현수 님은 원두막을 둘러보았다. 널찍하지는 않지만 바싹 붙여 앉으면 자리를 마련할 수도 있을 것 같았다. 또한 두 분은 약 75세의 연로한 분들이었다. 김현수 님은 그들이 올라올 수 있도록 손을 내밀었다.

자식을 살린 아버지의 지혜

제2원두막을 만든 사람은 여러 명이었다. 김현수, 오재운, 최대우 님 등 건장한 성인 남자뿐만 아니라 어린 자녀들의 고사리손까지 힘을 보탰다. 50이 넘도록 골재 채취를 한 덕에 이런 일에는 잔뼈가 굵은 이현석 님도 빠지지 않았다. 원두막 자재가 될 만한 것은 눈에 보이는 대로 모두 가져왔다. 제2원두막은 그렇게 만들어졌다.

원두막을 짓던 오재운 님은 하던 일을 멈추고 집으로 향했다. 과거에 우마차를 끌었던 적이 있어서 집에 많이 있던 '우마차용 밧줄'이 생각났다. 그 밧줄은 나무와 송판, 소나무와 소나무 사이에 걸은 장대나 어리 덕을 묶기에 알맞았다. 그리고 그중에는 나무와 송판을 묶고도 땅에 닿을 정도로 긴 밧줄도 있었다.

오재운 님은 원두막을 내려가면서 아들에게 땅까지 닿은 그 밧줄을 가리키며 "혹시 나무가 어느 쪽으로 넘어갈지 모르니 넘어가더라도 정신 차리고 이 밧줄을 꽉 붙잡아라."라는 당부를 남겼다. 그래서 오근택 님을 비롯한 남겨진 가족은 밧줄 가까이에 앉았다. 최악의 상황을 미리 대비한 아버지의 지혜였다. 그 결과로 오재운 님의 4남매뿐만 아니라 다른 가족까지 총 5~6명이 밧줄을 잡고 목숨을 구하게 되었다.

5가족 21명의 대피소

제2원두막에는 최대우 님 가족 5명최대우, 최정희, 최정자, 최면배, 최면순, 오근택 님 가족 7명김덕순, 오진택, 오근택, 오수택, 오주택, 오정혜, 오정옥, 김현수 님 가족 6명권순이, 김옥희, 김희배, 김승배, 김형배, 김순이, '광주 노인' 김충배 님 가족 2명김충배, 석금옥, 이현석 님까지 5가족, 총 21명이 있었다.

그러나 김현수 님은 다소 엇갈린 증언을 했다. "이현석 님과 오재운 님은 함께 원두막을 따로 지어 올랐다. 완충지대에 커다란 참나무가 있었는데 그 나무를 이용해 원두막을 만들었다."라는 것인데 아마 연로한 탓에 기억이 왜곡된 것으로 보인다.

제2원두막은 다른 원두막과 달리 조금 넓었기에, 이곳으로 피신했던 사람들은 비를 맞지 않도록 비닐을 덮어쓰고 있었다. 그 덕분에 다른 대피처와는 다르게 약간의 훈기가 돌았다. 하지만 제2원두막 전체를 덮을 만큼 크지는 않아서 모든 사람이 비닐을 덮고 있지는 못했다. 외곽에 있던 오근택 님처럼 비를 맞는 사람도 있었다.

제2원두막은 좁디좁은 물탱크와는 다르게 앉을 수 있을 만큼의 공간은 있었다. 그래서 대피했던 사람 중 안쪽에 앉았던 사람들은 외곽보다는 편했기에 비닐을 덮어쓰고 선잠이 들기도 했다. 안타깝게도 선잠이 든 사람들은 원두막이 무너졌을 때 제대로 대처하지 못했다. 반면 가장자리에 앉아 있던 오근택 님과 가족은 비닐도 끝까지 덮지 못했을뿐더러 계속해서 내리는 비를 온몸으로 맞는 불편을 감수해야 했다. 오근택 님은 추워서 웅크리고 있던 탓에 잠을 잘 수도 없어서, 원두막이 쓰러질 때 아버지오재운가 말한 우마차 밧줄에 매달릴 수가 있었다.

비상 다리가 된 제3원두막

　필자가 인터뷰를 시작하고 사건의 윤곽을 정리해 가면서 가장 어려웠던 부분이 바로 제3원두막의 실체였다. 김현수 님 등 극히 일부는 제3원두막이 있었다고 했지만 자세한 내용은 모르는 상황이었다. 추가적으로 탐문했지만 아는 사람이 없어 여러 해 동안 궁금증을 해결하지 못했다. 어떤 이는 원두막을 '2개'로 기억하고 있지만, 원두막에 실제로 올라갔던 이들은 '3개'로 증언했기 때문이다. 이 궁금증은 박동준 님을 만나면서 해결되었다.

　제3원두막은 낮에 물탱크에 오르지 못한 사람들이 워낙 많아 만일의 사태를 위해 마을 어른들이 비상용으로 만들어 놓은 것이었다. 제3원두막은 세 개의 원두막 중 상류에 위치했다. 제2원두막보다 북쪽에 있는 6~8m의 큰 소나무를 연결한 '비상용 가교架橋'에 가까웠다. 즉, 제2원두막에서 문제가 발생하면 다른 소나무로 피할 수 있도록 하는 일종의 비상대피용 나무다리였다. 이 나무에서 저 나무로 건너가는 다리, '외나무다리'처럼 급한 대로 이동을 하기 위한 것이다. 제1원두막이나 제2원두막과는 모양이 너무 달라 원두막으로 표현하기에 어려움이 있지만 편의상 '제3원두막'으로 명명했다.

　박동준 님의 식구들과 친척들은 모두 물탱크에 올랐지만 늦게 도착한 박동준 님 형제는 물탱크에 오르지 못했다. 그래서 제3원두막에는 박동준·박동구 님 형제 2명이 대피했다. 당시 군대를 만기 전역하고 혈기 왕성한 23세의 박동준 님과 동생 박동구 님은 나무다리 위에 그냥 걸터앉아 19일 오후부터 20일 오전까지 시간을 보냈다. 이들이 피신한 제3원두막의 높이는 세 개의 원두막 중에 가장 낮았다. 그래서 강물이 많이 불었을 때는 앉았던 곳 바로 밑까지 물이 흐르는 것이 느껴졌다고 한다.

제3원두막은 물탱크에서 50m 정도 떨어져 있었고 가장 낮았다. 하지만 시야를 가리는 나무가 없어서 물탱크와 다른 원두막 두 곳도 잘 보였다. 그래서 박동준 님은 많은 소가 물탱크 주변을 맴돌고 있는 모습도 기억했다. "사람 소리를 들어야, 사람 가까이 있어야 안심되는지 몰라도 수많은 소가 떠내려가지 않고 물탱크 주변을 헤엄쳐 맴돌았다. 물탱크를 돌기도 하고 물살 약한 아래쪽에서 오르내리기도 했다."라며 장애물이 없어 깨끗이 잘 보였던 상황을 마치 사진을 찍어둔 것처럼 상세히 설명했다.

　형제가 피신한 제3원두막은 물소리가 너무 커서 바로 옆에서 얘기하는 것도 잘 들리지 않을 정도였다. 그래서 두 형제는 서로 큰소리로 대화했다. 박동준 님은 "동구야! 이거 안 되겠다. 너나 나나 수영할 수 있으니 나무통을 잡고 헤엄쳐서 육지로 나가보자. 수많은 것들이 주위로 떠내려가고 있으니 저것 중 괜찮은 나무 하나를 잡고 밖으로 나갈 수 있지 않을까? 우리 둘 중 누가 살든지, 누가 먼저 나가든지 혹시 헤어지더라도 몸이 육지에 닿으면 제일 먼저 박재수 형님한테 연락하자!"라고 소리쳤다. 하지만 막상 물에 들어가려 하니 넘실대는 물살을 헤엄쳐 나갈 자신이 없었다. 더구나 형제가 한 나무에 매달릴 수도 없었고, 형제와 떨어지는 것에 겁이 나기도 했다. 그렇게 물에 들어갈지 말지 고민을 반복하다 조금 더 기다려 보자고 결론을 내리며 새벽을 맞이하게 되었다. 참으로 기나긴 밤이었다.

형제를 살린 불편함

 가족과 떨어져 원두막에 대피한 박동준 님 형제는 '다행히 가족은 안전한 물탱크에 올라갔으니 우리 형제만 살아남으면 되겠구나. 떠내려가면 절대 안 된다. 죽으면 안 된다.'라는 일념으로 그 오랜 시간을 버텨냈다. 그러나 제3원두막은 제대로 만들어진 곳이 아니어서 원숭이처럼 그저 나무 위에 앉아 온몸으로 비를 맞을 수밖에 없었다. 물탱크와 원두막 세 개 중에서 가장 불편한 자세로 있어야 했는데 결과적으로 그 불편함 때문에 형제는 목숨을 구할 수 있었다.

 밤이 깊었을 무렵 형제가 앉아 있던 나무다리가 심상치 않았다. 다리를 고정한 소나무 쪽에서 우지직하는 소리가 들렸다. 나무가 곧 쓰러질 것 같자 형제는 정신을 바짝 차리고 소나무를 주시했다. 소나무가 물살을 더 이상 버티지 못하고 쓰러질 때, 형제는 재빠르게 다른 나무로 옮겨붙어 참사를 피할 수 있었다. 물에 닿기 전에 옮겨탔기에 물에 빠지지도 않았다. 동생 박동구 님도 형을 따라 똑같이 행동했다. 제2원두막에서도 결국 불편하게 있었던 사람들은 잠이 들지 않았고 상황을 예의주시했기에 원두막이 쓰러졌음에도 참사를 피할 수 있었다. 처음에는 불편했던 것이 오히려 생존에는 도움이 되었던 것이다.

물탱크 위에서의 사투

6

짐승에게서 배운 지혜, 스크럼

 시루섬 사람들이 물탱크에 오르는 중에도 여전히 비는 계속 내렸다. 중앙선 철길 쪽에도 반대편 국도 둑에도 물이 반 이상 차올라가고 있었다. 물탱크는 미끄러졌지만 피할 데라곤 그곳뿐이었기에 사람들은 계속 올라갈 수밖에 없었다. 결국 물탱크에는 201명이 올랐고, 콩나물시루란 표현이 무색할 정도로 빼곡했다. "물에 빠지면 지푸라기라도 움켜쥔다."라는 속담처럼 한 명이 떨어지게 되면 본능적으로 손에 잡히는 대로 아무나 붙잡고 늘어질 것이고 그러면 많은 사람이 희생될 수 있는 위험한 상황이었다.
 특별한 규칙이 없어도 물탱크에 먼저 오른 사람은 안에, 늦게 오른 사람은 밖에 서 있었다. 처음에 사람이 별로 없을 때는 괜찮았지만 사람이 계속 늘어나자 밖에 있던 사람들은 점점 더 위험해졌다. 물탱크 위는 난간 없이 반질반질했기 때문에 사람들이 자칫 강물로 떨어질 수도 있었다.
 그러다 누군가 먼저 물탱크 주변의 소 떼를 보라고 외쳤다. 소 떼는 물탱크 아래에서 헤엄치며 오르내리고 있었는데 송아지 한 마리를 가운데 두고 큰 소들이 밖에서 계속 보호하고 있었다. 이 모습을 보고 누군가 우리도 스크럼을 짜고, 노약자들은 모두 그 안으로 들어가게 하자고 말했다. 그러자 젊은 사람들이 물탱크 난간에 빙 둘러서서 원을 만들며 밖을 향했다. 서로의 양팔을 교차시키고 깍지를 껴서 꽉 움켜쥐었다. 수십 명의 청년이 한 몸이 되어 스크럼을 만든 것이다. 짐승에게서 배운 지혜였다.

이렇게 만든 스크럼으로 청년들은 물탱크 외곽에서 잠업센터 연수생, 노인, 어린이, 부녀자 등 노약자들을 보호했다. 안쪽에 있던 사람 중 몇 명도 가장자리의 스크럼처럼 옆 사람과 손을 맞잡기도 했다. 숨 쉴 공간마저 부족한 빽빽한 공간에서 누구 하나라도 튀어 나가면 대열이 일시에 무너질 것은 자명했다. 그리고 사방에서 날뛰는 강물은 금방이라도 물탱크 위를 덮칠 것 같았다.

가장자리에서 강물을 바라보던 청년들은 두려웠지만 피하지 않고 정면으로 맞섰다. 혼자라면 견딜 수 없는 무서움이었겠지만 이미 스크럼을 짠 수십 명의 몸과 마음은 하나로 이어져 있었다. 그리고 그들의 등 뒤에는 지켜야 할 마을 사람들이 있었다. 그래서 앞 발과 양팔에 더욱 힘을 주어 단단한 스크럼을 유지했다. 이러한 노력으로 그날 물탱크 위에서는 극한 상황, 아우성 속에서도 강물로 떨어진 사람은 단 한 명도 없었다.

증언자들은 하나같이 위험한 상황을 극복해낸 일등 공신으로 '스크럼'을 꼽는다. 이몽수, 조옥분, 김현수, 최옥희 님 등 거의 모든 사람들이 스크럼에 대해 언급했다. 만약 물탱크 위에 스크럼이라는 울타리가 없었다면 상당히 많은 사람이 추락했을 것이다.

사다리와 뱃줄을 잡은 사람들

스크럼을 짜고 있던 사람들 말고도 물탱크 외곽에서 밤새 수고로움을 감내해야 했던 사람들이 있었다. 이창수 님을 비롯해 마을 일을 내일처럼 여기던 분들은 사다리와 철선을 연결한 뱃줄이 떠내려가지 않도록 밤새 잡고 있었다. 유상순 님은 그 광경을 똑똑히 목격했다. "물탱크 위나 옆은 뱃줄을 묶을 곳이 없었기 때문에 남편이창수과 주변 몇 분들은 사다리와 뱃줄을 손으로 당기고 있었어요."라고 했다.

사다리가 물에 쓸려 가면 물이 줄어도 6m 높이의 물탱크에서 뛰어내리는 것 외에는 내려갈 방법이 없었다. 또한 철선에 연결된 뱃줄을 놓치게 되면 물탱크가 넘어가는 최악의 상황에서 사람들이 조금이라도

피할 수 있도록 도움을 주는 마지막 보루인 철선을 잃을 수 있다. 두 생명줄은 결코 놓칠 수 없는 것이었다. 비록 작은 철선과 별 볼 일 없는 사다리였지만 그 상황에서는 어떠한 금은보화보다 소중하고 값진 물건이었다.

짐 보따리를 강물에 던져라

사람들은 물탱크에 오르며 짐을 버리기도 했지만 간단한 짐 보따리를 갖고 올라간 사람도 많았다. 잠업센터 연수생 중에는 짐 보따리를 챙겨 올라간 사람도 있었고 신준옥 님처럼 작은 가방 하나만 들고 있던

사람도 있었다. 콩나물시루처럼 비좁은 상태에서 누군가 "보따리를 전부 내버려라."라고 소리쳤다. 사람들이 서 있을 자리도 모자라니 모두 짐을 강물에 던져 조금이라도 공간을 확보하고자 했던 것이다. 짐 보따리를 쉽게 포기할 수 없었는지 일부가 던지지 않으려고 주저하기도 했다. 하지만 "그렇게 해야 다 살 수 있다."라는 마을 어른들의 명령에 모두가 던져 버릴 수밖에 없었다.

마을 사람뿐만 아니라 잠업센터 연수생들도 가지고 올랐던 가방을 던졌다. 신준옥 님은 물탱크에 오를 때 가방을 챙겨서 매고 있다가 불편해서 바닥에 내려놓고 있었다. 그때 영춘에서 온 연수생이 "우리도 같이 가방을 버려서 공간을 확보하자!"라고 해서 결국 가방을 강물로 던졌다. 오선옥 님과 배금숙 님은 "사다리로 물탱크에 오를 때 누군가가 짐이 든 가방을 낚아채 멀리 던졌다."라고 기억했다. 가방에는 옷가지와 돈도 들어 있었지만, 그때는 가방 걱정을 할 여유가 없었다. 그냥 멍하니 쳐다보기만 할 뿐 어찌할 방도가 없었다. 그것은 좁은 물탱크에 한 명이라도 더 올리려는 어쩔 수 없는 선택이었다. 잠업센터 연수생, 마을 주민, 외지인 모두가 너나없이 가지고 있던 짐을 강물에 떠내려 보낸 것이다. 그렇게 사람들의 아쉬움을 뒤로 한 채 짐 보따리는 넘실거리는 강물 위로 두둥실 떠내려가고 있었.

휩쓸려 나가는 집을 내려다보며

오후 3시 무렵 물탱크에 올랐던 마을 사람들은 높은 지대에 있는 집마저 침수되고 떠내려가는 모습을 생생하게 지켜볼 수밖에 없었다. 본인의 집이 무너지며 먼지가 나는 모습, 돼지나 닭 등 가축과 애써 모은 담뱃잎들이 물살을 이기지 못하고 떠내려가는 모습을 보면서 안타까운 마음이 드는 것은 당연했다. '앉으면 눕고 싶다.'라는 말처럼 사람들은 위험에 처했던 것은 금방 잊고 '집에 있는 물건을 조금이라도 더 챙겨 나올 걸······.' 이라는 아쉬움을 가졌다.

신준옥 님은 떠내려가던 소들의 모습을 잊을 수 없다. "고삐를 풀어 놓은 소는 물살에 시달리다가 잠깐 안 보이더니 그 소가 나무에 매달려 있더라고요. 그러는 와중에 집이 밀리면서 소나무가 다 뽑혀서 누워버렸지요. 소가 떠내려갔는지는 잘 모르겠는데 순간적으로 다 밀려가니까 사람들의 비명만 들렸어요."라고 회상했다. 사람들이 모두 물탱크에 오른 지 얼마 지나지 않은 오후 3시 무렵 강물이 동네 전체를 휘감았고 물탱크 옆에 있던, 마을에서 제일 높은 곳에 있던 네 집이창수, 이종음, 이창열, 김수종까지도 물에 잠겼다.

물탱크 바깥쪽에 있던 사람들은 아수라장이 된 마을의 모습을 한눈에 볼 수 있었다. 집은 물이 들어차고 지붕만 간신히 보였다. 기와집이 물살에 한번 휙 쓸리더니 집이 무너지며 뱅그르르 도는 모습도 볼 수 있었다. 그렇게 무너지는 집이 하나가 아니었다. 눈길이 닿는 곳마다 집이 무너져 떠내려가고 있었다. 집이 무너질 정도였으니 다른 광경은 말할 것도 없었.

하지만 사람들은 비극적인 광경만 보았던 것은 아니었다. 신준옥 님은 아직 해가 지지 않았을 때 사람들이 손을 흔드는 모습을 보았다. "애곡리 철길 쪽에서 몇 사람이 손을 흔드는 게 보였어요. 반대편 국도 위에서도 심곡리 사람들인지 저희를 바라보고 있었어요."

현재는 애곡리에 철길이 없고 도로가 있지만, 당시에는 기차가 다니는 철길이 있었다. 적성면 애곡리 사람들은 철길을 따라 단양읍으로 왕래하기도 했다.

현재의 적성면 이끼터널이 있는 곳

애곡리 철길 부근

망망대해 한가운데에서

사방을 둘러봐도 시루섬을 둘러싼 남한강은 강이 아니라 망망대해 같았다. 마치 바다 한가운데에서 등대 하나에 매달려 있는 느낌이었다. 그날 사람들의 얼굴에는 근심과 두려움이 가득했다. 조금만 물이 더 차오르면 모두가 무섭게 넘실거리는 저 강물 속으로 휩쓸려 갈 것 같았기 때문이었다. 불안감은 남녀노소 가리지 않고 모두에게 찾아왔다. 하지만 어린이들에게 이 상황이 더욱 두려웠을 것이다. 권순이 님은 두려움에 떠는 아이들을 감싸며 "괜찮아, 곧 물이 줄 거야. 걱정하지 않아도

Part Ⅲ. 시루섬 그날 자세히 보기

돼."라고 위로했다. 그것은 자녀들을 위한 위로임과 동시에 본인에게도 위안을 주기 위한 말이었다.

시루섬은 땅 한 평 보이지 않는 망망대해였다. 푸른 바다와 다른 점이라면 시루섬은 빨간 황토물로 둘러싸여 있었다는 것이다. 땅이 하나도 보이지 않았기에 시루섬을 모르는 사람이라면 이곳에 사람이 살았으리라고는 상상도 할 수 없을 정도였다. 다만 강물에 가재도구나 가축이 둥둥 떠내려가는 모습을 보고 홍수임을 짐작할 수 있었으리라……. 이전 장마 때는 물론 수해가 컸던 병자년 수해 때에도 볼 수 없었던 참혹한 광경이었다.

이대수 님은 강물을 바라보며 이상할 만큼 덤덤했다고 했다. "아무런 생각이 없었어요. 겁이 나지도 않았고, 죽음에 대한 공포도 없이 이상하리만치 차분했어요. 헤엄쳐 건널까 생각도 안 했어요. 헤엄칠 줄은 알아도 장마 물은 엄청 차가워서 저체온 때문에 힘들 것 같다고 생각했거든요. 우리는 물가에 살았기 때문에 체온이 내려가서 못살 거란 걸

잘 알았거든요."라고 덤덤히 말했다.

하지만 그런 생각을 한 사람은 극히 일부였을 것이다. 강물의 수위는 높아지기만 하고 줄어들 기미가 보이지 않았기 때문이다. 물탱크를 집어삼킬 것처럼 넘실대는 물살은 사람들을 두려움에 떨게 했다. 그래서 희망보다는 '저 물이 조금 더 올라오면 우린 죽겠구나', '이젠 끝이구나' 같은 부정적인 감정들이 차올랐다. 하지만 스크럼을 믿었기에 불안한 감정을 가까스로 억누르고 오직 '살아야겠다.'라고 마음을 다잡을 수 있었다.

하느님, 살려 주세요!

흔히 사람들은 본인이 생각하지 못한 급한 일이 닥치면 부지불식간에 비명을 지르거나 의외의 행동을 보인다. 가장 어린 나이로 스크럼에 동참했던 김기홍 님은 한 할머니를 그 예로 꼽았다. 모두가 서 있을 수밖에 없는 상황에서 연세가 많으신 노인 몇 분이 물탱크 가운데에 앉아 있었는데 그중 김성종 님의 할머니는 앉자마자 "하느님, 살려주세요!"라며 쉬지 않고 기도했다. 그 할머니는 평소 마을에서 소문난 불교 신자였고 김기홍 님도 그 사실을 잘 알고 있었다. 하지만 할머니가 밤새 부처님이 아닌 하느님을 찾는 동안 그는 아무 말도 하지 않았다. 말장난을 칠 겨를도 없었을뿐더러 말을 나눌 여력도 없었기 때문이었다. 그날 밤이 지나고 물탱크에서 내려와서야 김기홍 님과 친구들은 그 할머니를 만나 농담을 건넸다. "할머니, 절에 다니시는 분도 죽을 때가 되니까 부처님 대신 하느님을 찾으십니까?"라고 말이다.

그날 하늘에 기도한 것은 노인 몇 분만이 아니었다. 잠업센터 연수생이었던 오선옥 님도 물탱크에 올라가면서부터 줄곧 기도했다. '내가 만약 살아서 나간다면 정말 열심히 살 테니 제발 무사히 이 물탱크를 내려갈 수 있게 해주세요.'라며 평생을 건 기도를 했던 것이다. 아마도 많은 사람이 같은 생각을 했을 것이다. 절박한 기도가 하늘에 닿아 응답한 것일까······. 사람들이 그 무시무시한 물살에서 살아남았으니 말이다.

이산가족이 된 시루섬 사람들

물난리가 시작되자 시루섬 사람들은 높은 곳으로 대피해야 했다. 하지만 한 가족이 모두 같은 장소로 대피하지는 못했다. 박동희 님은 "우리 가족뿐만 아니라 시루섬에 있던 모든 가족이 붙어 다닐 수 있는 상황이 아니었어요. 혜자 아버지이몽수랑 오빠들이랑 젊은 사람 몇 분은 정신없이 마을 일을 돌보느라 가족을 돌볼 시간도 없었어요. 이 집 물건을 옮기면 또 저 집 물건을 옮기느라 정신이 하나도 없었어요."라고 말하며 그때를 떠올렸다.

이처럼, 높은 곳으로 피신한 사람들이 물탱크로 올라갔지만, 가족끼리 붙어 있는 집은 많지 않았다. 물탱크 위에 올랐어도 일단은 이쪽저쪽 틈에 끼여 살아남기 바빴기 때문이다. 사람들은 내 자식, 남의 자식 할 것 없이 다 같은 한 가족으로 여겼기 때문에 함께 그 밤을 버텨낼 수 있었다.

가족이 곁에 없던 사람들은 물탱크 어딘가에 있을 가족이 무사하길 바라며 날이 새기만을 기다렸다. 분명 오르기 전까지만 해도 손을 맞잡았건만 가족의 얼굴이 보이지 않았다. 그래서 더욱 얼굴이 보고 싶고 걱정이 되었다. 6평짜리 물탱크 위는 공간이 넓지 않았고 사람들로 빼곡하여 팔조차 마음대로 움직일 수가 없었다. 이런 상황에서 가족을 찾는 일은 엄두도 낼 수 없었다. 그렇게 시루섬 가족들은 가까운 거리에 있으면서도 손을 닿을 수 없는 이산가족이 되었다.

한길선 님은 "식구들이 한군데 모여 있지 못하고 이리저리 틈에 가서 끼어있었어요. 그건 우리 가족뿐 아니라 다른 가족들도 마찬가지였지요. 그때는 빡빡하다고 하는 말도 부족할 정도로 움직일 수 없는 상황이었어요."라고 5남매와 떨어져 있던 당시를 기억했다. 자녀들을 데리고 오겠다고 사람들 사이를 헤집고 다니는 것은 상상조차 할 수 없는 일이었다. 마을을 이끌던 어른들은 물탱크 아래에서 사람들을 돕고 혹시 모를 위기에 대비하기 위해 마지막 정리를 하느라 가족과 함께 할 수 없었다. 긴박한 상황이라 원두막 세 곳과 철선 중에 가까운 곳으로 상황에 따라 신속히 피하는 것이 우선이었다. 가족들이 안전하기를 마음속 깊이 바라면서…….

아들만 챙기다니

이몽수 님 가족은 그나마 물탱크 위에 함께 올라갔다. 이몽수, 조옥분 부부는 슬하에 장녀 이혜자, 차녀 이혜정, 삼녀 이혜숙, 장남 이병희, 차남 이중희 다섯 자녀를 두었다. 이몽수 님은 이장이란 직책에서 잠시 내려오긴 했지만, 여전히 집안일보다는 마을 일을 더 중히 여겼다. 그날도 마을 사람들이 모두 대피하는 것을 확인한 뒤에야 가족이 먼저 올라가 있던 물탱크에 합류했다. 그러나 마을 일을 다 처리하고 왔다고 생각했던 그때, 나무에 묶인 소들이 눈에 밟혀 다시 소고삐를 끊어 주러 내려갔다.

물탱크 가운데에 있던 조옥분 님은 물탱크에서 내려가려는 남편의 등을 향해 "혜자 아버지! 병희 좀 내 앞으로 데리고 와요!"라고 소리쳤다. 막내아들은 그녀가 등에 업고 있어 괜찮았지만 물탱크 가장자리에 멀리 있던 큰아들 병희가 걱정되었던 것이다. 가장자리에 큰아들은 물론 세 딸도 함께 있었지만, 사람들로 막혀서 직접 데려올 수 없었다. 그래서 물탱크를 내려가기 위해 가장자리로 향하던 남편에게 큰아들을 데려와 달라고 부탁한 것이다. 얼떨결에 업은 아들과 멀리 있던 큰아들까지 두 아들만 챙긴 조옥분 님은 후일 딸들에게 핀잔을 들어야 했다.

"엄마는 그 상황에서도 아들만 제일로 치더라."

열 손가락 깨물어 안 아픈 손가락 없듯이 부모에게는 자식 하나하나가 모두 소중하지만 그날은 무슨 정신인지 아들부터 챙기게 되었다. 그래서 딸들에게 그 말을 들을 때마다 입이 열 개라도 할 말이 없었다.

물탱크 주변을 헤엄치는 소 떼

물이 계속 차오르자 소들은 살아남기 위해 물탱크 주변에서 헤엄치고 있었다. 일단 그곳이 가장 지대가 높은 곳이기 때문에 마지막까지 땅이 있기도 했고 사람들의 말소리를 쫓아 온 것이기도 했다. 물이 더 불어나서 다리가 땅에 닿지 않자 소들은 헤엄을 치면서 물탱크 주변을 맴돌았다. 원래는 고삐가 묶여 있었지만, 주인들이 오르기 전에 풀어주기도 했고 주인이 미처 신경 쓰지 못한 소들은 김현수, 이몽수 님이 고삐를 끊어주기도 했다. 만약 소가 물살에 떠내려가도 스스로 헤엄을 쳐서 '자기 힘이 닿는 데까지 살아 봐라.'라는 최대한의 배려였다.

소들은 강물이 물탱크에 부딪혀 물살이 조금 약해진 하류 쪽에 몰려 있었다. 물탱크에서 사람들이 스크럼을 짠 것처럼 소들도 비슷한 대형을 만들었다. 큰 소들이 물탱크 양쪽에서 헤엄을 치며 오르내렸고 가운데는 힘이 약한 송아지가 있었다. 스크럼처럼 밖에서 안을 보호했던 것

이다. 김현수 님은 사람들이 소들의 모양을 보고 배워 스크럼을 짜고 사람들을 배치한 것으로 기억했다.

이 소들은 안으로는 송아지를 보호하면서 물탱크 아래쪽에서 V자 또는 U자 형태로 헤엄치며 오르내렸다. 힘이 빠져 떠내려가면 다시 헤엄쳐 올라오기를 끝없이 반복했다.

어떤 소는 결국 떠내려가고 말았다. 소들은 그렇게 힘을 합쳐 위기를 극복했지만 다른 동물들은 그러지 못했다. 김기홍 님은 지붕 위에 올라 있던 개나 닭 같은 가축이 둥둥 떠내려가는 걸 보며 '내가 어떻게 하면 살 수 있을까? 나도 떠내려가는 건 아닐까?' 하는 생각에 두려움이 엄습했다. 소들이 헤엄치는 모습을 바라보며 '만약 떠내려가도 저기 소 떼 중에 어느 한 마리의 꼬리만 꼭 붙잡으면 살겠구나.'라고 생각하며 가까스로 두려움을 떨쳐냈다.

가축의 수난

소들이 동그랗게 떼를 지어 오르내리는 모습이 물탱크 위에서 아주 잘 보였다. 물가에 있는 소는 물살에 조금 떠내려가다가 다시 한가운데로 헤엄쳐 올라와 대열에 합류하기를 반복했다. 하지만 모든 소가 다시 대열에 합류할 수 있었던 것은 아니다. 대열에서 이탈한 소가 한 마리씩 떠내려갈 때 사람들은 "어! 어! 소 나간다!"라고 외쳤다. 반복적으로 헤엄을 쳐 올라오던 소가 힘이 빠져 결국 멀리 떠내려간 것이다. 그렇게 떠내려간 소는 나무에 걸려 죽은 듯이 멈춰있기도 했다.

그날 떠내려간 소는 한두 마리가 아니었다. 어쩌면 그 긴 시간을 물에서 헤엄쳐야 했기에 당연한 일일 것이다. 우선 김용환 님의 소가 떠내려갔다. 그 소는 떠내려가서 다음날 지금의 '꽃거리가든' 옆 감나무 밑에 탈진해 있었다. 하지만 그 소는 죽다 살아나며 힘을 다 썼는지 3일을 일어나지 못했다. 이몽수 님 소도 떠내려갔다. 나중에 시루섬 가장 하류의 '붕어 떡거리'라고 샛강 끝 미루나무가 있는 곳에서 떠내려간 소를 찾아왔다. 이대수 님 소는 떠내려가다가 덕상리 사람들이 건졌는데 물을 많이 먹어서 그런지 나중에 아프기도 했다. 그리고 김현수 님 소는 단양읍 아래 구미라는 곳 근처에 있는 것을 찾아왔다. 그 소는 배고파서 아무 풀이나 마구 뜯어 먹었는지 설사를 많이 했다.

헤엄치거나 떠내려가서 살았던 소들도 있었던 반면 죽은 소도 있었다. 비가 그치고 사람들이 땅으로 내려왔을 때 샛강 어딘가에서 돌 틈에 끼인 무언가를 발견했다. 가까이 가서 확인해보니 소가 죽어있는 것이었다. 떠내려가다가 바위에 끼어 어디 가지도 못한 채 물에 쓸려서 죽은 것으로 보였다. 누구네 것인지는 모르겠으나 아주 큰 소도 아니고 송아지도 아닌 중소였다.

마을에는 돼지도 여러 마리 키웠으나 거의 떠내려가고 누구네 것인지는 모르지만 세 마리만 살아있었다. 외중방리까지 떠내려간 돼지를 찾아온 사람도 있었지만 셀 수 없이 떠내려간 개나 닭은 찾아올 수 없었다. 소고삐를 풀어 준 것과 반대로 닭들은 떠내려가지 않도록 나무에 묶어 놓은 사람이 많았다. 하지만 묶어 놓았던 닭들은 모두 떠내려갔고 오히려 붙들어 매지 않은 닭이 몇 마리 살아서 마을에 돌아다녔다. 조옥분 님은 "우리는 닭을 50~60마리 키웠는데 이 닭들을 30마리씩 묶어서 나무에 매어 놨는데 다 떠내려갔어요. 그냥 뒀으면 나무에 올라가서 살 수 있었을 텐데……."라며 붙들어 매지 않은 집의 닭들이 단 몇 마리라도 살아있는 것을 보고 많이 후회했다.

시루섬의 방주, 철선

시루섬 주민을 살린 것은 물탱크와 세 개의 원두막뿐만이 아니었다. 마을 공동의 배인 철선도 또 다른 대피처 역할을 했다. 이 배에는 물탱크나 원두막에 오르지 못한 10여 명이 탑승하고 있었다. 당시 철선 관리자는 1반 반장인 김현수 님이었다. 그는 마을이 침수되기 전에 이창수, 이몽수, 오재운 님과 함께 배를 단단히 묶어 떠내려가지 않도록 고정해 놓았다. 그곳은 합수머리에 있는 나루터였다.

하지만 생각보다 물이 너무 빠르게 차올랐다. 그래서 김현수 님은 박동준, 박동구 형제와 함께 묶여있던 배를 풀어 다시 높은 곳으로 옮겼다. 형은 강바닥에서 배를 밀고 동생은 앞에서 끌었다. 김현수 님은 삿대를 들었고 이창수 님은 노를 저었다. 모두가 힘을 모아 나루터보다 더 높은 곳으로 철선을 옮겼다. 마을 여기저기를 살피던 김기홍 님도 이 광경을 보고 지나칠 수 없어 힘을 보탰다. 눈에 보이는 대로, 닥치는 대로 협동 단결한 마을 모습이 아닐 수 없었다.

여러 사람이 사투를 벌인 끝에 샛강 쪽 아름드리 소나무에 배를 맬 수 있었다. 우마차용 밧줄을 가져와 연결해서 두 겹으로 단단히 묶었다. 하지만 배를 또 옮겨야만 했다. 강물이 점점 불어나 더 높은 곳에 있는 나무로 다시 옮겨 맸다. 물이 섬 전체를 삼키는 지경까지 왔을 때 주민 가까이에 있어야 할 배였기에 마지막으로 물탱크와 연결해야 했다. 최악의 상황에는 이 배가 주민을 위해 어떤 소중한 역할을 할 수도 있음을 염두에 두었기 때문이다. 그래서 사람들은 철선에 밧줄과 기름통, 불쏘시개로 쓸 장작 한 다발과 성냥, 쌀포대와 곤로 등을 실었다. 그리고 물탱크에 오르기 전 풀었던 소고삐 몇 개를 더 연결해서 더 긴 밧줄을 만들었다.

그런데 물탱크에는 밧줄을 묶을 고정물이 없었다. 어쩔 수 없이 사람들이 줄을 손으로 붙들고 있어야 했다. 물탱크에 오른 김현수 님은 밧줄의 한끝을 자신의 손과 연결했다. 김현수 님을 비롯해 이몽수 님, 이창수 님은 물탱크 위에서 철선이 떠내려가지 않도록 모든 힘을 다했다.

한편 오근택 님은 "물탱크 바로 밑에 큰 참나무 두 그루가 있었는데 그 나무에 배를 매어 놓고 있었다. 물탱크 바로 밑이라 물살도 약해지는 곳이었다. 배 안에는 쌀, 석유 등 비상물품을 싣고 있었다."라고 다른 기억을 하고 있었다. 어쨌든 물탱크가 쓰러지거나 수위가 물탱크 높이보다 높게 오르지는 않아 철선은 최악의 비상 역할은 안 해도 되었다. 그래도 피난처로서의 역할과 횃불의 중심지 역할, 나무에 걸린 사람을 새벽에 구조해내는 중요한 역할을 수행했다.

물탱크에서의
15시간

7

콩나물시루처럼 비좁은 물탱크

사람들이 물탱크에 모두 오른 후 사투가 시작되었다. 19일 오후 3시 경부터 물탱크에 오르기 시작해서 20일 새벽 6시경 땅을 밟았으니 201 명이 좁은 물탱크에서 머문 시간은 15시간 정도였다. 특히 외부에 살던 잠업센터 연수생들은 낯선 곳에서 닥친 위급한 상황이어서 두려움은 더욱 컸다. 혹시 부모님을 다시 만날 수 없을지도 모른다는 생각에 이 리저리 사람들에게 밀리며 울기도 했다. 물탱크 위는 너무나도 비좁았 기에 가운데에 있던 사람들은 벌서듯이 양팔을 하늘을 향해 뻗고 서 있 었다. 팔이 너무 저렸지만 내려놓을 수가 없었다. 다리가 아프다고 잠 깐 앉아 있는 사람도 간혹 있었지만 그 수는 극히 드물었다. 학창시절 시내버스 통학을 했던 필자는 버스 문을 닫지 못할 정도로 만원이었던 시내버스 안과 비슷하지 않았을까 상상해 보았다.

물탱크 위에 많은 이들이 모여 있으니 그야말로 콩나물시루였다. 또 래보다 키가 컸던 잠업센터 연수생 신준옥 님은 처음에는 괜찮았지만 사람들이 점점 많아지면서 사람들이 겨드랑이로 자꾸 파고들어 서 있 기가 고통스러웠다. 그래서 손을 들고 있다가 한쪽은 내렸다가 번갈아 가며 들고 있었다. 그렇게 움직이다가 자리가 조금 생기면 몸을 살짝 움직이고 또 팔을 번갈아 들었다가 내리면 또 조금 움직이는 행동을 밤

새 계속했다. 다른 사람들도 마찬가지였다.

잠업센터에서 교육받던 어린 소녀들은 물론이고 안쪽에 있던 어린이나 노약자들도 가릴 것 없이 양팔을 들어 공간을 조금이라도 더 마련해야 했다.

김경란 님의 어머니 신옥연와 유상순 님 등 어린아이를 둔 어머니들은 아이를 어깨 위로 들어 올리기도 했다. 비좁은 공간에서 숨이 막힐 것 같았기 때문이다. 사람들 가운데 있었던 한길선 님은 "사람들 틈에 갇혀서 고개를 돌리기도 어려웠다. 서로 엉겨 붙어서 안고 있었다. 여기 저기서 '꿈쩍거리지 말라.' '가만히 있어라.'라는 소리만 들렸다. 밖에 떠 내려가는 집은 물론이고 하늘이나 별, 달 아무것도 보지 못했다. 그래서 사람들이 나누는 얘기를 전해 들어 상황을 가늠하는 것이 전부였다."라며 당시 상황을 기억했다. 당시 어린이들은 "아무것도 볼 수 없었다. 키가 작아 앞 사람 엉덩이나 배 부분에 얼굴이 찡겨 있어 밖은 물론 하늘도 볼 수 없었다."라고 말했다.

한길선 님은 워낙 정신없이 올라가서 옷을 제대로 챙겨 입지 못했다. 몸뻬바지에 런닝셔츠를 하나 걸친 거의 맨몸인 상태였다. 그나마 새 옷을 입었던 사람들은 괜찮았지만 낡은 옷을 입은 사람들은 서로 떨어질까 붙잡는 바람에 옷이 찢어져 맨살로 있던 사람도 있었다. 뭐라도 붙잡지 않으면 떨어질까 걱정되었던 사람들은 주변 사람의 옷이나 몸을 잡아 당겼는데 그 과정에서 힘을 못 버틴 낡은 옷들은 형편없이 찢어졌다.

물탱크 위는 스크럼을 짠 청년들, 아기를 안고 있는 아이 엄마, 배의 밧줄을 붙잡고 있던 사람들 외에는 대부분 벌을 서듯 두 팔을 들어 조금이라도 공간을 더 확보할 수밖에 없었다.

비좁고 불편한 상황이었지만 지휘자 하나 없이 시루섬 주민들은 한마음 한뜻으로 이 고난을 극복해내고 있었다. 물탱크 위는 평소라면 100명도 오르기 힘든 비좁은 공간이었다. 그러나 15시간 동안 201명의 협동과 끈기로 다 함께 위기를 극복하고 기적의 순간을 만든 공간이었다.

밀리고 돌아 반대편에

스크럼 안에 있던 사람들은 외곽에 있는 스크럼 덕분에 밖으로 떨어져 나가지는 않았지만 처음 올라가서 섰던 곳에 계속 서 있지는 못했다. 사람들은 좁은 자리에서 조금이라도 공간을 확보하기 위해 이리저리 꿈틀댔다. 한 사람의 작은 움직임은 잔잔한 호수에 떨어진 물방울처럼 물탱크 위에서 점점 크게 퍼졌다. 그래서 사람들은 한 몸처럼 크게 움직였다.

하나의 덩어리였다. 한참 있다 보면 밀리고 돌아 반대편에 가 있기도 했다. 본인의 의지로 움직인 것이 아니라 전체가 크게 움직이면서 그 안에 있던 사람들이 빙 돌아 반대편에 가게 된 것이다. 물탱크 위의 사람 중 누구도 자신의 의지대로 행동할 수 있는 사람은 없었다.

오재창 님은 "평지에 5m 지름의 원을 긋고 실제로 200명이 들어가 보라."라는 제안을 했다. 그것이 얼마나 힘든 일인지 듣기만 해서는 가늠하기 어렵기 때문이었다. 그는 "평지일지라도 그 인원이 모두 들어가기는 버거울 것이다."라고 말했다. 평지가 아닌 물살이 굽이치는 위험한 상황에서 그것도 사다리를 타지 않으면 오를 수 없는 6m 높이의 물탱크에서 사람들이 버텨낼 수 있었던 것은 절체절명의 순간에 나오는 '초인적인 힘과 인내'였다.

비는 밤까지 계속 내렸고 여전히 사람들은 꽉 끼여 밀리고 밀렸다. 마을 청년들이 난간을 빙 둘러 스크럼을 짜고 있었지만 여기저기서 아우성이 빗발쳤다. 사람들이 씨름하듯 일렁이는 과정에서 넘어졌다 일어나는 상황도 여러 번 반복되었다. 그래도 물에 빠진 사람은 단 한 사람도 없었다. 그것은 우연이 아니라 청년들이 외곽에서 젖먹던 힘까지 발휘해 짜고 있던 '스크럼' 덕분이었다. 젊은 사람들의 수고로움 덕분에 사람들은 안전장치 하나 없는 물탱크 위에서 보호받을 수 있었다.

피할 길 없는 지옥 같은 시간

콩나물시루처럼 좁은 물탱크에서도 생리 현상만큼은 어쩔 수 없었다. 계속해서 내리는 빗속에서 사람들은 선 채로 문제를 해결해야만 했다. 비에 씻겨나가긴 했지만 한 몸처럼 붙어 있던 사람들은 퀴퀴한 냄새와 눅눅하고 답답한 열기를 함께 견뎌야만 했다. 배금숙, 유상순, 조옥분 님 등 증언자들은 생리 현상을 물탱크 위에서 해결할 수밖에 없었다고 증언했다. 하지만 그때는 곁에 붙어 있던 사람들도 불편함을 내색하지는 않았다. 그런 것을 중요하게 생각할 때가 아니었다. 오직 죽느냐 사느냐 그것만이 문제였다.

한길선 님도 "화장실을 가고 싶어도 꼼짝할 수 없으니 어떤 방법이 없었다. 오줌인지 똥인지 알 수도 없을 상황이었고 냄새가 나는지 안 나는지도 몰랐다. 워낙 꽉 들어차서 너무나 극한 상황이었기 때문이다."라고 그때를 떠올렸다.

사람들은 대소변뿐만 아니라 쏟아지는 잠이나 배고픔까지 견뎌내야 했다. 그래서 그 하룻밤은 지옥을 방불케 했다. 배고픈 것, 졸린 것, 화장실 가고 싶은 것 등 본인의 마음대로 할 수 있는 것이 하나도 없었다. 수치심 같은 인간의 감정은 생사의 갈림길에선 중요하지 않았다. 그런 생각은 사치였다. 그래서 누구도 불평할 수 없었고, 불평하지도 않았다.

귀중품은 물론 돈도 제대로 챙기지 못했던 사람들이 음식을 챙겼을 리는 만무했다. 대부분의 사람들은 굶주린 배를 움켜쥐며 시간을 보내야 했다. 다행히 가겟집 주인이 물탱크에 오를 때 라면 몇 봉지를 가지고 올라 배고픈 사람에게 나누어주었지만 '새발의 피'였다. 물탱크 위에 있는 사람들에게 라면 몇 개는 턱없이 부족했다. 다만 가겟집 주인 옆에 있던 유상순 님과 그녀의 두 아이는 조금 얻어먹을 수 있었.

물탱크 위는 그야말로 아수라장이었다. 모두가 혼이 나가서 정신을 제대로 차릴 수 없었다. '사람들이 자꾸 미는데 이대로 밀려서 물에 떨어지면 어떡하나······. 물이 더 차오르면 어떡하나······. 물탱크가 넘어가면······.' 오만가지 생각으로 가득한, 혼돈의 중심이었지만 일단은 살아남는 것이 급선무였다.

우산으로 질서를 잡다

　물탱크에서 얼마의 시간이 지났을까. 칠흑 같은 어두운 밤이 찾아왔다. 5m 지름의 물탱크 위에서 최대한 공간을 확보하려 했지만 그래도 201명의 사람이 오르기엔 너무나 비좁은 공간이었다. 물탱크 위는 "너무 좁다! 좀 저쪽으로 가봐라! 여기 너무 좁아서 서 있기도 힘들다!"라고 소리치는 사람과 난간에서 스크럼을 짜고 있던 사람들의 "움직이지 말아라! 가만히 있어라! 밀지 말아라! 진정하라!"라는 여러 사람의 말이 뒤엉켜 매우 혼란스러웠다. 누군가 힘을 줘서 밀면 다 같이 강물로 떨어질 것만 같은 위험한 순간이었다.
　그때 외곽에 있던 청년이나 노인들은 우산대로 머리를 내리쳐서 질서를 잡았다. 앞이 잘 보이지 않았기에 누군가를 다치게 하려고 강하게 때린 것이 아니라 툭툭 건드린 정도였다. 그것은 두려움에 떨며 울던 잠업센터 연수생들을 진정시키는 방법이기도 했고, 누군가가 힘을 써서 움직이면 전체에 악영향을 끼칠 것이니 돌출된 행동을 저지하려는 수단이기도 했다. 답답하다고 소리 지르던 사람도 우산 세례를 받은 건 똑같았다. 작은 움직임 하나가 커져서 사람들이 어느 한쪽으로 쏠린다면 가장자리에 있던 사람들은 한꺼번에 강물로 떨어질 수 있었기 때문이다. 우산대로 머리를 내리친 것은 전체의 동요를 막기 위한 어쩔 수 없는 선택이었다.
　머리를 친 행동은 안에 있는 사람들이 다른 생각을 하지 못하게 도와주기도 했다. 머리를 맞아서 기분이 나쁘다거나 아프다는 생각은 들지 않았다. 그래서 사람들은 잡생각 없이 오직 살아야 한다는 다짐 하나에 집중할 수 있었다.
　김경란 님은 "그때 저도 몇 번 맞았지요. 그분들의 지혜로 동네 사람들이 생존할 수 있었던 것입니다."라고 말하면서 고마운 마음을 표현했다. 오재창 님은 "답답하고 죽을 지경이지만 불편하다는 생각은 안 들었어요. 긴박한 그 상황에 다른 건 사치스러운 생각이었겠지요. 캄캄한 밤에 코앞에서 넘실거리는 물소리가 더욱 무섭긴 했습니다."라고 그날 밤을 기억했다. 우산 세례를 받은 사람들은 주로 안쪽에 있던 사람들이었을 것이다. 그리고 그곳에는 잠업센터 연수생들이 대부분이었다. 그래서 연수생들이 우산에 머리를 맞은 걸 더 기억했을 것이고, 개중에는 그것을 서운하게 여기는 이들도 있었을 것이다.

하지만 그날 밤의 물탱크 위는 절체절명의, 한 치 앞도 내다볼 수 없는 상황이었다. 캄캄한 밤, 아들이 아버지를 내리쳐도 누군지 알 수 없는 극한 상황에서 우산은 질서를 잡는 역할을 해냈다.

협동과 끈기로 버티다

믿기 어려운, 기막힌 상황이 눈 앞에 펼쳐지고 있었다. 꿈이었으면 좋으련만 엄연한 현실이었다. 피할 길은 오직 이 상황에서 벗어나는 길뿐일 텐데, 그 길은 물탱크 아래로 떨어져 넘실거리는 강물 속으로 빠져드는 것이었다. 이것이 죽음을 의미한다는 것을 누구나 이미 알고 있었다. 선택의 길은 없었다. 말은 안 했지만 죽어도 이 물탱크 안에서 죽어야 한다는 걸 알고 있었다. 사람들은 살기 위해서라도 단결하지 않으면 안 되는 상황이었다.

이러한 상황은 8월 28일 〈동아일보〉에서도 잘 나타내고 있다. '떼죽음 면한 협동과 끈기'라는 제목 아래 시루섬 물탱크 위에서의 힘든 사투를 다음과 같이 보도했다.

> 협동과 끈기로 버틴 사투 끝에 떼죽음을 면한 기적 같은 이야

기가 고립된 지역의 길이 터지면서 뒤늦게 밝혀졌다. …(중략)… 주민들은 2개의 사다리를 이용, 물탱크 위에 올랐다. 아무리 따져도 6평 남짓한 물탱크 위 면적으로는 기껏해야 1백여 명이 서 있을 정도였지만 250명의 주민들은 올라서고 어깨 위에 매달리고 아이를 안고, 탱크 위를 붙잡고 또 사다리에 겨우 발을 걸치고 …(중략)… 콩나물시루보다 빽빽이 늘어 붙었다.

　앉을 수도 없었고 젊은 사람들은 공간을 아끼기 위해 모두 손을 들고 있었고 어른들은 아이들을 목 위에 걸쳐 앉혔다. 너무나 꽉찬 사람에 밀려 물속으로 떨어졌다 기어오르는 사람도 있었다. 별다른 구원의 희망도 없이 몸 한번 움직이지 못한 채 온밤을 꼬박 새운 주민들은 너나없이 감각을 잃고 목석이 되어갔다.

　강물은 시시각각으로 불어 이날 밤 자정엔 탱크를 불과 1m 남겨놓은 6m까지 올랐다. '참자, 조금이라도 움직이면 우리는 모두 떨어져 죽는다. 숨을 쉬지 못하더라도 꼼짝 말고 있어라.' 이렇게 서로가 격려하며 버텼다. 강물은 그 이상 불지는 않았지만 좀처럼 줄지도 않았다.

스크럼은 두 겹이었을까

　청년들이 물탱크 외곽에서 온 힘을 다해 만들고 있던 스크럼이 한 겹이었는지 두 겹이었는지 증언이 엇갈렸다. 이몽수 님은 "앉아서 스크럼을 짠 바로 뒤에 젊은 사람들이 서서 스크럼을 또 짰다. 맨 바깥에 앉아서 스크럼을 짠 한 줄, 바로 뒷줄에서 손잡고 선 한 줄, 이렇게 총 두 겹이었다."라고 말했다. 유상순 님도 "한 줄은 앉은 상태로, 다른 한 줄은 선 상태로 짜고 아이를 데리고 있는 여자들은 안쪽으로 몰아넣었다. 마을 청년들은 물탱크 외곽으로 스크럼을 두 줄로 에워싸고 있었다."라고 전했다. 그러나 대부분의 사람들은 두 겹이 아니라 한 겹이었고 앉아서가 아니라 선 상태로 스크럼을 형성했다고 말했다.

사람들을 조금이라도 더 안전하게 만들기 위한 스크럼은 군대처럼 누군가의 지휘와 통제로 만든 것은 아니었다. 물론 소 떼들의 행동에서 지혜를 배웠고 누군가의 제안으로 짠 스크럼이지만 마을 사람들이 가족처럼 서로 잘 알고 있었고 실제로 친척인 분들도 많았기에 누가 먼저랄 것 없이 한마음으로 단합이 잘 이루어졌던 것이다. 또한 "내가 왜 스크럼을 짜야 하느냐?"라며 불평불만을 하는 사람도 없었다. 사람들은 눈앞에 닥친 일생일대의 위기를 한뜻으로 극복해냈다.

그렇기에 스크럼이 한 줄이었는지 두 줄이었는지, 몇 명이나 참여했는지는 그다지 중요하지 않다고 생각한다. 중요한 것은 스크럼을 짠 청년들 모두가 위험을 무릅쓰며 희생했다는 사실이다. 그들은 망망대해를 바라보며 한 발만 잘못 헛디뎌도 본인이 물에 빠져 죽을 수도 있는 아찔한 상황에서 초인적인 힘으로 버티며 사람들을 지켜낸 영웅들이었다.

물탱크의 어느 곳까지 물이 찼을까

수해가 있던 날 강물이 물탱크 어디까지 찼는지 증언자마다 각자 다르게 기억하고 있어서 정확하게 확인하기 어렵다. 비가 그쳐 달이 나올 때까지는 계속 비가 내리고 있었고 위에서 물탱크의 수직 아랫면을 볼 수 없었으며 반백 년 전의 일로 기억력의 한계가 있음을 고려해보면 차이가 있는 것은 당연한 일이다. 그래서 증언자들이 생각하는 높이를 그대로 존중해 보고자 한다.

수해 다음날 물이 들어왔던 높이

위의 사진을 보면 소년이 손가락으로 가리키고 있는데 혹시 이 지점까지 물이 찼다는 것을 말하고 있는 것이 아닌가 생각한다. 어쨌든 위 사람들 외에도 다른 분들의 얘기까지 종합해 보면 대략 6m의 물탱크 높이 중 4m 정도까지 물이 찼을 것으로 짐작할 수 있다.

마을 사람들과 외지 사람들

 그날 물탱크 위로 사람들을 올릴 때 가장 먼저 올라간 이들은 다름 아닌 잠업센터 연수생들이었다. 이창수 님을 비롯한 주민들이 "잠업센터 연수생 아가씨들은 마을에 온 손님이다. 외지인들 안 다치게 먼저 올려보내라."라면서 그들을 우선 챙겼다. 마을에 찾아온 손님 대접을 톡톡히 한 것이다.
 수해가 있던 그날, 대부분의 피난민들은 물탱크 위로 올라갔지만 그곳에 올라가지 못하고 원두막으로 대피했던 주민 7명이 사망했다. 그래서 시루섬 사람들은 잠업센터 연수생만 아니었다면 모두 물탱크에 올라 사망자가 발생하지 않았을 것이라 가정하는 이들도 있다.
 "30~40명에 달하는 그 아가씨들도 물난리를 피해 물탱크 주변으로 왔으니 당연히 함께 올라갈 수밖에 없었고 그 바람에 일부 동네 사람들이 못 올라갔다. 그날 동네 사람들만 있었으면 죽은 사람은 하나도 없었을 것"이라는 말과 "연수생들이 없었다면 물탱크 위로 마을 사람들이 다 올라갈 수 있었을 것이다. 그러면 원두막을 지을 필요도 없었고 희생자가 없었을지도 모른다."라는 푸념, "잠업센터 연수생 아가씨들 30여 명 때문에 사람들이 물탱크 위에 다 올라가지 못했다. 만약 연수생이 없었다면 마을 주민 모두가 원두막이 아닌 물탱크로 올라갈 수 있었을 것"이라는 아쉬움은 주민들의 생각을 대변했다. 그러나 긴박한 상황에서도 마을 사람들의 희생과 헌신이 있었음을 높이 평가하고 기억해야 할 대목이다.

8

**쓰러진
원두막**

거의 동시에 쓰러진 두 개의 원두막

초저녁을 지나 어두운 밤이 되자 제2원두막에 대피하고 있던 김현수 님의 아내 권순이 님은 더욱 무서웠다. 두려움에 떠는 자녀를 감싸 안고 곧 물이 줄어들 것이라며 안심시키고 있었다. 날이 완전히 캄캄해졌을 무렵 제3원두막에 있던 박동준 님은 잠업센터 쪽 부근에서 '와장창' 하는 큰 소리를 들었다. 잠업센터가 무너진 소리였다. 지어진 지 몇 년 되지 않은 시멘트 2층 건물인데 결국 무너져 버린 것이다. 그때 권순이 님은 막내인 네 살배기 막내딸을 안고 젖을 먹이고 있었는데, 갑자기 원두막이 흔들리고 기둥도 일렁일렁하는 것을 느꼈다.

'물이 줄 때가 되었는데 다시 불어서 그런가?'라고 생각한 권순이 님은 "아저씨 저 물 좀 봐요."라고 옆에 있던 김충배 님에게 말했다. 그러나 "이렇게 어두운데 내가 어떻게 물을 봐요!" 하는 시큰둥한 대답만이 들려왔다. 이 말이 끝난 후 얼마 지나지 않아 제2, 제3원두막이 물살을 못 이기고 쓰러지고 말았다. 권순이 님은 "참나무 기둥 두 그루가 갑자기 드러눕듯이 쓰러졌어요. 그래서 평평한 원두막 바닥이 바로 서면서 원두막에 있던 사람들을 우수수 강물에 쏟아 부었어요."라며 가장이 없는 원두막에서 자녀들과 함께 물에 빠지며 하늘이 무너지는 충격을 고스란히 감내해야 했던 당시를 떠올렸다.

그때 박동준, 박동구 님이 앉아 있던 제3원두막은 가까이 붙어 있는 두 사람의 말소리가 들리지 않을 정도로 '솨~' 하는 물소리가 크고 강했다. 그러다 제3원두막을 지탱하고 있던 소나무가 넘어갔다. 그래서 형제는 재빨리 다른 나무다리로 옮겨붙었다. 다행히 물에 빠지지 않았던 박동준 형제는 그 급박한 상황에서도 제2원두막이 쓰러지는 순간을 생생하게 목격했다.

박동준 님은 "우리 원두막 소나무가 쓰러지면서 이 나무가 바로 옆에 있던 김현수 님 원두막 나무를 때려서 그 원두막도 함께 넘어갔어요. 당시 그 소나무 숲에는 아름드리 소나무가 2~3m마다 한 그루씩 있을 정도로 빼곡했습니다. 최초의 시작은 아름드리 소나무 한 그루였어요. 그 한 그루가 쓰러지면서 다른 나무들을 연쇄적으로 넘어뜨린 것이죠."라며 원두막이 무너진 사건의 발단을 진술했다.

박동준 님의 증언은 다른 증언자들이 말한 내용과는 조금 다르다. 대부분의 증언자는 제2원두막이 지하 감자 저장고 토굴 위에 있었는데 토굴의 빈 공간에 물이 들어차며 시간이 오래 지나 지반이 약해졌고, 결국 소나무가 자연적으로 쓰러지며 제2원두막이 무너졌다고 증언했다.

그리고 원두막이 쓰러진 시각에 대해서도 증언이 엇갈렸다. 밤 12시경 혹은 새벽녘으로 기억하는 분들의 증언과는 다르게 박동준 님은 쓰러진 시각이 '밤 9시경'이라고 여러 번 강조했다. 그는 자신의 기억이 맞는지 확인하기 위해 함께 나무다리에 있던 동생에게도 물어보았다며 그 시각을 확신했다. 또한 박동준 님은 "아름드리 큰 소나무가 쓰러졌어요. 옆 나무에 턱 기대어 걸치니 그 소나무들도 힘없이 한꺼번에 쓰러졌어요. 모랫바닥이 물살에 패여 뿌리가 드러난 소나무가 간신히 버티던 중에 옆 나무가 쓰러지면서 기대니 도미노처럼 나무가 쓰러진 거지요."라며 제2원두막이 무너지는 모습을 생생하게 묘사했다.

제1원두막에 있던 이대수 님도 제2, 제3원두막이 쓰러지는 소리를 들었다. 밤 11시쯤 제2원두막에서 "악!" 하는 소리를 들었다. 그래서 '아! 저 나무가 넘어갔는가 보다.'라고 생각했지만 달리 어찌할 방법이 없었다.

애곡리 철길에서 시루섬을 지켜보던 석종순 님은 제2원두막이 무너지면서 자녀들이 떠내려가는 것을 느꼈다. 최면호 님은 "원대이에 있던 우리는 시루섬 상황을 알 수 없었는데 이상하게도 우리 어머니는 다 알았어요. 밤이 한참 깊었을 때 갑자기 '우리 면순이가 떠내려간다.'라고 막 난리를 치더군요. 촉이 왔던 것이지요. 일종에 텔레파시 같은 것일 수도 있고, 아니면 이럴지도 모르지요. 밤이 깊도록 한 곳만 살피던 어머니가 나무가 쓰러지는 그 희미한 모습을 봤을 수도 있어요. 어쩌면 나무 쓰러지는 소리와 비명소리를 들었을 수도 있고요. 그때 어머니는 온 신경을 그곳을 향해 곤두세우고 있었으니까요."라고 말했다.

막내딸 최면순이 떠내려갔다고 했을 때 석종순 님은 제정신이 아니었다. 딸을 건지겠다고 강물에 뛰어들려고 하는 것을 큰딸과 사위가 필사적으로 막아섰다.

> "면순이 누나가 떠내려간다고 할 때는 어머니가 강물에 뛰어들려고 해서 누나와 매형이 못 들어가게 말리느라 매란형편도 없었어요. 말리니까 어머니는 발을 구르고 땅을 치고 난리도 아니었지요."

가느니 못 가느니 밀고 당기는 중에 얇은 여름옷은 찢어지고 진흙밭에 뒹군 몸은 만신창이가 되었다. 밤새 철길과 산길을 오르내리며 돌에 차인 발과 땅을 치며 통곡한 손은 생채기 투성이였다.

개미처럼 떠내려가는 제2원두막 사람들

박동준 님 형제는 날다람쥐처럼 다른 나무로 옮겨 탔고, 물이 빠져 땅바닥이 드러나기 전까지 나무 위에서 6~7시간 이상을 버텨냈다. 낮에만 해도 박동준 님은 '이 나무가 부러지면 물에 들어가 수영을 해야겠다.'라고 호기롭게 생각했었다. 하지만 막상 나무가 넘어가는 상황에서 물에 뛰어들 엄두도 내지 못했다. 타잔처럼 나무에서 나무로 점프하듯 옮겨붙지는 못했지만 피해 있던 다리가 고립된 다리가 아니었기에 재빨리 다른 나무를 어렵지 않게 붙잡을 수 있었다. 그래서 나무가 쓰러지기 전과 비슷한 상황에 똑같은 자세로 나무에 걸터앉았다.

하지만 제2원두막은 상황이 달랐다. 제3원두막의 두 명이 다른 나무로 대피한 것과는 다르게 제2원두막에 대피했던 21명 중에 일부 만이 밧줄을 잡고 버텨냈을 뿐, 나머지 사람들은 그대로 물살에 휩쓸려 하류 쪽으로 떠내려갔다. 이렇게 떠내려간 사람 중에 7명김순이, 김승배, 김충배, 김형배, 오정옥, 이현석, 최면순이 결국 사망했다.

최면호 님은 제2원두막이 쓰러질 때 아버지최대우 님의 행동을 자세히 기억하고 있었다. 그는 "제가 아버지한테 들은 바로는 나무가 쓰러지면서 아버지는 한 손으로는 뽕나무 가지를 잡고 다른 한 손으로는 둘째정희, 셋째정자 누나의 손을 잡고 있었대요. 먼동이 트고 마을 철선이 올 때까지 그렇게 견뎠다고 합니다. 물살에 머리만 내밀고 간신히 숨을 쉬었다고 하더라고요."라고 아버지에게 들은 바를 전했다.

그는 또 말을 덧붙였다. "그런데 정자 누나는 다르게 기억해요. 나무가 쓰러질 때 아버지, 정희 누나, 정자 누나, 면배 형, 면순이 누나 이렇게 다섯 식구가 다 제각각 떠내려갔답니다. 누가 누구를 잡아 줄 처지가 아니었다는 거지요. 정자 누나는 가까스로 나뭇가지를 잡고 '살려달라.'라고 소리를 지르는데 가까이 있던 정희 누나가 '정자야! 소리 지르지마. 기운빠져.'라고 말해서 조용히 있었다고 해요. 정신없이 나뭇가지라도 붙잡은 사람들은 살고 못 잡은 면순이 누나만 목숨을 잃었어요."라고 말을 덧붙였다. 최면호 님과 최정자 님의 기억이 다르지만 진위 여부를 확인할 수는 없다.

제2원두막이 쓰러지면서 사람들이 살려달라고 소리쳤지만 물탱크에 있던 사람들은 거의 알지 못했다. 거리가 떨어져 있기도 했고 한밤중이라 앞이 잘 보이지 않았을뿐더러 세찬 물소리만 사방에 가득했기 때문이다. 다만 물탱크 가장자리에 있던 조옥분 님을 비롯한 몇몇 사람들은 사람들이 떠내려가는 모습을 보았다. 새까만 머리가 물 위아래로 올라갔다 내려갔다 하는 게 달빛에 어렴풋이 보였다. 꼭 개미 떼가 떠내려가는 것 같았다. 하지만 물탱크도 워낙 혼잡했을 뿐만 아니라 물살도 여전히 거센 상황이어서 달리 손을 쓸 방법이 없었다.

외곽에서 스크럼을 짜고 있었던 김기홍 님도 사람들이 물에 떠내려가는 모습을 어렴풋이 보았다. 밤이었지만 구름 사이로 달이 약간씩 비치기도 해서 조금은 시야가 트였기 때문이다. 강물에 새까만 사람 머리가 물 위로 오르락내리락거리며 "사람 살려!"라고 외치는 소리가 그에게도 닿았지만 스크럼을 짜고 있느라 양팔도 묶여 있었고, 도구도 없었기에 구조할 수가 없었다. 그저 발만 동동 구를 뿐이었다.

철선에 있던 오재운 님은 제2원두막 사람들이 떠내려가면서 "아버지 살려 주세요!" 하며 외치는 소리를 들었다. 그 말이 가슴을 내리치어 본인의 안위를 생각하지 않고 철선에서 뛰어내리려고 했다. 하지만 그렇게 뛰어내리면 그 사람을 붙들려고 여러 사람이 휩쓸릴 것이고 그러면 많은 사람이 같이 떨어질 우려가 있었기에 사람들은 그를 필사적으로 말렸다. 살려 달라는 외침이 자신의 자식인지 남의 자식인지 분간할 수는 없었지만 제2원두막에는 오재운 님의 자식이 6명이나 있었기 때문에 당연히 본인의 자식이 아버지를 부른 것으로 생각하고 자식을 구하기 위해 뛰어내리려 한 것이다.

제3원두막이 무너지며 다른 비상 대피용 나무로 옮겨붙은 박동준 님도 제2원두막이 쓰러지며 둥둥 떠내려가는 사람들을 보았다. 하지만 어떻게 할 방법은 없었다. 그는 '낮이라면 어떻게 해서라도 손을 써볼 수 있지 않았을까?'라고 생각에 잠겼다. "젊은 사람으로서 도움을 드릴 수 없었던 것이 너무 아쉽습니다. 그래서 먼저 돌아가신 분들께 안타깝고 미안한 마음을 늘 가지고 있지요."라고 말하며 눈시울을 붉혔다. 그는 아직도 항상 자책감이 찾아와 그를 괴롭히고 있다고 말했다.

원두막이 쓰러진 시각

증언자마다 제2, 제3원두막이 쓰러진 시각을 다르게 기억하고 있으며, 〈충청일보〉와 『충북잠업사』의 기록과도 다르다. 이에 증언자가 기억하는 시각을 정리해 보았다.

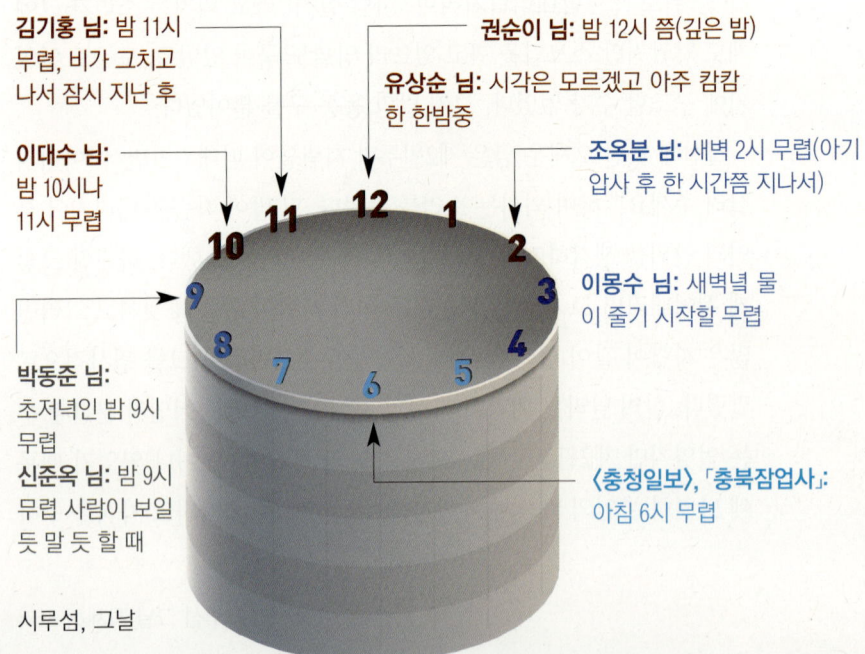

이렇게 증언자들은 원두막이 쓰러진 시각을 다르게 기억하고 있었다. 기억의 차이, 시각의 차이도 상당했다. 다만 다수의 증언자가 어두워서 쓰러지는 광경을 목격하지 못하고 소리만 들었다는 점에서 밤중에 일어난 일이었을 것이라고 추측할 뿐이다.

원두막이 쓰러진 이유

증언자들은 원두막이 쓰러진 이유가 다양한 직접적인 원인과 간접적인 원인이 복합적으로 작용해서 일어난 일이라고 생각하고 있다.

먼저 직접적인 원인으로 지목되는 것은 '상진대교 붕괴'이다. 시루섬 주민 대부분은 이것을 원두막이 쓰러진 가장 결정적인 이유로 보고 있다. 자세히 들여다보면 당시 상진대교의 구조와 상황에 문제가 있었다. 당시 상진대교의 구조는 목교로써 나무 교각 위에 철을 깔아 만든 다리였다. 그리고 남한강의 상류인 영춘면 등지에는 여러 산판에서 포플러 나무를 비롯해 벌채작업이 한창이었다. 강물이 크게 불어나자 강가에

수해에 떠내려와 교각에 걸린 나뭇가지로 힘을 이기지 못하고 절반이 유실된 상진대교

쌓아두었던 목재가 모두 떠내려왔고, 상진대교 다릿발에 걸린 것이다. 상진대교 다릿발은 간격이 좁다 보니 나무들이 빠져나가지 못하고 강물을 가로막는 댐 역할을 하게 된 것이다.

물길이 막히자 상진대교 위쪽으로 강물이 급속히 불어났고, 물길은 매포까지 올라가며 수위가 상승했다. 결국 목재의 압력과 강물의 힘을 버티지 못한 다릿발이 쓰러지면서 상진대교가 무너졌다. 저수지 둑이 터진 것처럼 강물이 일시에 밀려와 시루섬을 덮쳤고, 이때 원두막이 쓰러진 것이다. 증언자들은 한결같이 "강물이 갑자기 불어났어요. 일정 시간 최고 수위를 보인 후 물이 줄 때도 급격히 빠져나간거죠."라고 입을 모았다.

이대수 님은 강가에 심은 미루나무가 또 하나의 직접적인 원인이라고 생각했다. "당시 시루섬부터 영춘까지 강가에는 미루나무가 아주 많았어요. 그래서 미루나무에 이것저것 많이 걸려서 유속을 느리게 했고 상진대교에 많은 나무가 걸쳐 물이 더 차오른 거에요."라며 미루나무가 상진대교 붕괴에 영향을 주었을 것으로 제시했다.

〈충청일보〉 8월 27일 사설에서도 같은 내용의 보도가 있었다.

> 하천 부지에 포푸라 등 수목이며 넝쿨이 뻗는 작물들을 마구 심어 이것들이 뽑혀서 다릿발에 걸리는 등 관리에 소홀함은 없었는가? 깊은 성찰이 필요하다.

한편 제2원두막의 기둥 역할을 했던 소나무가 감자 저장고 토굴 위에 있었던 것을 간접적 원인으로 꼽을 수 있다. 시루섬은 본래 모래땅이라 지반이 약했다. 이 토굴의 빈 공간에 물이 들어찼고, 시간이 지나면서 지반이 약한 토굴이 무너진 것이다. 나무뿌리가 드러날 지경이었으니 저장고를 지탱할 힘이 약해진 것이다. 그 결과 기둥 나무로 쓰였던 네

다섯 그루 중 두 그루가 갑자기 쓰러진 것이다. 실제로 수해 직후 촬영한 사진을 살펴보면 시루섬에 많은 나무가 쓰러져 있었는데 흰 뿌리를 앙상하게 드러내고 있었다.

1972년 8월 19일 수해로 뿌리까지 앙상하게 드러나 쓰러진 시루섬의 소나무 숲

박동준, 오재창, 김기홍 님은 다른 간접적 원인을 제시했다. 박동준 님은 "가장 위쪽에 있던 제3원두막이 걸린 나무, 그러니까 우리가 걸터앉아 있던 나무가 제일 먼저 쓰러졌는데, 이때 이 나무가 넘어가면서 도미노처럼 연쇄적으로 옆 나무제2원두막의 기둥을 때려서 함께 쓰러졌어요."라고 증언했다. 본인이 분명하게 기억하는 것은 물론이고 같이 있던 동생에게도 다시 한번 확인했다.

오재창, 김기홍 님도 "거센 물결에 모래가 패이면서 물살을 막아 주던 소나무 뿌리가 드러났고, 나무를 지탱하는 힘이 약해져 소나무가 쓰러지며 원두막이 무너진 것"이라고 증언했다. 박동준, 오재창, 김기홍 님의 증언에 의한 것이지만 제2원두막과 제3원두막이 거의 동시에 무너진 사실과 원두막의 위치를 종합적으로 미루어 볼 때 세 사람의 주장도 충분히 타당해 보인다.

어느 원두막이 먼저 쓰러졌을까

제2원두막과 제3원두막이 쓰러진 것은 모두의 공통된 증언이지만 쓰러진 이유에 대해서 감자 저장고가 무너진 것, 나무가 쓰러진 것으로 주장이 다르기에 어떤 원두막이 먼저 쓰러졌는지는 알 수 없다. 다만 당시 상황을 가정해 볼 수는 있다.

첫 번째로 감자 저장고 토굴이 무너지며 제2원두막이 먼저 무너졌을 경우이다. 김현수, 유상순, 오근택, 박동희 님 등 다수의 생존자는 제2원두막이 먼저 무너졌다고 증언했다. 감자 저장고에 뿌리를 내린 나무가 많았기 때문에 원두막에 영향을 줄 수 있는 나무가 많았을 것이다. 저장고가 무너지면서 발생한 충격은 아름드리나무 숲 전체에 미쳤을 것이다. 그래서 그 여파로 제3원두막이 무너졌을 것이다.

두 번째로 물살을 버티던 나무가 쓰러지며 제3원두막이 먼저 무너졌을 경우이다. 박동준, 오재창, 김기홍 님은 물탱크보다 더 위의 가장 상류에 있던 소나무 숲이 물살을 정면으로 막았다고 했다. 강한 물살에 모래가 쓸려나갔고, 뿌리가 드러난 나무는 결국 뽑혀 넘어가며 제3원두막이 무너졌다고 증언했다. 도미노처럼 나무가 쓰러지며 제2원두막이 무너졌다는 것이다.

인터뷰를 진행하며 종합적으로 생각을 해 보았을 때, 제3원두막이 먼저 무너지고 그 후에 제2원두막이 무너진 것이 아닐까 조심스레 추측해 보았다. 제2원두막이 감자 저장고 때문에 무너졌다면 석연치 않은 부분이 있다. 감자 저장고는 오후 서너 시쯤부터 물에 잠겼을 터인데 원두막이 무너진 한밤중과는 최소 6시간 이상의 시간 차이가 났다. 몇 시간을 잘 버티던 감자 저장고가 갑자기 무너진 것은 쉽게 납득하기 어렵다. 감자 저장고가 일시에 무너졌다기보다 소나무 숲이 지속적으로 물살에 모래와 자갈이 쓸려나가며 나무뿌리가 드러났고 그로 인해 소나무 숲이 무너지기 시작하며 제3원두막과 제2원두막이 순서대로 무너졌을 것이라 판단된다. 하지만 이것도 추측일 뿐이지 생존자의 주장이 엇갈리기에 어느 원두막이 먼저 쓰러졌는지 명확히 파악하기는 어렵다.

이 부분에 대한 기록을 정리하며 드는 아쉬움이 컸다. 사건이 일어난 직후 혹은 시간이 얼마 지나지 않은 시점에 어느 원두막이 먼저 쓰러졌는지에 대한 관심을 가졌다면, 이에 대한 조사나 인터뷰가 있었으면 하는 답답함과 아쉬움이 밀려왔다. 물론 수해 복구에 온 힘을 집중해야 할 시기였으며 조사를 할 경황도 없긴 했겠으나 진실이 영원히 묻히게 된 것에는 안타까움을 금할 길이 없었다.

목숨을 구한 '아버지의 밧줄'

오재운 님은 다른 사람들과 함께 우마차 밧줄로 원두막을 만들어 미처 물탱크에 오르지 못한 21명을 오르게 했다. 물론 본인의 가족도 모두 올라왔다. 그런데 오재운 님은 철선을 지키기 위해 원두막을 다시 내려갔다. 가족을 두고 내려가려니 그의 발길은 차마 떨어지지 않았다. 그래서 우마차 밧줄을 가리키며 아들 오근택에게 "혹시 나무가 넘어가더라도 정신 차리고 밧줄 꼭 붙잡아라!"라는 말을 남겼다. 오재운 님 가족은 밧줄 근처에 자리를 잡았던 것이다. 제2원두막의 사람들이 비닐을 덮고 비를 피하다가 안쪽의 사람들이 선잠이 들었을 찰나에 오근택 님은 나무가 우지직하고 쓰러지려는 소리를 들었다. 그는 얼떨결에 가까이 있는 우마차 밧줄을 붙잡았다. 다섯 그루의 소나무 기둥 중에서 감자 저장고와 가까이 있던 세 그루가 쓰러지더니 원두막이 순식간에 수직으로 서면서 사람들을 강물로 내동댕이친 것이다. 만약 쓰러지는 나무쪽에 앉아 있었다면 밧줄을 잡았어도 나무와 함께 물에 휩쓸려 살아

남지 못했을 것이다. 다행히 쓰러지지 않은 나무에 밧줄이 매어져 있어 잡은 밧줄이 떠내려가지 않았다. 결국 그는 아버지가 살린 셈이었다.

밧줄에 매달린 사람은 오근택 님 혼자가 아니었다. 아버지의 당부를 들은 4남매오진택, 오근택, 오주택, 오정혜 외에도 몇 사람이 한 밧줄에 매달렸다. 안타깝지만 그 외 사람들은 모두 떠내려갔다. 7살 막내동생오정옥도 떠내려갔다.

오근택 님은 "사람들이 강물 위에 둥그렇게 모여서 떠내려가면서 '사람 살려!' 소리치더라고요. 밧줄에 매달려 있다 보니 점점 힘은 없어지는데 1시간 정도 지나니까 물이 줄어 발이 땅에 닿더라고요."라며 당시 무서웠던 순간을 회상했다.

오근택 님은 본인이 밧줄 가운데에 있었던 것으로 기억했다. 그래서 앞에서 밧줄을 잡고 있는 사람들이 힘이 빠지지 않도록 받쳐주며 "꼭 붙잡고 있어라!"라고 독려했다. 뒤에 있던 사람들에게도 "물이 금방 빠질테니 조금만 더 힘내라!"라고 말하는 것을 잊지 않았다.

이렇게 오재운 님이 설치한 밧줄은 여러 목숨을 살렸다. 그것은 자식을 사랑하는 부성애를 알아준 하늘의 보답이 아니었을까? 우마차 밧줄을 한아름 가져와서 원두막을 만들고 자식들과 함께 대피해야 했지만, 아버지는 마을의 일 때문에 떨어지지 않던 발길을 떼야 했다.

'원두막이 무너지면 밧줄을 잡아라!'

혹시나 하는 염려에서 하신 말씀이었지만 이렇게 정확히 맞아떨어지다니……. 부인과 어린 자녀들을 두고 내려가는 그의 마음을 하늘이 알아준 것이리라.

자녀 셋을 가슴에 묻다

제2원두막에 있던 김현수 님의 아내 권순이 님은 강물에 떨어지며 젖을 먹이던 막내딸김순이을 놓치고 말았다. 그것이 마지막으로 본 막내딸의 모습이었다.

> "나도 아래로 처박히면서 안고 있던 네 살배기 막내딸 순이도 놓치고 말았습니다. 젖을 문 채로 말입니다……."

품 안에 있던 막내딸과 원두막에 함께 있던 4명의 자녀가 떠내려가며 살려달라고 소리를 질렀지만 함께 떠내려가는 어미로서 아이들을 살릴 방법은 없었다. 그렇게 권순이 님과 자녀들은 따로 험상궂은 물살에 떠내려갔다. 그러다가 권순이 님은 물탱크에 오르기 전 바꿔 입고 온 겨울 바지가 철조망에 걸려 구사일생으로 목숨을 구할 수 있었다. 당시 마을에는 한국전쟁 때 미군 포부대가 설치한 철조망이 흔해서 철조망을 주워 울타리를 만들기도 했다. 권순이 님은 원두막에서 50m 정도 떠내려가다가 김수종 님이 감자 저장고 주변에 설치한 철조망에 바지가 걸려 허우적거리면서 안 떠내려간 것이다. 낮에 바꿔 입고 온 '겨울 바지' 덕이었다.

비는 계속 내리고 있었지만 다행히 강물이 급속히 빠지는 무렵이어서 물이 많이 줄고 있었다. 그래서 나뭇가지를 잡고 생존한 사람도 많았다. 하지만 김현수, 권순이 부부의 자녀들은 안타깝게 모두 살지는 못했다. 먼저 첫째김옥희, 16세, 여는 떠내려가다가 뽕나무를 붙잡고 살았고, 둘째김희배, 13세, 남는 물탱크 주변 이종음 님 집 뒤에 있던 살구나무를 붙잡고 살았다. 하지만 셋째김승배, 10세, 남, 넷째김형배, 7세, 남, 막내김순이, 4세, 여는 떠내려가고 말았다. 결국 나이가 어린 삼 남매만 희생되었다.

두 아들은 어디에 걸리지도 않아서 영영 찾을 수 없는 곳으로 떠내려 갔다. 막내는 떠내려가다가 본인 집 옆의 뽕나무에 걸린 채로 발견되었다. 권순이 님은 당시를 생각하며 "안고 있던 젖먹이와 곁에 있던 애들 모두 떠내려가고 없으니……. 다행히 위로 두 남매는 나뭇가지에 걸려 있어서 찾을 수 있었지만 머스마 둘과 계집애 하나가 결국……."이라며 끝내 말을 맺지 못했다. 아내가 흐느끼는 소리에 김현수 님도 함께 눈물을 흘리시니 인터뷰하는 필자는 어떠한 말로도 위로할 수 없는 숙연한 순간이었다. 자녀를 셋이나 잃은 93세의 김현수 님은 평생을 이렇게 고통 속에 살았다.

> "내가 제일 몹쓸 사람이죠. 나는 원망받아 마땅한 사람이에요. 만약에 내가 그 원두막에 같이 있었다면 그런 일을 당하지 않게 했을 수도 있었을지 모르는데……. 죽어도 함께 있었어야 했는데……. 그러지를 못했어요. 애들을 그렇게 먼저 보낸 죄로 내가 이렇게 오래 사는 것 같네요. 죄를 받는 거지요."

물난리 최대의 피해자는 자녀 셋을 잃은 김현수 님이었다. 김현수 님은 2020년 94세를 일기로 별세하셨다. 하늘나라에서 제일 먼저 자녀 셋을 찾아 미안하다고 말씀하시지 않았을까? 그저 가슴이 먹먹할 뿐이다.

낮이었다면 모두 살았을까

만약 원두막이 밤이 아니라 낮에 쓰러졌다면 헤엄이라도 치거나 주변 나뭇가지라도 붙잡았겠지만 한밤중에 일어난 급작스러운 상황이라 제대로 대처하기가 힘들었을 것이다. 실제로 오근택 님의 동생과 어머니는 우연히 손에 뽕나무 가지가 걸려서 잡고 살 수 있었다. 오근택 님은 "줄어드는 물이라 나뭇가지가 물에 출렁이며 흐느적거리니 운 좋게 잡을 수 있었지 늘어나는 물이었다면 아마 잡을 수 없었을 것"이라고 말했다.

만약 낮이었다면 의식적으로 나뭇가지를 잡을 수 있지 않았을까? 시루섬 사람들은 여느 섬 사람들처럼 어릴 때부터 수영을 잘했으니 '낮이었다면 어땠을까?'라고 의미 없는 가정을 해 보았다. 김현수 님의 아들인 김승배, 김형배 님은 아주 어린 나이도 아니었고 강을 건너다닐 정도로 헤엄을 잘 쳤기에 낮이었다면 스쳐 지나가는 나무를 보고 그곳으로 헤엄을 쳤을 것이다. 그래서 '많은 나뭇가지 중 어느 하나를 보고 온 힘을 다해 헤엄을 쳤다면 잡아서 살 수 있지 않았을까?'라는 생각을 자꾸 하게 되었다.

원두막이 낮이 아닌 밤에 쓰러졌다는 안타까움과 함께 또 하나의 안타까움이 있었다. 당시 떠내려가던 아이들 김승배, 김형배이 입었던 옷이다. 권순이 님은 원두막에 오르기 전 겨울 바지로 갈아입고, 자녀들이 춥지 않도록 겨울옷을 가져와서 입혔었다. 그런데 이 겨울옷이 물에 흠뻑 젖어 무거워진 바람에 헤엄치기가 더 힘들었을 것이다. 조옥분 님과 박동준 님은 '아이들이 겨울옷을 입지 않았다면······.' 혹은 '원두막이 쓰러질 때라도 겨울옷을 벗고 있었더라면······.' 이라는 아쉬운 마음을 억누르지 못했다. 수영을 조금 할 줄 아는데도 두꺼운 옷을 입은 상태에서 헤엄을 치려다 보니 결국 몇 배로 힘이 빠져 떠내려갔는지도 모른다. 그러나 권순이 님은 겨울 바지가 철조망에 걸려 목숨을 건진 걸 보면 겨울 바지만 탓할 일도 아닌 것 같다.

윗송정 소나무 숲이 없었다면

역사에 가정은 없지만 '낮이었다면……'과 함께 시루섬 사람들이 가정하는 것이 하나 더 있었다. 바로 '만약 윗송정 소나무 숲이 없었다면 물탱크는 어땠을까?'라는 것이다. 물탱크 아래 2m 높이의 보조탱크가 있어서 그리 쉽게 쓰러지지는 않았을 것으로 보는 이도 있고 반대로 윗송정 소나무 숲이 없었다면 물탱크가 쓰러졌을 것으로 보는 이도 있다.

오재창 님은 윗송정 소나무 숲이 없었다면 물탱크가 쓰러졌다고 보는 분 중 한 명이다. "물탱크 기초는 깊어 봤자 땅에서 1m 깊이였을 것이고 모래땅에서 수압, 물살을 직접 다 받았다면 물탱크 뒷바닥 부분이 소용돌이쳐서 기우뚱했다가 결국 쓰러졌을 것"이라고 생각했다. 실제로 최옥희 님과 아들안승상, 조옥분 님은 물탱크가 기우뚱했고, 그 과정에서 백일 된 아이가 사망한 사고가 발생했다고 증언했다. 물탱크 한쪽이 홍수에 패여 나가면서 물탱크가 약해진 지반 쪽으로 기울어졌기에 소나무 숲이 없었다면 더 빠르게 모래가 패여 물탱크가 넘어갔을 것이다.

필자도 윗송정에 50~100년 된 아름드리 소나무 30~40그루가 버텨 주었기에 물살이 분산되고 약해져서 물탱크가 버틸 수 있었다고 생각한다. 물탱크는 당연하게도 담기는 물의 하중만 견딜 수 있도록 설계되었을 뿐 사람이 대피하는 용도로 만들어진 것이 아니기 때문이다. 그런 곳에 200명 정도의 사람이 올랐으니 물탱크의 무게중심이 위로 올라가는 것이 당연했다. 무게중심이 아래에 있는 물체는 하중을 더 견딜 수 있지만, 무게중심이 상부에 있는 물체는 외부에서 작용하는 힘에 더욱 취약할 수밖에 없다. 그래서 만약 물탱크가 물살이 강하고 빠른 넓은 강 한가운데 홀로 있었다면 결국 쓰러졌지 않았을까 하는 생각에 소나무 숲이 고맙기 이를 데 없었다.

물탱크의 붕괴 가능성 여부는 논외로 하더라도 소나무 숲이 없었다면 더 많은 인명 피해가 났을 것은 자명한 사실이다. 세 개의 원두막 자체를 만들 수 없었을 것이기 때문이다. 원두막이 무너져 7명의 고귀한 목숨이 희생된 것은 너무나 안타까운 일이지만 소나무 숲은 물탱크 위, 제1원두막, 제2원두막, 제3원두막으로 대피한 사람들의 생명을 구해주었다. 평소 아름다운 풍광으로 시루섬을 물들였을 뿐만 아니라 절체절명의 위기에서 수많은 사람의 목숨을 구한, 고마운 생명의 숲이었다. 다만 '조금만 더 뿌리가 깊었더라면, 혹은 나무가 더 많아서 물살을 더 막아 주었더라면 어땠을까?' 하는 아쉬움이 남는다. 사람의 욕심이 끝이 없나 보다.

9

불빛과 달빛
그리고 별 한 송이

삼 남매와 어머니

자정 무렵 억수같이 내리던 비는 서서히 그치기 시작했다. 그 틈에 구름에 가렸던 달이 간간이 고개를 내밀며 출렁이는 강물을 비추었다. 뜨문뜨문 반짝이는 별들이 밤하늘을 수놓기도 했다. 물탱크 위에서 사투를 벌였던 사람들은 이제 최악의 상황이 끝날 것이라는 기대를 품고 안도하기 시작했다.

유상순 님은 어린 삼 남매를 물살로부터 필사적으로 지켜내고 있었다. 큰아들이천희과 일곱 살 딸이정순은 앞에 세우고 둘째 아들이방희은 어깨 위에 걸쳐 업고 있었다. 사람들이 워낙 빼곡했고, 한 사람의 움직임으로 이리저리 밀리기도 했기 때문에 자칫하면 아이들을 놓칠 수도 있었다. 그녀는 온 신경을 모으고 한 손으로는 앞에 서 있는 두 아이의 멱살을 잡아당기고 다른 한 손으로는 막내를 꽉 붙잡고 있었다.

처음에는 둘째 아들을 포대기에 업고 있었지만, 이리저리 밀리는 과정에서 포대기가 빠져버렸다. 다시 추슬러 업을 틈도 없어서 할 수 없이 어깨에 걸쳤던 것이다. 유상순 님은 "삼 남매를 보호하다가 너무 힘들어서 아이를 바닥에 놓고 기지개를 켜려고 팔을 뻗으니까 옆 사람이 꽉 깨물었어요."라며 비좁았던 물탱크에서 몸을 가누기 힘들었던 상황을 회상했다. 그렇게 서 있는 상태에서 사람들이 파도처럼 밀리며 금방이라도 쓰러질 듯 비틀거렸다. 일부가 쓰러졌다가 다시 일어났다가 하는 상황이 반복되었다.

그러다 결국 일이 벌어졌다. 사람들이 밀리는 과정에서 어떤 힘에 의해 유상순 님이 잡고 있던 딸을 놓치고 만 것이다. 딸이정순은 덩치 큰 아주머니의 엉덩이에 깔리고 말았다. 그 아주머니도 다른 사람에게 짓눌려 넘어진 것이어서 스스로 일어날 수가 없었다. 어린 딸은 입만 떡 벌리고 꽥꽥 소리치고 있었다. 뒤늦게 이를 확인한 유상순 님이 "아휴! 어떻게 해야 하느냐? 누가 좀 도와줘유!"라고 소리쳤다. 옆에 있던 최옥희 님이 "내가 이분 엉덩이를 확 들어 올려 볼 테니 그 틈에 아이를 꺼내유."라고 말했다. 최옥희 님이 아주머니의 엉덩이를 들어 올렸을 때 유상순 님이 딸의 팔을 낚아채서 빼냈다. 이렇게 최옥희 님의 도움으로 일곱 살 딸은 다행히 압사를 피할 수 있었다.

유상순 님의 삼 남매는 그날의 무서움은 모두 잊어버렸고 찜통같이 더워서 참기 힘들었던 것만을 기억했다. 어른들 틈에서 초등학생 어린이가 견디기에는 너무나 힘든 시간이었을 텐데 말이다. 하지만 유상순 님은 그렇게 정신없던 중에도 큰아들이 "우리 아버지는 어디 갔어?"라고 물었던 것을 똑똑히 기억하고 있었다. 다른 집 가장들은 자식을 앞에 두고 엉덩이를 뒤로 내밀어 보호했던 반면 이창수 님은 물탱크 가장자리에서 뱃줄과 사다리를 잡고 있느라 자식들 곁에 없었다. 유상순 님은 "우리 영감은 식구들이야 죽든지 말든지 잠업센터 아가씨들이 복판에서 죽겠다고 소리를 질러도 관심도 없고 오직 뱃줄과 사다리만 밤새도록 잡고 있었어요."라며 이창수 님을 원망하며 그리워했다. 먼저 세상을 떠나 지금은 함께 할 수 없는 남편을 말이다.

백일 아기의 마지막 웃음

최옥희 님은 물샐틈없이 꽉 들어찬 물탱크 한쪽에 있었다. 처음에는 백일 된 갓난아기를 품에 안고 아들안승룡을 등에 업고 있었지만 아이 둘을 혼자 돌볼 수가 없어서 등에 업은 아들을 남편에게 맡겼다. 이제 그녀의 품속에는 아직 이름도 짓지 못한, 백일 된 아기만이 있었다. 그녀는 처음에 물탱크 외곽에 있었지만, 시간이 지나며 계속 안쪽으로 밀려들어갔다. 결국 물탱크 옥상에 불쑥 튀어나온 전두부 아구리가 있는 곳까지 밀려갔다. 비를 맞으며 선 채로 아기에게 젖을 먹이고, 다리가 저려 잠시 자리에 앉게 되었다. 은은한 달빛 덕분에 품 안의 아기가 엄마를 바라보며 웃는 모습을 볼 수 있었다. 아기의 웃음에 힘든 상황을 견딜 수 있을 것 같았다. 그러나 그 웃음이 어머니 최옥희 님이 본 아기의 마지막 모습이 되고 말았다.

잠깐 앉아 아기를 보고 나서 얼마의 시간이 지났을까? 물탱크 위에 사람들은 여전히 한 몸처럼 이리저리 휘둘리고 있었다. 그러다 밤은 깊고 물은 줄지 않아 최고조에 달했을 무렵 물탱크 한쪽 바닥이 홍수에 패여 나가면서 물탱크가 기우뚱 기울어졌다. 그때 사람들이 어떤 힘에 의해 한쪽으로 크게 확 쏠렸다. 그리곤 한 무리의 사람들이 아기를 안고 앉아 있는 최옥희 님의 어깨 위로 동시에 쓰러졌다. 순식간에 일어난 상황에서 최옥희 님은 밀리지 않으려 최대한 저항했지만, 힘을 못 이겨 그만 옆으로 엎어졌다. 그때 품속에 있던 아기의 관자놀이 부분이 어딘가에 부딪히며 "애~" 하는 울음소리가 들렸다.

옆에 있던 조옥분 님의 기억은 좀 달랐다. "밤새도록 아기를 안고 있을 수는 없어서 승상 엄마최옥희 님는 아기를 업고 있었는데 아기가 칭얼칭얼 울었어요. 뒤에 업은 아기에게 젖을 물리려고 앞으로 돌려 안으려는데 사람들이 밀리는 과정에서 그만 아기를 떨어뜨렸지요. 사람들이 꽉 들어차 이리저리 밀리는 상황에서 떨어뜨린 아기를 바로 다시 들어 올릴 수 없어 밟히고 만 것이에요. 아마 목을 밟힌 것 같은데 밟은 사람도 자기가 밟은 줄 몰랐을 수도 있을 겁니다."라며 아기의 슬픈 죽음에 대해 말했다. 최옥희 님이 증언한 것과는 다르지만 눈앞에서 안타까운 상황을 목격한 것은 분명했다.

이름 없는 아기, 하늘의 별이 되다

좁은 물탱크였지만 서로서로 넘어진 사람을 하나씩 일으켜 세웠다. 최옥희 님도 그때 주변 사람의 도움으로 간신히 일어났지만 아기에게 일이 생겼다는 것을 직감했다. 그전까지는 칭얼대며 꼼지락거리던 아기가 갑자기 아무런 기척도 없었기 때문이었.

잠시 구름에 가렸던 달이 다시 환하게 주위를 밝혔다. 그녀는 본능적으로 품 안에 안고 있던 아기를 내려다 보았다. 달빛이 아기의 얼굴을 비추었다. 자는 것 같이 입을 꾹 다물고 눈도 굳게 감은 아기의 얼굴이 최옥희 님의 눈에 들어왔다. 무엇인가 잘못되었다고 생각한 최옥희 님이 다시 자세히 살펴보니 눈꼬리 옆 관자놀이 부근이 움푹 들어가 있었고 아기는 더 이상 울지도 웃지도 않았다. 그렇게 이름 없는 아기는 엄마의 품을 떠나 하늘의 별이 되었다.

그러나 아직 젖도 떼지 못한 자식이 죽었다고 누가 바로 인정할 수 있으랴! 최옥희 님은 옆에서 세 남매를 지키기 위해 고군분투하던 유상순 님에게 안고 있던 아기의 상태를 확인해 달라고 부탁했다.

"천희 엄마! 우리 애가 이상해. 숨이 있나 없나 좀 봐요."

유상순 님이 아기의 이마를 만져보니 이미 온기가 남아 있지 않았다.

아기의 숨은 한참 전에 끊어진 뒤였다. 그래서 어렵게 "숨이 없어……."라고 말을 흐렸다. 유상순 님은 "난간도 없는 곳에서 조금만 움직여도 사람들이 한쪽으로 몰려서 다 떠내려갈 판이니까 아들 죽었다는 말이 차마 입에서 못 나올 형편이었어요."라며 당시를 회상했다.

순간 이러다 어미마저 잃을 수 있을지 모른다는 아찔한 생각이 든 유상순 님은 최옥희 님에게 "가만히 있어. 아무 생각 말아. 마음 단단히 먹어!"라고 위로했다. 최옥희 님은 죽은 아기를 꼭 끌어안고 가만히 앉아 있었다. 이따금 흐느끼는 소리가 들리면 유상순 님은 어김없이 위로의 말을 건넸다. 어쨌든 산 사람은 살아야 했기 때문이다. 유상순 님은 "저도 우리 애들이 걱정되더군요. 첫돌 지난 막내가 축 늘어져 죽은 것 같았지요. 비를 맞아 포대기가 내려갔는데 둘째 아들이 걱정되어 살을 만져봤더니 살이 차갑더군요. 그래서 난 우리 애도 죽은 줄 알았어요."라고 물탱크 위에서의 아찔한 기억을 떠올렸다.

시간이 조금 흐른 뒤 최옥희 님은 간절한 목소리로 유상순 님에게 다시 부탁했다.

"천희 엄마, 그래도 한 번만 더 우리 애기를 만져봐요. 잘못 알았던 것일 수도 있잖아요"

유상순 님은 혹시 살아있을 수 있다는 작은 희망을 갖고 아기의 이마를 한 번 더 짚었다. 그러나 아기는 더 싸늘하고 차가워져 있었다. 아마 최옥희 님은 믿고 싶지 않은 이 기막힌 현실을 재확인하고 싶었고 어쩌면 꿈이었기를 바라지 않았을까.

그때쯤 최옥희, 유상순 님의 뒤에서 "자리가 좁아서 죽겠다."라는 아우성과 불만이 들려왔다. 그 소리를 들은 유상순 님은 "여기는 아기가 죽어도 아무 소리도 안 하고 있는데 무슨 경우냐? 가만히 좀 있어요!"라며 고함을 쳤다. 그렇게 유상순 님은 밤새 아기를 잃은 어미 옆을 지켰다. 몇 마디 위로를 건네는 것 외에는 어쩔 도리가 없었다. 최옥희 님은 마치 시간이 정지된 것처럼 느껴졌을 뿐만 아니라 주변의 상황을 의식할 수 없을 정도로 온전한 정신을 유지하기 어려웠다. 갓난아기의 주검을 볼 때마다 그저 눈물을 흘리며 슬퍼할 뿐이었다. 소리 한 번 지르지 못하고 밤새도록 속울음을 삼켰다. "내 아이가 죽었다!"라는 말 한마디도, 오열도 하지 않았다.

최옥희 님은 "그때 '내 애가 죽었다.'라고 하면 그 말에 놀란 사람들이 동요할 것이라 생각했어요. 그러다 보면 사람들이 겁이 나서 안쪽으로 마구 들이밀 것 같았죠. 그러면 소동이 일어나서 서로를 밀어내다가 외곽 부분에 있던 사람들이 물속으로 빠질 것만 같았어요. 그러면 더 난리가 날 것은 뻔하잖아요? 그래서 아무런 말도 안 하고 내색도 할 수 없었어요. '나 하나 고통스럽다고 아이가 죽었다.'라고 떠들어 댈 수는 없었어요. 나중에 남들은 나보고 바보라고 하더군요. 산 사람은 살아야죠. 어차피 내 아기는 죽었는데 나 하나 살기 위해서 그런 소리는 할 수 없었어요. 비통한 마음은 내 새끼가 그렇게 됐는데 어떻게 말로 다하겠어요?"라고 말했다.

한마디씩 천천히 말하는 그녀의 얼굴에는 지난날의 회한이 가득했다. 수많은 고통의 시간을 보낸 후 감정을 꾹꾹 눌러 담아 말하는 어머니 최옥희 님의 눈에 눈물이 맺혔다. 그녀는 한참 울다가 다시 말하다가 울기를 반복했다. 필자의 눈에도 눈물이 고였다.

품속에서 자식을 잃은 비통한 마음을 어찌 말로 형용할 수 있을까? 그 긴 시간을 참고 견딜 수 있었던 것은 어머니의 희생으로는 모자란 나보다 남을 먼저 생각하는 고귀한 희생 정신이 있었기에 가능했으리라. 그래서 밤중에 일어난 이 비극을 이튿날 땅에 내려와서야 사람들이 알게 되었다. 마을 사람들은 가슴이 찢어질 듯 아픈 상황에서도 혼란을 발생시키지 않기 위해 홀로 인내한 최옥희 님에게 칭찬과 위로의 말을 아끼지 않았다.

　이후 단양군에서는 물탱크 위에서의 헌신적인 행동을 널리 알리고자 최옥희 님에게 '군민 대상'을 수여하겠다고 두 번이나 찾아갔다. 그러나 그녀는 한사코 수상을 거절했다.

　"나는 자식을 지키지 못한 죄인입니다. 벌을 받아야 할 몸이 뭘 잘했다고 상을 받습니까? 나에게 상을 주지 말고 벌을 주십시오."

　시루섬 사람들은 누구나 그녀의 깨어있는 행동 덕분에 혼란이 발생하지 않았다며 감사를 표했다. 하지만 정작 본인은 50년이 지난 지금까지 갓난아기를 잃은 고통의 굴레를 벗어나지 못하고 있다. 인재냐 천재냐도 따지지 않고 그 누구도 원망치 않고 있다. 그저 운명이려니 하고 자신의 탓으로 돌리면서 말이다.

횃불을 든 사람들

　윗송정에 사는 최대우 님의 부인 석종순 님은 당시 8세였던 막내아들 최면호과 함께 강 건너 애곡리 원대이에 사는 딸 최정숙 집에 있었다. 6남매 중 장녀였던 맏딸은 몇 해 전 결혼해서 그곳에 살고 있었는데 가까운 곳이라 자주 왕래하곤 했다.

　시루섬 물난리가 시작되자 시루섬에 있는 가족 걱정에 석종순 님은 안절부절못하고 갈피를 잡지못했다. 그녀는 애타는 마음으로 애곡리 철길에서 시루섬을 바라보고 있었다. 자식을 두고 온 부모의 마음을 아는지 모르는지 강물은 하염없이 차올랐다. 어느새 물탱크와 원두막만 보이고 시루섬의 땅은 하나도 보이지 않았다.

　땅거미가 내려앉아 시루섬의 모습이 점점 흐려질 무렵 철길에 있던 사람들은 횃불을 들었다. 1970년대에는 밤에 돌아다닐 때를 대비해 집집마다 횃불이 비치되어 있었다. 막대 끝에 솜뭉치를 철사로 감아서 기름을 묻혀 불을 붙이는 방식이었다. 그래서 비를 맞아도 바로 꺼지지 않고 꽤 오래 타올랐다. 불이 꺼져도 기름을 다시 묻혀 성냥불을 붙이면 금세 다시 붙었다.

석종순 님은 애곡리 철길에서 횃불을 들었다. 그 옆에는 맏딸과 사위, 그리고 막내아들도 함께 있었다. 최면호 님은 "저는 나이가 어려 횃불을 들지는 않았어요. 어머니가 울면서 횃불을 들고 돌아다니니까 그냥 옆에서 따라 울기만 했지요. 횃불은 어머니와 큰누나, 매형이 주로 들었고 누나와 같이 일하던 양잠 인부들도 횃불을 나눠 들었어요."라고 당시를 떠올렸다.

가족이 처한 위험을 시시각각으로 보고 있는 부모가 온전한 정신을 차릴 수 있으랴. 석종순 님은 주저앉아 땅을 치고 울다가 일어나 횃불을 들고 돌아다니다가 다시 앉아 복장을 치고 울기를 수도 없이 반복했다. 성한 모습이라곤 찾아볼 수가 없었다. 최면호 님은 "어머니는 흙 태배기에 피 태배기였어요. 당시에 옷이나 양말이나 제대로 있나. 맨발로 막 다니니까 다리, 발이 다 긁혀서 성한 데가 없었죠. 밤새도록 소리 지르고 울고불며 가족의 이름을 부르는 것밖에는 할 수 있는 게 없었던 거죠."라고 어머니의 모습을 기억했다.

이렇게 밝힌 횃불 때문이었는지 물체의 윤곽은 대충 보였다. 먼 거리가 아니었기에 철길과 시루섬 간의 소리도 통했다. 가로막는 장애물 없이 강물만 있었기에 웅성대는 소리를 들을 수 있었다. 하지만 무슨 말인지는 정확히 알 수 없었다. 잘 들리지 않는 소리를 대신해 횃불로 간절한 마음을 표현했다. 이 마음이 가족들에게 닿길 염원하며 밤새도록 횃불을 들고 뛰어다녔다. 맨발로 얼마나 뛰어다녔는지 이튿날 보니까 열 개의 발톱이 모두 짓뭉개져 피범벅이 되었다고 했다.

애곡리 철길을 뛰어다닌 사람은 석종순 님의 가족뿐만이 아니었다. 그녀가 횃불을 들고 철길을 뛰어다닐 때 옆에는 박광희 님의 아버지도 달리고 있었다. 시루섬에 세 들어 살며 군청에서 측량기사로 일하던 그는 일이 있어 밖에 있던 터라 시루섬에 들어가지 않았다. 그러나 시루섬에는 부인과 자녀들이 있었다. 그도 가족들을 걱정하며 철길을 내달렸다.

섬을 둘러싼 감동의 불빛 '4+1'

시루섬에 달빛이 간간이 드리웠지만, 여전히 앞은 잘 보이지 않았고 사방에는 굉음을 내는 물소리만 가득했다. 그래서 사람들은 긴장을 풀 수가 없었다. 물탱크 위는 일시에 소란스럽다가 잠시 정적이 흐르는 상황이 반복되었다.

물탱크 위에서 힘든 시간을 보내던 사람들 눈에 무엇인가 어른거렸다. 횃불이었다. 물탱크 위에서 누군가 "저기 횃불 좀 보세요!"라고 소리쳤다. 횃불은 애곡리 철길을 시작으로 점점 번져나가 심곡리 산중턱 등 시루섬 주변을 빙 둘러 동서남북 네 곳에서 반짝이고 있었다. 한 개인 곳도 있었고 몇 개의 그룹으로 반짝이는 곳도 있었다.

첫 번째 불은 애곡리 철길에서 타올랐다. 그곳에서는 석종순, 최정숙 님 내외, 석봉이 아버지, 박광희 님의 아버지 등 여럿이 횃불을 밝히고 있었다. 가족을 걱정하는 사람들의 불빛이 시루섬 사람들에게 가장 먼저 닿았다. 애곡리가 보이는 쪽에 서 있던 김경란 님은 애곡리 철길 위에서 4~5개의 횃불이 움직이는 것을 보았다고 했다.

두 번째 횃불은 반대편 샛강 쪽 국도와 산 중턱에서 반짝였다. 이곳에는 여러 개의 불빛이 있었다. 옆 마을인 심곡리 사람들도 걱정이 되

어 횃불을 만들어 빙빙 돌렸다. 그곳에는 이대수 님의 형이창수과 박동희 님의 육촌 오빠박재수도 있었다. '우리가 이 상황을 알고 있으니 조금만 더 참고 용기를 내라.'라는 격려의 불이었다. 박동희 님은 "지금 단양 기차역 꼭대기의 산이었는데 그 산이 아주 높지는 않아서 사람들이 그곳에서 횃불을 들고 소리쳤어요."라고 증언했다.

세 번째 불은 현천 철교에 있었다. 당시 단양경찰서장은 대형 플래시손전등를 들고 현천 철교 위를 오가면서 빙빙 돌리고 번쩍이며 용기를 주었다.

네 번째 불은 상진리 군부대에서 밝혔다. 군부대에서는 서치라이트로 시루섬을 비추고 번쩍이며 격려의 신호를 보냈다. 군부대 정문이 아니라 군부대 산 중턱의 초소나 검문소에서 비춰주었다는 얘기도 있으나 어느 쪽이었다는 것이 중요한 것은 아니고 모두가 한마음으로 걱정하고 용기를 주었다는 게 중요한 것이다.

섬 주변에서 타오르는 것은 불빛만이 아니었다. 섬 밖에 있던 사람들은 시루섬을 향해 소리쳤다. 김현수 님은 괜찮으냐는 고함 소리를 간간이 들었다고 했다. 또한 박동희 님은 "살아있냐? 이제 비는 다 왔으니 걱정하지 마라! 살아있으면 소리 질러라!"라고 소리치는 오빠들이창수, 박재수의 목소리를 듣고 조금은 안심할 수 있었다. 그러나 시루섬과 육지 사이를 거세게 흐르는 강물 소리 때문에 외침을 들은 사람도 있고 못 들은 사람도 있었다.

소리와는 다르게 불빛은 잘 보였다. 물탱크 외곽에 있던 사람들은 빙빙 돌아가는 불빛을 직접 눈으로 볼 수 있었다. 다만 안쪽에 있던 사람들은 볼 수 없었고 밖에 있던 사람들의 말을 전해 듣고 응원하고 있는 상황을 알게 되었다. 비교적 안쪽에 있던 신준옥 님도 불빛을 보았다고 했다. "밤이 되니까 길 건너에서 누가 비추는지는 몰라도 옛날 등불 같은 게 보였어요. 심곡리 국도변 쪽에서 세 개 정도의 불빛을 보았어요. 애곡리 철길 쪽에서도 불빛이 보였어요. 온 세상이 캄캄하니 오직 불빛 밖에 안 보이고 양쪽에 물 내려가는 소리만 요란했어요."라며 그때를 떠올렸다.

밖에서 일렁이는 횃불을 본 시루섬 사람들도 곧이어 횃불로 화답했다. 이몽수, 이창수 님은 가까이에 있던 이상하 님의 부인이 세 살 된 자녀이용호를 업고 있던 포대기를 보았다. 두 분은 포대기 안에 있던 솜을 찢어서 우산 끝에 매달아 솜방망이를 만들었다. 그리고 잡고 있던 철선에 실려있던 석유를 붓고 불을 붙였다. 그렇게 만든 횃불을 좌우로 흔들기도 하고 빙빙 돌리기도 해서 '살아있다.'라는 신호를 보냈다.

사방에서 빛나는 불빛은 물과 사투 중인 시루섬 사람들에게 큰 용기를 주었다. '밖에서도 우리 사정을 알고 있구나.', '관심을 갖고 있으니 이젠 죽지 않겠구나.', '더 이상 물만 불지 않으면 되겠구나.'라는 긍정적인 생각으로 바뀌었다. 밖을 전혀 볼 수 없는 안쪽에 있는 사람들에게까지 전해져 물탱크 전체가 희망의 불빛으로 물들었다. 섬 밖의 사람들은 배에서 횃불이 돌아가는 것을 보고 사람이 살아 있다는 걸 알고 한숨을 돌릴 수 있었다. 섬 안팎에서 횃불을 든 사람들은 서로 '살아야 한다.', '살아있다.'라는 마음을 전하기 위해 필사적으로 신호를 보냈고 결국 서로의 마음에 닿았다.

유상순 님은 지금도 눈을 감으면 횃불이 흔들렸던 그 당시가 선하다고 했다. 그녀가 본 불빛은 애곡리 철길 쪽에서 움직였다. 한밤중에 밝힌 불빛은 철길을 따라 오른쪽 왼쪽으로 쉴 새 없이 반복해서 움직였다. 불빛은 하나가 아니고 여러 개라서 불빛끼리 술래잡기라도 하듯 줄줄이 이어졌다. 물탱크 주변으로 거세게 흘러내려가는 물소리 때문에 밖에서 외치는 소리는 잘 들리지 않았지만, 불빛만은 확실히 보았다. 그래서 온전히 정신을 차릴 수 없는 최옥희 님 옆에서 "괜찮을 것이니 조금만 더 힘내보자."라고 위로할 수 있었다.

이처럼 그날 시루섬에는 철선의 횃불을 중심으로 섬 밖에는 애곡리 철길, 현천리 철교, 심곡리 야산, 상진 군부대또는 검문소 서치라이트까지 다섯 곳에서 불빛이 반짝거리고 있었다. 직접 보지 못했지만, 필자의 머릿속에 영상이 너무나 뚜렷이 그려졌다. 각본 없는 영화, 드라마보다 더 드라마틱한 감동의 순간이었다.

희망의 라디오 소리

김기홍 님은 접혀 있던 안테나를 뽑아 올려 라디오를 켰다. 집 안에 있을 때 주파수를 잘 맞춰 놓았지만, 사람들 틈에 이리저리 움직이며 버튼이 돌아간 탓에 지직거리는 소리만 흘러나왔다. 오감을 발휘해서 가까스로 주파수를 맞추자 뉴스가 흘러나왔다. 라디오 뉴스는 태풍 '베티'로 인해 전국적으로 기록적인 폭우가 내렸다는 날씨 특보로 가득했다. 방송국에서도 밀려 들어오는 수해 특보로 정신을 차릴 수 없을 만큼 분주했을 것이다.

라디오에서는 "강원도 ㅇㅇ지방에서 비가 ㅇㅇ만큼 내렸다.", "한강이 많이 불었다."라는 뉴스가 계속해서 송출되었다. 하지만 남한강에 대한 얘기나 시루섬에 대한 보도는 전혀 들리지 않았다. 라디오에서 나  오는 뉴스는 물탱크 위의 사람들에게는 망망대해에서 길을 잃은 뱃사람들이 바라보는 북극성 같은 존재였다. 비록 시루섬에 대한 이야기는 나오지 않았지만 새벽 2시 경 "한강의 수위가 더 이상 늘지 않고 있다."라는 뉴스는 불안을 해소해 주는 반가운 소식이었다.

김기홍 님은 수십 년이 지난 지금도 시루섬에서 같이 유년 시절을 보냈던 친구들을 만나면 라디오를 듣던 그때를 떠올렸다. 그는 "그때 물이 1m만 더 찼어도 우리 모두 떠내려가 죽었겠지? 새벽 2시가 아마 최대 고비였던 것 같아. 그럼 이렇게 만나서 술 한 잔도 나누지 못했겠지."라며 잔을 기울였다. 시루섬 사람들이 그날의 고비를 무사히 넘기는 데에는 사방에서 일렁이는 불빛과 더불어 그의 라디오도 한 몫을 단단히 했다. 밖의 상황을 알 수 없는 시루섬 사람들에게 희망의 메시지를 들려준 것이다.

기적을 만든 사람들

마침내 시루섬 사람들은 기적을 만들어냈다. 맨몸으로 15시간이라는 그 긴 시간을 버텨낸 것이다. 역사상 유례를 찾아볼 수 없고 앞으로도 나오기 힘든 인류사의 기적이 아닌가 싶다. 스크럼으로 안을 보호한 사람들, 공간을 조금이라도 더 확보하기 위해 밤새 만세를 부르듯 팔을 들고 있던 사람들, 철선에서 횃불을 돌린 사람들, 원두막이 무너졌음에도 밤새 나무를 잡고 있던 사람들, 그들 모두가 기적을 만들어낸 주인공이었다.

증언자들도 당시를 기억하며 '기적'이라고 밖에는 설명할 수 없다고 이야기했다. 그날의 수해와 같은 상황이 지금 닥쳐도 그렇게 행동해서 모두가 살 수 있을지 의문이라며 당시를 떠올렸다. 한길선 님은 그날의 기적을 생생히 기억하고 있다.

> "그날 우리가 살 수 있었던 것은 마음을 합쳐서 단결했으니까 가능한 거예요. 만약에 거기서 서로가 쥐어뜯고 질투했다면 못 살았을 거예요, 그렇게 급박한 상황에서도 한마음으로 단합이 잘 됐어요."

『충북잠업사』에서는 시루섬의 기적을 육덕충六德忠에 비유하고 있다. '예부터 누에는 인간에게 여섯 가지의 덕을 베풀어 준다고 해서 하늘이 내려준 육덕충이라 했는데 재난 극복에도 기여했으니 이를 증명이라도 한 것 같다.'라고 의미를 부여하고 있다.

10

다시 밟은 땅

악몽의 밤이 지나고

고통의 무게가 더해져 버틸 힘이 없었다. 그러나 어김없이 시간은 흘렀나 보다. 거꾸로 매달아도 시간은 간다고 했던가. 수마가 연출해 낸 악몽과 같은 밤이 지나갔다. 좀처럼 줄어들 기미가 보이지 않던 강물도 점점 줄어들기 시작했다. 어둠에 가려 한 치 앞도 보이지 않던 주변 풍경도 흐릿하게 보이고, 땅바닥도 서서히 드러나기 시작했다. 그리고 먼 곳에서 빛이 스며들었다. 여명이었다. 새날이 밝은 것이다.

여명은 강물을 더 빨리 줄어들게 하는 것 같았다. 한번 줄기 시작한 물은 급속도로 빠지기 시작했다. 들어올 때도 빨랐지만, 썰물 빠지듯 나갈 때는 더 빠르게 빠져나가는 게 물이었다. 박동희 님은 물탱크 주변을 헤엄치던 소들을 보고 물이 빠지는 것을 알았다. 그녀는 "소가 더 이상 움직이지 않고 서 있으니까 사람들이 '발이 땅에 닿아서 그냥 서 있나 보다.'라고 얘기를 했어요."라고 말했다. 사람들은 물이 빠지고 있다는 사실을 알고 그제야 긴장의 끈을 조금 늦추고 안도의 한숨을 내쉬었다.

주변에서 일렁이던 횃불도 가물거렸다. 멀리서 시루섬을 향해 쉬지 않고 외치던 고함도 이젠 더 이상 들리지 않았다. 이제 시루섬과 사람들의 모습이 잘 보였다. 최옥희 님은 싸늘하게 식은 갓난아기를 안고 밤새 흐느꼈다. 구부리고 앉아 스웨터 속에 넣고 세워서 안고 있었다. 당연히 잠이 올 리가 없었다.

주위가 조금씩 밝아오고 땅이 드러나면서 물에 잠겼던 처참한 광경도 따라왔다. 물에 떠내려가 아랫송정에 걸려 있던 쪽에서는 "살려 달라!"라는 아우성도 들렸고, 사랑하는 가족의 주검, 공동묘지가 쓸려나가면서 튀어나온 유골, 아무것도 남아 있지 않은 집터도 눈에 들어왔다. 박동준 님은 날이 새고 나서야 지난밤 들었던 와장창하는 소리가 무엇인지 알게 되었다. 잠업센터가 무너지며 냈던 굉음이었던 것이다.

넘어져 있는 제2원두막도 모습을 드러냈다. 물탱크 위에 있던 사람들은 어둠에 가려져 간밤의 비극을 알지 못하다가, 날이 밝아오자 참사를 알게 되었다. 밤새 철선을 잡고 있던 김현수 님도 먼동이 트고 나서야 가족이 있던 제2원두막이 무너진 사실을 알게 되었다. 김현수 님은 물탱크 위에서 살려달라는 소리는 들었지만, 날이 밝은 뒤에야 그 소리가 본인 가족의 외침이었음을 알게 된 것이다. 그래서 "나도 뛰어내리겠다. 나도 물에 빠져 죽겠다."라고 아우성 쳤다. 하지만 마을 주민 모두가 말렸다.

철조망에 옷이 걸려 허우적대며 사투를 벌이고 있던 아내 권순이 님은 물탱크 위에서 아우성치는 남편의 목소리를 들을 수 있었다. 권순이 님은 "거기가 어디라고 뛰어내립니까? 뛰어내리면 같이 죽는다는 얘기 아닙니까?"라며 그날의 아픈 기억을 더듬었다.

남편이 뛰어 내지리 못하도록 제가 '나 살았어요! 나 살았으니까 그러지 말아요. 희배 아버지!'

부인이 살아있음을 확인한 김현수 님은 가까스로 물탱크에 머물렀다.

구조선이 된 철선

　마을의 가장들은 여명의 틈새에 급히 배를 띄웠다. 아내를 비롯한 가족의 상황을 알게 된 김현수 님이 앞장섰다. 아직 동도 트지 않은 이른 시간이었지만 철선의 활약은 본격적으로 시작되었다. 배에 탑승한 사람들은 가족을 원두막에 두고 내려온 가장들이었다. 김현수, 오재운, 이상하 님이 배에 올라 삿대를 잡고 노를 저었다.

　배에 오른 일행은 먼저 물길을 거슬러 물탱크 위의 제2, 제3원두막이 있던 장소로 향했다. 그곳에는 원두막은 물론이고 원두막을 지탱하고 있던 아름드리나무마저 누워있었다. 다행히 쓰러지지 않았던 나무에 밧줄을 잡고 있던 자녀들이 위태롭게 견디고 있었다. 자식들임을 한눈에 알아본 오재운 님은 "조금만 더 힘을 내라! 금방 배를 댈 거다!"라고 소리쳤다. 오랫동안 밧줄에 매달렸던 오근택 님을 비롯한 생존자들은 아버지의 목소리에 안도감을 느꼈다.

　다른 가장들과 함께 노를 저으며 혹시나 원두막 주변에 가족이 있을 지도 모른다고 희망을 버리지 않았던 김현수 님은 직접 한 명의 가족도 남지 않았음을 확인하고는 그 자리에 멈춰서서 그대로 통곡하였다.

　아버지들은 제2원두막의 밧줄을 잡고 버텼던 아이들을 구조한 뒤 이번에는 하류 쪽으로 뱃머리를 돌렸다. 물탱크 위에서 아내가 철조망에 걸렸던 것을 확인했던 김현수 님은 김수종 님 집 뒤 밤나무 옆으로 향했다. 그리고 그곳에 걸려 있던 아내에게 다가가 아무 말 없이 감자 저장고 위의 철조망에 걸린 바지를 빼주었다. 두 부부는 아무런 말도 못하고 서로를 위로할 뿐이었다. 감자 저장고 때문에 제2원두막이 무너졌는데 또 다른 감자 저장고 주위의 철조망 가시에 옷이 걸려 살게 되었다니 참으로 아이러니가 아닐 수 없었다.

　뽕나무 가지를 잡고 물살에 휩쓸려 오르락내리락하던 최정자 님도 죽기 일보 직전에 철선에 올랐다. 그녀는 물속에서 허우적거리면서 물을 많이 먹은 탓에 사경을 헤매고 있었다. 사람들은 그녀를 구조하여 철선에 태우고 뺨을 두드리고 몸을 흔들며 정신을 차리게 했다. 조금이라도 더 지체했다가는 한 명의 소중한 목숨이 사그라들 위험하고도 긴박한 상황이었다.

이제 높은 지대에는 더 이상 사람이 보이지 않았다. 하지만 배를 몰았던 가장들은 포기할 수 없었다. 그래서 정신없이 노를 저었다. 아랫송정 김현수 님 집 근처에 다다랐을 무렵, 김현수 님은 집이 온데간데없이 떠내려가고 아무것도 남아 있지 않은 것을 목격하고 말았다. 집터를 바라보며 한숨을 쉬던 김현수 님의 귀에 "사람 살려!"라는 소리가 들렸다. 큰딸 옥희였다. 옥희는 뽕나무 가지를 붙잡고 있었다. 물은 다 빠지지 않고 아직 어깨까지 차 있었다. 하지만 그는 전광석화처럼 배에서 뛰어내려 딸에게 다가갔다.

그렇게 맏딸을 구하고 다시 배에 올라 샛강 쪽 동네 입구의 나무를 붙잡았던 석금옥 님과 이현석 님 등을 비롯한 여러 사람을 구조했다. 제2원두막에서 떠내려가던 사람들이 허우적거리다가 나무에 걸리거나 가지를 붙잡고 버틴 것이다. 물이 완전히 빠지지는 않았지만 계속 줄고 있었고 배에 탑승한 사람의 무게 때문에 배의 바닥이 땅에 닿아 배를 더 이상 띄울 수가 없었다.

하지만 배가 멈춘 뒤에도 김현수 님은 사방으로 뛰며 마을을 돌아다녔다. 그는 아직 세 명의 사녀를 찾지 못했다. 샛강과 동네를 연결하는 다른 길을 찾아 내려가 보니 집 울타리 삼아 둘러친 뽕나무에 누군가가 걸려 있는 것이 보였다. 막내딸 순이의 주검이었다. 물탱크로부터 200m 아래쯤 섬의 맨 아래 추잠을 하기 위해 베어 낸 뽕나무 가지의 뾰족한 부분에 옷이 걸린 것이었다. 하지만 승배, 형배 두 형제는 어디에서도 찾을 수가 없었다. 김현수 님은 순이를 꼭 껴안고 터벅터벅 물탱크 주변으로 돌아갔다.

가장들이 배를 몰던 그때, 물탱크 위의 사람들도 서서히 드러난 땅으로 내려왔다. 먼저 내려온 사람들은 세 명의 자녀를 잃고 넋이 빠진 김현수 님을 다독였다. 인터뷰를 진행하며 기억을 떠올리던 김현수 님은 당시를 회상하며 눈가에 맺힌 눈물을 닦아냈다. 두 아들에 대한 그리움도 크지만, 특히나 함께 한 시간이 가장 적은 막내딸에 대한 그리움은 더욱 애틋하다고 했다. 시간이 흘러 길을 걷다 막내딸과 비슷한 사람을 마주치는 날이면 가슴 한편에 묻어두었던 미안함과 그리움으로 눈물짓곤 한다고 덧붙였다.

15시간 만에 물탱크에서 내려오다

15시간의 사투를 견뎌낸 사람들은 19일 물탱크에 올랐던 것처럼 다시 사다리를 타고 물탱크에서 내려왔다. 물탱크에서 수해를 피했던 15시간은 필자가 고민 끝에 증언을 토대로 판단한 것이다. 증언자마다 물탱크에 오른 시각과 내려온 시각을 다르게 기억했기 때문에 정확하게 머문 시간을 알 수는 없다.

증언자들은 물탱크에 오른 시각을 오후 1시~4시로 기억했다. 내려온 시각은 밤 11시~12시오재창부터 새벽에 물이 많이 줄었을 때최옥희, 날이 밝아오면서유상순, 새벽 무렵 좀 어두울 때신준옥, 날이 완전히 밝았을 때오선옥, 오전 9시배금숙 등 그 편차가 매우 크지만 10명의 증언자가 동이 트기 전과 동이 틀 무렵 물탱크에서 내려왔다고 증언했다. 이는 기억의 한계도 있을 수 있고 차례차례 내려오며 먼저 내려간 사람과 뒤늦게 내려온 사람도 있어 조금씩 다르게 표현한 것일 수도 있다.

한국천문연구원의 일출일몰 시각에 따르면 1972년 8월 19일의 일출

시각은 5시 46분이다. 따라서 물탱크에서 내려온 시각은 5시 30분에서 6시경으로 추측할 수 있다. 물탱크에서 머문 시간을 계산하기 위해서는 물탱크에 오른 시각을 추정해야 하는데 여러 사람의 증언을 종합해 보면 오후 3시 무렵에 물탱크에 올랐을 것이다. 점심 식사 이후 집을 나섰다는 증언도 많았고 물탱크 앞에 모인 사람들이 순서를 지켜 물탱크에 올랐다면 오후 3시에 대부분의 사람들이 물탱크에 오른 것으로 보이기 때문이다.

19일 오후 3시부터 20일 오전 6시까지 물탱크에 있었다고 가정하면, 시루섬 주민들은 15시간 동안 물탱크에서 사투를 벌였던 것이다.

이창수 님 등 마을의 어른들은 보조탱크가 서서히 드러나기 시작하자 밤새 잡고 있던 사다리에서 드디어 손을 떼고 보조탱크에 걸쳐 놓을 수 있었다. 사다리가 떠내려가지 않도록 밤새 붙잡고 있었던 분들의 수고로움이 고마운 순간이었다.

얼마나 기다렸던가? 이제는 살았다는 확신을 실감하는 순간이었다. 외곽에서 스크럼을 짜고 있던 청년들부터 차례차례 내려갔다. 위에서도 사다리를 붙잡고 먼저 내려간 사람도 아래에서 흔들리지 않도록 붙잡았다.

이창수 님은 사다리를 잡고 "총각 먼저 내려가! 아가씨들 내려가!"라고 소리쳤다. 하지만 겁이 가시지 않은 사람들은 선뜻 내려가지 못했다. 잠시 후 물이 더 빠져 높은 지대의 네 집 주변의 물이 확연히 빠지는 게 보였다. 사람들은 그제야 부지런히 움직이기 시작했다. 사람들이 질서 없이 사다리 앞으로 나서자 누군가 "아이가 있는 사람은 기다리고 젊은 사람부터 내려가!"라고 외쳤다. 잠업센터 연수생 신준옥 님이 "무서워요. 저는 못 내려가요."라고 말하자 누군가 "밑에 물도 거의 다 빠졌으니 걱정하지 마요. 차례차례 내려가야 안쪽에 있는 노인들까지 다 내려갈 수 있어요."라고 해서 사다리 앞으로 나섰다. 그렇게 내려온 잠업센터 연수생 소녀들은 "일단은 살았어. 다시 집에 가서 부모님을 볼 수 있겠어."라며 서로 부둥켜안고 한없이 눈물을 흘렸다.

물탱크에서 워낙 많은 사람이 한꺼번에 내려오니 이몽수 님은 사다리가 버티지 못할까 걱정되었다. 그래서 "사다리 한복판을 밟지 말고 못이 박힌 양쪽 끝을 밟고 내려오세요."라고 아내 조옥분 님과 위에서 내려가길 기다리던 사람들에게 말했다. 이렇게 하나둘 땅으로 내려오다 보니 날도 완전히 샜고 오전 8시 무렵에는 땅바닥이 완전히 드러났.

먼저 내려간 청년들은 이리저리 흩어졌다. 아직 시루섬에 물이 전부 빠지지는 않았지만, 강 하류 쪽으로 가서 시신을 수습하는 사람, 불을 지피기 위해 나뭇가지를 모으는 사람, 사다리를 잡는 사람 등 누가 먼저랄 것 없이 일사분란하게 흩어졌다. 지시하는 사람은 없어도 각자 알아서 부족한 부분을 메우고자 이리저리 뛰어다녔다. 잘 훈련된 군대 조직 같았다.

물이 계속 빠지자 이제는 사각보조탱크 바닥까지 완전히 드러났다. 약 2m 높이의 사각 보조 탱크는 원래 흙으로 높게 덮여 있어서 사다리를 놓고 올라갔는데 내려올 때는 홍수에 흙이 패여서 탱크 뿌리까지 다 드러나 있었다. 그러니까 올라갈 때는 물탱크가 땅에서부터 6m였는데 내려올 때는 8m가 되었다는 얘기도 일리가 있을 것 같다. 그리고 약간은 기울어져 있는 위험천만한 모습이었다. 그래서 사람들은 '보조탱크가 없었으면 원형 물탱크도 쓰러졌겠구나.'라고 생각했다. 더 기울어질 수 있었던 것을 보조탱크가 버텨 주어 막아낸 것이다. 물탱크를 바라보는 것도 잠시였다. 사람들은 자연스레 탱크 주변에 모였다가 누가 죽었는지 살았는지 인원 파악을 하고 각자 가족과 이웃을 찾으러 가거나 살피러 뿔뿔이 흩어졌다.

다시 밟은 땅

　물탱크에서 사람들이 내려올 즈음 제2원두막이 무너져 나뭇가지를 잡고 버텼던 사람들도 점차 물이 줄어드는 것을 느꼈다. 철선에 의해 구조된 사람들도 있었지만, 물이 급격히 빠지자 강 하류 쪽에 있던 사람들은 스스로 땅을 밟을 수 있었다. 오근택 님 가족처럼 우마차 밧줄을 잡고 버텼던 사람도 있었고 떠내려간 사람도 있었다. 그래서 오근택 님은 "밧줄에 매달려 있는 우리만 살았고 나머지 사람들은 다 떠내려가 죽은 줄만 알았어요."라고 말했다. 다행히 그의 어머니는 시루섬에서 태어나 어려서부터 헤엄도 잘 쳤기 때문에 허우적거리며 떠내려가다가 나뭇가지를 잡았다. 제법 굵은 밤나무에 올라갔다가 물이 줄어 살아남기도 했다.

　떠내려가던 오수택 님은 이종음 님 집 근처의 미루나무를 붙잡았다. 그 나무 위에는 오수택 님만 있는 것이 아니었다. 수해를 피해 올라온 쥐도 있었다. 물살에 가지가 흔들리며 사람 머리에 떨어진 쥐는 땅으로 착각했는지 오수택 님 머리 위를 이리저리 돌아다녔다. 간신히 나뭇가지를 잡고 살아남은 오수택 님은 한참이 지나고 나서야 정수리에 이상한 느낌이 들었다. 그래서 손바닥으로 머리 위의 쥐를 쳐내고 한숨을 돌렸다. 이렇게 제2원두막이 쓰러지며 혼비백산했던 사람들은 나뭇가지를 잡고 목숨을 구했다. 모든 힘을 다 쓴 탓에 기진맥진했지만 그래도 살아있음에 감사했다.

　제3원두막이 무너지며 주변 나무다리에 걸터앉아 있던 박동준 님도 날이 밝아오며 땅이 드러난 것을 보고 물탱크 쪽으로 내려갔다. 살구나무를 붙들고 있던 김희배 님(김현수 님 장남, 당시 9세)은 물이 더 빠지자 스스로 걸어 나왔다. 이렇게 살아남은 사람들은 모두 본부 격인 물탱크 쪽으로 모였다. 매일 밟던 땅이지만 다시 땅을 밟을 수 있는 날이 이처럼 새로울 수 없었다. 그래서 너무나 감사하고 기뻤다.

마지막으로 내려온 사람

물탱크 외곽에 있던 청년들부터 안쪽에 있던 잠업센터 연수생까지 사다리를 타고 내려간 후 물탱크 위에는 이제 사람이 얼마 남지 않았다. 그중에서 가장 마지막으로 물탱크에서 내려온 사람은 최옥희 님이었다. 죽은 아기를 품에 안고 꼬박 밤을 새운 그녀는 혼자 이동이 어려울 만큼 탈진한 상태였다. 그래서 사다리 앞에서 두 다리가 떨려 그 자리에 털썩 주저앉고 말았다. 곁에 있던 조옥분 님이 "아기는 날 주고 젖은 옷의 물을 짜." 하고 말하면서 그녀를 부축했다. 그래서 입고 있던 옷의 물을 짜 보았지만 움직이기 어려운 건 매한가지였다.

이대로는 안 되겠다고 생각한 유상순 님은 일단 물탱크 위에 최옥희 님을 남겨두고 먼저 사다리를 타고 땅으로 내려갔다. 그리고 아래에 있던 마을 청년들을 불러 모았다. "물탱크 위에 사람이 못 내려오고 있으니 올라가서 좀 도와주세요."라며 청년들과 다시 올라갔다. 청년들은 최옥희 님의 아기를 대신 받고 덜덜 떠는 그녀의 발목을 하나씩 붙잡아 주었다. 그렇게 청년들이 달라붙어 최옥희 님을 부축하고 나서야 한발 한발 걸음을 옮겨 간신히 물탱크를 내려올 수 있었다.

최옥희 님이 사다리를 타고 조심히 내려가자 물탱크 위에는 남아 있는 사람이 한 명도 없었다. 하지만 누군가가 물탱크 위에 다시 올랐다. 그 사람이 누군지 알 수 없지만 정리되지 않은 채로 이리저리 나뒹구는 신발을 물탱크 아래로 던졌다. 대부분의 사람들은 물탱크를 오를 때 고무신을 신고 올랐다. 그러나 사람들이 점점 들어차고 이리저리 움직이며 많은 사람들의 신발이 벗겨졌다. 움직이기도 힘든 상황에서 다시 신발을 찾기는 불가능했기에 사람들은 그냥 맨발로 서 있었다. 그리고 그대로 물탱크 아래로 내려간 것이다. 이름 모를 그분은 그렇게 남겨진 신발들을 모아 바닥으로 던졌던 것이다.

물탱크 아래에 있던 사람들은 본인의 발바닥을 뒤늦게 보았다. 옴짝달싹 못 하면서 서로의 발을 밟았던 탓에 발바닥이 새파랬고 발 전체가 전부 멍이 들어 죽은 살처럼 보였다. 긴박했던 상황에 발바닥이 아픈지 어떤지 신경도 쓰지 않았지만 처참한 발을 보니 그제야 아픔이 몰려 왔다. 아래에 있던 사람들은 대충 짝을 맞추어 신발을 신었다. 사람들은 신발이 발에 맞든지 짝이 맞든지 크게 신경 쓰지 않았다. 맨발로 다니는 것보다는 나으니 아무것이나 신을 수밖에 없었다.

다섯 구의 시신과 세 명의 실종자

물탱크에서 내려온 사람들은 제2원두막이 쓰러지며 급류에 휩쓸린 사람들을 찾기 위해 시루섬 하류 쪽으로 향했다. '광주 노인'으로 불렸던 김충배 님의 시신은 샛강 쪽 뽕나무에 걸려 있었다. 머리가 박히고 다리만 밖으로 나온 상태였다. 김현수 님의 막내딸 김순이의 시신도 뽕나무에 걸려 있었다. 한일시멘트 공장을 증설할 때 상진 부근에서 골재 채취를 하러 객지에서 들어온 이현석 님은 이종음 님의 과일나무에 걸려 있었다. 최면순 님은 물이 빠지고 난 뒤 사람들이 시루섬을 다시 찾았을 때 아랫송정 물 웅덩이에서 숨진 채로 발견되었다.

사람들은 제2원두막이 쓰러지며 희생된 7명 중 네 구의 시신을 찾았다. 실종자는 오정옥여, 7세, 김형배남, 10세, 김승배남, 13세 님이었다. 떠내려간 사람은 아이들이었다.

사람들은 먼저 수습한 세 구의 시신을 한군데에 눕히고 천으로 덮어

놓았다. 최면순 님의 시신은 며칠 뒤 수습 박동희 님은 시신이 본인의 집 마당에 눕혀져 있었던 것으로 기억하고 있었다. 그녀는 "김충배, 김순이 님의 시신을 우리집 마당에 놓았기에 나랑 동생들이 볼까 봐 아버지가 집에 못 오게 했어요. 김순이 님의 시신에서 뽕나무를 잡은 손을 빼니까 뽕나무 이파리가 훑어질 정도로 손가락이 굳어 있었다고 했어요."라며 혹시 자식이 시신을 보고 놀랄까 싶어 집 주변으로 오지 못하게 했던 아버지를 떠올렸다.

물탱크에서 내려와 먹을 것을 찾던 신준옥 님은 땅콩과 감자를 캐며 돌아다녔다. 그러다 한쪽에 무엇인가 놓여 있던 것을 보고는 그쪽으로 다가갔다. 그것은 다름 아닌 세 구의 시신이었다. 김순이여, 7세, 이현석남, 50대, 김충배남, 70대 님이었다. 그녀는 눕혀져 있는 것이 시신이라고는 생각하지 못하고 '그냥 힘들어서 누워있는가 보다.'라고 생각했다. 다만 얼굴이 너무 새까매서 걱정이 되어 "왜 그러세요? 많이 힘드세요?"라고 말하며 시신을 만졌다. 하지만 이미 그들은 이 세상 사람이 아니었다. 주변에 서 있던 어떤 사람이 "이분들은 물에 휩쓸려 떠내려가서 돌아가신 분들이다."라고 말해서 시신인 것을 알았다.

사람들은 세 구의 시신을 정성껏 묻어 주었다. 먼저, 시루섬 소나무 부근에 김충배 님과 이현석 님을 묻었다. 김현수 님도 막내딸김순이을 공동묘지에 묻었다. 최면호 님은 수습한 막내딸최면순의 시신을 애곡리 산에 묻어 주었다. 장례는 사치였다. 상례도 갖추지 못한 채 관도 없이 황급히 묻기 바빴다.

물탱크 위에서 희생된 최옥희 님의 갓난아기도 시루섬에 묻혔다. 죽은 아이와 함께 섬 밖으로 나갈 수는 없는 일이었다. 남편인 안철호 님은 아내의 곁으로 다가왔다. 물탱크 주변에서 삽 한 자루를 가져온 그는 "아이를 빨리 묻어야 해."라며 시신을 포대기에 둘둘 말아서 시루섬의 공동묘지로 향했다.

그는 눈물도 보이질 않고 갓난아기 시신을 아내에게서 받았다. 아기를 보낸 이후로 최옥희 님이 밤새 눈물로 지새웠던 것처럼 안철호 님의 가슴도 새까맣게 타서 재만 남았을 것이다. 하지만 내색할 수가 없었다. 그것이 가장의 무게였으리라. 최옥희 님은 눈물을 흘리는 남편의 모습을 볼 수 없었다. 안철호 님은 그저 며칠 동안 입맛이 없다며 밥을 먹지 않았다. 그후로 최옥희 님은 비 오는 날이면 먼 산을 바라보며 생각에 잠긴 남편의 모습만을 볼 수 있을 뿐이었다.

이렇게 사람들은 다섯 구의 시신을 시루섬에 묻었다. 평소라면 한 명만 죽어도 시루섬 전체가 슬픔에 잠겼을 테지만 그날은 다섯 구의 시신을 묻었음에도 이상하리만치 조용했다. 누구라도 툭 건드리면 세상이 무너진 것처럼 울음을 터트렸을 것이 당연했기에 사람들은 일부러 덤덤한 척 조용히 장례를 치렀다.

엄청난 사건 앞에서 눈물도 메말랐을까? 어떻게 보면 다른 이들을 위한 배려이기도 했다. 시루섬에 닥친 수해로 발생한 희생자 8명 중에 사망자 5명은 시신이라도 수습할 수 있었지만, 실종자 3명은 가족의 품에 안길 수 없었다. 시신이라도 수습할 수 있다면 다행이라고 생각해야 했다.

아이들을 지켜주지 못해 미안하구려

물탱크에서 모두 내려온 마을 사람들은 누가 살았는지 누가 안 보이는지 가족별로 안위를 확인하였다. 물탱크에서도 온 가족이 뿔뿔이 흩어져 있었기 때문이었다. 한길선 님의 시아버님은 "아이고 그래도 우리 자손들은 어느 틈에 끼어서 잘 살아남았구나."라고 하면서 조상님께 감사해하기도 했다.

가족 중 안 보이는 사람이 있으면 아직 살아있을 수도 있다는 실낱같은 희망을 놓치지 않고 시루섬 전체를 수색하기 시작했다. 이웃 사람들도 함께 나섰다.

김현수 님과 오재운 님(오근택 님의 아버지)은 함께 자녀들 이름을 부르면서 얕은 물을 저벅저벅 걸어서 찾아 나섰다. 오근택 님은 우리는 여기 있다고 대답했지만 김현수 님은 자기 가족들 대답 소리가 안 들리고 한 명도 안 보이니까 통곡하면서 헤매고 다녔다.

오근택 님은 "저는 원두막에 있던 사람 중 밧줄에 매달려 있는 우리만 살고 나머지 사람들은 다 떠내려가 죽은 줄만 알았어요. 물탱크에서 먼저 내려온 사람들이 가족들 이름을 부르며 어디 있느냐고 소리치며 아래쪽으로 내려가더군요. 원두막이 무너져 떠내려가다 나뭇가지에 걸려 있던 사람들은 여기 있다고 대답하며 올라오자 중간쯤에서 서로 만나서 함께 물탱크 쪽으로 올라오더군요."라고 당시를 회고했다.

한편 마을을 수색하던 김기석 님의 눈에 커다란 뽕나무 위에 황토색 동물 같은 것이 걸려 있는 것이 눈에 들어왔다. 그것은 동물이 아니라 온몸이 황토에 뒤덮인 채 사경을 헤매던 이현석 님이었다. 이현석 님은 객지에서 골재 채취하러 혼자 들어와 살고 있는 50대 남자였다.

철선에 탄 사람들에게 새벽에 구조된 이현석 님은 가늘게 숨을 쉬고 있었지만, 의식은 없었고 이만 빠드득 빠드득 갈고 있었다. 의식도 없던 그는 자신을 배 안에 눕히던 김기석 님의 발목을 꽉 잡더니 놓아주지 않았다. 곁에 있던 사람들이 달라붙어 그의 손가락을 꺾은 뒤에야 힘겹게 발목에 감긴 손을 풀 수 있었다. 사람들은 얼른 노를 저어 물탱크 주변으로 향했다. 그 주변에는 사람들이 피워놓은 불이 있었다.

물에 빠져 체온을 빼앗긴 몇 시간은 이현석 님에게 가늠할 수 없는 심연의 시간이었을 것이다. 마을 사람들이 아직 숨이 붙어 있는 이현석 님을 살려야 한다는 마음으로 온몸을 주무르고 불을 더 지펴 몸을 따뜻하게 해도 이만 빠드득 빠드득 갈 뿐이었다. 결국 그가 갈던 잇소리도 서서히 멈추었다. 얼핏 그의 입에서 오재운 님을 찾는 목소리가 희미하게 들렸다. 하지만 둘은 결국 만나지 못하고 이현석 님은 숨을 거두고 말았다.

 전날인 19일 오후 제2원두막에서 가족을 뒤로하고 원두막을 떠나길 망설였던 오재운 님에게 이현석 님은 "오 선생! 아이들은 내가 봐 줄 테니 다녀와."라고 말했었다. 하지만 이현석 님의 배려와는 다르게 제2원두막이 무너지며 오재운 님의 막내딸은 결국 실종되었다. 그가 눈을 감던 순간 오재운 님을 찾은 것은 아마도 약속을 지키지 못한 미안함 때문이 아니었을까.

흔적 없이
사라진 마을

11

밖에서 본 시루섬의 아침

　단양면사무소 잠업지도원으로 근무하던 조율형 님은 원래 8월 19일에 시루섬에서 숙직을 해야 했다. 하지만 집에 급한 일이 있어 숙직을 바꾸게 되었다. 키우던 닭이 많았는데 마침 그날은 가족 중에 닭 사료를 줄 사람이 없어서 급하게 다른 직원에게 양해를 얻었던 것이다. 그래서 조율형 님은 그날 시루섬에 없었다. 간밤의 사정을 몰랐던 그는 20일 아침 매포면 어의곡리 집에서 나루재를 넘어 시루섬으로 향했다. 수해로 인해 모든 교통수단이 두절 된 상태라 걸어서 출근해야 했다. 그의 손에는 연수생들에게 주려고 준비한 달걀 한 판이 들려 있었다.
　나루고개에서 동료 직원인 김진두 님매포면사무소에 근무을 만나 매포면에도 수해가 심하다는 소식을 들었다. 매포면사무소가 물에 잠길 정도여서 밤새 수해 대책을 세웠다는 말과 아침도 거르고 군청으로 출장 가는 길이라는 말에 달걀 몇 개를 건넸다. 그들은 상진대교 앞에 도착했다. 평소 조율형 님은 상진대교를 건너야 시루섬으로 출근을 할 수 있었다. 그런데 이게 웬일인가? 눈앞의 상진대교가 반 이상 없어진 것이다. 그래서 하는 수 없이 중앙선 철길을 따라 걸어 내려갔다. 시루섬 대신 단양면사무소로 출근하기로 마음먹은 것이다.

중앙선 철길을 따라 호랑굴*을 지나자 왼쪽으로 시루섬이 보이기 시작했다. 하지만 조율형 님이 알던 시루섬과 너무나 달랐다. 마을은 다 떠내려가고 남은 것이 아무것도 없었다. 물론 그가 일하던 잠업센터도 없었다. '설마 사람들이 떠내려가서 모두 죽은 것은 아닐까?' 걱정이 된 그는 마음이 불안해지기 시작했다.

철길을 따라 걷던 그들에게 지나가던 기관차가 멈춰 섰다. 운행을 목적으로 한 기관차가 아니라 철로의 상태를 확인하러 온 한 량짜리 기관차였다. 태워주겠다는 기관사의 말에 그들은 우물쭈물하며 감사의 인사를 건넨 뒤 기차에 몸을 실었다. 그렇게 조금 더 내려가니 아침 9시 무렵 시루섬의 모습이 조금 더 자세히 눈에 들어왔다. 멀리서 보았을 땐 남아 있는 것이 하나도 없어 보였지만 자세히 보니 사람들이 하나둘씩 보이기 시작했다. 물탱크도 남아 있었다. 그 주변에는 연기가 피어오르고 있었다. 기진맥진해서 엎어져 있는 소들과 먹을 것을 찾기 위해 돌아다니는 소들도 있었고 헬기가 오는 모습도 보였다. 그래서 조율형 님은 '아! 사람들이 어떻게 살았는가 보다.' 하는 생각에 걱정을 한시름 덜 수 있었다.

온몸으로 버텨낸 가축

물탱크 위에는 사람도 올라갈 공간이 부족했기 때문에 소, 돼지, 닭, 개 등 가축을 동반한다는 것은 꿈도 꿀 수 없었다. 그래서 가축은 알아서 살길을 찾아야만 했다. 물탱크 주변을 헤엄치던 소들은 물이 빠지자 기진맥진했지만 살아남았다. 돼지도 몇 마리 남아 있었고 날개가 있어

---

* 호랑굴 : 적성면 애곡리의 중앙선 터널. 896m로 지금의 천주터널이다.

피하기가 좀 더 수월했던 닭들은 돼지보다는 많이 살아 남았지만 대부분은 떠내려가고 없었다.

유상순 님은 개를 한 마리 키웠는데, 비가 그치고 물탱크에서 내려와 마을 주변을 돌아보아도 찾을 수 없었다. 한참을 찾던 유상순 님은 아무리 찾아도 개가 보이지 않자 '그냥 떠내려갔나 보다.'라며 아쉬운 마음을 뒤로한 채 헬기를 타고 시루섬을 빠져 나갔다. 그런데 단양여중 수재민 수용소에서 마을 사람 중 한 분이 개가 살아있는 것을 보았다고 알려주었다.

목격자의 증언에 따르면 유상순 님의 개는 집 아래에 서 있던 수양버들 가지를 붙잡았다. 떠내려가다가 필사적으로 헤엄을 쳐서 나무를 붙잡은 것이다. 개는 힘이 빠지기도 했고, 거센 물살을 버티기도 힘들어 떠내려갔다가 헤엄쳐서 다시 올라오기를 반복했다. 그러다가 다행히 물이 빠지면서 목숨을 건질 수 있었다는 것이다.

유상순 님은 그 개를 기억하며 사람이나 가축이나 제 명이 있다고 말했다. 그녀는 "우리 집 개가 참 영리하지요? 헤엄도 잘 쳤고 하니까요. 그런데 그 개도 너무 힘이 들어서였는지 그 후에 병이 들었어요. 눈곱도 많이 끼고 밥도 잘 먹지 못하고……. 시름시름 앓더니 죽더군요. 그래도 살 만큼은 살았어요. 아마 내가 시루섬을 나가면서, 나눠준 붉은색 주먹밥을 먹지 않고 어떤 돌 위에 버렸는데 그 밥을 먹고 살았던 것 같아요."라고 말했다. 개가 살았다는 얘길 듣고 유상순 님은 21일 배를 타고 다시 시루섬에 들어가 주먹밥을 올려놓았던 돌 주변에서 기다리고 있는 개를 찾았던 것이다.

살아있던 가축은 유상순 님 개뿐만이 아니었다. 제3원두막에서 내려온 박동준 님은 본인의 집으로 향했다. 집은 온전한지, 특히 19일 오후 집을 나서기 직전에 행랑채 주변에 던져 놓았던 닭과 토끼는 어떻게 되었는지 궁금하기도 해서 그는 발걸음을 재촉했다. 집 주변에 다가가자

개 짖는 소리가 들려왔다. 하지만 평소에 듣던 소리가 아니어서 고개를 갸우뚱하며 마당에 들어선 박동준 님은 행랑채를 보고 이내 의문이 풀렸다. 마당에 있던 개는 마을의 노진수 님이 키우던 셰퍼드였다. 그 개는 박동준 님의 집이 자기네 집인 것처럼 행랑채에서 멍멍 짖으며 집을 지키고 있었다. 박동준 님은 짖던 개를 뒤로하고 여기저기 닭과 토끼를 찾아 보았지만, 마당에는 닭 한 마리밖에 없었다. 처음에는 떠내려갔겠거니 생각했다. 그러나 개 주변에 토끼털과 닭털이 남아 있는 흔적을 보고 셰퍼드가 잡아먹었음을 추측할 뿐이었다.

우리 집터가 어디쯤이었던가

다시 드러난 섬은 애초에 사람이 살던 곳이 아닌 것 같았다. 마치 다른 섬에 와 있는 것처럼 낯설었다. 밭은 강이 되었고 강은 논이 되었다. 시루섬에 그렇게 많던 모래는 물살에 제 자리를 잃고 집터, 길을 가리지 않고 마구 흩뿌려져 있었다. 가장 높은 지대에 있던 물탱크도 중간까지 물에 잠겼으니 마을 전체가 물속에 잠겼다가 다시 드러난 것은 당연지사였다.

섬 전체가 흙과 모래로 뒤덮여 집이었는지 길이었는지 구분조차 되지 않았다. 눈에 닿는 곳마다 거대한 모래밭이고 자갈 무덤이었다. 특히나 물과 가까운 강가의 집들은 아예 흔적도 없이 사라졌다. 벽체는 물론 기둥 하나 남은 것이 없었다. 다만 여기저기 무쇠솥만 덩그러니 남아 이곳이 사람이 살았던 집의 부엌이었음을 알려줄 뿐이었다.

사람들이 19일 오후에 대피하며 다른 집에 옮겨 놓았던 옷, 가재도구, 이불도 모두 물살에 떠내려갔다. 그토록 긴박했던 순간까지 애지중지했던, 김현수 님 집 방마다 가득 채워놓았던 담뱃잎도 깨끗이 떠내려

수해 이튿날 물이 빠진 뒤의 시루섬

갔다. 물탱크에서 내려와 자기 집으로 향했던 시루섬 사람들은 흔적도 없어진 집터에 망연자실했다. 심지어 집터가 어디쯤인지조차 알 수 없을 정도로 변해버렸다. 주민들은 기막힌 이 현실 앞에서 한숨만 내쉴 뿐 무사히 살아남은 것만으로도 감사해야 했다. 그래도 뽕나무는 건재했다. 아름드리 참나무, 소나무가 물살에 뿌리까지 뽑혀 나갔는데 뽕나무만은 제 자리를 지키고 있었다. 흙물에 뒤덮여 가지는 처지고 잎은 생기를 잃었지만 부러지거나 상한 곳 없이 풀처럼 누워있었다.

시퍼런 싹이 한창 무성하던 땅콩밭은 아예 흔적도 없었다. 주렁주렁 달렸던 땅콩 알갱이는 다 사라지고 감자알만한 자갈들이 뒹굴었다. 그해 유난히 잘 되었던 고추와 담배 역시 마찬가지였다. 군데군데 반쯤 묻힌 서까래, 송판 잔해는 시루섬을 더 을씨년스럽게 만들고 있었다.

뼈대만 남아 있는 집

허허벌판이 된 시루섬에서 몇 채의 집만 힘겹게 서 있었다. 쓸쓸해진 시루섬 안에서도 제일 높은 곳에 자리한 세 집이창열, 이창수, 박현걸은 물탱크와 소나무 숲이 물살을 분산시켜서인지 그나마 형체라도 남아 있었다. 파손은 많이 되었지만 마치 거인이 집을 들었다가 그대로 내려놓은 것 같았다. 그중에 박현걸 님의 집은 수해에도 건재했다. 다른 집들은 모두 흙벽돌로 지었지만 박현걸 님의 장남인 박동준 님이 군대에 있던 불과 3년 전에 멍텅구리 시멘트 벽돌로 벽체를 만들어 집을 튼튼하게 지었기 때문이었다. 그래서 물이 서까래 바로 밑까지 올라왔지만 안방 한쪽의 벽체가 조금 무너졌을 뿐 지붕도 그대로 있고 외형도 멀쩡했다. 행랑채도 그대로 있었다.

하지만 이 집에도 남아 있는 것은 별로 없었다. 장남 박동준 님이 방에 들어가 보니 남은 가재도구는 하나도 찾을 수가 없었다. 방으로 들어가는 문은 살짝 들어 올리면 문이 빠져나오는 구조였는데 물이 출렁거리면서 이 방문을 들어 올려 물건이 모두 없어졌다. 심지어 방문을 억지로 통과할 정도로 컸던 책상도 마찬가지였다. 물이 불으면 상류에서 떠내려오는 송판을 가져와 썼던 시루섬 사람들처럼 박동준 님도 홍수에 떠내려가는 송판을 건져서 책상을 만들었는데, 그마저 떠내려간 것이다.

그래도 모든 물건이 다 떠내려간 것은 아니었다. 박동희 님은 방 안에 있던 앨범의 위치를 기억하고 있었다. 작은 추억 하나라도 소중히 간직했던 그녀는 집에 오자마자 앨범이 있는 곳으로 향했다. 물이 방 전체에 찼으니 앨범이 몇 시간 동안 물에 적셔진 것은 당연했다. 그녀는 "물을 너무 많이 먹어서 형태도 알아볼 수 없는 사진은 버렸지만 몇 개는 지금까지 보관하고 있어요."라며 과거 잠업센터의 모습이나, 마을의 풍경을 간직한 사진 몇 장을 보물처럼 보관하고 있었다.

파헤쳐진 공동묘지

시루섬을 황폐하게 만드는 것은 자갈이나 이곳저곳 덮인 모래만이 아니었다. 곳곳에 나뒹구는 유골은 시루섬을 더 스산하게 만들었다. 윗송정 샛강 쪽 공동묘지에는 20여 기의 산소가 있었고, 물탱크 조금 위에도 산소가 여러 기 있었다. 그 산소들이 물살에 파여 관이 다 드러났던 것이다.

관이 드러났으니 안에 있던 유골, 널이 빠져나와 해골, 갈비뼈, 팔, 다리가 한 몸이었던 것을 잊은 양 여기저기 흰 뼈들이 널려 있었다. 그 광경을 본 사람들은 한동안 악몽에 시달려야 했다. 어린 자녀들은 악몽에서 깨어 부모님을 찾아 울었고 어른들도 그 모습이 꿈에 나오면 식은땀을 닦으며 찬물을 들이켜 정신을 가다듬은 후에야 다시 잠을 청할 수 있었다. 그 정도로 마을의 모습은 참혹했다.

처참히 널브러진 유골들을 지나쳐 공동묘지에 우두커니 서 있는 한 사람이 있었다. 박현걸 님이었다. 시루섬 공동묘지에는 먼저 떠나보낸 두 명의 자식이 묻혀 있었다. 시루섬에 정착할 때 다섯 살에 하늘로 먼저 떠나간 큰딸과, 한 달을 채우지 못하고 세상을 떠난 막내의 무덤이었다. 그는 가장이었기에 가족 앞에서 눈물을 흘릴 수 없었다. 그래서 술을 먹는 날에는 어김없이 자식들의 무덤을 찾아 공동묘지로 향했었다. 그렇게 공동묘지로 향하는 아버지의 뒷모습을 바라보며 남매박동준, 박동희는 다시는 만날 수 없는 가족 생각에 행랑채 앞에서 함께 눈물을 훔친 날이 많았다.

두 자녀의 무덤은 봉분도 없고 주변의 돌을 쌓아둔 애장이었지만 밤길에 불빛 하나 없어도 찾아갈 수 있을 정도로 박현걸 님에게 그 길은 익숙했다. 물탱크에서 내려와 제일 먼저 향한 곳도 공동묘지였다. 공동묘지에 다녀온 박현걸 님은 "그래도 묘지에 가보니 우리 애들은 안 떠내려가고 그대로 있더라."라며 가족을 안심시켰다. 파헤쳐진 산소에서 나온 뼈들이 처참히 뒹굴었지만 회장석으로 묻은 3~4기의 산소는 안 떠내려가고 건재했다. 봉분도 없이 남아 있는 흰색 회장석 산소는 오히려 시루섬의 광경을 더 괴기스럽게 만들었다. 공동묘지에서 나온 유골, 희생된 8명의 사람들, 죽어있는 가축……. 시루섬에는 이 모든 것들이 맞물려 무거운 정막만이 내려앉고 있었다.

그해 9월 21일 〈경향신문〉에서는 "단양군 단양면 증도리 시루섬 주민들은 강 한복판 속에 있던 조상묘 12기가 몽땅 떠내려가 수해 때 주민 232명을 살린 소나무와 물탱크에 차례상을 차려 놓고 차례를 지내기로 했다."라고 보도했다. 조상묘의 유골마저 모두 떠내려가 어찌할 수 없는 현실에 추석을 맞아 성묘할 곳도 없는 주민들이 조상묘 대신 고마운 소나무와 물탱크에 차례를 지내겠다는 안타까움의 극치를 보여주는 것 같다.

앞으로 살아갈 수가 있을까

유상순 님은 물탱크에서 내려와 집으로 향했다. 제일 높은 지대에 위치해서일까? 지붕과 벽체, 대부분의 살림살이는 떠내려갔지만 그나마 가재도구는 흙투성이가 된 채로 조금 남아 있었다. 물탱크가 방패처럼 앞에서 물살을 막아 주었기 때문에 물길이 갈라지며 위력이 약해졌던 것이다. 그래서 숟가락 하나, 기둥 하나 남김없이 떠내려갔던 강가 쪽 다른 집들과는 다르게 장독, 솥단지 같은 가재도구와 넘어진 찬장에 그릇도 많이 남아 있었다. 시동생이몽수 부부가 부엌에 옮겨 놓은 그릇도 그대로 있었다. 또한 대피하기 전 남편이창수이 찬장 안에 넣어두었던 종이돈 몇 푼도 흙 속에 파묻혀 그대로 있었다.

유상순 님은 남아 있는 가재도구나 돈을 보아도 아무런 생각이 들지 않았다. '그나마 모두 떠내려가진 않아서 다행이다.'라거나 '강가 집들과는 다르게 전부 새로 사진 않아도 되겠구나.'라는 생각조차도 들지 않았다. 그래서 흙투성이가 된 가재도구를 씻지 않고 그냥 내버려 두었다.

그래도 그녀는 살아내야 했다. 자식들은 어머니의 마음을 아는지 모르는지 배고프다며 보채기 시작했다. 당장 밥을 할 수는 없었기에 일단 물에 잠겼던 옷가지, 살림살이를 마당에 꺼내 놓았다. 그녀는 그런 물건을 보아도 아무 생각이 들지 않았다. 아직 마음을 추스르기에는 시간이 부족했기 때문이다. '이제 앞으로는 밥도 해 먹고 살지 못할 거야.'라는 생각과 이제 인생이 다 끝난 것 같은 허탈함이 밀려왔다. 그 당시뿐만 아니라 시간이 흘러 늙어서도 문득 허무함이 찾아와 유상순 님을 오래도록 괴롭혔다.

한길선 님도 물탱크에서 내려와 안타까운 시선으로 공허한 시루섬의 땅을 바라보았다. 시부모를 모시고 5남매를 키워야 하는 엄마로서 '앞으로 어떻게 살아야 할까.'라는 아득한 생각에 눈앞이 캄캄했다. 그래도 죽지 않고 목숨이 붙어 있으니 희망을 잃지 않고 살아가야 했다.

"지금도 그때 모든 것이 사라진 시루섬을 바라봤을 당시를 생각하면 까마득해요. 지금까지 어떻게 살아왔나 싶은 정말 찰나의 시간이지요. 사니까 그냥 살게 된 거지 지금 그때 내려왔을 당시를 생각하면 참 아득합니다."

12

물에 불은 쌀로
해 먹은 주먹밥

불을 지피다

 수마가 할퀴고 지나간 아침, 생사의 갈림길에 섰던 사람들은 다시 아침을 맞이했다. 물탱크에서 먼저 내려간 이들은 나뭇가지를 모아서 단을 쌓았다. 그 나뭇더미 위에 철선에 실어두었던 석유를 뿌려 불을 지폈다. 8월 20일은 한여름이었지만 밤새도록 비에 젖어 한기에 떨던 이들에게 가장 중요한 건 식량보다도 온기를 느낄 수 있는 불이었다.
 지난밤 철선에서 횃불을 지피기 위해 썼던 석유가 이번에는 사람들의 온기를 채워주기 위한 에너지가 된 것이다. 그러나 아무리 석유를 사용한다고 해도 완전히 젖은 나무에는 소용이 없었다. 처음에는 물탱크 주변에 마른 나무가 없어서 불을 지피기가 힘들었다. 다행히 이창열 님 집의 나뭇가리가 유일하게 마른 채로 남아 있어서 그것을 가져와 불을 피울 수 있었다.
 이창열 님의 나뭇가리뿐만이 아니었다. 한길선 님은 윗송정에 뽕나무를 심었었는데 봄에 전지해 둔 뽕나무 가지를 한쪽 나무 틈에 갖다 놓고 잘 덮어놨었다. 그 가지들이 물난리에 반은 떠내려가고 반 정도는 남아 있었던 것이다. 뽕나무 가지는 불쏘시개로 쓰기에 참 알맞았다. 비에 젖어 추운 사람들은 옷도 말리고 몸도 따뜻하게 하려고 불 주위에 옹기종기 둘러앉았다. 그리고 여기저기서 좀 덜 젖은 나무를 찾아와 계속 불 속으로 던졌다. 처음에는 작았던 불꽃이 점점 커져 많은 사람이 불을 쬘 수 있었다.

무쇠솥만 뒹구는 황량한 마을

하늘이 무너질 뻔한 일이 지났지만 그래도 살아있음을 증명이라도 하듯 허기가 밀려왔다. 사람들은 "산사람은 살아야 한다."라며 밥을 짓기 위해 마을 이곳저곳을 돌아다녔다. 시루섬에는 엎어진 가마솥이 곳곳에 있었다.

김기홍 님은 대피 직전에 사람들이 가마솥을 엎어 놓은 것을 보고 의아하게 생각했다. 그 궁금증은 물탱크에서 내려오면서 해소되었다. 평상시처럼 가마솥의 입구를 위로 보

수해 이튿날 물이 빠진 뒤 무쇠솥만 남은 시루섬

이도록 두었다면 거센 물에 떠내려갔겠지만 엎어 놓았기 때문에 떠내려가지 않았던 것이었다. 가마솥을 엎어 두지 않았어도 그대로 있는 것도 있었고, 떠내려가다가 여기저기 뒹구는 것도 있었다.

집안에 보관하던 쌀가마니와 고추장 항아리도 시루섬 이곳저곳에 흩뿌려져 있었다. 물탱크에서 내려온 사람들은 배가 고파 먹을거리를 찾느라 마을 이곳저곳을 돌아다녔다.

신준옥 님도 그중 한 명이었다. 밭 주변을 지나던 그녀는 마을 사람들이 심었던 땅콩과 감자가 다행히 떠내려가지 않은 것이 있어 한 아름 캤다. 그리고는 마을 사람들이 있는 곳으로 가져와 함께 먹기를 권했다. 배금숙 님은 물탱크 주변을 서성이다 보니 허기를 느껴 어느 가족이 옥수수와 감자를 삶고 있는 곳으로 갔다. 솥에는 진흙물에 담긴 감자와 옥수수가 있었다. 하지만 아무도 그것들을 먹을 수 없었다. "50세쯤으로 보이는 어떤 아저씨가 오더니 굶어도 같이 굶어 죽어야 하지 않냐며 솥을 엎었어요. 아마도 나만 살겠다고 하지 말고 마을 전체를 생각하자. 협동, 단결하자는 말이었을 것이라고 생각해요."라며 야속했던 아저씨를 이해했다.

다른 한편에서는 뽕나무에 끼인 옥수수를 꺾어다가 쪄 먹는 사람도 있었다. 옥수수는 물에 잠겨도 껍질이 있어서 삶아 먹을 수 있었기 때문이다. 어쨌든 죽지 않고 살아야 했기에 떠내려가다 죽은 돼지나 닭을 시커먼 물에 삶아서 먹는 사람도 있었다.

김기홍 님은 "가옥이 안 떠내려간 이창열 님 댁에 닭장이 있었는데 그 닭장 안에는 닭들이 수장되어 있었어요."라고 기억했다. 닭장 안에 죽어있던 닭들을 꺼내서 화덕불 위에 던져 놓고 구워 여러 사람이 뜯어 먹기도 했던 것이다.

박동희 님도 죽은 지 얼마 지나지 않은 닭을 먹은 것으로 기억했다. 그 닭은 이창열 님이 기르던 것이었다. "그래도 나는 닭고기는 먹지 않앉어요. 그때 당시에 닭을 불에 던져 놓았던 사람들이 제 가족을 먹이기에 바빴으니까요. 죽은 닭을 불에 넣고 익힌 뒤에 자기네 가족을 먼저 먹였어요."라고 당시의 상황을 기억했다.

이대수 님의 집에는 물에 잠겨 '퉁퉁 불어 시커멓게 된 보리쌀 두 가마니'가 있었는데 어머니는 이 보리쌀로 밥을 지었다고 했다. 전날 조옥분 님이 높은 곳에 옮겨 놓은 이몽수 님 고추장 단지는 조금 떠내려가다가 다행히 물살이 약한 곳에 멈췄는지, 깨지지도 않고 흙 속에 반쯤 묻힌 상태로 옆으로 누워 있었다. 단지 뚜껑은 떠내려갔지만, 고추장은 워낙 되직해서인지 물이 잘 안 들어가고 그대로 있었다. 물과 위에 있던 고추장을 대충 걷어보니 속에는 물이 들어가지 않아 마을 사람들이 반찬으로 먹기에 충분했다. 조옥분 님은 "그 단지는 의미가 깊어서 적성면 현곡리에 있는 큰딸네 집에 갖다 주었어요."라고 항아리의 행방에 대해 설명했다.

장녀인 이혜자 님은 "2017년경 부모님이 단양에서 제천으로 이사갈 때 그 항아리를 물려 받았습니다."라고 말했다. 부모님이 주신 항아리

이혜자 님이 조옥분 님에게 받은 시루섬 수해 당시 고추장이 담겨 있던 항아리와 놋그릇

는 조옥분 님이 시루섬에 수해가 나기 전부터 이사 가기 전까지 계속해서 잘 사용했던 물건이었다. 어머니가 오래 쓰시던 항아리와 놋그릇을 함께 받은 장녀는 "옛날보다는 사용 빈도는 떨어졌지만 여전히 의미 있는 물건이기에 지금까지도 잘 보관해 오고 있어요. 마음 같아서는 자식에게도 물려주고 싶긴 하지만 요즘 사람들은 단독주택에 많이 살지도 않고 항아리를 쓸 일이 없어서 아쉽기도 해요. 그래서 혹시 군에서 시루섬을 기억할 수 있는 기념관이 건립된다면 의미가 있는 물건이니 그곳에 기증하고 싶어요."라고 뜻을 내비치기도 했다. 그 항아리는 오래되었어도 지금도 여전히 제 역할을 다하고 있다. 이혜자 님은 "음식을 담아도 잘 상하지 않아서 지금 그 항아리에는 매실청이 담겨 잘 익어가고 있습니다."라고 항아리에 대해 말했다.

거름통의 물로 밥을 짓다

흩어졌던 사람들은 어디선가 물에 불은 쌀과 보리쌀 등을 가지고 불을 피운 가마솥 주변으로 다시 모였다. '배가 고프니 무엇이라도 먹어야 해서' 혹은 '배고픈 누군가를 먹이기 위해서' 아침밥을 짓기 시작했다. 그날 시루섬 사람들은 다시 태어났다. 그날의 아침밥을 먹은 사람은 일생의 '첫 끼니'를 먹은 것과 다름없었다. 이제 막 젖을 뗀 아기들에게도, 학생들에게도, 마을 일을 도맡아 처리하던 청년들에게도, 병자년 수해를 겪었던 마을 어르신들에게도 모두 첫 끼니였다.

사방이 온통 흙물이라 깨끗한 물로 지을 수 없었던 상황이라 그날 아침밥을 모두가 도저히 잊을 수 없었다. 깨끗한 강물을 길어올 수 없었기에 마을에 고여 있는 물이라면 가리지 않고 여기저기에서 물을 떠왔다. 그래서 평소라면 생각지도 못했던 물로 밥을 지었다.

한길선 님은 "누에를 많이 치던 집에 쌀가마니가 있다는 걸 청년들이 알고 '이러나저러나 뭐든 찾아서 먹어야 산다. 산 사람은 뭐라도 찾아서 먹어야 한다.'라며 누에 치던 집으로 향했어요. 이리저리 살펴보니 떠내려가다 남은 쌀가마니가 보였지요. 그것을 주워다 흙밥을 지었어요."라고 당시 밥을 지은 상황을 기억했다. 유상순 님은 조금 더 자세히 기억하고 있었다.

> "마을에서 쌀장사를 하던 경해 집은 누에농사를 크게 하느라 농사철이면 일하는 사람이 많았어요. 그래서 그 집에는 재래식 화장실이 남자용, 여자용 두 칸이었는데, 콘크리트로 만든 웅덩이에는 흙이 가라앉아 맑은 물이 있었어요. 그 물을 퍼다가 그 집에 있던 잔뜩 불은 쌀과 보리쌀을 흙물에 씻어 진흙밥을 지었어요."

이대수 님과 김기홍 님도 거름통의 물을 떠서 아침밥을 한 것으로 기억했다. 당시 이종음 님(이대수 부친)의 집에는 재래식 화장실 웅덩이가 아주 깊었다. 물론 물살에 그 웅덩이에 있던 분뇨는 다 떠내려가고 강물이 고였는데 그 화장실 물, 즉 똥통의 물을 떠다가 아침밥을 지었다.

처음에는 강물이 지나가며 통 안에 흙물만 가득했지만 시간이 지나자 흙이 가라앉고 위는 맑아졌기에 밥을 지을 수 있었던 것이다. 처음에 사용했던 물은 흙은 가라앉고 위는 맑은 상태였지만 200명이 넘는 사람이 먹을 밥을 지어야 했고 단 한 번으로 불은 쌀과 보리를 씻을 수 없었기에 조금은 붉은 흙물을 사용해서 밥을 지을 수밖에 없었다. 그렇게 지어진 밥은 '쌀 반 모래 반'이었다. 나물 같은 반찬은 사치였다. 더러운 것을 생각할 때도 아니었다. 기분상의 문제였을 뿐, 몇 시간 동안 강물에 씻겨 떠내려간 뒤에 고인 물이니 사실은 아주 더러운 물도 아니었다. 시루섬의 생존자들은 평생 잊을 수 없는 아침밥을 함께 먹었다.

뽕잎에 싼 주먹밥

그렇게 밥은 지었지만 차려 놓을 상은 물론 밥을 담을 그릇도, 떠먹을 수저도 없었다. 그래서 사람들은 주먹밥을 만들었다. 뽕 이파리를 사용해서 그 안에 주먹밥을 넣어 나눠주었다. 주먹밥은 약간의 진흙과 보리쌀이 뒤섞여 검붉게 보였다. 반찬은 없었지만 돌아다니던 사람들은 구판장 박정호 님의 집에서 파묻혀 있던 간장병도 가져오고 이몽수 님 마당에 반쯤 파묻혀 떠내려가지 않은 고추장 단지를 가져와서 반찬으로 삼았다.

박현걸 님의 부엌에는 수해 전날 아침 모녀가 담갔던 고추장이 휩쓸려가지 않고 그대로 있었다. 고추장 단지가 물살에 두둥실 떠서 부엌 바닥에서 부뚜막 위로 자리가 바뀌긴 했지만 넘어지지 않았다. 단지에 있던 고추장을 꺼내와 밥을 비벼 주먹밥을 만들었다.

마을 구판장에는 박정호 님(박태호 님의 형)의 부인이 대피하면서 두 명 안에 집안의 그릇을 채워놓았는데 이 무게 때문인지 다행히 떠내려가지 않아 이 그릇을 사용했다. 그러나 마을 사람 수에

비해 그릇이 턱없이 모자라 뽕나무 잎에 주먹밥을 싸서 나눠주었다.

마을 사람들은 8월 19일 점심을 먹고 바로 대피했기 때문에 이 시각까지 대부분 아무것도 먹지 못했다. 먹은 사람이라면 가겟집 주인이 물탱크에 오르며 가져온 라면 몇 봉지를 나눠 먹은 주변 사람뿐이었다. 그래서 적어도 15시간 이상을 빈속으로 지내야 했고 점심을 먹지 못하고 피난을 시작한 사람들은 그것보다 더 오랜 시간을 빈속으로 버텨야 했다. 그러니 모두가 허기를 느끼는 것은 당연했다. 고추장으로 비빈 '뽕잎 주먹밥'이어도 아주 맛있게 먹었던 것이다.

이대수 님은 "장시간 배고프던 차에 주먹밥을 나눠 먹으니 그 밥맛이 꿀맛이었습니다."라고 기억했다. 그러나 모두가 그 주먹밥을 먹은 것은 아니다. 자식을 잃고 단장의 아픔을 겪은 김현수 님은 이 주먹밥을 먹으려니 목이 타서 도저히 넘어가질 않았다. 그는 "물과 불은 원수가 없다더군요. 그렇지만 자식을 죽인 물을 먹으려니⋯⋯. 차마 입에 안 들어가더군요. 그래서 결국 못 먹었어요."라고 말했다. 물 때문에 자식을 잃었지만 밥을 먹기 위해선 물을 마셔야 하는 현실에 그만 먹는 것을 포기하고 이내 주먹밥을 내려놓고 말았다.

유상순 님 또한 주먹밥을 앞에 두었지만 밥 색깔도 빨갛고 긴 밤의 고통이 너무 극심해서 먹지 못했다. 그녀는 이후에도 3일 동안 밥을 입에 대지도 못했다. 시루섬 안에서는 물론이고 수재민 수용소에 가서도 마찬가지였다. 배고픈 느낌도 없고 기운도 없어서 밥을 넘기지 못했다. 그래서 자신의 몫으로 받았던 주먹밥을 집 앞 바위 위에 올려놓고 시루섬을 나왔다.

이처럼 주먹밥을 먹지 못한 사람도 있었고 장시간 허기진 배를 달랠 수 있었기에 맛있게 먹은 사람도 있었다. 그렇게 밥을 먹다 보니 도지사가 탄 헬기가 시루섬에 도착했다.

도지사를 보고 참았던 눈물을 쏟다

아직 해가 뜨지 않은 새벽, 시루섬에 들었던 물이 서서히 빠지고 땅바닥이 조금 드러났을 무렵 헬기 한 대가 시루섬 상공을 몇 차례 선회하다가 착륙할 자리를 찾지 못해 사람들의 시야에서 멀어져갔다. 마을 사람들을 구조하랴, 시신을 수습하랴, 물탱크에서 내려오랴 정신이 없었던 터라 헬기가 왔다 간 사실을 알지 못한 사람들도 많았다.

오전 9시쯤 주먹밥과 간장, 고추장으로 식사를 하다 보니 아침 일찍 시루섬을 찾았던 헬기가 다시 왔다. 이번에는 드러난 땅에 착륙할 수

수해지역 시찰을 위해 헬기로 단양 초등학교 운동장에 내린 태종학 충청북도지사. 그리고 도지사 일행과 헬기를 구경하기 위해 모여든 수재민들

있었다. 헬기 안에는 태종학 충청북도지사가 타고 있었다. 상진 군부대에서 충청북도와 미 8군으로 연락을 취해 도지사가 헬기로 올 수 있었다.

시루섬 주민들은 당시 '방백'으로 불리던 도지사가 왔다는 말에 하나 둘 헬기 앞에 모였다. 주민 대부분은 맨발이었고 반바지를 입은 사람, 팬티만 입은 사람, 상의가 찢어진 사람 등 제대로 차려입은 이는 하나도 없었다.

조옥분 님은 태종학 도지사가 헬기에서 내려 처음 했던 말을 아직도 기억했다. 도지사는 "군부대에서 연락받고 왔습니다. 단양군청도 물이 들어서 들쑥이지만 거기는 안 들리고 이곳이 제일 위급하다고 해서 제일 먼저 왔습니다. 내려가면서 군청에 들를 예정입니다."라고 말 문을 열었다. 퀭하니 핼쑥한 얼굴들은 도지사 앞에 서기만 했을 뿐인데도 눈가가 촉촉해졌다. 도지사는 주민들에게 따뜻한 위로의 말을 건네며 최선을 다해 도와 드리겠다고 했다. 마을 사람들이 간밤의 하소연을 시작하자 여기저기서 훌쩍이는 흐느낌이 시작되었다. 어느새 온 동네가 "아이고! 아이고!" 하는 통곡 소리와 함께 탄식이 시작되었다.

자식을 잃은 부모, 애써 키운 담배가 모두 떠내려 가버린 아버지, 세간살이 하나 남지 않은 어머니, 평생 일궈온 땅콩밭과 고추밭을 모두 날려버린 노인, 하루아침에 집이 사라진 아이들까지 너나 할 것 없이 그 눈물을 받아 서로 붙들고 함께 울었다. 온 마을이 울음바다가 되었다. 옆 사람의 울음이 모두의 눈물샘을 자극해서 거대한 울음소리는 시루섬을 또다시 적시고 있었다.

한바탕 울음소리에 함께 눈물을 닦고 난 태종학 도지사는 제일 큰 문제와 시급히 처리할 일이 무엇인지를 물었다. 청년들은 "지사님, 옛날부터 뒷물이 더 무섭다고 했습니다. 이런 상태의 시루섬에서는 불안해 서 있을 수가 없어요. 우선 밖으로 나가서 다른 장소로 대피시켜 주십시오."라고 말했다. 그 말에 웅성대던 사람들은 고개를 끄덕였다. 도지사는 청년들의 요청이 마을 사람들의 뜻과 같음을 재차 확인하더니 "속히 임시로 거처할 천막을 짓고 구호품을 즉시 조달하겠습니다."라고 제안했다. 그리고는 어딘가로 무전 연락을 한 후 "여러분이 원하는 대로 조치하겠으니 걱정하지 말고 아무쪼록 몸을 잘 추스르세요."라고 말하며 시루섬을 떠났다. 도지사가 빠져나가는 헬기에는 다급한 일로 단양읍으로 가야했던 오영순 님오재창 님의 누님만이 합승해서 시루섬을 빠져나갔다.

13

시루섬
탈출

시루섬을 뒤로 하고

　주먹밥을 먹던 신준옥 님은 도지사가 떠나는 헬기를 바라보며 '혹시 우리를 이곳에 두고 가는 것은 아닐까?' 걱정스러운 마음이 들었지만, 옆에서 누군가가 "걱정하지 마. 헬기가 다시 구조하러 올 거야. 시간이 좀 걸릴 테니 여기서 마음 놓고 기다려." 하고 말하는 소리를 들었다. 그제야 신준옥 님은 마음을 놓고 주먹밥을 먹을 수 있었다.

　아침 7시경에 왔던 헬기는 아직 물이 있고 땅바닥이 드러나지 않아 착륙할 곳이 마땅치 않아 시루섬 위를 맴돌다가 그냥 돌아가야 했었다. 이어서 9시 무렵 많은 사람을 한꺼번에 태울 수 있는 대형 헬기가 연이어 시루섬을 찾았다. 시루섬의 마을 입구 언덕 밑까지 수위가 내려갔지만 여전히 그냥 걸어서 강을 건널 수는 없는 깊이였다. 그래서 사람들을 실어 나르기 위해 헬기가 도착한 것이었다.

　지금도 그렇지만 1972년 당시 헬기를 본다는 것은 매우 드문 일이었다. 하물며 헬기에 탑승한다는 것은 평생에 한 번 있을까 말까 한 희귀한 일이었다. 필자 역시 아직 헬기를 한 번도 타본 적이 없다. 그래서 사람들은 프로펠러가 돌며 만드는 모래바람도 아랑곳하지 않고 헬기에 가까이 모였다. 코 크고 파란 눈을 가진 외국인을 처음 본 사람도 많았다.

시루섬 항공사진

오근택 님은 "7~8명이 탈 수 있는 헬기 두 대가 오더군요. 이 헬기가 단양여중으로 사람들을 몇 번 실어 날랐어요. 조금 더 있으니 아주 많은 사람을 태울 수 있는 잠자리 헬기가 왔습니다. 그 헬기는 탱크도 실을 수 있는 큰 헬기라고 하더군요. 그 헬기로 몇 번 사람들을 실어 나르니 모두 쉽게 빠져나갈 수 있었어요. 헬기가 세 번 온 셈입니다."라고 당시의 기억을 되살렸다.

헬기에는 정원이 있어서 모든 사람이 한 번에 탑승할 수는 없었다. 그래서 노약자부터 차례로 몸을 싣고 정원이 차면 이륙했다. 그리고 다음 헬기가 오기만을 하염없이 기다렸다. 헬기를 기다리며 마을에 남아 있던 사람들은 수해를 이겨낸 소들을 자유롭게 풀어주었다. 수해가 지나고 땅이 드러났을 때 소 주인들은 소를 다시 나무에 묶어 놓았었다. 그런데 헬기 탑승 전 사람들은 묶인 고삐를 다시 풀어주었던 것이다. 헬기를 타고 시루섬 밖으로 나가면 언제 다시 돌아올지 모른다는 생각이 미친 것이다. 소가 시루섬을 돌아다니며 풀을 먹고 지친 몸을 조금이라도 회복하라는 배려였다.

이대수 님은 "부피가 큰 짐도 실을 수 있을 만큼 큰 헬기가 와서 소를 실어서 같이 나왔어요."라고 말했다. 필자는 깜짝 놀라 인터뷰했던 다른 분들에게 이 점을 추가 확인해 보았지만 헬기에 소를 태워 나왔다는 분은 없었다. 김기홍 님이 탑승한 헬기는 '12인승 미군 헬기'였다. 태어나 처음 헬기를 탑승한 그는 "소가 헬기를 탄 것은 보지 못했지만 내가 탄 헬기는 좌우 양쪽에 앉는 자리가 있었어."라고 묘사했다.

이렇게 사람들은 기억의 차이는 있었지만 시루섬을 모두 뒤로 하고 단양여중으로 가는 헬기에 몸을 실을 수 있었다. 탑승한 사람들은 하늘에서 시루섬을 내려다볼 기회가 없었기에 섬이 손바닥처럼 작아지고 사람들이 개미처럼 작게 보일 수도 있다는 것에 놀라기도 했다.

시루섬 수해와 관련해서 첫 보도인 8월 22일 〈충청일보〉에는 "단양면 증도리 섬마을 주민 242명은 20여 시간이나 물에 잠겨 고립돼 있다가 4명이 죽고 4명이 실종된 채 구조에 나선 미군 헬기 편으로 구조되기도 했다."라고 보도했다.

시루섬에 온 헬기는

　1972년 8월 20일, 수마가 할퀴고 간 시루섬에는 여러 종류의 헬기가 찾아왔다. 제일 먼저 착륙한 것은 태종학 충청북도지사를 태운 소형 헬기로 추정된다. 이른 아침에 시루섬을 찾은 헬기가 있었지만, 아직 땅바닥이 드러나지 않을 정도로 물이 완전히 빠지지 않아 착륙을 못 하고 그냥 돌아갔다. 그리고 땅이 조금 드러난 오전 9시경 도지사를 태운 헬기가 시루섬에 착륙한 것이다. 도지사는 주민들을 만나 의견을 듣고 격려한 뒤 다른 곳으로 향했다.

　도지사가 시루섬을 먼저 빠져나간 뒤에 큰 헬기가 도착했다. 박동준 님은 이 헬기를 '더블 헬기'*로 기억했다. 그는 "소대 병력 60명 정도가 탈 수 있는 더블 헬기 2대가 경기도 오산에서 왔대요. 내가 군대 수색중대에 있을 때 타봤던 바로 그 기종이라 정확해요. 똑같은 헬기 2대가 와서 서너 번 만에 주민들을 수재민 임시 수용소인 단양여중으로 날랐지요."라고 상세히 설명했다.

　그러나 도지사의 2차 방문 때인 8월 21일, 구호품을 실은 헬기에 동승해 시루섬을 방문했던 〈충청일보〉 사진기자 김운기 님은 이 헬기를 미군 '치누크 헬기'였다고 증언했다. 실제로 신문에 게재된 사진 설명에도 '치누크 헬기'로 기재되어 있다. 당시 착륙하지 못했던 헬기를 보았던 이몽수 님은 "헬기는 2대가 왔어요. 40인승 쯤 돼 보이는, 소대가 타는 헬기가 1대, 5~6인용 타는 헬기 1대 이렇게 2대가 왔어요. 2대가 여러 번 단양여중과 시루섬을 왕복하면서 사람들을 실어 날랐지요."라고 헬기에 대해 증언했다. 신준옥 님은 다른 사람들보다 조금 일찍 헬기를 타고 나왔는데 7~8명이 탈 수 있는 군용 헬기였다고 기억했다.

---

* 요즘의 더블 헬기는 프로펠러가 위·아래로 2개 달린 것을 의미한다. 여기에서는 양쪽에 프로펠러가 달린 치누크 헬기를 말하는 것으로 보인다.

오근택 님은 이날 이송을 담당한 헬기를 '잠자리 헬기'로 표현했다. 그는 모두 3종의 헬기가 시루섬을 방문한 것으로 기억했다. "제일 먼저 2~3명이 탈 수 있는 아주 작은 헬기가 왔고 그 후에 7~8명이 탑승하는 조금 큰 헬기가 도착했어요. 그리고 조금 더 있으니 아주 많은 사람을 실어 나를 수 있는 '잠자리 헬기'가 도착했지요."라고 말했다. 여기서 오근택 님이 말하는 잠자리 헬기는 김운기 기자가 보도한 치누크 헬기와 같은 종류로 보인다.

오재창 님이 기억하는 헬기도 확실하게 '미군용'이었다. "물이 빠지고 아침에 2대가 왔어요. 1대는 12명이 타는 헬기였는데 노약자들을 먼저 태우고 섬 밖으로 나갔지요. 다른 1대는 60명을 태울 정도로 큰 헬기였어요. 뚜껑도 열리고 지프차도 실을 수 있을 만큼 큰 헬기였지요."라며 본인이 타고 나온 헬기에 대해 묘사했다.

〈충청일보〉는 "날이 밝아지기 시작한 20일 새벽 5시, 미군 헬기 4대를 비롯해서 육군 제3관구서 2대, 치안국 1대, 공군기 1대 등 총 8대의 헬기가 동원, 단양을 중심으로 이날 낮 하오 5시까지 12시간 동안 인명 구조작업을 펼쳤다."라고 보도했다. 그중에 미군 헬기 2대가 시루섬에 배정되어 수해를 이겨낸 시루섬 사람들을 수재민 수용소인 단양여중으로 이송한 것이었다.

말이 씨가 된 "비 오면 비행기 타고 나가지 뭐"

수해가 일어나기 전인 8월 19일 오전, 이몽수 님 부부가 김정식 님 집에서 평화롭게 담배 조리를 하고 있을 때의 일이다. 심상치 않게 쏟아지는 비를 보며 같이 있던 성종김정식 님 아들 어머니가 조옥분 님에게 "혜자 엄마! 이렇게 비가 많이 와서 어떡하지? 이러다가 정말 큰일 나는 거

아닐까?"라면서 조바심을 냈다. 조옥분 님은 그때만 해도 여유가 있어서 "설마 무슨 일이 생기기야 하겠어? 비 오면 비행기 타고 나가지 뭐!"라고 무심코 농담을 건넸다. 결과적으로 큰일이 날 것 같다던 말도, 비행기를 타고 나가면 된다는 말도 현실이 되었다. 하지만 두 어머니는 시루섬 안에서는 경황이 없어 서로 말을 나누지 못했다.

20일 오전, 단양여중에 도착해서 한숨을 돌린 후에야 두 분은 말을 나눌 수 있었다. 성종 어머니는 조옥분 님에게 "혜자 엄마가 농담으로 한 말이 어찌 그리 맞아? 말이 씨가 되었네!"라고 말했다. 그 후에도 "말이 씨가 된다."라는 말을 두고두고 여러 번 하며 헬기를 타고 시루섬을 빠져 나오던 그날을 회상하곤 했다.

사람들이 헬기를 타고 모두 빠져나간 시루섬은 더 황폐한 모습이었다. 자갈밭에 묻혀 있는 작물들을 꺼내지도, 무쇠솥에 밥을 지었던 것을 설거지하지도, 흙에 파묻혀 있던 집안 가재도구를 미처 정리하지도 못했다. 그저 헬기에 몸만 싣고 우선 시루섬을 빠져나와야 했다. 그래서 정리되지 않은 채로 어지럽혀진 시루섬은 더욱 처참함을 더해 갔다.

원래 마을의 모습도 찾아볼 수가 없었다. 유난히 잘되었던 그해 농작물도, 사람들이 살던 집도, 정겹게 뛰놀던 아이들도, 빨래터 주변의 아낙네들도, 밭에서 일하는 가장들도, 집안에 있는 어르신들도 모두 보이지 않았다. 다만 유일하게 마을 제일 높은 곳에 서 있는 물탱크만이 덩그러니 그 자리를 지키고 있었다.

다른 지역의 수해 상황

시루섬 사람들이 헬기로 단양여중에 도착한 후 단양군 전역에서 온 수재민들을 만날 수 있었다. 그들에게 들은 단양군의 모습도 너무나 참

1972년 수해가 지난 뒤의 도담삼봉

혹했다. 상진대교가 무너진 것을 본 사람, 수해로 전봇대에 타이어가 걸린 것을 본 사람, 도담삼봉이 잠긴 걸 봤다는 사람 등 만나는 사람마다 끝도 없이 수해 이야기를 했다.

오재창 님은 "단양여중에서 읍내를 내려다보니 난리가 났더군요. 시루섬만 그랬던 게 아니고 시장, 학교, 관공서 모두 물바다가 됐는데 이곳 단양여중만 지대가 높아 물이 안 들어왔더군요. 읍내는 피해는 컸어도 사람은 안 죽었고, 침수는 됐지만 그래도 집은 남아 있는 상태이니 우리 시루섬 사람들보다는 나은 것 같다는 생각이 들었어요."라고 회상했다.

어쨌든 수재민 수용소에는 집 잃은 수재민들이 모두 모여 장터 같았다. 1972년 당시 단양군의 인구가 89,456명이었는데, 8월 19일 수해로 인해 발생한 이재민이 10,366명이었다. 단양군 전체의 11%에 달하는 인구가 이재민이었고 사망 또는 실종자가 95명에 달했다. 단양면 시가지는 물론 매포면도 물 위에 집채가 둥둥 떠다닐 정도였다. 한국전쟁 중에도 소실되지 않았던 군청의 귀한 서류들이 대피할 겨를도 없이 떠내려갔으니 그 피해의 심각함을 말로 다 표현하기도 어려웠다.

조율형 님은 "1972년 7월에 공무원 시험에 합격했는데 수해가 나는 바람에 관련 서류가 수장되어 발령을 못 받고 있다가 그 이듬해에 받았어요. 관련 자료가 없으니 담당 부서에서 당사자인 나

서류를 말리는 단양읍사무소 직원들

에게 문의한 후 발령을 내렸지요. 그때 물에 젖은 호적부 등 서류를 말리기 위해 다리미, 인두로 한 장씩 넘어가며 다리기도 했어요."라며 잊을 수 없는 공무원 생활 첫해를 기억했다.

이와 같이 단양군 내 다른 지역에서도 그 피해는 실로 사상 최대였다. 8월 25일 〈충청일보〉에서는 김영회 기자가 헬기에서 내려다본 수해 현장을 다음과 같이 보도했다.

곳곳마다 제방이 무너지고 도로가 끊겼으며 거대한 교량이 두 동강 나 있었다. 연안의 크고 작은 부락들이 자취도 없이 어디론가 떠내려가 버렸다. 아직도 검붉은 흙탕물이 도도히 흐르고 있는 남한강 연안에는 집과 가재도구를 잃은 주민들이 산허리에 늘어서서 낯선 비행기를 실의에 차 바라보며 손을 젓는 모습도 보였고, 1천 호 이상이 침수됐던 단양 소재지는 이불, 의류 등 젖은 가재도구를 햇볕에 내 널어 온 읍내가 마치 울긋불긋한 꽃밭으로 보이기도 했다. 물 빠진 지붕과 전신주에는 떠내려가던 나뭇가지와 가재도구들이 즐비하게 걸쳐있는가 하면 군청, 경찰서, 등기소 등 큰 건물의 앞뒷마당에는 물에 젖은 서류 뭉치가 산더미같이 쌓여 있었고 단양초등학교 넓은 운동장에는 침수됐던 정부미 5,700가마니가 누렇게 널려 있었다. 또 엽연초생산조합 건물은 허물어지다 못해 빈터만이 남아 있

보림상회 앞에서 본 전경

었고 일제강점기 때 지은 단양중학교 교사는 비스듬히 옆으로 주저앉아 있기도 했다. 39년 전 병자년의 물난리 때보다 더 큰 최악의 폭우가 휩쓸고 간 이곳 수해지구는 지금 구호의 손길만을 애타게 기다리고 있다. 전대미문의 홍수가 지나간 이 지방은 한마디로 '처참' 그것이었다.

1972년 수해로 유실된 상진대교를 복구하기 위해 임시로 부교를 설치하는 국군장병들

수해로 유실된 상진대료를 복구하기 위한 가교

상진대교 임시가교 설치공사

완공된 상진대교

상진대교의 유실로 국도가 마비된 것이 제일 큰 문제였다. 단양군은 국군장병의 도움으로 임시 부교를 설치했다가 이후 다시 다리를 건설했다. 물에 잠긴 일반 도로는 부지기수였다. 도로 한가운데에 돌이 놓여 있는 곳도 많았다. 아니면 아예 도로였는지 알 수 없을 정도로 자갈이 깔려 있는 경우도 허다했다. 그래서 국군장병들과 주민들은 수해 복구에 손을 맞잡았다.

신문에 보도된 수해 상황

이 책은 시루섬의 그날 24시간을 중심으로 다룬 다큐멘터리이기 때문에 시루섬 이외 지역의 수해 참상에 대한 증언은 다루지 않았지만 단양읍내를 비롯해 매포면, 가곡면, 영춘면 등 남한강 주변 지역의 참상은 이루 말할 수 없었다. 그래서 이 지역에 대해 당시 신문에 보도된 주요 내용만을 요약정리하면 다음과 같다.

- 단양읍내 2,530가구 중 고층건물의 상층부와 25가구를 제외한 전체가 몽땅 물에 잠겨 충북 도내에서 가장 큰 수해를 입었다.
- 도담삼봉 중턱의 삼봉정이 탁류에 휘말려 유실됐고, 도담삼봉 우측 봉우리의 상단부를 허물어뜨려 수천 년 의연히 버티고 서있던 절경 도담 3봉은 이제 도담 2봉으로 그 지형이 바뀌고 말았다.
- 매포면 상진대교(길이 250m) 교각 18개 중 10개가 유실, 20여 억원의 피해를 냈다.
- 매포면 성신 시멘트 공장이 침수돼 프랑스에서 들여온 전기 기계가 못 쓰게 되어 2억 원의 피해를 내 가동 중단됐다.

- 단양교육청 2층 옥상에 남은 18명의 직원과 주민은 떠내려오는 통나무와 주민들이 던져 준 밧줄로 뗏목을 만들어 탈출에 성공했다.
- 단양농촌지도소 옥상의 주민 45명은 단양파출소 지준배 경장과 군청 내무과 김완배·이한구, 농촌지도소 최익균 씨 등이 만든 뗏목으로 생명을 건 작업을 통해 구출됐다.
- 단양군청 내무과장 신상택 씨(48세) 재무과장 김수호 씨(42세), 박병류 씨(42세) 등 직원 6명은 지적도면 3,414권과 토지대장 422권을 500m 떨어진 단양국민학교로 나르기 시작했다. 탁류는 사정없이 밀려들어 30분 사이에 허리를 넘도록 찼다. 이들은 이에 굴하지 않고 머리 위에 대장을 이고 릴레이식으로 운반해 냈다. 마지막 한 권이 운반되었을 때에는 탁류가 입에까지 올라왔으며 가까스로 헤쳐 나와야 했다.
- 하오 3시께 단양우체국 직원 7명은 중요 서류를 2층으로 옮기기 시작. 탁류는 벌써 1층을 휩쓸고 들어왔고 우체국장은 직원들과 같이 2층에서 중요 서류를 지키면서 대전 체신청에 떨리는 목소리로 마지막 전화를 했다. 『여기는 단양우체국, 현재 시간 우체국 건물이 침수되고 있습니다』
탁류는 사정없이 2층까지 밀려왔고 다시 옥상으로 올라갔지만 노도같이 몰아치는 탁류는 옥상마저 넘치게 되었다. 떠내려오는 프라스틱 통으로 밧줄을 모아 뗏목을 만들어 직원들과 같이 헤엄쳐 나왔다. 발을 구르며 지켜보던 주민들은 안도의 숨을 내쉬었으나 직원들은 덮여 버리는 우체국 건물을 내려다보며 어린아이처럼 울음을 터트리고 말았다.
- 물이 빠진 22일 현재 단양국민학교에 460명, 단양여중·고에 780명의 이재민이 수용돼 있으나 21일 오후 늦게 충북적십자

사의 라면 5천봉, 의류 등 12종의 구호품을 실은 10톤 트럭이 도착했을 뿐…….

- 1,958명의 수재민을 낸 단양군 영춘면은 수마가 할퀸 지 일주일이 지나도록 교통이 두절된 채 고립되어 허기와 한기에 지친 수재민들은 너무도 커다란 시련을 겪고 있다. 당국의 구호 손길이 차단되고 있는 영춘면 하리는 지난 19일 남한강 범람으로 면 소재지가 가옥 399동이 유실, 또는 전파되고 105동이 반파됐는데 이로 인해 집을 잃은 수재민들은 영춘국교에 임시 수용만 시켰을 뿐 영춘면 내에 보관되었던 양곡마저도 침수돼 식량난에 처해 있다.

  그런데 재해대책본부는 25일 영춘면 수재민 구호를 위한 「헬리콥타」를 요청 중인데도 아직까지 대책이 마련되지 않아 집단 수용과 허기에 지친 수재민들에게 집단 전염병 등 새로운 문제가 발생될까 우려하고 있다.

- 26일 헬기편으로 단양지구 피해 상황을 시찰하기 위해 온 박정희 대통령은 영춘·가곡면에 헬기장을 닦아 고립 상태를 면하도록 교통, 통신망의 조속 개설과 헬기 3대를 긴급 고정 배치토록 김현옥 내무, 장예준 건설장관에게 지시했다.

- 단양경찰서 단산파출소에 근무하는 지준배(35) 경장은 19일 하오 6시쯤 단양농촌지도소 2층 옥상에서 미처 피신하지 못한 단양공고 근무 이병제 씨(61) 등 주민 4명을 프라스틱 통으로 뗏목을 만들어 10명씩 무사히 구출했는가 하면 7시쯤에는 교육청 청사가 모두 물에 잠길 때까지 대피하지 못한 하창환(49) 관리과장 등 18명을 헤엄쳐 들어가 밧줄을 연결, 모두 구조했다.

- 전봇대를 넘은 범람의 자국……. 무슨 설명이 필요하랴. 다리

밑으로 흐르던 물이 다리를 넘고, 그 위에 솟은 전봇대를 삼켰다. 전봇대에 걸린 호박 넝쿨이며 새끼줄이 단양 수재가 어느 정도인가를 뚜렷이 실증해 주고 있다.

- 수마가 단양을 삼키고 있다. 예상치도 못했던 남한강물이 노도처럼 범람하기 시작, 삽시간에 단양 시가지를 삼켜버리고 말았다. 8.19 수마로 어떻게 손을 써 볼 사이도 없이 수중도시로 가라앉아버린 단양은 수재민만도 2만여 명을 냈다. 사진에 보이는 2층 건물은 고지대에 위치한 단양군 교육청으로 이 건물도 1시간 후엔 2층까지 물이 차올라 시가지는 성난 바다로 변해 버렸다. 단양 지방의 참상은 최대 최악의 비극이었다.

1972. 8.27. 〈충청일보〉 전봇대를 넘은 범람의 자국

새롭게 잡은 터전

14

수재민 수용소

수재민 임시수용소

시루섬 사람들에게 단양여중과 우시장에 마련된 수재민 수용소의 생활은 기억하고 싶지 않은 일들의 연속이었다. 8월 19일 그날의 수해는 시루섬만 할퀸 것이 아니었고 단양 전체에 피해를 주었다. 다만 단양면소재지는 피해는 컸을지언정 인명 피해는 없었다.

1972년 8월 19일의 폭우로 단양군 청사, 시장, 학교 등 읍내 전체가 물에 잠겼다가 다시 드러났다. 전봇대 꼭대기마다 쓰레기나 타이어도 걸려 있어서 물이 어디까지 들어왔는지 실감케 했다. 비교적 높은 지대에 있던 단양여중에는 다행히 물이 들어오지 않았다. 그래서 그곳에 수재민 수용소가 차려졌던 것이다. 수해를 입은 수재민들은 단양여중으로 모이고 있었다. 단양여중 운동장에는 당시 단양면장이었던 정복영 면장이 핸드 마이크를 들고 차례로 오는 수재민들을 안내하고 공무원들을 지휘하고 있었다.

헬기를 타고 나온 시루섬 사람들도 하나둘 단양여중에 도착했다. 수재민들에게는 군용 모포와 라면 등 적십자사에서 지원해 주는 구호 물품이 제공됐다. 도착하자마자 전염병을 예방하는 약을 먹었고 나물을 넣은 주먹밥도 먹었다. 형편이 조금 어려운 어떤 노인은 "어이구! 이젠 잘 사나 못 사나 모두가 다 똑같이 됐네."라고 말해서 사람들의 빈축을 사기도 했다.

잠업센터 연수생이었던 배금숙 님은 수재민 수용소에서의 설움을 잊을 수가 없었다. 비를 맞아 옷이 젖어서 추웠던 그녀는 "이불을 요청했더니 겨우 하루 잘 거면서 무슨 이불이냐."라는 핀잔을 들었다며, "옆에 있던 어떤 아주머니가 이불을 한 채 주면서 덮으라고 하기에 5명이 한 이불을 덮고 그날 밤을 지새웠어요."라고 기억했다. 불편한 잠자리, 조악한 음식보다 시루섬 사람들을 힘들게 한 것은 평생 일군 삶의 터전이 없어졌다는 사실과 금쪽같이 키우던 자식들, 소중한 가족, 매일 반갑게 마주하며 인사하던 이웃이 사라졌다는 것이었다.

백일 된 아기를 잃고 수재민 수용소에 도착한 최옥희 님은 이질에 걸려서 밥도 못 먹고 2층 교실에 누워만 있었다. 특히 두통이 너무 심해 정신이 없을 정도였다. 결국 저녁에 1층으로 내려가 군의관에게 치료를 받았다. 얼굴 한쪽이 심하게 붓고 왼쪽 다리가 벌겋게 벗겨진 걸 그제야 알게 되었다. 물탱크가 기울어질 때 넘어지지 않으려 전두부 아구리에 다리를 대고 비볐던 탓이었다. 품 안의 아기를 지키기 위해 필사의 노력을 다했지만, 그 노력이 무색하게도 남은 것은 상처뿐이었다.

그렇게 생긴 다리의 상처는 이후 새카맣게 변했다. 경기도 용인으로 이사 가서도 새카맣게 변한 다리가 부끄러워 바지를 벗지 못했다. 조금

단양여중에 마련된 수재민 수용소에서
살아 남은 닭들과 장난치는 아이들

더 고된 날이면 왼쪽 다리의 통증이 더욱 심했다. 일하는 낮에는 몰랐지만, 저녁에 자려고 누우면 다리가 부서지는 것처럼 통증이 시작되어 잠을 설치기 일쑤였다.

　최옥희 님은 모진 게 잠이라고 교실 한쪽 벽에 기대어 수용소에서의 첫날 밤을 보냈다. 한숨 자고 일어나 보니 젖이 불어 젖몸살이 시작되었고, 전날부터 시작된 이질로 극심한 고통이 찾아왔다. 이대로는 도저히 안 되겠다 싶어서 약을 먹은 다음에야 통증이 조금씩 줄어들었다. 그러나 19일 밤 아기를 보호하려고 순간적인 힘을 너무 많이 써서일까……. 최옥희 님은 수십 년 동안 누구를 제대로 쳐다보기도 힘들 정도의 두통을 안고 살아야 했다. 세월이 흐르면서 얼굴과 다리에 난 상처는 점점 옅어지고 두통도 점차 줄어들었지만 자식을 잃은 상처는 점점 짙어져만 갔다.

　수재민 수용소에서는 단양 전역의 수재민들이 함께 생활했다. 아이들은 어른들의 마음을 아는지 모르는지 놀거리만 있으면 재밌게 놀았다. 이와는 반대로 거의 모든 어른들은 삶의 터전을 잃은 슬픔에 잠겨 있었다.

　그러다 그 슬픔을 잠시라도 잊게 할 경사가 있었다. 〈충청일보〉는 "22일 초저녁부터 산고를 느껴 같은 날 밤 11시에 학교 숙직실에서 옥동자를 낳았다."라고 보도했다. 새 생명의 탄생은 실의에 빠진 수용소 사람들에게 조금이나마 생기가 도는 소식이었다.

　그 소식도 잠깐의 생기를 돋워 주었을 뿐 물품도 터무니없이 부족했고, 한여름 집단 생활에 따른 전염병도 모두를 힘들게 했다. 8월 23일 〈동아일보〉는 "단양읍내 생필품 값이 마구 뛰어 쌀 1말에 3천 원에 거래됐는가 하면 성냥 한 갑에 30원씩도 사기 힘들었다."라고 보도했다. 8월 23일 〈충청일보〉는 "의식주 부족에 따라 본의 아닌 도범 사건이 격증하고 있으며 수해와 집단 수용에 따를 가능성이 짙은 전염병 예방과 현지 부상자 치료에 3관구 의료진 7명과 단양보건소 직원들만이 동원되어 점차 늘어나는 환자 치료에도 손길이 모자라 보다 많은 의료진의 급파가 절실한 실정이다."라고 보도했다.

흩어지는 시루섬 사람들

시루섬에서 헬기를 타고 단양여중에 도착했지만, 모두가 수용소에 들어갔던 것은 아니었다. 외지인과 잠업센터 연수생들은 본인의 집으로 돌아갔고, 일부 시루섬 사람들은 친척 집에 잠시 신세를 지기도 했다.

잠업센터 연수생 중 신준옥 님은 단양여중에 도착했다. 그때, 제천에서 교사 생활을 하던 오빠가 소식을 듣고 수재민 수용소로 그녀를 찾아왔다. 18살이나 어린 여동생을 딸처럼 키운 오빠는 평소 무뚝뚝해서 말이 없는 편이었다. 하지만 그날은 달랐다. 생사의 고비를 무사히 넘긴 여동생을 만나 "몸은 좀 괜찮냐? 다친 데는 없느냐?"라는 말을 건넸다. 그 말을 들은 신준옥 님은 오빠에게 처음으로 듣는 다정다감한 말이라 왈칵 눈물이 쏟아졌다. 표현은 좀 서툴지만, 자신을 걱정해 준 오빠에게 더욱 고맙고 미안했다.

그렇게 재회를 마친 남매는 기찻길의 침목을 밟으며 매포에 있는 오빠의 집으로 향했다. 평소에도 먼 거리였지만 그날따라 매포와 단양이 더 멀게 느껴졌다. 함께 걸으며 오빠는 한마디도 하지 않았다. 신준옥 님은 그런 오빠의 등만 바라보며 매포로 향했다.

한 연수생의 가족도 극적으로 재회했다. 신준옥 님은 "제가 아는 연수생의 가족들도 뉴스에 시루섬이 물에 잠겨 마을 사람들 생사 확인이 안 된다는 말을 듣고 저녁을 먹다가 숟가락을 팽개치고 시루섬으로 미친 듯이 달려왔대요. 그리고 시루섬 맞은편 산 위에 올라서 딸 이름을 목이 터져라 부르짖으며 눈물을 흘렸다고 하더라고요. 다음날 연수생이 집에 도착해서 '엄마, 미안해요. 이렇게 살아왔잖아요.' 하면서 시루섬에서 주워온 땅콩을 내놓았다네요. 그러자 엄마가 땅콩 주울 정신이 어디 있냐며 얼싸안고 울었다고 했대요."라며 시루섬 안과 밖에서 서로를 걱정하며 마음을 졸이던 사람들이 많았음을 전해 주었다.

역시 연수생이었던 배금숙 님은 다음날인 21일 버스를 타고 집으로 향했다. 일주일 남짓한 그 교육 기간이 몇 년은 지난 것 같이 길게 느껴지는 여정이었다. 오선옥 님은 수재민 수용소에서 며칠을 보내고 여비를 받아 집으로 돌아갔다. 집으로 향하는 버스에 탔을 때 과수원이 눈에 들어왔다. 스치며 지나가는 과수원에는 큰 홍수에도 아랑곳하지 않고 사과가 주렁주렁 달려 있었다. 생사를 가르는 상황에서도 아무 일 없었다는 듯 꿋꿋하게 달려 있는 사과를 보니 묘한 생각이 들었다.

박동희 님의 가족은 헬기에서 내린 직후 수용소에 머물지 않고 단양역 앞에 살던 육촌 오빠네 집으로 향했다. 그녀의 오빠인 박동준 님은 물론, 부모님과 동생들도 함께 했다. 그렇게 친척 집에서 이틀을 보내고 시루섬으로 다시 들어왔다. 시루섬에는 겨우 형체만 남은 집이 그래도 집이라고 주인을 기다리고 있었다. 이렇게 시루섬 생존자들은 각자의 터전으로 흩어졌다.

시루섬 수해 보도로 '특종기사상' 수상

당시 〈충청일보〉의 사진기자였던 김운기 님은 수해 이틀 뒤인 21일 청주에서 출발해서 충주에서 헬기를 타고 단양으로 향했다. 김운기 님은 출발 하루 전날인 8월 20일 본사 편집국장을 찾아가서 말했다.

"이거 큰일 났습니다. 단양, 제천은 모든 게 끊겨서 연락조차 안 되고 사람들이 굶고 있다는 얘기도 들리는데 특파원을 보냅시다."

이렇게 해서 신문사에서 시루섬을 취재하기 위한 팀이 꾸려졌다. "본사의 신입 기자였던 조철호 기자*가 지원했고 박국평 기자도 가겠다고 해서 우선 보냈어요. 그분들이 버스로 충주까지 가서 충주에서 다행히도 육군 헬기를 얻어 탈 수 있었어요. 그래서 단양 수해 관련 보도를 시작할 수 있었지요."라고 증언했다.

조철호 기자는 다음날 청주에서 버스를 타고 충주까지 왔지만 충주는 교통이 두절된 상태였다. 그러자 그는 충주에서 출발해 옷이 찢어지는 줄도 모르고 산길을 걸어 단양에 도착했고, 본격적으로 취재를 시작했다. 실제로 시루섬 수해 소식은 수해 3일 뒤인 8월 22일 〈충청일보〉에서 최초로 보도했는데 "단양군 단양면 증도리 섬마을 주민 242명은 20여 시간이나 물에 잠겨 고립돼 있다가 4명이 죽고 4명이 실종된 채 구조에 나선 미군 헬기 편으로 구조되기도 했다."라는 단신에 불과했다.

김운기 기자는 수해 이틀날인 8월 21일, 육군 헬기 두 대와 단양을 가게 되었다. "헬기 한 대에는 태종학 도지사와 중앙지 풀 기자가 탔고 다른 한 대에는 서울 MBC 기자와 제가 타고 갔지요."라고 출발 과정을 설명했다.

공중에서 내려다본 단양의 모습은 차마 눈 뜨고 볼 수 없을 정도로 참혹했다. 11시에 단양여중 운동장에 내려서 이곳저곳을 돌아다니며 수해 현장을 촬영했다. 벽체가 허물어진 가옥 사진, 지게와 장독이 지붕에 올라가 있는 사진, 전봇대에 걸린 타이어 사진 등, 수해가 어느 정도였는지를 뚜렷이 실증해 줄 수 있는 처참한 광경을 사진으로 담았다.

---

* 조철호 기자는 현 〈동양일보〉 회장이다. 수해 무렵 〈충청일보〉 기자로 입사했다.

김운기 님은 "사람들이 많이 모인 곳에 들어갔더니 사람들이 '당신 누구요?'라고 묻기에 답변했더니 '왜 이제 왔느냐? 우리 다 죽게 됐는데 왜 이제 왔느냐?'라는 항의가 있었어요. '여러분 살리려고 왔으니까 너무 야단치지 마시고 제가 신문 만들어 왔어요.' 하면서 신문을 펴 보여주었지요. 어떤 나이 드신 분이 작은 글씨라 안 보이니 옆에 있는 젊은 사람에게 읽으라고 해서 4면까지 전부 읽어주더군요. 그랬더니 그분이 나를 끌어안고 고맙다고 했지요." 라며 당시를 회고했다.

강물에 떠내려가다 지붕 위에 걸린 장단지와 양동이

21일 13시 다시 청주로 이동할 시각이 임박했을 때, 김운기 님은 가지고 온 라면 세 봉지를

중방교 근처의 전봇대 꼭대기에 걸린 타이어

마을 주민들에게 나누어주며 "대통령이 지시해서 오늘 오후 세 시쯤이면 헬기가 구호 물품을 싣고 올 테니 여러분들 조금만 더 기다리세요." 라고 말한 뒤 헬기에 탑승했다.

그리고 그가 떠나고 얼마 뒤인 14시 30분 미군 '치누크 헬기CH-47F 치누크'가 박정희 전 대통령의 긴급명령으로 구호품을 싣고 수해 현장으로 도착했다. 수해물품도 물품이었지만 그보다 더 사람들의 마음을 감동시켰던 것은 대통령이 수해 지역에 관심을 갖고 있다는 사실이었다.

이와 같이 김운기 사진 기자, 조철호 기자 등 당시 〈충청일보〉를 비롯한 언론사의 헌신적인 노력으로 시루섬의 전투 같은 생존 이야기가 전국은 물론 중앙정부, 청와대에도 알려지게 되었다. 특히 당시 조철호 기자는 이 보도로 그 해 '특종기사상'을 수상했다. 중앙지가 아닌 지방지 기자로는 최초의 수상이었다고 하니 시루섬을 비롯한 단양 지역의 수해는 그해 전국적 톱뉴스인 것으로 보인다.

취재 헬기 추락

단양을 떠난 김운기 님은 별도의 헬기를 배정받아 MBC 기자와 함께 공중에서 생생한 수해 현장을 찍어 보도할 수 있었다. 단양 지역을 한 바퀴 돈 후 헬기가 제천 청풍의 하나밖에 없는 착륙장에북진나루 조금 아래 내리려고 할 때 고압선에 걸려 그만 추락하고 말았다.

추락하는 헬기에 탑승했던 김운기 님은 "헬기가 공중에서 다섯 바퀴나 빙빙 도는데 '이거 큰일 났구나'라는 생각에 정신이 없더라고요. 결국 땅에 내리꽂혔는데 다행히 버드나무가 있는 모래밭에 떨어졌어요." 라고 아찔했던 당시를 기억했다.

헬기는 추락하며 세 동강으로 부서졌다. 같이 탑승한 기자와 조종사는 비상 탈출로 헬기 밖으로 나갔지만 김운기 님은 아직 그대로 헬기의 잔해 안에 있었다. 헬기가 추락하며 내는 굉음에 몰려든 사람들은 헬기가 폭발할 수 있으니 빨리 나오라고 소리쳤다. 김운기 님은 "벨트를 풀고 나오니까 허리가 아파서 도저히 일어서지를 못하겠더군요. 엉금엉금 기어서 나오니 이미 탈출한 두 사람도 몸에 여기저기 피가 많이 나고 있었어요."라고 증언했다.

그는 헬기 밖에 나와서도 바로 움직이지 못하고 자갈밭에 30분 정도

시루섬을 취재 하다가 고압선에 걸려 추락한 충청일보 취재 헬기

누워있었다. 이곳에서부터 2km 거리에 있는 곳에서 먼저 내린 태종학 도지사가 헬기 추락사고 소식을 듣고 곧바로 사고 현장에 도착했다. 주민들도 몰려와 웅성거리는 상태에서 김운기 님은 간신히 정신을 차렸다. 부상 당한 몸으로 태종학 도지사에게 "제가 허리는 다쳤지만 죽지는 않았습니다. 저는 이 필름을 갖고 가서 우선 신문을 만들 테니 부상이 심한 MBC 기자나 데리고 가세요."라고 말한 뒤 다시 사진을 찍기 위해 분주히 움직였다.

그는 다친 상태에서도 취재한 사진을 신문에 실어야 한다는 사명감으로 가득 차 있었다. 그래서 모여 있는 사람들에게 "여러분! 내가 단양에서부터 수해 사진을 전부 찍었는데 이걸 갖고 가서 신문을 만들어야 사람을 살릴 수 있습니다. 그러니 빨리 저를 청주로 데려갈 방법을 구해주십시오."라고 말했다. 그 말을 들은 주민들은 김운기 님을 리어카에 싣고 선착장으로 이동했다. 그리고 배에 태우고 트럭으로 옮겨 실어 제천 수해 대책본부에 도착했고, 다음날인 22일 다섯 시쯤 청주 집에 도착할 수 있었다. 살았다는 기쁨을 가족과 나누는 것도 잠시였다. 그는 옷만 갈아입고 바로 신문사로 출근했다.

조철호 기자가 우여곡절 끝에 보도한 기사는 아주 상세했다. 8월 23일 〈충청일보〉에는 "수중도시 단양… 수마와 44시간. 상상을 절(絶)했던 이 참상"이라는 제목으로 "본사에서는 긴급 현지 취재반을 급파, 역경을 넘어 현지에 도착, 현지의 처절한 모습 제1신을 보내왔다"라고 '편집자 주'를 달아 보도했다.

"단양면 증도리 시루섬 주민 37세대 242명이 인근 간이 상수도 물탱크높이 8m 면적 2평과 소나무를 엮어 피라밑 형으로 대피, 12시간의 사투 끝에 8명이 급류에 휘말렸고 235명이 긴급출동한 미군 헬기로 구조됐다."라는 내용이었다.

사진 인화를 마친 김운기 님은 모든 사진을 신문에 싣고 싶었지만, 신문지 면수가 제한되어 있었기에 그럴 수 없었다. 그래서 직접 부사장을 찾아가 "지금 단양이 큰일 났습니다. 신문뿐만이 아니고 보도 사진전을 열어야 합니다!"라고 주장했다. 부사장에게 승인을 받은 그는 문화원에서 서둘러 사진전을 준비했고 그 자리에 수해 의연금 모금함을 비치했다.

23일부터 5~6일간 진행된 이 사진전에는 남녀노소 수천 명이 다녀갔다. 보는 사람마다 "아이고! 아이고!"란 소리를 연발하며 모금했고 모금함에는 8만 5천 원 정도의 거금이 모였다. 현재의 가치로 따지면 2억 원도 넘을 정도의 큰 금액이었다. 이렇게 보도 사진전을 통해 많은 사람이 방문했고 방송에도 송출되어 단양과 제천의 수해 상황이 세상에 알려지게 되었다.

국무총리와 대통령이 단양을 시찰

단양군의 수해 소식을 전해 들은 김종필 국무총리도 단양을 찾았다. 그는 비록 시루섬에는 방문하지 않았으나 1972년 8월 25일 단양에 도착해서 먼저 수해 상황을 보고받았다. 그리고 수해 현장을 눈으로 살피기 위해 단양읍 시가지를 시찰했다.

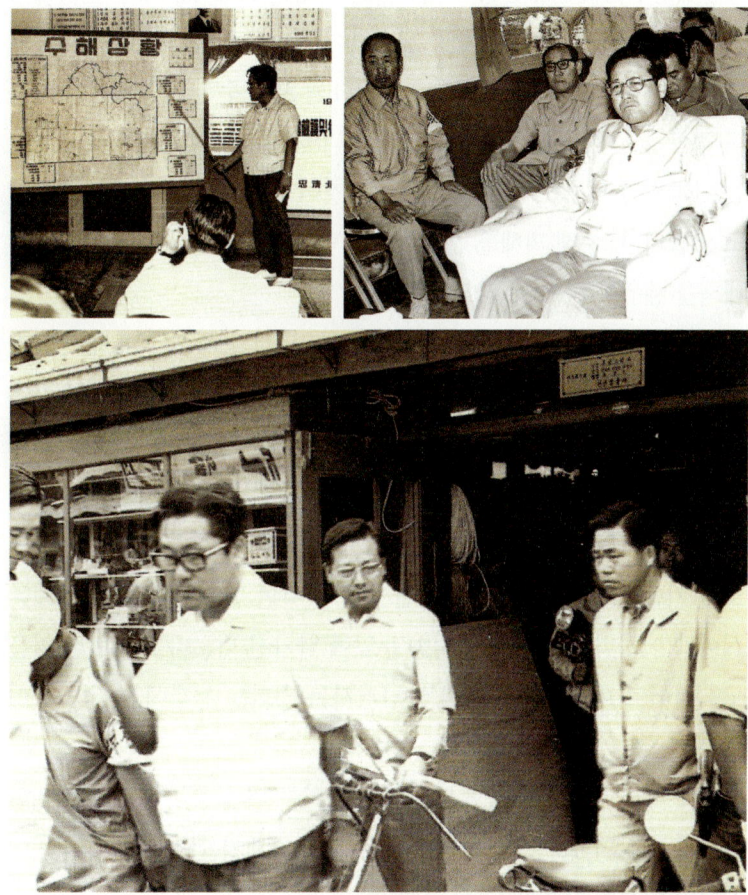

1972년 8월 25일 김종필 국무총리의 단양 방문

이어 하루 뒤인 8월 26일 이번에는 당시 박정희 대통령이 헬기로 단양 수해지구를 시찰했다. 제천에서 건설부 장관 등이 참석한 자리에서 도지사로부터 충북도 피해 상황을 보고받고 새마을 정신으로 주민·군·관·예비군을 총동원해서 긴급 수해 복구대책, 이주대책 등 8가지를 특별 지시했다. 특히 영춘면과 가곡면에 헬기장을 닦아 물자 수송대책을 세우라고 지시했다.

중앙정부에서 국무총리와 대통령이 직접 방문했다는 것은 전국에서도 단양군의 수해가 심각해서 특별 관심 지역으로 뉴스의 중심지가 되었음을 반증하는 사례가 아닐 수 없다. 8월 24일 수해 지역을 방문한 충북 괴산 출신 김원태金元泰 국회의원은 "피해 현지에 와보니 국지적으로는 단양지역 피해가 전국에서 제일 큰 것이나 외지엔 아직 알려지지 않고 있습니다. 수해 피해를 근본적으로 막으려면 치산치수에 따른 장기 대책을 세워야 할 것"이라고 말했다.

이러한 사회적 분위기에 따라 8월 27일 〈충청일보〉 사설에서도 '단양과 청풍 시가市街는 새 터전에 새로 건설하자'라는 제목 아래 "이 같은 재건 사업은 그대로 그 자리에 할 것이 아니라 이 계제에 아주 완벽한 새 설계를 해서 새 터전에 새로 건설하는 것이 옳다는 것을 제의하는 바이다. …(중략)… 단양, 청풍 등의 시가(지)는 아주 완전한 다른 곳으로 옮기는 것이 마땅하다. 가난한 삶을 하자면 밑돌 빼서 윗돌 받치는 식이 괴이하다고 하지는 않지만 눈앞에 다가선 너무나도 분명한 일을 고식적이고 미봉책으로 어물정 넘겨서는 후회를 천추에 남길까 두려워 한다."라고 역설한 바 있다.

이에 따라 실제로 중앙에서는 치수 관리를 위해 충주댐 건설을 위한 논의가 시작되었고 결국 사상 최초로 군청 소재지 이전이 현실이 되어 신단양 건설의 단초가 되었던 것이다.

우시장에서의 생활

 이러한 과정을 통해 시루섬 수해로 상징되는 단양 수해가 전국에 소식이 퍼지면서 수재민을 돕기 위한 온정이 답지했다. 충북 괴산 출신 김원태 국회의원은 "괴산부인회에서는 단양 등 북부 지역에 보내기 위해 장류된장, 고추장 등를 두 트럭이나 모아 놨더라."라고 칭찬하였다. 그러한 온정으로 우선 배고픔은 면할 수 있었지만, 가계에는 보탬이 될 수 없었다. 수재민 수용소에 있던 사람들은 삶의 터전을 잃어버렸기에 새로운 밥벌이를 찾아야 했다.

 대부분의 시루섬 사람들은 현천리 수해 주택을 짓는데 품을 팔러 다녔다. 품을 파는 사람들은 벽돌이나 블록을 운반해주고 한 개당 얼마의 보수를 받는 식이었다. 그래서 한꺼번에 3~5장을 머리에 이고 나르는 사람들도 있었다. 그리고 도로공사에 부역으로 동원되는 경우도 많았다. 그렇게 사람들이 힘을 모아 수해를 입기 전의 모습을 찾아갔다. 하지만 최옥희 님은 머리를 들지도

수해복구 공사 중인 외중방리 구미

1973년 12월 증도리 고개 도로공사에서 부역하고 있는 마을 주민들

못 할 정도로 아파서 아무런 일도 할 수 없었다. 그냥 천막 안에 누워만 있어야 했다.

학생들의 방학이 끝나고 개학할 시기가 되자 수재민들은 단양여중 교실을 비워야 했다. 수용소에 있던 많은 사람이 먼 거리로 이동할 수 없어 가까운 우시장에 군용 텐트를 치고 생활하게 되었다. 소전거리라고도 불리는 우시장은 단양중학교 앞 하천 변에 있었는데 학생들의 개학인 9월부터 2~3개월 정도 생활하고 급히 지은 현천리 수해 주택으로 이사 가서 겨울을 날 수 있었다.

우시장의 모습

우시장에서의 생활은 단양여중에서의 생활보다 훨씬 더 불편했다. 단양여중에서는 교실에서라도 머물렀지만, 우시장은 천막뿐이었다. 천막 안 바닥에 가마니 자루 하나씩을 깔고 살았다. 하나의 군용 텐트 중간에 포장으로 막아 두고 두 가정이 생활해야 했다. 처음에는 생활용품이 하나도 없었지만 지내다 보니 솥단지도 생기고 이런저런 물건도 생겨서 나름대로 생활을 이어 나갔다.

그래도 하루하루를 눈물로 보내야 했다. 어디 의지할 데도 없었고 어떻게 살아가야 하나 걱정이 많이 되었다. 한길선 님은 "아이들이 학교 다닐 때 형편이 넉넉지 못하니까 밥도 제대로 못 먹여서 쌀을 조금 넣고 물을 많이 넣어 죽을 쒀서 먹이고 국수 한 움큼을 삶아서 일부러 불려서 먹이는 등 그렇게 어렵게 살았어요. 나도 고생이었지만 내 자식들도 고생을 많이 했어요. 부모인 내가 많이 못 해주어서 자식들이 힘들었지요. 물난리를 피할 때도 고생했고요. 지금 7남매가 모두 잘 자라준 것만 해도 나는 참 고맙게 생각해요."라며 지금도 그때를 회상하며 눈물을 흘렸다.

1972년 수재민 어머니들이 모여 식사하는 모습

수해 주택으로의 이주

집도 아닌 임시로 설치해 놓은 천막에서 살던 수재민들은 10월경에 현천리 수재민 주택으로 이사했다. 대통령 특별지시로 군·관·민이 총동원되어 급히 지은 현천리 수해 주택은 윗마을과 뒷마을을 합쳐서 49동이었고, 각 건물은 12평 정도였다. 건축비 25만 원 중 10만 원은 정부에서 보조하고 나머지 15만 원은 20년간 분할 상환하는 방식이었다.

처음에는 시루섬 주민들 대부분이 이곳으로 이주했지만 살다 보니 못 살겠는지 다른 곳으로 이사 가는 사람이 많았다. 그도 그럴 것이 현천리 수해 주택에서 시루섬은 너무나 가까운 거리에 있었다. 혹시 과거

수해 후 시루섬 주민들이 입주했던 현천리 수해 주택

의 비극이 떠오를까 싶어 그날의 일을 입 밖에 내길 꺼리던 사람들은 눈만 뜨면 보이는 시루섬의 모습에 울음을 터뜨리기 십상이었다. 결국 그 고통에서 벗어나기 위해 정든 고향을 떠날 수밖에 없었으리라.

수해 주택은 수해가 나고 석 달도 채 되지 않는 짧은 기간에 급히 지어진 건물이라 당연히 온전한 모습이 아니었다. 하루하루 다르게 추워지는 날씨에 우시장 천막이 한기를 막지 못하자 다 지어지지 않은 상태에서 먼저 입주한 사람이 대부분이었다. 미처 달지 못한 문을 가마니로 매달고 입주한 집도 있었다.

사람들이 우시장에서 나와서 수해 주택에 들어갔을 때, 시루섬에 먼저 들어가서 살던 박현걸 님 가족도 수해 주택으로 잠시 이주했다. 수해 이듬해인 1973년에 장남인 박동준 님이 결혼식을 올리며 신혼살림을 수해 주택에서 시작하는 바람에 다른 가족은 다시 시루섬에 정착했.

삶의 터전을 잃은 시루섬 사람들은 베갯잇을 적시지 않은 날이 없었다. 자식을 가진 부모라면 당연했을 것이다. '앞으로 자녀들을 어떻게 키워야 하나…….' 앞이 캄캄해서 눈물 자국이 마를 날이 없었다. 살아갈 방법을 찾아야 했지만 머릿속에 떠오르질 않았다. 그러다 늦은 밤에야 간신히 잠을 청하곤 했다.

다시 시루섬으로

시루섬에 농토가 없는 사람들은 집도 없는 시루섬에 다시 들어갈 일이 없었다. 그러나 밭이 있던 사람들은 상황이 달랐다. 밭이 있던 사람들은 현천리 수해 주택으로 이주한 뒤에도 농사를 위해 시루섬에 왕래할 수밖에 없었다. 처음에는 오전에 들어가서 농사를 짓고 오후에는 다시 시루섬에서 나왔다. 그러다가 농사가 한창 바쁜 시기에는 누에 치는 잠실이나 농막을 짓고 잠시 머물며 농작물을 돌봤다. 특히 누에 치는 동안에는 생활 근거지가 다시 시루섬이 되었다.

수해가 나고 첫해에는 집이 떠내려가지 않은 박현걸 님의 가족만 시루섬에 들어와서 살았다. 그리고 이듬해에 김정종 님의 가족이 들어왔다. 수해의 두려움이 가시기엔 너무 짧은 시간이었기에 사람들은 수해 이전처럼 멀리 떨어져 살지는 못하고 박현걸 님 집 주변에 모여 살았다.

1972년 물난리 이후에도 3년간은 계속해서 비가 많이 왔다. 그래서 자연히 시루섬에도 물이 많이 들어왔다. 그때마다 면 직원, 군청 직원 여러 명이 시루섬에 상주했다. 그들은 인명 피해가 염려되어 자주 마이크로 방송하고 순찰을 돌았다. 유상순 님은 "비가 많이 오면 공무원들은 우리 집이 본부였어요. 우리 집에서 먹고 자고 하는 바람에 3년간 나도 애를 많이 먹었어요. 뒤치다꺼리하며 또 한 번 홍역을 치르는 것 같았죠."라고 회상했다.

4년 뒤에 또 다시 찾아온 악몽

1972년 시루섬의 수해와 비슷한 악몽이 4년 뒤 다시 찾아왔다. 1972년 수해 직후 시루섬에는 박동준 님의 집만이 덩그러니 남아 있었지만, 한 해 두 해 시간이 지나며 사람들이 다시 시루섬 안으로 들어와서 1976년에는 여러 채의 집이 있었다.

오근택 님은 4년 뒤의 수해를 정확히 기억하고 있었다. "수해가 난 후 4년 뒤, 그러니까 1976년 우리 집은 농사를 짓기 위해 다시 시루섬에 들어가서 집을 짓고 살았는데, 이때 수해로 고등학생 한 명이 물에 휩쓸려 떠내려가 희생되었어요."라는 것이었다. 죽은 사람은 이경희[*] 님 고종사촌이었는데, 서울에서 학교를 다니다가 여름방학을 맞이해서 시루섬에 놀러 왔다가 변을 당한 것이다. 비가 많이 온다고 군청 직원들이 새벽에 와서 "강원도 쪽에서 비가 많이 온다고 했으니 빨리 섬에서 나오세요."라고 했지만 결국 희생되고 말았다. 군청 직원의 대피와 권유가 있었는데도 희생자가 발생한 안타까운 사건이었다.

오근택 님은 그때의 수해를 옆에서 지켜봤다. 그가 느낀 1976년의 수해는 1972년의 수해보다 더 큰 것이었다. 그는 "거대한 물이 위에서 내려오는데 그런 멍석말이 물은 처음 봤어요."라며 당시에 목격한 물 폭탄의 규모와 위력을 떠올리며 고개를 저었다.

박동희 님은 1975년 결혼하면서 시루섬을 떠났다. 그래서 1976년 수해 현장을 직접 보지는 못했지만, 오빠에게 전해 들었던 일들을 기억하고 있었다. "1972년 수해가 나고 몇 해 후 큰 비가 내렸대요. 군에서 마을 사람들을 대피시키러 들어 왔다가 갑자기 강물이 불어나면서 꼼짝없이 갇히는 신세가 되었죠. 곧 헬리콥터가 동원되면서 대피하는 소동

---

[*] 이경희 님은 현재 단양읍 백금당 대표이다.

이 있었답니다. 그 일로 충청북도의 감사까지 받았는데 당시 갇혔던 공무원은 물론 면장, 군수까지 해임 처분이 내려졌대요. 그러자 마을 사람들은 도청을 찾아가 징계 철회를 요청하면서 '시루섬 내의 모든 건물을 자진 철거함은 물론 다시는 거주하지 않겠다.'라는 각서를 쓰면서 사건이 일단락되었답니다."라고 1976년 수해의 뒷이야기까지 전해 주었다. 그렇게 시루섬은 밤에는 사람이 없는 섬으로 변했다.

그날의 트라우마

시루섬 사람 중에는 수재민 수용소에서 현천리 수해 주택으로 간 사람도 있었고 최옥희 님처럼 있던 밭을 정리하고 타지로 이사를 간 사람, 윗마을인 상진리로 나온 사람, 다시 시루섬으로 돌아와 터전을 잡은 사람 등 다양했다. 그날 수해를 겪은 사람들은 이후 한 곳에 다 같이 모일 수가 없었다.

수마가 시루섬을 할퀴고 난 며칠 후 최면호 님은 본인의 집이 있었던 시루섬에 다시 돌아갔다. 그곳에는 제2원두막이 무너지며 실종됐던 최면순 님의 시신이 있었다. 최면순 님은 아랫송정의 물웅덩이에 박혀 숨을 거둔 상태였다. 최대우 님은 딸의 시신을 수습해서 애곡리 산에 묻으며 마음으로도 딸을 묻었다.

가족을 잃은 최면호 님뿐 아니라 시루섬에서 살아난 생존자들은 계속 그날의 아픔을 안고 살아야 했다. 박동희 님은 "그때 물탱크 위에서 물소리가 얼마나 컸는지 한동안은 물소리가 귀에서 떠나질 않아서 너무 힘들었어요. 그래서 누워만 있으면 '쏴~'하는 물소리가 귓가에 맴돌아 잠들기가 어려웠어요. 시간이 지나면서 차츰 그 소리는 사라졌습니다."라고 말했다. 이것은 비단 박동희 님뿐만이 아니고 그날 같은 장소에 있던 모두가 느꼈을 것이다. 또한 그녀는 "우리 엄마는 아버지가 장에 갔다가 늦게 오시면 김충배 할아버지 시신이 마당에 누워있던 게 생각나서 아버지를 기다리기가 너무 무섭다고 자주 말씀하셨어요. 우리도 수해 때 공동묘지가 파헤쳐져서 마을 곳곳에 해골과 흰 뼈가 널려 있던 모습이 자꾸 떠올라 무서웠어요. 해가 지면 집 밖에 나가지 못했어요."라고 말했다.

김경란 님은 헬기로 수재민 수용소인 단양여중 운동장에 내리는데 운동장이 온통 물바다로 보였다. 그녀는 무서워서 조심조심 내려보니 물이 아니라는 것을 알고 안심했다. 얼마나 물에 놀랐으면 맨땅도 물로 보였을까? 그날 밤 교실 책상 위에서 잠을 자는데 엄청난 물 꿈을 꾸었고 지금도 이따금 무서운 물난리 꿈을 꾸곤 한다고 했다.

10살 된 누나최면순를 잃은 최면호 님의 가족은 특히 심한 트라우마를 겪고 있다. 최면호 님은 증언하는 내내 눈물을 글썽였다.

"면순이 누님 죽고 우리 어머니는 아주 타락하다시피 했어요. 매일 술 먹고 울고……. 날마다 온 가족이 힘들었어요. 어머니는 죽으려고 약도 먹고 그랬어요. 그래서 우리 어머니가 일찍 돌아가셨나 봐요. 67세에 돌아가셨지요. 큰누나와 둘째 누나는 아직도 그때 생각을 하면 진저리를 칩니다. 누나들 앞에서는 그때 얘기는 꺼내지도 못해요. 그나마 셋째 누나만 비교적 덤덤하게 대합니다. 물론 면순이 누나 얘기만 나오면 눈물짓기는 하지만요."

그날 수해를 겪은 사람들은 겉으로 내색하지 않았지만 모두가 가슴 속에 멍울과 짐을 가진 채 삶을 살았다. 현실을 살아가야 하는 바쁜 삶 속에서 가슴 속 한편에는 언제나 시루섬의 그날이 있었다. 그날의 기억은 '트라우마'로 가슴 깊이 새겨진 것이다.

시루섬을 지나며

시루섬 수해는 50여 년 전의 일이지만 그날의 아비규환을 온몸으로 겪은 분들은 지금도 이곳을 지날 때면 수많은 상념에 잠기곤 한다. 잠업센터 연수생이었던 배금숙 님은 부산이 고향인 남자와 결혼했다. 시댁인 부산에 내려갈 때는 항상 기차를 이용했는데, 아들과 함께 시루섬을 지날 때면 창밖의 시루섬을 가리키며 말하곤 했다.

"엄마가 예전에 이곳에서 어렵게 살아나온 적이 있단다. 그때는 말이지……."

그렇게 말하는 그녀의 눈에는 돌아가신 분들에 대한 미안함과 고마움에 눈물이 맺혔다.

가끔 고향을 찾는 잠업센터 연수생 신준옥 님은 "시루섬의 모습은 사라지고 이제 추억만이 남아 있네요. 언제 그런 일이 있었냐는 듯 조용히 흐르는 강물을 바라보면 참 무심하게 느껴져요."라며 강물을 볼 때마다 생각에 잠긴다고 말했다.

'저기 있던 물탱크 덕분에 우리가 살았는데……. 그때 그 사람들은 지금 다 어디에 가서 살고 있을까?'

시루섬의 모습은 다 사라졌지만 사다리를 잡아주신 분들, 자식을 잃은 슬픔을 혼자 인내하신 분, 그리고 그 숨 막히는 순간을 함께 견뎌준 분들에 대한 마음은 영원히 사라지지 않을 것이라고 눈물을 머금었다.

현재 동양일보 조철호 회장님 또한 이따금 시루섬을 지날 때면 그때 생각에 차를 세워두고 시루섬을 내려다보면서 당시의 처참했던 모습을 회상한다고 했다.

15

아쉬움과 원망

천재인가 인재인가

　그날 태풍 '베티'로 인해 많은 양의 비가 왔다. 특히 영월, 평창, 정선 등 남한강 상류에 그날 350mm의 역대급 비가 내렸다. 그래서 강 수위가 급격히 상승한 것이다. 이 부분만 놓고 보면 천재天災가 맞다. 즉, 시루섬 전체가 침수될 수밖에 없는 상황이었음은 틀림없다. 그러나 앞에서 원두막이 쓰러진 이유를 알아본 바와 같이 상류 지역 벌목이 상진대교에 걸린 상황을 간과할 수 없다. 상진대교에 걸린 벌목이 댐 역할을 하고 있었으나 그 힘을 견디지 못해 상진대교가 붕괴되었다. 이는 댐이 무너진 것과 다름없다. 그때 원두막이 쓰러진 것이니 제2원두막의 붕괴로 인한 7명의 사망은 인재人災가 아닐 수 없다. 실제로 대다수의 시루섬 사람들은 그렇게 믿고 있다.

　당시 사회가 교통, 통신이 발달하지 못했다는 한계는 있지만 어쨌든 명재경각의 상황이 장시간 계속되고 있었음에도 중앙, 지방정부의 도움이 전무했다. 실제로 8월 23일 〈충청일보〉에서도 "남한강 상류의 범람이 영월부터 휩쓸어 단양까지 오는 동안 행정적인 긴급 연락이 취해지지 않아……."라고 보도했다.

　그래서 오재창 님은 "인재든 천재든 사람이 희생되었으면 위로금을 주며 잘못과 용서를 구했어야 마땅하다."라며 아직까지 정부가 외면하고 무관심했던 것에 안타까움을 느끼고 있었다. 수십 년 전에 발생해서 사람들의 기억 속에서 이미 사라진 일까지 찾아 정부 책임자가 사과하고 적절한 보상을 하는 것이 낯설지 않은 시대이니 그의 주장도 일리가 있었다.

그 당시는 장례비 지원도 없이 그냥 땅에 묻으면 그만이었던 시대였다. 어쩔 수 없는 천재라 믿고 '하늘이 한 일', '그저 내가 운이 없었다.'라고 생각했다. 그 누구도 이의를 제기하지 못하던 시절이었기 때문이다. 그러나 50년이 지난 지금 희생자의 넋을 기리고 가족을 위로하는 행사가 필요하다고 본다.

김현수 님도 "만약 지금이라면 인재니 뭐니 난리가 났을 것이지만 그때는 어디 가서 억울하단 말 한마디 할 수 없었던 시절이었다."라며 제대로 된 조사와 조치가 이루어지지 않음에 안타까움을 느끼며 살아왔다. 실제로 그때는 '10월 유신' 선포를 두 달 앞둔, 극도로 통제된 암흑시대였다.

지금이라도 그날 시루섬에서 희생당한 가족을 찾아 유족을 위로하는 보상을 통해 국가나 지자체에서 안전 관리를 잘못했음을 인정하고 미안하다는 의사 표시를 해야 할 것이다. 그래야 남은 사람의 억울함을 조금이라도 풀고 이미 고인이 된 분들의 넋이라도 위로할 수 있을 것이기 때문이다.

신단양 건설에 뼈와 살을 다 바쳤는데

수해 전은 물론이고 수해 이후에도 초등학생 중학생 가릴 것 없이 시루섬은 최고의 소풍 장소였다. 시루섬에 소풍 오면 보물찾기를 많이 했다. 지천에 널린 것이 소나무며 뽕나무였기에 쪽지를 숨기기에는 안성

맞춤이었다.

　시루섬은 작은 마을은 아니었다. 시루섬의 예전 면적은 7~8만 평으로 꽤 넓었다. 작은 언덕과 구릉 지대도 있었고 바위, 돌, 자갈, 모래가 많았다. 수해 직후에도 물탱크 주변은 여전히 꽤 높았고 작은 언덕도 그대로 남아있었다. 37세대로 세대 수는 적은 섬이었지만 공동묘지도 있었고 구판장도 있었다.

　하지만 그날 이후 시루섬의 모습은 점차 제 모습을 잃어갔다. 시루섬은 모래가 많아서 골재 채취가 많이 이루어졌는데, 이것은 수해 이후에도 계속되었다. 현대시멘트 공장을 신축할 때 시루섬의 모래와 자갈로 기초 작업을 했다. 트럭도 작은 것이 아닌 일본에서 들여온 20톤씩 되는 차를 가져와서 밤낮으로 모래를 실어 날랐다.

　시루섬의 모습을 변화시킨 가장 결정적인 이유는 신단양 건설계획에 따른 신시가지 조성이었다. 신시가지 조성을 위해서는 많은 골재가 필요했다. 별곡, 도전, 상진 강가에 축대를 쌓고 그 안에 시루섬의 바위,

1980년 신단양 건설을 위한 시루섬 골재 채취 작업 현장

모래, 자갈, 흙을 파내어 기초를 닦았다. 그래서 시루섬은 수해의 아픔도 모자라 신단양 건설에 뼈와 살을 다 내어준 셈이다.

박동준 님은 "마을이 없어진 것, 물에 잠긴 것 전부 서

신단양 이주 직전의 시루섬

운합니다. 마을이 물속에 묻혀 손바닥만큼 남은 흔적을 내려다보면 착잡한 마음을 금할 길이 없습니다. 시루섬에 있던 바위, 자갈, 흙, 모래를 모두 퍼다가 신단양을 건설했죠. 뼈와 살을 모두 신단양에 바친 것입니다."라고 말했다.

그렇다. 시루섬 수해로 인해 신단양 건설계획이 수립되었는데 신단양 건설에 시루섬의 뼈와 살을 다 바쳤으니 아이러니가 아닐 수 없다. 수해의 그날처럼 물 위에 잠길 듯 말 듯 위태롭게 남아 있는 시루섬을 바라볼 때마다 수많은 상념에 젖는다.

마을자랑비의 수난사

마을자랑비는 1993년 윤수경 님이 단양읍 새마을계장으로 재직할 때 건립되었다. 당시 이창수 님이 건립을 건의하자 윤수경 님은 다른 마을들도 마을자랑비 건립을 원할 테니 이장 회의에서 공론화하여 이장들의 동의를 얻는 것이 어떻겠냐는 의견을 제시했다. 그래서 이창수 님은

단양읍 21명 이장단 앞에서 시루섬의 이야기를 역설하면서 마을자랑비 건립에 대한 타당성을 피력했다. 이창수 님의 말을 들은 이장들은 '마을의 자랑'이 아닌 '단양의 자랑'이라며 참석한 전원 찬성했다.

마을자랑비 건립은 결정되었지만 사업 추진에는 여전히 어려움이 남아있었다. 당시 마을자랑비 건립은 보조사업으로 진행했어야 하는데 당시 증도리는 수몰 이주로 거주자가 한 명도 없다는 게 문제가 되었다. 보조금 교부에 우여곡절이 있었으나 윤수경 님이 시작부터 최종 결재가 끝날 때까지 모든 책임은 본인이 지겠다며 강력하게 추진함으로써 마을자랑비가 세워질 수 있었다.

1993년 증도리 마을자랑비 제막식

마을자랑비가 처음 세워진 곳은 지금의 단양역에서 대강면 쪽으로 가는 국도 5호선의 남한강 쪽 언덕이었다. 낮은 언덕이 있는 곳이었는데 그곳에 올라서면 시루섬이 잘 내려다보였다. 지금의 위치로 보자면 국도 5호선에서 시루섬 생태탐방교 공사가 진행 중인 곳 부근이었다. 그 언덕은 크게 3단으로 나누어져 있었다. 도로면이 1단, 작은 주차장이 2단, 그리고 마을자랑비가 세워진 곳이 3단이었다.

제막식에는 실향민과 친척 등 300여 명이 모였고, 서로 인사를 나누며 다시 만난 것에 대한 기쁨을 나누었다. 주민들은 자랑비를 만져보며 자기 이름을 확인하는 사람도 있었고 그동안에 있었던 애환이나 못다한 이야기를 나누며 행사는 무르익어 갔다. 제막식의 마지막 순서는 '고향의 봄' 노래를 모두가 제창하는 것이었다. 첫 소절 "나의 살던 고향은 꽃 피는 산골……."을 시작할 때는 우렁찬 목소리였지만 차츰 노랫소리는 줄어들고 여기저기 흐느끼는 소리가 들렸다. 흐느낌은 점점 상승 작용을 하는지 노래가 끝날 때쯤에 노래는 없어지고 울음소리만 남았다. 서로 부둥켜안고 울음바다를 이루었다. 눈물샘을 건드린 것이었다. 고향 얘기만 나와도 그리움이 사무쳤던 시루섬 사람들은 21여 년 만에 마을 사람들을 만나니 그날 생각에 참았던 눈물이 폭발했다. 21년 전 시루섬에 온 태종학 도지사 앞에서 온 마을 사람들이 함께 울었던 그 순간이 재현된 것 같았다.

이날 세운 마을자랑비 비문은 다음과 같다.

현재 마을자랑비 앞면
단양역 공원(단양읍 증도리 2-24)에 위치

〈앞면〉

애담이 경승지라 퇴계 이황 선생 인증하고
쏘갈바위 구두여울 선유절경 경탄하네
윗송정 맑은 물을 황준량 선생 극찬할 때
현동자의 기행문에 신선의 근원지라 감탄했네
김일손의 서흘암에 돌병풍이 펴졌구나
'72 수해 때는 237명이 남한강의 범람으로
여섯 평의 물탱크에 살과 이마 맞대고서
구원의 손길 기다리던 곳 날이 밝아 구출되니
어린 생명 압사 희생되고 오늘날에 남은 우리들
'85 충주댐 건설로 시루섬 이산이 웬말인가!
증도리에 내 살파다가 신단양을 건설했네
겨레의 젖줄 속에 담겨 있는 증도리야!
너라도 내 가슴 속에 영원히 남아 주려무나

1993년 8월 19일
수몰로 이전된 증도리 주민 일동이 세우다

〈옆 면〉

현재 마을자랑비 옆면

시루 모양의 섬으로 되었으므로 속칭 시루섬 또는 증도라고 불리였는데 1914년에 행정구역 폐합에 따라 단양읍 증도리라고 하였다. 면적은 밭 14ha이였으며 담배의 주산지였으며 추억에 남는 옛 지역명은 아랫말, 웃말, 아랫송정, 웃송정, 두멍소, 구두여울, 조개바위 등이 있었으며 송정의 송림과 주변 경치가 좋아 피서객과 소풍객들이 붐비기도 하였다.

〈뒷 면〉

김수종	김근종	김은종	박태호	이몽수	김경환	김기택
김재환	박효창	李昌洙	김양식	김명종	김태종	박현걸
李暢洙	김정식	김동수	김필종	박종일	이창덕	김주환
김성종	김춘웅	박용수	오재운	김영석	김기석	김현수
백낙호	오재영	이운봉	김영식	김재식	이계남	안철호
이종음	김용배	박동준	이동수	지선탁	오병국	김용환
박정호	이상하	최대우	백인학	김원종	박재수	이창열
하현식	(노진국)	(이태호)				

지금 자리로 옮기기전 주변에 방치되어 있던 마을자랑비

　사람들은 마을자랑비 뒷면에 새겨진 마을 사람들의 이름 중 빠진 사람도 있고, 포함되지 말았어야 할 사람도 있다고 말하며 아쉬움을 표현했다.
　그후 5호선 확장공사가 2009년부터 2017년까지 9년간 진행되면서 당시 마을자랑비가 있던 자리가 공사 구역에 포함되어 수난을 당하게 되었다. 필자가 단양군 부군수로 재직하던 2014년경 원래 마을자랑비가 어디에 있는지 아무리 물어보아도 아는 이가 없었다. 몇 달 동안 수소문 끝에 현천리 국도변, 지금의 팔각정 휴게소 입구쯤 수풀이 무성한 구덩이에 아무렇게나 방치되어 있는 것을 발견했다.
　이러면 안 된다고 문제점을 지적해서 그후 공사 시행사 자재창고로 옮겨졌다. 공사가 완료된 후 국도 맞은편에 제대로 세웠으나 이번엔 장소가 문제였다. 시루섬과 너무 멀리 떨어졌고 시루섬이 잘 보이지도 않는 곳이었기 때문이었다. 특히 국도변이라 주차공간도 없고 출입구도 없어 가드레일을 타고 넘어가서 보아야 글씨를 읽을 수 있는 곳이었다. 게다가 이곳 장소로 이전했다는 걸 시루섬 사람들도 알지 못했으니 너무나 안타까운 일이 아닐 수 없었다.
　다행히 그후 시루섬이 잘 내려다보이는 단양역 광장으로 옮겨 오늘에 이르고 있으니 마을자랑비의 수난이 이만저만이 아니었다. 그러나 마을자랑비가 있어야 할 곳은 지금 이곳도 아니다. 시루섬을 사람이 드나들 수 있도록 하고 홍수에도 잠기지 않게 한 후 그곳에 두어야 마땅하다.

희생자를 추모할 수 있다면

마을 주민은 뿔뿔이 흩어졌다. 하지만 아직도 근처에 사는 사람도 있었다. 단양에 친척이 있어 외지에서 자주 왕래한 사람, 조상의 묘가 가까이 있어 벌초하기 위해 매년 증도리 주변을 찾는 사람 등 오가며 특별한 감정으로 시루섬을 볼 수밖에 없을 것이다.

수해 직후 시루섬 이장을 지낸 박동준 님은 시루섬 앞산에 할머니와 어머니의 산소가 있어 벌초하러 갈 때마다 많은 생각에 잠기곤 했다. 그는 수해의 직접적인 원인을 상진대교 붕괴로 보기 때문에 '천재가 아닌 인재'로 생각하고 있다. 지금은 손바닥만큼만 남아있지만 군 생활을 끝내고 동생과 함께 거랭이질을 하던 그때가 영화 속 한 장면처럼 떠올라 애절한 마음은 더욱 짙어졌다고 한다.

시루섬에서 이장을 7년 넘게 역임하며 나중에는 이장을 보는 것이 너무 부담스러워 아예 마을을 떠났다는 이몽수 님은 "형님이신 이창수 님이 동네 일을 아주 잘 도와주셨어요. 시루섬에는 그런 분들이 많이 있었지요. 그렇게 합심해서 행동하는 사람이 있었기에 우리가 그날 살 수 있었던 것입니다."라며 이제는 머리가 하얗게 세어버렸지만 여러 사람과 함께 했던, 젊은 날의 회상에 잠겼다. 그리고 그는 잘 알려지지 않은 그들의 행적을 기록으로 남기고 싶어했다.

이렇듯 살아남은 사람들의 가장 큰 아쉬운 점은 희생자를 추모하거나 기억할 수 있는 계기가 없다는 것도 있지만, 그날의 일들을 아예 모르는 사람도 많고 기억하는 사람도 점점 줄어든다는 것이었다. 박동준 님은 "아기까지 포함해서 8명이 희생되었는데 우리는 이분들의 희생을 잊어서는 안 됩니다. 우리 모두 빚을 진 것이어서 '추모하는 마음'을 가지는 것이 당연한 도리라고 생각합니다."라며 더구나 반백 년이 지난 지금까지 그런 움직임이 없었다는 것에 아쉬움과 안타까움을 늘 느낀다고 전했다.

사라진 물탱크와 물에 잠긴 시루섬

시루섬 수해의 상징이었던 물탱크가 사라진 것에 대한 아쉬움이 제일 컸다. 물탱크는 1980년부터 시작된 충주댐 건설로 인해 저절로 수몰된 것이 아니다. 『신단양건설지』를 보면 '선박 운항에 지장을 초래할 우려가 있어 48만 원의 자금으로 1985년 7월 20일 철거되어 당시 주민들을 안타깝게 했다.'라는 기록이 있다. 그래서 유상순 님은 물탱크를 깨어 없애버린 것이 제일 원망스럽다. 그녀는 시루섬 사람들이 물탱크를 깨부순 것이 아니라 군청에서 부순 것이란 말을 여러 번 강조할 만큼 물탱크가 없어진 것을 제일 아쉬워했다. 그래서 군청에서 사람들이 나와 물탱크를 부술 때 "내가 아무리 무식하고 여자라지만 그것을 부수지 말아야 한다는 것은 압니다. '왜 부수는 것입니까? 부수지 마세요!'"라며 항의했다고 한다.

또한 물탱크뿐만 아니라 모든 걸 있던 그대로 보전하지 못한 것에 대한 아쉬움도 크다고 말했다. 시루섬에 그 많던 아름드리 소나무도 베어내고 모래와 자갈도 다 파헤쳐 없어진 현실에 대한 한탄이었다. 하지만 그녀는 과거의 아쉬움에만 머무르지 않고 바람도 함께 전했다. 지금이라도 옹벽을 치고 흙을 더 채워서 시루섬의 원형을 유지해야 옳다는 것이다.

개인택시를 운행하다 보니 시루섬 부근을 오가는 기회가 많은 오재창 님은 시루섬을 지날 때마다 많은 생각에 잠기곤 했다. "지금은 시루섬이 주저앉아 손바닥만큼 드러나 있는데 그 모양을 볼 때마다 시루섬을 살리지 못한 아쉬움이 큽니다. 형편상 사람은 살지 않더라도 섬은 살렸어야 마땅합니다."라고 목소리를 높였다.

이대수 님도 시루섬과 많은 사람을 살린 물탱크가 어떤 식으로든 보존되지 못한 것을 안타깝게 여기며 어떠한 형태로든 시루섬과 물탱크가 복원되길 바라고 있다. 시루섬 사람들 모두의 한결같은 마음이 아닐까.

시루섬 사람들에 대한 오해와 진실

물탱크 위에 오를 때나 오른 뒤에도 사람들은 조금이라도 공간을 더 확보하기 위해 짐 보따리를 내던졌다. 너무나 비좁은 상황에서 마을 어른들이 연수생들에게 "가방을 버려야 한다."라고 하니까 "입을 옷이 없어요. 못 버리겠어요."라고 버티다가 이내 강물에 던졌다. 그리고 가장자리에서는 안쪽의 동요를 막기 위해 우산대로 머리를 툭툭 내리쳐 질서를 잡았다.

그러나 이러한 일들이 다른 지역에 와전됐다. 오근택 님은 시간이 흐른 뒤 들려오는 다른 마을에서의 소문에 착잡한 마음을 금할 길이 없었다. "시루섬 사람들이 아가씨들 못 살게 했다. 옷 가방도 물에 모두 집어던졌다."라고 소문이 퍼진 것이다. 다 같이 살기 위해 잠업센터 사람이나 마을 사람을 차별 없이 대했는데…… 아니, 더 존중해 주었는데

"사람 살려 놓으니 가방 내어 놓으라."라는 격의 소문은 생사의 갈림길에서 함께 사투를 벌였던 마을 주민에게 또 다른 상처를 주었다. 물론 극히 일부의 오해에서 비롯된 소문이었겠지만 진실과는 다르기에 짚고 넘어가고자 한다.

군청 잠업계장에 대한 엇갈린 평가

1972년 8월 19일과 20일 양일에 걸쳐 발생했던 시루섬 수해와 관련해서 중요한 인물임에도 이 책에는 많이 등장하지 않은 사람이 있다. 당시 단양군청의 잠업계장이며 시루섬 잠업센터 소장을 겸직하던 조문행 님이다. 그는 수해 당일 잠업센터로 출장을 나와 시루섬에서 수해를 함께 겪었다. 그럼에도 그에 대한 언급이 적은 이유는 생존자들의 증언이 『충북잠업사』와 〈충청일보〉의 기록과 상반되기 때문이다.

먼저 『충북잠업사』에는 "조문행 잠업계장이 시루섬에 있는 잠업센터 교육 중 연수생을 물탱크 위로 피난시켜 많은 인명을 구하였다."라고 평가했다. 또한 8월 25일 〈충청일보〉 기사에는 "억수 속 사투 21시간 잠업계장 조문행 씨가 대피 지휘", "단양군 증도리 시루섬 주민 240여 명 극적으로 구조"라는 제목을 달아 군청 잠업계장의 용감함과 공적을 소개했다. 기사에서는 조문행 잠업계장의 공적을 다섯 가지로 소개하고 있다.

첫째, 섬의 위기를 직감하고 즉시 부락민을 비상소집, 물이 불어나는 것이 위험하니 모두 부락에서 제일 높은 자리인 물탱크 밑으로 모이게 했다.

둘째, 영월 방면에서 계속 비가 쏟아지고 있다는 뉴스를 듣고 섬이 위험하다는 확고한 예감을 갖고 즉시 부락민들을 8미터* 위로 올라가도록 했다.

셋째, 232명을 물탱크에 피라미드식으로 앉게 하고 10명은 물탱크에 매어 두었던 철로 만든 배에 타게 했다.

넷째, 떠내려오는 밧줄과 서까래 등을 모아 나무와 연결하는 임시 다리를 가설, 10명씩 다리 위로 올라가게 했다.

마지막으로 밤이 되자 부락민들에게 졸지 말라고 이따금씩 소리를 지르면서 날이 새면 구조대가 올 것이라고 용기를 넣어 주었다고 보도했다.

보도 내용대로라면 모든 일을 진두지휘한 셈이다. 그러나 필자가 인터뷰한 생존자들의 증언은 한결같이 그렇지 않았다. 유상순 님은 "우리 남편을 비롯해 마을 사람들은 섬에 물이 들어오자 물불 가리지 않고 몸을 던졌어요. 그런데 잠업센터 연수생들을 인솔하러 온 군청의 잠업계장은 아무것도 하지 않고 소나무 밑에서 벌벌 떨고 있기만 했어요. 나중에 그 계장만 '나라에서 주는 상을 받았다.'라고 하더군요."라며 비난했다. 박동준 님도 "군청 잠업계장은 이창수 님의 집 처마에서 비를 피하고 있으면서 우두커니 서서 아무 말도 못 하고 그냥 가만히 있기만 하더라고요. 비는 억수로 쏟아지고 30명 정도 되는 잠업센터 연수생들이 있는데도 아무것도 하지 않았어요. 모든 지시와 행동은 마을 사람들이 다 했어요. 물론 그분은 나이도 많아서 그런지는 몰라도 한숨만 쉬면서 어떠한 역할도 없었습니다."라고 아쉬워했다.

---

* 물탱크의 높이는 6m이지만 〈충청일보〉 기사에서는 8미터로 보도했기 때문에 그대로 적었다.

이 두 분의 직접적인 증언 말고도 다른 생존자들에게 수해를 대피하기 위해 총지휘하는 사람이 있었는가에 대해서도 여러 차례 물어보았으나 마을 주민이 함께 대피를 위해 소리쳤던 것만 기억할 뿐 한 분이 지시해서 어떤 일이 행해졌다고 증언하는 분은 없었다. 그리고 이미 고인이 되었지만 조문행 잠업계장의 공을 인정하거나 긍정적으로 평가하는 사람이 없었다. 그러나 이 엇갈린 평가에 대해서 필자가 주관적인 의견을 보이는 것은 조심스럽기도 하고 이 책을 내는 목적에도 맞지 않으므로 생략하고자 한다.

16 바람과 희망

잊혀진 영웅 이야기

이 책을 집필하면서 가장 궁금한 게 있었다. 좁은 물탱크 위에서 201명에 이르는 많은 사람이 15시간을 견뎌내는 것이 과연 가능할까? 물론 다른 선택이 없었으니 죽지 못해 버텼겠지만, 그 고통의 정도는 어떠했을까 상상하기 어려웠다.

다른 한 가지 아쉬움이라면 바로 그날 주민들이 보여 준 희생과 이타정신이 제대로 알려지지 않았다는 것이다. 칭송받아 마땅할 일을 했음에도 상은 커녕 제대로 된 평가조차 이루어지지 않은 점은 너무나 큰 아쉬움이었다. 물탱크를 설치해 준 신재복 전 단양면장과 마을을 위해 노력한 이장, 반장, 새마을지도자, 이외에도 이창수, 김은종, 오재운, 박동준 님 등 마을 주민들에게는 공덕비나 표창장 등의 공로를 인정하지 못했다는 부분이다.

이몽수 님은 "단양면장을 역임하던 신재복 님이 물탱크를 만들어 주었기에 우리 마을 사람들이 살 수 있었습니다. 그래서 공덕비를 세워도 그분을 위해 세웠어야 했습니다."라며 시루섬에 물탱크를 제공해 준 이를 기억하지 못하는 것에 아쉬움을 강조했다

그때의 마을 사람들은 모두가 영웅이었다. 하지만 50년이 더 지난 지금, 그들이 원하는 것은 '나라에서 주는 상'보다 '그들이 그곳에 있었다. 그때

그들은 서로 희생하고 협력했다.'라는 사실을 사람들이 알아주는 것이다.

'늦었다고 생각할 때가 가장 빠른 때'라는 말처럼 더 늦기 전에 우리는 잊힌 영웅들을 반드시 기억해야 한다. 그럼에도 불구하고 어떤 사람은 "시루섬 사람들이 무슨 영웅이냐? 자기네들 살려고 한 짓인데……." 라는 말을 하기도 한다. 영웅의 의미를 지나치게 좁게 보는 것이 아닌가 한다. 살아남았다는 것만으로도 영웅이 될 수 있다.

다른 지역에서는 없는 얘기도 만들어서 지역의 역사·문화적 가치를 재조명하고 있는데 우리는 엄연히 있는 사실도 의미를 축소하고 업신여기는 것은 아닌지……. 안타깝기 이를 데 없다.

합동 생일잔치

유상순 님은 시루섬이 망가지고 그곳을 기억할 만한 것들이 다 사라졌다는 사실에 안타까움을 크게 느꼈다. 그래서 섬 보존과 더불어 수해가 있던 그날을 기억할 수 있는 '또 다른 방식'을 제안했다. 서로의 안부를 확인하는 일명 '합동 생일잔치'였다. "시루섬 사람들 모두가 죽을 뻔한 그날, 거기에서 살아 나왔으니 다시 태어난 것이고 그러니 모두가 생일이 같다. 그전까지는 나이, 생일 모두가 제각각이었지만 '1972년 8월 19일' 모두가 한날 한시에 태어난 사람들입니다."라고 말하면서 "생존자들이 시루섬에 다시 모여 합동으로 생일잔치를 했으면 좋겠어요. 관官에서 앞장서 주세요."라고 애원했다.

그녀가 말하는 생일잔치는 산 자가 죽은 자들을 기억하는 '해원'의 살풀이였다. '우리 모두 동갑'임을 인정하는 잔치로, '잔치를 열어 그날의 아픔과 원망까지 다 날려버리자.'라는 해원을 넘어 상생에 이르자는 기원제이기도 하다. 하지만 아직까지 그 바람은 이루어지지 않았다.

죽기 전에 다시 만날 수 있을까

지금은 시루섬 사람들이 뿔뿔이 흩어져 살고 있다. 특별한 일이 없으면 지금까지 그랬던 것처럼 만나기가 어려울 것이다.

김경란 님은 "이제 기나 긴 세월이 흘렀으니 그때 우리 마을 많은 분들이 돌아가셨을 겁니다. 산 사람들도 소식도 모르고 얼굴도 가물거리는데 모두들 어떻게 살아가는지 궁금하고 그립네요. 언제 한번 만날 날이 있을지 모르지만 만난다면 뛸 듯이 기쁠 것 같습니다."라고 바람을 전했다.

박동희 님은 "보고 싶은 얼굴이 참 많아요. 저는 시집을 오면서 시루섬을 떠나왔으니까 어릴 적 친하게 지냈던 친구들이나 동네 사람들을 만나고 싶은 마음이 크죠. 하지만 지금은 시루섬이 물에 잠겨 있으니 그곳에 가도 사람을 만날 수도 없고 멀리서 보면서 그리움을 달랠 수밖에 없다는 게 참 마음이 아프고 그래요."라고 다시 만나기 힘든 시루섬 사람들을 떠올렸다. 오재창 님도 그동안 소식을 모르고 살던 사람들을 만나면 얼마나 반갑겠냐며, 어려운 일이겠지만 같이 만날 수 있기를 소망했다.

사람들은 본인이 자랐던 어린 시절의 동네를 걸으며 지나온 세월을 돌아보며 추억에 잠기곤 한다. 안타깝게도 시루섬의 사람들은 추억을 회상할 동네가 없어졌다. 그러나 그 시절 희노애락을 함께한 사람들을 만나는 것으로도 큰 위안이 될 수 있다. 어렵겠지만 시루섬 사람들이 다시 한번 만날 수 있기를 소망한다.

물탱크를 돌려주세요

시루섬 사람들이 간절히 바라는 것이 또 하나 있다. 그것은 '기적의 물탱크'를 다시 보는 것이다. 수해 이후에 없어진 물탱크를 똑같은 크기로 설치하되 물탱크 위에는 그날처럼 201명이 스크럼 안에 밀집된 군상群像을 동상으로 제작하길 바라고 있다.

"백문이 불여일견"이라는 말처럼 물탱크의 모습을 실제로 보지 못한 사람들은 이곳이 얼마나 좁고 높은지, 그리고 어떻게 여기서 15시간을 버틸 수 있을지 상상하는 것에 한계가 있다. 그래서 원래 물탱크의 모습을 재현한다면 사람들에게 이 사건이 얼마나 기적이었는지를 생생하게 보여줄 수 있을 것이기 때문이다.

시루섬 사람들은 마을이 없어진 것도 아쉬운데 마을의 땅을 모두 파간 것은 아예 기억의 흔적마저 모두 지우라는 것 아니냐며 속상해했다. 그러니 우리 땅을 다시 돌려달라는 것이다. 신단양을 건설하면서 시루섬 땅을 다 파갔으니 땅을 되돌려 주면 마을에 있던 구릉지 언덕을 다시 만들고 그곳에 산책로를 조성하자는 것이다. 이곳 시루섬에 어떤 것이 있었고, 그때 어떻게 재난 위기를 극복해냈는지를 알리는 안내판이라도 설치한다면 얼마나 좋을까…….

시루섬의 미래 가치

시루섬은 관광개발지로서의 잠재력도 있지만, 생태학적으로도 중요한 잠재력을 가지고 있다. 시루섬은 하천형 내륙습지로 생태학적 가치의 우수성은 이미 학계를 중심으로 잘 알려져 있다. 그래서 습지 보호지역으로 지정·관리해야 한다.

이곳의 습지는 내륙의 특징과 수생태계 사이의 완충지대로 야생 동물들에게 다양한 서식처와 피난처를 제공한다. 또한 각종 재해로부터 생물을 보호하고 지표수 공급과 유량 조절 등 다양한 잠재력이 있다. 지난 2009년 단양군의 의뢰를 받아 시행한 한국양서·파충류생태연구소

신광하 연구위원의 연구자료에 따르면 시루섬 습지 일대에는 두더지, 땃쥐, 너구리, 족제비, 수달, 고라니, 청설모, 다람쥐, 등줄쥐, 멧밭쥐 등 4목 7과 10종의 포유류가 서식하고 있는 것으로 나타났다.

이 가운데 수달은 천연기념물 330호 멸종위기 1급의 법정보호종이다. 또 조류 11목 23과 37종이 관찰됐는데 이 가운데 멸종위기 2급 흰목물떼새와 천연기념물인 붉은배새매, 소쩍새 등 3종이 확인됐다. 양서류는 무당개구리, 두꺼비, 청개구리, 북방산개구리, 참개구리 등 1목 4과 5종이 서식하고 있고 파충류는 누룩뱀, 유혈목이, 대륙유혈목이, 능구렁이, 쇠살모사 등 1목 1아목 2과 5종이 서식하고 있다.

이러한 시루섬 습지를 잘 살려 특별한 보호지역으로 지정·관리하는 방안도 있지만 필자는 이에 동의하지 않는다. 원래 시루섬은 습지가 아니었다는 측면과 시루섬 수해 스토리와 무관하고 지역관광 활성화에 보탬이 되지 않는다고 보기 때문이다. 시루섬은 신단양 건설에 피와 살과 뼈를 다 내준 상태지만 복원을 할 수 있는 여력이 남아 있어 '아직 늦지 않았다.'라는 것이 주민들의 대체적인 생각이다. 그래서 시루섬 주민들은 지금이라도 주변 강바닥을 준설도 할 겸 흙을 파서 올리면 얼마든지 복원할 수 있다고 생각한다.

특히나 오재창 님은 구체적인 개발 방향도 제시했다. 경기도의 남이섬처럼 '충북의 시루섬'으로 만들어지길 바라는 것이다. 오재창 님은 "시루섬도 남이섬처럼 동그랗게 옹벽을 세워서 관광지를 만든다면 얼마나 좋아요? 경기도에 남이섬이 있다면 충북에는 시루섬이 있다는 거죠."라며 시루섬이 단양 관광의 중심지가 될 수 있다고 기대했다. 아울러 그는 "단양역 앞에서 시루섬으로 가는 출렁다리를 놓아서 끊겼던 시루섬과 육지를 다시 연결하고, 주변에 호텔, 수상스키장 등 각종 레저 스포츠 시설을 구비하면 단양역에 기차로 방문하는 관광객에게 접근성 좋은 종합 관광지가 될 것"이라고 말했다.

향후 가장 이상적인 시루섬은, 물론 현행법에서는 저수 구역을 침범하는 일로 불가능한 일이지만, 현재의 높이보다 5~7m 이상 높게 그리고 2배 이상 더 넓게 돋운 모습이면 좋겠다. 또한 시루섬에 당시와 똑같은 크기의 물탱크를 설치하되 물탱크 위에는 201명의 군상 동상을 제작하는 것이다. 그 당시를 재현하기 위해 소나무 숲을 만들어 제1, 제2, 제3원두막을 설치하고 물탱크에 밧줄을 이은 철선도 함께 설치하면 좋을 것이다. 주변에는 작은 박물관 또는 기념관을 건립하고 아름다운 정원을 조성할 수 있다. 아울러 유람선이 드나들 수 있는 선착장을 만들어 관광객들에게 스토리텔링하는 관광지로 개발하면 얼마나 좋을까? 선착장 건설이 어렵다면 단양역 앞에서부터 부교浮橋를 만들어 관광객이 드나들 수 있도록 하는 차선책도 있을 것이다.

관광 해설사가 시루섬을 한 바퀴 돌면서 관광객들에게 그날의 참상과 교훈을 얘기해 주면서 여기저기 포토존에서 사진을 찍도록 하고 영화와 다큐멘터리도 만들어서 박물관에서 상시 상영하면 더 좋을 것이다. 일반적으로 영화의 한 장면만 촬영해도 그곳을 스토리텔링해서 관광지로 만들어 가는데 비해 이곳은 시종일관 영화의 중심지이므로 관광자원화하는데 모자람이 없을 것이다.

시루섬 중심부 어디엔가 희생자 추모비 또는 위령탑을 건립하면 먼저 가신 분들의 넋을 위로하고 시루섬의 교훈을 생각해 볼 수 있는 장소가 될 것이다. 나아가 단양군 내 각급 기관장이 취임 후 충혼탑 참배에 이어 이곳도 참배하면서 희생·헌신 정신을 이어받아 직무에 충실하겠다는 다짐의 공간과 시간을 가지는 지역문화를 만들어 가면 더 좋겠다. 아울러 국민들에게 재난·재해에 대한 경각심과 관심을 심어주는 국가 차원의 '재난안전 교육관'도 유치하면 좋겠다. 법적 제약도 있는 일이라 허황된 꿈일지 모르지만 나름의 이상향을 그려 본다.

이야기를 마무리하며

1972년 8월 19일 시루섬 수해로 상징되는 단양 지역의 수해는 당시 신문보도처럼 역사상 최대최악最大最惡의 비극이었다. 그럼에도 불구하고 그 참상의 내용은 단양군청을 비롯한 어느 곳에도 기록 보전된 곳이 없다.『수해백서』에도,『신단양건설지』에도 시루섬 수해 관련 기록이나 스토리는 너무나 미미했다. 오직 직접 겪은 사람이나 전해들은 사람들의 입으로만 전해 내려올 뿐이었다. 직접 듣는 그 얘기들이 너무나 드라마틱 하고 긴장의 연속이라 필자는 감동을 주체하지 못하고 주인공들을 찾아 나섰다.

모두 20가구 22명을 만났다. 양해를 구한 후 휴대폰을 놓고 녹음하면서 대화했다. 계속 질문하고 답하는 형식으로 그분들의 아득한 기억을 끄집어내었다. 그리고 집으로 돌아와 이야기 내용이 훼손되지 않는 범위 내에서 글을 가다듬었다. 필자의 생각을 더하지 않고 그대로 들여다보기 위해 노력했다. 그 과정에서 궁금증이 남아있거나 미처 여쭤보지 못한 부분이 있으면 다시 찾아가거나 전화로 문의하기도 하면서 기억의 완성도를 높여 나갔다. 김현수 님의 경우에는 10여 회가 넘는 방문 또는 전화 문의를 하기도 했다.

게을러서 그런지 그렇게 시작한 지 벌써 9년이 흘렀다. 처음 마주했던 얼굴과 회상의 시간은 아직도 선명하다. 불과 24시간 동안 일어났던 일이었지만 생사의 갈림길, 절체절명의 위기에서 시루섬 사람들은 함께 살기 위해 온갖 지혜를 동원해 위기를 극복했다. 특별한 지휘관도 없었으나 잘 훈련된 군대 조직처럼 일사분란하게 협동·단결했다. 결코 나만 살겠다고 남과 갈등하지 않았다. 희생, 헌신, 인내로 수마를 이겨냈다. 그 과정은 감동의 시간이었다.

이러한 희생이 있었기 때문에 청와대와 중앙정부에서 홍수 통제를 위해 충주댐 건설 논의를 본격적으로 시작한 것이다. 결국 최초의 군청 소재지 이전이라는 대역사가 추진됐다. 그러나 시루섬 사람들은 또 다른 희생을 강요당했다. 수해의 아픔이 아직 생생한데 이번에는 아예 시루섬, 고향을 지워야 하는 아픔이었다.

신단양 건설에 따른 골재 조달은 물론 축대 안쪽을 메우는 사토를 이 마을에서 퍼갔다. 이곳에 있던 바위, 자갈, 흙, 모래를 모두 퍼갔다. 수중보까지 생겨 이제는 계란프라이처럼 나지막이 애처롭게 부침하고 있다. 지형이 달라져 시루섬의 흔적은 찾아볼 길이 없다.

시루섬 사람들은 신단양 이전하는데 단초를 제공했음은 물론 마을의 피와 살과 뼈를 바친 것도 모자라 기억의 매개마저 지우라는 희생을 강요당하고 있는지도 모른다. 그러면서도 그 누구도 알아주지 않는다. 이 책을 내는 이유도 시루섬의 그날을 우리가 살고 있는 오늘에서 내일로 잇기 위함이다. 있는 그대로 가감 없이 기록 보전함으로써 앞뒤 세대 간의 기억을 연결하고, 정신을 계승하는 것이야말로 오늘을 사는 우리 세대의 시대적인 소명이라 생각했다.

고통스러운 기억을 떠올리는 그들의 이야기를 들으며 눈물을 참느라 힘들기도 했다. 드라마보다 더 드라마틱했던 그날의 생생한 진실을 기록 보전해야 하는 일은 어쩌면 나에게 부여된 소명이 아닌가 하는 생각도 들었다. 시간이 갈수록 그 소명의식은 강하게 다가왔기에 이 책을 쓸 수 있었다. 그리고 마침내 이야기의 종착점에 도착했다. 그러나 멈출 수 있는 종점이 아니다. 이 책을 바탕으로 시루섬 수해에 대한 추가적인 연구와 단양 읍내를 비롯한 다른 지역의 수해 관련 조사, 연구가 이루어지길 바라는 마음이 간절하다.

17

그날 시루섬 사람들은 모두 영웅이었다

　1972년 8월 19일 기록적인 폭우와 남한강 범람으로 시루섬에 갇혔던 242명의 주민들은 나보다 남을 먼저 생각하는 희생, 헌신, 협동 정신으로 인류 재난사에 길이 남을 자취를 남겼다.

　간혹 어떤 사람은 "시루섬 사람들이 무슨 영웅인가? 자기들 살자고 한 일인데⋯⋯."라고 생각하기도 한다. 그러나 그들은 영웅이다. 생사의 갈림길에서 갈등하지 않고 나보다 남을 먼저 생각하는 희생정신을 보여주었고, 다 같이 살기 위해 협동하고 헌신했기 때문이다.

　시루섬 사람들이 그날, 재난 상황에서 보여주었던 정신은 필자가 이 책을 쓰게 된 이유이자, 자랑스러운 단양의 정신으로 계승하고 발전시켜야 할 당위성이다.

스크럼이 깨질까 봐 아기의 죽음을 내색하지 않았다

　최옥희 님은 백일 된 갓난아기를 안고 물탱크 위로 피신했다. 물탱크 위에서 사람들이 밀고 밀리는 중에 품속에 있던 아기를 잃었지만, 그녀는 조용히 인내하면서 그 밤을 견뎌냈다. 자기 하나로 인해 대열이 깨지고 모두에게 위기가 닥칠 것을 염려했기 때문이다.

　"내 아이가 죽었다."라고 하면 소동이 나서 가장자리 사람들이 물속으로 빠질까 봐 속울음만 삼키고 내색하지 않은 것이다. "산 사람은 살아야죠. 싸늘하게 식은 아기를 안고 밤새 흐느꼈어요. 아기에게 미안하고 불쌍해서 차마 얼굴을 못 보겠더군요."라고 당시 심정을 밝힌 바 있다.

10여 년 전 단양군청에서 최옥희 님의 희생정신을 기리고자 단양군 군민대상을 드리기 위해 두 번이나 찾아갔지만, 최옥희 님은 수상을 한사코 거절하셨다. "나는 자식 없앤 죄인입니다. 뭘 잘 했다고 상을 받겠습니까? 나에게 상을 주지 말고 벌을 주세요."라고 말씀하셨다고 한다. 군민에게 가장 큰 영예인 군민대상을 서로 받기 위해 안달하는 세태와는 너무나 비교되는 태도를 보이신 분이다.

"외지인들 죽으면 안 된다."라고 하면서 물탱크에 잠업센터 연수생부터 올렸다

당시 시루섬 잠업센터는 추잠秋蠶 연수생 30여 명이 연수를 받고 있었다. 주로 초등학교나 중학교를 갓 졸업한 소녀들이었다. 모두 단양군 내의 각 마을에서 온 분들이었다. 이분들 역시 온 동네 사람들과 함께 마을에서 가장 높은 곳인 물탱크 주변에 모였다.

생사를 넘나드는 위기 속에서도 마을 어른들은 "외지인들은 동네 손님이다. 손님이 다쳐선 안 되니 먼저 물탱크에 올려보내야 한다."라면서 잠업센터에서 연수 중인 소녀들을 제일 먼저 물탱크에 오르게 했다. 집 식구나 마을 이웃이 아닌, 얼굴도 모르는 연수생들부터 제일 먼저 사다리를 타고 오르게 한 것이다. 그래서 연수생 중에는 희생자가 한 분도 없다. 남을 배려하며 희생, 헌신한 감동 사례가 아닐 수 없다.

남을 도와주거나 마을 공동의 일로 물탱크에 오르지 못해 가족을 잃었다

시루섬의 가장들은 본인이나 가족의 안위보다 마을 공동의 안위를 우선으로 했다. 김현수 님은 아랫송정 사람들의 담배를 옮기느라 가족을 챙기지 못하고 늦게 도착했다. 마음만 먹으면 가족을 가장 먼저 물탱크 위로 대피시킬 수도 있었지만, 마을 일을 돌보느라 물탱크에 오를 기회를 놓친 것이다. 결국 3명의 자녀가 희생되는 안타까운 일이 벌어졌다.

이처럼 마을 주민들을 돌보느라 물탱크에 가족들을 올리지 못한 가장들은 급하게 원두막을 짓고 가족들을 피신시켰다. 그러나 고삐가 묶인 소들을 풀어 주고 철선을 이동시키는 등 마을 일을 하느라 원두막에서 내려왔다가 가족과 함께 하지 못했다. 그 결과 가족을 물에 떠내려 보내야 했다.

가족을 돌볼 겨를도 없이 마을 전체를 살리는 일에 헌신했다

김은종 님과 이몽수·이창수 형제, 박동준·박동구 형제의 행동은 참으로 담대했다. 강물이 범람해서 집들이 연달아 무너져 내릴 때 마을 공용 전화로 현지 상황을 전파했다. 그리고 가가호호를 방문해서 대피를 독려했고 물에 잠긴 담배 건조실에서 사다리를 구해와 물탱크에 걸었다. 물탱크 위에 오르고 나서도 사다리와 철선을 붙잡고 있느라 정작 식구들은 챙길 여유가 없었다. 나보다 우리를 생각한 행동이었다.

마음을 모아 일사분란 하게 원두막을 지었다

마을 사람들은 육지가 모두 강물에 잠길 위기가 닥치자 주변의 참나무와 소나무를 이용해서 원두막을 만들었다. 긴박한 상황에서 누군가 아이디어를 냈다. 그리고 관련 자재를 신속히 확보해서 짧은 시간에 원두막을 지었다. 어떤 사람은 나무 위에서, 어떤 사람은 나무 아래에서 모두가 한마음이 되어 일사분란하게 원두막을 지었다. 어린아이까지 서까래와 송판을 날라 주는 등 모두 힘을 보탰다. 마치 재난훈련이나 민방위 훈련을 통해 익숙한 사람들처럼 말이다.

당시 중학교 3학년이자 종갓집 아들이었던 김기홍 님은 자신의 집 마루를 교체할 송판을 통째로 날랐고, 또 누군가는 자기 집의 울타리를 뽑아서 보탰다. 자신은 올라가지도 않을 원두막을 짓기 위해 아낌없이 헌신했다.

청년들은 난간이 없는 물탱크에서 사람이 물에 빠지지 않도록 스크럼을 짰다

수십 명의 청년들은 난간도 없는 물탱크의 가장자리에서 스크럼을 짜고 인간 울타리 역할을 했다. 한발만 앞으로 내딛어도 물살에 휩쓸릴 위험한 자리에서 물탱크 위에 피난했던 사람들을 보호했다. 그 덕분에 연수생들과 노약자들을 비롯한 전 주민들은 무사할 수 있었다.

최후 수단인 사다리와 철선을 지켰다

물탱크 위는 난간도 없이 반들반들한 곳이라 어떤 물건도 묶을 곳이 없었다. 그래서 사다리가 떠내려가지 않도록 몇 사람이 힘을 합쳐 꽉 붙잡고 있어야 했다. 물이 빠진 후 물탱크에서 다시 내려갈 유일한 수단이었기 때문이다.

사다리뿐만 아니라 철선도 지켜야 했다. 최악의 경우 마을 사람들을 운반할 귀중한 역할을 해야 했기 때문이다. 당시 이창수 님을 비롯한 마을의 몇몇 분들은 물탱크 위에서 오직 사다리와 철선만 붙잡고 있느라 식구들에게 신경 쓸 여력이 없었다. 내 가족만이 아니라 모두를 살려야 한다는 마음이 더 컸던 것이다.

특히 마지막 교통수단이 될 배를 강가에서 물탱크까지 끌어 왔고, 식량과 땔감과 석유를 실어 만일에 대비했다. 물이 빠지기 시작하자 강물에 뛰어들어 물에 빠진 사람들을 건져 올렸고, 물이 빠진 이후에는 나무에 걸린 시신을 수습했다.

살 수 있다는 희망을 주기 위해 밤새 횃불을 밝혔다

시루섬에 가족을 두고 애곡리 딸의 집을 방문했던 최면호 님의 어머니는 애곡리 쪽 기찻길을 뛰어다녔다. 발톱이 빠진 것도 모른 채 횃불을 들고 다니며 목이 터지도록 외쳤다.

제발 살아 있어 달라고, 삶을 향한 의지를 꺾지 말아 달라고.

최면호 님의 어머니뿐만 아니라 친척들, 군인, 경찰서장, 이웃 마을 주민들도 밤새도록 횃불을 밝혔다. 그리하여 시루섬을 중심으로 심곡리동, 애곡리서, 현천 철교남, 상진리북 등 다섯 곳에서 횃불이 밝혀지는 감동이 연출되었다. 시루섬 안과 밖에서 그들은 하나가 되어 살아 남을 수 있었다.

극한의 상황에서도 의지를 꺾지 않고 15시간의 긴 밤을 버텼다

물탱크 위에서, 나무 원두막 위에서, 철선 위에서 부들부들 떨며 15시간이라는 긴 시간을 견뎌낸 시루섬 주민 모두가 영웅이다. 너무 좁아서 손을 하늘로 들어올려야 했고, 선 채로 생리 현상을 해결해야 했다. 죽음의 공포와 함께 몰려드는 졸음의 고통은 누구도 상상할 수 없는 것이었다. 마침내 15시간의 사투는 시루섬의 기적을 이루었으니, 이는 한 개인이 아닌 시루섬 주민 모두가 성취한 결과라 할 수 있다. 그러니 그날 시루섬에 있던 사람들을 영웅이라고 하지 않을 수 있겠는가!

부록〈증언록〉

그날의 영웅들

Ⅰ. 시루섬, 기록 속의 그날
   1. 신문 속의 그날   308
   2. 책 속의 그날   344

Ⅱ. 시루섬, 영웅들의 목소리
   증언자 1. 이몽수·조옥분 부부   355
   증언자 2. 김현수·권순이 부부   369
   증언자 3. 유상순 님   385
   증언자 4. 최옥희 님   402
   증언자 5. 한길선 님   412
   증언자 6. 오근택 님   426
   증언자 7. 박동준 님   435
   증언자 8. 박동희 님   449
   증언자 9. 오재창 님   470
   증언자 10. 이대수 님   490
   증언자 11. 김기홍 님   498
   증언자 12. 최면호 님   508
   증언자 13. 김경란 님   517
   증언자 14. 송순옥 님   527
   증언자 15. 신준옥 님   534
   증언자 16. 오선옥 님   546
   증언자 17. 배금숙 님   552
   증언자 18. 조율형 님   558
   증언자 19. 김운기 님   564
   증언자 20. 윤수경 님   572

I

시루섬,
기록 속의 그날

1

신문 속의 그날

당시 단양지역의 수해와 관련한 보도상황을 보면 유일한 지역신문이었던 〈충청일보〉에서 수해 3일 후인 8월 22일 첫 보도를 시작했다. 아울러 중앙언론에서도 단양의 수해를 23일에 처음으로 보도하였다.

먼저 날짜별 기사 제목을 보면 다음과 같다.

- **8. 22.(화)**
  - 단양 지방은 완전침수. 헬기 8대 동원 구조 나서 〈충청일보〉

- **8. 23.(수)**
  - 쌀 한 말 삼천 원까지. 물 빠진 단양읍 생필품값 마구 뛰어 〈동아일보〉
  - 수중도시 단양… 수마와 44시간. 상상을 절했던 이 참상 〈충청일보〉
  - 단양 수해의 문제점 〈충청일보〉
  - (기자석) 수해지구 의원들 열변 〈충청일보〉

- **8. 24.(목)**
  - (기자석) 생각했던 것보다 큰 피해 〈충청일보〉
  - (오뚝이) 임시 수용소에서 옥동자 낳아 〈충청일보〉

- **8. 25.(금)**
  - 처참한 수해현장. 본사 김영회 기자 헬기 동승기 〈충청일보〉
  - 협동, 인내로 이겨낸 수마… 잠업계장 조문행 씨가 대피 지휘 〈충청일보〉

8. 26.(토) ● 박 대통령 지시. 충북 단양 수해 지역에 피해 대책 세우라
〈매일경제〉
● 박 대통령, 수해지 공중시찰〈동아일보〉
● 김종필 수해지구 시찰〈동아일보〉
● (기자석) 단양지구 피해 전국서 제일 커〈충청일보〉
● 죽음 무릅쓴 공무원의 수훈 - 단양군청·우체국 직원들
〈충청일보〉
● 이대로 기다려야 하나. 영춘면 2천여 수재민 호소
〈충청일보〉

8. 27.(일) ● 박 대통령 단양 수해지구 시찰. 26일 상오 헬기 편으로
〈충청일보〉
● (사설) 단양과 청풍 시가는 새터전에 새로 건설하자
〈충청일보〉
● 공복의 수훈·63명 구해… 단양경찰서 지준배 경장
〈충청일보〉
● (사진) 전봇대를 넘은 범람의 자국
〈충청일보〉

8. 28.(월) ● 떼죽음 면한 협동과 끈기
〈동아일보〉

8. 29.(화) ● 사상 최대최악의 충북 물난리… 그 참상은 이러했다
〈충청일보〉
 - (사진) 수마가 단양을 삼키고 있다
 - (사진) 두 동강 난 상진대교

9. 21.(목) ● 제천지구 〈추석절 수해복구 상황〉
〈경향신문〉

당시의 언론 보도 내용을 한곳에 모아보았다. 읽기 편하도록 한자를 한글로 바꾸어 표기했다.

〈충청일보〉 1972. 8. 22.(화) 3면

단양 지방은 완전침수

남한강 물 넘쳐 헬기 8대 동원 구조 나서
21일 현재 피해집계 안 돼

18일 정오부터 단양·제천·중원지방을 비롯 도내 북부지방에 내린 집중폭우로 인해 19일 밤 9시께부터 단양군 단양면 소재지를 비롯 영춘·매포 제천군 청풍·한수·덕산 중원군 동량·조동 충주시 역전·반월동 등 10개 지역이 남한강물이 둑을 넘쳐 완전침수. 이 중 대부분의 지역이 21일 정오 현재 물이 빠지지 않고 있어 고립돼 있는 주민들의 구조가 시급히 요청되고 있다.

날이 밝아지기 시작한 20일 새벽 5시 미군 헬리콥터 4대를 비롯 육군 제3관구서 2대 치안국 1대 공군기 1대 등을 8대의 헬리콥터가 동원 단양을 중심으로 이날 낮 하오 5시까지 12시간 동안 인명구조작업을 폈으나 아직도 일부 주민들이 고립돼 있는 것으로 전해지고 있다.

19일 밤 10시께 단양경찰서 청사가 지붕 밑까지 물에 채어 유치인 66명을 단양보건소로 긴급대피 수용했는가 하면 전 시가지가 물에 채어 있어 구조작업을 제대로 펴지 못하고 있는 실정이다.

한편 제천군 청풍면 읍내리에 소재한 보물 528호로 지정, 보전된 「한벽루」가 이번 장마에 유실돼 흔적을 찾을 수가 없게 됐다.

진천군 이월면 신월리 이규복 씨(24)는 19일 하오 5시께 마을 앞 논둑이 터져 작업을 하다 미호천 제방이 갑자기 터지는 바람에 물에 휩쓸리다 20년생 밤나무에 몸을 의지, 10시간 만에 부락민들이 던져 준 밧줄을 잡고 생명을 건지기도 했다.

또한, 단양군 단양면 증도리 섬마을 주민 242명은 20여 시간이나 물에 잠겨 고립돼 있다가 4명이 죽고 4명이 실종된 채 구조에 나선 미군 헬기 편으로 구조되기도 했다.

〈동아일보〉 1972. 8. 23.(수) 7면

쌀 한 말 삼천 원까지

물 빠진 단양읍 생필품값 마구 뛰어

[단양] 단양읍내 1,530가구 가운데 25가구를 제외한 읍 전체가 몽땅 물에 잠겨 충북 도내에서 가장 큰 수해를 입은 단양읍 수재민들은 20일 정오 침수 16시간 만에 물이 빠지자 텅 빈 옛 집터에 돌아갔으나 각종 생활필수품 값이 마구 뛰어 이날 쌀 한 말에 삼천 원에 거래됐는가 하면 성냥 한 갑에 삼십 원씩도 사기 힘들어 구호의 손길을 애타게 기다리고 있다.

이번 폭우 때 단양읍은 남한강 상류의 범람으로 단양공고 군농협 교육청 우체국 건물 그리고 군청과 경찰서 등 고층건물의 상층부와 고지대 25가구 만이 침수를 면했을 뿐 읍내가 모두 물에 잠겼었다.

이밖에 단양팔경 가운데 제일로 치는 도담과 삼봉 중턱에 세워진 삼봉정이 탁류에 휩쓸려 유실됐고 매포면 상진대교(길이 250m) 교각 18개 중 10개가 유실, 2억여 원의 피해를 냈으며 매포면 하계리 성신 시멘트공장(연간 130만t 생산)이 침수돼 「프랑스」에서 들여온 전기기계가 못쓰게 되어 2억여 원의 피해를 내 이날 현재 가동 중단되고 있다.

〈충청일보〉 1972. 8. 23.(수) 3면

수중도시 단양… 수마와 44시간

상상을 절했던 이 참상
완전 수몰된 단양 피해 15억 상회

【편집자 주】 수마의 피해는 엄청난 것이었다. 설마 설마 하다가 눈 깜짝할 사이에 겪어야 했던 물난리지구 단양. 통신·교통의 모든 수단이 끊겨 그 참상을 알 수 없었던 수몰지의 아비규환 속을 본사에서는 긴급 현지취재반을 급파, 역경을 넘어 현지에 도착, 복구와 구호의 손길을 애타게 기다리는 현지의 처절한 모습 제1신을 보내왔다.

단양 피해 상보【본사 임시취재반 지급전화】= 박국평 기자(편집국)· 조철호 기자(편집국)· 권영관 기자(단양주재)· 이상수 기자(제천주재)· 서병학 기자(충주주재)· 장형대 기자(충주주재)

충북 최초 최대의 비극은 최북단 단양에서 비롯됐다. 단양의 주말을 너무도 세차게 할퀴고 지나갔던 "수마의 날 8월 19일" 모든 육로의 차단과 통신두절이 아비규환의 도가니 단양을 의로운 비명만으로 목쉬게 했고 물과의 전쟁 44시간 만의 남은 것이란 입은 옷과 배고픔뿐이다.

단양군의 7개면 중 어상천면을 제외한 6개 면을 휩쓸어버린 현재의 상황은 한마디로 절망의 표정. 그 가장 큰 이유는 185mm(18일 하오 2시 침수 직전까지)의 비가 「설마 어떠랴」싶었던 방심을 깨고 영월 방면에서 범람키 시작한 남한강 상류의 급류가 넘친 데서 시작, 탁류가 삼키고 지나간 자리엔 14,293명의 이재민과 사망 9명 부상 132명 건물피해 3200여 동 농경지 피해 326정보 도로유실 6,230m 교량 1개소(276m) 30개 교실 파괴 등 총 피해액은 15억(본사 특별취재반 집계)을 추산하고 있는, 실로 엄청난 재난의 땅으로 변해 버렸다.

굶주림과 허기에 지쳐
구호 손길 애타게 바라

18일 하오 2시 단양군민들의 최후의 보루였던 단양천 둑(높이 8m)이 30년 전의 병자년 장마를 회고하며 설마 했던 주민들의 방심과 자위를 무너뜨리고 영월에서부터 밀어닥친 남한강 상류가 하방리 일대를 넘치자 이에 당황한 주민들이 가재도구를 건지고자 했을 때는 이미 손쓸 사이 없는 물바다였다. 노도를 방불케 한 거센 탁류가 중방리·상방리 일대를 휩쓸어 전 가옥의 90%를 삼켜버리는 데는 불과 1시간 정도밖에 소요되지 않았다. 모든 주민들은 높은 지대로 대피, 22일 상오 8시 현재까지 단양여중고교와 단양국민학교에 이재민 수용소를 긴급설치, 국민교에 460명, 중고교에 780명 등 1,240명의 이재민이 집단 수용돼 있으며 이중 증도리에서 헬기로 긴급구조된 234명의 주민들도 포함돼 있다. 이들이 수용되기까지는 처절한 수마와의 피어린 투쟁의 연속이었다.

교육청 2층 옥상에 남은 18명의 직원과 주민은 떠내려오는 통나무와 주민들이 던져준 밧줄로 뗏목을 만들어 극적인 탈출에 성공했고 농촌지도소 옥상의 45명의 주민들은 지준배 경장(단양파출소)과 김완배·이한구(군청 내무과) 최익균(농촌지도소) 씨 등이 만든 뗏목으로 생명을 건 구출작업이 성공했으며 우체국 직원 6명이 서류를 들고 물바다를 헤쳐 나온 것이 마지막 탈출. 또한, 이때쯤 단양면 증도리 시루섬 주민 37세대 242명은 인근 간이상수도 물탱크(높이 8m, 면적 2평)와 소나무를 엮어 피라밑(피라미드) 형으로 대피, 12시간의 사투 끝에 8명이 급류에 휘말렸고 235명이 긴급출동한 미군 헬기로 구조됐다.

또한 도담삼봉의 정자마저도 수장해버린 수마는 단양팔경의 하나인 도담삼봉 우측 봉우리의 상단부를 허물어뜨려 수천 년 의연히 버티고 서있던 절경 도담 3봉은 이제 도담 2봉으로 그 지형이 바뀌고 말았다.

한편 구조작업에 나선 정경모 군수를 비롯한 경찰, 소방관, 군청 직원들은 자기 가재도구나 가족들을 돌볼 겨를이 없이 거의가 맨몸 피신으로 3일간의 밤을 새워 충혈된 눈으로 사후 대책에 전력을 다하고 있다.

이번 물난리가 빚은 단양군내의 피해액은 총 15억 원 선으로 추산하고 있는데 통신 회복과 더불어 그 액수는 격증될 것으로 보인다.

수재민들은 현재 가장 필요로 하는 것은 쌀과 침수가옥을 손질할 시멘트 등인데 21일 하오 7시까지엔 충북적십자사(지사장 한충구)가 마련한 라면 5천 봉 외에 의류품 등 10톤의 구호 물품을 상주방면의 우회도로를 이용, 도착한 이외에는 구호의 손길이 뻗치지 못하고 않고 있어 아직도 감자와 밀가루만으로 배고픔을 달래고 있다.

그런데 아직까지 충주-단양 간과 제천·단양 간의 육로교통은 교량유실과 산사태로 도로가 붕괴, 교통이 두절되고 있으며 제천·단양 간의 철로만 겨우 복구되어 있는 형편으로 육로 교통의 단시일 내 복구는 어려울 것으로 보인다.

※ 사망자 명단 ▲최영순(여) ▲김형재(남) ▲김승배(여) ▲김순이(여) ▲김충배(남) ▲이현덕(남) ▲안철호 아들 ▲오정옥(여) (이상 단양면 증도리 시루섬 주민) ▲이규봉(남) 매포면 하괴리

(사진 설명) 단양천을 넘어 덮친 산더미 같은 물은 삽시간에 단양 시내를 삼켜버렸다.

〈충청일보〉 1972. 8. 23.(수) 3면

단양 수해의 문제점

①남한강 상류의 범람이 영월부터 휩쓸어 단양까지 오는 동안 행정적인 긴급 연락이 취해지지 않아 186mm의 강우량밖에 안 되는 단양군민들의 방심과 ②피신 요구에 병자년 장마를 기준으로 대피를 거부한 노인들이 고집 ③통신·교통 두절로 인해 단양 수재의 참상이 외부에 알려지지 않아 구호의 손길은커녕 수재민들의 소외감으로 실의에 빠져 복구 의욕을 좌절시켰고 ④의식주 부족의 본의 아닌 도범 사건이 격증하고 있으며 ⑤수해와 집단 수용에 따를 가능성이 짙은 전염병 예방과 현지 부상자 치료에 3관구 의료진 7명과 단양보건소 직원들만이 동원되어 점차 늘어나는 환자 치료에도 손길이 모자라 보다 많은 의료진의 급파가 절실한 실정이다.

〈충청일보〉 1972. 8. 23.(수) 2면

> 기 자 석

"수해지구 의원들 열변"

    ○… 태완선 경제기획원 장관으로부터 수해 상황을 보고받은 21일 국회 본회의는 서울 출신의 수해지구 의원들이 저마다 한마디씩 하려고 나서는 바람에 한동안 옥신각신 소란을 피웠다. … 한편 이번 폭우로 이해원, 이택희 두 의원도 큰 피해를 입었다.
    동대문구 이문동 저지대에 살고있는 이해원 의원은 물이 방까지 들이닥치는 바람에 가족들을 이끌고 고지대의 친구 집으로 옮겨 21일까지도 귀가를 못했으며 영등포구 봉천동에 사는 이택희 의원은 비가 새서 가재도구를 모두 적신 채 밤을 꼬박 새우기도 했다는데 공교롭게도 이들 두 의원은 선거구마저 큰 수해를 당해 21일 국회에 나와서도 남달리 걱정.
    이날 아침 일찍 국회에 나왔던 이해원 의원은 자신의 선거구인 단양이 통신마저 두절된 채 완전 고립됐다고 안타까워하면서 길전식 사무총장과 민기식 국방위원장에게 귀향할 「헬리콥터」의 주선을 부탁하며 발을 동동 굴렀고 이택희 의원 같은 이는 온종일 동분서주하며 귀향 준비로 땀을 흘리기도 했다.

〈충청일보〉 1972. 8. 24.(목) 2면

記者席

"생각했던 것보다 큰 피해"

○… 이해원 의원은 22일 상오 10시 「헬」 기편으로 출신구인 제천에 왔다. 도내에서 가장 피해가 큰 제천·단양지구를 돌아보고 이재민을 위로 격려해 주며 정확한 피해 상황을 살피기 위해 온 이 의원은 제천군 재해대책본부에 들러 수해복구사업에 앞장서고 있는 공무원들의 노고를 치하한 후 금일봉을 내놓았고 둑이 무너진 의림 제방과 보물이 유실된 청풍 등지를 거쳐 단양군 재해대책본부에 들러 역시 금일봉을 전달한 후 시루섬 일대를 비롯 군내 수해 상황을 살핀 후 하오 늦게 상경했다.

한편 박상용 공화당 도지부 사무국장은 이날 새벽 북부지방 수해 상황을 돌아보기 위해 충주에 들러 하오 3시경 도지부 사무국으로 전화를 걸어 『생각했던 것보다 현지에 와보니 너무 큰 피해였다』고 류성현 조직부장에게 말하고 『당원들이 벌이고 있는 수재민 의연금품 모집운동을 적극 추진할 방안을 연구해 보라』고 했다.

〈충청일보〉 1972. 8. 24.(목) 3면

> 오뚝이

○… 단양군 단양국교에 설치돼 있는 이재민 임시수용소에서 옥동자를 낳아 잠시 슬픔을 잊게 했다.

○… 이재민으로 수용돼 있던 신덕승 씨(41. 금성면 석내리)의 부인 김영선 여인(39)은 지난 22일 초저녁부터 산고를 느껴 동교 숙직실에서 밤 11시께 몸을 풀었는데 옥동자를 낳았다. 【단양=본사 임시취재반】

〈충청일보〉 1972. 8. 25.(금) 2면

처참한 수해현장

본사 김영회 기자 헬기 동승기

남한강 연안 폐허의 땅 돼
단양… 진수렁과 악취뿐
병자년보다 더 큰 물난리

일찍이 볼 수 없었던 천재지변이었다. 마의 대홍수가 휩쓸고 간 계곡에는 실의와 절망만이 기다리고 있을 뿐이었다. 영월에서 단양을 거쳐 제천·한수면으로 굽이쳐 흐르는 200여 리의 남한강 연안은 수마가 할퀴고 간 깊은 상처로「폐허의 땅」이 돼 있었다. 22일 경찰「헬리콥터」702호에 탑승한 기자는 수해가 우심했던 단양군 영춘면·매포면과 제천군 청풍면·한수면의 상공을 날면서 그 피해 상황을 둘러보았다.

곳곳마다 제방이 무너지고 도로가 끊겼으며 거대한 교량이 두 동강 나 있었다. 연안의 크고 작은 부락들이 자취도 없이 어디론가 떠내려가 버렸다.

1,300년의 역사 속에 관광지로 각광을 받던 제천 의림지는 서남쪽 둑 100여m가 터져 나가 물 한 방울 없는 검은 흙이 바닥을 드러내 보이고 있었으며 단양팔경의 하나인 도담삼봉은 중턱에 있던 정자와 함께 한 봉우리의 바윗돌이 부러져나가 두 개의 봉우리만이 우뚝 서 있어 이번 장마가 얼마나 심했던가를 보여주고 있었다.

그런가면 고려 시대 현의 감사로 창건되어 보물 528호로 지정돼 있던 청풍 한벽루는 그 유명한 송시열의 휘호와 김수증의 현판이 함께 떠내려가 모습도 찾아볼 수 없었으며 봉양면의 팔송교는 준공 20일 만에 두 동강으로 끊겼고 단양과 매포를 잇는 300여 미터의 상진대교도 교각 18개 중 10개가 유실돼 반 동강만이 남아 있을 뿐이었다.

아직도 검붉은 흙탕물이 도도히 흐르고 있는 남한강 연안에는 집과 가재도구를 잃은 주민들이 산허리에 늘어서서 낯선 비행기를 실의에 차 바라보며 손을 젓는 모습도 보였고 1천 호 이상이 침수됐던 단양 소재지는 이불, 의류 등 젖은 가재도구를 햇볕에 내 널어 온 읍내가 마치 울긋불긋한 꽃밭으로 보이기도 했다.

물 빠진 지붕과 전신주에는 떠내려가던 나뭇가지와 가재도구들이 즐비하게 걸쳐 있는가 하면 군청, 경찰서, 등기소 등 큰 건물의 앞·뒷마당에는 물에 젖은 서류뭉치가 산더미같이 쌓여 있었고 단양초등학교 넓은 운동장에는 침수됐던 정부미 5,700가마가 누렇게 널려 있었다.

또 엽연초생산조합 건물은 허물어지다 못해 빈터만이 남아 있었고 일정 때 지은 단양중학교 교사는 비스듬히 옆으로 주저앉아 있기도 했다. 39년 전 병자년의 물난리 때보다 더 큰 최악의 폭우가 휩쓸고 간 이곳 수해지구는 지금 구호의 손길만을 애타게 기다리고 있다.

물과 싸워 겨우 목숨을 건진 주민들은 지금 넋을 잃은 채 말문조차 열지 못하고 실의에 빠져 있는데 이따금 구호 약품을 싣고 오는 군 헬리콥터의 폭음소리만이 정적을 깨뜨리고 있을 뿐이다. 전대미문의 홍수가 지나간 이 지방은 한마디로 「처참」 그것이었다. 〈헬기 702호에서〉

《충청일보》 1972. 8. 25.(금) 3면

협동·인내로 이겨낸 수마

본사 김영회 기자 헬기 동승기

억수 속 사투 21시간 잠업계장 조문행 씨가 대피 지휘
단양군 증도리 시루섬 주민 240여 명 극적으로 구조
물탱크와 나무서 뭉쳐 격려 【단양 = 권영관 기자】

○…한 공무원의 침착하고 끈질긴 기지로 섬 주민 234명의 생명을 구하기 21시간을 수마와 싸워 이겨낸 주인공이 있다.

○…지난 18일부터 단양군엔 180mm의 폭우가 쏟아지기 시작했고 19일엔 영월 방면의 남한강 물이 불어 단양으로 밀려 닥치기 시작했다.

○…남한강 섬에 위치한 단양군 단양면 증도리 「시루섬」은 19일 하오 3시부터 물이 불어나기 시작해 섬은 차츰 물속으로 들어가게 된 것. 이 부락은 37세대 224명이 뽕나무를 심어 잠업으로 생활해 온 부락이다. 이 부락에서 지난 16일부터 잠업 강습생 18명을 데리고 잠업 기술을 지도하고 있던 단양군 잠업계장 조문행 씨(43)는 섬의 위기를 직감하고 즉시 부락민을 비상소집, 물이 불어나는 것이 위험하니 모두 부락에서 제일 높은 자리인 물탱크 밑으로 모이게 했다.

부락 노인들은 37년 전 병자년 장마를 들어 위험하지 않다고 우겨댔다. 그러나 조계장은 영월 방면에서 계속 비가 쏟아지고 있다는 뉴스를 듣고 섬이 위험하다는 확고한 예감을 갖고 즉시 부락민들을 8미터의 물탱크 위로 올라가도록 했다. 이 물탱크는 부락 간이급수시설로 세운 것인데 탱크 위 뚜껑이 사방 3평 6자 정도밖에 안 되었다.

○… 하오 4시경부터는 예상했던 대로 섬이 침수되기 시작했고 5시께는 완전히 물에 잠기게 된 것이다. 조 계장은 232명을 물탱크에 「피라밑(피라미드)」식으로 앉게 하고 10명은 물탱크에 매어 두었던 철로 만든 배에 타게 했다.

6시엔 마을이 모두 물속으로 들어갔는데 물탱크 위에서 10m 거리에 있는 소나무 2개가 있는 것을 발견한 조 계장은 떠내려오는 밧줄과 서까래 등을 모아 소나무와 연결하는 데 성공, 소나무와 임시다리를 가설 10명씩 다리 위로 올라가게 했다.

○… 이 시간 단양군 재해대책본부(본부장 정경모 군수)는 「시루섬」의 주민 구조를 애처롭게 요구했으나 헬기가 뜰 수 없다는 도로부터의 연락이 왔다. 19일 밤이 되자 조계장은 부락민들에게 「졸지 말라」고 이따끔씩 소리를 지르고 날이 새면 구조대가 올 것이라고 용기를 넣어 주었다. 이렇게 수마와 싸우기 12시간이 지나 20일 아침 6시경 날이 새자 20cm가량 물이 줄어들기 시작했다.

이때 우측 소나무가 흔들리기 시작하면서 순간적으로 넘어가 이 소나무에 있던 10명 중 2명은 가까스로 밧줄을 잡았고 8명은 탁류에 휩쓸려 어디론가 사라져 버렸다는 것.

○… 이 시간쯤 단양군 대책본부에서는 계속 「헬」기의 지원을 요청, 상오 9시께는 육군 「헬」기가 현지를 정찰, 부락민들이 살아있다는 것을 확인하게 된 것이다. 대책본부는 「헬」기로 밧줄을 던져주자고 결정했으나 11시경 대형 미군 「헬」기가 도착, 이 계획을 취소하고 한 번에 50명씩을 태워 이날 3시께는 234명이 구조된 것이다.

(사진 설명)
上〈온 마을을 휩쓸고 간 수마로 진흙더미만 남은 시루섬. 원내는 잠업계장 조 씨〉
下〈240여 명의 인명을 구한 물탱크〉

〈매일경제〉 1972. 8. 26.(토) 1면

박 대통령 지시

충북 단양 수해 지역에
- 피해 대책 세우라

박정희 대통령은 25일 하오 김현옥 내무장관과 장예준 건설장관에게 폭우로 외부와의 연락이 두절된 충북 단양 수해 지역을 시찰, 현지 상황을 파악토록 지시했다.

박 대통령은 이날 하오 4시 중앙재해대책본부를 시찰한 자리에서 내무장관과 건설장관에게 이날 중에 육로로 현지에 가서 "피해 상황을 확인, 즉시 필요한 복구대책을 강구하라." 고 지시했다.

〈동아일보〉 1972. 8. 26.(토) 1면

박 대통령, 수해지 공중시찰

박정희 대통령은 이십육일 최근 폭우로 수해가 심한 충북 제천군 일원과 단양군 영춘면 가곡면을 헬리콥터로 공중시찰하고 제천중학교에서 전날 도착한 김현옥 내무 장예준 건설장관과 태종학 충북도지사로부터 수해 상황과 복구 및 구호대책을 보고받았다.

박 대통령은 도로 붕괴로 고립돼 있는 가곡면 주민들에게 육로 공중 그리고 수로 등 삼면에 걸쳐 구호 작업을 실시하라고 당부하고 통신병을 동원, 영춘 가곡면에 야전용 우선 전화 시설을 가설하고 특히 마을 주민과 향토예비군을 총동원, 도로 보수 작업을 실시하라고 관계관들에게 지시했다.

박 대통령은 또 하천제방은 자력으로 할 수 있는 데까지 마을 주민들이 서로 협력하여 보수하라고 지시했다.

〈동아일보〉 1972. 8. 26.(토) 7면

김 총리 수해지구 시찰

김종필 국무총리는 이십육일 헬리콥터 편으로 경기도 양평군 양서면, 강원도 영월군 영월읍, 충북 단양군 등지의 수해지구를 시찰한다.

〈충청일보〉 1972. 8. 26.(土) 2면

記者席

단양지구 피해 전국서 제일 커

　○… 김원태 의원은 24일 공화당 충북도지부에 들러 『피해 현지에 와보니 국지적으로는 단양지구 피해가 전국에서 제일 큰 것이나 외지엔 아직 잘 알려지지 않고 있다』면서 『4명이 죽고 도로·제방 등이 유실된 괴산지구 피해도 적잖은 것이어서 향토사단에 도자 한 대를 요청·지역관리장의 안내로 복구를 서둘도록 했다.』고 했다

　그런데 김의원은 지난 23일 출신 구에 내려와 …(중략)… 『괴산부인회에서는 단양 등 북부지역에 보내기 위해 장류를 두 트럭이나 모여 놨더라.』고 칭찬했고 『다시 일어나고자 열심히 일하는 이재민들의 굳은 의지와 너나없이 서로 돕고 있는 동포애는 참으로 자랑스러운 일』이라 했다.

　김의원은 이날 충북도청에 들러 태종학 지사로부터 수해 현황과 대책을 듣고 상경했다.

　○… 단양·제천·충주·중원지구 수해 상황을 살피고 돌아온 공화당 충북도지부 박상용 사무국장은 24일 『너무 피해가 커 비참하다는 표현이 가장 적합한 말』이라면서 『걸어서 산을 넘고 물을 건너 피해현장 조사와 이재민 대책을 위해 노력하는 공무원들의 활약은 대단한 것이나 피해액은 점점 늘어날 것 같다.』고 했다.

　박 국장은 또 『수해 피해를 근본적으로 막으려면 치산치수에 따른 장기대책을 세워야 할 것』이라면서 『25일 청주시당에서 열리는 당 사무국 요원 연수회는 북부지역 수재민 구호문제를 주로 다루겠다.』고 했다.

〈충청일보〉 1972. 8. 26.(토) 3면

죽음 무릅쓴 공무원의 수훈

단양군청·우체국 직원들
지적도·토지대장 등 중요서류 꺼내

폭우가 쏟아지고 탁류가 단양을 삼키던 지난 19일 침착하고 희생 어린 공무원들이 목숨을 걸고 끝까지 수마와 싸워가며 제일 중요한 단양군 내 지적공구와 회계장부 및 유가증권을 건져냈고 2층 옥상까지 중요한 장부를 「케이블」 대까지 운반하여 건져낸 눈물겨운 이야기가 있다.

19일 하오 2시경 단양면 하방리 일부가 제일 먼저 침수되기 시작, 군청 직원들은 주민들의 가재도구 및 식량을 구출하기에 바빴다. 그러나 탁류는 어느새 군청으로 밀려들기 시작했다. 내무과장 신상택 씨(48) 재무과장 김수호 씨(42세) 박병윤 씨(42세) 등 직원 6명은 군청이 위태롭다는 것을 직감하

고 지적도면 3,414권과 토지대장 422권을 500m 떨어진 단양국민학교로 나르기 시작했다. 탁류는 사정없이 밀려들어 30분 사이에 허리를 넘도록 찼다.

이들 6명은 이에 굴하지 않고 머리 위에 대장을 이고 릴레이식으로 운반해냈다. 마지막 한 권이 운반되었을 때에는 탁류가 입에까지 올라왔으며 가까스로 헤쳐 나와야 했다.

단양우체국 직원 서영연(54) 씨는 직원 6명을 데리고 중요서류를 2층으로 옮기기 시작한 것이 이날 하오 3시께. 탁류는 벌써 1층을 휩쓸고 들어왔고 다른 직원들을 안전하게 피신시킨 우체국장은 직원 6명과 같이 중요서류를 지키고 2층에서 대전 체신청에 마지막 전화를 했다.

『여기는 단양우체국 현재시간 우체국 건물이 침수되고 있습니다.』 최후까지 사수하겠다는 목소리는 떨리고 있었다.

탁류는 사정없이 2층까지 밀려왔고 서 국장은 다시 2층 옥상으로 올라가 침착한 판단과 위로로 직원들을 안정시키기에 최선을 다했고 노도같이 몰아치는 탁류는 우체국 옥상을 넘치게 되었다. 서 국장은 떠내려오는 플라스틱 통으로 밧줄을 모아 뗏목을 만들어 직원들과 같이 사수하던 우체국을 버리고 헤엄쳐 나왔다. 발을 구르며 지켜보던 주민들은 비로써 안도의 숨을 내쉬었으나 서 국장 이하 온 직원들은 덮여 버리는 우체국 건물을 내려다보며 어린아이처럼 울음을 터트리고 말았다. 【단양 = 권영관 기자】

〈충청일보〉 1972. 8. 26.(토) 3면

"이대로 기다려야 하나"

단양군 영춘면 2천여 수재민 호소
당국의 구호 손길도 막혀 / 집단 전염병 발생 우려도

【단양 = 본사 임시취재반 지급전화】 8·19 수마가 휩쓸고 지나간 지 일주일이 지난 25일 정오까지도 단양군 영춘면의 2천 명에 달하는 수재민들에게 당국의 구호의 손길이 뻗치지 않고 있어 큰 위기에 부딪쳤다.

헬기 지원도 손이 안 닿아

1,958명의 수재민을 낸 단양군 영춘면은 수마가 할퀸 지 일주일이 지나도록 교통이 두절된 채 고립되어 허기와 한기에 지친 수재민들은 너무도 커다란 시련을 겪고 있다. 당국의 구호 손길이 차단되고 있는 영춘면 하리는 지난 19일 남한강 범람으로 면 소재지가 가옥 399동이 유실, 또는 전파되고 105동이 반파됐는데 이로 인해 집을 잃은 수재민들은 영춘국교에 임시 수용만 시켰을 뿐 영춘면 내에 보관되었던 양

곡마저도 침수돼 식량난에 처해 있다.

그런데 재해대책본부는 25일 영춘면 수재민 구호를 위한 「헬리콥타」를 요청 중인데도 아직까지 대책이 마련되지 않아 집단 수용과 허기에 지친 수재민들에게 집단 전염병 등 새로운 문제가 발생될까 우려하고 있다.

한편 단양국교 등 수용돼 있는 수재민들은 영춘면 수재민들의 방치에 분노하면서 『교통이 소통될 때까지 기다리는 것은 굶어 죽기를 기다리는 처사』라고 항의하면서 당국의 긴급한 협조를 간절히 요청하기도 했다.

그런데 영춘면을 제외한 단양군내 5개 면의 총 피해액(본사 임시취재반 집계)은 24일 현재 45억 원을 상회하는 것으로 나타났다.

(사진 설명)
〈「8·19수재」가 휩쓸어 1,958명의 수재민을 낸 영춘면은 교통 두절로 인해 25일 정오 현재까지도 고립된 채 굶주림에 떨고 있다. 이들을 구해내는데 필요한 구호품 공로 수송의 대책이 일주일이 지나도록 강구하지 않는 이유는 무엇일까?〉

〈충청일보〉 1972. 8. 27.(일) 1면

박 대통령 단양 수해지구 시찰

26일 상오 헬기 편으로
새마을 정신으로 주민·군·관·예비군 동원
복구 작업에 총력 지시

【제천=이상수 주재 기자 지급전】 박정희 대통령은 단양군 영춘·가곡면 피해지구 고립상태를 해소하기 위해 도로복구 및 통신 시설을 조속히 개설하는 한편 이재민 구호센터 설치 운영 등 복구대책은 새마을 정신으로 주민·군·관·예비군을 전원 동원하고 긴급 노임을 살포, 영춘·가곡면에 「헬」기장을 닦아 물자 수송대책을 세워 이재민을 취로시켜 주택복구 자세를 갖추도록 하라고 말했다.

26일 상오 10시 「헬」기 편으로 단양지구 피해 상황을 시찰하기 위해 제천에 온 박정희 대통령은 제천중·고등학교 강당에서 김현옥 내무 장예준 건설장관 등이 참석한 자리에서 충북도 피해 상황을 태종학 지사로부터 보고받고 이같이 지시했는데 박 대통령의 지시내용은 다음과 같다.

①단양군 영춘·가곡면의 고립상태를 면하도록 교통 및 통신망의 조속 개설 ②헬기 3대 긴급고정배치 ③긴급 노임살포 및 의료품 구호대책 만전·구호센터 운영 등 복구대책을 새마을 정신으로 주민·군·관·예비군을 전원 동원 ④긴급복구대책이 요구되는 곳은 건설부 기술자를 파견, 복구설계에 임할 것 ⑤고립상태를 면하기 위해 영춘, 가곡에 「헬」기장을 닦아 물자 수송대책을 세우는 한편 주민을 취로시켜 돈벌이를 하여 주택복구 자세를 갖추도록 할 것 ⑥침수지역 주민은 취락지구 주택 이주계획을 세워 자손만대에 남길 수 있는 완벽한 위치를 정할 것 ⑦단양의 남한강 유역 주민을 위해 배를 증발해서라도 수로를 올라다니는 수로 교통을 원활하게 할 것 ⑧이재민 방역에 만전을 기할 것.

朴大統領 丹陽 水害地區 시찰

26日上午 헬機便으로

復舊作業에 總力指示

새마을精神으로 住民·軍·官·豫備軍 동원

緊急勞賃 살포도

地方 住民에 都給
3百萬원 未滿工事
內務部, 福祉行政管理指針 마련

<朴正熙 大統領>

〈충청일보〉 1972. 8. 27.(일) 2면 "사설"

단양과 청풍 시가는 새터전에 새로 건설하자

2일간에 450mm라는 엄청난 큰비(폭우)는 사상 최대의 큰비라고 함으로 홍수가 나고 피해가 컸음도 수긍이 간다. 인력만으론 막을 수 없었으리라. 그러나 큰 비가 내리면 큰 홍수가 나고 거기에 따라 큰 수해를 입고 반대로 날이 가물면 그대로 한재를 당하기만 하는 이런 일이 언제까지나 무방비 상태로 되풀이되어도 「할 수 없다.」고 바라보기만 해서는 안 될 일이다.

가뭄을 극복하기 위한 전천후 사업은 어느 정도는 이루어져서 여간 가뭄에는 전같이 농사가 전멸 상태로 바라만 보거나 탄식만을 되씹지 않아도 좋게 되었음을 우리 모두 인정하는 바이다. 그런데 홍수에 대한 피해는 오히려 방지는커녕 극심했음을 또한 인정하지 않을 수 없으니 한해 대책은 했어도 수해 대책은 전혀 하지 않은 것 같은 결과가 된 셈이다.

이번 수해의 두드러진 특징이 산사태와 하천 연안의 저지대 침수로 나타났는데 산사태의 경우 과학적이고 기술적으로 십분 연구 검토함이 없이 함부로 개간이나 도로개설이나 하는 등 공사를 실시한 데서 빚어진 것은 아닌지 분석되어야 할 것이다. 그리고 하천 연안의 저지대의 얕은 침수피해는 여러 군데의 『댐』과 제방 쌓기 등 인공에 의해서 물이 빨리 바다로 빠져나가지 못하게 했다든가 하천부지에 포푸라 등 수목이며 넝쿨이 뻗는 작물들을 마구 심어 이것들이 뽑혀서 다릿발에 걸리는 등 하천의 관리에 소홀함은 없었는가? 깊은 성찰이 있어야 할 줄 안다.

따라서 큰 비가 내리면서 어쩔 수 없다는 식으로 책임을 자연에만 맡겨서는 안 된다. 그리고 몇 해만큼 있는 큰비 때문에 막대한 재정을 수방 사업에 쳐넣을 수 없다는 정도의 안이한 생각으로 되돌아가지 말고 이 계제에 과감한 예방대책을 세우라고 요망하는 바이다.

첫째로 남한 인구의 이십%에 가까운 엄청나게 많은 인구를 집중 수용하고 있는 서울의 도시계획을 재검토해서 다시는 이번 같은 피해가 생기지 않도록 발본적 대책을 세우고 실천하도록 당부한다.

다음으로 충북의 경우를 본다면 충북은 본래 내륙도로서 풍해도 수해도 다른 지방에 비하면 현저하게 적은 것이 지금까지 실증되어 왔는데 이번에는 다른 어느 지방보다도 피해가 컸었다. 그것도 한강 상류 지대의 지류가 범람한 데 연유했다. 그래서 충주 단양 제천지방의 한강 지류가 벌창을 해서 그 연안의 얕은 지대가 전멸 상태로 피해를 입었다. 많은 인명피해와 엄청난 재산피해는 물론이고 충주의 중앙탑이 도괴의 위험에 직면했다더니 다행히 일부 보수로 보존된다고 하며 제천군 청풍의 한벽루는 완전히 유실되었다더니 이것도 도괴된 채로 설계도까지 그대로 있어서 복원이 가능하다니 다행은 하다.

그런데 이 같은 지대의 재건 사업은 그대로 그 자리에 할 것이 아니라 이 계제에 아주 완벽한 새 설계를 해서 새 터전에 새로 건설하는 것이 옳다는 것을 제의하는 바이다. 왜냐하면 사대강 유역 개발계획에 의해서 충주 목행리에 『댐』이 건설된다고 알고 있는 바 이 댐이 건설되면 이번에 침수되었던 일대는 몽땅 수몰 지구가 될 것은 거의 확실하기 때문이다.

어차피 조만간에 수몰 지구가 될 중원 일부와 단양 청풍 등의 시가지는 아주 완전한 다른 곳으로 옮기는 것이 마땅하다. 물론 그렇게 하려면 막대한 재정이 필요하겠지만 아무래도 한번은 있어야 할 일이고 이전에 따르는 보상문제 새 시가지 건설문제 등은 따르게 마련인 이상 이번 복구사업은 고식적인 것에 그치지 말고 몇 해 후에 다가올 『댐』 건설과 관련해서 근본대책이 실천되어야 한다고 본다.

가난한 삶을 하자면 밑돌 빼서 윗돌 받치는 식이 괴이하다고 하지는 않지만 눈앞에 다가선 너무나도 분명한 일을 고식적이고 미봉책으로 어물정 넘겨서는 후회를 천추에 남길까 두려워한다.

〈충청일보〉 1972. 8. 27.(일) 3면

공복의 수훈 · 63명 구해

단양경찰서 지준배 경장

【단양 = 권영관 기자】 수마가 휩쓴 단양에는 갖가지 뒷이야기가 우리의 마음을 기쁘게도 해주고 우울하게도 해준다. 악몽 같았던 그날 익사 직전에 있던 주민 63명을 혼자의 몸으로 모든 위험을 무릅쓴 채 구조해 낸 경찰관을 표창해 달라고 주민들이 단양군 재해대책본부에 건의한 흐뭇한 얘기.

죽음 무릅쓰고 밧줄 던져 익사 직전의 주민 모두 구출
본사 청풍상도 탄 모범경찰

그 주인공은 단양경찰서 단산파출소에 근무하는 지준배(35) 경장으로 지난 19일 하오 6시쯤 단양농촌지도소 2층 옥상에서 미처 피신하지 못한 단양공고 근무 이병제 씨(61) 등 주민 4명을 플라스틱 통으로 뗏목을 만들어 10명씩 무사히 구출했는가 하면 같은 날 하오 7시쯤에는 교육청 청사가 모두 물에 잠길 때까지 대피하지 못한 하창환(49) 관리과장 등 18명을 헤엄쳐 들어가 밧줄을 연결, 모두 구조했다는 것이다.

그런데 지 경장은 충청일보사에서 해마다 실시하는 유공 경찰관을 표창하는 "청풍상" 본상을 수상한 바 있는 충북관내 경찰관 중 으뜸가는 봉사왕이다.

〈충청일보〉 1972. 8. 27.(일) 4면

본사 임시취재반이 카메라로 잡은 단양·제천 지역의 수재현장

전봇대를 넘은 범람의 자국…

무슨 설명이 필요하랴. 다리 밑으로 흐르던 물이 다리를 넘고,

그 위에 솟은 전봇대를 삼켰다. 전봇대에 걸린 호박넝쿨이며

새끼줄이 단양 수재가 어느 정도인가를 뚜렷이 실증해 주고 있다.

〈동아일보〉 1972. 8. 28.(월) 1면

떼죽음 면한 협동과 끈기

단양 한강 상류의 고립 시루섬
200여 주민 물탱크서 사투 14시간
품 안에 아기 숨 막혀 죽어도 말 못해
콩나물시루… 꼬마들은 목에 매달고

[단양] 충북 단양군 한강 상류 한복판에 있는 섬, 시루섬 주민 250여 명이 지난번 홍수 때 섬이 온통 물에 잠기자 작은 물탱크 위에 올라 14시간 동안 협동과 끈기로 버틴 사투 끝에 떼죽음을 면한 기적 같은 이야기가 고립된 지역의 길이 트이면서 뒤늦게 밝혀졌다.

지난 19일 단양군 단양면 증도리 시루섬 일대 한강 상류는 강물이 범람하여 강줄기와 들판을 구별할 수도 없이 온통 물바다를 이루었으며 오후 3시부터는 섬이 물에 잠기기 시작, 섬 가운데 있는 55가구의 민가가 완전히 물에 잠겼다.

갈 곳 없는 주민들은 5년 전에 세워둔 마을 복판의 콘크리트 음료수 보관 탱크로 몰려들었다. 높이 7m 둘레 13m의 원기둥이 250여 명의 최후 교두보였다.

주민들은 2개의 사다리를 이용, 탱크 위에 올랐다. 아무리 따져도 6평 남짓한 물탱크 위 면적으로는 기껏해야 100여 명이 서 있을 정도였지만 250명의 주민들은 올라서고 어깨 위에 매달리고 아이를 안고, 탱크 위를 붙잡고 또 사다리에 겨우 발을 걸치고… 콩나물시루보다 빽빽이 늘어 붙었다.

앉을 수도 없었고 젊은 사람들은 공간을 아끼기 위해 모두 손을 들고 있었고 어른들은 아이들을 목 위에 걸쳐 앉혔다. 너무나 꽉 찬 사람에 밀려 물 속으로 떨어졌다 기어오르는 사람도 있었다. 건강한 청년 10여 명은 탱크 둘레에 손을 잡고 방책을 쳤다. 별다른 구원의 희망도 없이 몸 한 번 움직이지 못한 채 온밤을 꼬박 새운 주민들은 너나없이 감각을 잃고 목석처럼 되어갔다.

강물은 시시각각으로 불어 이날 밤 자정엔 탱크를 불과 1m 남겨 놓은 6m 가량까지 올랐다. "참자, 조금이라도 움직이면 우리는 모두 떨어져 죽는다.", "숨을 쉬지 못하더라도 꼼짝 말고 있어라." 이렇게 서로가 격려하며 버텼다. 강물은 그 이상 불지는 않았지만 좀처럼 줄지도 않았다.

이 바람에 20일 새벽 1시경 최옥희 여인(34)의 품에 안겼던 돌이 갓 지난 막내아들이 숨이 막혀 죽고 말았다. 그러나 아이가 죽었다고 소리를 치거나 아이를 꺼내 보이면 주민들이 동요할까 봐 싸늘한 젖먹이를 다음날인 20일 아침 5시 탱크에서 내려올 때까지 그대로 품에 품고 있었다. 단양군수 등 이곳을 찾는 많은 사람들은 한결같이 "50명밖에 못 앉을 곳에서 250여 명이 살아났다니 마치 기적 같다."면서 주민들의 장한 인내심을 격려했다.

〈충청일보〉 1972. 8. 29.(화) 2면

사상 최대최악의 충북 물난리… 그 참상은 이러했다

수난 44시간 진흙더미만…
단양 · 제천 고립, 교통 · 통신 완전 두절

충북 재해사상 최대최악의 수난. 마의 탁류가 할퀴고 지나간 수해의 현장은 너무도 참혹했고 세차게 찢고 지나간 상흔은 너무도 깊었다. 설마 했던 주민들의 방심을 깨고 노도 같은 탁류가 단양 · 제천 · 충주 · 중원군 북부지방을 삼키고 지나가 버린 마의 날 8월 19일. 삽시간에 전 재산과 수많은 생명을 수장해 버린 상흔의 현장은 처절 바로 그것이었다.

〈단양 지방〉 남한강 상류인 강원도 영월지방에서부터 밀어닥치기 시작한 급류가 이곳 단양 지방을 덮치기 시작한 것은 19일 하오 2시부터.
단양군의 7개 면을 거의 휩쓸어버린 이곳, 집이 섰던 자리를 자갈과 모래로 뒤엎기까지는 불과 2시간여. 모든 육로의 차단과 통신의 두절이 아비규환의 도가니 단양을 외로운 비명으로 목쉬게 했고 수마와의 사투 44시간 만에 남은 것은 폐허 위에 선 허탈뿐이었다.
이날 하오 2시 단양군민들의 최후의 보루였던 단양천 둑(8m)이 30여년 전 병자 장마를 회고하며 안심했던 주민들의 허를 찌르고 하방리 일대를 덮치자 이에 당황한 주민들이 가재도구를 건지고자 했을 때는 이미 손쓸 사이 없는 탁류의 천지였다. 노도를 방불케 한 거센 탁류가 중방리 상방리 일대를 휩쓸어 전 가옥의 90%를 수장해 버린 단양군내의 총 피해액은 50여억 원(충청일보 집계)을 상회하고 있으며 영춘 · 가곡면의 피해 상황이 확인되면 이보다 훨씬 늘어날 것으로 보인다. 확인된 바에 따르면 영춘면 399세대 단양읍 177세대 등 수천 가옥이 침수 및 유실되었으며 2만여명에 달하는 수재민을 냈다.
또한 충주 · 단양을 잇는 도로 등 123개소에 19,737m가 파손되었다. 이 시간쯤 단양면 증도리 시루섬 주민 37세대 242명은 사방에서 밀려오는 탁류에

I. 시루섬, 기록 속의 그날

피신할 곳도 잃은 채 인근 2평 정도의 면적밖에 되지 않는 간이상수도 물탱크(높이 8m)와 근처 소나무를 엮어 피라미드 형으로 대피, 12시간의 사투 끝에 8명이 급류에 휘말렸고 234명이 생과 사의 갈림길에서 긴급 출동한 미군 헬리콥터에 의해 겨우 구조되었다.

도담삼봉의 정자마저도 휩쓸어버린 수마는 도담의 세 봉우리 중 우측 봉우리 상단부를 깎아내 버려 수천 년 의연히 버티고 서 있던 절경 도담3봉은 이제 도담2봉으로 그 지형이 바뀌고 말았으며 사인암·중선암·하선암·상선암·옥순봉·구담봉 등 8경을 여지없이 비틀어 놓고 말았다.

극심한 피해는 예상됐으나 통신의 완전차단과 이 지방 유일의 교통수단인 차도선을 비롯 각종 선박 9척이 모두 유실되는 바람에 육·수로 교통이 완전히 끊겨 그 전모를 알 수 없었던 영춘·가곡 지방의 피해 상황은 일주일 후인 25일에야 비로소 그 참상이 밝혀지기 시작했으므로 이들은 일주일간이나 허기와 한기 속에서 목쉰 비명만으로 구호의 손길을 애타게 기다려야만 했다.

단양면의 경우도 물이 빠진 22일 현재 단양국민학교에 460명 단양여중고에 780명의 이재민이 임시 수용돼 있으나 21일 오후 늦게 충북적십자사의 라면 5천 봉 의류 등 12종의 구호품을 실은 10톤 트럭이 도착했을 뿐 당국의 뒤늦은 구호대책으로 이들의 실의는 한층 더 깊어지고 있었다.

(사진 설명)
"수마가 단양을 삼키고 있다"
예상치도 못했던 남한강물이 노도처럼 범람하기 시작, 삽시간에 단양 시가지를 삼켜버리고 말았다. 8·19 수마로 어떻게 손을 써볼 사이도 없이 수중도시로 가라앉아버린 단양은 수재민만도 2만여 명을 냈다. 사진에 보이는 2층 건물은 고지대에 위치한 단양군 교육청으로 이 건물도 1시간 후엔 2층까지 물이 차올라 시가지는 성난 바다로 변해 버렸다. 단양지방의 참상은 최대최악의 비극이었다.〈김운기 기자 ㅇㅇ부대 헬기탑승 촬영〉

"두 동강 난 상진대교"
폭우는 제천~단양을 잇는 상진대교도 삼켜버렸다. 교각 18개 중 10개는 전혀 없게 됐다. 상진대교는 제천~단양 간을 연결하는 유일한 산업도로였다.〈김운기 기자 ㅇㅇ부대 헬기탑승 촬영〉

〈경향신문〉 1972. 9. 21.(목) 7면

제천지구 〈추석절 수해복구 상황〉

수난 44시간 진흙더미만…
단양 · 제천 고립, 교통 · 통신 완전 두절

충북 제천 · 단양 · 충주 지방의 4만여 수재민들은 예년 같은 명절 기분을 낼 새 없이 21일 현재 복구 작업에 바쁘다. 어른이나 어린이 할 것 없이 이 지역 주민들은 삽과 괭이를 들고 복구 작업에만 바빠 제천 · 단양장은 한산하기만 하다.

추석 기분이라곤 조금도 찾아볼 수 없이 재건에 땀 흘리고 있는 엄정석 씨(38 · 한수면)는 밤늦게 휘영청 한 달빛 아래 흙벽돌을 한 장 한 장 찍어내는 일이 마치 지난해 추석절에 송편을 빚는 것과 다를 게 없다고 씁쓸한 웃음을 지었다.

가곡면 김인준 씨는(40) 서울 K 일간지에서 보낸 쉐터 4벌과 어린이 옷 12점으로 추석 기분을 내겠다고 말한다. 단양군 단양면 증도리 시루섬 주민들은 강 한복판 섬 속에 있던 조상 묘 12기가 몽땅 떠내려가 수해 때 주민 2백32명을 살린 소나무와 물탱크에 차례상을 차려 놓고 차례를 지내기로 했다.

2

책 속의 그 날

시루섬의 이야기를 기록해 놓은 자료가 많지는 않았으나 그날의 기록을 책에서 찾아보았다. 쉽게 찾을 수 없는 책도 있는 까닭에 시루섬에 대한 내용만 발췌하여 이 책에 싣고자 한다.

각 책의 본문을 그대로 실으려 노력하였으나 종종 현재의 문법과 괴리가 큰 부분은 수정하였다. 독자의 이해를 돕기 위한 노력으로 이해해 주기 바란다.

『충북잠업사』 시루섬 부분 발췌

대홍수에 인명을 구한 단양 증도리(시루섬) 잠업센터(PP.592~594)

세간에 말하기를 천 년에 한 번 오는 재해를 천지개벽이라 한다는데 1972년 8월 19일 오후 1시부터 단양 지방에 내린 세찬 빗방울은 설마설마하며 기다리는 모든 사람의 기대를 저버리고 더욱 세차게 내리며 하루에 180mm나 내리는 폭우와 함께 영월지방에서 내려오는 큰 물길은 급격히 늘어나며 오후 3시경에는 단양읍 증도리 전체를 완전히 고립시켜 섬 주민의 외곽 대피를 불가능하게 하였다.

옛부터 단양은 큰 화재가 날 위험이 있으니 동쪽 산에 소금단지를 묻어지기를 다스리라는 전설에 따라 소금을 묻은 산이 있는 지역으로 수마를 겪으리라고는 생각지도 못한 고장임에도 그때의 큰비는 단양군 소재지는 물론 매포읍 일대의 민가 지붕 위까지 물에 잠겼으며 제천시 청풍면, 한수면 등 남한강 일대의 대홍수는 천지개벽이나 다름없는 대홍수를 겪었다. 이때 피해는 단양 제천 충주를 관통하는 남한강 유역이지만 그중에도 산세가 험한 단양군 일원의 피해는 상상을 초월하였다.

그때 수해로 10,366명의 이재민이 발생하였고 95명의 인명이 사망하거나 실종되는 피해가 발생하였으며 그로 인해 6.25 전쟁 등에도 온전히 지켜온 군청의 중요자료가 멸실되거나 훼손되는 피해를 본 단양군은 청사를 단양읍 하방리에서 단양향교를

2007년 11월 충청북도와 충북잠업사발간위원회에서 발간한 책

돌아 현천리 단양역을 넘어가는 고갯마루로 이전하였다가 현재의 별곡리 청사로 이전하였으며, 물 부족에 대비한 국가적 계획이었지만 충주 댐 건설공사가 앞당겨지는 등 많은 변화를 가져온 천지개벽이나 다름없는 재난으로 많은 인명피해는 물론 재산피해가 너무나 엄청난 대재앙이었다.

그때 그 엄청난 물난리 속에서 남한강 상류 단양읍 증도리 시루섬에 단양군에서 잠업 기술을 군민에게 적극적으로 보급하기 위해 건립하여 운영하던 잠업센터로 인해 그곳으로 교육받으러 왔던 잠업 연수생 18명을 포함한 234명의 주민이 칠흑 같은 어둠과 함께 더욱 불어나는 강물로 대피를 못하여 주민과 교육생이 사경을 헤맬 때 당시 단양군청 조문행趙雯行 잠업 계장이 잠업센터에 들어가 교육을 하던 중 수해를 만나 교육생과 주민을 잠업센터를 운영하며 부락에 설치해 놓은 높이 8m, 지름 5m의 간이 상수도 물탱크 위로 피난시켜 수많은 인명을 구하였다. 그러나 안타깝게도 물탱크 10m 앞 소나무에 올라간 주민 10명 중 2명은 매어놓은 밧줄을 잡고 살았으나 8명이 물살을 못 이긴 큰 소나무가 부러지며 실종되었으니 그때의 참상이 얼마나 크고 심각한 재앙이었음에도 세월이 지나며 잊혀져 가고 있어 그때의 기록을 찾으려 하니 쉽지 않아 안타까운 심정이다.

60년대 단양군의 잠업 규모는 1961년 2월 24일 충청북도 잠업증산추진대회를 단양군 적성면 적성 양잠 특설 지구에서 개최하였던 군으로 1960년대 말까지 단양군의 소잠량은 청원군과 비슷한 규모로 농가별 규모는 영세하지만 산 뽕을 이용하는 농가가 많은 지역적 여건으로 단양을 비롯한 북부는 잠업세가 큰 지역이므로 당시 청주시 사직동에 있던 남한제사가 제천시 강제동에 제2공장을 설립 운영하다 청주공장을 폐쇄하고 제천으로 통폐합할 정도로 북부지역의 잠업세가 컸었다.
　당시 단양군에서 잠업센터를 건립하게 된 것은 중앙정부가 낙후된 농촌 부흥을 위해 농민의 일본 연수를 추진할 때 단양군에서는 단양면 북상리에 거주하는 지역에 명망 높은 독농가 지덕구池德九씨가 선발되어 일본의 잠업 기술 연수를 마치고 1966년 들어오자 잠업으로 잘 사는 단양을 만들어 가자는 이중천李重天 군수의 의지에 따라 신상택申相澤 산업과장 진두지휘 하에 1967년도에 단양군 특수사업으로 추진한 잠업센터가 후에 수많은 인명을 구하는 역할을 담당할 것으로 생각하는 사람은 아무도 없었으며 누에의 깊은 덕은 재난극복에도 기여를 하였으니 누에는 인간에게 여섯 가지의 덕을 베풀어 준다하여 옛부터 하늘이 내려준 육덕충六德忠이라 이른 말을 증명이라도 한 것이 아닌가 생각한다.
　단양군 잠업센터가 있던 증도리는 남한강의 큰물이 상진나루 석회석 절벽에 부딪힌 후 돌아 나가며 생긴 강 가운데에 위치한 섬이지만 그때도 37세대의 주민이 거주할 정도로 법정이동으로 편성된 육지 속의 섬으로 장마 때면 고립되나 평상시에는 논농사는 어렵지만 밭 작물을 중심으로 잘 살아가는 지역임으로 뽕밭을 조성하려면 새로운 농지를 개간하여야만 가능하여 주민이 이용하지 못하는 강변의 황무지를 개발할 때 뽕밭을 만드는 과정을 현장에서 지켜본 당시 충북농업계의 큰 어른 한충구韓忠九 농촌진흥원장께서 이 사업은 황무지를 옥토로 만드는 일이라며 상전벽해가 아니라 벽해상전이라며 격려하시던 생각이 난다.
　위치는 증도리 북동방면 단양면 심곡리를 지나 매포면 상진리로 가는 도로변의 아래쪽 섬으로 가물 때면 건너다닐 수 있는 비교적 지형이 높아 침수가 덜 되는 곳으로 예상되는 지역을 선정 뽕밭을 조성하기 위해 터를 잡았으나 그곳은 큰 돌이 강변에 모래처럼 덮여 있는 곳이라 당시 증도리 주민들이 개간을 도저히 할 수 없어 버려진 땅이었다.
　이 땅을 개간할 당시 일선 시군에 처음으로 한일협정에 따라 일본으로부터 현물로 보상받아 정부가 배정한 코마튜사 불도저buildozer를 인수받았을 때이다. 장비가 도착 되자 제일 먼저 이 장비를 공사장에 투입하라는 군수님의 지시에 따라 1967년 공사가 시작되어 봄에 시작한 개간을 마치고 1500평에 뽕나무를 심으니 그해 가을 표토가 강자갈에 눌려 비옥한 거름이 유실되지 않고 쌓인 강변 충적토양이라 뽕나무 성장이 매우 양호하여 당년 가을에 누에를 칠 수 있는 상태로 성장할 만큼 증도리는 섬 전체가 뽕밭 조성의 적지였다.

어렵게 조성한 잠업센터에서는 1969년부터 1972년까지 단양군에서 주관하여 잠업교육을 진행하던 중 1972년 가을누에 사육을 앞두고 농가교육을 하다 물난리를 만나 폐쇄된 이후 잠업교육장으로의 기능은 소멸되었지만 지금도 충주 댐이 만수 때에는 안보이지만 가물 때면 강가에 서 있는 당시의 물탱크가 흘러간 세월을 지켜보며 서 있는 것 같아 당시의 사정을 아는 이의 가슴을 뭉클하게 한다.

저 물탱크는 1935년 병자년 물난리에도 시루섬은 물에 안 잠겼다며 버티는 노인을 설득해 8월 19일 오후 3시부터 완전히 고립된 섬 주민을 대피시키려면 헬기가 필요하나 폭우로 헬기가 뜰 수 없는 긴박한 상황이 계속되더니 그날 저녁 6시경부터 섬은 완전히 물이 넘쳐 더 이상 갈 곳이 없자 물탱크 위로 주민이 올라가 피라미드식으로 서로 어깨를 끌어안고 버티며 졸면 죽는다고 밤새 외치며 지나다 8월 20일 오전 6시경 되며 물이 20cm 정도 내려가는 12시간을 물탱크 위에서 사투하다 정경모鄭京謨 군수의 지원 요청으로 출동한 미군 대형헬기의 이용 오후 3시까지 고립된 주민과 교육생 234명의 인명을 구한 조문행趙雯行 잠업 계장은 제천 청풍 분으로 그때 너무 혼비백산하는 경황을 겪은 후 와병하여 세상을 일찍 떠나시었다는 소식도 몇 년이 지난 후에 알게 되어 조문도 못한 것이 못내 아쉬우며 늦게나마 단양의 잠업을 지켜가며 많은 주민을 구한 의인으로 살다 가신 분의 명복을 빈다.

『신단양건설지』 시루섬 부분 발췌

시루를 닮은 단양읍 증도리(PP.202~203)

이 마을은 강물의 퇴적물에 의하여 이루어진 섬으로 총 면적 26ha, 농가 35가구로 담배를 비롯하여 누에치기, 땅콩 등으로 남부럽지 않게 살아왔다. 이 마을은 시루같이 생겼다 하여 시루증甑 섬도島를 써서 증도리라고 하였으며 흔히 시루섬이라 불려져 왔다.

남한강 대홍수를 겪기 이전에는 울창한 송림과 강물 그리고 주변의 산세가 어울려 피서객과 소풍객이 자주 찾던 곳인데 매년 장마철이면 샛강의 물이 넘쳐 배를 띄우지 못하면 고립이 잦아 교통의 불편을 겪기도 하였다.

1986년 12월 단양군청 문화공보실에서 발간한 책

1972년 8월 19일은 150년 만의 큰 장마로 인하여 이 마을 주민에게는 지워지지 않는 상처를 남겼다. 남한강 상류 지방의 호우로 인하여 강물 수위가 점차적으로 높아짐에 따라 낮은 지대에 있는 집에는 물이 들어차기 시작하여 세간살이를 챙겨 높은 지대로 옮겼으나 그것도 잠시뿐 어둠이 짙어지자 강물은 미친 듯이 넘실대며 마을을 덮쳐버렸다.

마을 사람들은 이 마을에서 유일하게 높은 곳인 마을 간이급수장 물탱크 위로 피신하였다. 물탱크 크기는 지름 5m 정도, 높이 6m 크기인데 마을 주민과 잠업 연수생 30명을 포함한 237명이 거의 2중 3중으로 찡겨 앉아 날이 밝아지기를 기다렸다.

그러한 북새통 속에서 결국 생후 3개월 된 아기가 사람에 밟혀 압사하고 말았다. 결국 물탱크는 237명이라는 막대한 인명 구조대 역할을 하였다. 동년 11월 정부의 지원으로 수해 주택을 건설하여 단양읍 현천리 18번지 일대로 이주하여 증도리라고 불렀다.

　이 마을에는 다음과 같은 전설이 전해지고 있다. 이곳에 옛 관리의 커다란 묘소가 있었다고 한다. 어느 날 스님이 찾아와서 이 마을에 공양을 청하였다. 묘소 관리인이 나타나서 배낭에 쇠똥을 잔뜩 퍼넣고 내쫓았다. 스님이 화가 나서 인근 마을에 사는 묘소 후손 집을 찾아가서 '묘소 앞이 훤히 내다보여서 안 좋으니 앞에 둑을 쌓도록 하시오.'라고 말하고 가버렸다.

　이듬해 봄 묘 앞에 2m 높이의 둑을 쌓게 되었다. 시루섬은 강 위에 떠있는 배의 형상이므로 앞에 둑을 쌓았으니 앞이 안 보여 배가 나갈 수 없는 형상이 되었으며 결국 묘의 후손들은 일시에 몰락하고 말았다.

　그 둑은 수해 전까지만 해도 마을 앞에 있었는데 결국 시루섬은 충주댐 수몰로 인하여 신단양 건설 골재 채취장으로 변하고 나머지는 물속에 잠기게 되었다.

수몰 마을 현황(P.195)

읍 면	행정리	가 구	인 구	비 고
단양읍	증도리	48	215	

『단양의 고을고을 그 역사따라 향기따라』

신단양 건설해 준 증도리(PP.13~14)

소재지 : 단양읍 증도리

제공자 : 단양읍 상진리 이창수(새마을지도자 단양군협의회장)

증도리는 시루섬이라고 한다. 이곳에는 원주 이씨가 먼저 왔다는 사람과 김해 김씨가 먼저 들어와 살았다고 하는 설도 있다. 그러나 충주댐 건설로 인하여 마을 전체가 이주하고 행정리만 남아 있다.

1972. 8. 19. 수해 때 마을 전체가 참사를 당할 뻔했다. 지금은 충주호에 완전히 잠겼고 마을 주민들이 5번 국도 옆에 마을자랑비를 세우고 옛날을 회상하고 있다. 아직도 피난하던 물탱크의 파괴된 잔해가 남아 있는 물탱크 크기는 높이 6m, 지름 5m정도 되는 물탱크이다. 면적으로 환산하면 16㎡에 5평이다.

1986년 12월 단양군청 문화공보실에서 발간한 책

쉽게 이야기하면 시내버스보다 작은 공간이다. 시내버스에 150명만 타면 차가 멈출 때마다 학생들이 죽는다고 소리소리 지른다고 한다. 그런데 237명이 어두운 밤에 겹겹이 젊은 사람이 밖으로 스크럼을 짜고 발은 물탱크 위에 있고 떠내려오는 부유물의 공격과 물의 유속을 참아가며 접는 부채 모양으로 마을 전 주민과 잠업 연수생들이 2중, 3중으로 짠 스크럼에 생후 3개월된 아기가 밟히고 밀리는 바람에 압사당하고 말았다.

그러나 희생된 어머니는 강했다. 마을에 추앙받는 인물이 되었다. 자기 아기는 이미 죽었지만 그러한 상황에서 도저히 자기 아기가 죽었노라고 이야기하질 못 했다는 것이다. 왜냐하면 그 판국에 "나의 아기가 밟혀 죽었다. 찡겨서 압사 당했다." 했을 때 울부짖음으로 스크럼은 깨질 것이고 죽은 아기가 다시 살아나지는 아니할 것이고 하여 밤새 아기를 안고서 속으로 울었다고 한다.

아침에 헬기가 와서 구조하는 과정에서야 비로소 압사당한 3개월짜리 아기의 시신을 확인했을 때 237명을 살려 준 생명의 은인이라고 했다. 수몰된 지 8년 만에 1989. 8. 19. 수몰 8주년을 맞이하여 마을자랑비를 이주 주민 54가구가 자금을 염출하여 비문을 새겼는데 다음과 같다.

증도리 마을 자랑비

애담이 경승지라 퇴계 이황 선생 인증하고
쏘갈바위 구두여울 선유절경 경탄하네
윗송정 맑은 물을 황준량 선생 극찬할 때
현동자의 기행문은 신선에 근원지라 감탄했네
김일손에 서흘암에 돌병풍 펴졌구나
'72 수해 때는 237명이 남한강의 범람으로
여섯평의 물탱크에 살과 이마 맞대고서
구원의 손길 기다리던 곳 날이 밝아 구출되니
어린 생명 압사 희생되고 오늘날에 남은 우리들
'85 충주댐 건설로 시루섬 이산이 웬말인가!
증도리에 내 살 파다가 신단양 건설했네
겨레의 젖줄 속에 담겨 있는 증도리야!
너라도 내가슴 속에 영원히 남아 주려무나

1993년 8월 19일

수몰로 이전된 증도리 주민 일동이 세우다
글쓴이 : 단양읍사무소 새마을계장 윤수경

제막식 날 마을 자랑 비문 설명을 듣고 참석자 모두가 '85 수몰'로 고향을 잃음과, 72. 8. 19. 수해 때 3개월 된 아기의 죽음과, 살아남아 재활의 기쁨과, 물속에 있는 고향 땅을 생각하며 300여 명의 참석자 모두가 부둥켜안고 눈물을 흘렸다.

증도리 마을 자랑비 제막식('93. 7. 31)

II

시루섬,
영웅들의 목소리

증언해 주신 분들(20가구 22명)

순서	성 명	생년 (당시나이)	비 고
1	이몽수(내외)	1940(32세)	당시 증도리 직전 이장. 주민 대피를 주도. 물탱크로 대피. 제천시 거주 중 2023년 별세
2	김현수(내외)	1927(45세)	당시 1반장. 원두막이 쓰러져 자녀 3명 희생. 물탱크로 대피. 2020년 94세로 별세. 제2원두막으로 대피했던 부인도 2022년 86세로 별세
3	유상순	1946(27세)	이창수 님의 아내. 물탱크 위 최옥희 님(아기엄마) 옆에서 피신. 단양읍 거주
4	최옥희	1939(33세)	안철호 님의 아내. 물탱크 대피 중 백일 된 아들이 압사. 용인시 거주
5	한길선	1932(40세)	당시 2반장 김용환 님의 아내. 물탱크로 대피. 단양읍 거주
6	오근택	1955(17세)	오재운 님의 차남. 제2원두막으로 대피. 비상용 우마차 밧줄을 잡고 생존. 여동생은 실종. 서울특별시 거주
7	박동준	1949(23세)	박현걸 님의 장남. 남동생과 함께 대피한 제3원두막이 쓰러질 때 옆 나무로 피해 생존. 제천시 거주
8	박동희	1954(18세)	박현걸 님의 장녀. 잠업센터 교육 이수, 물탱크로 대피. 제천시 거주
9	오재창	1956(16세)	오병국 님의 사남. 물탱크로 대피. 단양읍 거주
10	이대수	1954(18세)	이종음 님의 차남. 제1원두막으로 대피. 청주시 거주
11	김기홍	1957(15세)	김주환 님의 차남. 물탱크로 대피. 매포읍 거주
12	최면호	1964(8세)	사망자 최면순의 남동생. 가족 걱정으로 어머니와 함께 애곡리 철길에서 밤새 횃불을 밝힘. 충주시 거주
13	김경란	1960(13세)	김은종 님의 장녀. 온 가족이 물탱크 위로 대피. 당시의 생활상을 그림으로 그려 자세히 설명. 서울특별시 거주
14	송순옥	1956(16세)	1971년 시루섬 잠업센터에서 1개월간 잠업(춘잠) 교육 이수. 서울특별시 거주
15	신준옥	1954(18세)	수해 당시 잠업센터 연수. 적성면 각기리 출신. 물탱크로 대피. 원주시 거주
16	오선옥	1957(15세)	수해 당시 잠업센터 연수. 어상천면 임현리 출신. 물탱크로 대피. 안산시 거주
17	배금숙	1956(16세)	오선옥 님과 함께 잠업센터 연수. 어상천면 임현리 출신. 물탱크로 대피. 제천시 거주
18	조율형	1947(25세)	단양면사무소 잠업 지도원으로 근무하면서 시루섬 잠업센터에 수시 출장. 매포읍 거주
19	김운기	1937(35세)	충청일보 사진부 기자. 수해 2일 후 도지사와 헬기에 분승. 단양 수해 상황 사진 보도. 청주시 거주
20	윤수경	1949	마을자랑비 제막 시 단양읍 담당 계장. 이창수 님의 건의로 자랑비 제작 및 설치 주도. 영춘면 거주

> 증언자 1

이몽수 · 조옥분 부부

이몽수
1940년생(당시 32세)

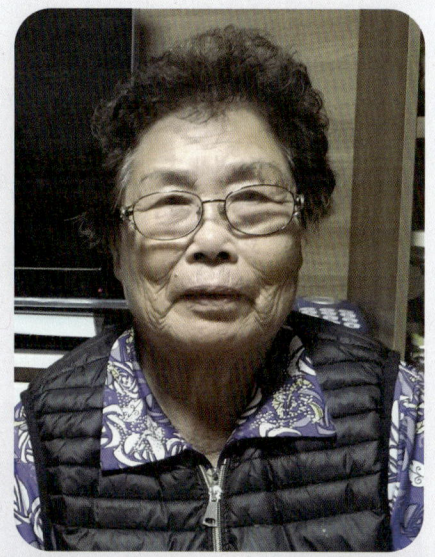

조옥분
1942년생(당시 30세)

- 가족 사항(10명)
  부모님, 이몽수 부부, 2남 3녀, 이모(서울에서 방문)
  자녀: 혜자(장녀, 1961), 혜정(차녀, 1963), 혜숙(삼녀, 1965), 병희(장남, 1968), 준희(차남, 1971)
- 마을 주민 중 인척
  이상하(작은아버지), 이재호 · 이태호(4촌), 이창수 · 이창열(8촌)
- 당시 증도리 직전 이장으로서 주민 대피를 주도, 군청에 전화로 수해 상황을 알렸으며, 물탱크에 오르는 사다리를 구해 오고, 깊은 밤 횃불을 만듦

🎙 김문근

1972년 8월 19일 악몽 같았던 운명의 그날 어르신께서는 마을의 이장으로서 상상할 수 없는 위기를 극복하면서 누구보다도 애가 탔을 것이고 많은 일을 겪으셨을 것으로 보입니다. 겪으신 일들을 기억나는 대로 말씀해 주시면 감사하겠습니다. 먼저 물난리가 시작되기 전 그날 오전 무슨 일을 하셨는지요?

▶ 이몽수 님

그날 아침 7시 무렵 우리 부부는 앞 뒷집이라 친하게 지내는 김정식 님 집에 가서 담뱃잎 꼭지를 묶는 일을 도와주고 있었습니다. 따다 놓은 담뱃잎을 건조실에서 쪄서 말리고 다듬는 작업인데 밭일이 아니라 주로 집안에서 하는 작업이죠.

같이 일을 시작한 지 얼마 안 되었는데 마을 친구들이 함께 물고기를 잡으러 가자고 일하는 곳으로 찾아왔어요. 남의 일을 도와주다가 놀러 가기에는 주인의 눈치가 좀 보여서 망설였지만, 김정식 님이 "물이 얼마나 늘었는지도 볼 겸 다녀오라."라고 해서 하던 일을 잠시 멈추고 친구들과 물가로 갔어요.

그런데 강가에 가보니 물이 너무 많이 늘어서 물고기를 잡을 수 있는 상황이 아니었습니다. 그래서 물고기를 잡는 걸 포기하고 한 발 뒤로 물러섰죠. 그때가 아마 9~10시

쯤 되었을 겁니다.

 옆에 있던 친구들은 "손해 보면 안 되니까 담뱃잎 따주는 일을 도와주겠으니 빨리 가자."라고 하더군요. 담뱃잎이 물에 잠기면 농사를 망치니 물들어 오기 전에 담뱃잎을 조금이라도 더 따오자는 얘기지요. 그래서 함께 우리 담배밭으로 갔습니다. 담배밭은 섬 북쪽 그러니까 지금 단양역 앞쯤에 있는데 낮은 지역이라 홍수 때면 강물이 맨 먼저 치고 들어오는 곳이었죠. 같이 간 사람들은 친구 사이인 박정호, 박태호와 친척 동생인 이재호, 이태호, 김춘웅과 함께 밭으로 향했어요.

 일할 도구를 챙기러 잠시 집에 들렀다가 밭으로 갔지요. 밭에 가서 담뱃잎을 따다가 12시 가까이 되니 담배밭에 물이 막 들어오더라고요. 샛강 쪽 잠업센터 아래 뽕나무밭부터 치고 들어오는 거예요. 아마도 거의 동시에 아랫송정 김경환 님 집에도 치고 들어왔을 겁니다. 이거 안 되겠다 싶어 수확한 담뱃잎을 대부분은 밭에 두고 조금만 가지고 집에 올 수밖에 없었어요.

▶ 조옥분 님

 그날 이른 아침부터 비가 온 것은 아니고 날이 흐려있다가 9시 무렵부터인가 비가 놋날같이 쏟아지는 거예요. 그걸 보고 같이 일하던 성종(김정식 님 아들) 어머니가 걱정스러운 표정으로 나에게 "혜자 엄마! 이렇게 비가 와서 어떡하지?"라고 하길래 내가 농담으로 "비 오면 비행기 타고 나가지 뭐……."라고 말했는데 어이구! 말이 씨가 된 거예요. 어쨌든 결국 헬기를 타고 단양여중으로 나왔으니까요. 그분이 말하더라고요 "혜자 엄마가 농담으로 한 말이 어찌 그리 맞아? 말이 씨가 됐네."라고 말입니다. 그분은 "말이 씨가 되었다."는 이 말을 두고두고 여러 번 하더군요.

 비가 많이 와서 저도 걱정이 되어 10시쯤 집으로 왔습니다. 남편은 비를 맞으며 밭으로 나가면서 나에게 "여러 사람이 비 맞고 올 것이니 점심 식사로 따끈한 수제빗국이나 끓여 놓으라."라고 하더라고요. 큰 솥에 반 정도 물을 붓고 불을 때다 보니 남편이 담배를 한 아름 안고 와서 "아이고! 수제빗국 끓일 시간도 없다. 지금 사람들을 높은 곳으로 올려보내고 왔으니 우리도 빨리 짐 싸서 나가야 한다."라고 말하더군요. 그러면서 마을 이장인 남편은 군청으로 전화를 하더라고요. 지금 마을에 물이 들어온다고 전화하느라 물 들어오는 줄도 모르고 짐 쌀 생각도 않고 말입니다. 우리 집은 강가에 있고 물은 마을 복판으로 내려가는데 이렇게 통화하는 중에 하마 우리 집 마당에는 물이 엉덩이까지 차는 거예요.

 그래서 우리는 이불 보따리, 그릇 등 이삿짐을 싸서 물탱크 옆 이창수 님 집에 갖다 놓았어요. 남편이 이장 일을 잘 본다고 상을 받은 아주 큰 다라가 있었는데 이 다라에 놋그릇, 스테인리스 그릇을 담아 그 집 부엌에 갖다 놓았지요. 고추장 단지를 머리에 이고 옮겨 놓기도 했습니다. 우리는 먼저 물탱크로 갔고 남편은 나중에 살림살이는 안 갖고 오고 그 전화기 하나만 들고 집에서 나왔습니다.

▶ 이몽수 님

당시 마을에는 전화가 딱 한 대뿐이었습니다. 관(官)에서 이장 집에 설치해 준 전화였죠. 이 전화로 군청으로 통화했죠. 어디 어디에 물이 들어오고 있다는 등 급박한 마을 상황을 보고했어요. 뭐 길게 통화하지도 못했어요. 몇 마디 말하는 도중에 그만 전화가 끊어지더라고요. 아마 전화선이 중간에서 끊어졌나 봐요. 나라 재산이라서 그 전화기만 갖고 집을 나왔습니다. 물이 깊으니 머리 위로 쳐들고 왔죠. 그 전화기를 물탱크까지 갖고 올라갔고 그 후 오랫동안 집에서 보관하고 있었는데… 어쨌든 이웃 중에서 내가 맨 나중에 나왔어요. 물이 어깨 밑까지 차올랐을 때 혼자 신발도 못 신고 바잠마(잠옷) 바람으로 나왔어요.

🎙 김문근

어르신 집안 상황은 그러했군요. 당시 이장님으로서 마을 전체적인 상황을 말씀해 주시겠습니까?

▶ 이몽수 님

오후 1시쯤부터 물이 걷잡을 수 없이 막 불어 오르더군요. 상황을 보니까 집에 있으면 도저히 안 될 것 같아서 나가보니 강물이 마을 앞으로 막 들어오더라고요. 마을에서 제일 높은 지대인 소나무 밑 물탱크 있는 곳으로 사람들을 빨리 대피시켜야 하겠다는 생각이 들었어요. 물이 더 불면 그곳으로 가는 길이 물속에 깊이 잠길 수도 있으니까 말입니다. 그래서 마을 사람들 전부 다 "물탱크 앞으로 모여라."라고 해서 오후 2시쯤 그리로 다 모인 거죠.

🎙 김문근

물탱크 얘기가 많이 나오는데 그 물탱크는 왜 언제 설치되었는지요? 당시 이장님이시니까 잘 아실 것 같은데요.

▶ 조옥분 님

당시 왜 물탱크가 설치되었느냐 하면 남편은 23~24세쯤인가 아주 젊어서부터 이장을 맡았는데 당시 단양면장 하시던 신재복 님이 세워 주었어요. 증도리에 젊은 사람이 이장을 잘 보고 있으니까 남편의 기운을 살리기 위해서 매포 평동으로 물탱크가 지정돼 있는 걸 옮겨 주었다고 하더군요.

　이 물탱크 때문에 온 동네 사람들 목숨을 살린 거예요. 그래서 내가 그 양반 이름을 생전 안 잊어버리고 있어요. 그런데 그 물탱크를 해 가지고 물을 겨우 한 달 먹고 3년간은 그냥 서 있었어요.

🎙 김문근

아! 그래요? 그 물탱크가 잠업센터 교육생들 식수 공급을 위해 설치한 걸로 알고 있었는데요.

▶ 이몽수 님

　에이! 아니래요. 그 물탱크가 잠업센터보다 먼저 설치되었어요. 수해 나기 3년 전쯤 물탱크가 만들어졌고 물탱크 만들고 1~2년 후 잠업센터가 설치됐습니다. 물탱크 설치 이전에 밭에다가 가물면 물을 주려고 스프링클러를 몇 군데 해 봤는데 가동이 잘 안 되었어요. 당시 마을에는 전기가 안 들어온 상태라 의정부인가 어떤 미군 부대에서 발전기를 사 오는 둥 연실 기계를 사 와서 가동을 해봐도 자꾸 고장이 나서 강물을 퍼 올리는 게 잘 안 되었어요.

　잠업센터가 마을을 구한 게 아니라 잠업센터 수강생들이 있었기 때문에 시루섬 사람들이 더 고생했어요. 40명 정도 되는 그 수강생들이 없었다면 물탱크 위로 마을 사람들 다 올라갈 수 있었을 겁니다. 결과적인 얘기지만 그분들 아니면 별도로 원두막을 지을 필요도 없었고 그러면 희생자도 없었을지도 모르죠.

　누에가 애기잠을 자려 할 때쯤 수해가 났는데 잠업센터에도 수강생들이 많았고 마을 사람들도 누에를 많이 쳤어요. 돈 벌러 온 사람도 많았고 풀 베러 온 사람, 수강생까지 외지 사람들이 70여 명 되었을 겁니다. 시루섬이 경치가 좋으니 여름방학이라 도시에서 온 친척들도 많았고요.

🎙 김문근

네 잘 알았습니다. 그러면 마을 사람들을 제일 높은 지대인 물탱크 주변으로 누가 어떤 방법으로 모이도록 했는지요? 대피하는 과정에 대해 말씀해 주실까요?

▶ 이몽수 님

　방송시설도 없었을 때니 김현수, 김용환 반장님들 두 분과 함께 마을을 돌아다니면서 입으로 소리쳤지요. 처음에는 "빨리 짐을 싸라."라고 했고 나중에는 급하니까 "짐도 싸지 말고 얼른 물탱크로 가라. 재물 탐내지 말고 사람만 살아야 한다."라고 했죠. 인명이 첫째잖아요? 워낙 급한 상황이라 마을 사람들이 잘 협조해 주시더군요. 어디 다른 곳으로 피난 갈 수도 없었고 물속에서 살 순 없으니까 안 올 수 없잖겠어요? 잠업센터 사람들에게도 연락했더니 거기를 버리고 바로 오더라고요. 당시 잠업센터에는 40명 가까운 연수생과 강사들도 몇 명 있었지요.

 마을 사람들 모두 물탱크 주변으로 모이니 사람들이 바글바글하더군요. 그런데 물은 더 빨리 늘더라고요. 물이 들어온다기보다는 갑자기 막 굉장히 날뛰는 거예요. 전에 장마 때도 그렇지는 않았는데 그런 건 처음 봤습니다. 그렇게 급하게 막 들어오니 그 당시 대피하는데 1시간만 늦었어도 사망자가 많이 나올 뻔했죠.

 지대가 약간 낮은 마을 한복판으로 물길이 나더군요. 농경지가 낮으니까 물길이 전부 그쪽을 타고 오는 거예요. 그러니 물길 건너편에 사는 사람들은 조금만 늦었어도 다 죽었을 겁니다. 건너올 수가 없으니까 말입니다. 건너편에는 우리 집을 비롯해서 대략 열 가구가 살고 있었지요. 건조실이 막 쓰러지는 거 보면서 나왔거든요. 먼지가 퍽 나더라고요. 조금만 늦었어도 거기를 못 건넜죠. 물에 휩쓸려 나갔을 겁니다.

🎙 김문근

 그러면 물탱크에 올라가게 된 과정과 상황을 말씀해 주실까요? 물론 빈손으로 올라가셨겠지요?

▶ 이몽수 님

 네! 물이 점점 차올라 와 제일 높은 지대의 땅도 곧 잠기게 될 것 같더라고요. 본강과 샛강에 포위되어 바다처럼 넓은 강물 속에 갇혔으니 그 많은 사람을 강 건너로 대피시킬 방도도 없었죠. 더 이상 피할 곳은 오직 나무와 물탱크뿐이었습니다. 그래서 오후 2시가 넘어서부터 물탱크로 올라가기 시작했죠.

 물탱크는 올라가는 사다리가 설치된 것도 아니고 옥상에 난간도 없이 그냥 반질반질한 시멘트 탱크였어요. 그래서 담배 건조실 긴 사다리를 물탱크에 걸쳐 놓고 올라갔죠. 물탱크 주위에 4가구가 살았는데 아마 그 집들도 건조실이 있어서 그 사다리였을 겁니다.

 그 당시 마을에는 등에 업고 올라갈 정도의 상노인은 안 계셨어요. 노인들은 앞에서 잡아주고 뒤에서 밀어주고 해서 올라갔어요. 당시 우리 가족은 9식구였어요. 애들은 어렸지요. 연세가 많으신 아버지, 어머니도 계셨고요. 그리고 여름방학 때라 서울에서 이모님이 내려와 계셨습니다. 노약자들이 많아 식구들을 일찌감치 물탱크 위로 대피시켰습니다. 마을의 노약자들은 2시 무렵 올라갔고 저를 비롯해 제일 늦게 올라간 남자들은 2시 반 정도 됐을 겁니다.

▶ 조옥분 님

　남편은 우리 식구들에게 얼른 물탱크로 올라가라고 해서 오후 2시쯤 사다리를 타고 올라갔습니다. 강물이 동네를 빙 돌려 집집마다 다 들어오더군요. 30분쯤 지나니 온 동네가 평평한 물바다로 변하더군요. 땅이 하나도 안 보였으니까요.

　물이 출렁일 때마다 여기저기 대포 소리가 나는 거예요. 건조실 넘어가는 소리, 집 넘어가는 소리였지요. 집집마다 담배 건조실에서 담배를 찌느라 불을 때고 있었는데 물이 들어가니까 터지느라고 대포 소리 같은 게 나더라고요.

　그리고 사람들은 물탱크에 올라갈 때 마을 배에 식량과 석유, 솜방망이를 실어 두었어요.

🎙 김문근

그 배는 어떤 배입니까? 누구 소유였던가요?

▶ 이몽수 님

　그 배는 동네 배였습니다. 도선으로 맨날 건너다녀서 장마 때면 도선을 이용해야 하거든요. 마을에서는 늘 그 배를 잘 관리해야 합니다. 비만 오면 반장님들 불러서 배를 끌어서 올려놓아야 합니다. 물이 더 불면 다시 높은 곳으로 자꾸 끌어 올려놓아야 하는데 그걸 깜박 잊어먹은 적도 여러 번 있었죠. 배가 떠내려가면 밤중이라도 반장님들과 함께 외중방리까지 가서 찾아오곤 했죠. 노를 저어서 거슬러 올라온 거죠. 지형상 외중방 구미까지만 떠내려가더군요. 더 이상은 안 떠내려가고 거기에 있더라고요. 동네 분들이 매사에 협조를 잘해 주시어 배 끌어오는데도 많이 도와주었습니다.

▶ 조옥분 님

　남편이 책임이 있으니까 물탱크에 올라왔다가 다시 내려가더군요. 남편이 물탱크 아래 많이 모여 있는 모여 있는 동네 소들의 고삐를 낫으로 끊어 주는 걸 나도 봤어요. 고삐만 끌러주면 다 나가서 산다는 말이 있잖습니까? 남편이 소고삐를 끄르러 내려갈 때 내가 남편에게 "혜자 아버지! 딸들은 죽거나 말거나 상관없고 병희만 내 앞으로 데리고 와요."라고 말했습니다. 딸만 셋을 낳고 아들 둘을 낳았는데 막내는 내가 업고 있었기에 큰아들 병희가 걱정되었던 거죠. 세 딸과 큰아들 병희는 가장자리에 있었는데 사람들이 너무 꽉 차서 내가 애들을 데려올 수가 없었기 때문에 남편에게 부탁했던 거죠. 나중에 큰딸은 "엄마는 아들만 제일로 치더라." 말하기도 하더군요.

🎙 **김문근**

네! 그러셨군요. 그러면 물탱크 위쪽으로 나무 위에 원두막을 짓고 올라간 사람들은 왜 나무 위에 올라갈 수밖에 없었는지 궁금합니다. 그리고 원두막 높이보다는 물탱크 높이가 더 높지 않았을까요?

▶ **이몽수 님**

아닙니다. 소나무 원두막이 더 높았어요. 물탱크가 더 낮았지요. 아름드리 소나무가 아주 쫙 펴지고 이렇게 가지런히 뻗은 나무였으니 꽤 높았지요.

원두막을 짓고 올라간 분들은 자기네 가족들이 물탱크보다는 나무 원두막을 짓고 올라가면 더 나을 거로 생각해서 그런지는 몰라도 아마 이런저런 이유로 물탱크에 올라갈 시기를 놓친 분들이 아닌가 싶어요. 물탱크에 올라가려니 사람들이 너무 꽉 차 가지고 더 이상 올라갈 수가 없으니까 말입니다.

🎙 **김문근**

그러면 이제 물탱크에 올라가서의 상황으로 넘어가겠습니다. 엄청 비좁았을 텐데 어떠했는지요?

▶ **조옥분 님**

동네 청년들이 하여튼 머리가 좋더라고요. 애들, 노인네들은 복판에 앉혀 놓고 젊은 청년들이 물탱크 가에 삥 돌려 앉더라고요. 잠업센터에 교육받으러 온 아가씨들이 40명 가까이 있었는데 모두 같이 올라갔지요. 청년들은 밤에 불을 밝히려고 석유 한 통을 갖고 올라왔어요. 밤이 되자 주변 마을에서 자기 식구들 죽었을까 봐 시루섬 사방을 삥 돌아가며 횃불이 있더라고요. 상진 군부대에서도 서치라이트를 비춰주더군요. 이웃에 사는 작은 시어머니(이상하 님의 부인)는 세 살 된 막내(이용호)을 업느라 솜요대, 포대기를 갖고 올라갔는데 이 포대기 안에 있던 솜으로 솜방망이를 만들고 우산 끝에 묶더니 석유를 묻혀서 좌우로 흔들기도 했고 빙빙 돌리기도 하더라고요. 우리가 살았다는 신호였죠.

잠업센터 수강생 아가씨들은 무섭고 이리저리 밀리고 하니까 막 울더군요. 소리치지 말라고 진정하라고 청년들이 우산대로 머리를 막 때리기도 했어요. 그리고 물탱크에서 오줌, 똥 다 쌌어요. 옷 입은 채로 말입니다. 꼼짝을 못 하니 저도 오줌을 그냥 쌌어요. 그러니 냄새가 진동할 수밖에 없었지요.

▶ 이몽수 님

　사람들은 바글바글한데 물탱크가 너무나 비좁아서 앉을 수도 없고 대부분 서 있을 수밖에 없었죠. 물탱크 꼭대기 옥상에 난간이 없어 까딱하면 강물로 뚝 떨어질 수 있으니 애들하고 노인들은 한복판에 앉고, 젊은 사람들은 바깥에서 빙 둘러앉아 스크럼을 짰어요. 그 바로 뒤로는 젊은 사람들이 서 있었고요. 그러니까 두 겹이었어요. 맨 바깥에 앉아 스크럼 짠 줄이 있었고 바로 뒷줄에서 손잡고 선 줄이었지요.
　물탱크에서 보니까 물은 점점 차오르고 이젠 다 죽는다고 생각했죠. 그 당시는 "이젠 끝이다."라는 생각만 들더군요. 날 새기만 기다렸습니다. 식구들 생각, 동네 사람들 생각 온갖 생각들이 다 들더군요. 그러나 어떡하겠습니까? 그래서 "안 되겠다. 이러다가 우리가 죽으면 다 끝나는 건데 용기를 내야 한다."라고 생각했습니다.
　마침 이쪽저쪽 사방에서 횃불 돌리는 신호가 오더라고요. 그래서 우리도 아직 살아있다는 신호를 보내야 한다는 생각으로 배에 있던 기름을 이용해 우리도 횃불을 만들어 돌렸어요.

🎙 김문근

사방에서 횃불 신호가 왔다고 말씀하셨는데 구체적으로 어디 어디인지요?

▶ 이몽수 님

　애곡리 철길 쪽, 심곡리 뒷산에서 횃불 돌리는 신호가 오더라고요. 멀리 상진리 군부대 산 위에 초소에서도 서치라이트를 번쩍거리며 신호를 주더라고요. 그제야 사람들 모두가 '밖에서도 우리 사정을 알고 있구나. 관심을 갖고 있으니 이젠 죽진 않겠구나. 더 이상 물만 불지 않으면 되겠구나'라는 생각이 들었고 용기가 나더군요.

🎙 김문근

혹시 승상 어머니 주변에 함께 계시지는 않았는지요? 그분의 백일 된 아기를 잃게 된 안타까운 사연을 아시는지요?

▶ 조옥분 님

　네 잘 알고 있어요. 그분과는 앞뒷집에 살아서 친척보다도 더 가깝게 지냈지요. 그분이 용인으로 이사 갈 때 우리가 약간의 도움을 준 적도 있었는데 죽을 때까지 잊지 못하겠다고 용인 가서도 연실 전화하고 그랬습니다. 몇 해 전 우리가 이곳 제천으로 이사 온 후부터는 전화가 안 와요. 어쨌든 아주 친한 사이라 물탱크 위에서도 바로 내 옆에 있었죠.

밤 1시쯤 물이 서 있었을 무렵이었어요. 밤새도록 아기를 안고 있을 수는 없기 때문에 승상 엄마는 아기를 업고 있었는데 아기가 칭얼칭얼 울더라고요. 뒤에 업은 아기를 젖을 물리려고 앞으로 돌려 안으려는데 사람들이 밀리는 과정에서 그만 아기를 떨어뜨렸어요. 밟힌 거예요. 사람들이 꽉 들어차 이리저리 밀리는 상황에서 아기를 다시 들어 올릴 수도 없었는가 봅니다. 그때 아기가 누군가의 발에 밟힌 겁니다. 아마 목을 밟힌 것 같은데 밟은 사람도 자기가 밟은 줄 몰랐을 수도 있을 겁니다. 어쩌면 물탱크가 약간 기우뚱할 때였을지도 모르겠네요.

승상 엄마가 옆에 있는 나에게 얘기하더라고요. "혜자 엄마! 우리 애를 젖을 먹이려고 내리다가 떨어뜨렸는데 밟혀 가지고 숨이 없어." 이러더라고요.

그래도 그분은 아기가 숨이 없어도 아무 소리 안 하는 거예요. 물탱크 내려와서 알았지 그 위에서는 몰랐던 거예요. 나중에 물탱크에서 내려와서 뒤늦게 이 사실을 안 마을 사람들이 모두 칭찬하더라고요. 그분이 점잖고 지각이 있어서 그렇지 만약에 혼동을 했으면 몇 사람이 더 죽었을지도 모르는 일이었습니다.

🎤 김문근

그리고 김현수 님 가족이 올라갔던 소나무 원두막에서 7명이 희생된 사연에 대해 아시는 대로 말씀을 부탁드립니다.

▶ 이몽수 님

새벽녘에 물이 줄기 시작하더군요. 원두막 나무가 넘어가더라고요. 원두막에 부모와 애들이 같이 있던 집도 있었고 식구 중 몇 사람은 물탱크에 올라가 이산가족이 된 집도 있었어요. 애들은 떠내려가면서 살려달라고 막 고함을 지르더군요.

캄캄한 밤에 나무가 쓰러지면서 사람들을 강물에 그냥 쏟은 거죠. 물이 약간 주는 상황이었지만 우리 물탱크 사람들은 어떻게 손쓸 방법이 없었어요.

▶ 조옥분 님

그날이 음력으로 칠월 열 하룻날이었습니다. 초저녁에는 계속 물이 늘었지만 밤늦게부터는 비가 그치고 물도 줄었지요. 승상 엄마 아기가 죽고 난 뒤 한 시간쯤 지났을 무렵이니 새벽 2시 무렵으로 기억합니다. 구름 사이로 어슴푸레한 달이 보이기도 했어요. 그런데 새벽 두 시쯤인가 강물이 숲에 걸려 나무가 출렁출렁하더니 김현수 님 가족이 올라갔던 원두막 나무가 쓰러지며 사람들을 강물에 푹 쏟아부은 겁니다. 물탱크 바로 앞으로 떠내려갔으니 사람들이 다 내려다봤지요. 개미처럼 사람들이 떠내려가는 모습이, 새카만 머리가 물 위아래로 올라갔다 내려갔다 하는 게 달빛에 어렴풋이 보이더라고요.

애들이 떠내려가면서 "아버지 살려 달라."라고 하니까 물탱크 위에 있던 오재운 님은 자기 가족이 떠내려가니까 물탱크 위에서 막 뛰어내리려고 하는 겁니다. 내리뛰면 그 사람을 붙들려고 여러 사람이 같이 떨어질 것 아닙니까? 그래서 사람들이 못 뛰어내리게 붙들어 잡아당겼습니다.

낮이라면 헤엄이라도 치거나 주변 나뭇가지라도 붙잡겠지만 특히 어린이들은 여름이 지만 겨울옷을 입혔는데 비에 젖어 물이 흠뻑 젖은 상태라 그 나무 원두막에서만 결국 7명이 죽었어요. 김현수 님 부인은 떠내려가면서 물을 두 번 먹을 때까지만 해도 여섯 살 먹은 딸은 붙들고 있었답니다. 그런데 세 번째 물속에 들어가면서 붙들고 있는 그 손이 그만 풀리더랍니다. 그래서 딸은 결국 떠내려갔고 부인은 다행히 김수종 님 집 철조망 가시에 옷이 걸려 살았지만 그 딸은 200~300m 떠내려가다가 자기 집 뒤안에서 물도 하나도 안 먹고 뽕나무를 붙들고 죽어있더랍니다.

🎙 김문근

그러면 물탱크에서 내려온 과정과 내려와서의 처참한 상황을 말씀해 주시겠습니까?

▶ 이몽수 님

땅바닥도 보이고 헬기가 온다고 해서 내려왔지요. 사각 보조 탱크가 바닥까지 완전히 드러났더군요. 약 2m 높이의 사각 보조 탱크는 원래 흙으로 높게 덮여 있어서 보조 탱크 위에 사다리를 놓고 올라갔는데 내려올 때 보니까 홍수에 흙이 패여서 탱크 뿌리까지 다 드러나 있더라고요. 그러니까 올라갈 때는 물탱크가 땅에서부터 6m였는데 내려올 때는 8m가 되었던 거지요.

▶ 조옥분 님

물탱크에서 워낙 많은 사람이 내려오니 남편이 "사다리 한복판을 밟지 말고 양 못 박은 쪽 끝을 밟고 내려오라."라고 하더라고요. 물탱크에서 내려와 조금 있으니 날이 새더라고요. 그런데 다른 집 소는 거의 보이는데 우리 소는 안 보이는 거예요. 남편은 물탱크 올라가기 전 소고삐를 낫으로 끊어 놨는데 우리 소가 떠내려갔더라고요. 나중에 시루섬 맨 아래 "붕어 떡거리"라고 샛강 끝 미루나무 있는 데에서 찾아왔지요. 그 소가 더 이상 안 떠내려가고 어떻게 살았는지는 모르겠어요.

닭을 50~60마리 키웠는데 이 닭들을 30마리씩 묶어서 나무에 매 놨는데 다 떠내려갔더라고요. 그냥 내버려 뒀으면 나무 위에 올라가서 살 수 있었을 텐데……. 붙들어 매지 않은 집의 닭들은 몇 마리 살기도 했거든요. 이창수 님 집 부엌에 갖다 놓은 그릇은 그대로 있더라고요. 그 집이 푹 주저앉는 바람에 안 떠내려갔더군요. 그래서 그릇만 조금 건졌고 모든 게 떠내려갔지요.

이때부터 우리는 공동생활을 하게 됐어요. (형편이) 조금 어려운 어떤 노인은 "어이구! 이젠 잘 사나 못 사나 똑같이 됐네."라고 말해서 사람들의 빈축을 산 적도 있었습니다.

🎙 김문근

그러면 악몽 같았던 시루섬을 어떻게 빠져나왔는지요?

▶ 조옥분 님

그때 군부대에서 미 8군으로 연락했다고 하더라고요. 이튿날 아침 9시 넘어서 도지사가 헬기로 시루섬에 와서 말하더군요. "군부대에서 연락받고 왔다. 단양군청도 물이 들어서 들쌀이지만 거기는 안 들리고 이곳이 제일 위급하다고 해서 이곳부터 왔다. 내려가면서 군청에 들를 거다."라고 말입니다.

사람이 여럿이 죽었어도 그전까지는 아무도 안 울었는데 도지사가 와서 뭐라고 뭐라고 얘기하니까 마을 사람들이 다 붙들고 우는 거예요. 도지사는 시루섬에 천막 같은 거로 거취를 해주겠다 하더군요. 마을 청년들은 "안 된다. 나가겠다. 옛날부터 뒷물이 더 무서우니 우선 밖으로 나가겠다."라고 건의하더라고요.

그러나저러나 나간다고 하더라도 우선 배가 고프니 당장 뭐라도 먹어야 하지 않겠어요? 떠내려가던 쌀가마도, 솥도 보였고, 우리 집 고추장 단지는 물가에 갖다 놓은 게 안 떠내려갔더라고요. 그래서 위에만 걷어내니 속에는 물이 안 들어갔더라고요.

석유 기름도 있어서 젖은 나무에 석유를 묻혀 밥을 해 먹었습니다. 떠내려간 화장실에 고인 물을 떠 와서 밥을 했어요. 그땐 뭐 더러운 것을 생각할 때가 아니었죠. 기분상의 문제였지 모두 떠내려간 뒤에 고인 물이니 사실은 깨끗한 물이었어요. 그릇이 하나도 없으니 뽕 이파리를 뜯어서 그 안에 주먹밥을 나눠 주었죠. 그 밥을 먹으려다 보니 도지사가 왔지요.

▶ 이몽수 님

도지사는 그날(20일) 온 게 아니고 그 이튿날(21일) 왔다고 하는데…

▶ 조옥분 님

아니에요. 내 기억이 맞을 겁니다. 첫 번에 왔다가 그 이튿날 또 왔어요.

▶ 이몽수 님

아! 그런 것 같네요. 그날 먼저 왔었는데 안개가 끼어서 못 내리고 조금 더 있다가 다시 왔어요.

🎙 김문근

그리고 그 물난리에 고추장 단지가 깨지지 않고 그대로 있었다는 게 참으로 신기하네요.

▶ 조옥분 님

조금 떠내려가다가 깨지지도 않고 흙 속에 반쯤 묻힌 상태로 옆으로 누워있더라고요. 물탱크 아래는 여울이 아니고 물살이 약한 곳이라 그랬나 봐요. 단지 뚜껑은 떠내려갔지만, 고추장은 그대로 있었어요. 고추장은 워낙 되어 가지고 물이 잘 안 들어갔던 거죠. 그래서 위에 있던 물과 고추장을 대충 걷어내고 마을 사람들이 반찬으로 먹을 수 있었어요. 그 단지가 지금도 있어요. 적성 현곡리에 있는 딸네 집에 갖다 주었죠.

▶ 이몽수 님

아침에 헬기가 오긴 일찍 왔는데 아직 땅바닥이 드러나지 않고 물이 있으니까 착륙을 못 하고 그냥 돌아가더군요. 땅바닥이 완전히 드러난 것은 아마 오전 8시 무렵 될 것 같아요. 그 후 오전 11~12시 무렵 헬기가 와서 사람들을 실어 날랐습니다.

헬기는 2대가 왔어요. 40인승쯤 돼 보이는, 소대가 타는 헬기가 1대, 5~6인용 타는 거 이렇게 2대가 왔어요. 이 두 대가 여러 번 왕복하면서 시루섬 사람들 모두 단양읍 내 단양여중 운동장에 내려 주더군요.

🎙 김문근

단양여중에 마련된 수재민 임시 수용소 생활은 어떠했는지요?

▶ 이몽수 님

뭐 전부 다 지원해 주는 거 가지고 살았죠. 적십자사에서 지원해 주는 거 가지고 말입니다. 학생들 방학이 끝나갈 때 개학을 앞두고 그곳에서 나와서 우시장 마당에 군용텐트 속에서 3개월 살았죠.

🎙 김문근

오랜 세월이 지난 지금에 와서 볼 때 그 밖에 종합적으로 느낀 소감이나 남기고 싶은 얘기가 있다면 말씀해 주시길 부탁드립니다.

▶ 조옥분 님

정말 난리였습니다. 너무나 끔찍했어요. 그래서 제가 전에 누군가에게 얘기했어요. "영화 장면도 그런 장면은 없을 것이다."라고 말입니다.

그리고 최대우 님은 사람들 있는 곳에 함께 있어야 사는데 별도로 원두막에 올라가게 되어 그렇게 됐다고 나중에 부인한테 원망과 설움도 많이 받았어요.

▶ 이몽수 님

형님이신 이창수 님이 동네일을 아주 잘 도와주셨습니다. 그런 분들이 몇 사람 있었어요. 그리고 마을 청년들이 단체가 잘 되어 일을 많이 했어요. 이분들 때문에 우리가 안 죽고 산 겁니다.

특히 단양면장 하시던 신재복 님이 물탱크를 만들어 주셨기 때문에 우리 마을 그 많은 사람을 살릴 수 있었어요. 그래서 공덕비 비석을 세워도 그분을 세웠어야 했다고 봅니다. 이 점이 제일 아쉽네요.

김문근

네. 장시간 좋은 말씀 대단히 감사합니다. 귀하신 말씀들은 잘 정리해서 후대의 귀감이 되도록 하겠습니다. 그날 이장님과 청년들을 비롯한 마을 사람들 모두는 일치단결해서 난국을 극복한 영웅들이십니다. 그 당시 마을 사람들의 정신 즉 "시루섬의 정신"은 우리 단양군의 정신이요, 후대에게 길이 물려주어야 할 소중한 가치라고 느낀 소중한 시간이었습니다. 저 역시 오늘 하루가 보람 있고 뜻깊은 하루였습니다.

어르신께서도 오래오래 건강하시길 빕니다. 안녕히 계십시오.

증언자 2
김현수 · 권순이 부부

김현수
1927년생(당시 45세)

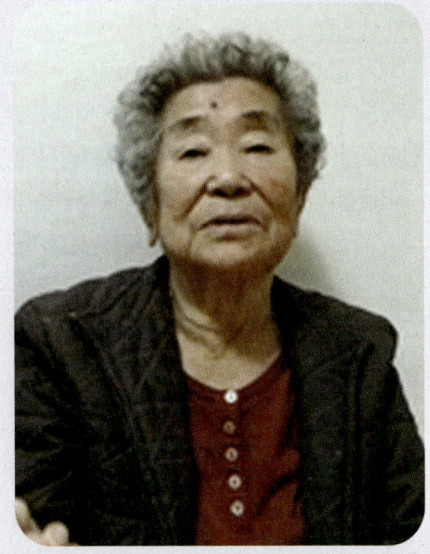

권순이
1937년생(당시 35세)

- 가족 사항(10명)
  김현수 부부, 3남 2녀
  자녀: 옥희(장녀, 1961), 희배(장남, 1963), 승배(차남, 1965), 형배(삼남, 1968), 순이(차녀, 1971)
- 김현수 2020년 10월 별세(향년 94세) / 권순이 2022년 별세(향년 86세)
- 당시 1반장으로 원두막을 만들어 가족과 이웃을 대피시킨 뒤 본인은 물탱크에 오름. 마을을 돌아다니며 주민들의 대피 독려. 다른 분들의 증언과 상이한 내용도 있으나 연로하시어 기억의 한계로 보임. 이미 돌아가시어 다시 문의할 수 없기에 증언 그대로 실음

Ⅱ. 시루섬, 영웅들의 목소리

🎙 **김문근**

어르신께서 기억하시기도 고통스럽겠습니다만 1972년 시루섬 수해와 관련해서 인터뷰하기 위해 찾아왔습니다. 그날 수많은 사연과 아픔이 있었지만 제대로 기록, 정리된 바가 없어 늘 안타까웠습니다. 아픈 역사도 잘 기록해서 후세들이 되풀이하지 않도록 교훈을 주는 것도 필요할 것 같습니다.

아울러 당시 마을의 중추적인 역할을 하셨던 분들도 이미 돌아가신 분들도 많고 어르신처럼 연로하신 분도 많습니다. 그래서 시간이 더 지나기 전에 그날의 진실을 기록하고자 찾아뵈었습니다.

제가 알기로는 그날 시루섬 사람들은 물론 아픔도 컸지만 서로 협력하고 희생하면서 위기를 극복하셨습니다. 전 주민이 한마음으로 힘을 모아 지혜롭게 대처한 영웅적인 면도 많았다고 봅니다. 저는 이러한 점에 관심을 두고 사실 그대로 기록하고 싶습니다.

어르신께서는 그날 최대의 피해자였습니다. 기억하고 싶지 않은 일이지만 그리고 너무나 오래전의 일이라 기억도 희미하시겠지만 생각나는 대로 말씀해 주시면 고맙겠습니다. 먼저 시루섬, 즉 증도리는 어떤 마을이었는지요? 혹시 예부터 마을에 전해오는 얘기는 없었는지요?

▶ **김현수 님**

제가 듣기로는 예전부터 우리 동네에 내려오는 얘기가 있어요. 우리 부락은 배의 형국이라고 합니다. 마을 맨 아래쪽을 "아랫송정"이라고 하는데 아름드리 소나무가 많았지요. 옛날에 어떤 사람이 거기에 묘를 썼답니다. 그런데 하루는 지나가던 어떤 대사(大師)가 말하기를 "앞이 허(虛)해서 못 쓰니까 둑을 쌓아라."라고 했답니다. 즉 마을 형국이 배의 모양을 하고 있고 그 배 위로 물이 기어오르려는 모양새이니 묘지를 섬의 앞부분에 쓰되 묘지 앞의 허한 곳은 둑을 쌓아 보충하라는 충고를 했답니다.

그래서 마을 사람들은 아랫송정을 빙 돌아가면서 제방을 쌓았답니다. 그런데 그 제방을 해 놓고 그 집에 계속 좋지 않은 일이 생겨 그만 망했다는 겁니다. 배가 강을 내려가면서 앞의 강의 여울이나 파도를 보면서 나가야 하는데 배가 가라앉는 모양이 되어버렸다는 것이죠. 그런 이야기가 전해져요.

어쨌든 우리 동네는 배의 모습이라고도 하고, 떡시루 모양으로 생겨 시루섬이라고도 하고, 마늘쪽같이 생겼다고도 하지요. 상류인 상진리 쪽은 마늘쪽 모양처럼 둥그스름하고 하류인 구단양 쪽은 군밤 장수 모자처럼 마무리를 지은 모양이었습니다. 섬의 모양이 마늘쪽 반을 쪼개어 놓으면 그거하고 아주 똑같아요.

하지만 큰물이 들어왔다가 나가면 그 모양새가 또 변합니다. 섬의 한쪽은 백사장이었는데 모래가 아주 깨끗하고 고왔어요. 우리 단양에서는 우리 부락보다 모래가 더 좋은 곳이 없었어요. 완전 백사장이었지요.

  백사장 쪽에 밭을 부치는 사람들은 한여름에는 밭에 가지를 못 했어요. 모래가 달구어져 발바닥이 뜨거워 일을 못 할 정도였으니까요. 그래서 뱀도 못 살았고 짐승도 적었어요.

  가옥이 부서지고 갈라진 벽을 보수하려면 시루섬 흙은 사용할 수 없어 다른 마을에 가서 진흙을 지게나 리어카로 지고 와야 했지요. 시루섬은 평지라서 당시 집집마다 리어카는 모두 있었어요. 형편이 나은 집은 우마차를 가진 집도 있었고요. 하여튼 지게 없는 집은 있었어도 리어카는 다 있었어요.

🎙️ 김문근

아 그러셨군요. 그리고 어르신께서는 그 당시에 마을의 반장이셨지요? 증도리에는 36가구가 거주하고 있었다는데 맞나요?

▶ 김현수 님

네 맞아요. 그 당시 마을에 2개 반이 있었는데 2반 반장은 김용환 님이고, 제가 1반장이었습니다. 지금 내가 94세이니까 지금으로부터 48년 전인 그 당시 제 나이는 46세였지요. 원래 거주하는 주민은 그 정도가 안 되었는데 잠업센터 신축공사를 위해 외부에서 온 근로자들과 골재 채취를 위해 온 사람들이 있어 세대수가 늘어난 거지요.

🎙️ 김문근

그 당시 그날 이뤄진 일을 구수하게 그리고 자세히 말씀해 주시겠습니까?

▶ 김현수 님

시루섬 사람들은 누에도 많이 쳤지만, 담배 농사를 많이 지었어요. 온 동네 사람들이 담배 농사를 지었다고 봐야지요. 담배 농사는 주로 현천리 쪽 외지 마을에서 재배해서 마을로 운반해서 건조하는 방식이 대부분이었습니다.

  저도 땅이 없어 옆 마을인 현천리에서 담배 농사를 했어요. 땅 주인은 외지인이고 안재택이라는 분이 관리하고 있었지요. 그 땅 천여 평을 빌려 담배 3단을 심었습니다. 밖에서 담배 농사를 지어서 시루섬으로 들여온 거죠.

  물난리 나던 날이 8월 19일이니까 그 전날, 즉 8월 18일은 비가 안 왔습니다. 전전날(8월 17일)은 밤새도록 비가 왔지만, 전날(8월 18일)은 날이 잠시 개었지요. 그래서 8월 18일 담배를 뜯어서 배에 싣고 들어왔어요. 담배를 꿰어 건조실에 매어 다는 작업을 했습니다.

다음 날인 8월 19일 오전에는 비가 오지 않아서 건조실에 공간이 남아서 남은 공간을 모두 채우려고 담배를 더 뜯어 오기 위해 리어카를 끌고 현천리 밭으로 출발했습니다. 그런데 샛강 앞에 이르러 보니 물이 엄청나게 불어서 건널 수가 없었습니다. 결국, 현천리 밭을 못 가고 할 수 없이 집으로 돌아왔죠.

증도리 주민들이 섬 밖으로 장을 보러 갈 때는 제가 배를 띄웠거든요. 심곡리나 애곡리 쪽은 걸어서 나갈 때가 많았고 여름에 강물이 불어나면 배를 타고 왕래를 했어요. 하지만 상진 쪽으로 나갈 때는 강물이 많고 깊어 도선으로 왕래를 했지요. 강 건너로 짐을 실어 나르거나 사람들이 타고 다녔으니까요. 배를 타지 않고 돌아가면 그 거리가 꽤 되었고요.

🎙 김문근

도선 운항을 포기하고 무엇을 하셨습니까?

▶ 김현수 님

집에 와서 어제 따온 담뱃잎을 말리기 위해 곳간에 연탄불을 지폈습니다. 이웃에 사시는 선배님이고 아주 친절하신 이상하 님이 우리 담배 곳간(건조실)에 와서 함께 연탄불을 붙였습니다. 무연탄으로 말리면 담뱃잎 색깔이 잘 나왔거든요. 담배를 찌기 시작할 때의 그 시절 풍습대로 그날도 지짐이도 굽고 술도 부어놓고 담배 색깔이 노랗게 잘 나오도록 해달라는 고사를 지냈어요. 삼촌도 함께 일을 하셨고 곳간 부엌에서 이상하 님과 함께 정성스레 축원을 올렸습니다.

고사 술도 나눠 마신 후 오후 두세 시 무렵 밖으로 나왔더니 아래쪽에서 물 들어온다고 난리가 났습니다. 동네 사람들이 거리로 뛰어나와 아랫송정에 물이 들어오고 있다고 소리치더군요. 아랫송정은 시루섬 하류 쪽 지대가 낮고 뾰족한 곳을 말하는데 거기는 김충배, 김경환, 정기남 님이 살고 있었지요. 조금 후 본강 쪽에 있는 오재운, 이상하 님은 마당에 쌓아 놓았던 담배를 우리 집으로 급히 옮겼습니다. 우리 집은 조금 높은 곳에 있었기 때문에 담배를 물에 떠내려 보내지 않도록 한 것이죠.

그리고 나니 물은 자꾸 차올라오더군요. 쭉쭉 치고 올라왔습니다. 출렁일 때마다 한꺼번에 1m씩은 쑥쑥 올라오는 것 같았어요. 나를 비롯한 마을 사람들 모두 불안해서 안절부절못했지요. 마을 사람들은 시루섬에서 제일 높은 곳인 아름드리 소나무가 많은 윗송정 물탱크 주변으로 모여들었습니다. 이 물탱크는 당시 신재복이라는 분이 단양면장이셨는데 그분이 급수 탱크를 건립했어요. 결과적으로 그 덕분에 증도리 사람들 대부분이 살 수 있었다고 해도 과언은 아니지요.

 시루섬에서 제일 높은 이곳까지 물이 점점 차오르니 이제 시루섬의 땅은 모두 잠겼습니다. 이제 남은 곳은 나무와 물탱크뿐이었죠. 사람들은 물탱크 위가 난간은 없지만 평평한 시멘트 바닥이므로 좋을 것 같다고 입을 모으더군요. 그런데 수직으로 6m 높이나 되는 탱크 위로 올라갈 방법이 없었습니다. 탱크에 부착된 손잡이도 없고 사다리도 없었습니다.

 사람들은 담배 건조실에서 쓰는 긴 사다리 두 개를 길게 묶어 노약자부터 물탱크 위로 대피시키더군요. 사다리 위쪽에서 노약자들의 손을 잡아주어 어둡기 전에 모두 올려 보낼 수 있었습니다. 우리 가족들도 뒤늦게 도착했지만, 물탱크 위에는 벌써 사람들이 꽉 차서 올라갈 수 없었습니다.

🎙 김문근

어르신 가족은 왜 늦게 도착하셨습니까? 불가피한 사연이 있으셨는지요? 그리고 가족은 모두 몇 분이었는지요?

▶ 김현수 님

 남들 담배 쪄놓은 걸 옮겨 주느라 그랬지요. 우리 집 담배는 일찍 처리했어요. 그런데 물가의 낮은 곳인 아랫송정 사람들 담배를 높은 곳으로 옮기게 되었어요. 한동네에서 형님, 동생 하면서 정답게 지내던 사이라 다른 집도 아니고 우리 집으로 옮기는데 모른 척할 수 없지요. 그래서 이집 저집 작업하던 담뱃잎을 함께 옮겨 주다 보니 정작 우리 가족은 못 챙긴 거죠.

 저뿐만 아니라 남들보다 조금 높은 곳에 사는 저와 오재운, 이상하 님 이렇게 세 사람은 김충배, 정기남 님 등 아랫송정 사람들의 담뱃잎을 옮겨 주느라 늦은 겁니다. 그래서 우리 식구들이 물탱크 위로 올라갈 기회를 놓친 거지요. 담뱃잎을 옮기면서 당연히 그분들의 가족도 함께 대피시키느라 우리는 제 집 챙길 틈이 없었습니다. 그래서 우리 식구들이 맨 나중에 도착한 거죠.

 그리고 우리 식구는 7명이었습니다. 우리 부부가 5남매를 두었으니까요. 나는 지금(2014년) 89세, 아내는 80세로 9년 차이가 나요. 첫째는 김옥희로 올해 60세, 그다음이 희배, 형배, 승배, 순이 이렇게 5남매인데 모두 3살씩 터울이었죠. 아래로 셋은 그때 떠내려가 죽었어요.

 결과적인 얘기지만 물탱크 가까이 살았던 우리는 제일 먼저 물탱크에 올라갈 수도 있었지만, 가장인 제가 없는 상황에서 올라갈 수 없어 저를 기다리는 바람에 못 올라간 것이죠. 그래서 나무 위에 원두막을 지을 수밖에 없었고 결국 애들 셋을 잃은 것입니다. 식구들을 데리고 빨리 물탱크 위로 올라갔으면 아이들이 그렇게 되지는 않았을 건데 하는 생각이 문득문득 들기도 합니다.

🎙 김문근

아! 그러셨군요. 아픈 기억을 더듬게 해드려 죄송합니다. 안타깝고 위로 드립니다. 어차피 지난 얘기지만 어떻게 보면 감동적이네요. 더 급한 이웃부터 챙기시느라 정작 본인 가족은 못 챙기셨군요. 이웃의 재산과 이웃의 생명을 우선하느라 그랬던 것입니다. 주민을 위해 희생, 헌신하신 어르신에게 존경의 말씀을 드립니다.
그럼 식구들이 늦게 도착하고 난 후의 상황에 대해 말씀 이어나가 주시겠습니까?

▶ 김현수 님

어쨌든 저는 뒤늦게 식구들을 이끌고 마을에서 제일 높은 곳인 물탱크 쪽으로 올라왔습니다. 그런데 물탱크를 올려다보니 물탱크 위에는 벌써 온 동네 사람들이 빡빡하게 모여 있었습니다. 우리 식구들이 비집고 올라갈 틈이 없었습니다. 강물도 점점 급속히 불어 올라오고 있어 우린 어떻게 해야 하나 불안하고 초조한 마음을 이루 말할 수 없었습니다. 땅바닥에 있으면 안 되고 어디론가 올라가야 사는데 물탱크 외에는 오로지 나무 밖에 없었습니다.

나 혼자라면 어떻게 하든지 물탱크 위로 올라갈 수 있겠지만 많은 식구가 있었고, 미처 올라가지 못한 다른 집 식구들도 꽤 있었기 때문에 원두막을 짓지 않을 수 없었던 것이죠.

아름드리 소나무가 많았던 곳은 물탱크와는 거리가 좀 멀어 주변에 있던 다른 참나무를 이용해 원두막을 지었어요. 나무 꼭대기까지는 못 올라가고 나무 중간쯤에 원두막을 지었어요. 먼저 아름드리 참나무 4그루를 서까래나 잡목으로 묶어서 연결했어요. 담배 모판용 송판이 많았는데 이 송판과 널빤지들을 나무에 올려서 얼기설기해서 깔았어요. 나무 위니까 정사각형은 아니고 마름모꼴 비슷한 사각형으로 만든 원두막이었지요. 원두막에서 보면 물탱크가 위에 있어서 고개를 올려야 보이더라고요.

▶ 권순이 님

(김현수 님을 가리키며) 이 양반이 원두막 만드는 동안 나는 입고 있는 바지가 비에 젖어 추워서 집에 가서 겨울 바지를 입고 왔습니다. 결국, 그 겨울 바지가 철조망에 걸려 제가 살아날 수 있었지요.

▶ 김현수 님

　사다리를 나무에 걸쳐 놓고 원두막에 제가 먼저 올라가 집사람과 애들을 손으로 끌어 올렸습니다. 일단 가족을 피신시켜 놓고 나니 마음이 조금은 안심이 되더군요. 애들에게 배고프면 깨물어 먹으라고 라면을 한 개씩 주었는데 아마도 늦은 오후 그러니까 오후 4~5시쯤 되었을 것으로 기억됩니다.

　그러는 사이에 아랫송정에 사시는, 모래 채취하러 오신 김충배 할아버지 부부도 무슨 이유에선지 조금 늦게 도착하셨는데 물탱크에 올라갈 수 없는 상황임을 알고 발을 동동 구르더군요. 할 수 없이 우리 원두막에 와서 "우리도 함께 올라가면 안 되겠느냐?"라고 묻더군요. 원두막이 널찍하지는 않지만 바싹 붙어 앉으면 될 듯도 하거니와 연세가 약 75세의 연로한 분들이셨으므로 저는 올라오시라고 하면서 손을 잡아주었지요.

　이렇게 사람 살리고 나니 뒤늦게 외양간에 매어놓은 큰 소가 생각났습니다. 비싼 소를 살려야지요. 집으로 내려가다 보니 물속에서 허우적대던 소가 한 마리 있더군요. 허우적대던 소가 저를 보더니 머리를 흔들며 울길래 물속으로 들어가 소의 코뚜레를 풀어주었어요. 그러니 자유로워진 소는 꼬리로 헤엄을 치더군요. 그래서 어서 높은 곳으로 올라가라고 물탕을 치며 소를 쫓았어요.

　그리고 집에 도착해서 소를 몰고 제일 높은 곳인 물탱크 주변으로 다시 왔습니다. 혹시 마을에 사람들이 남아있는지 확인도 하면서 왔어요. 물탱크 주변에는 양쪽으로 한길 정도 높이의 네모난 콘크리트 둑이 있었는데 이 둑 위로 소를 피신시키고 나니 금방 여기까지 물이 들이치더군요. 무릎, 엉덩이까지 잠기니 가까운 곳도 이동하기 어려워지더라고요. 50m 정도 떨어진 우리 가족 원두막으로 가야 하는데 내리미는 물이 한 길도 더 될 것 같아 갈 수가 없었습니다. 우리 가족 원두막이 빤히 보이지만, 물을 건너기 어려웠거니와 사람들이 너무 많아 도저히 올라갈 수가 없었어요. 그래서 우선 배로 피신했지요. 돼지도 돌아다녔는데 배에 태울 수도 없었어요. 배에 길게 줄을 매어 물탱크에 연결해 놓고 있는데 덜컥 겁이 나더라고요. 그래서 결국은 좁지만, 물탱크 위로 올라갔어요.

　이렇게 저는 오재운 님과 그분 삼촌과 함께 제일 늦게 물탱크로 올라갔어요. 이때가 아마 거의 해 질 무렵쯤 됐을 겁니다.

🎙 김문근

　그리고 물탱크 위로 피신하는 긴박한 상황에 기억나는 다른 일이 있으신지요? 예를 들면 가축들은 어떻게 했다든가 말입니다.

▶ 김현수 님

　마을에 소가 열댓 마리 됐는데 고삐 풀린 이 소들이 모두 사람을 찾아 물탱크 주변으로 몰려오더군요. 물이 불어나자 헤엄치면서 물탱크 주변을 돌아다니다가 힘이 빠져 지친 소는 나무에 걸려 있기도 했어요.
　그런데 신기한 것은 이 소들이 물탱크 양쪽에서 떠내려가지 않으려고 헤엄을 치면서 오르내리고 있었는데 송아지 한 마리를 보호하고 있는 거예요. 물탱크 바로 밑이 물살이 제일 약하니까 송아지 한 마리를 이곳(물탱크 바로 밑)에 두고 양쪽으로 빙 둘러싸고 서 큰 소들이 오르내리며 보호해 주고 있더라고요. 그래서 사람들이 이 소들의 모양을 보고 배워서 밖으로는 청년들이 스크럼을 짜고 안쪽에는 어린아이, 부녀자, 노약자들을 배치한 것이죠.
　돼지도 여러 마리였는데 거의 떠내려가고 누구네 것인지는 모르지만 돼지 3마리는 살았어요. 나무를 잡고 살았는지 어떻게 살아남을 수 있었는지는 모르겠어요.
　이튿날 물이 빠져 살아남은 소도 있었고 몇 마리 소는 떠내려갔어요. 대수네 소인가 하여튼 덕상리 사람들이 건졌는데 나중에 문제가 생기기도 했지요. 제가 물탱크 주변에 끌어다 놓은 우리 큰 소는 떠내려가 단양읍 외중방리에 구미라는 곳이 있는데 강물이 빙빙 도는 그곳 근처에 있는 걸 찾아왔지요. 배고파서 아무 풀이나 마구 뜯어 먹었는지 설사를 많이 하더군요. 마을에서 다른 두 마리의 소도 떠내려갔는데 현천리까지 떠내려가다가 산으로 올라온 걸 찾아온 사람도 있었습니다.
　그리고 동네에서 앞장서 일하던 사람들은 거의 팬티 바람이었어요. 우스운 것은 물탱크 위의 그 와중에도 담배가 떠내려가는 것이 너무도 아까웠어요.

▶ 권순이 님

　'담배를 살려야 한다.' 그 생각뿐이었어요. '우리 집은 높은 곳이었으니까 괜찮겠지' 하는 생각에 두 집 담배를 마루고 방이고 할 것 없이 빈 곳이면 다 채워놓았으니까요. 강물이 그렇게 동네 전체를 삼킬 줄 몰랐던 거지요.

📱 김문근

　그러면 어르신은 직접 만든 원두막에는 올라가지 못하셨군요. 그러면 그 원두막으로 피신하신 분들은 모두 몇 분이셨는가요?

▶ 김현수 님

　우리 원두막에는 우리 식구 6명과 김충배 할아버지 부부를 합하면 모두 8명이었죠. 우리 식구는 집사람 권순이(당시 36세), 큰딸 김옥희(당시 16세), 큰아들 김희배(당시 13세),

둘째 아들 김승배(당시 10세), 셋째 아들 김형배(당시 7세), 둘째 딸 김순이(당시 4세) 이렇게 6명이었습니다.

아랫 송정에 사시는 김충배 님과 부인 석금옥 님(당시 부부가 75세 내외)도 원두막에 올라왔으니 모두 8명이 원두막에서 피신하고 있었죠. 저는 소 몰고 오는 바람에 물이 불어 원두막에는 못 올라갔고요.

🎤 김문근

원두막 얘기는 조금 있다가 할머니께서 해주시기로 하고 어르신께서 물탱크와 관련된 얘기와 물탱크에 올라간 후의 상황을 먼저 말씀해 주시기로 하시죠.

▶ 김현수 님

올라가 보니 좁은 공간에 동네 사람들과 잠업센터 연수생들이 얼마나 많던지 숨 쉴 틈도 없을 정도였죠. 난간도 없기에 노약자들을 안쪽으로 모으고 청년들은 난간 쪽으로 빙둘러 어깨동무를 하고 있었습니다. 안쪽에 있던 사람들도 옆 사람과 서로 손을 잡고 있었죠. 강물이 무섭게 들이닥치더군요. 어디 할 것 없이 사방에서 닥치는 거예요.

칠흑같이 어두운 밤바다처럼 넓게 흐르면서 굉음을 내는 물소리만 가득했습니다. 저 멀리 철길 건너편 애곡리 사람들이 철길에서 횃불을 밝히고 흔드는 모습이 보이더군요. 괜찮으냐는 고함도 간간이 들렸습니다.

나는 우리 원두막이 쓰러지는 걸 전혀 몰랐습니다. 물탱크와 원두막과는 약간의 거리도 있었고 세찬 물소리 외에는 다른 소리를 들을 수도 없었기 때문이죠. 그리고 소리가 들렸다고 해도 물이 넘실거리는 캄캄한 밤이라 손을 쓸 수도 없는 상황이었고요.

🎤 김문근

그러면 권순이 할머니께서 원두막에 올라간 후의 상황을 말씀해 주시겠습니까?

▶ 권순이 님

우리 원두막 사람들은 불어나는 강물을 보면서 불안한 마음으로 이런저런 걱정 얘기를 했습니다. 빨간 황토물이 시루섬을 집어삼키고 넘실거리니 주변이 강이 아니라 바다처럼 넓게 보이더군요. 밤이 되니 무서움은 더해가고 무서움에 떠는 애들을 감싸 안고 곧 물이 줄 것이라고 위로했지요.

밤 열두 시쯤 되었을까 하여튼 깊은 밤이었죠. 막내인 네 살배기 순이를 안고 젖을 먹이고 있는데 갑자기 원두막이 흔들리고 참나무 기둥도 일렁일렁하더군요. 저는 물이 줄 때가 되었는데 다시 불어서 그러는가 하는 생각을 했죠. 옆에 있는 김충배 님에게 "아저씨 저 물 좀 봐요." 그랬더니 그분이 "내가 어떻게 물을 봐."라고 말하더군요.
　이 말이 끝난 후 조금 있더니 기둥 참나무 두 그루가 갑자기 드러눕듯이 스르르 쓰러지는 게 아니겠어요? 그러니 평평한 원두막 바닥도 바로 세워지면서 원두막에 있던 사람들을 강물에 쏟아부은 거죠. 사람들이 모두 우수수 떠내려가는 거죠.
　나도 아래로 처박히면서 안고 있던 네 살배기 막내딸 순이도 놓치고 말았습니다. 젖을 문 채로 말입니다. 애들이 떠내려가면서 살려 달라고 소리를 지르더군요. 캄캄한 밤이라 보이지는 않고 소리만 들린 것이죠. 함께 떠내려가는 어미로서 어떻게 할 방법이 없었습니다.

🎙 김문근

　원두막이 쓰러질 그 당시 강물의 수위는 어느 정도 되었습니까? 그리고 원두막이 왜 쓰러진 걸까요?

▶ 김현수 님

　수위가 최고로 올라간 그때쯤에는 아마도 물탱크 높이(6m)의 1/3 정도인 2m 정도까지 물이 찼을 겁니다. 그러니 참나무도 아마 땅에서 2m 정도는 잠겨 나무 중턱까지는 물이 찼을 겁니다.
　참나무가 안 넘어갈 건데 감자 저장고, 그 토굴 때문에 쓰러진 것입니다. 당시엔 냉장시설이 없었을 때라 김수종 님이 토굴을 파고 감자를 저장해 두었는데 우리가 만든 원두막 기둥 나무가 하필이면 이 토굴 위에 서 있는 참나무였던 것입니다.
　알다시피 시루섬은 모래땅인데 이 굴에 물이 들이차고 물결이 계속 일렁이자 흙이 무너지고 또 무너져 결국 나무뿌리가 드러나 지탱하는 힘이 약해진 것이죠. 그래서 기둥 나무 네 그루 중 두 그루가 갑자기 쓰러진 겁니다. 강물이 나무 중턱까지 차오른 상태에서 한밤중에 원두막 한쪽이 바닥으로 내리꽂히니 8명 모두 물속으로 빠져들어 간 것이죠.

▶ 권순이 님

　저는 물탱크 조금 아래 김수종 님 집 뒤 밤나무 옆 철조망에 옷이 걸려 살았지요. 당시 우리 마을에는 6·25전쟁 때 미군 포부대가 설치한 철조망이 흔해서 철조망을 주어다 울타리를 만들기도 했는데 김수종 님은 아마 감자 저장고 주변으로 철조망 울타리를 설치한 것 같습니다. 저는 50m 정도 떠내려가다가 이 철조망에 제가 입고 있던 바지가 걸려 허우적거리면서 안 떠내려간 겁니다. 낮에 바꿔 입고 온 그 겨울 바지 덕이지요.
　다행히 그때는 비는 계속 내리고 있었지만, 강물은 급속히 빠지는 무렵이어서 물이 많이 줄고 있었어요. 그래서 첫딸 옥희는 떠내려가다가 뽕나무 붙잡고 살았고 둘째 희배는 물탱크 주변 이종음 님 집 뒤의 살구나무를 붙잡고 살았습니다. 이렇게 저와 맏딸, 맏아들은 살았지만 셋째 승배(당시 10세), 넷째 형배(당시 7세), 막내 순이(당시 4세)는 나이가 어리니 결국 떠내려가고 말았습니다.

🎙 김문근

김수종 님의 감자 저장고 토굴 때문에 원두막 기둥 나무가 쓰러졌고 할머니께서 떠내려가다가 또 다른 감자 저장고 주위의 철조망 가시에 옷이 걸려 살게 되었다니 묘하네요. 사고의 원인이자 목숨을 구해 준 결과가 되었으니 참으로 아이러니하네요.

그러면 김현수 어르신께서는 60m 정도 떨어진 원두막의 이 상황을 물탱크에서 알 수 있었습니까? 혹시 모르셨다면 언제쯤 알게 되었는지요?

▶ 김현수 님

저는 먼동이 트기 전까지는 이러한 사고가 있었는지 전혀 몰랐습니다. 어둠이 채 가시지 않고 어렴풋이 날이 밝아오자 우리 애들이 사람 살리라고 소리를 지르니까 알게 되었지요.

▶ 권순이 님

물이 줄긴 했어도 아직 땅바닥이 드러나지 않은 상태라 저는 철조망에 걸려 허우적대고 있는데 남편이 상황을 알고 물탱크에서 "나도 내리뛰겠다. 나도 물에 빠져 죽겠다." 라고 아우성치는 소리가 귀에 딱 들어오더군요. 거기가 어디라고 내리뜁니까? 내리뛰어 같이 죽는다는 얘기 아닙니까?

그러다 보니 물이 잘 줄더군요. 남편이 멀리서 나를 보길래 "나 살았어요. 나 살았어요." 말하니 아무 소리 안 하고 내려와서 철조망에 걸린 바지를 가시에서 빼주었습니다. 그러나 안고 있던 젖먹이와 곁에 있던 애들 모두 떠내려가고 없으니……. 다행히 위로 두 남매는 나뭇가지에 걸려 있어서 찾을 수 있었지만 머스마 둘과 계집애 하나가 결국……. (어휴! 어휴! 반복하면서 흐느끼며 말을 잇지 못하신다. 할아버지도 함께 우신다.)

▶ 김현수 님

내가 제일 몹쓸 사람이죠. 원망받아 마땅합니다. 만약에 내가 그 원두막에 같이 있었다면 그런 일을 당하지 않게 했을 수도 있었을지 모르는데… 죽어도 함께 있었어야 했는데 그러지를 못했어요. 애들 그렇게 된 그 죄로 내가 이렇게 오래 사는 것 같네요. 벌 받느라고…….

🎙️ **김문근**

물탱크 위에서 가족이 그렇게 된 걸 아시고 난 후 마음이 오죽하셨겠습니까? 그 후 물탱크에서 언제 어떻게 내려오셨는지요? 그리고 마을 사람들 인명피해가 어떠했는지 말씀해 주시겠습니까?

▶ **김현수 님**

(어휴! 다시 한숨을 쉰 후) 저는 급히 물탱크에서 내려왔습니다. 땅바닥은 아직 드러나지 않았지만, 다행히 물이 제법 줄어 있더군요. 전날 만약을 대비해 물탱크 주변에 매어 놓았던 작은 철선 한 척이 있었는데 김주환, 오재운, 이상하 님과 함께 이 배를 끌고 내려가서 뽕나무를 붙들고 살아있던 맏딸 옥희를 실었습니다. 철조망에 걸려 있던 집사람을 가시에서 빼주자 걸어 나왔고 살구나무를 붙들고 있던 맏아들 희배도 물이 조금 더 빠지자 스스로 걸어 나와 만나게 되었죠.

그 사이에 물이 더 빠져서 배를 띄우려고 해도 흙에 막혀서 띄울 수 없었어요. 그래서 배의 아래쪽을 파고 물이 있는 곳까지 끌어낸 후 죽은 아이들을 태웠지요. 지금도 우리 순이하고 비슷한 나이의 50대 여자들만 보면 그 순간이 생생하게 살아납니다.

그런데 나이 어린 셋째, 넷째, 다섯째는 안 보였습니다. 최대우, 오재운 님과 함께 여기저기 수색했습니다. 물탱크에서 바로 내려가지 않고 샛강과 동네를 연결하는 다른 길이 있었는데 그 길로 내려가 보니 막내인 순이 시신이 길가의 뽕나무에 옷이 걸린 상태로 있었습니다. 그때 추잠하느라 베어낸 가지의 뾰족한 부분에 걸려 있었던 것이었죠. 물탱크로부터 200m 아래쯤 그러니까 섬의 맨 아래 끝 지점이었죠. 그러나 승배, 형배는 아직까지 시신도 못 찾고 있습니다.

원두막에 함께 올라갔던 김충배 님의 부인 석금옥 님은 샛강 쪽 동네 입구의 나무를 붙잡고 살았지만, 김충배 님은 부인 근처의 다른 나무에 시신이 덩그러니 걸려 있었어요. 결국, 우리 원두막에 있던 8명 중 4명은 살았고 2명은 사망, 2명은 실종된 것이죠. 다른 원두막에 올라갔던 이현석 님도 샛강 쪽에서 시신을 찾았어요.

🎙️ **김문근**

이현석 님은 어떤 분인가요?

▶ **김현수 님**

그분은 우리 마을 사람이 아니고 객지에서 들어와 사는 분이었어요. 한일시멘트 공장 증설할 때 상진 부근에서 골재 채취를 했던 사람이었지요. 이분도 오재운 님과 함께 원두막을 따로 지어 올라갔어요. 완충지대에 커다란 참나무가 있었는데 그 나무를 이용해 부근의 세 그루를 이용해서 원두막을 만들었어요. 그 집도 담배를 많이 해서 송판으로 만들었어요. 우리 원두막과의 거리가 40~50m 정도 되었을 겁니다. 다행히 지하에 감자 저장고가 있는 곳이 아닌 안전지대라 나무가 쓰러지지 않아 무사할 수 있었지요.

우리 원두막까지 모두 3개의 원두막에 대피한 것 같습니다. 오재운 님이 이현석 님 원두막에 같이 올라갔는지도 모르겠네요. 그러면 원두막은 2개일 수도 있고요. 아마 우리 원두막과 이현석 님 원두막을 비슷한 시각에 짓고 올라간 것 같아요. 이현석 님 원두막에는 오재운 님과 부인 김덕순 님, 그리고 6남매가 올라갔어요. 그 외에도 몇 명이 더 올라갔을 텐데 기억을 못 하겠네요.

🎙 김문근

그날 물난리 때 사망자는 모두 8명으로 알고 있습니다. 이 중 어르신 원두막에서는 4명이었다고 말씀하셨는데 물탱크 위에서 희생된 아기까지 합하면 5명인데 나머지 세분은 누구인가요?

어르신 가족이 올라갔던 원두막에서 사망한 4명은 어르신의 3자녀(김승배, 김형배, 김순이)와 광주 노인 김충배 님이었습니다. 그러면 다른 나무 원두막에서 3명이 희생됐다는 얘긴데 그 원두막에는 누가 올라갔고 사망자는 누구였는지요?

▶ 김현수 님

그날 죽은 사람은 다른 원두막 사람들까지 모두 8명이었어요. 다른 원두막은 오재운 님 가족이 대부분이었어요. 그 집도 식구가 다 올라간 것은 아니고 일부는 물탱크 위에 올라간 사람도 있었죠. 그 원두막은 아름드리 참나무에 맨 원두막이었죠. 그리고 지하에 감자 저장고도 없었고요. 올라간 인원은 기억을 못 하겠네요. 그 원두막에서도 사람이 죽었어요. 오재운님 막내딸이 오정옥이였는데 그 아이만 죽었어요.

🎙 김문근

그쪽 원두막도 쓰러졌는가요?

▶ 김현수 님

아닙니다. 원두막이 쓰러지지 않았습니다.

🎙 **김문근**

그런데 사람이 왜 죽었는가요?

▶ **김현수 님**

글쎄요. 그게 희한하네요.

🎙 **김문근**

그러면 사망자를 다시 꼽아 보겠습니다. 물탱크 위 아기 1명, 어르신 가족 원두막 4명, 저쪽 오재운 님 원두막 1명입니다. 그러면 모두 6명인데 나머지 2명은 누구인가요?

▶ **김현수 님**

나머지 2명은 모래 채취하러 왔던 이현석 님과 최대우 님 막내딸입니다. 그 둘은 어디 있다가 떨어졌는지 잘 모르겠네요. 그 두 명은 어디로 피신했다가 죽었는지 그 과정을 모르겠어요. 최대우 님 딸이 이현석 님 원두막에 함께 올라갔는지 안 올라갔는지 잘 모르겠네요. 어쨌든 상진대교만 아니었어도 그런 일은 없었을 텐데 그놈의 상진대교 때문에 일어난 일이었습니다.

🎙 **김문근**

상진대교 때문이라고요? 무슨 말씀인지 자세히 얘기해 주시겠습니까?

▶ **김현수 님**

상진 다리는 그 당시 목교였습니다. 다리 기둥은 나무였고 이 나무 위에 철로 깔아 만든 국도 다리였지요. 그런데 상진 다리 상류로 올라가면서 그때 산판에서 벌채작업이 한창이었습니다. 특히 영춘 쪽으로 올라가면서 강가에 많이 심었던 이태리포플러 벌채작업을 했어요. 그런데 비가 많이 오니 강가에 쌓아 두었던 이 나무들이 많이 떠내려왔습니다. 다릿발이 넓었다면 나무들이 빠져 내려갈 텐데 다릿발이 좁다 보니 강물을 가로막는 댐 역할을 하게 된 것입니다.

이 다리 위로 강물이 급속히 불어나 매포까지 올라가며 물이 차게 되었죠. 결국, 다릿발이 물 힘을 못 이겨서 무너지자 마치 물바가지 물 쏟듯이 한꺼번에 강물이 바로 밑에 있는 시루섬을 덮친 것입니다.

바로 이때 우리 가족이 전부……. (어휴! 한숨을 쉰 후 다시 말을 잇는다) 대피해 있던 원두막 소나무가 쓰러지면서 8명이 넘실대는 강물 속으로 빠져들어 가게 된 것이죠. 상진 다리가 무너지며 일시에 물이 불어났다가 급속히 빠지는 터라 떠내려가다가 아무거라도 붙잡기만 하면 살 수 있었던 상황이었습니다. 아마도 벌채한 포플러만 야적하지 않았어도 이 나무들이 떠내려오지 않았을 테고 상진대교도 붕괴되지 않았을 겁니다. 상진대교 붕괴만 없었다면 당연히 우리 가족의 이러한 사고도 없었을 겁니다. 만약 지금이라면 인재니 뭐니 하면서 난리가 났을 것이지만 그때는 어디 가서 억울하단 말 한마디 할 수 없었던 시절이었죠.

🎙 김문근

시루섬 마을의 집들은 모두 잠겼을 것 같은데 떠내려간 집도 많았겠지요?

▶ 김현수 님

강물이 제일 많이 불었을 때는 물탱크 아랫부분 저장고가 덮였을 정도까지, 그러니까 물탱크 높이가 6m였는데 2m 높이까지 물이 찼습니다. 그러니 동네 대부분의 집은 떠내려갔지요. 우리 집을 비롯해 박현걸, 이해수, 이종음 님 등 비교적 높은 곳의 몇 집들은 떠내려가지 않았습니다. 물론 가재도구는 떠내려가거나 침수되었어도 물이 지붕 밑까지 차오르지 않았기 때문에 집은 폭삭 허물어지거나 떠내려가지 않았던 것이죠. 병자년 수해에 비할 수 없을 정도로 참혹한 수해였어요.

🎙 김문근

병자년 수해는 언제였고 어떠했는지 궁금하네요.

▶ 김현수 님

내가 아홉 살 때 병자년 대홍수가 있었는데 그때 마을에 물이 들어찬 후 한 번도 마을에 물이 들어온 적이 없었기에 모두가 병자년 수해만 기억하고 마을 입구에 조금만 물이 들어오다 말겠지 하는 생각을 했지요.

병자년 대홍수 때는 시루섬 맨 아래쪽에 5칸 ㄱ자형 집이 있었는데 그 집까지만 물이 찼을 뿐이었어요. 그때 우리 아버님이 원두막을 짓고 계셨는데 비가 쏟아지고 물이 올라오니 매어놓았던 소를 원두막 짓는 곳으로 옮긴 것이 수해 대피의 끝이었죠.

샛강 쪽 변두리만 물이 들어와 떠내려간 집도 없었어요. 이상하, 오재운 님 집 근처에 우리 집이 있었는데 우리 식구들은 참외밭 원두막으로 대피했습니다. 저녁에 물이 들어오는 소리가 쏴~ 하고 나길래 우린 소를 몰아 원두막에 매어놓고 그냥 원두막에서 잤습니다. 이튿날 집에 가보니 부엌까지 물이 들어왔고 행랑채만 비스듬히 기울었을 정도였지요. 그런 기억이 나는데 이날의 상황은 그렇지 않았던 거지요. 달랐어요. 병자년 수해에 비할 바가 아니었죠.

🎙 **김문근**

그렇게 가족의 생사 확인과 재회가 이뤄지고 난 후에 어떠한 일이 있었는지 말을 이어가 주시겠습니까?

▶ **김현수 님**

마을 사람들이 물탱크에서 모두 내려와 자연스레 탱크 주변에 집결하게 됐지요. 아침나절 땅이 드러나자 헬리콥터가 와서 마을 사람들에게 주먹밥을 나눠 주더군요. 물과 불은 원수가 없다더니… 이 주먹밥을 먹으려니… 목이 타서 물을 먹으려니……. 입에 안 들어가더군요. 못 먹었습니다.

나는 막내딸 순이를 공동묘지에 묻었어요. 최대우 님은 앞산이 따스하다고 하면서 죽은 막내딸을 둘러매고 올라가더군요. 난 그냥 우두커니 바라만 보고 앉아 있었지요.

어쨌든 마을 사람들은 그 헬기를 타고 (구)단양읍으로 나갔습니다. 우리 가족은 첫 비행기를 타고 여자중학교 마당에 설치된 이재민 수용소에 내렸습니다.

🎙 **김문근**

오늘 말씀 고맙기 이를 데 없습니다. 벌써 47년 전, 반백 년이 흘러갔네요. 남들 도와주다가 물탱크 올라갈 기회를 놓쳐서 최대의 피해를 당한 어르신께 존경의 말씀과 함께 위로를 드립니다. 국가나 자치단체로부터 어떠한 위로금이나 배상도 못 받으시고 한평생 살아오셨는데 뒤늦게나마 아픈 마음을 어루만져 드리는 조치도 필요할 것 같습니다.

어쨌든 악몽과도 같았던 그날 우리 시루섬 사람들은 단결하고 힘을 합쳐 피해를 최소화하셨습니다. 위기를 잘 극복하신 분들입니다. 후손들이 훌륭한 조상들로 길이 기억토록 해야 할 것입니다. 어르신을 비롯한 시루섬 사람들의 희생심과 위기를 극복하는 정신을 이어받아야 할 것으로 봅니다.

장시간 아픈 기억을 떠올리는 고통을 드려서 대단히 죄송합니다. 오래오래 건강하고 행복하게 사시길 빕니다. 안녕히 계십시오.

증언자 3
유상순 님

유상순
1946년생(당시 27세)

- 가족 사항
  남편(이창수), 자녀: 천희(장남, 1963), 정순(장녀, 1966), 방희(차남, 1971)
- 당시 남편 이창수 님은 마을을 돌며 피신을 독려하고 물탱크 위에서 사다리와 배가 떠내려가지 않도록 밤새 붙잡고 있는 등 주민을 위해 헌신
- 물탱크 위에서 백일 아기 어머니(최옥희 님) 옆에서 밤새 전 과정을 함께 하면서 조언자 역할을 하심

🎙 **김문근**

벌써 옛날얘기지만 1972년 시루섬 수해 때 물탱크에 올라가셔서 엄청난 고난을 겪은 거로 알고 있습니다. 당시 물탱크에 올라가 아기를 잃은 최옥희 님 아시죠? 그분이 경기도 용인시에 사시는데 제가 얼마 전 그분을 찾아가 한 시간 남짓 얘기를 들었고 저녁도 얻어먹고 왔어요.

▶ **유상순 님**

아 그래요? 저는 그 아주머니 이름은 모르겠고 아들이 안승상이라 승상 엄마라고만 알고 있어요. 잘 지내시던가요? 건강하시고요?

🎙 **김문근**

네 아주 건강하시고 말씀도 잘하시더라고요. 남편께서는 3년 전(2011년)에 돌아가셨답니다. 말씀 중에 옆에 계셨던 어르신께서 "우리 애가 이상해. 어떤지 좀 만져 봐!."라는 부분도 있었습니다. 그래서 어르신을 뵙고 그때 얘기를 듣고 싶어 찾아왔습니다. 생각나는 대로 그때 상황을 자세히 말씀해 주시면 고맙겠습니다. 시루섬의 모습도 이야기 해주셔도 좋고요.

▶ **유상순 님**

우리 시루섬 마을은 모래땅이라 땅콩 농사를 많이 했고 뽕나무가 많아 누에고치 치기를 많이 했어요. 그래서 군청에서 잠업센터를 우리 마을에 설치했을 정도였죠. 그리고 담배 농사, 고추 농사도 많이 했는데 내가 살아오면서 그해처럼 고추, 담배가 잘 된 해는 없었어요. 결국, 하나도 수확을 못 했지만, 농사는 제일 잘 된 해였어요.

그해 고추는 키도 크고 고춧대에 털이 숭숭 나고 고추가 얼마나 많이 달렸는지 고추골에서 보면 온통 고추만 보였을 정도였습니다. 그 후로는 그렇게 잘 된 고추는 못 봤어요. 아마도 수해 나려고, 없어지려고 그런 것 아닌지 지금 생각해도 신기합니다.

어쨌든, 그때 우리 영감이 많이 아팠어요. 폐가 안 좋아 농사일도 쉽지 않아 할 수 없이 내가 장사를 다니기도 했고 수해 당시에는 제가 막걸리 장사를 하고 있었어요. 다행히 남편은 그 후 많이 호전되어서 정상 생활을 할 수 있었습니다.

🎙 김문근

남편께서는 지금 안 계시나요?

▶ 유상순 님

돌아가신 지 여러 해 됐어요. 2010년 폐암으로 돌아가셨으니까요.

🎙 김문근

아! 그러시군요. 말씀을 계속하시죠.

▶ 유상순 님

우리 집은 물탱크 바로 옆에 있었어요. 그러니까 마을에서 제일 높은 지대인 윗송정에 살았지요. 그곳에 우리 집까지 모두 넷 집이 살았습니다. 우리 집, 이종음 님 김수종 님 집과 남편의 친형인 이창열 님 이렇게 넷 집이 말입니다. 그런데 그날 우리 남편이 아파서 누워있다가 수제빗국을 끓여서 점심을 먹고 물 구경도 할 겸 밖으로 나와 낮은 지역으로 내려가 보았더니 물난리가 시작되었더랍니다.

아랫마을 사람들이 말캉 짐을 싸서 높은 곳으로 피난을 오는 거예요. 뒷마을 쪽으로 가보니 그곳도 낮은 지대의 집들은 물이 하마 마당에 들어오고 있고요. 성격이 많이 급한 우리 남편은 사람들에게 "빨리 우리 집으로 올라가라."라고 여기저기 소리 지르면서 다녔답니다.

아랫송정 마을의 큰 느티나무 옆에 김영환 님이 살았는데 그 집에 가보니까 집주인이 낮잠을 자고 있길래 그 집 뒤안으로 가보니 물이 막 넘어오더랍니다. 공동묘지 쪽에서 말입니다. 그런데도 이를 모르고 집주인은 여름에 비가 오니까 할 일이 없어 낮잠을 자고 있었던 것이죠. 깜짝 놀라서 "지금 낮잠 잘 때냐? 빨리 우리 집으로 피난 가라."라고 소리를 쳤더니 집주인은 "병자년 수해 때에도 물이 안 넘어왔는데 무슨 소릴 하느냐?"라고 하면서 방문을 열고 나오더랍니다.

남편은 그 집에서 나와 마을 사람들에게 "무조건 우리 집으로 빨리 피난 가라."라고 소리 지르며 다녔답니다. 우리 남편은 목소리도 큰 편이라 그 바람에 온 동네 사람을 모두 우리 집으로 모은 겁니다. 조그마한 우리 집에 꽉 들어찼고 나중에는 옆집까지 사람들이 북적거렸지요.

당시 우리 마을 이장은 남편의 친척 동생인 이몽수 님이었는데 딱 한 대의 전화가 여기에 있었습니다. 남편은 이 전화로 군청인지 읍사무소인지 관공서에 물들어 온다는 보고를 했답니다. 그런데 한창 통화하는 도중에 그만 전화가 뚝 끊어지더랍니다. 어디에선가 전화선이 끊어져 두절된 거죠. 그래서 그 전화기를 마을에서 제일 높은 우리 집에 갖다 놨답니다.

🎤 김문근

사람들이 물탱크 주변의 4가구에 많이 모이게 된 후 어떤 일이 있었는지요?

▶ 유상순 님

우리 집은 물탱크 바로 아래쪽에 있었어요. 작은 길 건너편이니까 대략 20m 정도 떨어졌을 겁니다.

낮은 곳에 사는 사람들은 담뱃잎을 리어카로 가득 싣고 우리 집 쪽으로 오는 등 난리가 났었죠. 조금 있다가 내가 첫돌 배기 아기(이방희)를 업고 쪽마루에 앉아 강 쪽을 보니 물이 보이더군요. 원래는 우리 집에서 안 보여야 맞는데 시뻘겋게 넘실거리는 강물이 보이더라고요.

이 난리 통에 시간이 얼마 지나지도 않았는데 강물은 마을로 점점 더 조여 오더군요. 낮은 곳은 물론이고 중간쯤의 집들도 물이 들어차기 시작하니 이집 저집 물건들이 둥둥 떠내려가더군요. 우리 남편의 친척 동생인 이몽수 님이 부근에 살았는데 우리 남편이 그분에게 "야! 너 빨리 가서 사다리 가져와." 소리치니까 그 동생이 김성종 님 집에 가서 가지고 왔어요. 물이 배꼽까지 차올라왔는데도 가서 사다리를 꺼내 왔다고 하시더라고요. 간신히 힘들게 나오다 보니 그 집이 푹석 무너져 떠내려가더랍니다.

어쨌든 담배 건조실에서 쓰는 아주 긴 사다리를 물에 떠내려가기 전에 미리 확보한 것이죠. 우리 남편과 동생 이몽수 님은 이 사다리를 물탱크에 기대어 놓고 마을 사람들을 꼭대기로 올리기 시작했죠. 물탱크에서 우리 집이 제일 가까우니까 우리 식구가 맨 먼저 올라갔어요. 올라가서 복판에 섰는데 조금 있으니까 이제 집도 떠내려가는 겁니다. 집 떠내려가는 게 허무하더라고요. 먼지가 퍼석 나면서 순식간에 없어지고 말더라고요.

🎤 김문근

옛날엔 다 흙집이었으니 무너질 때 먼지가 많이 났던 것 아닌가요?

▶ 유상순 님

너와라고 하는지 모르겠는데 얇은 돌멩이로 지붕을 한 집이 많았어요. 우리 집도 너와집이었는데 밑에서부터 조금 흔들리더니 한 무더기 먼지가 퍼석 나면 집이 금세 없어지더군요. 다른 집 무너지는 건 많이 봤는데 정작 우리 집 무너지는 순간은 못 봤어요. 우리 집은 바로 앞에 있었지만, 물탱크 위에 사람들이 너무 많아 그 사람들에 가려서 못 봤지요.

🎙 **김문근**

그리고 긴박한 상황에서 남편께서 가족과 마을 사람들을 살릴 방법을 생각해 내신 게 대단하네요. 그 긴 사다리로 사람들을 물탱크에 올라가도록 해야 하겠다는 기지 말입니다. 개인의 이익보다는 공익적인 그 기지가 결정적인 부분이고 훌륭하다고 봅니다. 긴박한 상황에서도 슬기롭게 지혜를 발휘해서 주민을 일깨우고 빨리 높은 지대로 대피토록 했고 나아가 물탱크에 올라가도록 준비하고 독려하셨는데 "형제는 용감했다."라고 봅니다. 의인이시고 실질적인 지도자 역할을 하신 것 같네요.

그럼 물탱크 올라갈 때의 시각이 대략 몇 시쯤 되었을까요? 그리고 물탱크는 어떤 곳이었는지, 사람들이 어떻게 올라가고 올라가서 어떻게 했는지 말씀해 주시면 고맙겠습니다.

▶ **유상순 님**

점심을 먹고 나서의 일이니까 오후 1시나 2시쯤 되지 않았을까 싶네요. 하여튼 물이 한번 철렁하면 5m 이상씩 대번에 올라오더라고요.

물탱크는 두 개가 있었어요. 높고 둥그런 큰 물탱크가 있었고 사각형으로 생긴 조그만 물탱크가 있었지요. 담배 곳간에서 쓰는 사다리가 워낙 길어 그 긴 사다리 한 개를 놓고 올라갔어요. 어떤 사람은 두 개를 연결해서 설치했다고 하는데 두 개가 아니라 한 개가 맞아요. 내가 제일 처음에 올라갔으니까 정확하게 알아요.

우리 남편이 만든 긴 사다리를 물탱크 벽에 비스듬히 놓고 노약자들에게는 위에서 당기고 아래에서 밀어 마을 사람들이 물탱크 위로 올라오게 되었습니다. 문제는 잠업센터인가 연수원인가 있었는데 그 사람들만 없었으면 마을 사람들이 몽땅 올라갈 수 있었는데 그 사람들 때문에 너무 비좁아 나중에 온 사람들은 올라갈 수 없었지요.

당시 단양군에서는 누에농사를 장려하기 위해 우리 마을에 뽕나무를 많이 심도록 했어요. 그리고 우리 마을에 잠업센터를 설치하고 춘잠, 추잠 때마다 아가씨들과 총각들을 많이 불러들여서 가르쳤죠. 공동묘지 부근에 잠업센터가 있었는데 그때도 아가씨들 교육생이 많이 와 있었습니다. 30~40명에 달하는 그 아가씨들도 물난리를 피해 물탱크 주변에 와 있으니 당연히 함께 올라갈 수밖에 없었고 그 바람에 일부 동네 사람들이 못 올라간 셈이죠. 아마 동네 사람들만 있었다면 죽은 사람도 없었을 겁니다.

🎙 **김문근**

다른 분들도 그러한 말씀을 하시던데요. 잠업센터에 대해서 잠깐 얘기해 볼까요? 물탱크를 만든 것도 이 교육생들에게 식수를 공급하기 위한 간이 급수시설이었다는 말도 있는데요.

▶ 유상순 님

그때 물탱크에 올라온 잠업센터 연수생은 한 30~40명 된다고 하는 얘기를 들었는데 나는 정확히는 몰라요. 그런데 연수생 아가씨들이 많기는 많았어요.

그리고 물탱크가 설치된 것은 잠업센터를 위한 것이 아니고 동네 사람들 먹으라고 설치한 겁니다. 동네 사람 식수였지요. 그런데 물을 못 먹었어요. 물론 물탱크가 동네 사람 생명은 살렸지만 말입니다.

강물을 끌어 올려서 그 물탱크에 받아 놓고 집집마다 공급하는 간이 상수도였는데 저 아래쪽 집에는 조금씩 물이 나왔는데 우리 집처럼 높은 곳에는 거의 안 나오다시피 했습니다. 큰 도움은 안 되었죠. 그래서 우리 집을 비롯한 시루섬 사람들은 모두가 매일 강물을 길어와서 먹었습니다. 다만 잠업센터는 간이 상수도 물이 안 나오다시피 해서 우물을 파고 두레박으로 물을 퍼먹었어요.

김문근

대부분의 마을 사람들이 물탱크 위로 올라왔는데 왜 별도로 소나무 원두막을 지은 것인지요? 그리고 원두막을 짓는 모습을 보셨는지요?

▶ 유상순 님

물탱크 위에 워낙 많은 사람이 빽빽하게 모였으니 더 이상 사람이 올라올 수 없었어요. 그래서 늦게 도착한 사람들은 원두막을 만들더군요. 한낮이니 나도 물탱크 위에서 봤습니다. 당시 우리는 집을 새로 지으려고 넓은 마당에 서까래를 많이 구해 놓았는데 남자들이 "빨리 가서 저것 가지고 오라."라고 소리를 지르더라고요. 이렇게 우리 집 서까래도 가져오고 가까운 집 울타리를 부수어 긴 나무를 가져와 주변의 소나무에 원두막을 매더라고요. 난 그 울타리를 부수는 게 아까워서 물탱크 위에서 불평하기도 했었지요.

어쨌든 제가 본 원두막은 물탱크와 연결한 것이었습니다. 물탱크 바로 위쪽에 아카시아 나무와 소나무가 있었는데 사람들이 서까래를 물탱크에 걸쳐서 고정해 놓고 바로 옆에 있는 나무에 서까래로 연결하더군요. 그렇게 하고는 서까래 안쪽으로 송판과 나무를 이리저리 걸쳐서 원두막을 만들더라고요. 그 원두막에 꽤 여러 사람이 올라갔어요.

우리 남편은 물탱크 위에서 사다리와 뱃줄을 밤새도록 붙잡고 있었어요. 물탱크 위나 옆은 그냥 반들반들한 표면이라 뱃줄 묶을 곳이 없었기 때문에 남편과 주변 몇 분들은 배가 떠내려가지 않도록 뱃줄을 손으로 당기고 있었던 것이죠. 앞으로 일이 어떻게 될지 모르기 때문에 생명줄이 될지도 모르는 이 사다리와 배가 떠내려가면 안 되기 때문이죠. 사다리가 없으면 그 높은 곳에서 뛰어내릴 수밖에 없으니 꼭 필요하고 물이 계속 불어 물탱크까지 삼킨다면 비록 작은 배이지만 없으면 안 되는, 제일 소중한 물건 아니겠습니까?

🎤 김문근
아 그렇네요. 그러면 그 배가 어떤 배인지 잠깐 말씀해 주시고 물탱크에서 어떤 일들을 겪으셨는지 말씀을 이어가 주시겠습니까?

▶ 유상순 님
우리 시루섬은 물이 불어나면 섬이 되고 물이 줄면 백사장으로 다녔습니다. 그래서 마을 소유의 작은 배가 한 척 있었지요. 물이 불어나면 이 배를 타고 육지로 건너다녔지요. 어쨌든 우리 영감은 식구들이야 죽든지 말든지, 잠업센터 아가씨들이 복판에서 막 뒤진다고 소리를 질러도 관심도 없이 오직 그것만 붙들고 있었습니다. 밤새도록 말이죠.

난간도 없는 물탱크 위에 워낙 많은 사람이 모여 있으니 그야말로 콩나물시루였죠. 사람들이 워낙 많으니 팔을 내리지도 못하고 벌서듯이 하늘을 향해 들고 있어야만 했습니다. 내려놓을 수가 없었습니다. 간단한 짐 보따리를 갖고 올라간 사람들도 많았는데 워낙 빼곡한 상태이니 누군가 "보따리를 전부 내버려라."라고 소리치더군요. 잠업센터 아가씨 중 일부가 조금 주저하는 것처럼 보이자 사람들이 화를 내니까 결국 강물에 다 던지니 둥실둥실 잘 떠내려가더라고요.

나는 3남매를 데리고 올라갔는데 초등학교 3학년인 큰아들 천희와 일곱 살 딸 정순이는 내 앞에 서 있도록 하고 둘째 아들 방희는 첫돌 배기라 업고 있었어요. 사람들이 워낙 빼곡한 상태에서 이리저리 밀리기도 해서 자칫 애들을 놓칠 수도 있었기 때문에 저는 한 손으로는 앞에 서 있는 두 아이의 멱살을 꽉 잡아당기고 있었고 다른 한 손으로는 막내를 어깨 위에 걸치고 있었어요. 처음에는 막내를 포대기로 업고 있었는데 이리저리 밀리는 과정에서 포대기가 빠져 내려가더라고요. 다시 추슬러 업을 틈도 없어 할 수 없이 그렇게 할 수밖에 없었어요. 내가 그때는 삐쩍 말랐었는데 내 어깨뼈 위에 있던 우리 아기가 얼마나 아팠겠어요? 허리는 자꾸 구부려지는데 아이는 어깨에 매달려 있으니 너무 힘들어서 아이를 바닥에 놓고 허리, 팔 좀 펴보려고 팔을 조금 펴니까 옆 사람이 내 팔뚝을 꽉 깨물더라고요. 그분이 누군지는 알지만 지금 차마 말할 수는 없네요. 하여튼 이렇게 3남매를 당기고 둘러매고 밤새 있었어요.

게다가 물탱크 바로 앞 나무에 원두막을 설치하면서 원두막을 고정하기 위해 긴 서까래 몇 개를 물탱크 위로 걸쳐 놓았는데 이 서까래가 내 무릎 밑 종아리에 걸쳐 있는 상태에서 발을 움직일 수도 없어 너무나 힘들었습니다. 이튿날 보니까 이 서까래에 짓눌려 내 종아리가 시퍼렇게 멍들어 있더라고요.

🎙 **김문근**

어르신께서도 고생하셨지만 어린 자녀들도 고생이 엄청났을 거로 생각됩니다. 고생이라는 말은 부족하고 목숨마저 위태로운 명재경각의 상황에서 엄청난 사연도 많았을 것 같네요.

▶ **유상순 님**

물론이죠. 한 번은 우리 딸이 죽을 뻔한 걸 승상 엄마가 살렸어요. 승상 엄마 외에는 모든 사람이 서 있었고 그 사람들이 파도처럼 밀리면서 일부는 쓰러지는 경우도 많았어요. 내가 우리 딸을 잡고 있다가 이렇게 사람들이 쓰러지는 과정에서 그만 놓쳤습니다. 딸이 죽겠다고 꽥꽥거리는 소리가 나서 보니 덩치가 큰 어떤 아주머니가 쓰러지면서 본의 아니게 일곱 살 먹은 우리 딸 정순이를 깔고 앉아 있는 상황이 된 거예요. 딸은 입만 딱 벌리고 있는데 그 아주머니도 다른 사람들에 짓눌려 스스로 엉덩이를 들어 올려 줄 수도 없는 입장이었고요. 내가 "이거 어떻게 해야 하느냐?"라고 소리치니 옆에 있던 승상 엄마가 "내가 이분 엉덩이를 확 들어 올려 볼 테니 그 틈에 아이를 꺼내 보라."라고 하길래 그렇게 했어요. 딸을 확 잡아당겨 꺼냈지요. 죽거나 말거나 어떻게 해요. 그렇게 해서 꺼냈더니 괜찮았어요. 우리 딸은 지금도 이따금 그 얘기를 하곤 해요. 큰아들 천희는 지금도 그때 더워서 죽을 뻔한 것밖에 생각이 안 난대요. 어른들 틈새에서 조그마한 게 밑에서 꽉 끼여 있자니 얼마나 더웠겠어요?

다른 남자들은 자식이 끼일까 봐 엉덩이를 뒤로 내밀어 앞에 둔 자식을 보호하더라고요. 그렇게 하면 곁에 사람은 죽어나는 거죠. 그런데 우리 신랑은 식구들을 올려놨으니 살아있겠지 생각했는지 뒤도 안 돌아보더라고요. 오직 사다리와 배만 붙들고 있느라 식구들을 거들떠보지도 않았어요. 우리 아들이 "우리 아버지는 어디 갔어?" 묻더라고요.

🎙 **김문근**

제가 듣기로는 그날 밤 백일 된 아기를 잃으신 승상 어머니 바로 옆에서 계신 거로 알고 있는데 맞는지요? 맞다면 그 아기 얘기를 아시는 대로 해 보실까요?

▶ **유상순 님**

네 맞아요. 주로 승상 엄마라고 불렀지요. 그분이 나보다 나이가 더 많아요. 물탱크 위에서 바로 내 앞에 앉아 있었고 나는 서 있었어요. 밤에도 계속 억수로 비가 왔는데 캄캄한 밤중에 꼼짝달싹도 못 하는 상태에서 움직일 수도 없잖아요? 물탱크 위의 모든 사람이 꽉 찡겨서 그러니까 한 덩어리가 되어서 씨름하듯이 일렁이기도 했는데 그때 안고 있던 백일 된 아기가 물탱크 주둥이에 머리를 부딪혀 사망하게 된 것입니다. 물탱크 주둥이에 머리를 박았어요. 승상 엄마가 나중에 그 얘기를 하더라고요. 사람들이 우왕좌왕하면서 씨름하듯이 한쪽으로 휩쓸렸다는 것이죠. 그냥 있으면 괜찮았는데 애를 안고 있다가 갑자기 확 쓰러지니까 그 옆에 있던 물탱크 주둥이에 아기 머리가 닿았는데 나중에 보니깐 거기가 쑥 들어갔다는 거예요.

내가 그분 바로 앞에 있었으니까 그 애를 두 번 만져 봤지요. 이마를 말입니다. 처음에는 승상 엄마가 안고 있던 애를 나한테 보여 주면서 "천희 엄마! 우리 애가 이상해. 만져 봐!" 말하길래 내가 아기 이마를 만져 보니까 벌써 싸늘하고 차갑더군요. 나는 순간 아찔한 생각이 들더군요. 그래서 나는 "가만히 있어. 아무 말도 말아." 그랬죠. "우리 아들 죽었다!"라고 울고불고 아우성쳐도 어떻게 할 수가 없잖아요?

그 상황에서 사람이라면 그럴 수 없지요. '물에 빠진 사람 지푸라기라도 잡는다.'라는 말처럼 난간도 없는 곳이라 조금만 움직여도 사람들이 한쪽으로 몰려서 다 떠내려갈 판이니까 아들 죽었다는 말이 차마 입에서 못 나올 형편이었지요. 어쨌든 내가 그런 말을 해서인지는 몰라도 승상 엄마는 죽은 아기를 꼭 끌어안고 가만히 앉아 있더군요. 이따금 흐느끼는 소리가 나기에 내가 몇 마디 위로를 해 주었지만, 그땐 정말 어쩔 도리가 없는 상황이었어요. 산 사람이라도 살아야 하는 때였으니까요.

나는 우리 애들 셋을 붙잡고 밤새웠죠. 우리 애도 비를 너무 맞아서 포대기도 다 내려가 있었죠. 우리 애도 걱정되어 만져 보니 차갑더군요. 그래서 난 우리 애도 죽은 줄 알았어요. 승상 엄마가 "우리 아들 한 번 더 만져 봐." 그러기에 내가 다시 그 아기 머리를 만져 보니 그 아이가 더 차갑더군요. 그래서 우리 애는 안 죽었다는 걸 알았지요. 이렇게 해서 나는 그 집 죽은 아이를 두 번 만져 봤어요.

김문근

최옥희 님 아기 얘기를 조금 더 해 볼까요? 바로 옆에 계셨으니 그 아기가 사망에 이르게 된 과정이나 연유도 알 수 있으실 것 같아서 말입니다. 사망의 원인은 물탱크 주둥이에 부딪혀 일어난 일이라고 하셨는데 그 물탱크 주둥이가 어떻게 생겼습니까?

▶ 유상순 님

그 물탱크 위에는 물탱크 주둥이가 있었어요. 물탱크 꼭대기 약간 옆쪽에 들어가는 구멍이 있었어요. 물탱크 청소를 위해 내부로 들어가려고 만들어 놓은 것으로 알고 있어요. 한 사람이 들어갈 수 있을 정도, 그러니까 크게 한 아름 정도 넓이의 구멍이었죠. 그 주둥이 위로 약간 튀어나온 부분이 있었는데 승상 엄마가 바로 그 옆에 앉아 있었습니다.

서지도 않고 애를 안고 앉아 있었어요. 사람들이 설 자리도 없이 빼곡히 들어찼지만, 승상 엄마 한 분만 아기 때문에 한쪽 구석에 앉아 있었고 다른 사람은 모두 서 있었어요. 밤중에 너무 많은 사람이 딱 붙어서 이리저리 단체로 일렁이다가 넘어가면서 튀어나온 물탱크 주둥이에 아기 머리를 거기다 박은 거예요. 씨름하다가 말입니다.

지난 얘기지만 바로 그 옆에 앉지 않고 멀찌감치 앉았다면 아기가 안 죽었을 수도 있었겠죠. 사람들은 밤새도록 한 번도 앉아 보지를 못했습니다. 잠업센터 아가씨들도 밤새도록 팔을 들고 서 있었다니까요.

🎙 김문근

물탱크 위에서 밤새 고생한 얘기, 악몽 같았던 그날 밤 얘기를 해 보실까요? 칠흑같이 어두운 밤에 물은 차오르고 무섭고 초조함이 대단하셨을 텐데 어떠하셨는지요?

▶ 유상순 님

그냥 죽을 지경이었지요. 당연히 먹을 것은 하나도 없었지요. 가겟집 주인이 라면을 가지고 올라왔더라고요. 그분이 곁에 있어서 조금 주길래 우리 두 아이를 먹였죠. 첫돌 지난 막내는 축 늘어져 죽은 거 같았지요. 오줌 누러 갈 수도 없어 그냥 쌀 수밖에 없었어요.

마을 청년들은 물탱크 외곽으로 두 줄로 스크럼을 짰어요. 한 줄은 앉은 상태로, 다른 한 줄은 선 상태로 짜고 애들 데리고 있는 여자들을 안쪽으로 몰아넣더군요. 물탱크 위에는 난간도 없이 평평하기만 했으니 이렇게 하지 않으면 밤에 누군가 밖으로 떨어질 수도 있고 만약 떨어진다면 다른 사람을 붙잡고 떨어질 것은 뻔했을 것이기에 이렇게 한 것이죠. 워낙 위중한 상황이라 "모두 움직이지 말라. 움직이면 다 죽는다."라고 여러 사람이 소리치더군요. 그리고 누구든지 움직이는 사람은 가만히 있으라고 특히 가생이에 있는 사람들이 우산대로 후려치더라고요. 그러니 잠업센터에서 교육받던 아가씨들도 양팔을 들고 있었어요. 팔 내려놓을 자리가 없었기 때문이죠.

🎙 김문근

혹시 물탱크 위에서 어떤 분이 총지휘하시거나 그러진 않았는지요?

▶ 유상순 님

군대식으로 어떤 사람이 지휘하는 건 아니었어요. 누가 제안했는지는 모르지만, 그냥 남자들이 가생이에서 두 줄로 에워싸고 있었어요. 여기저기서 누군가 "움직이지 마! 가만히 있어! 밀지 마!"는 큰 소리가 아주 많이 들렸어요. 워낙 비좁으니 사람들이 자꾸 밀고 밀리니까 단체로 일렁이는 경우가 많았는데 이때 한쪽으로 심히 밀리면 에워싼 청년들부터 줄줄이 다 떨어질 건 뻔하니 그랬겠죠. 그러니까 어른들 틈새에 끼어있던 우리 아들은 더운 것밖에 몰랐다고 하는 거죠.

자기 자식을 앞에 놓고 자기 엉덩이를 뒤로 내밀어야 자식이 보호되지만 그러면 뒷사람은 밀리니까 "밀지 말라."라고 하면서 옥신각신하는 상황이 있을 때면 누군가 옆에서 우산으로 대가리를 내려쳤어요. 내려치는 거 나는 봤어요. 그런데 누가 내려쳤는지는 몰라요. 캄캄한 밤이고 빼곡히 서 있으니 알 수 없었죠. 그리고 누가 때렸느냐고 뒤돌아서 따질 수도 없는 상황이었지요.

시각이 어떻게 됐는지 모르겠는데 한밤중에 원두막이 쓰러졌어요. 김현수 님 가족이 물탱크 조금 위의 과수원 옆 소나무에 원두막을 짓고 피신했었는데 그 원두막이 그만 쓰러진 겁니다. 마을의 어느 집에서 소나무 밑으로 굴을 파고 감자 저장고를 만들었는데 하필 그 소나무를 이용해서 원두막을 만들고 올라갔던 것이죠. 그 굴에 물이 들어와 출렁거리니까 모래땅이 무너지고 그 위에 있던 소나무도 쓰러진 겁니다.

최대우 님인가 그분은 물탱크로 올라왔는데 식구들은 원두막으로 올라갔어요. 그런데 원두막이 그래도 좀 넓으니까 비는 계속 내리는 한밤중이니 비닐을 덮어쓰고 잠들어 있었나 봐요. 잠자는 중에 원두막이 스르르 쓰러졌어요. 사람들을 강물에 그냥 쏟아붓다시피 한 것이죠. 사람들이 떠내려가면서 사람 살리라고 비명 지르는 소리를 저도 분명히 들었어요. 김현수 님 가족은 3명이 떠내려갔고 함께 올라갔던 최대우 님 딸 최면순도 떠내려갔어요. 김현수 님 부인도 떠내려가다가 철조망에 걸려서 살았지요. 떠내려간 세 명의 아이 중 딸 하나의 시신만 찾았는데 자기 집 뒤안에 있는 뽕나무를 붙잡고 죽어 있더랍니다. 난 보지는 못했고 말만 들었어요.

🎤 김문근

그러면 그날 밤 시루섬 물난리에 사망자는 모두 몇 분이었던가요? 지금 말씀하신 원두막에서 4명, 최옥회 님 아기까지 5명이 언급되었는데 그 외에도 더 있는지요?

▶ 유상순 님

네! 총 8명이 죽었지요. 얘기한 5명 외에도 이 씨라는 분과 김충배 님이라는 모래를 팔던 광주 노인이 있었는데 그 두 분도 원두막에 있다가 떠내려가다 죽었지요. 그러니깐 넓은 게 탈이에요. 비교적 넓은 원두막은 잠을 잘 수 있어 잠자다가 그렇게 된 거죠. 하여튼 그날 시루섬에서 여덟 사람이 죽었어요.

그러니깐 사람들이 정신을 못 차리지. 혼이 나가버렸어요. 밑에서는 가족들이 떠내려가면서 사람 살리라는 비명 소리에 물탱크 위에 있는 가장은 나도 뛰어내리겠다고 아우성치죠. 물탱크에 있는 사람들이 뛰어내리지 못하게 붙잡더라고요.

그리고 과수원을 울타리로 심은 가시나무가 적당히 전지해서 나무 키 높이가 일정했는데 김현수 님 가족들이 떠내려가다가 그 가시나무에 걸렸답니다. 다행히 그 곁에 밤나무가 있었는데 그 나무에 올라가서 살았다고 하더라고요.

🎤 김문근

캄캄한 그 극한 상황에서 그때 어떤 생각이 들었는지요? 이러다 죽을지도 모른다. 물이 조금만 더 이 위로만 올라오면 모든 사람을 다 쓸어가지 않을까? 별의별 걱정에 불안하고 겁나고 그랬겠지요?

▶ 유상순 님

모두가 혼이 나가서 정신을 못 차리는 상황이었습니다. 오만가지 생각이 다 들었지만, 오직 그냥 사는 것만 생각할 뿐이었어요. 이렇게 붙잡고 밤새도록 있으니깐 사람이 멍청하게 아무것도 모르고 지금 이 일에만 몰두할 뿐이었어요.

한밤중 적성면 애곡리 사람들이 철길 위에서 우리에게 횃불을 흔들더군요. 불이 왔다갔다 하는 걸 봤어요. 멀기도 하거니와 물소리도 시끄러워 애곡리 사람들의 말소리는 안 들렸지만, 빙빙 돌아가는 불빛은 보였어요. 캄캄한 밤에 보이는 건 아무것도 없고 원대이 쪽 철도에서 누군가 왔다 갔다 하면서 횃불 돌리는 것만 보였습니다. 나중에 알고 보니 시루섬에 가족, 친척을 둔 애곡리나 상진리에 사는 사람들이 그랬다고 하더군요. 식구가 모두 시루섬에 살고 있는 어떤 아줌마는 발톱이 다 빠지도록 돌아다녔다고도 하더군요. 최대우 님 부인이라고도 하더라고요. 남편과 식구들은 모두 시루섬에 두고 혼자만 원대이에 사는 딸 집에 갔다가 그랬대요. 다른 곳에 사는 사람들은 산이라도 올라가 볼 수 있지만, 애곡리는 갈 데가 없잖아요. 심곡리 사람들도 산에 올라가서 횃불을 흔들었다고 그러더라고요.

물탱크에 올랐던 우리는 이렇게 밖에서 횃불 신호를 보내는 것을 볼 수 있었습니다. 이걸 본 우리 집 양반이 물탱크 위에서도 횃불을 만들어 화답했어요. 남편은 마을 배의 줄을 끌고 물탱크 위로 올라올 때 석유가 담긴 통을 배에 실어 두었답니다. 옷가지인지 포대기 솜을 꺼냈는지 그런 걸 찢어서 솜방망이를 만들고 이 석유를 묻히고 불을 댕겨서 "여기 살아있다."라고 화답을 한 것이죠. 그러니까 애곡리 철길은 물론 심곡리 야산, 상진 군부대 서치라이트까지 시루섬을 뺑 돌아가면서 사방으로 횃불이 있었습니다. 물론 우리 물탱크 위에서 우리 집 양반 횃불도 있었고요.

🎙 **김문근**

아! 감동입니다. 영화 속의 한 장면처럼 영상이 그려지네요. 그리고 그 당시 마을 이장은 시동생이신 이몽수 님으로 알고 있습니다. 이장님은 물론 남편이신 이창수 님께서도 그때 가족보다는 마을 전체를 위해서 많이 노력하신 것 같은데요. 남편께서는 어떤 일을 하셨는지요?

▶ **유상순 님**

저 아래에 살았던 시동생 이몽수 님이 이장이었던 것 같은데 오래돼서 정확하게는 모르겠네요. 하여튼 물어보면 아시겠지만, 군청에 신고하는 것도 남편이 했어요. 수해 후 빨리 대책을 세워 달라고 한 것도 그렇고요.

🎙 **김문근**

그러면 물탱크에서 내려오시는 상황과 내려오신 후의 상황을 얘기해 보실까요? 물이 가장 많이 불었을 때가 대략 물탱크의 어느 정도까지 차올랐던가요?

▶ **유상순 님**

대략 반 정도까지 차올랐던 것 같아요. 물탱크가 6m 높이였다니 3m까지 차올랐을 겁니다. 물이 더 올라왔으면 우리는 지금 여기 없지요. 다 죽었을 겁니다. 날이 밝아오면서 밑에 물이 조금 빠지니까 사람들이 사다리를 타고 내려오기 시작했어요. 높은 곳이라 하더라도 아직 땅은 드러나지 않았고 낮은 물탱크만 드러나기 시작했는데도 사람들을 내려보내기 시작했어요. 물탱크 위가 너무 빼곡해서 숨통이라도 틔워야 하니까요. 아이들 데리고 있는 엄마들은 남겨 두고 누군가는 먼저 내려와 자리 비워 주어야 하니까요. 누군가 먼저 내려가서 사다리를 놓았고 물탱크 위에서는 남편이 사다리를 붙들고 "총각 먼저 내려가! 아가씨들 내려가!"라고 소리치는데도 모두들 겁이 나서 주저하면서 내려가려고 하지 않더라고요.

조금 있으니 우리 집 주변도 물이 빠지더군요. 물이 빠지기 시작하니 금방 쑥쑥 빠지더군요. 물이 들어올 때도 금세 들어오더니 빠질 때도 그렇더라고요.

🎙 **김문근**

물탱크에서 내려와서 보니 마을 곳곳의 상황이 참혹하기 이를 데 없었을 텐데요. 사시던 집에 갔더니 어떠했나요? 혹시 물에 떠내려가지 않고 남아있는 가재도구라도 있었는지요?

▶ 유상순 님

우리 집은 마을에서 제일 높은 지대이고 물탱크 바로 아래에 있어 가 봤더니 지붕과 벽체, 살림살이 전부 떠내려갔는데 가재도구는 조금 남아있더라고요. 물탱크가 앞에서 막고 있으니까 물이 갈라지게 되어 물살이 조금 약해져 그런 건 아닌지 모르겠네요. 다른 집들, 특히 강가 쪽 집들은 숟가락 하나도 남김없이 모두 떠내려갔어요. 혹시 물이 덜 찰지도 모른다는 기대로 집안 높은 곳에 올려놓았던 것들도 모조리 떠내려갔더군요.

장 단지, 솥단지 그런 가재도구가 흙투성이가 되어 남아있고 넘어진 찬장 안에 그릇도 많이 남아있었어요. 남편이 찬장 안에 종이돈 몇 푼을 놓아두었는데 이 종이돈도 흙 속에 파묻혀 있더군요. 이런 물건이 나와도 아무 생각이 없더군요. '이제 또 밥을 해 먹고 살려나' 그런 생각이 안 들어요. 그래서 그냥 내버려 두었어요. 남편 바지저고리를 버드나무에 걸쳐 놨더니 누가 가져갔더라고요.

우선 배가 고프니 무얼 먹어야 하는데 온 동네를 돌아다녀도 먹을 게 없었어요. 먹을 것 찾느라 돌아다니다 보니 멀리 불그레한 것이 자빠져 있길래 "저기 소가 죽어있다."라고 쫓아가 보니까 광주 노인이 죽었더랍니다.

화장실 물을 떠다가 아침밥을 해 먹었어요. 마을에서 쌀장사하던 경해 집은 누에농사를 크게 하느라 농사철이면 일하는 사람들이 많았어요. 그래서인지 그 집에 재래식 화장실 여자용, 남자용 두 칸 있었는데 그게 물살에 쓰러져 콘크리트로 깊게 만든 웅덩이에는 강물만 가득했죠. 그 웅덩이 물을 퍼다가 그 집에 있던 물에 잔뜩 불은 쌀, 보리쌀을 흙물에 씻어서 진흙 밥을 했어요. 가마솥을 주어오고 나뭇가지도 구해서 말입니다. 주먹밥을 만들었죠. 가겟집에 가니까 남아있던 간장을 반찬으로 동네 사람들을 다 먹였어요. 밥 색깔이 하도 빨개서 나는 못 먹겠더라고요. 나는 삼일 동안 밥을 입에 못 댔어요. 수용소에 와서도 안 먹었어요. 안 넘어가. 배고픈 것도 없고 기운만 없더라고요. 밥이 넘어가질 않더라고요.

나와 형님은 한 개씩 나눠 준 그 빨간 주먹밥을 안 먹고 시루섬에서 헬기로 나오기 전에 어떤 돌멩이에 올려놓았는데 우리 개가 그걸 먹고 살았어요. 구단양 학교에 마련된 수재민 수용소에 있다가 이튿날 배를 타고 시루섬에 다시 들어와 보니 그 돌멩이 주변에 우리 개가 있기에 그걸 먹고 살았던 거로 짐작하는 거죠.

🎙️ 김문근

개가 살았다고요? 그럼 그 개도 물탱크에 올라갔다는 말씀이신가요? 어떻게 살았는지 궁금하네요.

▶ **유상순 님**

우리 집에서 개를 한 마리 길렀는데 개는 물탱크에 안 올라갔습니다. 물탱크에서 내려오니 개가 안 보이길래 떠내려간 거로 생각했지요. 헬리콥터 타고 나올 때까지도 그 개를 못 봤어요. 나중에 다른 분이 "천희네 개가 살아 있더라."라는 말을 하더라고요.

우리 집 아래에 수양 버드나무가 있었는데 그 개가 떠내려가다 헤엄쳐 올라와 나무를 붙잡고 있더랍니다. 힘 빠지거나 물살을 못 이겨 다시 떠내려가다가 헤엄쳐 올라와 나무에 의지하고 있고 … 이러기를 수없이 반복하다 보니까 물이 빠져 살았대요. 개가 헤엄을 잘 치더라고 하더라고요. 개가 참으로 영리하지요? 그런데 그 개도 너무 힘들어서인지 병신이 되었어요. 그 후 병이 들었어요. 눈곱도 많이 끼고 밥도 잘 먹지 못하고… 시름시름 앓더니 죽더군요. 살 만큼은 살았어요. 그것도 살아남은 게 용하지요. 사람이나 짐승이나 제 명이 있는가 봐요.

🎙 **김문근**

아무것도 남지 않은 마을에서 살 수 없기 때문에 마을을 떠나 수재민 수용소로 어떻게 이동하셨는지 그리고 수용소에서의 생활을 말씀해 주실까요?

▶ **유상순 님**

그 후 낮 열두 시쯤 됐는지 헬리콥터가 오더군요. 미군 헬리콥터였어요. 이 헬리콥터가 시루섬 사람들을 차례차례 여러 번 실어냈지요. 한 번 와서 5~6명을 싣는 것도 있고 꽤 많이 싣는 것도 있었어요. 한 대가 온 게 아니었어요. 구단양 높은 곳에 단양여중인가 그 학교 운동장에 우리를 내려 주더군요.

난 신발도 없이 맨발로 나왔어요. 물탱크 위에서 그 난리 통에 모두가 신발을 제대로 신고 있을 수 없어서 벗고 있다시피 했는데 누군가 탱크에서 내려오면서 남은 신발을 땅으로 한꺼번에 쓸어내렸어요. 쓰레기 더미처럼 한곳에 수북하게 무더기로 모아놨어요. 멀쩡한 신발은 먼저 내려온 사람들이 신고 갔고 다 떨어지거나 짝이 없는 것만 남아있더라고요. 그래서 나중에 내려온 나는 맨발로 나와서 신발부터 사 신었어요.

수용소인 학교 여러 교실에 우리 수재민들을 수용해 놓고 담요 주고 라면 주고 때가 되면 밥 주더군요. 그렇게 여러 날 살다가 여름방학이 끝나고 학생들이 개학하니까 교실을 비워주고 소 장터거리에 천막을 치고 살다가 현천리에 수재민 주택을 지어서 살게 되었어요.

🎙 **김문근**

현천리 수해 주택은 어떠했는지요? 시루섬 사람들이 모두 현천리 수해 주택으로 이사를 가신 건지 아니면 아예 다른 곳으로 이주한 사람도 있었는지요.

▶ **유상순 님**

현천리 수해 주택은 윗마을 뒷마을 합쳐서 39동인가 49동인가 지어졌습니다. 우리는 집을 12평 규모로 지었고요. 처음에는 현천리 수해 주택으로 안 갔지요. 그곳으로 모두 이주했지만 살다 보니 못 살겠으니 이리 저리로 이사를 가더군요.

시루섬 사람들은 현천리 수해 주택으로 입주한 후에도 사람들은 누에 치는 잠실을 다시 짓고 농막도 지어놓고 농사철에는 농막에서 먹고 자고 했어요. 우리 집은 농토가 없어 시루섬에 다시 들어갈 일도 없었지만, 농토가 있던 사람들은 현천리에 살면서도 그곳에 또 집을 짓고 살았어요. 먹고살아야 하니 어쩔 수 없잖아요? 살림은 현천리 수해 주택에서 차렸지만, 누에 치고 농사를 지어야 하니 말입니다. 특히 누에 치는 동안은 거기서 살았어요.

그런데 1972년 물난리 후 삼 년간은 해마다 비가 많이 와서 시루섬에 물이 많이 들어오는 겁니다. 우리 집이 군청 직원, 면 직원들의 본부였어요. 공무원들은 시루섬에서 사람들이 또 떠내려갈까 봐 "물이 늘고 있으니 빨리 나오라."라고 밤낮없이 마이크 방송하고 순찰하느라 우리 집에서 먹고 자고 했습니다. 그래서 나도 3년간 애먹었어요. 비가 많이 오면 공무원들이 우리 집에서 상주하는 바람에 힘들었습니다.

🎙 **김문근**

말씀을 잘 해주시니 저도 현장에 있었던 것처럼, 한 편의 드라마를 본 것처럼 상황이 머리에 그려지네요. 반백 년 전의 먼 얘기지만 이야기를 마치면서 마지막으로 하시고 싶은 말씀이나 뒷얘기가 있다면 해주시죠.

▶ **유상순 님**

워낙 오래전의 일이라 생각이 가물가물하기도 하지만 너무나 끔찍해서 아직까지 어제 일처럼 생생한 부분이 더 많아요. 예를 든다면 애들 붙잡고 있느라 너무 힘들던 기억 특히 물에 잠겼던 집에 와서 옷가지, 살림살이를 꺼내 놓아도 '이제 앞으로는 밥해 먹고 살지 못할 거야' 이런 생각, 인생이 다 끝난 거로 생각이 들더라고요. 그게 엄청나게 오래가더라고요. 늙어서도 마찬가지고요.

그리고 우리 남편이랑 마을 사람들은 물불 안 가리고 고생했는데 연수생들을 지켜야 할 잠업 계장은 그러지 않고 소나무 밑에서 벌벌 떨고 있었는데도 그 사람만 무슨 상을 탔다는 게 정말 안타까웠어요. 그리고 그때 물탱크를 깨어 없애버린 게 제일 원망스럽더라고요. 내가 아무리 무식하고 여자이지만 그걸 왜 부수냐고 말했습니다. 우리 시루섬 사람들이 부순 게 아니라 군청에서 부순 겁니다. 부수지 말아야 했습니다. 소나무도 그대로 보존해야 했고요. 시루섬 땅을 파내지 말고 그대로 놔두어야 했습니다. 지금이라도 옹벽을 치고 더 채워서 보존해야 합니다.

우리 시루섬 사람들은 모두가 죽을 뻔한 그날 거기에서 살아 나왔으니 모두가 그날 한 날(같은 날)이 생일이라고 말했어요. 우리 모두 동갑이니 그날 시루섬에 가서 생일잔치를 하자는 말까지 했었죠. 그러나 그 생일잔치는 한 번도 못 했어요.

김문근

그렇게 고생하신 분들, 특히 개인과 가족보다는 마을 전체를 위해 헌신하신 분들을 찾아 이제라도 군민대상을 드려야 마땅할 것 같습니다. 군민대상보다도 국가에서 훈장을 드려야 할 분들이라는 확신이 듭니다. 안타깝지만 돌아가신 분들에게는 배우자나 자녀들에게 추서하면 될 것이고요. 어쨌든 장시간 생생한 기억을 더듬어 주셔서 고맙습니다. 오래오래 건강하시기를 빌겠습니다.

증언자 4
최옥희 님

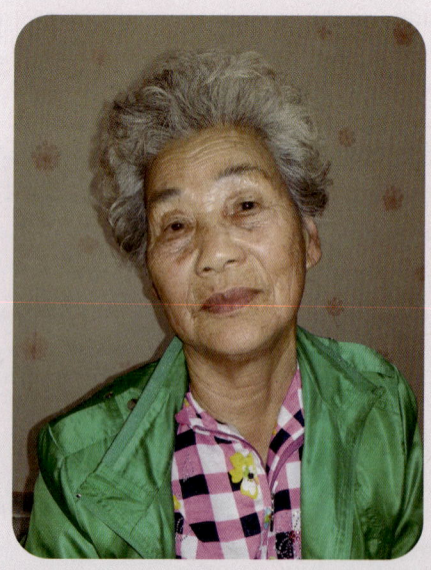

최옥희
1939년생(당시 33세)

- 가족 사항
  남편(안철호), 자녀: 승상(장남, 1958), 승옥(장녀, 1961), 승천(차남, 1967), 승룡(삼남, 1969), 미작명(사남, 1972, 사망), 순옥(차녀, 1973)
- 물탱크 위에서 백일 된 아들을 잃음(압사). 아이를 잃은 사실을 알리면 물탱크 위의 사람들이 동요할 것이 우려되어 홀로 고통의 시간을 인내. 군민대상을 수여하려고 두 차례 찾았으나 끝내 거절

🎙 **김문근**

　제가 어르신을 만나 뵈려고 방문 날짜를 협의하고자 아드님(안승상 님)과 몇 차례 전화 통화를 했어요. 그런데 아드님이 오지 말라고 하시는 걸 염치 불고하고 이렇게 찾아왔습니다. 용서를 바랍니다. 아드님은 "어머니께서 간신히 아픈 기억을 잊고 사시는데 다시 그 얘기를 꺼내면 눈물 흘리실 것 같다."라며 나중에는 제 전화조차 안 받더군요. 그런데 오늘 서울 출장 갔다가 내려오는 길에 무작정 용인IC로 빠져나와서 아드님께 전화했더니 할 수 없이 집을 알려 주시어 이렇게 방문하게 되었습니다.

▶ **최옥희 님**

　무슨 일로 찾아왔는지요? 인제 와서 옛날 시루섬 얘기를 왜 듣고자 하는지요.

🎙 **김문근**

　네 어르신도 잘 아시다시피 1972년 8월 19일 시루섬을 몽땅 휩쓸면서 엄청난 피해를 주었던 물난리가 있었습니다. 그러나 우리 단양군청은 물론 민간 쪽에서도 자세한 기록이 없어서 늘 아쉬웠습니다. 주변에서 들리는 얘기와 직접 겪은 분들의 얘기를 간간이 들으면 너무도 엄청난 사실들이 많이 있음에도 말입니다. 그러니 때로는 과장, 축소되거나 서로 얘기가 달라 충돌되는 경우도 많더군요. 그래서 진실이 무엇인지를 누군가는 종합하고 정리해서 후대에 물려주어야 할 것 같다는 사명감을 가져 봤습니다.

　특히 그 당시 마을을 이끌고 지휘했던 분들은 이제 연로하신 분들입니다. 이미 많은 분이 돌아가셨고 이제 몇 년 더 지나면 돌아가시거나 기억이 희미해져 증언이 어려워질지도 모릅니다. 물론 수해 당시 저처럼 중고등학교를 다녔던 사람들은 많지만, 그분들은 마을 전체를 크고 넓게 보는 것이 아니라 본인이 경험한 주변의 좁은 상황만을 기억하기 때문에 전체 상황을 뚫어보는 데는 한계가 있을 것입니다.

　무엇보다도 어르신께서는 제가 듣기로는 물탱크 위에서 속울음을 삼킨 감동 사연의 주인공이십니다. 어르신의 '희생, 인내'가 있었기에 물탱크 위에 있었던 237명의 주민이 동요 없이 살아남을 수 있었던 것이죠. '영웅'이라고 표현하고 싶지만, 어르신께서 걱정하실 것 같아 '희생, 인내'라고 말씀드렸습니다.

　어쨌든 저는 수해 나던 그날 시루섬에서 어떤 일들이 있었는지 어르신을 비롯한 많은 분들의 생생한 기억을 바탕으로 진실을 종합 정리해서 후대에 물려주고 싶습니다. 그래서 오늘 이렇게 어르신을 찾아뵈었습니다. 악몽 같은 그날 밤 기억을 떠올리고 싶지도 않으시겠지만 이러한 저의 마음을 이해하시고 생각나는 대로 말씀해 주시면 고맙겠습니다.

▶ 최옥희 님

듣고 보니 좋은 일 하시네요. 40년이 훨씬 지난 일이라 얼마나 기억날지 모르지만 얘기할게요. 어디서부터 얘길 할까요?

🎙 김문근

1972년 임자년 8월 19일 그날 물들어 오기 전에, 그러니까 물난리가 시작되기 전에 무슨 일을 하셨는지부터 얘기를 시작하시면 될 것 같습니다.

▶ 최옥희 님

점심 먹고 담배 조리를 하고 있었어요. 우리 영감은 담배 고동 불 땐다고 담배 건조실에 가 있었고요. 나는 일꾼들 점심을 해 먹이고 설거지를 한 후 일꾼들과 함께 담배 조리하고 있었어요. 조금 후 오후 두세 시쯤 됐을까 잘 모르겠어요. 하여튼 나는 아기 젖 먹여 놓고 집에 들어가서 막 앉으려는데 마을의 이창수 님이 와서 "저기는 물이 들어와서 대피하느라 모두들 난리인데 여기는 왜 담배 조리만 하고 들어앉아 있느냐? 빨리 대피하라."라고 소리치더군요. 그래서 밖을 내다보니 우리 집 길가에 마당이 있는데 벌써 그 마당 가의 밭에 물이 철렁철렁 들어오는 거예요.

그래서 우리 영감이 오더니 살림도 가져가지 말고 담배만 좋은 거 싣고 나가면 된대요. 그 당시 제 친정의 막냇동생이 담배 조리 도와주느라 우리 집에 와 있었는데 영감은 담배를 리어카에 실어주면서 그 동생에게 (옆에 있는 아들 안승상을 가리키며)"얘를 데리고 송정으로 올라가 있어라."라고 하더군요.

🎙 김문근

"송정"이 뭐예요? 지명인가요?

▶ 최옥희 님

"송정"이라는 곳은 시루섬 물탱크 부근을 말하는데 "윗송정"이라고도 부르지요. 시루섬에서 제일 높은 곳이라 옛날에도 홍수가 나도 거기까지는 물이 안 올라왔다고 하지요. 그리로만 가면 물난리를 다 피할 수 있었대요.

▶ 안승상 님

그곳이 마을에서 제일 높은 곳이라 물이 사방에서 흘러내리지요.

▶ 최옥희 님

오래 사신 노인네들이 거기만 가면 산다고 한 곳이죠. 그래서 얘(안승상)하고 막냇동생에게 먼저 송아지가 딸린 소를 몰고 가서 소나무에 매어놓으라고 했어요. 저는 남편과 함께 담배를 수습해서 뒤따라가는데 물이 점점 차오르더라고요. 송정에 도착했더니 그곳도 이미 물이 차오르기 시작하더라고요. 그래서 사람들은 담배 건조실 사다리를 두 개 이어서 물탱크 벽에 기대어 놓고 물탱크 위로 올라가는 거예요.

김문근
물탱크에 올라갈 수 있도록 설치된 계단 같은 게 없었는가 보군요.

▶ **최옥희 님**

네 그랬어요. 그러니까 사다리를 물탱크 벽에 기대어 놓고 올라가는 거예요. 그런데 나는 아기를 업고 한 손으로는 막내아들을 안고 다른 한 손으로는 사다리를 붙잡고 올라가게 되었어요. 아이가 무거웠지만 떨어지면 어떡하나 그런 생각할 겨를도 없더라고요. 빨리 올라가야 하는데 비를 맞아 사다리가 미끄러우니 다리가 휘청거리더라고요. 거의 다 올라가니까 누군가 위에서 내가 안고 있던 막내아들을 받아 주더군요.

드디어 물탱크 위에 올라갔더니 사람들이 어찌나 붐비던지 나는 물탱크 한쪽에 간신히 앉게 되었어요. 좁은 틈을 비집고 백일을 갓 지난 아기를 업고 막내아들을 안고 있었어요. 처음엔 틈도 없었지만 조금 지나 사람들이 일렁일렁하니까 조금 넓어지더군요. 옆에 있던 천희 엄마는 나에게 "승상 엄마! 승룡이를 안고 있지 말고 승룡이 아버지에게 맡겨요. 어떻게 둘씩이나 안고 있어요?" 하길래 맞는 말 같아서 업고 있던 승룡이를 남편에게 넘기고 서 있었지요.

그런데 계속해서 사람들이 물탱크 위로 올라오니 어떻게 운신을 할 수 없었어요. 물탱크 옥상은 높기도 했지만 캄캄한 밤이라 밀리면서 가생이에 있는 사람들은 자칫 난간도 없는 물탱크 아래로 추락할 수도 있는 아주 위험한 상황이었습니다. 그래서 마을 청년들이 난간을 빙 둘러 스크럼도 짜고 있었지만 여기저기서 "밀지 말라."라는 아우성이 빗발쳤습니다. 스크럼 안쪽으로는 잠업센터 아가씨들이 있었는데 너무 좁아서 모두 벌서듯이 양손을 하늘로 들고 있었습니다.

이렇게 물탱크 위에는 사람들이 물샐틈없이 꽉 들어차 있었어요. 처음에는 물탱크 바깥쪽에 자리 잡았는데 자꾸 안쪽으로 밀려가더라고요. 밀리고 밀려서 물탱크 위에 불쑥 튀어나온 전두부 아구리가 있던 곳까지 왔을 때였습니다. 자리가 좁아 선 상태로 아기에게 젖을 먹인 후 다리가 너무 저려서 앉았어요. 비좁아서 모든 사람들이 서 있었지만 나만 앉아 있었죠. 그러나 비를 잔뜩 맞은 상태에서 아기를 안고 앉았는데 다리를 제대로 뻗지도 움직이지도 못하다 보니 다리가 많이 아팠어요.

🎤 김문근

"전두부 아구리"가 무엇인지 모르겠는데 설명을 부탁드립니다.

▶ **최옥희 님**

　물탱크 물을 소독할 때 위에서 내부를 들여다보거나 내부를 청소하기 위해 위에서 내부로 들어가는 입구를 말합니다. 시멘트로 만든 청소용 출입구라고 볼 수 있겠지요. 위치는 물탱크 중앙은 아니고 옥상에서 약간 북쪽 가생이에 있었죠. 그래서 당시 소나무 원두막과 연결된 서까래가 바닥에 놓여 있었고요. 사람이 청소하기 위해 간신히 들어갈 수 있을 정도의 넓이였고 높이는 옥상 바닥에서부터 40~50cm 정도 됐을 겁니다. 뚜껑도 있었어요. 사람들은 이것을 "전두부", 어떤 사람은 "전드가리"라고 하더군요. 사람들이 갓난애가 있는 나만 앉으라고 해서 이 전두부 아구리에 등을 기대고 앉아 있었지요.

　물탱크 위가 워낙 비좁다 보니 사람들이 수시로 이리저리 밀고 당기다가 이번에는 한쪽으로 크게 확 쏠리더니 아기를 안고 앉아 있는 내 어깨 위로 사람들이 타고 앉아 나자빠졌어요. 쏟아져 내린 거죠. 저는 힘을 썼지만, 아기를 안은 채 옆으로 쓰러진 겁니다. 그런데 내가 옆으로 엎어질 때 안고 있던 아기가 하필이면 물탱크 전두부 아구리에 머리를 부딪혔는가 봐요. 아기가 쓰러질 때 "애~" 하더라고요.

　그때까지도 아이가 칭얼대고 꼼지락거렸는데 갑자기 기척이 없어졌어요. 주위에서는 밀려서 넘어진 사람들을 하나씩 일으켜 세웠어요. 나도 일으켜 달라고 해서 간신히 일어났는데 그때 일이 났다는 것을 직감했어요.

　비가 그치고 구름 사이로 나온 달빛이 환하게 밝더군요. 아기를 품 안에 꼬옥 안고 있었는데 캄캄할 때는 얼굴이 안 보이더니 그 달빛에 보이더라고요. 아기를 꺼내서 살펴봤더니 그냥 자는 것 같이 입을 꾹 다물고 눈도 굳게 감고 있더라고요. 그래서 "아! 내가 애를 죽였구나." 그런 생각이 들더라고요.

　나중에 보니 아기 얼굴(눈 옆, 귀 위를 가리키며) 눈꼬리 옆 여기가 요만큼 쏙 들어가 있더군요. 결국, 우리 아기는 사람들이 밀리고 쓰러지면서 물탱크 전두부에 머리를 부딪쳐 죽은 겁니다. 이 생각 저 생각 온갖 생각이 다 들더군요.

　나 혼자만 알고 아무 말 없이 이렇게 앉아 있었지요. 조금 지나니 주변이 조금 조용해지길래 바로 뒤에 앉아 있던 천희 엄마에게 안고 있던 아기를 보여주었어요. 천희 엄마 손을 끌어다 대면서 "애 숨이 있나 없나 좀 봐요." 내가 그랬어요. 천희 엄마는 이렇게 보더니 "숨이 없어."라고 하더군요. 나도 이미 알고는 있었지만, 혹시 몰라 다시 확인해 본 것인데 역시 그랬던 거지요.

　그런데 그때쯤 뒤에서 "자리가 좁아서 죽겠다."라는 아우성, 불만이 들리더라고요. 그 소릴 듣더니 천희 엄마는 "여기는 아기가 죽어도 아무 소리 안 하고 있는데 무슨 경우냐? 가만히 좀 있으라."라고 고함을 치더군요.

▶ **안승상 님**

사람들이 우리 어머니 쪽으로 갑자기 확 쏠려 넘어진 것은 물탱크가 비스듬히 넘어갔을 때 바로 그때 쏠린 거예요. 물탱크 위의 사람들이 낮은 곳으로 비스듬히 쏠린 것이죠.

▶ **최옥희 님**

아니야 넘어가진 않았지.

▶ **안승상 님**

물탱크가 완전히 넘어가진 않았지만, 갑자기 약간 기울어진 순간이었던 것입니다. 사진을 보면 알 수 있어요. (김문근 부군수가 가져간 물탱크 사진을 보며) 원래는 물탱크가 땅과 직각이었을 텐데 이 사진을 보면 직각이 아니고 약간 기울어져 있잖아요?

아마도 물탱크 한쪽 바닥이 홍수에 패여 나가면서 물탱크가 약해진 바닥 쪽으로 기우뚱 기울어지는 그런 상황이었을 겁니다. 그때 물탱크 옥상 평평한 곳에 설치된 전두부 아구리 거기에 부딪힌 거예요.

▶ **최옥희 님**

그래요. 물탱크가 완전히 기운 것은 아니지만 갑자기 한쪽으로 약간 비스듬히 넘어갔어요. 그 바람에 사람들이 한쪽으로 쏠려서 주저앉은 것이고 사람 위에 겹쳐서 사람이 쓰러지게 된 것입니다. 그때는 사람들이 왜 쓰러지게 됐는지 생각할 겨를이 없었지요. 물탱크가 원래 이렇게 빼딱한지는 모르겠지만 그때 이렇게 앉았는데 갑자기 확 내리 밀리더라고요.

🎙️ **김문근**

이 사진은 수해 나고 12년이 지난 1984년도에 찍은 사진입니다. 저는 물탱크가 당연히 직각으로 서 있는 줄 알았는데 사진을 보니 약간 기울어져 있는 게 맞네요. 그때 사고를 당한 시각이 대략 몇 시쯤 되었는지 기억하시는지요?

▶ **최옥희 님**

캄캄한 밤이었고 정신없이 부대끼고 있어서 정확하게는 몰라요. 한 9시나 10쯤 되었던 것 같기도 한데… 정확한 기억이 어렵네요. 하여튼 해가 지면서 밤에 비가 막 쏟아졌고, 밤이라 보이지는 않지만, 물탱크 바로 밑까지 강물이 찰랑거리는 소리가 많이 났어요.

🎙 **김문근**

아기가 죽었다는 충격적인 사실을 주변에 왜 알리지 않으셨는지요? 조금 전에 또 다른 사고를 방지하기 위함이었다고 말씀하셨는데 조금 자세한 말씀을 부탁드립니다. 가슴 아픈 기억을 떠올리게 해드려서 대단히 죄송합니다만, 그리고 어머니로서 비통한 마음은 어떠하셨는지요?

▶ **최옥희 님**

"내 애가 죽었다."라고 하면 놀란 사람들이 동요할 것이고 그러다 보면 사람들이 겁이 나서 자꾸 안쪽으로 욱여 부치지 않겠어요? 그러면 소동이 일어나고 밀쳐진 사람들은 서로를 밀어내면서 어느 한쪽 가생이에 있는 사람들은 물속으로 빠질 것만 같았어요. 누구든지 자기가 강물에 떨어지기 싫으니까 말이죠. 그러면 더 난리가 날 것은 뻔하잖아요?

그래서 아무런 말도 안 하고 내색도 할 수 없었어요. 나 하나 고통스럽다고 "아이가 죽었다."라고 떠들어댈 수는 없었던 겁니다. 나중에 남들은 나보고 바보라고 했지만 산 사람은 살아야지. 어차피 내 아기는 죽었는데 나 하나 살기 위해서 그런 소리는 할 수가 없잖아요. 비통한 마음은 내 새끼가 그렇게 됐는데 어떻게 말로 다 하겠어요?

그래서 그때부터 나는 숨을 죽이고 아이 죽음만 생각하고 있었어요. 비좁은지도 의식할 수 없었어요. 시간도 정지된 것 같았어요.

🎙 **김문근**

아! 정말 안타깝고 슬픈 일이네요. 다시 한번 위로를 드립니다. 그 뒤에 어떻게 되었습니까? 무슨 일이 있었는지요?

▶ **최옥희 님**

싸늘하게 식은 아기를 안고 밤새 흐느꼈어요. 아기에게 미안하고 불쌍해서 보지를 못하겠더라고요. 아기가 밤새도록 젖을 안 빨아 먹으니까 젖이 불어 많이 아팠어요. 그래서 그냥 이렇게 구부려 앉아 있었죠. 죽은 아기를 쉐터 속에 넣고 세워서 안고 있었습니다. 한잠도 못 자고 그렇게 꼬박 밤을 새웠지요.

악몽의 밤도 결국은 환하게 새더군요. 새벽이 되니 물이 많이 줄어 땅바닥이 드러나기 시작하자 마을 사람들은 물탱크에서 사다리를 타고 내려가기 시작했어요. 그런데 나는 물탱크 사다리를 내려가지 못하겠더라고요. 아기를 안고 내려가려니 다리가 떨려서 말입니다. 천희 엄마가 "그럼 가만히 있어 봐! 아기를 날 주고 젖은 옷의 물을 짜보라."라고 하길래 그렇게 했죠. 그래도 운신하기 어려운 것은 똑같았어요. 천희 엄마가 날 보더니 도저히 안 되겠는지 먼저 내려가서 청년들을 올려보내더군요. 청년들이 아기를 받아 주어 나 혼자 내려가는데도 다리가 후들거려서 도저히 못 내려가겠더라고요. 청년들은 덜덜덜 떨리는 내 발목을 하나씩 붙잡아 주면서 부축해 주어서 간신히 내려올 수 있었습니다.

물탱크에서 내려와 얼마 후에 비행기가 와서 한 바퀴 돌고 가더니 헬리콥터를 보내더군요. 성한 사람들은 먼저 타고 나가고 나중에는 환자들만 남았지요. 죽은 아기와 함께 나갈 수는 없는 일이라 남편이 물탱크 주변에서 삽 한 자루를 주워 오더니 "아이를 빨리 묻어야 한다."라며 아기 포대기에 둘둘 말아서 공동묘지로 올라가더군요. 그곳에 아기를 묻고 헬리콥터 타고 구단양 이재민 수용소로 나왔지요.

🎙 김문근

구단양에서 이재민 수용소 생활은 어떠하셨는지요?

▶ 최옥희 님

이재민 수용소에 도착해서는 이질에 걸려서 밥도 못 먹고 그냥 교실에 누워 있었습니다. 특히 골이 너무 아파서 아무 정신도 없을 정도였습니다. 저녁에 1층으로 치료받으러 내려오라고 하길래 갔더니 군인들이 치료해 주더군요.

치료받기 전까지는 잘 몰랐는데 치료받으면서 보니까 내 얼굴 한쪽이 심하게 붓고 왼쪽 다리 무릎 밑 종아리 옆부분이 벌겋게 벗겨졌더군요. 가만히 생각해보니 아기를 잃을 때 사람들이 쏟아져 내려 내가 안 넘어가려고 물탱크 전두부 아가리에 다리를 대고 비벼대며 힘을 쓰느라 여기가 홀랑 벗겨져 버린 겁니다. 그렇게 힘을 썼는데도 결국 아기와 함께 옆으로 쓰러지면서 아기가 그렇게 되었고 사람들이 내 위로 올라앉은 거예요.

그리고 시간이 지나니까 왼 다리 무릎 아래가 새카맣게 변했어요. 이곳 용인으로 이사 와서도 새카만 다리가 흉측해서 바지를 벗지 못했어요. 일을 하고 나면 왼 다리가 너무 아팠어요. 일할 때는 일하느라 모르는데 저녁에 누우면 부서지는 것같이 아팠어요.

어쨌든 그래도 이재민 수용소 첫날 밤 모진 게 잠이라고 교실 비름박에 기대서 잠을 한숨 잤어요. 이튿날 이후에는 젖이 불은 상태에서 이질에 걸려서 특히 고생을 많이 했어요. 날마다 많이 아팠어요. 젖을 짜도 안 나와서 약을 사 먹었더니 좀 가라앉더군요.

그 뒤로 다른 사람들은 이재민 수용소 생활하면서 현천리에 수해 주택 짓는 곳에 품 팔러 많이 다녔지만 나는 못 갔어요. 벽돌, 블록을 운반해 주면 1개당 얼마씩 주는데 사람들은 한 번에 3~5장을 머리에 이고 날랐다고 하더군요. 그런데 나는 머리를 들지도 못할 정도로 골이 아파서 못 갔어요. 그냥 천막 안에서 누워있었지요.

요즘엔 조금 덜 하지만 그날 이후 수십 년 동안 골이 딱딱 아파서 누구를 쳐다보지도 못하고……. 죽을 것만 같았어요. 그날 밤 애 죽은 후로 그랬어요. 그 후유증이 그렇게 오래갈 줄은 몰랐어요. 이제는 조금 덜해요. 많이 좋아졌지요.

🎤 김문근

아기와 함께 쓰러지면서 아기를 보호하려는 어머니의 힘, 순간적인 힘씀이 얼마나 강했으면 이처럼 평생 후유증으로 남게 되었는지 감히 상상해 봅니다. 어머니께서는 언제쯤 왜 단양을 떠나 이곳 용인으로 이사를 오셨는지요?

▶ **최옥희 님**

그 물난리 나고 3년이 되던 해 그러니까 1975년경 왔어요. 지금 신단양 나룻고개 부근에 우리 밭이 있었는데 그걸 팔고 왔어요.

▶ **안승상 님**

지금은 상진에서 매포 가는 고개에 장례식장이 있는데 그곳에 우리 밭이 있었어요. 다리를 건너다니면서 밭일을 했지요.

▶ **최옥희 님**

지금 우리가 살고 있는 용인의 이 땅이 우리 영감 고종사촌 땅이에요. 남을 주느니 와 있으라고 하길래 논, 밭을 부쳐 먹으면 돈은 못 벌어도 시루섬에 사는 것보다는 나을 것 같아 그래서 온 거예요.

🎤 김문근

아 그러셨군요. 아버님은 안 보이시는데 그럼 지금 가족 관계는 어떠신지요?

▶ **최옥희 님**

우리 영감(안철호)은 3년 전에 돌아가셨고요. 3남 2녀 5남매를 두었지요. 옆에 있는 승상이가 맏아들(1958년생)이고 세 살 아래인 둘째는 딸 안승옥(1961년생), 셋째는 아들 안승천(1967년생), 넷째는 아들 안승룡(1969년생), 막내는 안순옥인데 물난리 난 뒤에 낳았지요. 1972년 물난리 때 죽은 남자 아기는 백일을 갓 지났을 때라 이름도 안 지었어요. 그 애까지 포함하면 6남매였지요.

🎙 **김문근**

마지막으로 한 가지만 더 여쭙겠습니다. 여러 해 전에 우리 단양군에서 군민 대상을 드리려고 했지만 몇 번이나 한사코 거절하셨다는 얘기를 들었습니다. 왜 그러셨는지요?

▶ **최옥희 님**

내 자식 없애고 뭘 잘했다고, 뭘 자랑이라고 그런 걸 받겠어요? 저는 자식 죽인 죄인인데 벌을 받아야지 상을 받다니 말도 안 되는 얘기지요. 그래서 그랬습니다.

🎙 **김문근**

많은 걸 더 여쭤보고 싶지만, 시간도 많이 지나서 마치기로 하고 혹시 궁금한 게 있으면 전화로 여쭙겠습니다. 무엇보다도 잊고 싶은 아픈 기억을 더듬게 해드려서 죄송하기 이를 데 없네요.

저는 그간 시루섬의 그날 밤 사연들을 알아 오면서 누구보다도 최옥희 할머니야말로 전체를 위해 개인을 희생한 훌륭한 분이라고 생각해 왔습니다. 그래서 오늘 이렇게 찾아뵌 것입니다. 늘 평안하시고 무병장수하시기를 바랍니다. 안녕히 계십시오.

증언자 5
한길선 님

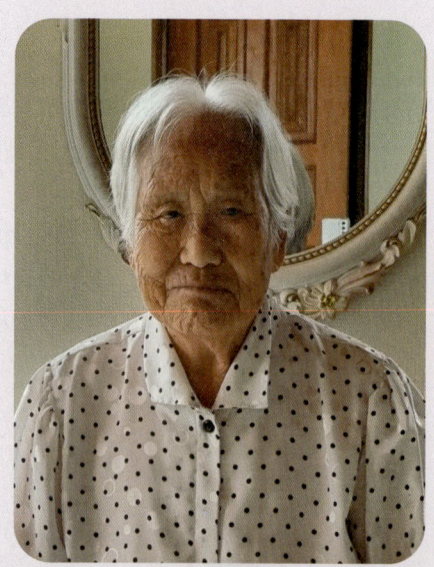

한길선
1932년생(당시 40세)

- 가족 사항(8명)
  시아버지, 한길선 부부, 3남 4녀 중 3남 2녀(장녀, 차녀 출가)
  자녀: 김춘자(장녀, 출가), 김춘식(차녀, 출가), 김기호(장남, 1957), 김춘례(삼녀, 1959), 김기웅(차남, 1961), 김기성(삼남, 1966), 김미경(사녀, 1970)
- 2반 반장이었던 김용환 님의 아내
- 마을 인척: 김주환(남편의 친형), 김영환·김경환(남편의 4촌 동생)
- 일제강점기, 6.25 난리를 시루섬에서 겪었고, 수해 시에는 시아버지·남편·5남매와 함께 물탱크로 대피. 당시 최북단에 거주하고 있어 물이 금세 들어차는 바람에 짐을 챙길 겨를도 없이 집을 나섬

🎙 **김문근**

　안녕하세요. 먼저, 어르신과 인터뷰 이렇게 인터뷰를 진행할 수 있도록 시간을 내어주셔서 감사의 말씀을 드립니다. 제가 인터뷰를 해보니 당시 시루섬은 2개의 반이 있었고, 김현수 님과 김용환 님이 1, 2반 반장을 맡으셨다는 얘기를 들을 수 있었습니다. 수해뿐만이 아니라 어르신이 기억하는 시루섬은 어떤 모습이었는지 천천히 말씀을 해주시겠어요?

▶ **한길선 님**

　저는 열여섯 살에 시루섬으로 시집을 왔어요. 시집을 올 당시는 일제강점기였는데 여자를 공출한다고 해서 내가 공출을 안 당하도록 부모님이 억지로 시집을 보냈어요. 그때 우리 아저씨(김용환)는 20살이었고요. 우리 부모님과 나는 강원도에서 살다가 내가 여덟 살 무렵에 대강면 두음리로 이사를 왔고 그 뒤에 저는 시루섬으로 시집을 온 거지요.
　해방 전에 결혼하긴 했지만, 너무 어린 나이라 시집이 뭔지도 모르고 그냥 살았어요. 시집을 오니까 시어머니, 시아버지, 시할아버지까지 계셨고 이후에 나와 남편이 7남매를 두었으니 대식구였죠. 수해가 났을 때 위에 딸 둘은 출가를 해서 밖에 나가서 살고 있었고, 5남매가 함께 수해를 맞았죠. 그때 막내딸은 두 살이었어요.
　그리고 동네에는 친척분들도 많았어요. 김주환 님은 우리 양반의 형이었고, 김경환, 김영환 님은 우리 남편의 사촌 동생이었어요. 섬에서 태어나서 자라고 결혼하고 자식을 키웠으니까 아마 다른 집안 어른들도 있었겠지만, 너무 시간이 오래 지나서 다 생각나진 않아요.

🎙 **김문근**

　그러면 결혼하신 뒤에 수해가 나기 전까지 20년을 넘게 시루섬에서 사셨네요. 혹시 기억에 남는 풍경이라든가 어느 계절이 특별히 더 아름다웠다든가 하는 게 기억나시면 말씀해 주세요. 그리고 그때 생활할 때 섬과 육지를 어떻게 이동했고, 물은 어떻게 먹었고, 빨래는 어떻게 하셨나요? 그 외에도 기억나는 생활 모습이 있으면 자유롭게 말씀해 주셔도 됩니다.

▶ **한길선 님**

　시루섬은 항상 섬은 아니었어요. 물이 줄면 걸어 다닐 수 있었고, 걸어 다니기 힘들 정도로 물이 불어나면 마을에 있던 철선으로 왕래했죠. 빨래는 시루섬에 빨래터가 여러 곳 있었어요. 지금은 고무장갑이 좋기라도 하지만 그때는 장갑이라는 게 있기나 했나요. 그냥 맨손으로 빨래를 하면 손이 얼마나 차가워지는지 펴지도 오므리지도 못하면서 빨래를 억지로 했지요.

그리고 물은 강물을 길러다 먹었어요. 물지게를 지어서 강물을 떠다가 먹었는데 얼마나 여러 번 왔다 갔다 했는지 내가 죽으면 어깨가 제일 먼저 썩는다고 했어요. 그만큼 물을 많이 길어 먹었어요. 그래서 지금도 이렇게 팔이 아파요. 시집와서 시부모님, 자식들을 다 합치면 열 식구가 넘었는데 그 인원이 날마다 씻고 먹고 하니까 하루에 네다섯 번씩 물지게를 안 진날이 없었어요. 그래서 그때 고생을 한 게 지금 나타나는지 골병이 들어서 잘 움직이지 못하고 집에 있어요.

그리고 겨울에는 불을 지피려면 나무를 해야 했는데 시루섬 자체에는 나무가 많이 없으니까 샛강을 건너서 야산에 돌아다니면서 나무를 구했어요. 남편은 밥벌이하러 나가야 입에 풀칠이라도 하니까 내가 직접 나가서 구했어요. 위로 낳은 두 명의 자식이 딸이어서 둘을 집에 두고 제가 직접 나무를 구하러 다녔어요. 겨울에는 샛강이 건천이거나 얼어 있어서 걸어 다닐 수 있었어요.

🎙 김문근

시루섬에는 모래가 많아서 밭농사를 많이 지었다고 하시던데 어르신은 어떤 농사를 얼마 정도 지으셨나요? 논농사가 안 되면 밥은 어떻게 드셨는지도 궁금합니다. 쌀밥을 주로 드셨는지, 아니면 다른 작물로 밥을 해 드셨는지요. 또 마을에 농사를 짓던 모습이나 다른 풍경에 대해서 말씀해 주시겠어요?

▶ 한길선 님

우리는 땅콩 농사를 많이 지었어요. 한 천오백 평 정도 됐으려나…. 잘 가꾸면 잘 되고 못 가꾸면 또 제대로 안 되고 그랬지요. 땅콩을 팔면 얼마라도 돈이 생기니까 그걸로 뭘 사다 먹기도 했어요. 땅콩을 몇 가마니 해 놓으면 장사꾼이 사러 들어와서 손질이 잘 된 거는 사 가고 손질이 잘 안 된 거는 안 가져가고 그랬어요. 그 외에도 감자나 고추 농사를 지어서 먹기도 했어요. 그래도 시루섬에 쌀농사를 짓는 집은 없었어요.

그래서 쌀은 모두 사서 먹었어요. 우리 집은 땅콩 농사를 지어서 판 돈으로 쌀을 사서 밥을 해 먹었지요. 수수나 조, 보리를 키워서 그걸로 밥을 해 먹기도 했어요. 직접 키운 쌀밥은 먹을 수 없었지만, 보리밥이나 수수밥은 직접 농사지은 거로 해 먹을 수 있었어요. 그리고 시루섬은 모래땅이 넓게 펼쳐져 있으니까 놀기 좋다고 소풍도 많이 왔어요.

🎙 **김문근**

천오백 평으로 열 명이 넘는 식구가 생활하기에는 어려움이 많으셨겠어요. 고생을 많이 하셨네요. 어르신은 광복이 되기 전에 시집을 오셨으니까 6·25전쟁 때에도 시루섬에 계셨겠네요. 미군이 주둔했던 것이 기억나시나요?

▶ **한길선 님**

6·25 난리 중에는 피난을 가서 잘 몰랐지만, 다시 시루섬으로 돌아오니까 미군이 주둔하고 있더라고요. 주둔할 때 멀쩡한 집을 부수려고 해서 내가 말은 안 통하지만 이게 우리가 살던 집이니까 손대지 말라고 하니까 그러냐고 하면서 그냥 가더군요.

미군들은 그렇게 많지는 않았고 시루섬 몇 군데에 천막을 치고 있었어요. 그리고 그때는 애들 챙기랴, 집안일 하랴, 너무 바빠서 나가서 구경할 시간도 없었어요. 그래도 미군들이 주민들한테 피해를 주거나 그런 건 없었어요. 다행히 좋은 사람들이라 그런지 동네 애들을 보면 이쁘다고 하면서 사탕도 하나씩 갖다 주고 그랬거든요.

🎙 **김문근**

그러면 시루섬 사람들과 미군이 같이 생활하기도 했었네요. 어르신의 집에는 울타리나 담이 있었나요? 생활은 넉넉했는지, 집은 어떤 구조였는지, 기억나시는 것이라면 어떤 것이든 좋습니다. 그리고 물탱크나 잠업센터에 대해서 아는 부분이 있으시면 설명해 주세요.

▶ **한길선 님**

시루섬에는 아카시아 숲도 있었어요. 매년 아카시아 꽃이 만발할 때면 온 동네가 아카시아 꽃향기로 뒤덮였죠. 우리 집은 아카시아밭 한쪽에 있었어요. 살림살이도 넉넉지 않아서 울타리나 담은 없었어요. 일자로 아랫방, 윗방 있고 솥단지 걸어 놓고 소죽을 끓이는 솥 하나 걸어 놓고 그렇게 살았죠. 시집와서 수해 나기 전에 시할아버지랑 시어머니는 돌아가셨어요. 묘는 시루섬 공동묘지에 안 쓰고 단양역 위의 산에 묘를 썼어요. 거기가 원래는 우리 땅이었는데 옛날에 어른들이 노름하면서 다 팔아먹었다고 하더라고요.

동네에 잠업센터가 있었던 기억이 나요. 시루섬에 뽕나무를 많이 심어놓았으니까 젊은 처녀들을 데려다가 잠업을 가르친다고 만들어 놓았는데 건물이 있었던 것만 기억나지 특별한 건 없어요.

물탱크는 동네가 하도 물 먹는 게 힘이 드니까 그때 단양면장인 신재복이라는 분이 이제 앞으로는 좀 덜 힘들게 살아야 한다고 물탱크를 만들어 줬어요. 집집마다 호스를 연결하려고 하는데 물난리가 났죠. 그래서 물은 한번 담아보지 못했지만 그걸 설치 안 했으면 우리는 한 명도 남김없이 다 죽었을 거예요.

🎙 **김문근**

맞습니다. 설치된 물탱크에 대피해서 사람들이 목숨을 건질 수 있었지요. 그러면 이제 수해가 나던 그날 아침부터 얘기를 다시 시작해 볼까요? 물이 들어오기 전에 무슨 일을 하고 있었고, 들어오기 시작하고 나서는 어떻게 준비해서 대피하셨는지 자세히 얘기해 주세요. 일단 그날 아침 일찍 무엇을 하셨는지부터 시작할까요?

▶ **한길선 님**

우리 집 주변에는 이몽수 님, 이현석님, 노진국 님, 김춘웅 님 그리고 다른 집들이 둘레둘레 있었지요. 수해 날 아침에도 나는 집에 있었어요. 풀을 베고, 불을 피워서 소죽을 끓여주고 집안일을 하고 있었죠. 집안에 물이 들어와서 헐어진 것은 오후 열두 시쯤이었던 것 같아요.

청년들이 이래서는 안 되겠다고 막 소동을 피워서 물탱크로 향했어요. 물이 많이 들어온다고 해도 그렇게 집까지 들어올 줄은 몰랐어요. 그러다가 집 안에 물이 막 들이닥치기 시작하니까 짐을 제대로 챙기지도 못하고 빠져나왔어요.

🎙 **김문근**

그렇게 물이 들어올 때 집에 있는 중요한 물건은 어떻게 하셨나요? 리어카나 지게로 높은 곳으로 옮기셨나요? 집에서 물탱크까지 가려면 마을 가운데 큰길을 건너야 했을 텐데 거기는 지대가 낮아서 거기로 물이 먼저 들어왔다고 하더라고요. 그 길이 물에 잠긴 다음에 건너셨나요?

▶ **한길선 님**

물이 들어오니까 짐을 싸서 지고 가거나 옮길 겨를도 없었어요. 갑자기 들이닥쳤으니까요. 사람도 빠져나가기 힘든데 물건을 챙길 겨를이 없었죠. 차근차근 잠긴 게 아니고 앞이고 뒤고 마당이고 집이고 말고 막 쓸어 닥치니까 정신이 하나도 없었지요. 일단 집을 나섰는데 사람들이 우선 높은 데로 가야 살 수 있으니까 물탱크로 모이라는 소리를 들었어요. 그래서 하나도 챙기지 못하고 물탱크로 간 거죠.

내가 집을 나와서 가운데 있는 그 길을 지날 때는 이미 물이 들어온 상태였어요. 그래서 물길을 헤치면서 길을 건너 물탱크로 올라갔지요. 내가 피난 갈 때는 이미 집에도 물이 차고 있었으니까요.

🎙 김문근

아랫송정에 사시던 분들 중에는 담배나 짐을 리어카에 싣고 옮겼던 분들도 있다고 하던데 어르신께서는 물이 들어오는 것을 왜 짐작하지 못하고 갑자기 일을 당하신 거예요? 온 동네가 짐을 옮기느라 엄청나게 소란스러웠을 텐데요. 그리고 키우던 짐승은 없으셨나요?

▶ 한길선 님

저 밑에서 물이 올라오는 건 보였지만 조금 들어오겠거니 하고 말았어요. 옛날에 병자년 수해 때 물이 많이 불었어도 우리 집까지는 안 들어왔으니까 우리 안방까지는 안 들어올 줄 알고 안심했던 거지요.

그때 우리 집에는 담배는 없었지만 키우던 짐승은 있었어요. 닭 몇 마리랑 큰 소 하나, 작은 송아지 하나 해서 소가 두 마리였는데 짐승들이 전부 다 떠내려갔어요. 어디 의지할 데가 없었으니까요.

나중에 내려와서 보니까 돌 틈에 끼여서 죽어 있는 소가 보이더라고요. 시루섬을 건너는 샛강 어디쯤 돌 틈 바위에 한 마리가 끼여서 어디 가지도 못한 채 물에 계속 쓸리니까 거기서 죽은 것 같더라고요. 아주 큰 소는 아니고 송아지도 아닌 것이 중소였어요. 우리 집 소는 떠내려가서 흔적도 없고 남의 집 소가 그렇게 죽어있었어요.

🎙 김문근

다른 증언자분들 중에는 소가 안 떠내려가고 물탱크 근처에서 오르락내리락했다는 말도 있던데 그러면 물탱크 주변에 있던 소 전부가 아니고 미처 챙기지 못한 소들도 많았나 보군요. 그러면 이제 물탱크 앞에 도착해서 이야기를 이어 나가 볼까요? 잠업센터 아가씨들부터 먼저 올리자고 했다는데 그 얘기는 누가 먼저 했는지요. 그 외에도 올라가는 과정부터 편하게 말씀해 주세요.

▶ 한길선 님

물탱크 위로 오르는 사다리는 두 개인지 세 개인지를 이어서 긴 사다리를 만들었어요. 담배 건조실이 높다고 해도 한 개로는 거기 반밖에 안 될 거예요. 그때 막내딸이 두 살이었으니까 등에다가 업고 밑에서 잡아 주고 위에서 당겨주어서 물탱크 위로 올랐어요. 한두 시쯤 오르기 시작해서 세 시쯤에는 거의 다 올랐던 것 같아요.

물탱크에 오를 때는 청년들이랑 어른들이 "그래도 외지 애들을 먼저 살려야 된다."라고 해서 잠업센터 연수생들을 먼저 올렸어요. 그 다음에 이제 우리 시루섬 사람들이 올라갔지요. 연수생들은 한 이십 명 정도 됐는지 열댓 명 정도였던 걸로 기억해요. 물이 갑자기 늘어나니까 본동의 사람보다 애들을 먼저 살려야 한다고 한 거지요.

그때는 워낙 정신없이 물탱크로 올라가서 옷을 제대로 챙겨 입을 겨를이 없었어요. 나도 그때 옷은 몸빼 바지를 대충 입고, 머리는 쪽머리를 하고, 난닝구하나 걸쳐 입고 거의 맨몸으로 올라갔어요. 그나마 새 옷을 입었던 사람들은 괜찮았겠지만, 나처럼 낡은 옷을 입은 사람들은 서로 붙잡는 상황에 옷이 찢어져서 맨살로 있는 사람도 많았지요. 서로 떨어질까 봐 잡아당겼는데 몸을 붙들지 못하면 옷이라도 잡으니까 옷이 힘을 못 버티고 찢어져서 매란도 없었던 거지요.

🎙 김문근

식구들은 모두 물탱크에 올라갔나요? 아니면 원두막에 올라간 식구도 있었나요? 올라가서는 가족이 함께 한 군데에 몰려있었는지 아니면 따로 각자 떨어져 있었는지요?

▶ 한길선 님

식구들은 모두 물탱크에 올라갔지만, 한곳에 있지는 못하고 각각 흩어져 있었어요. 막내딸은 아들을 먼저 안고 올라가고, 나머지 식구들은 나중에 올라갔어요. 식구들은 이리저리 틈에 가서 끼어 있었어요. 내 자식이라고 다 챙길 겨를이 없었거든요. 그건 나뿐만 아니라 다른 사람들도 마찬가지였어요. 그래서 내 자식이거나 남의 자식이거나 그냥 내 새끼가 어디 있는지 안타깝고 그런 생각도 없었어요. 그때는 빡빡하다고 하는 말도 부족할 정도로 움직이지도 못하고 꼼짝도 못 하는 상황이었으니까요.

만약 그 위에서 내 자식 찾고 네 자식 찾고 했으면 다 떠내려가서 죽었을 거예요. 외곽에서 청년들이 둘러싸긴 했지만, 자식을 찾으려고 움직이다가 한 사람만 기울어지면 다 쓰러졌을 테지요. 그래서 멀리 있는 자식들을 찾으러 갈 수 없었어요. 일단 우리 전체가 살아야 했으니까요. 여기저기서 꼼짝하지 말고 숨도 크게 쉬지 말라고 하니까 다른 생각을 할 수도 없었어요. 그냥 아무 생각도 못 했지요.

물탱크에서 아주 젊은 아가씨들은 제일 가운데에 있었고, 그다음은 노인네 분들, 그리고 밖에는 청년들이 있었어요. 차례차례 잘 짜여 있었죠. 한 사람의 생각이 아니고 여러 사람이 동시에 그런 생각을 떠올렸다는 게 참 신기하고 지혜로웠던 것 같아요.

🎙 김문근

물탱크에서 오르기 전에나 올라서 마을에 물이 들어오는 모습을 보셨나요? 살던 집이 넘어갔다던가, 짐승이 떠내려간다든가 하는 광경을요. 그리고 물탱크에서 대소변은 어떻게 해결하셨고, 혹시 어떤 게 가장 힘들었는지요?

▶ 한길선 님

물탱크에 올라가서 보니까 한 번 물이 이렇게 '탁' 치면 집이 넘어가고, 또 한 번 물길이 탁 지나가면 집이 무너지고, 말도 안 나오는 광경이었어요. 그리고 우리 집이 넘어가는 걸 보진 못했어요. 집을 나와서 위로 오르다가 뒤를 돌아보면 물이 막 떠내려가고 있었으니까 보고 있을 시간은 없었지요. 물탱크 주변에 왔을 때는 이미 집은 다 떠내려가고 없었어요. 그때는 물이 갑자기 막 차올랐으니까요.

지금은 나이가 먹어서 모든 게 생각이 나진 않지만 지금 뒤돌아서 차분히 그때를 생각할 정신이라도 있어서 대충 짐작이라도 하는 거지요. 그때는 아무 정신도 없는 상태에서 남이 가는 곳으로 따라 올라간 것, 그것밖엔 기억이 안 나요.

화장실은 가고 싶어도 꼼짝할 수 없으니 방법이 있나요. 오줌인지 똥인지 알 수도 없을 상황이었고, 냄새가 나는지 안 나는지도 몰랐어요. 워낙 꽉 들어찬 극한 상황이었으니까요. 잠도 못 자고 시간도 너무 느리게 갔어요. 그 하룻밤은 꼭 지옥 같았지요. 배고픈 거, 졸린 거, 화장실 가고 싶은 거, 그런 생각은 안 나고 오직 죽으면 안 된다는 생각만 했지요.

올라가서 고생한 거는 말로는 다 표현 못 해요. 서로 엉겨 붙어서 안고 있으니까 꼼짝도 못 하고 그렇게 시간이 얼마나 가는지도 몰랐으니까요. 옆에 동네 사람이 있어도 말할 겨를도 없었고 하여튼 여기저기서 꿈쩍거리지 말라고 가만히만 있으라고 그런 소리만 들었던 게 기억나요.

🎙 김문근

물탱크에서 15시간이라는 아주 긴 시간 동안을 보내셨다고 들었습니다. 어르신은 물탱크 어디에 서 계셨나요? 혹시 가장자리에 계셔서 밖을 보실 수 있으셨나요? 낮에 물탱크에 오른 뒤에 밤이 되고 나서 더 무섭다거나 걱정된다는 생각은 들지 않으셨는지요? 청년들이 밖에서 둘러쌌다고 들었는데 그 청년들이 누구였는지 기억나시는 분이 있나요?

▶ 한길선 님

물탱크에 오르고 밤 두세 시쯤이 되니까 훑어 내려가는 물이 차츰차츰 멎더군요. 밤이라서 더 무서웠던 건 없었어요. 워낙 꼼짝도 하지 말라고 해서 어떻게 지냈는지 어떻게 지나갔는지 잘 생각이 안 나니까요. 저는 밖에 있지 않고 사람들 틈에 갇혀서 고개를 돌리기도 어려워서 밖은 볼 수 없었어요. 물에 잠긴 시루섬은 물론이고 하늘이나 별, 달 아무것도 못 봤어요.

올라갈 때 고무신을 신고 올라갔지만, 그 난리 속에 신발이 다 벗겨졌더라고요. 아침에 내려와서 보니까 발바닥이 파랬어요. 여기저기 옴짝달싹 못 하면서 나도 다른 사람의 발을 밟고 그 사람들도 내 발을 밟고 그랬던 거죠. 위에 있을 때는 몰랐는데 내려와서 보니까 발이 전체가 다 멍이 들었더라고요. 거짓말을 조금 보태서 다 죽은 살처럼 보였어요.

그때 스크럼을 짰던 사람들은 나이가 좀 있는 사람들이었어요. 주로 반장급들이나 그 무렵의 청년들이었죠. 움직이지 못하게 힘을 줘야 했으니까 아마 스무 살은 넘었을 것 같고 대부분 삼십 대였을 것 같아요. 그렇지만 밤새도록 정신이 없었던 터라 누가 옆에 있는지도 기억이 안 나는 데 밖에 청년들이 누구였는지는 당연히 기억이 안 나네요.

아무튼, 스크럼을 짠 어른들이 잘 해줘서 전체가 다 살 수 있었어요. 시루섬 사람뿐만 아니고 연수생 애들도 살리려고 가운데다 보호하고 둘러싼 덕분이었죠. 정말 살아남은 게 기적이라고 생각해요.

🎤 김문근

물탱크에 오르지 못한 분들은 옆에 원두막을 만들어서 올라가신 거로 알고 있습니다. 원두막이 쓰러져서 일곱 명이 죽고 했을 때 그러니까 사람들이 막 떠내려가고 소리 지르고 할 때 그때의 얘기를 해주시겠어요? 그리고 자녀분들 중에도 혹시 기억나는 게 있다고 하시는 분이 계신가요?

▶ **한길선 님**

물탱크에는 이미 사람이 꽉 차서 올라갈 틈이 없으니까 사람들이 꾀를 내서 소나무에 나무를 걸쳐 원두막을 만들어서 올라갔지요. 소나무는 안 넘어갈 것 같으니까 거기에 나무를 고정시키고 올라가는 게 낫겠다고 생각해서 만들었어요. 안타깝게도 결국 소나무 뿌리가 뽑혀 넘어가는 바람에 거기 있던 사람이 다 물에 빠졌어요. 물에 빠져서 떠내려간 사람 중에 어른들만 살고 애들은 다 죽었지요.

물탱크 안이 워낙 복잡해서 저는 쓰러지는 소리를 못 들었어요. 가장자리에 있는 사람들이 저기 나무가 쓰러져서 사람들이 떠내려간다는 소리를 해서 전달해서만 들었지 직접 보지는 못했어요. 나중에 땅에 내려와서 알게 되었어요.

바깥에 있는 몇몇 사람만 누가 떠내려가는 걸 볼 수 있었고 대부분의 사람들은 그 안에서 사투를 벌이느라 못 본 것 같아요. 옆에 누가 있었는지도 생각이 안 나고 오로지 '힘들어 죽겠다.' 이런 생각밖에 안 들었으니까요. 모두가 이웃이라 옆에 있으면 대화를 했을 것 같지만 실제로는 거의 그러지 못해서 기억에 남는 것 자체가 많이 없어요.

자식들은 그땐 어렸으니까 많이 기억이 안 나는 것 같아요. 이따금 얘기하면 "살아남은 게 기적이다." "지나간 소리 할 필요 뭐 있어."라고 이렇게 말만 하더라고요.

🎙 김문근

큰 아드님 같은 경우에는 그때 나이가 중학생이라 아주 어린 건 아니었는데 기억이 잘 안 난다고 하니까 아쉽네요. 아마 그렇게 위기의 순간에서는 사람이 긴장해서 사소한 생각들이 사라지고 오로지 살아야겠다는 생각만 드는 것 같네요. 그러면 물탱크 위에서 철선에 몇 사람이 타고 어떤 걸 싣고 있었는지 궁금합니다.

▶ 한길선 님

그 철선에는 몇 사람 타지 않고 그냥 물건을 몇 개 실었어요. 기름통이랑 곤로를 실었어요. 배가 자꾸 출렁거리니까 젖기도 했지만, 물탱크에서 배로 내려와서 횃불로 신호를 보내줬지요. 배 안에서 애들 포대기 같은 걸 찢어서 기름에 적셔서요.

그 횃불이 없었으면 아마 밖에서는 시루섬 사람들이 다 죽었다고 생각을 했을 거예요. 아마 자식들이 시루섬에 있는 사람들은 더 애달팠겠지요. 밖에서 죽었는지 살았는지 소리쳤지만, 물소리에 묻혀서 잘 들리진 않았어요. 나중에 듣기로는 시루섬에서 만든 횃불을 보고 밖에서 지켜보던 사람들도 이제 마음을 좀 놓았다고 들었어요.

밖에서 횃불을 피운 건 저쪽 애곡리 쪽에 철길 있던 데랑 마주치는 산에서 신호를 보냈던 것으로 기억해요.

🎙 김문근

다행히 물이 더이상 늘지 않아서 물탱크에 오르셨던 분들이 살아서 내려오실 수 있었습니다. 물탱크에 내려오고 나서의 광경은 어땠나요? 내려와서 가족들과는 무슨 얘기를 나누셨나요?

▶ 한길선 님

날이 새면서 물탱크에서 사람들이 하나하나 내려가기 시작했어요. 청년들은 물이 아직 덜 빠져서 물이 있을 때 내려오기도 했지만, 우리 여자들이랑 애들은 여전히 물탱크 위에 있었어요.

물이 다 빠지고 난 후에 밑에 내려오니까 내 집 네 집 할 것 없이 어디 갈 데도 올 데도 없고 허허벌판을 보니 말이 안 나오더라고요. 뭐라고 표현할 방법이 없고 '이제는 어떻게 해야 하나'라는 생각만 들었어요.

　그래도 자식들이 다행히 모두 살아있었어요. 그때 우리 시아버님이 같이 물탱크에 올라갔었는데 내려와서는 "아이고 그래도 우리 자손들은 어느 틈에 끼어서 잘 살아남았구나. 어떤 집은 저렇게 따로 나가 있다가 물에 떠내려가서 안타깝게도 7명이나 죽었는데…."라고 하셨던 게 기억이 나요.

　막상 내려와서 보니까 애들은 여럿이고 어떻게 살아야 하나 싶었어요. 이제는 뭐 집도 절도 없이 어떻게 살아가나 그 생각뿐이었어요. 그래도 죽지 않고 목숨이 붙어 있었으니까 희망을 잃지 않고 사니까 살게 되더라고요. 지금 와서 그때 내려왔을 당시를 생각하면 까마득하고 참 아득해요….(말을 잇지 못하고 눈물을 닦으심)

🎤 김문근

　참으로 힘든 시간이셨을 것으로 생각됩니다. 제가 가늠하는 것보다 훨씬 더 힘든 시간이셨겠지요. 내려와서 뽕잎에 주먹밥을 해서 드셨다고 하던데 어르신께서도 그 주먹밥을 드셨나요? 아니면 다른 기억나는 풍경이 있으셨나요?

▶ 한길선 님

　우리가 송정에다가 뽕나무를 심었는데 봄에 뽕나무 가지를 전지한 걸 한쪽 나무 틈에 갖다 놓고 잘 덮어 놨었어요. 근데 그게 물난리에 반은 떠내려갔지만 그래도 한 반 정도는 남아 있더라고요. 그게 불쏘시개로 쓰기에 참 알맞았어요. 그래서 철선에 실렸던 기름을 부어서 불을 지폈지요.

　뽕나무에 끼인 옥수수를 꺾어다가 쪄 먹는 사람도 있었어요. 옥수수는 물에 잠기더라도 껍질이 있어서 삶아 먹을 수 있었으니까요. 그리고 떠내려가다가 뽕나무에 걸려서 죽은 돼지나 닭을 시키면 물에 삶아서 먹는 사람도 있었어요. 어쨌든 죽지 않고 살아야 했으니까요.

　나중에는 누에를 많이 치던 집에 쌀가마니가 있다는 걸 사람들이 알아서 청년들이 "이러나저러나 뭘 찾아서 먹어야 살지." "사는 사람은 뭘 찾아서 먹어야 한다."라면서 이리저리 헤치니까 쌀가마니가 떠내려가다 남은 게 있었어요. 그거를 그릇을 주워다가 흙물에 씻어서 흙밥을 지었지요.

　그리고 사람들이 가겟집에 가서 이리저리 헤치니까 왜간장이 남아 있어서 그걸 가지고 왔어요. 그래서 시키면 밥에다 또 시키면 간장을 버무려서 한 뭉텅이씩 해서 주먹밥을 만들어서 사람들에게 하나씩 나눠줬어요.

🎙 김문근

그때 그 나무를 불쏘시개로 해서 불을 지펴서 밥을 했군요. 그 무거운 무쇠솥이 안 떠내려갔다면서요? 그 얘기를 좀 더 해주시고, 아침밥을 먹은 다음에는 어떻게 시루섬에서 나왔는지도 알려 주시겠어요? 수재민 수용소에서는 어떠셨는지요.

▶ 한길선 님

맞아요. 무쇠솥이 안 떠내려가고 있어서 거기에 밥을 할 수 있었어요. 아침밥을 먹다 보니까 어떻게 됐는지는 잘 모르겠지만 헬기가 도착했어요. 헬기가 왔어도 한꺼번에 많이 탈 수는 없어서 한 열댓 명을 태워서 구단양 단양여중에 실어 날랐어요.

수재민 수용소에서는 헌 옷가지를 하나씩 갖다 주기도 했고, 끼니를 때우라고 주먹밥도 해줬어요. 그러니까 하루 종일 주먹밥만 먹었지요. 잠업 연수생들은 단양여중에 내려놓으니까 부모가 찾아온 사람도 있어서 각자 집을 찾아가고 우리 시루섬 사람들은 단양여중에 그대로 있었어요. 거기에는 단양읍에서 집을 잃은 사람도 있어서 섞여서 지냈지요.

그렇게 단양여중에서 지내다가 소정거리라고 하는 곳에 천막을 하나씩 쳐줘서 바닥에 가마니 자루 하나씩을 깔고 지냈어요. 그러다 보니 솥단지도 생기고 뭐 어떻게 생겼는지는 기억이 잘 안 나지만 어쨌든 먹고살기는 살았어요.

🎙 김문근

수재민 수용소에서의 삶도 정신이 없으셨겠네요. 다른 분들은 수해 주택이 지어지기 전에 이사를 가신 분들도 있다고 들었는데 어르신은 수해 주택으로 이주하셨나요? 그 뒤로는 어떻게 사셨는지도 궁금합니다.

▶ 한길선 님

그렇게 10월까지 소정거리에서 천막살이를 하다가 현천에 수해 주택으로 이사를 갔어요. 날이 자꾸 추워져서 급하니까 집이 다 지어지지도 않았는데 먼저 들어갔지요. 완전히 집이 지어진 게 아니라 달지 못한 문은 가마니로 문을 임시로 해 달아서 문으로 썼으니까요.

그때는 눈물도 참 많이 흘렸어요. 그중에서도 제일 눈물이 났던 이유는 내가 혼자가 아니라는 것 때문이었지요. 앞으로 자식들을 데리고 살아야 하는데 하도 앞이 캄캄하니 눈물이 많이 나서 어떻게 살아가나 그때 제일 많이 울었어요….(눈물을 흘리시며)

시루섬에서 살림살이라고 할 만한 것도 없었지만 그래도 자식들 키우던 게 다 떠내려가고, 있던 소 두 마리도 다 떠내려갔으니 의지할 데가 없었지요. 5남매 데리고 어떻게 살아가야 하나 걱정이 많이 됐어요. 학교 다닐 때 형편이 넉넉지 못하니까 밥도 제대로 못 먹여서 죽을 쒀서 먹이고, 국수 한 움큼 사다가 삶아 먹이고 그렇게 살았으니까요.

나도 고생이었지만 내 자식들도 고생이었지요. 물난리에서 고생했고, 부모인 내가 많이 못 해줘서 그래서 또 고생했어요. 그래도 지금 7남매 모두 건강하게 살고 있으니까 나는 참 고맙지요.

가끔 시루섬을 지날 때면 내가 저기서 그 물난리 틈에 살아서 이만큼 사는구나 싶어요. 사람의 목숨은 하늘에 달렸다는데 지금 내가 이렇게 건강하게 오래 살 수 있을 거라고는 상상도 못 했어요. 지금은 오래 살았으니까 좋은 것도 보고 나쁜 것도 보고 이러지만 그때 당시에는 앞이 보이지 않고 까마득했어요. 살다 보니 이렇게 나이를 많이 먹었네요.

🎙 김문근

참으로 오랜 세월 어머니로서, 부인으로서 고생하며 사셨네요. 정말 존경스럽습니다. 지금 생존자 중에서는 어르신께서 가장 연세가 많으실 것 같아요. 김현수 할아버지가 2년 전에 돌아가셨을 때가 94세셨으니까요. 김현수 님의 아내분도 얼마 전에 병으로 돌아가셨다고 들었어요. 남편이셨던 김용환 어르신은 언제쯤 돌아가셨나요? 이 집에서 돌아가셨나요? 다른 친척분들도 계신 분이 있나요?

▶ 한길선 님

아저씨는 이 집에서 돌아가셨어요. 돌아가신 지는 올해로 4년인가 5년인가 된 거 같네요. 옛날에 우리 친정이 대강면 두음리였는데 지금도 외갓집에 조카들이나 사촌 동생들이 살고 있는지는 잘 모르겠어요. 내가 이렇게 움직이기가 불편하니까 만나보기도 힘드네요.

그리고 이런 데 찾아오셔서 얘기를 나누는 것도 너무 고마워요. 내가 나이를 많이 먹어서 기억이 잘 안 나기도 하고, 원래 말을 잘하는 편도 아니라서 더 많은 얘기를 못 해줘서 아쉽네요.

🎙 김문근

별말씀을요. 그렇게 힘든 상황 속에서도 자녀분들을 다 잘 키워주시고, 또 그 지금 연세에도 그때의 기억을 해주시니 제가 더 감사합니다. 건강하게 지내주셔서 이렇게 말씀을 나눌 수 있으니 얼마나 좋아요. 마지막으로 하시고 싶으신 말씀이나 못다 한 얘기가 있으신가요?

▶ 한길선 님

　그날 우리가 살 수 있었던 건 마음을 합쳐서 단결했으니까 가능했던 거예요. 만약에 거기서 서로가 쥐어뜯고 서로 질투하고 그랬으면 못 살았을 거예요. 그렇게 급박한 상황에서도 한마음으로 단합이 잘 됐어요.

　물탱크에 올라갈 때도 서로 먼저 가려고 아등바등하지 않고 순서대로 착착 올라갔으니까요. 위에 먼저 올라간 사람들은 댕겨주고, 아래서는 사다리가 흔들리지 않도록 붙들어 주었어요. '나 혼자 잘 사는 게 아니고, 다 같이 살아남아야겠다.' 모두가 그렇게 생각했던 것 같아요.

　앞으로 그런 일이 생겨서도 안 되고 그럴 일도 없겠지만 우리 세대는 그래도 사는 대로 이래저래 하면서 살아왔는데 앞으로 우리 자손들이 세월을 잘 만나서 잘 크고 잘돼야 하는데 세월이 너무 험해서 걱정이지 다른 건 이제 걱정이 없어요.

🎙 김문근

　제가 많은 사람이 기억할 수 있도록 시루섬을 잘 발전시키고 가꿔 나가겠습니다. 오늘 이렇게 오랜 시간 말씀 나눌 수 있어서 감사드립니다. 다만 저하고 약속 하나만 해주세요. 100살 되시는 해에 제가 개인적으로 찾아뵙고 특별한 인사를 드릴 테니까 아프지 말고 오래오래 건강하세요. 다음에 건강한 모습으로 또 뵙겠습니다. 감사합니다.

Ⅱ. 시루섬, 영웅들의 목소리

증언자 6
오근택 님

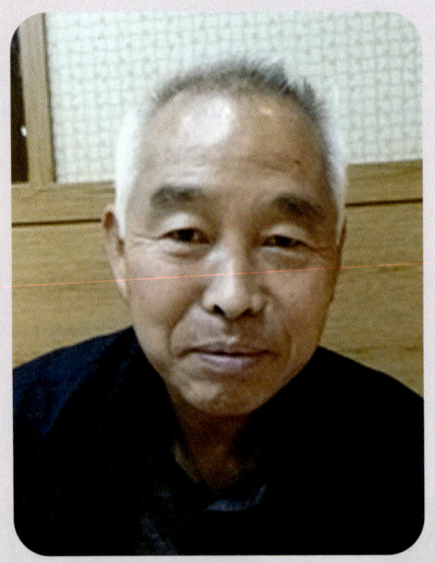

오근택
1955년생(당시 17세)

- 가족 사항(8명)
  부모(오재운, 김덕순), 진택(형), 본인, 수택(동생), 주택(동생), 정혜(여동생), 정옥(여동생)
- 마을 인척: 오병국(아버지의 5촌 당숙) / 김주환,김용환,김경환,김영환: 어머니의 5촌 당숙 또는 조카
- 아버지를 제외한 전 가족이 대피한 소나무 원두막이 쓰러지며 막내 여동생(오정옥)이 실종. 아버지가 알려준 우마차 밧줄을 잡고 생존

🎙 김문근

시루섬 사람들의 희생, 헌신으로 위기를 극복한 "시루섬의 영웅들"이라는 책을 쓰는 중입니다. 그간 10여 명의 인터뷰를 했고 사진 등 자료를 많이 구해 왔습니다. 그해 8월 19일 물난리 나던 날 경험하신 일들을 처음부터 기억나는 대로 자세히 말씀해 주시길 부탁드립니다. 먼저 시루섬은 어떠한 곳이었고 어렸을 적 추억을 더듬어 주시면 좋겠습니다.

▶ 오근택 님

네 저는 4남 3녀 중 둘째 아들로 태어났습니다. 양옆으로 강물이 흐르고 그 가운데 자리 잡은 시루섬이 고향입니다. 마을 사람들은 땅콩 농사와 누에, 담배 농사가 주업이었죠. 우리 집은 소 한 마리와 돼지를 키우고 밭농사를 지었어요. 평온하게 옹기종기 모여 사는 이 작은 동네는 참으로 살기 좋은 마을이었지요.

친구들과 소달구지도 타고 수영도 하면서 어린 시절을 보냈어요. 마을 전체가 강까지도 우리 놀이터였죠. 물이 늘 때면 거랭이질로 물고기가 아주 잘 잡혔습니다. 족대와 비슷하게 생긴 거로 고기 잡는 걸 거랭이질이라고 하는데 그날도 물이 늘자 오전에 나와 형, 동생, 막내 이렇게 4형제가 강가에서 거랭이질을 했죠. 고기를 많이 잡았습니다. 물고기 배를 따서 매운탕을 끓이고 있는데 아버지께서 다급히 "물 들어온다!"라고 말씀하셔서 그 매운탕을 먹지도 못하고 살림살이를 옮기기 시작했습니다. 높은 지대로 옮기고 또 옮겼지요. 한꺼번에 제일 높은 곳으로 옮긴 게 아니고 "설마 여기까지 물이 오겠는가." 하는 생각에 중간까지만 옮기기를 여러 번 반복했어요. 결국, 그 짐들을 다 떠내려 보내고 말았지만 말입니다.

그때 우리 집에는 큰 소가 한 마리, 송아지가 한 마리 있었는데 아버지는 우리에게 소 끌고 올라가라고 하시더니 마을 배에 일부 살림살이를 실어서 물탱크로 올라가시더라고요.

우리 가족도 물탱크에 올라가려 했는데 벌써 사람들이 꽉 차서 올라갈 수 없더라고요. 당시 동네 사람들만 있었다면 다 올라갈 수도 있었는데 잠업센터 연수생, 관계자들이 많이 있었거든요. 이분들은 외지 사람들이라 마을 어른들은 "외지 사람들 죽으면 안 된다."라고 이분들을 먼저 올리라고 했어요. 그러다 보니 물탱크 위에 사람들이 꽉 차서 올라갈 틈이 없는 거예요. 그래서 하는 수 없이 원두막을 짓고 올라갈 수밖에 없었습니다.

물탱크 위쪽 김정종 네 감자 저장고 주변에 소나무 5그루를 이용해서 오각형으로 원두막을 만들었어요. 아버지는 과거에 우마차를 끈 적이 있어서 집에 있는 우마차용 긴 마차 바(밧줄)를 갖고 오시더니 원두막에 서까래와 송판을 붙들어 매시더군요. 바가 길어서 원두막을 매고 좀 남았어요. 땅에 닿을 정도의 길이였지요. 아버지는 원두막에서 내려가면서 그 밧줄을 가리키면서 우리에게 "혹시 나무가 어느 쪽으로 넘어갈지 모르니까 넘어가더라도 정신 차리고 이걸 붙잡아라."라고 말씀하시더군요. 그래서 우리 가족은 밧줄 가까이에 있었어요.

🎙 김문근

그러면 올라가신 그 원두막에는 모두 몇 명이 올라가셨습니까?

▶ 오근택 님

제가 올라간 원두막에는 조금 넓기도 했지만, 사람들도 아주 많았어요. 먼저 우리 가족은 7명이 올라갔죠. 아버지는 철선으로 올라가셨고 원두막에는 어머니, 형(오진택), 나, 남동생 2명(오수택, 오주택), 여동생 2명(오정혜, 오정옥) 이렇게 7명이었어요. 김현수 님 가족도 많았어요. 김현수 님은 물탱크로 올라갔고, 원두막에는 부인(권순이)과 다섯 자녀(김옥희, 김희배, 김승배, 김형배, 김순이)가 올라 여섯 명이 있었습니다. 최대우 님 가족은 본인과 작은딸, 셋째 딸, 면배, 그 밑에 여동생 최면순 이렇게 5명이었고 김충배 님과 부인 석금옥 님(당시 부부가 75세 내외), 이현석 님도 원두막에 올라왔습니다.

요약하면 최대우 님 가족 5명, 우리 가족 7명, 김현수 님 가족 6명, 광주 노인이라는 김충배 님 가족 2명, 이현석 님 이렇게 5가족 21명이 올라갔네요. 아버지와 김현수 님은 일부러 원두막에 안 올라온 게 아니고 물탱크 주변에서 마을 일을 하다 보니 그사이에 물이 불어 원두막으로 건너올 수 없었죠. 그래서 부득이하게 가족과 떨어지게 되신 거죠. 우리 아버지와 이몽수 님은 물탱크에 못 올라가고 그 배에 있었습니다. 배 붙들고 있느라고 말입니다. 물탱크 바로 밑, 그러니까 약간 본강 쪽 하류에 불과 몇 미터 옆에 참나무가 큰 게 두 그루가 있었는데 그 나무에 배를 매어놓고 있었던 겁니다. 물탱크 바로 밑이니까 물살이 약해지는 곳이었죠. 배 안에는 석유, 쌀을 실은 사람도 있었어요.

🎙 김문근

생각보다 많은 사람이 올라가셨네요. 원두막 3개 중 가장 많은 인원이었군요. 그 원두막에 올라가서의 상황을 말씀해 주시겠습니까?

▶ 오근택 님

우리 아버지를 비롯한 어른들은 원두막에 비닐을 주시더군요. 비 맞지 않도록 말입니다. 우리 형제들은 약간 가생이에 있었고 비닐 안이라 약간의 훈기는 있었지만 그래도 비 맞았으니 추우니까 웅크리고 있었습니다. 안쪽에 있던 분들은 살짝 잠든 사람도 많았어요.

밤 11시나 12시쯤 비는 그친 것 같았어요. 어쨌든 원두막이 쓰러지기 전에 비는 그쳤어요. 그런데 밤 12시 넘어서인가 감자 저장고 쪽과 가까운 소나무 5그루 중 샛강 쪽 3그루가 우지직하면서 갑자기 쓰러지는 거예요. 지하 감자 저장고 토굴이 무너지면서 그 위의 나무가 쓰러진 겁니다. 원두막 사람들이 미끄럼 타듯이 한꺼번에 강물 속으로 빨려 들어가더군요.

저는 얼떨결에 밧줄을 잡았어요. 다행히 밧줄이 안 쓰러진 소나무에 매어져 있어 우리가 그 밧줄에 매달릴 수 있었고 그래서 우리가 살았지요. 만약에 우리가 쓰러지는 나무쪽에 앉아 있었다면 밧줄을 잡지 못했을 거예요. 사람들이 강물에 동그랗게 모여서 떠내려가면서 "사람 살려!"라고 소리치더라고요.

김문근

아버님께서 참으로 현명하시네요. 선견지명이 있으셨군요. 만일을 대비해서 자녀들을 교육했던 게 맞아떨어진 거죠. 결국, 그 말씀 때문에 목숨을 구했군요. 그러면 어떻게 그 밧줄을 잡게 되었는지 그리고 몇 분이 매달려 있었는지요?

▶ 오근택 님

소나무가 쓰러지려고 우지직 우지직하는 소리가 나길래 아버지 말씀 생각이 나서 얼른 그 밧줄을 잡았어요. 밧줄에는 5~6명이 매달려 있었습니다. 우리 가족은 형, 나, 주택이, 정혜 이렇게 4명이었고 나머지는 잘 기억이 안 나네요.

나머지 사람들은 모두 떠내려간 거죠. 밧줄에 매달린 사람 중에 내가 중간쯤에서 붙잡고 있었고 위에 잡은 사람들이 못 내려오도록 떠밀어 주면서 꼭 "붙잡고 있어라."라고 말했지요. 밧줄에 매달려 있다 보니 점점 힘은 없어지는데 1시간 정도 지났을 때쯤 물이 줄어 발이 땅에 닿더라고요.

김문근

애곡리 철길 등 바깥에서 횃불을 돌리면서 용기를 주었다는 얘기를 들었는데 보신 적이 있는지요?

▶ 오근택 님

새벽녘쯤 됐을까……. 애곡리 철길에서 횃불 돌리는 신호가 계속 보였습니다. 알고 보니 시루섬에 가족들을 둔 분들이 그랬다고 하더군요. 당시 시루섬에서 세 들어 살면서 군청 측량기사로 일하는 박 씨 아저씨가 있었어요. 그분은 이상하 님 집 바로 밑, 광주 노인네 집 바로 뒷집에 세 들어 산 것으로 기억해요. 아들이 박광희라고 내 동생과 친구였는데 그분은 그날 시루섬에 안 들어왔지만 부인과 애들이 시루섬에 남아 있었거든요. 그래서 사촌 등 몇몇 친척들과 함께 애곡리 철길에서 횃불 돌리고 밤새도록 소리쳤다고 하더군요. 그런데 물소리에 그 소리가 들리겠습니까? 안 들리지요.

그러나 새벽녘에 횃불 돌아가는 걸 보고 사람이 살아있다는 걸 알고 한숨을 돌렸다고 하더라고요. 우리 물탱크 쪽에서도 신호를 보냈거든요. 아기 포대기나 옷가지를 찢어 우산대 끝에 매달아 배 안에 있던 석유를 묻혀서 횃불을 만들었다고 하더라고요.

조금 더 있으니 물이 줄어 땅이 드러날 때쯤 아버지와 김현수 님께서 애들 이름을 부르면서 얕은 물을 저벅저벅 걸어서 올라오시더라고요. 날은 아직 새지 않아 캄캄했어도 우리는 그 소리를 듣고 이젠 살았다는 생각이 들더군요. 우리는 여기 있다고 대답했지만, 김현수 님은 원두막 주변에 자기 가족들 대답 소리가 안 들리고 한 명도 안 보이니까 막 통곡하시는 거예요.

저는 제2원두막에 있던 사람 중 밧줄에 매달려 있는 우리만 살고 나머지 사람들은 다 떠내려가 죽은 줄만 알았어요. 물탱크에서 먼저 내려온 사람들이 가족들 이름을 부르며 어디 있느냐고 소리치며 아래쪽으로 내려가고 원두막이 무너져 강물을 타고 내려가다 시루섬 끝쪽 나뭇가지에 걸려 있던 사람들은 여기 있다고 대답하며 올라오고 해서 중간쯤에서 만나서 물탱크 쪽으로 올라오더군요.

이대수 집 밑에서 김현수 님과 부인, 큰딸, 큰아들 등 우리 원두막 사람들, 그리고 우리 어머니와 동생 수택이도 올라오더라고요. 떠내려가다가 다행히 나뭇가지를 붙들고 살아난 사람들이었죠. 나뭇가지를 붙들고 있다가 물이 줄어 발이 땅에 닿으니 본부 격인 물탱크로 올라온 겁니다. 그래서 살아남은 사람도 있다는 걸 알았습니다.

🎙 **김문근**

소리 지르며 올라오는 사람들은 살아남은 분들이시겠죠. 떠내려가다가 살아남은 분들은 누구였는지 그리고 그 사람들마다의 사연을 기억나시는 대로 말씀해 주시겠습니까?

▶ **오근택 님**

물이 많이 줄어 바닥이 다 드러났으니까 우리는 걸어서 물탱크 있는 곳으로 갔습니다. 물탱크 위에서 젊은 분들부터 사다리에서 막 내려오더라고요. 조금 더 있다 보니 날이 새더라고요. 하류 쪽을 내려가 보니 저의 어머니와 동생 수택이, 희배 어머니와 옥희, 희배는 떠내려가다가 나무에 걸리거나 나무를 붙잡고 살았습니다. 어머니는 시루섬에서 태어나 어려서부터 헤엄도 잘 치셨는데 떠내려가면서 허우적거리다가 나무가 손에 잡혀 그걸 잡고 있었답니다. 조금 더 있다 보니 물이 급히 줄어 발이 땅에 닿아서 살았다고 하시더라고요. 그때는 물이 늘어나는 게 아니라 줄어드는 물이라 나뭇가지가 휘청거리니까 그걸 붙잡고 산 거지요.

어머니는 떠내려가다가 가시나무에 걸려서 창수 형네 밤나무에 올라가 살았고, 동생 수택이도 떠내려가다가 이종음 님 집 근처의 미루나무를 붙잡아 그 나무 위에 올라갔더니 쥐새끼가 머리 위에 막 올라오더랍니다. 그래서 손으로 쳐냈다고 하더라고요.

🎙 김문근

오 선생님께서 올라간 원두막에서만 7명이 희생된 걸로 알고 있습니다. 시신을 찾은 분도 있고 못 찾아 결국 실종된 분도 있는데 구체적인 내용을 아시는지요?

▶ 오근택 님

날이 밝자 동네 사람들 모두 나서 우리 원두막 사람 중 안 보이는 사람들을 찾으러 나섰어요. 안타깝게도 우리 원두막에서 7명이 희생되었습니다. 김현수 님 가족 3명(김승배, 김형배, 김순이), 우리 집 막내 여동생(오정옥), 최대우 님 딸(최면순), 객지에서 들어오신 이현석 님과 광주 노인도 목숨을 잃었죠. 그분들은 나이가 많았는데 이종음 님 댁 뒤 과일나무에 걸려 죽어있더랍니다. 아마 나이가 많아 근력이 없으시니 나무 붙잡을 힘도 없었던 것 아닌가 싶어요. 그리고 나머지 희생자들도 나이가 어렸으니 결국 노약자들만 희생된 거죠.

날이 새고 나서 안 보이는 사람들을 여기저기 찾아보았으나 4명은 시신도 찾지 못했습니다. 여기저기 다니면서 소리소리 지르며 불러도 대답도 없었죠. 김승배, 김형배, 내 여동생(오정옥), 면배 여동생(최면순) 이렇게 네 사람은 떠내려간 거죠. 영원히 못 찾은 겁니다.

🎙 김문근

의미 없는 가정이지만 만약에 소나무가 밤이 아니라 낮에 쓰러졌다면, 그리고 살짝 잠들지 않았다면 어땠을까요? 방금 말씀하신 것처럼 많은 사람들이 나무를 붙잡고 살았듯이 희생된 7명도 거의 살았을 수도 있었지 않았을까요?

▶ 오근택 님

맞습니다. 밤이 아니고 낮이었다면 거의 살았을 거예요. 특히 승배, 형배는 꽤 컸고 헤엄도 잘 쳤기 때문에 살았을 겁니다. 떠내려가면서 주변의 많은 나뭇가지 중 어느 하나를 붙잡을 수 있었을 거예요. 내 동생이 그러더라고요. 떠내려가면서 허우적거리다 보니 우연히 어떤 게 걸리기에 잡아보니 뽕나무 가지 끝이었답니다. 우리 어머니도 그랬고요. 주는 물이니 나뭇가지가 물에 출렁이며 흐느적거리니 잡을 수 있었지, 늘어나는 물이었다면 아마 불가능했을 겁니다. 나뭇가지가 눈에 보여 저걸 잡겠다고 한 게 아니라 밤이라 우연히 손에 잡힌 것이었는데 낮이었다면 의식적으로 잡을 수 있었을 거라고 봅니다. 김현수 님 가족 실종자들은 아마도 자다가 떨어지면서 정신을 잃은 것 같아요.

김문근

물탱크 위에 있던 사람들이 내려와서 헬기 타고 나가기 전 처참했던 마을 상황은 어떠했는지 그리고 본인이나 마을 사람들은 무슨 일을 했는지 궁금합니다.

▶ 오근택 님

날이 새기 전 물이 빠져 땅이 보이자 젊은 사람부터 물탱크에서 먼저 내려왔어요. 여기저기 자기네들 집이 어떻게 됐는지 가보았지만 대부분 흔적도 없이 모래밭, 자갈밭으로 변해버린 걸 보고 한숨만 지을 뿐 할 일이 없는 거지요. 집은 흔적도 없이 다 떠내려가고 심지어 집터가 어디쯤인지조차 알 수 없었을 정도로 처참했습니다. 무쇠솥만 많이 남아 있더군요. 무거워서 그런지 안 떠내려가고 있으니 그곳이 부엌임을 짐작만 할 뿐이었죠.

김문근

그러셨군요. 그러면 헬기를 타고 수재민 임시 수용소인 단양여중으로 나가는 상황에 대해 기억해 주시기를 부탁드립니다.

▶ 오근택 님

제일 먼저 두세 명만 탈 수 있는 아주 작은 헬기가 왔어요. 아마 도지사가 타고 왔는지 아주 작았는데 나갈 때 오재창 누나(오영순)만 타고 나갔어요. 빨리 단양에 나가서 할 일이 있다고 해서 그분만 제일 먼저 나갔어요.

그 후 7~8명이 탈 수 있는 조금 더 큰 헬기가 두 대가 오더군요. 이 헬기가 단양 수재민 임시 수용소인 단양여중으로 사람들을 몇 번 실어 날랐어요. 조금 더 있으니 아주 많은 사람들을 태울 수 있는 잠자리 헬기가 오더군요. 그 헬기 안에 탱크도 실을 수 있다고 할 정도로 크더라고요. 그 헬기로 몇 번 사람들을 실어 나르니 모두 단양여중으로 나갈 수 있었어요. 헬기가 세 번 온 거지요.

헬기 타기 전에 소는 마을에 풀어 놓고 풀 뜯어 먹도록 풀어 놨지요. 나중에 소를 데리러 시루섬에 다시 들어올 때는 우리 마을 배는 섬에 갇혀 있어 애곡리 마을 배로 들어왔어요. 저도 소 붙잡으러 같이 뛰어다녔습니다. 소가 몇 마리가 떠내려가서 꽃거리근 아래에서 풀 뜯어 먹는 걸 사람들이 찾아왔다고 하더라고요.

이현석 님과 광주 노인은 시신을 찾아서 마을 사람들이 어디엔가 묻어주고 헬기 타고 나간 것으로 기억합니다.

🎙 김문근

크게 보면 절체절명의 상황에서 마을 사람들이 잘 대처해서 피해를 최소화한 것은 맞습니다. 그러나 안타깝게도 8명의 인명피해가 있었고 특히 오 선생님이 올라간 원두막에서 7명이나 희생되었는데 그 원인은 어디에 있다고 생각하시는지요?

▶ 오근택 님

내 생각에는 상진 다리에 나무들이 교각에 큰 나무들이 걸리고 또 걸려서 교각이 견디지를 못하니까 다리가 무너져 생긴 일인 것 같습니다. 물이 확 쏟아져 내리치면서 그때 감자 저장고 굴이 무너졌고 그 바람에 원두막 소나무가 쓰러진 거예요.

김정종 아버지 밭 지하에 만든 감자 저장고 굴은 멍텅구리 시멘트 벽돌을 쌓아 만든 것이었습니다. 그런데 이 굴 벽돌이 무너지니까 땅 위에 있던 소나무가 쓰러진 것이고 그 소나무를 연결해서 만든 원두막이 쓰러진 겁니다. 저는 1차 원인을 상진 다리 붕괴로 봅니다. 우리 마을 사람들은 모두 그렇게 생각하고 있어요.

🎙 김문근

그 밖에 참고적인 얘기, 못다 한 얘기가 있으시면 말씀해 주시지요.

▶ 오근택 님

나도 들은 얘긴데 잠업센터 연수생 아가씨들이 물탱크 위로 올라올 때 옷 가방 등으로 짐을 각자 갖고 올라왔답니다. 너무나 비좁은 상황이라 마을 어른들이 그 가방을 버려야 한다고 하니까 그분들은 입을 옷이 없다고 하면서 못 버리겠다는 걸 이창수 님이 막 빼앗아 강물에 내버렸답니다. 안에서 꿈틀거리고 밀고 밀리자 우산대로 머리를 막 때리기도 했다고 하더라고요. 안 그러면 안 되는 상황이었죠. 난간에 있는 한 사람이라도 떨어지면 옆 사람 옷을 잡지 않을 수 없으므로 줄줄이 여러 사람이 떨어질 것은 뻔하기 때문이죠.

그럼에도 불구하고 나중에 다른 지역에서는 "시루섬 사람들이 아가씨들 못 살게 옷 가방도 물에 다 집어 던졌다."라고 욕하더라는 소문도 들리던데 정말 안타깝더라고요. 사람 살려 놓으니 가방 내어놓으라는 얘기와 똑같은 거죠.

참고적인 얘기지만 시루섬 수해는 4년 후에도 있었어요. 수해 난 후 4년 뒤, 그러니까 1976년경 농사짓기 위해 우리가 다시 시루섬 들어가서 집 짓고 살 때였어요. 백금당 이

경희 님 고종사촌이 서울에서 고등학교 다니는 사람이 있었는데 여름방학 때 시루섬에 사는 삼촌네 집에 놀러 왔다가 떠내려가 죽었어요. 삼촌들과 경희 누나도 있고 그전에 비가 많이 온다고 군청 직원들이 새벽에 와서 "강원도 쪽에서 비가 많이 온다고 했으니 빨리 섬에서 나오라."라고 했는데도 못 나왔는데 결국 희생되고 말았지요.

그때 그 상황을 저도 옆에서 봤어요. 거대한 물이 내려오는데 그런 멍석말이 물은 평생 처음 봤어요.

🎙 김문근

1972년 수해의 악몽이 재현된 것 같군요. 여하한 일이 있더라도 그런 상황은 영원히 있어서는 안 될 일입니다. 역사의 교훈, 아픔을 잊으면 안 됩니다. 특히 위정자들이 명심해야 하겠지요.

장시간 함께 해주어서 고맙고요. 궁금한 게 있으면 따로 전화드리겠습니다. 시간 내어 주시어 감사합니다.

증언자 7
박동준 님

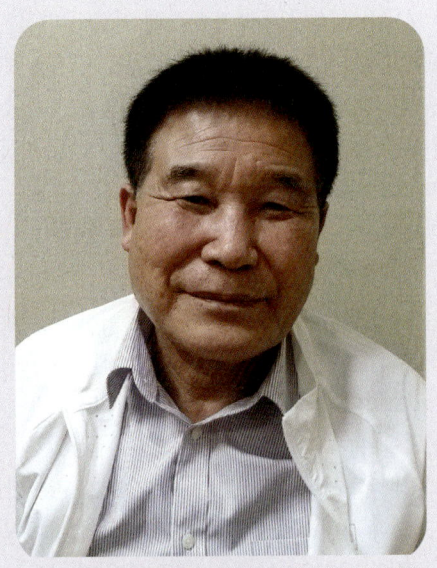

박동준
1949년생(당시 23세)

- 가족 사항(7명)
  부모(박현걸, 강금옥), 본인, 동구(남동생, 1952), 동희(여동생, 1954), 현희(여동생, 1956), 순희(여동생, 1958)
- 군 복무 만기제대 4개월 후 시루섬에서 수해를 겪으면서 남동생과 함께 제3원두막으로 대피. 원두막이 무너졌으나 남동생과 함께 옆 나무로 신속히 옮겨붙어 생존

김문근

박동준 님께서 기억하시는 시루섬은 어떤 마을이었는지요? 먼저 마을의 특성이라든가 어릴 적 추억을 더듬어 주시면 좋겠습니다.

▶ **박동준 님**

수해 당시 마을 주민은 세 들어 사는 가구까지 포함해서 52가구에 205명이 살았다는 얘기도 들었는데 확실한지는 모르겠어요. 확실한 것은 수해 후 현천리 이주 단지에서 제가 이장 일을 맡아 보니 시루섬은 둘레가 5km에 이르고 면적은 24정보라고 하더군요. 24정보이면 72,000평인데 면적도 꽤 큰 편이었고 주로 평지라 못 쓰는 땅이 없이 대부분 밭이었지요. 아랫송정, 윗송정처럼 소나무 숲도 있었습니다. 소나무가 많아 소나무 송(松), 정자 정(亭)자를 쓴 것 같습니다. 옛날에 오월 단오 때면 물탱크 옆 아름드리 참나무에 그네를 매어 타기도 했죠.

우리 마을은 예부터 뽕나무가 많아 누에를 많이 쳤고 땅콩, 담배 농사를 많이 했어요. 특히 건조실이 한두 집 건너마다 한 채씩 있을 정도로 담배 농사를 많이 했어요. 우리 선조는 경북 안동에 살다가 할아버지 때 시루섬으로 이사 왔는데 어릴 때 할아버지가 말씀하시더라고요. "시루섬은 물로 만들어진 동네다. 전에는 호랑이도 이 섬에까지 내려왔다. 우리 집에서도 호랑이를 봤다."라고 말입니다. 그리고 병자년 수해 때 물이 많이 들어왔었다는 말씀도 들었습니다.

수해가 나면 우리 시루섬 사람들은 굵은 나무 건지고 고기 잡는 게 일이었어요. 바싹 마른 좋은 나무들도 많이 떠내려왔어요. 나무가 떠내려올 땐 물살 흐름상 늘 시루섬으로 들어왔다가 건너 쪽으로 나가더라고요. 나무 건질 때 아무리 굵고 좋은 나무라도 힘이 부칠 때는 포기하고 나무를 놓고 나와야 돼요. 끝까지 건지려고 하면 목숨을 잃을 수 있어요. 최하 6자 이상짜리 나무들이었으니까요. 나무 건져 놓고 목상들한테 들키면 다 뺏기고 그랬지만 이 나무를 켜서 송판을 만들어 쓰기도 했지요.

우리 마을의 아름드리 소나무 숲은 인근 학교 학생들의 단골 소풍 장소였습니다. 본 강 쪽은 바위와 돌이 많은 조금 높은 지대였지만 샛강 쪽에는 넓은 백사장이 있어서 사람들이 와서 모래찜질도 하는 "단양의 해변"이었습니다. 아름다운 곳이었어요. 만약에 지금 마을이 그대로 있었다면 유명한 관광지가 되고도 남았을 겁니다.

김문근

아! 그러셨군요. 그러면 1972년 수해 당시 몇 살이셨고 어디서 무슨 일을 하고 있었는지요? 얘기를 시작해 보실까요?

▶ 박동준 님

저는 1972년 4월 그러니까 수해 나기 4개월 전 군대 만기제대하고 시루섬 집에 있었어요. 수해 나던 날로부터 약 1주일 전부터 비가 계속 많이 와서 몇 차례 물이 늘었다 줄었다 했어요.

그 당시는 물이 늘면 거랭이를 만들어서 물고기 잡으러 가곤 했습니다. 때로는 전기 배터리를 구해 물속을 지지면 잠깐 사이에 뱀장어를 한 다라끼 잡기도 했어요. 다이너마이트를 던지다가 실수해서 목숨을 잃은 마을 사람도 몇 사람 있었고요. 하여튼 물고기가 아주 많았어요.

운명의 그날 아침 일찍 물이 많이 늘자 그걸 만들어서 남동생과 둘이 물고기 잡으러 강가로 나갔어요. 나는 물에 들어가서 거랭이를 대고 동생은 밖에서 끈을 당겨서 뱀장어 등 물고기를 꽤 많이 잡아 왔어요. 집 마당 큰 대야에 집어넣었죠. 당시에는 비가 오면 큰 대야를 밖에 놓고 빗물을 받았는데 그 대야에 물고기를 넣었어요.

비를 맞아 으스스 춥기도 해서 방에 들어가 잠깐 누워 잠이 들었는데 어머니께서 막 깨우시는 거예요. 그때가 약 11시경 됐을 겁니다. "얼른 일어나 봐라. 지금 밖에는 집이 막 떠내려간다."라고 말씀하시면서 말입니다. 저는 깜짝 놀라 "아니! 우리가 조금 아까 들어왔는데 무슨 집이 떠내려갑니까?"라고 하면서 일어났죠.

우리 집은 동네 한복판이라 약간 높은 곳에 있어 몰랐지만, 밖으로 뛰쳐나가 보니 정말로 최대우 님, 김은종 님, 안철호 님 등 낮은 곳에 사는 집들은 벌써 물이 막 들이쳐 떠내려가고 있는 것이었습니다. 걱정이 돼서 남쪽 아랫송정으로 내려갔어요. 마을에서 제일 먼저 물이 들어오는 곳이거든요. 김경환 님 집 돼지들도 떠내려가더라고요.

그때 저와 제 동생은 줄곧 같이 행동하게 되었어요. 옷도 둘 다 팬티만 입고서 말입니다. 제가 군 생활을 화진포 해안부대에 근무했었는데 그때 사귀던 여자 친구, 지금은 아내가 됐지만, 그 사람이 부쳐 준 수영복 팬티만 입고 있었어요. 상의도 안 입고 남동생과 둘이 뛰어다녔습니다.

🎙 김문근

그래서 어떻게 하셨습니까? 구체적으로 무슨 일을 하셨는지요? 그 당시 긴박했던 마을 상황을 좀 더 말씀해 주시겠습니까?

▶ **박동준 님**

먼저 김경환 님 집과 길 건너편 김영환 님 집 피난을 도와드렸어요. 급한 짐들을 꺼내 리어카에 실어 높은 곳으로 옮겨드렸지요. 집에 와서 점심을 먹고 나니 북쪽도 걱정이 되길래 뛰어 올라갔습니다. 하지만 이미 낮은 곳인 김용환, 노진수 님 집에 이어 다른 집들도 먼지만 풀썩 나면 집 한 채가 떠내려가고 있었어요.

가는 길에 이몽수 이장님 댁을 지나는데 그 집도 물이 빙 둘러싸기 시작하더라고요. 마당에 물은 들어차고 있는데도 집안에서 큰 소리가 나길래 들어가 봤지요. 이몽수 이장님이 군청인 것 같은데 어디론가 통화하시더라고요. 큰 소리로 "이 전화가 마지막이다. 이제 전화통 떼고 대피해야 한다."라고 하신 말씀도 기억납니다.

그 당시에는 이장님 댁에 전화 한 대밖에 없었지요. 그래서 제 여자 친구가 이장님 댁으로 전화하면 마을 방송도 없을 때라서 이장님 사모님이 직접 우리 집까지 오셔서 알려 주시면 뛰어가서 통화한 적도 있지요. 딱 한 번이었습니다.(웃음)

이장님께서 "이 전화가 마지막이다. 마을을 지나는 저 고압선이 쓰러지면 물에 전기가 통해서 우린 다 죽는다."라는 말씀도 기억납니다. 이 말씀 하실 때쯤 이장님 댁 건조실도 막 쓰러지는 거예요. 가슴까지 물이 차오르더라고요.

앞도 안 보일 정도로 자욱이 낀 안개를 뚫고 우리 집으로 올라왔습니다. 우리 집은 마을에서 이창열 님 집에 이어 두 번째로 높은 곳에 있었어요. 집에 와 보니 아무도 없고 동네 사람들이 우리 집에 짐을 산더미같이 많이 갖다 놓았더군요. 그런데 그 짐들을 밧줄로 우리 집 기둥, 문틈에 이리저리 막 묶어 놓았더라고요. 가만히 생각해보니 그냥 두면 물이 들어차서 출렁거리면 자칫 우리 집도 넘어갈 것 같은 생각이 들더라고요. 그래서 내가 밧줄을 풀어 놓았어요.

집을 나오다가 아쉬워서 다시 한번 뒤돌아보니 닭장, 토끼장이 보이더군요. 그대로 두면 모두 수장될 건 뻔했기에 다시 가서 닭, 토끼들을 꺼내서 풀어 주었어요. 행랑채 주변 높은 곳에 던져 놓았습니다.

마을 사람들이 너나 할 것 없이 분주했어요. 건조실 긴 사다리를 일단 물탱크에 걸치고 사람들을 올리더라고요. 김충배 님은 상노인이라 물탱크에 올라가기 어려우니 김현수 님 원두막으로 올라갔고요.

그런데도 군청 잡업계장은 이창수 님의 집 처마에서 비를 피하고 있으면서 우두커니 서서 아무 말도 못 하고 그냥 가만히 있기만 하더라고요. 비는 억수로 쏟아지고 있는데도, 자기네들도 40명 정도 되는 잠업센터 교육생들이 있는데도 말입니다. 모든 지시와 행동은 마을 사람들이 다 했어요. 물론 그분은 나이도 많으셔서 그런지는 몰라도 한숨만 쉬면서 어떠한 역할도 없었습니다.

저와 제 동생은 이렇게 뛰어다니다 보니 우리 집에 물이 배꼽까지 차오를 무렵 우리 집이 물에 잠기는 모습을 뒤로하고 물탱크 쪽으로 갔어요. 마을에서 맨 늦게 도착한 거죠. 다른 식구들은 이미 물탱크로 올라갔더군요. 아버지는 소를 끌고 먼저 오셔서 소고삐를 풀고 가족과 함께 물탱크로 올라가셨죠. 서울에서 온 조카들까지도 모두 데리고 말입니다.

그런데 우리 형제가 올라갈 곳이 없더라고요. 물탱크에도 옆에 있는 원두막 두 곳도 사람들이 꽉 차서 더는 올라갈 틈이 없더군요.

🎙 김문근

두 형제만 바닥에 남으셨군요. 물은 점점 차오르는데 물탱크에도 올라가기 어렵고 참으로 난감했을 텐데 어떻게 하셨습니까? 먼저 물탱크는 어느 정도 규모였는지요?

▶ **박동준 님**

물탱크 공사할 때 듣기로는 높이가 6m, 꼭대기 넓이는 평수로 6평이라고 했어요. 그곳에 동네 사람들이 다 모여 있으니 콩나물시루 같았어요. 오후 두 시 무렵 우리 형제는 할 수 없이 다른 원두막으로 올라갔지요. 사다리를 놓고 올라갔어요. 나무에 올라가기 전에 그 사다리가 물살에 떠내려가지 않도록 나무에 묶어두고 올라갔지요.

올라가서 보니까 오후 3시나 3시 반 정도 되니 온 동네가 완전히 물에 잠기더라고요. 앞에는 원두막 두 개와 물탱크까지 잘 보이더군요. 많은 소가 떠내려가지 않고 물탱크 주변을 맴돌고 있는 모습도 보였습니다. 사람 소리를 들어야, 사람 가까이 있어야 안심되는지 몰라도 수많은 소가 떠내려가지 않고 계속 물탱크 주변을 헤엄쳐 맴도는 겁니다. 물탱크를 돌기도 하고 물살 약한 아래쪽에서 오르내리기도 하더라고요. 내가 앉았던 곳에서도 잘 보였어요. 물탱크 방향으로는 장애물이 없이 깨끗하게 잘 보였어요.

물탱크 바로 옆에 물탱크와 연결된 제1 원두막이 있었어요. 물탱크 오른쪽에 참나무 등 나무가 많은 곳에 이창수 님 집이 있었어요. 그 집이 제일 높은 곳에 있었어요. 그 집 옆이었죠. 그 원두막과 우리가 앉아 있던 곳 사이에 김현수 님 가족 원두막이 있었죠.

김문근

"다른 원두막"에 올라가셨다고 말씀하셨는데 그 원두막은 누가 지었는지 어디쯤 있었고 어떻게 생겼는지 그리고 다른 원두막과의 거리, 물탱크와의 거리는 어느 정도였는지 궁금합니다.

▶ 박동준 님

제가 지은 것은 아니고 낮에 물탱크에 못 올라간 사람들이 워낙 많았으니 마을 어른들이 마을 공동으로 쓸 비상용으로 이미 지어놓은 거였어요. 물론 저도 낮에 나무, 송판 등을 날라 주기도 했었죠. 위치는 이창열 님 집 바로 위였습니다. 그곳이 소나무밭이거든요.

그곳은 원두막이라기보다는 김현수 님 가족이 올라간 오각형 원두막과 연결된 나무다리였습니다. 김현수 님 가족이 올라간 오각형 원두막은 비교적 넓고 튼튼하게 지은 거죠. 바닥도 송판으로 잘 깔아 놨고 높이도 물탱크 못지않게 높았어요. 이 원두막에서 서까래나 어리덕 몇 개를 묶어 상류 쪽 소나무로 건너가도록 만든 나무다리였습니다. 이 나무에서 저 나무로 건너만 갈 수 있도록 말입니다. 양 소나무 중간을 연결해 만든, 일종의 비상 대피용 나무다리인 셈이지요. 원두막이 아니었어요. 김현수 님 원두막에서 문제가 있을 경우 다른 소나무로 다시 피할 수 있도록 만든 겁니다. 우리 형제는 이 나무다리 위에 그냥 걸터앉아 있던 거예요. 우리가 앉아 있던 곳에서 뒤의 다른 소나무로 연결된 나무다리가 몇 개 더 있었어요. '외나무다리'는 아니지만 '몇 나무다리'인 셈이지요.

하여튼 우리 형제는 갈 데가 없더군요. 피할 곳은 그곳밖에 없었어요. 우리가 피했던 그곳은 그날 사람들이 대피한 곳 중 제일 상류에 있었어요. 김현수 님 가족이 올라갔던 제2원두막과 아주 가까웠고요. 약 6~8m쯤 떨어졌을 거예요. 나무다리 높이도 물탱크보다는 많이 낮았어요. 강물이 많이 불었을 때 우리가 앉았던 곳 바로 밑까지 물이 올라왔었으니까요. 금세라도 모든 걸 집어삼킬 듯이 차오른 강물을 보자니 현기증이 나서 그곳에 빨려갈 것 같았어요. 지금도 그때 생각을 하면 등줄기가 서늘할 정도니까요.

물탱크와는 대략 50여 m 떨어져 있어 낮에는 사람들이 눈에 보였습니다. 물탱크도 다른 원두막 두 곳도 잘 보였습니다. 그쪽 방향에는 시야를 가리는 나무도 없었거든요. 우리는 팬티 바람으로 비를 쫄딱 맞고 있을 수밖에 없었습니다. 바로 옆 원두막 사람들은 큰 비닐을 갖고 올라가서 그걸 쓰고 비를 안 맞았지만, 우리 형제는 워낙 자리가 불편해서 잠을 잘 수 없었어요. 그 바람에 살아났는지도 모르겠어요. 앞 원두막 사람들은 잠들어 있다가 당했기에 피해가 컸던 거예요.

원숭이처럼 나무 위에 앉아 온몸으로 비를 맞으면서 별생각이 다 들더군요. '다행히 가족은 안전한 물탱크에 올라갔으니 우리 형제만 살아남으면 되겠다. 떠내려가면 안 된다. 죽으면 안 된다.'라는 생각이 들었어요.

🎙 김문근

두 형제가 무섭고 외로운 밤을 힘들게 보내셨겠네요. 그 후 어떻게 되었는지요. 악몽의 그날 밤 어떻게 살아남으셨는지요?

▶ 박동준 님

　물이 가장 많이 불어 올랐을 때는 밤 9시 무렵으로 기억해요. 한밤중도 아니고 초저녁을 지나서 날이 완전히 캄캄해졌을 무렵이었어요. 그전까지는 비교적 문제가 없었는데 바로 이때부터 많은 사건이 생기게 되더라고요. 잠업센터 쪽에서 와장창하는 큰 소리가 나더라고요. 당시에는 그게 무슨 소리였는지 몰랐는데 이튿날 보니까 잠업센터가 무너진 소리였던 겁니다. 잠업센터는 섬에서도 물살이 가장 센 곳에 있었는데 불과 몇 년 전 시멘트로 잘 지어진 건물이었죠. 떠내려간 건물 자리가 엄청 많이 패어 있더라고요. 지하 1층, 지상 2층인 잠업센터가 잘 버티다가 결국 무너진 겁니다.
　조금 있더니 제가 앉아 있던 나무다리가 묶여있던 소나무가 우지직하면서 쓰러지는 거예요. 뿌리가 물에 패여서 나무가 쓰러진 것이죠. 솨~ 하는 물소리가 옆에 있는 사람 얘기도 잘 안 들릴 정도로 엄청 컸어요. 그 정도로 물살이 강했다는 얘기죠. 시루섬은 땅바닥이 주로 모래였으니 그 위에 있는 소나무 뿌리가 강한 물살에 많이 패여 나갈 수밖에 없었던 거죠.
　옆 소나무 쪽으로 쓰러지니 우리가 앉아 있던 나무다리도 같이 쓰러지길래 재빨리 다른 나무다리로 옮겨붙었지요. 물에 닿기 전에 옮겨 탔기에 물에 빠지지도 않았어요. 동생도 저와 똑같이 행동했어요. 여차하면 물에 들어가 수영할 생각도 했었지만, 막상 나무가 넘어가니까 물을 피해서 옆 나무다리로 피하게 되더라고요.

🎙 김문근

　넘어가는 나무에서 옆 나무로 옮겨붙었다니 다람쥐처럼 아주 재빨랐구먼요. 그 상황에서 노약자였다면 옮겨붙지 못하고 그냥 강물 속으로 내동댕이쳐질 수밖에 없었을 것입니다. 군대 전역하신 지 몇 개월 안 되었을 때였기에 가능했었을 겁니다.
　그러면 김현수 님 가족이 올라갔던 그 원두막이 쓰러지는 걸 직접 보았겠네요. 비록 밤이지만 말입니다.

▶ 박동준 님

　그때 저와 제 동생은 한창 팔팔했었을 때였으니까 빨랐지요. 노약자는 어림도 없죠. 더구나 캄캄한 밤이니 더 그러했을 겁니다. 잠도 자지 않고 있었고요. 그리고 나무에서 나무로 점프해서 옮겨붙은 게 아니었습니다. 소나무는 쓰러져도 아까 말했듯이 그 소나무에 비상 대피용 나무다리가 이리저리 연결돼 있어서 그 나무다리를 붙잡았던 것이죠.
　김현수 님 가족 원두막 쓰러지는 걸 생생히 보았습니다. 우리 원두막 소나무가 쓰러지면서 이 나무가 바로 옆에 있던 김현수 님 원두막 소나무를 때려서 그 원두막도 함께 넘어가더라고요. 아름드리 소나무가 2~3m마다 한 그루씩 있을 정도로 소나무가 빼곡했거든요. 최초의 시작은 아름드리 소나무 한 그루였어요. 그 한 그루가 넘어가면서 다른 나무들을 연쇄적으로 넘어뜨린 겁니다.

🎤 김문근

　아니! 잠깐만요. 그러면 김현수 님 가족이 올라갔던 제2원두막이 먼저 쓰러진 게 아니고 박동준 님이 앉았던 다리를 연결한 소나무가 먼저 쓰러지면서 옆 원두막을 쓰러뜨렸다는 얘깁니까? 다른 분들은 김현수 님 원두막은 지하 감자 저장고 토굴이 무너지면서 자체적으로 소나무가 쓰러진 거로 알고 있던데요.

▶ 박동준 님

　저는 감자 저장고 얘기는 잘 모르겠고 제 원두막이 먼저 쓰러지면서 김현수 님 가족 원두막 소나무를 쳐서 넘어뜨린 것은 맞습니다. 우리 나무가 넘어가면서 옆 나무를 치거나 기대니까 주변 나무들이 와장창 넘어가더라고요. 아마 대다수 나무가 뿌리가 드러나기 시작해서 약해져 있는 상태라 도미노 현상처럼 순식간에 여러 그루가 쓰러졌어요. 소나무들이 쓰러진 줄이 훤하게 뚫리더라고요. 나중에 보니까 쓰러진 이 나무들은 떠내려가지는 않고 모두 뿌리가 앙상하게 드러나 있더라고요.
　감자 저장고 위라는 점도 있지만 내 생각에는 소나무 뿌리가 물살에 패여서 그런 것 같아요. 다른 나무들도 뿌리가 드러나 간신히 버티고 있는데 아름드리 다른 나무가 와서 기대면서 치니까 넘어지면서 또 다른 나무를 쳐서 십여 그루가 연쇄적으로 한꺼번에 쓰러진 것으로 봐요.
　아무튼, 우리 원두막 소나무가 쓰러지면서 김현수 님 가족 원두막 소나무를 쳐서 그 원두막 사람들을 강물에 폭삭 쏟아부은 거예요. 직접 봤어요. 순식간에 쓰러지더라고요. 둥둥 떠내려가는 사람들 머리가 보이더라고요. 우리는 비를 계속 맞고 있어 잠을 잘 수가 없었는데 옆 원두막 사람들은 비닐 안에 있어 자고 있었기에 그냥 당한 거죠. 나중에 들었는데 애들 옷을 많이 입혔더라고 하더라고요. 그러니까 살아남기 더 힘들었겠죠.
　　아마 이때가 물이 가장 많이 불었을 때가 아닌가 생각됩니다. 시간적으로 보면 밤 9시 무렵이었어요.

🎙 김문근

밤 9시 무렵이라고 하셨는데 다른 몇 분은 초저녁이 아니라 밤 12시경으로, 어떤 분은 새벽녘으로 기억하던데요.

▶ 박동준 님

　　아니에요. 초저녁에 쓰러졌어요. 나무 쓰러질 때가 초저녁이 맞습니다. 며칠 전 제 동생한테도 물어봤어요. 아름드리 큰 소나무가 쓰러져 옆 나무에 턱 기대어 걸치니 그 소나무들도 힘없이 한꺼번에 쓰러지더라고요. 소나무마다 모래 바닥이 패여서 뿌리가 드러나면서 간신히 버티고 있는 중에 옆 나무가 쓰러지면서 기대니 쓰러지면서 또 기대고 하면서 김현수 님 가족 원두막이 쓰러진 거예요.
　　갑자기 조용해지는 거예요. 옆 원두막이나 물탱크에서 웅성거리는 소리가 들렸는데 사람들이 떠내려간 후에는 조용하더라고요. 공포에 질려서 그랬겠죠.
　　그런데 사망자 중 나이가 많은 사람들은 마을에 시체가 있었는데 몸이 가벼워서 그랬는지는 몰라도 애들은 그냥 떠내려가 실종되고 말았어요. 특히 김현수네 두 형제는 강을 건너다닐 정도로 헤엄을 잘 쳤는데도 시신을 못 찾았어요. 그 아주머니 얘기 들어 보니 추우니까 애들에게 옷을 많이 입혔다고 하더라고요. 그리고 내 생각에는 그 애들이 수영을 좀 하니까 물에 떠내려가면서 깔짝거리며 헤엄을 친 것 같아요. 부인들처럼 그냥 허우적거렸다면 나뭇가지가 손에 걸렸을 텐데 캄캄한 밤중에 헤엄을 치다 보니 나뭇가지가 손에 걸리지 않고 그냥 지나친 게 아닌가 짐작됩니다.

🎙 김문근

옆 나무로 옮겨붙은 뒤 어떻게 있었는지요? 그리고 어느 정도의 시간 동안 버티고 있었는지요?

▶ 박동준 님

　　저는 동생에게 얘기했지요. 강 복판이라 물소리가 너무 커서 바로 옆에서 얘기해도 잘 들리지 않더라고요. 그래도 큰 소리로 말했어요. "이거 안 되겠다. 너나 나나 수영할 수 있으니 나무통을 잡고 헤엄쳐서 육지로 나가 보자. 수많은 것들이 주위로 떠내려가고 있으니 저것들 중 괜찮은 나무 하나를 잡고 밖으로 나가 보자. 우리 둘 중 누가 살든지, 누가 먼저 나가든지, 혹시 헤어지더라도 몸이 육지에 닿으면 제일 먼저 박재수 형님한테 전화 연락하자."라고 말입니다. 당시 저의 육촌이신 그 형님은 단양역 부근에 살고 있었는데 전화번호가 152번임을 우리는 외우고 있었거든요.

그래서 저부터 물에 들어가려고 했는데 막상 못 들어가겠더라고요. 물속에 들어가면 우리 형제가 한 나무에 같이 올라탈 수는 없잖아요? 헤어지려니 겁이 나기도 했고요. 그래서 조금 더 기다려 보자고 하다가 새벽을 맞이하게 되었는데 시간이 얼마나 흘렀는지는 모르지만 참으로 긴 밤이었습니다.

🎙 김문근

물속에 안 들어가시길 잘했죠. 아무리 헤엄을 잘 친다고 하더라도 밤중에 바다처럼 넓고 차디찬 강물을 헤쳐 나오는 것은 무모한 일인 듯하네요. 그 후 다른 나무로 이동해서 여러 시간 동안 긴 밤을 보냈을 텐데 그 밤이 어떠했었는지요?

▶ 박동준 님

나무다리가 우리가 걸터앉은 하나만 있었던 게 아니고 아까 얘기한 것처럼 이리저리 여러 나무로 연결되어 있었어요. 유사시 대피할 수 있도록 탈출로를 만든 거죠. 우리가 걸터앉은 나무다리가 쓰러지면서 우리는 옆 나무로 옮겨붙어 또 다른 나무다리로 올라가 그 나무다리 위에 걸터앉았습니다. 그러니까 나무 쓰러지기 전과 비슷한 상황, 똑같은 자세였어요. 새벽 먼동이 트기 전, 아직 사방이 거무스름할 때 물이 많이 빠져 땅바닥이 드러나서 나무에서 내려왔으니 아마도 6~7시간 이상 있었을 겁니다.

나무에서 내려와 보니 우리가 올라갔던 그 사다리는 떠내려가지 않고 쓰러진 나무에 걸려 있더군요. 조금 있으니 날이 밝아지더라고요. 물이 빠지기 시작하더니 금방 쫙 빠져 물이 고여 있는 곳은 거의 없이 마을 대부분이 드러나 보였어요. 그래서 우리 형제는 물탱크 쪽으로 내려갔어요. 사람들이 물탱크에서 내려오기 시작하더군요. 떠내려가다가 나무에 올라가거나 나뭇가지에 걸려 있던 사람들도 만나기 시작했어요.

마을 사람들과 함께 아래쪽으로 내려가 보니 익사자 시체가 여기저기 널려 있더군요. 죽은 사람도 광주 노인 김충배 님, 이현석 님 등 객지 사람이 많아 그날 막바로 시루섬 소나무 부근에 묻어 드렸죠. 밖으로는 나갈 수 없었고 여름이니까 그랬지요.

우리 집에 와보니 집 외형은 그대로 있더군요. 마을에서 안 떠내려간 집은 우리 집과 이창열 님 집뿐이었어요. 마을에서 이창열 님 집이 제일 높은 곳에 있었고 우리 집은 두 번째로 높은 곳이라 물이 집 서까래(처마) 바로 밑까지만 물이 들어왔기 때문이죠. 게다가 우리 집은 당시 지은 지 3년밖에 안 되었어요. 제가 군대 생활할 때 지었으니까요. 흙

벽돌로 지은 다른 집들과는 달리 멍텅구리 시멘트 벽돌로 벽체를 했기 때문에 지붕까지 그대로 있더라고요.

김문근

집이 그대로 남아 있었다면 집안의 가재도구도 많이 남아 있었겠네요.

▶ 박동준 님

아닙니다. 방에 들어가 보니 한 개도 안 남아 있더라고요. 살짝 들어 올리면 문이 빠져 나오는 방문이었는데 물이 출렁거리면서 이 방문들이 다 빠져나간 거예요. 그리고 방 안에 있던 장롱문도 모두 열리고 빠져나갔어요. 전에 수해 났을 때 떠내려오는 나무를 건져서 송판을 짜서 만든 책상이 방문을 억지로 통과할 정도로 컸는데도 없어졌더라고요. 앞에서 본채가 물살을 막아 주어서인지 행랑채도 그대로 있었어요.

우리 집은 ㄱ자 집이었는데 마당은 모래땅이 깊게 푹 패어 있고 안방 한쪽의 벽체가 많이 무너진 걸 보수해서 살았어요.

그런데 우리 개는 어디로 간지 없고 남의 집 개가, 그 위에 노진수(노진국님의 동생)네 개가 우리 집에 들어와서 멍멍 짖더라고요. 떠내려가다가 우리 집에 걸렸는지 행랑채에서 막 짖더라고요. 우리 개라면 안 짖을 텐데 말입니다. 셰퍼드 개인데 이놈도 배고파서인지 집에 있던 토끼, 닭을 여러 마리 잡아먹었더군요. 토끼도 3마리 있었는데 한 마리도 없었어요. 잡아먹은 흔적들이 여기저기 남아 있더라고요. 닭은 한 마리만 남아 있었어요.

젖은 나무를 주어서 불 밝히려고 배에 실었던 석유 기름을 묻혀 불을 해 놓고 물에 젖은 쌀로 아침밥을 지어 뽕나무 이파리에 주먹밥을 나눠주었어요. 당시에는 집집마다 '두멍'이라는 커다란 물 단지를 묻어 놓았어요. 강물을 길어와 부어 놓고 먹었지요. 마을 구판장을 하셨던 박태호 님 형님인 박정호 님의 아주머니가 집 물단지 안에 그릇을 놓아 두었는데 그 그릇과 구판장에 안 떠내려간 샘표 간장을 가져오기도 해서 반찬으로 먹었습니다.

김문근

아침 식사를 하신 뒤에는 물이 많이 빠졌을 텐데 어떤 일들이 있었는지요?

▶ 박동준 님

아침 식사를 하고 나서 조금 지나니 도지사님이 오셨어요. 헬기를 타고 오셨더군요. 마을 사람들에게 우선적으로 뭘 해줘야 하느냐고 묻길래 우리는 밖으로 나가고 싶다고 얘기했습니다. 도지사님이 가시더니 경기도 오산에서 소대 병력이 탈 수 있는, 60명 정도 탈 수 있는 더블 헬기 두 대가 왔어요. 내가 군대에서 수색중대 있을 때 타봤던 바로 그 헬기더라고요. 많이 탈 수 있었어요. 똑같은 헬기 두 대가 와서 서너 번 만에 주민들을 다 나르더라고요. 수재민 임시 수용소인 단양여중으로 말입니다.

그 후 현천리로 이주했고 그때 제가 이장을 보다가 현대시멘트 입사하면서 다시 이몽수 님에게 이장을 넘겼습니다. 그 후 이몽수 님이 이장을 안 보려고 이사까지 갔을 정도였습니다. 이몽수 님은 그 정도로 주민들에게 신망이 있었고 일도 잘하셨지요.

🎙 김문근

인터뷰를 마치면서 종합적으로 마지막으로 하고 싶은 말씀, 남기고 싶은 말씀이 있으시다면 해주시겠습니까?

▶ 박동준 님

우리 마을 사람들은 협동이 아주 잘 되었습니다. 주민들끼리 친척분들도 많았지만, 우리 집처럼 친척이 없었던 집이나 외지에서 들어온 사람도 구별 없이 잘 대해주었어요. 그러니까 그분들도 마을 일이면 팔 걷어붙이고, 적극적이었고요. 명절이나 단오절이면 온 동네 사람들이 한데 모여 볏짚으로 그네를 매어 타거나 윷놀이도 할 만큼 모두가 한가족처럼 지냈어요.

물이 불으면 배를 돌아가면서 보는 제도가 있었어요. 배는 마을 공동재산이고 생명줄이나 마찬가지인데 뱃사공을 누가 하느냐가 문제였어요. 물이 적을 땐 한 사람이, 물이 많을 땐 두 사람이 뱃사공을 하는 제도였죠. 이 배를 보는데도 한 번도 다투는 일도 없이 모두가 잘 협조해 주셨어요. 제가 이장 일을 보는 데도 별다른 어려움이 없었어요. 이러한 마을 문화, 마을 전통이 있었기 때문에 그날 명재경각의 위기를 잘 넘길 수 있었지 않았나 생각합니다.

악몽 같았던 그날을 생각하면 두 가지 아쉬움이 있어요. 먼저 돌아가신 분들에 대해 안타깝고 미안한 마음 늘 금할 길이 없었어요. 이유야 어떻든 아쉬움은 반백 년이 지난 지금까지도 뇌리에서 떠나지 않고 있습니다. 만약에 원두막이 낮에 쓰러졌다면 어떻게 해서라도 손을 써볼 수 있었지 않았을까 하는 생각을 해보곤 합니다. 캄캄한 밤중이라 둥둥 떠내려가는 걸 보면서도 젊은 사람으로서 구해드리지 못한 자책감을 갖고 있습니다.

두 번째 아쉬움은 온 동네 사람들의 재산은 물론 목숨이 위태로운 상황에서 오직 마을 사람들끼리 난국을 헤쳐 냈다는 점입니다. 국가나 지방자치단체로부터 어떠한 도움도 받지 못했고 심지어 현장에 있었던 군청 잠업 계장이라는 분도 어떠한 역할도 없었다는 점이 아쉽습니다.

사실 수해 원인도 천재가 아닌 인재였다고 봅니다. 상진 다리에 나무가 빽빽하게 걸려 있다가 견디지 못하고 다리가 무너지면서 저수지 둑 터지듯이 일시에 물이 내려올 때 그때 원두막이 쓰러진 것이니까요. 우리는 상진 다리가 터진 걸 나중에 알았지만, 앞뒤 상황을 종합해 보면 그렇다는 겁니다.

시루섬 앞산인 단양역 뒷산에 할머니와 어머니의 묘가 있어 벌초하러 갈 때면 시루섬을 바라보면서 옛날 생각을 많이 합니다. 당시 마을 정경이 눈에 선하더군요. 그리고 안타깝고 애절한 마음 금할 길이 없죠. 마을이 없어진 것도 서운하고 물에 잠긴 것도 서운하죠. 마을이 물속에 묻히고 손바닥만큼 남은 흔적을 보면 아쉬운 마음 금할 길이 없더군요.

신단양을 건설하면서 축대를 쌓고 시루섬에 있는 바위, 자갈, 흙, 모래를 모두 퍼다 메워 지금은 땅이 손바닥만큼만 드러나 있더군요. 결국, 그날의 아픔도 모자라 마을과 추억을 물속에 묻어야 했고 그것도 모자라 마을의 뼈와 살을 모두 발라 신단양에 바친 것 아니겠어요? 이러한 아쉬움과 안타까움을 늘 가지고 있습니다.

🎤 김문근

사실 제가 시루섬에 대해 관심을 갖기 시작한 것도 아기를 잃은 용인시에서 사시는 최옥희 님의 훌륭하심에 감동해서였습니다. 인터뷰를 거듭하면서 하나둘 알아보니 동네 사람들 모두가 영웅이었더군요. 남을 위해 희생하고 헌신하고 봉사한 사람들이었습니다.

이창수 님을 비롯한 몇 분은 물탱크 위에서 내 식구는 돌보지 않고 배 떠내려가지 않도록 주민의 목숨이 달린 철선과 사다리를 잡고 있었다는 사실 그리고 박 선생님, 이대수 님을 비롯한 많은 분들은 자기 집보다도 낮은 곳에 사는 이웃 사람들의 짐을 옮겨 주느라 시간 다 보내고 물탱크에 올라갈 수 없어 원두막으로 올라갔죠. 원두막 3개에 올라간 분들은 거의 그러한 의인들이었더군요. 결국, 그 바람에 소중한 일곱 분의 생명을 잃게 되었지만 말입니다.

▶ 박동준 님

아기까지 포함하면 모두 여덟 분이 희생됐는데 우리는 이분들의 희생을 잊어서는 안 된다고 봅니다. 우리 모두는 이분들에게 빚을 진 것이고 추모하는 마음을 가져야 한다고 보는데 반백 년이 지난 지금까지 그러한 움직임이 없었다는 점에서 많은 아쉬움을 느끼고 있습니다. 시루섬 사람들 모두 한 번 모인 적이 있었는데 마을자랑비 비석 제막식 때였죠. 그때도 이런 얘기를 많이 했습니다.

김문근

 2014년경 시루섬 마을자랑비가 있다고 하길래 어디 있는지 확인해 보려고 알아보니 아는 사람이 없더군요. 나중에 간신히 알아서 가보니 현천리 앞 국도변 팔각정 건물 옆 풀밭에 쓰레기처럼 방치되고 있더라고요. 글씨를 읽어 보려고 제가 이리저리 찍은 사진이 지금도 있는데 몇 달 전 그곳에 가보니 그마저도 없더라고요. 알고 보니 도로공사 시공사에서 회사 창고엔가 갖다 놓았다는 얘길 들었어요.

 긴 시간 동안 많은 얘기를 해주시어 고맙고 감사합니다. 혹시 더 궁금한 부분이 있으면 전화로 여쭙겠습니다. 시루섬의 그날을 기억하고 없어진 마을의 흔적을 더듬는 일에 귀중한 도움이 될 것입니다.

증언자 8
박동희 님

박동희
1954년생(당시 18세)

- 가족 사항(7명)
  부모(박현걸, 강금옥), 동준(큰오빠, 1949), 동구(작은오빠, 1952), 본인, 현희(여동생, 1956), 순희(여동생, 1958)
- 인터뷰한 박동준 님의 여동생이며, 어머니와 아침에 고추장을 담그다가 물탱크 위로 피신
- 시루섬 사람이면서 잠업센터 1기 연수생

🎙 **김문근**

　그간 제가 시루섬 물난리를 겪은 여러 사람들을 인터뷰해왔는데 주로 남자보다 여성분들의 기억이 더 좋으시더라고요. 섬세한 여성의 특성인지도 모르지만 세세한 부분까지도 놓치지 않으시더라고요. 그래서 오늘 박동희 님과의 인터뷰도 기대가 됩니다. 먼저 인터뷰를 마친 박동준 님과 남매라는 사실을 알게 되어 이렇게 자리를 마련할 수 있음에 기쁨을 느낍니다. 박동희 님이 기억하는 마을은 어떤 모습이었는지, 가족들은 어떻게 생활했는지부터 차분히 말씀해 주시면 좋겠습니다.

▶ **박동희 님**

　오빠와 인터뷰를 먼저 하셨으니 오빠와의 이야기부터 시작할게요. 당시 오빠는 학교를 졸업하고 17~18살부터 역전에 육촌 오빠네 가서 장사도 배우고, 서울에도 몇 년 나가 있고, 군대도 다녀오느라 시루섬을 들락날락했어요. 그때는 시대가 시대인 만큼 아들이라면 전부 다 출세시켜야 한다는 시절이었어요. 그래서 지금으로 말하면 유학을 보냈던 거지요. 하지만 저는 오빠와 다르게 시집오기 전 그러니까 22살까지 시루섬에 쭉 살았으니까 오빠보다는 시루섬을 더 잘 기억할 거예요.

　저는 시루섬에서 태어나 18살 때 수해를 겪었어요. 수해를 겪기 몇 해 전 그러니까 큰오빠가 군인으로 복무할 때 집을 지었어요. 군대에 있었지만 둘째 오빠가 집에 있어서 시멘트를 사다가 멍텅구리 벽돌로 집을 지었어요. 당시 시루섬에는 모래가 천지로 널렸으니까 시멘트와 모래를 섞어 한 장씩 벽돌을 만들어서 집을 지었지요.

　큰오빠와의 추억은 많이 있지만 그중 하나를 말씀드리자면, 화로에 밥을 하던 모습이에요. 오빠는 화로에 계속 부채질하고 나는 "밥이 잘 되고 있는 건가?" 하며 자주 뚜껑을 열어 봤어요. 그렇게 밥을 지으면 제대로 될 리가 있나요.(웃음) 당연히 밥이 제대로 안 됐지요. 위에는 생밥이고 밑에는 타서 엄마한테 혼나기도 많이 혼났어요.

🎙 **김문근**

　그런 추억이 있으셨군요. 부모님과 오랫동안 같이 한집에 사셨으면 옛날얘기도 많이 해주셨을 것 같은데 어떤 이야기가 있으셨는지 기억나시는 게 있으신가요? 부모님이 시루섬에 계속 사셨다면 6·25 사변 때 미군이 주둔했을 시절도 기억하실 것 같은데요.

▶ **박동희 님**

　엄마에게 옛날얘기도 많이 들었지요. 부모님은 경북 안동에서 사시다가 시루섬으로 이사를 오셨어요. 이사를 올 때 큰오빠 위로도 언니가 한 명 더 있었는데 엄마 말로는 그때 너무 없이 살던 시절이라 먼저 죽었다고 했어요. 안동에서 살 때는 너무 사는 게 힘들어서 당시 큰아버지가 충청도에 사셨는데 집안이 좀 잘 산다고 해서 "얻어먹어도 충청도 양반이 낫다."라며 충청도로 오셨대요. 그래도 실질적인 도움은 안 되고 그냥 부모님 힘으로 사셨던 거지요.

그렇게 시루섬에 정착하신 부모님은 먼저 하늘로 간 언니, 오빠 둘, 나, 여동생 둘, 그리고 30일 정도 살다가 하늘로 간 막냇동생까지 총 7남매를 두었어요.

물론 6·25 사변 때의 이야기도 해주셨어요. 우리 집은 피난을 가지 않고 부대가 옮길 때마다 그곳을 따라다녔다고 했어요. 당시 시루섬은 비행장이어서 아버지는 수송부에서 차 수리를 하고 엄마는 빨래를 해주었대요. 그 당시에는 세탁소가 없으니까 엄마가 계속 옷을 관리해 주었던 거죠. 세탁기도 없던 시절이라 밟아서 때를 뺀 다음에 다리미질까지 해서 옷을 관리해 주었던 거죠. 그렇게 미군을 따라다니면서 멀리 갔을 때는 상주까지도 갔었다고 했어요.

🎙 김문근

박동희 님이 기억하는 시루섬 주변의 풍경은 어땠나요? 섬에서 바라본 육지의 모습이라든지, 모래가 많아서 단양의 해변, 해수욕장처럼 보였다든지, 물고기나 조개를 잡는 모습이라든지, 다른 마을과는 좀 다른 시루섬만의 모습을 기억하시는지요. 그리고 듣기에는 그 동네 사람들이 남녀노소 다 수영을 잘했다고 하던데요. 박동희 님도 수영을 잘하셨나요?

▶ 박동희 님

시루섬 사람들은 강물을 길어다 먹었어요. 어릴 때는 일고여덟 살만 돼도 강물을 머리에 이고 날라야 했죠. 학교에 갔다 오면 양재기부터 들고 강으로 향하는 게 일상이었어요. 밥도 해 먹고 생활하는데 물은 꼭 필요했으니까요. 그래서 학교 갔다 오면 샛강으로 나갔어요. 물도 길어야 했지만, 놀이터도 없던 시절에 물가는 우리에게 놀이터였죠. 그래서 그렇게 놀기도 하고 샛강에서 조개, 진개미, 올갱이 이런 게 많으니까 팬티 하나씩만 입고 그런 걸 잡아서 한 다라씩 잡아서 집으로 가지고 오기도 했어요. 진개미는 봄에만 있었는데 따뜻한 날에는 더욱 많아서 잡는 재미도 있었지요.

그렇게 강에 가서 이것저것 잡아 오면 엄마는 가져온 말조개나 민물조개를 큰 가마솥에 넣고 요리해 먹였지요. 진개미는 4월까지만 바깥으로 많이 나왔는데 오빠들은 채를 가지고 가서 진개미를 많이 잡아 왔어요. 그때는 마땅한 그릇이 없으니까 주전자를 가져가서 담아오면 진개미가 한가득하였어요. 그러면 엄마는 오빠들이 잡아 온 그 진개미로 요리를 해주셨어요. 봄에 아직 자라고 있는 조그만 파를 뽑아서 달걀에 묻힌 다음 진개미랑 같이 끓이면 얼마나 맛있던지 보약처럼 맛이 아주 좋았던 게 기억이 나요.

이렇게 강과 가깝게 살다 보니 수영을 잘하는 것은 너무나 당연한 일이었죠. 네 살 다섯 살만 되면 우리는 강가에 가서 수영하고 놀았으니까요. 어릴 때 안동에 계시던 우리 할머니가 시루섬에 같이 살았었는데 우리가 강가에 가서 놀면 물에 빠져 죽을까 봐 걱정되어서 지팡이를 짚고 오셔서 맨날 지키고 계셨어요. '강가에 내놓은 애'를 걱정하셨던 거지요. 그때는 수영복도 없었으니 팬티 말고 입을 게 더 있나요. 초등학교 때 다 발가벗고 남자애들이랑 같이 노는 거죠. 그러면 할머니께서는 "아휴 애들아 머리만 새카맣게 내놓고 큰물에 왜 들어가서 노느냐. 얕은 데서 놀아라."라고 하셨지요. 그렇게 크다 보니 초등학교 5~6학년이 되면 그 강을 헤엄쳐서 왔다 갔다 할 정도로 수영을 잘했어요.

🎙 김문근

조금 전에 학교를 다녀와서 물가로 가셨다고 했는데 초등학교는 어디를 다니셨나요? 혹시 현천 초등학교를 다니셨나요? 학교를 다니던 길이라던가, 소풍을 다녔다거나 하는 학창시절의 추억이 있으신가요? 듣기로는 시루섬에 학생들이 소풍을 많이 왔다고 하더라고요.

▶ 박동희 님

저는 단양국민학교를 다녔지요. 등교는 기찻길이 아닌 도로로 다녔어요. 애곡리 애들은 철길로 다녔지만 우리는 도로로 다녔기에 기찻길과 관련된 추억은 없어요. 말씀하셨던 것처럼 당시 초등학생, 중학생 할 것 없이 시루섬으로 소풍을 많이 왔어요. 그렇게 시루섬을 오면 보물찾기를 많이 했어요. 소나무도 많고 뽕나무도 많았기에 보물을 숨길 데도 많았고, 그 당시에 소풍 가서 할 만한 놀이로 그것만 한 것이 없었으니까요.

그리고 학교에서 시루섬까지 소풍을 오면서 친구들과 시루섬 얘기를 계속하면서 왔어요. 나는 그 동네에 살고 있어서 어디가 어디에 있는지 잘 알고 있으니까요. "어디로 올갱이 잡으러 가자, 우리 집으로 가자."라고 신나게 말하던 내 모습이 떠올라요. 그렇게 우리 집으로 가면 나눠주는 걸 좋아했던 우리 엄마는 땅콩을 이만큼씩 싸서 같이 온 친구들에게 나눠주었죠.

그리고 뽕나무 얘기를 하나 더 하자면 외부에서 마을에 들어오는 길 그러니까 마을을 가로지르는 길에는 뽕나무가 가로수처럼 늘어서 있었어요. 그리고 샛강 쪽에는 돌이 많이 없고 모래만 있으니까 누구네 밭인지 구분하기 어려웠는데 뽕나무를 심어서 누구네 밭인지 구분하기도 했어요. 이렇게 마을에는 뽕나무가 정말 많았어요. 그러니까 양잠을 하는 집도 많았던 거지요.

🎙 **김문근**

그러면 살아가는데 집안 형편은 좀 어떠셨어요? 농사는 주로 어떤 걸 지으셨나요? 땅콩이나 고추, 뽕나무, 담배 말고 다른 어떤 농사를 지으셨나요?

▶ **박동희 님**

　남들은 우리 가족을 보고 부자라고 했지만 그렇지는 않았어요. 부모님이 가족을 위해서 고생을 많이 하셨던 덕분에 굶지는 않았어요. 제가 태어나서부터는 조밥이라도 먹고 보리밥도 먹었으니까요. 가을에는 조를 키웠고, 봄에는 보리, 밀 농사를 지었지요. 그래도 아주 풍족하게 살았던 건 아니었어요. 국수의 양을 더 많게 하려고 밀가루로만 만든 게 아니고 콩가루를 섞어서 면을 만들었거든요. 그러면 나는 그게 먹기 싫어서 국수를 안 먹는다고 했을 정도였으니까요. 지금으로 치면 콩국수였는데 그때는 진짜 먹기 싫었어요. 시간이 지난 지금도 국수를 잘 안 먹어요. 그때 당시에 그 음식을 먹을 생각을 하면 머리가 아플 정도였으니까요.

🎙 **김문근**

　수해 날의 얘기에 앞서 박동희 님이 기억하는 수해 전의 마을 모습들을 얘기해 주시겠어요? 말씀하시다가 부족한 부분은 다시 또 여쭤보면 되니까 우선 시간 순서대로 묻겠습니다. 어릴 적에 보고 듣고 마음에 담아 두었던 마을의 특징이라던가 추억은 무엇이었는지요?

▶ **박동희 님**

　시루섬에는 비가 많이 오기 전에 항상 올갱이가 강가의 바위에 달라붙어 있었어요. 어느 정도냐면 올갱이가 다닥다닥 붙어 있어서 바위의 색깔이 검은색으로 보일 정도였어요. 그래서 한 마리씩 손으로 집을 필요도 없이 그냥 훑으면 금방 한 다라를 잡을 수 있었어요. 시루섬 본강 쪽에는 큰 바위들이 많았는데 그 바위에 그렇게 많았어요. 수해가 났을 때도 그렇고, 수해 나기 훨씬 전에도 그랬어요. 함석다라에 올갱이를 잡아다가 갖다 놓으면 엄마가 그걸 삶아서도 팔고, 생으로도 팔았어요.

　수해 전날과 전전날에도 올갱이가 엄청나게 많았어요. 그래도 그걸 잡지는 않았어요. 잡아도 어차피 다 먹을 수도 없는 양이었고, 잡아도 배를 못 띄워서 섬 밖으로 나갈 수가 없어 갖다 팔 수가 없으니까요.

　수해 전날에는 비가 오다 안 오다를 반복하다가 저녁부터는 밤새도록 비가 많이 왔어요. 수해 당일에도 비가 많이 쏟아졌다가 조금 그쳤다가 했어요. 단양에도 비가 많이 오긴 했지만, 정선 쪽에서 비가 많이 와서 그렇다는 소리를 들었어요.

🎤 **김문근**

  수해 날 아침에는 비가 조금 그쳐서 박동준 님은 고기 잡으러 갔다고 하시더군요. 다른 분들은 거랭이질을 하러 강가로 가기도 하고, 담뱃잎도 따러 갔다고 하던데 그날 아침에는 어떤 일을 하셨나요?

▶ **박동희 님**

  맞아요. 그때 오빠들은 고기를 잡으러 강가로 나갔어요. 시루섬은 물이 나면 고기 잡는 사람들이 많았으니까요. 거랭이질은 삼각형으로 생긴 그물로 물고기를 잡는 것을 말해요. 우선 나무로 삼각형을 만들고 족대처럼 물고기가 들어갈 수 있는 그물을 달아요. 그런 다음 삼각형 꼭짓점 세 곳에 줄을 달아서 한 점으로 모은 뒤에 하나의 긴 줄을 매달면 거랭이질 채비는 된 거예요.

  그렇게 만든 거랭이를 갖고 강물로 가서 한 사람은 물에 들어가서 삼각형 그물을 물에 넣고, 한 사람은 물 밖에서 거랭이와 연결된 긴 줄을 잡아당겨서 물고기를 잡는 거죠. 그러니까 거랭이질은 2명이 한 몸처럼 움직이는 거였죠.

  그치만 그날 우리 오빠들은 거랭질은 하지 않고 큰 족대로 물고기를 잡았어요. 오빠들은 그렇게 나갔고, 나는 그날 아침에 일찍부터 엄마하고 고추장을 만들었어요. 원래 여름에는 고추장을 잘 만들지 않지만, 시골에는 고추장이 없으면 안 되니까 억지로라도 만든 거였어요. 고추장 없이는 아무 음식도 못 해 먹으니까요. 엄마는 며칠 전부터 보리쌀 고추장을 담기 위한 준비를 하셨어요. 그래서 햇고추를 화로에다 말리고 햇빛에다 말렸던 걸 모아서 고추장을 만든 거죠. 그걸 하느라 오전은 정신없이 보냈어요.

🎤 **김문근**

  고추장을 만드는 과정은 어땠나요? 지금과 비슷한 과정이었나요? 그때 시간을 가늠할 수 있는 어떤 사건 같은 게 있으면 기억하기가 좀 더 편하실 것 같은데요.

▶ **박동희 님**

  고추장을 담그는 것은 지금과 비슷해요. 먼저 엄마가 며칠 전에 시루섬 밖에 방앗간에 가서 보리쌀을 타게서 왔어요. 그리고 그걸 채로 쳐서 가루는 빼고 엉긋엉긋한 것만 시루에 올려놓고 밑에 물을 부어서 찌는 것이죠. 삶는 게 아니라 쪄야 해요. 그렇게 찐 보리를 꺼내서 대나무 바구니 같은 곳에 놓고서 방으로 가져와서 띄워요. 그렇게 시간이 조금 지나면 보리가 아주 쫙 가라앉아요. 새카만 게 꼭 엿같이 돼서 그걸 이제 감주를 만들어서 엿기름을 만드는 거죠. 그렇게 만든 엿기름을 밀가루에다 부어요. 하루 전날 그걸 해 놓아서 엄마랑 나는 수해 날 아침부터 그걸 채에 걸러서 달이기 시작했어요. 소죽 솥에 넣고 반 정도를 달여야 했어요. 물이 만약 1000리터였다면 500리터까지 달였어요. 다 달이면 고춧가루를 넣어서 고추장을 만들었어요.

이렇게 그날 아침 일어나서부터는 고추장을 만들기 위해 계속 소죽 솥에 넣고 달였어요. 오랜 시간 불을 지펴야 하니까 숯을 안 쓰고 나무를 썼지요. 엄마랑 내가 고추장을 담글 동안 오빠들은 물고기를 잡아 와서 매운탕을 끓이고 큰 고기는 함석다라에 담아놓았어요. 그러니까 시간은 점심쯤일 거예요. 고추장을 다하니까 한 시 정도가 되었던 것 같아요. 고추장 항아리가 작은 단지가 아니고 허리까지 오는, 약 1m 높이의 단지라 큰 편이었지요.

🎙 김문근

그러면 고추장을 만드시다가 대피를 하신 건가요? 어떻게 대피하셨고 어떤 상황이었는지 자세하게 말씀 부탁드립니다.

▶ 박동희 님

고추장을 담그고 있던 나와 엄마는 오빠들이 "빨리 나오라. 물 들어온다."라는 얘기에 황급히 나왔어요. 우리가 늦게 나오니까 오빠들은 "다른 사람들은 이미 물탱크로 다 올라갔다."라고 계속 재촉했어요. 엄마는 고추장이 자꾸 신경 쓰여서 다 마무리하고 나가려고 했는데 자꾸 나오라니까 어쩔 수 없이 대충 정리하고 나갔어요.

다 담근 고추장을 옮기지도 못하고 바닥에다가 내려놓고 밖으로 나섰어요. 뚜껑도 제대로 덮지 못하고 겉절이를 만들 때 쓰던 양푼을 고추장 단지에 덮어놓고 나왔어요. 짐도 제대로 챙기지 못하고 물이 들어와도 조금 들어오다가 말겠거니 하고 그냥 나갔어요. 아까 말했듯이 우리 집은 지은 지 얼마 안 되었으니까 당시 마당에는 대문이 없어서 아버지가 나가면서 부엌 대문만 잠그고 나갔어요. 그렇게 지은 집이 탄탄해서 수해에도 집이 안 떠내려갔어요.

🎙 김문근

그러면 이제 수해가 시작되었을 때의 모습을 설명해 주시겠어요? 박동희 님은 어디에 대피하셨나요? 고추장을 만들고 나온 다음에 어떻게 물탱크에 올라갔고, 물은 어느 정도 들이찼고, 물탱크에 도착해서는 어떤 사다리를 놓아서 올라가셨나요?

▶ 박동희 님

일단 오빠들이 나오라고 해서 물탱크로 주변의 높은 지대로 올라갔어요. 앞에 도착하니까 사람들은 물탱크에 이미 올라가고 있었어요. 물이 아직은 우리 집까지 오진 않았지만 그래도 낮은 지역은 이미 물이 들어오고 있었죠. 올라갈 사람들은 다 올라가 있었고, 우리는 그래도 늦게나마 물탱크에 올랐어요. 아마 우리 가족이 제일 늦게 올라간 것 같아요. 그 뒤로 남자들이 몇 분 더 올라오셨긴 했지만요. 그래도 혼란스러운 상황이었기에 오빠들이 어느 원두막에 올랐는지는 몰랐어요.

사다리는 두 개를 연결해서 올라갔어요. 작은 사다리는 보조 물탱크 위로 올라갈 때 썼고, 큰 사다리는 원형 물탱크 위로 올라갈 때 사용했죠. 이은 게 아니고 큰 하나였어요. 그때는 건조실 있는 사람들이 몇 집은 있었으니까 물탱크를 오를 만큼 긴 사다리가 있었던 거죠.

📱 김문근

그 건조실에 있는 사다리를 꺼내느라 물이 허리까지 차는 와중에도 사다리를 들고 나왔다고 하더라고요. 영화 속의 한 장면같이 생생한 증언들이 많습니다. 계속해서 말하자면 물탱크의 모습도 기억하실까요? 물탱크 위에서의 상황과 서 있던 상태에서 기억이 나는 게 있는지도 말씀해 주세요.

▶ 박동희 님

물탱크 위에서는 꼼짝도 못 했지요. 그래도 우리가 안 떨어질 수 있었던 건 물탱크 옆으로 소나무인지 참나무인지가 있었는데 그거 덕분이었어요. 거기에 힘을 조금 주니까 이쪽으로 아무것도 없어도 안 넘어갔던 거지요. 안에 있던 나는 꽉 찡겨서 가만히 있기만 했어요. 어쨌든 안에는 밑으로 떨어질 염려는 없었으니까요. 나뭇가지를 잡고 옆에 사람이 힘을 받아서 안 떨어질 수 있었어요.

물탱크의 모습은 보조 물탱크 하나, 원형 물탱크 하나였어요. 보조 탱크는 사람 한 키 정도 돼서 2m 정도 됐어요. 두 개가 나란히 있었어요. 그래서 물탱크에 올라갈 때도, 보조 탱크 위에 먼저 올랐다가 다시 원형 탱크로 올랐지요.

📱 김문근

그때 오빠들 두 분은 동네 사람들을 도와주느라 팬티 바람으로 정신없이 돌아다녔다고 하는데 가족들이 같이 움직일 상황은 아니었나요? 오빠들의 모습 중에 기억나시는 부분이 있나요?

▶ 박동희 님

가족이 같이 붙어 다닐 수 있는 상황은 절대 아니었어요. 우리 가족뿐만 아니라 시루섬에 있던 모든 가족이 똑같았어요. 혜자 아버지랑 오빠들이랑 젊은 사람 몇 분은 정신없이 마을 일을 돌보느라 가족을 돌볼 시간도 없었어요. 이 집 물건을 옮기면 또 저 집 물건을 옮기느라 정신이 하나도 없었지요. 총알만 없었지 '포탄이 빗발치는 전쟁터'나 마찬가지였어요.

마을 일을 돌보다가 자기네 집을 못 돌봤던 김현수 님은 자기네 식구를 원두막에 올려놓고 뒤늦게 소 생각이 나서 집에 가서 소를 데려왔어요. 우리 아버지도 얘기하셨듯이 소는 떠내려가도 헤엄을 치니까 고삐만 풀어주라고 했던 게 기억나요. 물탱크에 올라서 보니까 진짜 소들이 안 떠내려가려고 V자로 오르락내리락하는 모습이 보였거든요. 사람 소리를 가까이 들으려고 물탱크로 온 건지, 아니면 거기가 물살이 약해서 그런 건지는 모르겠지만요.

🎤 김문근

밤이 깊었을 무렵 원두막이 무너졌다고 하는데 그거에 대해 기억나는 부분을 말씀해 주세요. 전체적인 구도를 봤을 때 왜 제2원두막이 무너졌는가가 중요한데 증언이 엇갈려서 애매한 상황입니다. 왜 제2원두막이 무너졌다고 생각하세요?

▶ 박동희 님

원두막이 무너진 원인은 원두막이 감자 저장고 위에 세워졌기 때문이에요. 당시 김정종 님은 물탱크 과수원 언덕 아래에 토굴을 파서 감자 저장고를 만들었어요. 김현수 님은 그 밑에 감자 저장고를 생각하지 않고 그냥 나무 위에 원두막을 설치해서 올라갔어요. 그렇게 올라갔는데 감자 저장고에 물이 확 들어차니까 넘어갔던 것이죠.

감자 저장고에 물이 들어찬 상태에서 바로 쓰러진 것은 아니고 몇 시간이 지난 후였어요. 오후 서너 시부터 물이 들어갔을 테고 넘어간 것은 이미 아무것도 보이지 않는 캄캄한 밤이었으니까요.

원두막이 넘어간 시간은 정확히 기억나지 않지만 12시가 넘지는 않았던 것 같아요. 아무것도 안 보이고 그냥 암흑의 세계였어요. 정확히는 모르겠지만 9~10시쯤이었던 것 같아요. 원두막이 넘어지며 "아버지! 아버지!" 소리 지르며 난리가 나는데도 사람들은 전부 쫄아서 긴장해서 움직일 수가 없었어요.

🎤 김문근

제2원두막에서는 21명쯤 되는 사람들이 피신해 있다가 넘어지면서 강물에 흘러갔다고 하더군요. 누군가는 머리만 떠서 내려가는 모습을 보고 까만 개미가 떠내려가는 것 같았다고 말을 하던데 넘어지는 걸 보셨나요? 그때 어떤 생각을 하셨는지요?

▶ 박동희 님

　가장자리에 있던 사람들은 원두막이 넘어가는 걸 봤겠지만 저는 보지는 못했어요. 하지만 소리로는 들을 수 있었죠. 떠내려가면서 "아버지! 아버지!" 소리 지르는 걸 들었어요. 옥희 엄마가 철조망에 걸려서 "나 살아있어요."라고 하는 것도 들었어요. 물탱크에 있던 김현수 님이랑 걸려 있는 아내랑 소통하는 것 같더라고요. 김현수 님은 가족을 원두막에 올려놓고는 소 때문에 잠깐 내려갔다 오느라 가족과 떨어졌지요.
　제2원두막에는 오주택네, 옥희네, 그리고 최대우 님네 가족들 셋집이 다 올라갔지요. 그리고 자갈을 채취하던 김충배 님 부부가 올라갔는데 김충배 님이 돌아가신 거지요. 어쨌든 나무뿌리가 드러날 것이라고는 생각하지 않았으니까 물탱크보다는 원두막이 더 안전하다고 생각해서 그쪽으로 가족들을 올렸었죠.

🎙 김문근

　그럼 이번에는 물탱크에서의 기억을 들려주시겠어요? 가운데가 너무 빡빡해서 손을 막 들고 있을 정도라고 하던데요. 안에 있던 어린아이들은 키도 작으니까 밖에 경치는커녕 앞사람 엉덩이만 보였다고 하던데 물탱크 위에서 가장 옆에 있던 사람이랑 대화하시진 않았나요? 혹시 옆에 누가 있었는지 기억하시는 게 있는지요. 오랜 시간을 버티느라 대소변을 가리기 힘들었다는 분들도 계시던데 그러시진 않으셨나요?

▶ 박동희 님

　나는 물탱크에서는 그렇게 힘들고 그런 거는 못 느꼈어요. 그래도 비가 10시 11시 정도 돼서 그쳤으니까 그나마 다행이었죠. 다들 숨을 죽이고 비가 그치기를, 물탱크가 넘어가지 않기를 기다리고 있었죠. 다만 '물탱크가 넘어가면 어쩌지'라는 걱정은 많이 들었어요. 정확한 위치는 모르겠지만 아주 가운데는 아니었던 것 같아요. 안에서는 그렇게 빡빡하다 이런 것은 못 느꼈어요. 그렇다고 해도 몸을 돌릴 수 있을 정도로 널널하진 않았지만요.
　저는 물탱크 한가운데 있었으니까 밖의 상황은 잘 몰랐어요. 밀리거나 넘어지는 것도 잘 기억이 안 나요. 물이 어디까지 찼는지도 당연히 볼 수 있는 위치가 아니었지요. 난간의 남자들이야 밖을 보고 서 있었으니까 알 수 있을지 몰라도 나는 몰랐어요.
　저는 대소변은 보질 않았어요. 늦게 올라갔다가 아침에 내려왔으니까 열댓 시간 있었어도 용변을 본 기억은 없어요. 옆에 누군가 있었겠지만, 그 사람이 누군지는 모르겠어요. 옆에 가족이 있는지 친구가 있는지 그건 중요한 게 아니었으니까요.

🎙️ **김문근**

한밤중에 보였던 횃불에 대한 기억은 어떠세요? 선명하게 기억나는 부분이 있으세요?

▶ **박동희 님**

횃불에 대한 기억은 자세히 말씀드릴 수 있어요. 이대수네 형(이창수)하고 우리 육촌 오빠(박재수)가 횃불을 심곡리 쪽 신작로 있는 산에 올라가서 살아있냐고 소리를 지르며 횃불을 돌렸어요. 현천에 살았는데 시루섬이 다 떠내려간다고 소문이 나니까 그랬던 거지요.

그다음에 반대편인 애곡리에서도 횃불을 흔들었어요. 사람들이 철길 있는 데에서 불을 들면서 "살아있냐."라고 소리를 지르고 "이제 비 안 온다. 걱정하지 마라."라고 소리소리 지르는 것이 들렸어요. "살아있냐, 살아있으면 소리 지르라."라는 소리도 들렸어요.

소리는 애곡리 쪽 철길과 현천리 쪽 두 군데에서 났어요. 지피골이라고 하는 물탱크랑 딱 마주 보는 산이었어요. 위치로 보면 지금 단양 기차역 꼭대기인데 거기 산은 아주 높지는 않아서 사람들이 그곳에서 횃불을 흔들고 소리친 거지요.

양쪽에서 횃불을 돌려서 보이기는 잘 보였지만 물소리가 얼마나 컸는지 처음에는 잘 들리지 않았어요. 나중에야 소리를 들었던 거죠. 그리고 물소리가 얼마나 컸는지 물탱크에서 내려온 다음에도 한동안은 물소리가 귀에서 떠나질 않아서 너무 힘들었어요. 그래서 누워있으면 쏴~하는 물소리가 들려서 잠들기도 어려웠어요. 시간이 지나면서 차츰 없어지더라고요.

🎙️ **김문근**

지금으로 말하자면 트라우마를 겪으셨던 거군요. 물소리가 워낙 커서 밖에서의 소리를 들은 분도 있고, 그걸 못 들으신 분들은 "밖에서 소리 지르지는 않았다."라고 말하시는 분도 있는 것 같습니다.

그리고 또 하나 궁금한 것이 옛날에 상진 군부대가 있었는데 그 정문 위병소에 서치라이트가 있었다고 하더라고요. 몇몇 증언 중에는 그 서치라이트로 시루섬을 비추었다는 소리가 있던데 혹시 기억하실까요? 그리고 현천 철교에서 단양 경찰서장이 플래시를 빙빙 돌렸다는 얘기도 있던데 그것은 혹시 아실까요?

▶ **박동희 님**

그거는 잘 모르겠어요. 상진 군부대하고는 시루섬이 멀어서 아닐 거 같은데요. 상진 대교도 떠내려갔는걸요. 경찰서장님 얘기도 그것도 잘 모르겠어요. 그쪽을 바라보고 있던 사람은 알 수 있었겠지만 한 명이 온 사방을 돌아볼 수는 없는 상황이었으니까요. 제가 목격한 것은 심곡리와 애곡리 방향에서 횃불을 들고 올라갔다 내려갔다 하면서 소리를 지르는 사람들이었어요. 제가 본 건 그게 다에요.

🎙 김문근

밖에서 횃불이 타오르는 것을 보고 철선에서도 횃불을 만들어서 화답했다는 얘기를 하더군요. 그 철선엔 누가 탔고, 철선에서 횃불을 붙이고 그랬던 내용을 기억나시는 대로 말씀해 주세요. 아홉 명 안팎이 철선에 탔다고 하지만 정확한 증언이 없어서 아쉽습니다.

제가 생각하는 가장 감동적인 부분은 배에서 횃불을 돌린 게 영화 속의 한 장면처럼 클라이맥스 부분인 것 같습니다. 그래서 그 부분이 가장 중요하다고 생각합니다. 소는 혹시 기억나세요?

▶ 박동희 님

철선에 사람이 몇 명이었는지는 캄캄해서 잘 보이지는 않았어요. 그냥 횃불 한두 개가 있었어요. 가장자리에 있던 그쪽으로 볼 수 있었던 사람들은 볼 수 있겠지만 제가 바라본 쪽은 철길이랑 지피골 쪽이어서 철선에 대한 모습은 기억이 안 나요.

그 당시 시루섬에는 집집마다 소가 다 있었어요. 마릿수는 정확히 기억이 안 나지만 상당수 있었어요. 자갈을 채취하러 공사장에 온 인부들은 소를 키울 필요가 없었지만, 시루섬 사람들은 대부분 농사를 지었고, 당시 농사짓는데 소가 반드시 필요했으니까요.

저는 물이 빠지는 것을 소를 보고 알았어요. 소가 더 이상 움직이지 않고 서 있으니까 사람들이 물이 빠져서 "발이 땅에 닿아서 그냥 서 있나 보다."라고 얘기를 하더라고요.

🎙 김문근

새벽 서너 시 무렵까지도 물이 완전히 빠지지는 않았으니까 사람들은 철선을 가지고 왔다 갔다 하면서 나무에 걸린 사람들을 내렸다고 하던데요. 그때 눈에 비치는 광경은 어땠어요?

▶ 박동희 님

그때 마을의 모습은 다 없어지고 자갈밭만 남아 있는 상태였어요. 배를 타고 시루섬을 수색한 것은 젊은 사람들이었어요. 아버지는 혹시나 우리가 험한 꼴을 볼까 봐 돌아다니지 못하게 하셨지요. 이현석 님의 시신도 얘기만 들었지 직접 보지는 못했어요.

우리 집은 땅콩을 키웠는데 자갈이나 모래에 덮인 땅콩 이파리가 조금 보일 정도로 뽕나무는 다 쓰러졌어요. 다른 집은 땅콩이 다 묻혀서 어딘지 구분이 안 됐지만 우리는 이파리가 보여서 수확을 할 수 있었던 거죠. 그래도 땅에 많이 묻혀있으니까 오빠들은 삽으로 흙을 파내서 땅콩을 캤죠.

🎤 김문근

물탱크에서는 언제쯤 내려오셨나요? 내려와서는 어떻게 행동하셨나요? 주위에 있던 사람들이 240명 정도이다 보면 각자 다양한 행동을 했을 것 같은데요.

▶ 박동희 님

내려온 시각은 4시쯤 그러니까 먼동이 틀 무렵에 내려왔던 것 같아요. 헬리콥터는 어두울 때는 아니고 밥을 먹고 날이 환했을 무렵 도착했어요. 그때 시간은 한 10시 정도 됐던 것 같아요. 내려오니까 승상 엄마 아기가 죽었다고 수군수군대서 알았어요. 승상이 동생도 우리 엄마가 아기를 받아서 잘 알지요. 말을 크게 하는 게 아니라 그냥 옆에서 수군수군 댔지요.

내려와서 마을을 둘러보니까 경희네는 집이 3분의 2 정도는 쓰러졌었는데 거기 닭장에 닭이 죽어있었어요. 그래서 사람들이 나무를 가져다 불을 놓아서 살아있다는 것도 주위에 알리고 옷도 말리고 그랬어요. 불을 크게 해 놓으니까 사람들이 닭장에서 죽은 걸 가져와서 불에다가 던져서 구워 먹었어요. 꼭 6.25 사변 같았지요. 죽은 지 몇 시간 지나지 않았으니까 먹어도 괜찮았죠.

그래도 나는 닭고기는 먹지 않았어요. 그때 당시에 불에 던져 놓았던 사람들이 가족들을 먹이기에 바빴으니까요. 사람들이 죽은 닭을 갖다가 불에 넣어서 그게 익으면 빼서 찢어서 자기네 가족한테 주었어요. 일단은 남을 주기보다는 자기 가족들이 우선이니까요.

물탱크에서 내려오니 한쪽에서는 사람들이 밥을 하고 있었어요. 쌀밥이라 그래도 그런 거 반찬이 없으니까 간장은 구멍가게에 간장이 떠내려가던 게 꽂혀 있어서 그걸 꺼내다가 밥을 비볐죠. 그리고 전날 아침에 우리가 담갔던 고추장을 가져와서 먹었어요. 다른 집에도 고추장 항아리가 있었는지 없었는지는 모르겠지만 수해 전날 우리가 담근 고추장을 가져다 먹은 건 확실해요.

🎤 김문근

전날 만든 고추장이 떠내려가지 않았나요? 마을을 모두 쓸어갈 만큼 물살이 셌는데 어떻게 안 떠내려갔는지 궁금하네요. 얘기를 들어보니 그날 아침의 식사는 뽕잎 주먹밥이었다고 하던데 기억이 나시나요?

▶ 박동희 님

　전날 고추장을 만들고 밖으로 미처 내놓지도 못하고 부엌 바닥에 놓고 양재기로 덮어놓고 나갔는데 나갔다가 오니까 고추장 항아리가 붕 떠가지고 소죽 솥 솥뚜껑 뒤 부뚜막에 앉아 있더라고요.
　그래서 그 고추장 단지를 가져와서 먹은 거지요. 밥은 엄마가 흙물에다가 밥을 했었어요. 주먹밥을 받아서 이리저리 돌아다니면서 먹는 사람도 있었고 그냥 가까운 곳에서 모여 먹는 사람도 있었어요. 뽕잎에다가 어른아이 구분 없이 다 공평하게 나누어주었죠.

🎙 김문근

　박동준 님께서는 수해가 지나간 뒤에 집이 홀로 덩그러니 남아 있었다고 얘기하시던데요. 물탱크에서 내려와서 기억나는 다른 사항이 있으신가요? 바로 집으로 향하셨나요?

▶ 박동희 님

　저는 물탱크에서 내려와서도 바로 집으로 가진 못했어요. 김충배 님이 떠내려가다가 우리 마당에 엎어져 있어서 우리를 집으로 못 내려오게 했거든요. 나와 동생들이 그걸 보고 놀랄까 봐 오지 말라고 했던 것이지요. 김현수 님 막내딸은 뽕나무를 잡고 죽어있었대요. 뽕나무를 잡은 손을 빼니까 뽕나무 이파리가 훑어질 정도로 손가락이 굳어 있다고 했어요. 그렇게 두 구의 시신을 우리 집 마당에 놓았기에 나랑 동생들이 볼까 봐 아버지가 집에 못 오게 했거든요.
　우리 아버지가 제일 마음 아팠던 것은 따로 있었어요. 수해가 있기 몇 년 전에 우리 막냇동생이 한 달도 되기 전에 그만 세상을 떠났었어요. 아버지가 낮에는 도저히 묻을 자신이 없으니까 해거름에 죽은 아기를 안고 잠업센터 앞에 공동묘지에 갔어요. 막내는 큰오빠가 중학교 1학년 때고 내가 초등학교 2~3학년 때쯤 태어났으니까 63년도쯤 태어났던 거 같아요.
　그때는 시루섬에 탄피가 많았으니까 나도 탄피를 주워서 엿을 바꿔 먹기도 했거든요. 나도 엿을 바꿔서 아기가 이쁘다고 먹이고 그랬어요.
　막냇동생은 여름에 태어났는데 조금 가정적이었던 큰오빠가 미역국을 직접 끓여주기도 했어요. 아기가 태어난 지 30일 정도 되던 날에 엄마가 빨리 기운을 내라고 닭을 잡아서 미역국에 넣어서 끓여주었지요. 근데 엄마가 그걸 먹고 난 뒤부터 아기가 울지도 않고 새벽에 첫닭 우는 시간만 되면 애가 닭 모가지 비트는 것처럼 "애~" 하고 울었다고 하더라고요. 옛날 사람들은 미신을 잘 믿으니까 엄마는 첫닭 우는 소리만 들으면 그 애가 "닭 부정을 타서 죽었다."라는 말씀을 하셨어요.

그 뒤로 나랑 큰오빠는 행랑채 소죽 솥 앞에서 울고 그랬어요. 가족 중에 한 명을 영영 볼 수 없게 된 것이니까요. 우리 가족 중에 먼저 세상을 떠난 건 막냇동생뿐만이 아니었어요. 부모님이 안동에서 올 때 다섯 살 먹은 언니가 있었는데 그 언니도 죽어서 공동묘지에 묻었대요. 그래서 공동묘지에는 큰 언니 묘와 막냇동생 묘가 나란히 있었지요. 언니와 동생을 묻은 산소는 봉분이 없는 애장이었어요. 무릎까지 땅을 파고 주변에 돌을 모아서 쌓아두었지요.

그래서 아버지는 술만 드시면 그 무덤을 찾아서 공동묘지에 가셨어요. 수해가 지나고 물탱크에서 내려와서 아버지가 바로 찾은 곳도 공동묘지였어요. 돌멩이도 많이 떠내려가고 주변의 모습도 많이 바뀌었지만, 아버님은 자주 찾아갔던 곳이기에 한눈에 알아볼 수 있으셨다고 하셨어요.

아버지는 산소에 다녀오셔서 "그래도 우리 애들은 안 떠내려가고 그대로 있다."라고 하셨어요. 그때 공동묘지는 수해에 다 파헤쳐져서 관뚜껑은 물론이고 관 바닥도 다 드러나서 구덩이만 남아 있었으니까요. 그 광경을 보고 나면 밤에 잠을 못 잘 정도로 참혹했지요.

나는 해골은 보지 못하고 회장석으로 한 것이랑 관을 짰던 널은 봤어요. 산소가 파여 있던 모습이 생생히 떠올라요. 그래서 아버지에게 "아버지 저기 누구네 산소는 관이 다 보여요."라고 했더니 "그건 다 메꿀 거니까 걱정하지 말라."라고 했어요. 하지만 나는 그래도 그게 너무 무서웠어요.

🎙 김문근

이른 새벽에 헬리콥터가 와서 내릴 장소를 물색하다가 물이 덜 빠져서 못 내리고 빙빙 돌다가 그냥 돌아가고 한참 있다가 미국 치누크 큰 헬리콥터가 왔다고 하던데요. 시루섬에서는 어떻게 나오셨나요? 나오셔서는 어떻게 생활하셨는지도 같이 알려주세요.

▶ 박동희 님

작은 헬리콥터가 와서 돌았는지는 잘 모르겠어요. 큰 거 48인승짜리가 자갈밭에 내려서 노인분과 어린이를 데리고 있던 집부터 먼저 실어서 내보냈어요. 그리고 그다음에 젊은 사람들은 제일 나중에 태웠어요. 네댓 번 왕복했던 것 같아요. 나도 그 큰 헬리콥터를 타고 단양여중으로 나왔어요.

우리는 단양여중에 내렸다가 수재민 수용소에 머물지 않고 역전에 살던 육촌 오빠네 집에 가서 이틀 살았어요. 수해에도 우리 집은 남아 있었기 때문에 집으로 다시 들어와서 살았어요.

육촌 오빠네는 당시에 단양역 앞에 금성상회라고 잡화 식료품 같은 걸 취급했어요. 광산에 물건도 많이 납품했고, 역전에서 벼농사를 많이 짓느라 차가 있었어요. 그래서 육촌 오빠네에서 이삼일 있다가 다시 시루섬으로 와서 땅콩 캐고, 누에치고 그랬어요. 수해 나고 첫해에는 우리 집만 시루섬에 들어와서 살았는데 엄마는 아버지가 장에 갔다가 늦게 오시면 김충배 할아버지 시신이 마당에 누워있던 게 생각이 나서 기다리기가 너무 무섭다고 자주 말씀하셨어요.

　사람들이 단양여중에서 나와서 수해 주택에 들어갔을 때 우리도 같이 그곳으로 이주했어요. 수해 주택 건축비 25만 원 중에 10만 원은 정부에서 보조하고 나머지는 20년간 분할해서 상환하는 방식이었어요. 우리는 시루섬을 오가며 살았어요. 수해 이듬해에 오빠가 결혼을 해서 집을 마련해주지 못하니까 오빠는 현천리 수해 주택에서 신혼살림을 시작했어요. 그리고 우리는 시루섬으로 아예 다시 들어왔어요.

🎙 김문근

　시루섬에 다시 들어와서 사셨다고요? 저는 거기에 상주하지 않는 줄 알고 있었는데요. 단양면사무소에서도 그렇고 아무도 못 들어가게 하고 농사철에만 잠깐 농막처럼 살고 그게 지나면 다 나오라고 방송하고 그랬다는 소리를 들었는데요.

▶ 박동희 님

　처음에는 우리 집만 덩그러니 있었어요. 작은오빠가 서울에서 생활했다가 내려왔다가 거주했었고, 큰오빠는 결혼해서 나갔어요. 저도 시집가기 전까지는 시루섬에 계속 살았어요. 우리 집이 시루섬에서 살고 1년이 지났을 무렵 정종이네가 우리 집 옆으로 들어왔어요. 그 전처럼 사람들이 멀리 떨어져 살지 못했어요. 무서운 생각이 자주 떠올랐기 때문이겠죠. 그래서 몇 가구는 먼저 있던 우리 집 주변으로 모여서 살았어요.

　다른 집은 다 떠내려가서 집을 짓지 못했겠지만, 우리 집은 형체가 거의 그대로 남아있으니까 수리해서 거기서 먹고 자고 했어요. 처음에는 우리 집만 있었고 좀 지나서 정종이네도 옆에 같이 있었죠. 반듯한 집은 아니고 슬레이트나 천막을 이용해서 만든 집이었지요. 잠실이나 농사일을 돌보기 위한 거였죠.

　현대시멘트 공장이 새로 짓기 시작할 때 시루섬에 있던 모래와 자갈을 실어서 기초작업을 했어요. 그때 우리가 밥장사를 했어요. 시루섬에 우리 집만 있으니까 현대시멘트 사람들이 일하면서 우리 집 보고 밥을 해주면 안 되겠냐고 했거든요.

　차도 작은 차가 아니고 일본에서 들어온 20톤씩 되는 큰 차를 가져와서 모래를 싣고 사람들이 밤낮으로 일했어요. 사람보다 기계가 더 귀한 시절이라 트럭은 최대한 움직이고 사람이 그 시간에 맞춰야 했어요. 그래서 어떤 사람들은 우리 집에서 잔 적도 있지요. 저는 1975년도에 시집을 가면서 시루섬을 나올 때까지 그곳에서 계속 살았어요. 그 뒤의 일은 전해 듣기만 했는데 오빠 얘기에 의하면 몇 해 후 큰 비가 내리면서 마을 사람들을 대피시키러 들어 왔다가 갑자기 강물이 불어나면서 꼼짝없이 갇히는 신세가 되었고 곧 헬리콥터까지 동원되면서 대피하는 소동이 있었답니다. 그 일로 충청북도의 감사까지 받았는데 당시 갇혔던 공무원은 물론 면장, 군수까지 해임처분이 내려졌대요. 이에 마을사람들은 도청을 찾아가 징계 철회를 요청하면서 "시루섬 내의 모든 건물을 자진 철거함은 물론 다시는 거주하지 않겠다."는 각서를 쓰고 이행함으로써 사건은 일단락됐답니다. 그 후 사람들은 낮에만 농사일을 하고 저녁이면 섬을 나왔다더군요.

🎙 김문근

잠업센터 1기 연수생이라고 하셨는데 잠업센터에 들어갈 때 어깨가 으쓱한다거나 하는 생각이 들지는 않으셨나요? 그때 잠업에 종사한다는 것에 상당한 자부심을 느낄 만했을 것 같은데요.

▶ 박동희 님

나는 17살에 잠업센터에서 교육을 받았어요. 시루섬 사람 중에 잠업센터 교육을 받은 사람은 나랑 최정숙 둘밖에 없어요. 우월감이나 그런 건 없었고, 직장이 없었으니까 여기에서 교육을 받으면 잠업 기사로 시험 볼 자격이 주어진다고 해서 갔어요. 같이 교육을 받았던 동기생들은 20~30명 정도였고, 동기 중에는 남자도 5명에서 6명 정도가 있었어요.

같이 사진을 찍은 최정숙 네 엄마가 거기서 밥해주는 사람이었고, 아빠는 최대우 님이라는 사람이었어요. 그분은 야매 의사로 치질을 고쳐주던 사람이었어요. 잠업센터 옆에다가 비스듬하게 판잣집을 해 놓고 방 하나, 부엌 하나 해서 같이 살았어요. 시집오기 전까지는 정숙이를 자주 봤지만, 결혼 후에 연락이 끊겨서 지금은 연락처는 물론 어디서 살고 있는지도 몰라요.

그 친구네 집은 허름했지만 가난하게 살지는 않았지요. 야매 의사로 살면 보따리를 가지고 이동해야 하긴 했지만, 의료시설이 마땅치 않은 시골에서는 벌이는 쏠쏠했으니까요.

단양군청에서는 이항구 님이 매일 시루섬으로 나왔어요. 그리고 조문행 계장님도 계속 다니셨지요. 그리고 지덕구 님이라고 그분이 일본에서 잠업 기술을 배워와서 단양군청에서 관리인으로 그분을 보냈지요. 원래 북하리에 사시던 분이었는데 가족을 다 잠업센터 주변으로 데려와서 시루섬에서 살았어요.

🎙 **김문근**

잠업센터 교육을 수료하고 직접 잠업 지도를 나가신 적이 있나요? 배운 걸 어떻게 지도하셨는지도 궁금합니다.

▶ **박동희 님**

교육을 받고 수해까지는 2년이라는 시간이 틈이 있어서 잠업 지도를 나가기도 했어요. 2년 동안 다섯 번 정도를 한 것 같아요. 처음에는 대강면 김대식 님네 가서 지도를 했어요. 위치는 정확히 기억이 안 나지만 사인암에서 좀 더 들어간 마을이었으니까 직티리 부근이었을 것 같아요. 하여튼 그 집에서 봄에 춘잠 한 번 추잠 한 번 해서 두 번 했어요.

그리고 또 한번은 시루섬에 물탱크 부근에 살던 김영식 님네 가서 잠업 지도를 했어요. 지도 나갔을 때 기억에 남는 것이 그 아저씨가 사람을 한 오십 명을 모아줘요. 그러면 이제 그 사람들을 내가 부리는 거죠. 누에는 밥을 세 시간마다 주는 게 있고, 네 시간마다 주는 게 있는데 깜빡해서 틀리는 사람도 있었어요. 또 어떤 사람들은 어린 내가 시키니까 저기 노인네들은 "네까짓 게 뭘 아느냐?"며 업신여기고 덤벼들기도 했지요. 그러면 나는 "나는 교육도 받았고, 주인에게 위임받아서 온 사람인데 내 말을 무시하느냐?"라며 말다툼도 했어요.

누에가 네 잠을 자거든요. 첫잠을 잘 때는 사람 하나를 데리고 배운 대로 하고, 두 잠을 자면 사람 몇 명, 세 잠을 자면 또 몇 명을 투입하고 했어요. 그리고 막잠을 잘 때는 사람을 대대적으로 투입해야 하는데 그런 걸 지도해주는 거였지요. 관리인으로 현지 지도를 안 갈 때에는 면사무소에 가서 고치 고르는 작업을 했어요.

🎙 **김문근**

하루도 쉬지 않고 일을 시키니까 수당이나 급여가 어느 정도 있었겠네요?

▶ **박동희 님**

누에를 치러 가면 한 달 월급을 계산해서 주었어요. 급여는 오천 원인가 육천 원인가 그랬어요. 그래도 그때 밭에 나가서 일하는 것보다는 돈을 더 많이 벌었죠. 그때 당시 5원이 초등학생 소풍 가는 용돈이었으니까요. 쌀 한 가마니가 오천 원이었어요.

잠업 현장 지도를 나가지 않으면 단양면사무소 직원과 함께 누에를 선별하는 공판장으로 나가서 일을 했어요. 군에서 나온 분과 함께 오물 묻은 것도 고르고 품질에 따라 누에 선별을 했지요. 공판장에 나가서 일한 것은 단양군 곳곳의 농가에서 들어온 누에를 작업하는 것이었기 때문에 한번 시작하면 한 달 반 정도 일했지요. 그렇게 선별한 누에를 10개 정도씩 실을 풀어서 청주로 보냈어요. 그렇게 보낸 누에의 등급 결정은 청주에서 했는데 그렇게 청주에서 받은 결과를 농민에게 알려주면 인정하지 못하고 불만을 가지시는 분들도 있었어요. 그렇게 일을 하면 월급은 단양군에서 줬던 거로 기억해요.

그때 받은 첫 월급으로 우리 부모님 스웨터를 떠드리고 나니까 돈이 없더라고요. 그리고 두 번째 월급 타가지고는 제천 와서 제일 양장점에 와서 내 양장을 한 벌 맞춰 입고 내려갔어요. 그때는 지금처럼 양복이 흔하지 않던 시절이었으니까요.

🎙 김문근

그날 그렇게 많은 피해가 발생한 수해가 왜 일어났다고 생각하세요?

▶ 박동희 님

수해의 원인은 강원도 쪽에서 비가 많이 와서 그런 거라고 생각해요. 시루섬에는 그렇게 수해가 많이 발생할 정도의 비는 내리지 않았어요. 그쪽에서 물이 많이 내려오다 보니까 하진 쪽에서 물이 빙 돌아가면서 내려가야 하는데 거기서 물이 못 빠져나가서 물이 불었다고도 얘기하더라고요. 뭐든지 떠내려가면 하진에서 걸려서 돌았었거든요.

그리고 상진 다리에 나무가 빠져나가지 못하고 자꾸 걸렸을 테니까 내 생각에는 '상진 다리가 터져 나가면서 물이 쓸려 내려가지 않았을까'라는 생각도 했어요.

🎙 김문근

남편분은 어디 분이신가요? 결혼은 언제쯤 하셨는지요. 시루섬에는 1972년 수해 뒤에 1976년도에 또 한 번의 수해가 있었다고 합니다. 이 사실을 알고 계셨나요?

▶ 박동희 님

우리 신랑을 만날 때 당시 남편은 제천에서 장사를 했어요. 장사를 마치고 6~7시 정도가 되면 나를 만나러 오려고 소고기 두 근에 정종 한 병을 들고 택시를 타고 시루섬으로 왔죠. 그때는 물이 좀 이렇게 있으니까 자기 바지를 벗어서 머리에 이고 강을 건넜죠. 그렇게 한 달 반을 다니다가 나와 결혼했어요.

1975년도에 시집을 가게 되면서 시루섬을 빠져나왔어요. 그래서 시루섬에 또 한 번의 수해를 직접 보지는 못하고 전해 듣기만 했어요.

🎙 김문근

수해가 지나고 박동희 님의 집은 쓰러지지 않았으니까 남아 있는 물건이 있을 것 같은데 집에 남아 있는 것 중에는 어떤 것들이 있었는지 기억나세요? 혹시 지금까지 갖고 계시는 물건이 있는지요?

▶ 박동희 님

집에 와보니까 물이 서까래 끝까지 차고 빠졌었죠. 방 안에 있던 앨범에 사진이 많았는데 물이 방 전체에 찼으니 앨범이 몇 시간 동안 물에 푹 적셔진 거지요. 그래서 물을 너무 많이 먹어서 형태도 알아볼 수 없는 사진은 다 버리고 그래도 몇 개는 지금까지 있어요. 우리 집은 안 떠내려가서 사진을 갖고 있어요. 그때 안 떠내려간 집은 우리 집 딱 한 집이었어요. 높은 곳에 있지는 않았지만 지은 지 얼마 안 되었기 때문이죠. 흙벽돌이 아니라 시멘트 벽돌로 만들어서 지붕까지는 물이 찼어도 쓰러지지 않았어요. 집에서 물탱크까지의 거리는 200~300m 정도 되었던 것 같아요.

🎙 김문근

그 사진들을 볼 수 있을까요? 지금은 시간이 너무 오래 지나서 온전한 사진은 물론이고 조금 훼손된 사진이라도 귀중한 자료가 될 것 같습니다. 찍었던 사진과 함께 제가 이해할 수 있도록 간단한 설명도 부탁드리겠습니다.

▶ 박동희 님

그럼요 물론이죠. 그래서 집에 있던 사진을 가지고 왔어요. 많지는 않지만 여섯 장이 있더라고요.

사진①

사진②

사진③

(사진 ①을 보여 주며) 여기는 지금으로 말하면 이끼 터널에서 조금 더 앞으로 나와서 찍은 사진이에요. 지금은 철길을 다 걷어 냈지만, 그때는 아직 기차가 다녔으니까요.

(사진 ②를 보여주며) 이건 잠업센터 앞에서 찍은 사진이에요. 나는 1기생으로 연수를 수료했죠. 옆에 있는 친구는 최정숙이에요.

(사진 ③을 보여 주며) 이건 바로 밑에 동생 현희랑 찍은 사진이에요. 이것도 1번 사진

이랑 같이 비슷한 자리에요.

　(사진 ④를 보여주며) 이거는 수해 난 그해에 누에를 치러 갔었을 때 찍은 사진이에요. 물난리가 나서 할 게 없으니까 신동문 선생네 집에 누에를 치러 갔을 때 찍은 거예요.
　(사진 ⑤를 보여주며) 이거는 역전의 조카랑 물탱크 앞에서 찍은 사진이에요. 원래는 아래까지 다 잘 보였는데 물에 적셔진 사진을 건져서 말리다 보니 허리 밑으로는 알아볼 수 없을 정도로 망가졌어요.
　(사진 ⑥을 보여 주며) 여기 왼쪽 뒤에 보이는 집이 우리 옛날 집이에요. 새로 지어서 기와집을 만든 거죠. 여기에는 없지만, 수해가 난 다음에 슬레이트로 두 채를 더 지었어요.

김문근

　사진들을 보니까 시루섬이 어땠는지 풍경을 볼 수 있어서 참 좋네요. 더군다나 잠업센터 건물은 「잠업연구사」책자에도 남아 있는 사진이 없어서 어떻게 생겼을까 아주 궁금했는데 이렇게 사진으로 보게 되니 참으로 반갑고 어떻게 생겼는지 알게 되어서 묵었던 체증이 다 내려가는 느낌입니다. 그리고 물에 잠겼다가 다시 건져 올려서 아랫부분이 훼손된 것을 보니 물난리가 났던 것이 더욱 실감이 나네요. 그리고 (5번 사진)에는 풀이 아주 무성한데요. 저는 풀이 없는 줄 알았거든요. 혹시 이것 말고도 또 마을 풍경과 관련해서 해주실 말씀이 더 있으신지요?

▶ **박동희 님**

    시루섬에는 풀이 엄청 많았어요. 그래서 뱀도 아주 많았죠. 김충배 님은 당시 기와집에 사셨어요. 우리 엄마가 얼마나 큰 뱀이 지나갔는지 그 집 울타리가 휠 정도로 큰 뱀을 보셨다고 했거든요. 그리고 어떤 날에는 문구멍으로 뱀이 들어와서 고개를 탁 떨구고 그대로 있었대요. 그래서 엄마는 무서운 마음에 "머리카락을 황급히 잘라서 거기에 불을 붙여 냄새를 피우면 뱀이 도망가기도 했다."라는 말도 했어요. 이렇게 시루섬에는 뱀이 정말 많았지요. 어딜 가나 흔하게 뱀을 볼 수 있었으니까요.

    한마디만 덧붙이자면 보고 싶은 얼굴도 참 많아요. 저는 시집을 오면서 시루섬을 떠나왔으니까 어릴 적 친하게 지냈던 친구들이나 동네 사람들을 만나고 싶은 마음이 크죠. 하지만 지금은 시루섬이 물에 잠겨 있으니 그곳에 가도 사람을 만날 수도 없고 멀리서 보면서 그리움을 달랠 수밖에 없다는 게 참 마음이 아프고 그래요.

🎙️ **김문근**

    시루섬이 그런 모습이었군요. 긴 시간 동안 마을의 모습과 그날의 일들에 대해 들려주셔서 감사합니다. 혹시 궁금한 것이 생기면 다시 여쭙도록 하겠습니다. 감사합니다.

증언자 9
오재창 님

오재창
1956년생(당시 16세)

- 가족 사항(8명)
  오병국 님의 6남매 중 4남
- 마을 인척: 오재운 님과 6촌
- 시루섬 생존자 중 가장 처음으로 인터뷰 진행. 수해 시 물탱크 위로 피신

🎙 김문근

1972년 시루섬 물난리 얘기를 주변에서 많이 들었지만, 물탱크에 직접 올라가서 현장을 겪은 분은 처음 만나게 되어 반갑고 설렙니다. 저는 직접 경험했던 분을 만나기 위해 여기저기 수소문을 많이 해왔습니다. 오 선생님을 제일 먼저 인터뷰하게 되어 기대가 큽니다.

오 선생님도 잘 아시다시피 1972년 8월 19일 그날 시루섬에는 엄청난 일이 있었습니다. 그럼에도 불구하고 그러한 일들이 어느 곳에도 체계적으로 자세히 기술된 곳은 없습니다. 이십여 줄에 불과할 정도로 아주 간단한 사실만 일부 책에서 언급되고 있을 뿐입니다. 그래서 있었던 사실, 숨겨진 진실을 최대한 발굴해서 후대에 보전하는 것은 이 시대를 사는 우리 세대의 역사적 책무이고 누군가는 해야 할 일이라고 생각해서 오늘 선생님을 마주하게 되었습니다. 바쁘신 중에도 시간을 내어주시어 감사드립니다.

먼저 집안 내력부터 풀어볼까요?

▶ **오재창 님**

네. 저는 1956년 시루섬에서 6남매 중 넷째로 태어났습니다. 우리 집은 24,000㎡의 큰 밭에 담배, 땅콩, 보리, 조 농사와 누에를 치는 농가였어요. 최 씨라는 일꾼 아저씨가 있었고요.

🎙 김문근

시루섬은 어떤 마을입니까? 수해가 있기 전 마을의 형태라든가 생활환경은 어떠했는지 마을 소개를 부탁드립니다.

▶ **오재창 님**

우리 마을은 아시다시피 한문으로 하면 증도리입니다. 시루 증(甑), 섬 도(島) 자를 쓰지요. 우리말로 하면 시루섬이고요. 소나무가 많고 양쪽으로 강물이 흐르고 강가엔 흰 모래가 길게 깔려 있어 옛날엔 학교에서 소풍을 많이 왔어요. 섬 아래쪽을 아랫송정, 위쪽을 윗송정이라고 했어요. 윗송정 바로 아래에 물탱크가 있었지요. 거기에는 아름드리 소나무 40~50그루가 있었는데 이 소나무 숲이 물난리 때 물탱크를 보호하기도 했지만, 원두막 기둥이었던 소나무가 쓰러지면서 7명의 소중한 생명을 잃게 한 사연도 있는 소나무 숲이었습니다.

시루섬은 면적이 7~8만 평 크기로 꽤 넓었지요. 당시에는 물탱크 주변 등 꽤 높은 곳도 있었고 작은 언덕도 있었어요. 바위, 흙, 자갈도 많았습니다. 그런데 다 퍼갔어요. 수해의 아픔도 모자라 신단양을 만드는데 뼈와 살을 다 내준 것입니다.

신단양 이전 시 시루섬을 파서 없애지 말고 옹벽을 세워서 그 형태를 자연 그대로 보전해야 했습니다. 살려야 했습니다. 댐이 만들어진 상태에서는 홍수가 나도 절대로 흙이 떠내려가지 않기 때문에 시루섬이 충주댐에 나쁜 영향을 줄 리 없다는 것이죠. 그럼에도 불구하고 신단양 건설하는데 강변에 축대를 만들고 산을 깎으면서 생긴 흙으로 채우는데 이 흙이 모자라니 시루섬을 파다가 메웠다니까요. 가깝다고 시루섬의 바위, 돌, 흙, 모래로 메운 겁니다. 물론 예산이 부족해서 그랬겠지만 아마 수천 차, 수만 차를 신단양으로 가져갔을 거예요.

그래서 지금은 시루섬이 주저앉아 저렇게 손바닥만큼만 드러나 있는데 당시 시루섬을 살리지 못한 아쉬움이 큽니다. 사람은 살지 않더라도 섬은 살렸어야 마땅하다고 봅니다. 시루섬은 장마가 져도 물이 갈라지면서 안 떠내려갔어요. 댐이 생기면서 물이 차오르면 물살이 약해져서 떠내려가지 않을 거고 그러면 그대로 잘 보전됐을 겁니다.

지금도 흙을 파서 올리면 얼마든지 복구할 수 있어요. 남이섬같이 동그랗게 옹벽을 세워서 관광지를 만들었으면 얼마나 좋을까. 출렁다리를 놓아서 호텔, 수상스키장 등 각종 레저시설도 만들고 단양역 앞에서부터 출렁다리를 가설하는 등 개발하면 좋을 것 같아요. 경기도에 남이섬이 있다면 충북에는 시루섬이 있다. 얼마나 좋아요?

그리고 우리 마을 시루섬에는 뽕나무가 아주 많았어요. 아마 단양군에서 양잠을 제일 많이 했을 겁니다. 그래서 잠업센터를 시루섬에 설치하고 관리했지요. 단양군 내의 젊은 아가씨들을 30~40명씩 모아서 한 달 정도 누에 키우는 기술을 교육하는 곳이었죠. 1년에 봄, 여름, 가을 세 번씩 누에 치는 교육을 무료로 가르쳐 주고 이 교육생들이 단양군 내에 누에 치는 집을 다니면서 지도해주는 제도였습니다. 이들을 교육하기 위해 군청 직원이 늘 한두 명 있었어요.

🎤 김문근

그 당시 제천에 남한제사 공장도 있었듯이 양잠산업이 한창 일어날 때였지요. 그만큼 국가에서도 장려, 지원했을 테고요. 그런데 그 잠업센터라는 곳을 어느 기관에서 관리했는지 궁금합니다. 물탱크도 이곳 잠업센터에 수도를 공급하기 위해 설치한 것인가요?

▶ 오재창 님

네 맞아요. 잠업센터가 들어오는 바람에 물탱크를 만든 거예요. 단양군에서 간이 상수도를 만들어 준 것이죠. 상수원은 지하수가 아니라 강물을 물탱크에 끌어올려 공급했습니다. 둥그런 물탱크 아랫부분에는 작은 물탱크가 또 있었어요. 사람도 올라갈 수 있는 사각형이었는데 정수하는 물탱크였지요. 강에서부터 물탱크까지 1km가 넘는 거리를 펌프로 강물을 끌어온 것이죠.

시루섬은 전부 모래밭이라 가뭄을 잘 탑니다. 그래서 물탱크를 만든 거죠. 간이 상수도 기능 외에도 가물 때 뽕나무 밭에다가 물주는 역할을 하기 위해 설치했는데 고장으로 결국 그 기능을 못하고 그냥 덩그러니 남아 있었지요. 그렇지만 이 물탱크가 없었으면 동네 사람 다 죽었을 겁니다. 그 물탱크 만들어 놓는 바람에 동네 사람이 다 산 거예요. 잠업센터가 안 들어왔으면 물탱크도 안 만들어졌을 겁니다.

또 다른 측면에서 본다면 잠업센터 교육생 아가씨들 30여 명 때문에 동네 사람이 죽었다고도 볼 수 있어요. 그 아가씨들 때문에 마을 사람들이 물탱크 위에 다 올라가지 못했지요. 나무에 원두막을 짓고 올라간 분들이 30여 명이었고 이분들 중에서 7명이 희생됐는데 교육생 아가씨들 30여 명이 없었다면 마을 주민 모두가 물탱크로 올라갈 수도 있었을 것이라는 생각을 해봅니다.

그리고 우리 시루섬은 땅콩도 많이 했어요. 아마 단양군 내에서는 제일 많이 했을 겁니다. 우리 집에서만 한 해에 땅콩을 50~100가마니를 했어요. 우리 땅이 그때 8,500평 됐거든요. 그 동네 농사짓는 집은 33~34가구 정도 됐는데 쓸 수 있는 땅은 6만 평밖에 안 되었어요. 그중에서 8,500평이 우리 밭이었어요. 마을에서는 꽤 부자였지요. 일꾼 한 분을 두고 1년에 쌀 12가마니씩 주고 농사를 지었지요. 하지만 나는 농사를 몰라요. 지어보지 않았으니까요.

동네를 떠날 때 지금 같았으면 수십억 보상이 나왔을 테지만 그때는 나라에서 조금 주고 나가라고 해서 나간 거예요. 거지 돼서 나온 거죠.

📱 김문근

아! 그런 마을이었군요. 그럼 1972년 물난리 나던 그날 상황으로 넘어가 보겠습니다. 그날 겪으신 일들을 자세히 말씀해 주시길 부탁드립니다. 다소 길게 말씀해도 좋으니 자세한 설명을 부탁드립니다.

▶ 오재창 님

그때 저는 단양공고 1학년이었습니다. 8월 19일 그날은 여름방학이라 집에 있었지요. 오전만 해도 물이 많이 늘지는 않았어요. 애곡리 쪽으로 흐르는 강을 큰 강, 지금 단양역 쪽으로 흐르는 물을 샛강이라고 하는데 평시에는 샛강엔 물이 흐르지 않고 장마 때면 물이 고여 있거나 흐르지요.

그래서 오전에 친구들 4~5명이 물고기를 잡으러 나갔어요. 아마 이대수, 오근탁, 김정종과 함께 간 것 같아요. 삼각형의 큰 족대에 긴 줄을 매달아 앞에서는 줄을 잡아당기고 뒤에서는 족대를 받쳐 끌면서 고기를 잡는 '거랭이질'을 한 거죠. 장마가 지면 물고기가 아주 많이 나오기 때문에 물고기 잡으러 나온 마을 사람들이 여기저기 있더군요.

그런데 오후 2시쯤 되었을까 강물이 막 치고 올라오는 거예요. 잡은 물고기로 매운탕을 끓여 먹으려는데 강물이 자꾸 불어 올라오는 거예요. 우리는 놀라서 매운탕을 먹지도 못하고 집으로 돌아왔어요. 낮은 지역의 집안까지 강물이 들어차니 이집 저집 막 쓰러지기 시작하는 거예요. 평지니까 강물이 어느 정도 틈만 있으면 막 들어오는 거예요. 언덕을 넘어서면서 물이 계속 들어오는 겁니다. 이렇게 쉽게 들어오리라고는 생각을 못했어요. 강물이 넘실거리며 급속히 치고 올라오니까 온 동네 사람들은 제일 높은 곳 한 군데로 몰리는 거예요. 오후 서너 시쯤 되니 마을에서 제일 높은 지역인 물탱크 있는 곳으로 온 마을 사람들이 다 모였습니다.

사람들은 키우던 소를 물탱크 옆으로 몰고 올라왔어요. 사람들은 소고삐를 풀어주더라고요. 소가 물에 떠내려가면 고삐가 어디에 걸리면 소가 죽을 수도 있으니까 풀어주는 것이라고 하더군요.

물은 자꾸 불어오는데 더 이상 피할 곳은 없으니 마을 사람들은 물탱크에 사다리 놓고 올라가는 겁니다. 마을에 담배 농사를 많이 했기 때문에 담배 건조실에서 쓰는 긴 사다리를 놓고 물탱크에 올라간 거죠. 그리고 소고삐 몇 개를 연결해서 마을 철선에 매고 물탱크 옥상에서도 이 배 끈을 붙잡고 있더군요. 강물이 물탱크 꼭대기까지 삼킨다면 이 배를 타고 탈출할 수밖에 없으니 최후의 보루인 것이지요.

이렇게 마을 사람들 200여 명이 물탱크 위로 올라갔어요. 물탱크 옥상 넓이는 평상시라면 50명도 못 올라갈 것입니다. 물탱크 옥상이 비좁아 더 이상 올라갈 수 없게 되자 사람들은 급히 나무 위에 원두막 두 개를 만들더니 그곳으로 올라갔습니다. 물탱크 바로 위쪽은 소나무가 많아서 "윗송정"이라 불렀는데 그곳에는 50~100년 된 아름드리 소나무가 40~50그루가 있었어요. 이 소나무 몇 그루를 서까래 나무로 연결하고 송판을 걸쳐서 원두막을 만든 것이죠. 원두막 두 곳을 만들어서 30~40명이 올라간 거예요.

한 원두막에 여러 가족이 올라갔어요. 자기네 가족을 안전히 하기 위해 만들었다는 측면도 있지만 중요한 것은 물탱크 옥상에 도저히 올라갈 틈이 없었던 것이죠.

🎤 김문근

기록에 보니깐 물탱크에 237명이 올라갔다고 하더라고요. 선생님은 지금 200여 명이 올라갔다고 했는데 어쨌든 그 좁은 곳에 237명이든 200여 명이든 그렇게 많은 사람들이 올라갔다니 상상이 안 갑니다. 물탱크는 높이가 6m 지름이 5m라고 합니다. 지름이 5m이면 6평도 채 안 되는데 어떻게 그 많은 사람들이 올라갈 수 있었는지요?

▶ 오재창 님

    사람들은 모두가 서 있었어요. 앉은 사람은 한 사람도 없었지요. 너무나 좁으니까 선 상태에서 양손을 만세 부르듯이 하늘로 들고 있기도 했어요. 꽉 조여 있는 상태라 움직일 수도 없었지요. 혹시 누가 힘을 써서 움직이면 주변 전체에 안 좋은 영향을 주게 되니까 우산으로 머리를 막 내려치는 거예요. 특히 젊은 사람은 주로 가생이에 있었는데 안쪽에서 바깥쪽으로 밀면 우산으로 미는 사람을 아무나 때리는 거예요. 세게 때리는 건 아니고 툭툭 쳤겠지요. 밀지 말라고 말입니다.

    캄캄해 안 보이니까 아들이 아버지를 내려칠 수도 있는 상황이었지요. 누군가 답답하다고 소리를 질렀는데 무조건 우산으로 때렸답니다. 나중에 물탱크에서 내려와서 얘기해 보니 이웃집 노인이었다는 얘기도 있었어요. 왜 움직이면 안 되는가 하면 너무 비좁다 보니 200여 명의 사람들이 거의 한 덩어리처럼 연결돼서 어느 한 곳의 움직임이 저쪽까지 전체에게 영향을 주기 때문입니다.

    만약에 그 움직임이 커져서 어느 한쪽으로 갑자기 쏠린다면 난간에 있는 사람들은 한꺼번에 떨어질 수도 있다는 얘기죠. 누구든지 밀려서 물탱크 아래로 떨어진다면 마을 사람들 다 죽게 되는 거죠. "물 빠진 사람 지푸라기라도 잡는다."라는 속담처럼 떨어지는 사람이 어디 그냥 떨어지겠습니까? 본능적으로 주변 사람 아무나 붙잡고 물고 늘어지게 됩니다. 난간도 없는 곳이니 그러다 보면 결국 모두가 떨어져 죽게 되는 거죠.

🎙 김문근

    모두가 다 떨어지지는 않더라도 최소한 1/30이나 1/2 이상은 떨어져 희생될 수 있음은 충분히 가능성 있다고 봅니다.

▶ 오재창 님

    네 그렇습니다. 그런 일이 없었던 게 다행이죠. 얼마나 비좁았느냐 하면 만약 지금 평지에 5m 지름의 원을 그어 놓고 200여 명을 들어가라는 실험을 해본다면 못 들어갈 겁니다. 부군수님이 군청에서 점심시간에 한번 직원들과 실험을 해보세요. 어느 정도 비좁았는지 알 수 있을 겁니다. 그러나 절체절명의 그 당시에는 모두가 초인적인 힘과 인내가 있었던 것이죠.

    올라간 인원이 237명이라고 하는데 정확한 인원은 저는 잘 몰라요. 정확한 숫자는 아닙니다. 제 기억에 대략 그 정도 인원이었을 것으로 짐작된다는 말씀입니다. 다만 분명히 잘못된 부분은 소나무에 올라간 인원에 대한 언급은 어디에도 전혀 없다는 점입니다. 그러니까 마을 사람들 모두가 물탱크로 올라갔다는 것은 잘못된 얘기가 되는 거죠.

🎙 **김문근**

올라간 인원에 대해서는 그 정도로 하고요. 그러면 물탱크에 올라가서 어떠했는지 궁금합니다. 먼저 물탱크 옥상 위에 난간이 없어 모두가 위험하니까 바깥쪽으로 스크럼을 짜고 있었다는데 선생님도 참여했는지 그리고 어떤 형태였는지 등 스크럼에 대해 말씀을 부탁드립니다.

▶ **오재창 님**

스크럼은 힘 있는 청년들이 짜고 있었어요. 저는 당시 고등학교 1학년이라 참여치 못했고 안쪽에서 가만히 서 있기만 했지요. 처음에 여기쯤 서 있었다면 한참 있다가 보니 돌고 돌아 반대편 쪽에 가 있더라고요. 내가 움직인 게 아니고 전체가 움직여서 나도 모르게 빙 돌아서 반대편에 가 있었던 거지요.

나중에 들리는 얘기로는 그 무렵 밤중에 단양경찰서장님도 건너편 애곡리 철길에 와서 플래시 불로 빙빙 돌리면서 걱정했다는 얘기도 있었어요. 시루섬 사람들 다 죽을까봐 그랬겠지요. 그러나 우리 물탱크에 있는 사람들은 비 오는 캄캄한 밤이라 바로 앞도 안 보이는데 그 불빛을 볼 수가 없었지요.

🎙 **김문근**

그 엄청난 현실 앞에 많이 무서웠을 것이고 별의별 생각이 다 들었을 텐데 무슨 생각이 들던가요? 심정이 어떠했는지요?

▶ **오재창 님**

답답하고 죽을 지경이지만 내가 지금 불편하다는 생각은 안 들었어요. 긴박한 그 상황에 사치스러운 생각이었겠지요. 캄캄한 밤에 코앞에서 넘실거리는 물소리가 더욱 무서웠습니다. 저 물이 조금만 더 올라오면 이젠 죽는구나. 어떻게 하면 살 수 있을까 이런 생각만 들더군요. 살 수 있는 방법은 생각나지 않지만, 오직 살아야겠다는 생각으로 가만히 있을 뿐이었습니다.

가옥이 통째로 떠내려가다가 현천 철교에 부딪혀 산산조각이 나는 걸 봤어요. 충격적인 장면이었지요. 그러는 사이에 소나무 원두막 하나가 넘어가 버렸어요. 우리 물탱크에 연결해서 만든 원두막은 괜찮았는데 저쪽 샛강 쪽에 있는 원두막이 넘어간 거예요. 거센 물결에 소나무 뿌리가 패이면서 드러나 지탱하는 힘이 약해지니까 소나무가 쓰러진 겁니다.

원두막의 기둥 역할을 하던 아름드리 소나무 한 그루가 쓰러지니 옆에 있던 다른 소나무들도 모두 약해진 상태니까 한꺼번에 쓰러진 거지요. 그걸 보고도 아무것도 할 수 없었던 물탱크 사람들은 저를 비롯해서 무척 괴롭고 두려웠어요.

결국, 그 원두막에 있던 분들을 한밤중에 강물에 쏟아버린 거예요. 그래서 7명이 죽었어요. 어른들은 떠내려오다가 나뭇가지를 붙잡고 살았는데 주로 어린이들이 희생됐죠. 13명이 목숨을 건졌어요. 물탱크 아래쪽에 밤나무, 뽕나무 같은 나무가 많았는데 이걸 붙잡았던 것이죠. 나뭇가지 붙잡고 대롱대롱 매달려 살려달라고 소리치는 사람들을 아까 얘기한 철선 마을 배가 구한 거예요.

🎙 김문근

아주 안타깝고 다급한 상황이네요. 그런데 캄캄한 밤에 사람들이 배를 타고 나뭇가지 붙잡고 있는 분들을 구했다는 얘긴가요? 앞도 안 보이고 넘실거리는 강물에 배를 띄우기가 쉽지 않았을 텐데요.

▶ 오재창 님

아까 얘기했듯이 마을 배에 소고삐 여러 개를 길게 이어 묶어서 사람들이 물탱크 위에서 이 끈을 붙잡고 있었어요. 배가 떠내려가지 않도록 말입니다. 소나무 원두막이 쓰러진 후 밤이지만 다행히 강물은 급격히 줄고 있었어요. 얼마나 오래 나뭇가지를 붙잡고 시간이 흘렀는지는 잘 모르겠지만 아마 날이 막 샐 때가 아니었나 싶어요. 물이 급격히 줄었고, 높은 지역은 바닥이 드러나기 시작하면서 사람들이 마을 배를 띄워서 여러 사람을 건져냈거든요.

🎙 김문근

그럼 아기가 희생된 건 언제쯤인가요? 원두막이 쓰러진 후 인가요? 그 사연을 아시는 대로 말씀을 부탁드립니다.

▶ 오재창 님

저는 그 사연을 자세히는 모릅니다. 물탱크 위가 너무 비좁아 아기가 찡겨서 죽었다고 들었습니다. 아기를 안았는지 업었는지는 모르지만, 아기 엄마는 이 사실을 주변에 알리지 않고 밤새 아기를 끌어안고 있었답니다. 아기가 희생됐다고 하면 웅성웅성 난리가 날까 봐, 즉 마을 사람들 전체가 위험해질까 봐 속울음을 삼키면서 싸늘하게 식은 아기를 품에 안고 있었던 것이죠. 옆에 있는 사람도 몰랐답니다. 저도 물탱크에서 내려와서야 알았지요.

🎤 김문근

　기록에 보면 물탱크 높이가 6m였다고 하는데 강물이 제일 많이 들어찼을 때 그 높이는 어느 정도였을까요? 그리고 그때 시각은 밤 몇 시쯤 되었을까요?

▶ 오재창 님

　밤이라 확실치는 않지만 아마 물탱크 반 이상은 차올랐던 거로 기억합니다. 그러니까 6m 높이 중 약 3.5~4m 정도 높이까지 말입니다. 그때 시각은 밤 10시~11시 무렵으로 기억하고요. 왜냐하면, 강물이 다행히 그 시각 무렵 더 이상 늘지 않고 최고 수위를 유지하며 정체가 된 거예요. 물이 두 시간만 더 늘었으면 다 죽었을 겁니다. 물탱크 꼭대기까지 물이 넘치거나 넘치기 전이라도 물탱크가 넘어가면 다 죽는 거 아니겠어요? 그리고 물살이 조금만 더 강했거나 물이 많았다면 물탱크 위쪽에 있는 소나무들이 다 쓰러졌을 것입니다. 그러면 물탱크도 쓰러졌을 것이고 아마도 살아남은 동네 사람은 열 명도 안 됐을 겁니다.

🎤 김문근

　불과 2~3m만 남았다니 정말 아슬아슬했네요. 영화 속의 한 장면같이 긴박하고 드라마틱 합니다. 아까 우산으로 머리를 때렸다고 했는데 이 긴박한 상황을 총지휘하는 리더가 있었는가요? 예를 들면 이장님이라든가 말입니다.

▶ 오재창 님

　특별히 지휘하는 분은 없었어요. 마을 사람들이 서로 잘 알고 친척인 분들도 많았기 때문에 그리고 연습이 아니고 이게 실전 상황이니까 단결이 아주 잘 되었어요. 손발이 척척 잘 맞았지요. 불평불만 하는 사람도 없었고요. 그래서인지 스크럼 멤버를 비롯해 물탱크에서 떨어져 강물에 떠내려간 사람은 한 분도 없었어요. 안타깝게도 찡겨서 희생된 한 아기가 있었을 뿐이었죠.

🎤 김문근

　역사에 가정은 없다고 하지만 만약에 윗송정 소나무 숲이 없었다면 어땠을까요? 제 생각에 우선 소나무 원두막이 없어 인명피해가 줄어들 수 있지 않았을까 하는 긍정적인 부분이 있고 부정적인 부분이라면 물탱크의 안전을 담보할 수 없을 수도 있지 않을까 하는 점도 있을 것 같아서 말입니다.

▶ 오재창 님

나는 윗송정 소나무 숲이 없었다면 물탱크도 쓰러졌다고 봅니다. 100% 넘어갔다고 봐야 돼요. 소나무 숲이 없다면 넓은 강 한복판에 있는 물탱크가 무슨 힘이 있어요. 물탱크 기초는 깊어 봤자 땅에서 1m 더 들어갔겠어요? 모래땅에서 물탱크가 수압, 물살을 직접 다 받았다면 물탱크 뒷바닥 부분이 소용돌이쳐서 기우뚱했다가 결국 쓰러졌을 거라고 봅니다.

50~100년 된 아름드리 소나무 30~40그루가 버티고 있으니 물살이 분산되고 유해졌다는 얘기죠. 그럼에도 불구하고 결국 소나무 몇 그루가 쓰러져서 인명피해를 당했잖아요? 물살이 막바로 직접 물탱크를 타격했다면 물탱크는 쓰러졌을 것이고 그러면 사람들은 아마 거의 다 죽었을 겁니다.

🎙 김문근

그 뒤에 어떠한 일이 있었고 물탱크에서 언제쯤 내려왔는지요?

▶ 오재창 님

원두막이 쓰러지고 얼마나 지났는지는 잘 모르겠지만 물이 빠지기 시작하니 한두 시간 내로 쭉 빠지더군요. 밤이지만 아래쪽 보조 탱크가 희미하게 보이더군요. 사람들이 물탱크에서 내려가서 마을 철선으로 나뭇가지를 붙잡고 있던 분들을 구해 올라오더군요. 물이 더 빠져 바닥이 드러나자 사람들이 모두 내려왔어요. 마침 비상용 석유를 한 말 배에 싣고 있었는데 젖은 나무를 주어서 석유를 묻혀 불을 해 놓았어요. 비에 젖어 추운 사람들이 몸을 덥히면서 밤을 새웠습니다. 아기가 찡겨서 희생됐다는 얘길 이때 들었지요.

그러니까 물탱크에 올라가 있던 시간은 대략 5~6시간 될 거예요. 해지기 전에 올라가서 밤 11시~12시경 내려왔으니까 말입니다. 날이 새면서 사람들은 여기저기 다니더니 나뭇가지에 걸려 있는 시신을 몇 구 찾아오기도 했어요. 뽕나무밭에 머리가 박히고 다리만 나온 상태로 죽은 사람도 있었어요.

결국, 7명이 물에 빠져 죽었어요. 몇 사람은 떠내려가서 찾을 수 없었고요. 찡겨 죽은 아기까지 총 8명이 희생된 것이죠. 어떻게 보면 그날 밤 위험한 거에 비하면 물탱크 덕분에 인명 희생이 적었다고 봅니다.

어쨌든 물탱크에서 내려오니 다 떠내려가고 먹을 게 하나도 없잖아요. 떠내려가다가 걸린 쌀가마와 가마솥 하나를 건져다가 밥을 했어요. 물어 불은 쌀을 뻘건 흙물에 씻어 밥을 해 먹었어요. 쌀 반 모래 반이었죠. 반찬도 없었고요.

🎙 김문근

악몽 같은 밤이었지만 그래도 그 정도의 피해로 새날을 맞이했다는 게 다행인지도 모르겠네요. 흙물에 모래 밥을 해 드시고 그 다음에 어떠한 일이 있었는가요? 시루섬을 어떻게 빠져나왔습니까?

▶ 오재창 님

물이 쫙 빠지고 이른 아침에 헬기가 두 대 왔어요. 12명 타는 헬기였는데 노약자들 먼저 태우고 나가더군요. 조금 후 이번에는 60여 명이 탈 수 있다는 아주 큰 미군 헬기 두 대가 왔어요. 뚜껑도 열리고 지프차도 실을 수 있다고 하더군요. 이 큰 헬기 두 대가 두 번 실어 날랐어요. 저는 이 큰 헬기를 타고 나왔지요. 수재민 임시 수용소인 단양 여중 마당에 내려서 강당으로 가니까 주먹밥도 주더군요.

구단양을 내려다보니 난리가 났더군요. 시루섬만 그랬던 게 아니고 시장, 학교, 관공서 모두가 물바다가 됐는데 높은 지대인 단양여중만 물이 안 들어 왔어요. 그래서 이재민 수용소가 차려진 거지요.

읍내는 물이 들어왔다가 빠지니까 그래도 집은 남아 있는 상태였지요. 적어도 사람은 안 죽었잖아요. 피해는 컸어도 말입니다. 우리 수재민들은 여름방학이 끝날 때까지 학교에 마련된 교실에서 기거할 수 있었어요. 그러나 학교가 개강하니 있을 수가 없잖아요. 그래서 수재민 수용소를 옮기더라고요. 단양중학교 앞에 소전거리 옆에 천막을 치고 살았어요.

🎙 김문근

저는 불쌍한 아기 어머니에 대해 가장 관심이 있습니다. 그분이 어디 사시는지 그리고 혹시 돌아가시지는 않으셨는지 걱정도 되는데 소식을 들어보셨지요?

▶ 오재창 님

아기 어머니의 장남이 안승상 님인데 저보다 몇 살 아래입니다. 그 집은 수해를 겪고 몇 해 지나 용인으로 이사 갔지요. 그 후로는 한 번도 본 적이 없어요. 그런데 일주일 전쯤 군청 문화관광과 어떤 여직원이 저에게 전화가 왔어요. 1972년 시루섬 물난리 사건에 대해 여쭤볼 게 있다고 하길래 잊혔던 시루섬에 대한 관심을 가진 것만도 고마워서 최대한 협조하겠다고 말했죠.

이어서 안승상 님 가족에 대해서도 묻더군요. 저는 아는 게 없으니 속히 알아보겠다고 했지요. 여기저기 수소문 끝에 다행히 안산에 사는 조카가 전화번호를 알고 있더라고요. 그래서 제가 안승상 님에게 전화를 걸었습니다.

Ⅱ. 시루섬, 영웅들의 목소리

안승상 님은 나보다 2~3년 후배지만 40여 년 만이니 말을 못 놓겠더라고요. 존대하면서 전화번호 확인 차원에서 통화한 거예요. 처음으로 통화했는데 뭐 조사하는 식으로 이것저것 물어볼 수가 없더라고요. 그래서 어머님이 살아 계시냐고 차마 물어보지는 못했어요. 그저 전화번호 확인 차원에서 안부 인사하면서 단양 오면 들르라고 했지요. 시루섬을 떠난 후 단양을 한 번인가 왔다 갔다고 하더군요. 아버지는 안철호 님인데 돌아가셨다고 하고요. 어머니 이름은 물어보지 못했어요.

이렇게 전화번호가 맞는 걸 직접 확인하고 군청 담당 계장님에게 알려 주었어요. 알려준 후 역으로 내가 물었어요. "그런데 나를 어떻게 알고 전화하게 되었습니까?" 하고 말입니다. 담당 계장님은 "시루섬 수해를 겪으신 분을 아는 사람이 있는지 수소문해보니 동료 직원 한 분이 개인택시를 하시는 아버님을 통해서 선생님 전화번호를 알려주어 전화드렸다."라고 하더군요.

🎙 김문근

내가 우리 군청 직원에게 알아봐 달라고 부탁을 했지요. 역사, 문화를 담당하는 담당 계장님에게 내가 이러 이러한 배경에서 1972년 시루섬 물난리 상황을 알고 싶으니 관련 사진, 기록물을 찾아보고 인터뷰할 분들을 알아봐 달라고 부탁했어요. 보름 동안 수소문했다고 하면서 선생님과 다른 한 분의 인적사항, 전화번호를 적어 왔더군요. 얼마나 고맙던지요. 처음에 한두 분 찾기가 어려운 거지 오늘처럼 만나서 대화해 보면 계속 연결이 가능하거든요. 그래서 오늘 첫 번째로 선생님을 만난 겁니다. 역시 예상했던 대로 많은 얘기를 들을 수 있어 다행이고 흐뭇합니다.

지금 용인 얘기 들으니 아들 안승상 님과 통화하고 싶은 생각이 굴뚝같네요. 하지만 혹시 어머님도 돌아가셨다는 얘기를 들으면 너무 안타까울 것 같아서 차마 못 하겠네요. 시루섬 관련 책을 쓴다면 주인공이 되실 분인데 소중한 희망의 불씨를 꺼뜨릴까 봐 말입니다. 제발 살아 계셔야 할 텐데 돌아가셨으면 너무 슬플 것 같네요. 아무튼, 조만간 인터뷰하러 용인을 방문할 계획입니다.

▶ 오재창 님

아버님은 돌아가셨다는 소문을 들었는데 어머님은 돌아가셨다는 얘긴 없었어요. 희망을 가지셔도 될 것 같아요. 장남인 안승상 님이 어머니를 모시고 사는 느낌이더라고요. 안승상 님이 맏아들이고 바로 아래에 여동생, 그리고 남동생도 셋이 있었죠. 그날 밤 희생된 아기는 막내였습니다.

이 아기를 비롯해 최대 피해지인 김헌수 님 가족 등 8명의 인명피해가 있었지요. 원인은 천재가 아니라 인재였던 면이 컸다고 봅니다. 천재든 인재든 사람이 희생됐잖아요? 그러면 정부에서 인명피해를 당한 그 집을 찾아가서 위로금을 드리면서 잘못과 용서를 구하는 것이 필요합니다. 그러나 정부는 외면해 왔어요. 누구 하나 와서 신경 쓴 사람이 없었던 겁니다.

물론 당시는 장례비도 없이 그냥 땅에 묻으면 그만이었던 시대였지요. 천재라고 믿고 그저 내가 운이 없다고 생각하고 그 누구도 이의를 제기하지 못했죠. 그러나 지금은 비록 42년이 지났지만, 관심과 위로가 필요하다고 봅니다.

🎙 김문근

옳은 말씀입니다. 정부에서 6.25전사자를 찾아서 유족연금 지원해 주듯이 시루섬 그날 희생됐던 가족을 찾아 시기는 늦었지만, 보상이 필요하다고 봅니다. 금액의 많고 적음을 떠나 고인을 추모하고 유족을 위로하는 일정액을 보상함으로써 국가나 지자제에서 안전관리를 잘못했고 미안하다는 의사표시가 있어야 합니다. 그래야만 억울함을 다소라도 풀어드릴 수 있을 겁니다. 수억 원을 보상해도 마음의 상처는 치유될 수 없겠지만 말입니다.

▶ 오재창 님

어쨌든 없어진 시루섬을 이렇게 관찰하시고 신경 써주시는 게 고맙네요. 우리 시루섬 사람들이야 사라질 뻔한 시루섬 역사를 잘 기록해 주신다니 더욱 고맙지요. 아무도 생각하지 못한 새로운 이 일에 도움이 될 수 있는 부분이 있다면 저도 최선을 다하겠습니다.

🎙 김문근

고맙습니다. 저는 시루섬의 그날, 숨겨진 사연과 진실을 상세하고 체계 있게 기록하는 이 일은 저의 개인적 이익을 위해서 하는 건 아니에요. 우리 지역 발전을 위해서, 후손을 위해서 아주 의미 있는 일이라고 확신하기 때문입니다. 만약에 누가 시켜서 한다면 저는 안 할 겁니다. 시켜서 되는 일도 아닙니다. 열정이 없으면 안 됩니다.

저는 이 길이, 아무도 가보지 않은 이런 길이 아주 매력 있고 좋아요. 생각만 해도 흥분될 정도로 말입니다. 특히 앞으로 10여 년 지나면 연세 있는 분들은 돌아가시어 증언해 줄 사람도 없을 테니까 다급함도 느낍니다.

저는 그날 237명의 시루섬 사람들이 똘똘 뭉쳐서 희생을 최소화하고 난국을 극복한 감동적인 사례야말로 단양의 자랑이요 전 국민의 귀감이라고 봅니다. 그래서 국민 교육장이 되도록 해야 합니다. 그중에서 주인공은 안승상 어머니가 되어야 하고요. 드라마틱한 스토리, 허구가 아닌 실제 있었던, 있는 그대로의 이야기 아니겠어요? 이런 정신을 배우기 위해서는 제일 먼저 숨겨진 얘기들, 보석같이 소중한 수많은 사연들을 발굴해서 사진, 그림과 함께 책으로 엮어내야 합니다. 그것이 제 꿈입니다.

아시다시피 수해 당시에는 도내 언론사가 충청일보만 있었지요. 오늘 청주 충청일보사 본사에 전화해 봤더니 당시 신문들을 지금도 그대로 잘 보존하고 있답니다. 건물 2층에 큰 서고가 있는데 그곳에 보존하고 있으니 언제든지 와서 보라고 하더군요. 조만간 신문사에 가서 수해 당시 시루섬 관련 기사들을 사진 찍든 복사하든 상세히 수집할 계획입니다.

세부적으로는 가능하면 그 당시 강우량도 조사하면 좋겠지요. 우리 단양 지역은 물론 영월, 평창, 정선 등 남한강 상류 쪽의 강우량은 어떠했는지 그리고 영월, 청풍, 충주 등 인근 지역의 수해 상황은 어떠했는지도 알아볼 계획입니다.

▶ 오재창 님

듣고 보니 이 일은 간단한 일이 아닌 것 같네요. 말씀만 들어도 고맙고요. 잘 만들어보세요. 그렇게 되면 우리 시루섬 사람들도 40여 년 만에 다시 한번 모일 수 있는 기회도 될 겁니다. 소식 없이 살던 사람들이 얼마나 반갑겠어요?

🎙 김문근

제가 1980년 단양군 지방공무원을 시작했어요. 1972년 시루섬 수해를 겪은 지 8년이 지나서였죠. 그때부터, 특히 작년도 부군수로 부임한 이후에도 시루섬 수해와 관련한 생생하고 수많은 사연들을 들을 수 있었습니다. 그 이야기들이 서로 맞지 않는 부분도 있었지만 어디까지 사실인지, 진실은 무엇인지 많이 궁금했어요. 그래서 단양군에 남아 있는 각종 자료들을 조사해 봤습니다.

그러나 수해 백서에도, 신단양 건설지에도 기록이 별로 없더군요. 단양군 전체적인 상황 설명, 사진들 속에서 시루섬 관련 사항은 너무나 미미했습니다. 유일하게 언급된 것이 (책을 보며) 이 책 『단양의 고을고을 그 역사 따라 향기 따라』였어요. 윤수경 님의 편집, 저술로 단양향토문화연구회에서 발간한 책입니다. 이 책에서 시루섬 수해와 관련한 설명이 있는데 비문과 사진을 빼면 23줄에 불과합니다. 제가 찾아본 자료는 이 설명이 유일합니다. 아주 의미 있는 책이죠. 23줄이니 다양하고 상세한 설명은 아니고 아주 간단한 줄거리만 언급된 거죠. 군청 홈페이지라든가 다른 곳에도 관련 스토리가 언급된 곳은 더러 있지만, 이 책 설명의 범주를 벗어나지 못하더군요.

▶ 오재창 님

이 책을 보니까 1995년 12월 출판되었네요. 그런데 "증도리 마을자랑비 제막식." 사진에 나왔다시피 제막식은 1993년 7월이니까 제막식 2년 후 책을 발간했네요. (책에 실린 사진을 보며) 이게 나 같네요. 모범운전자 모자 썼잖아요. 그 당시 제가 모범운전자였었거든요. 그런데 이 책을 읽어 보니 물탱크에 올라갔다는 얘기만 있고 나무 원두막 얘기는 없네요. 몇 시에 물탱크 올라가고 내려왔는지도 없어요. 내용이 별로 없는 것 같네요.

🎤 김문근

물론 그런 측면도 있습니다만 그래도 파묻힌 진실을 최초로 활자화한, 아주 큰 의미가 있는 책입니다. "신단양 건설해 준 증도리"라는 제목으로 짧게 서술된 기록 이것 이상은 어디에도 없더군요. 다른 자료들도 대부분 이걸 기초로 했거나 베낀 것 같더라고요. 이제 10년만 지나면 이렇게 생생하게 증언해 줄 사람도 없을 수도 있습니다. 그래서 마을 원로분들이 살아계실 때 기억이 생생하실 때 부지런히 인터뷰해서 역사의 진실을 잘 기록해서 보전하고 싶습니다.

물론 오 선생님도 당시 고등학교 1학년이니까 많이 알고 기억하실 겁니다. 그러나 당시 이장님이나 리더급 인사처럼 마을 전체 상황을 꿰뚫어 보면서 걱정하는 입장은 아니었기 때문에 눈에 보이는 작은 시야만 기억할 수밖에 없을 겁니다. 그래서 시루섬 그날 물탱크에 올라갔거나 내용을 잘 아시는 분, 마을에서 역할이 많으셨던 분들을 추천해 주시면 좋겠습니다. 조만간 제가 이분들을 찾아뵙고 인터뷰하려고 합니다.

▶ 오재창 님

당시 물탱크나 원두막에 올라갔던 시루섬 사람들이 상진리에 많이 살고 있어요. 먼저 당시 이장님을 하셨던 이몽수 님은 지금 67~70세 정도 되셨는데 상진리 락송정 위로 조금 더 올라가면 현천 쌀 상회를 하셨지요. 지금은 쌀 상회를 안 하시고 단양군청에 근무하시고 있어요. 연세가 있으시니까 계약직이나 일용직이신 것도 같더군요.

그리고 상진3리 경로당 옆집에 김현수 님이 사시는데 그분은 당시 원두막이 쓰러져 어린 자식 3명을 잃었어요. 지금 나이는 89세 정도 됐을 겁니다. 저희 가족은 다행히 죽은 사람이 없지만, 식구를 셋이나 잃은 김현수 님 가족은 얼마나 안타까웠겠어요. 그분 딸 김옥희가 저와 동창입니다. 5남매 중 장녀 김옥희와 바로 아래 남동생은 물에 떠내려가다가 나뭇가지 붙들고 살았는데 아래로 세 동생은 떠내려가 죽었어요. 정확한 기억은 안 나는데 물난리 이후 다시 자식을 하나 더 낳은 거로 알고 있어요. 이름이 윤택인가 그래요. 결혼해서 잘살고 있어요. 지금은 부부 두 분만 계시는데 모두 건강하십니다.

그리고 당시 스크럼 멤버였던 박태호 님은 상진리 이몽수 님 집 근처에 살고 있어요. 당시엔 젊었는데 지금은 연세가 71세 정도 됐을 거예요. 그 집 부근에 지선탁 님이라고 있어요. 그분도 70세 정도 됐을 겁니다. 이분은 웬만한 연락처는 거의 파악하고 있는 분입니다.

상진리 가람빌라 바로 밑에 천일 손칼국수 집이 있어요. 남편이신 이창수 님은 당시 핵심 리더 역할을 하셨던 분인데 지금은 돌아가셨고 아주머니께서 식당을 하시는데 아주머니 이름은 모르겠어요. 그리고 초등학교 골목 공중화장실 위쪽에 사시는 83~84세의 김용환 님도 계시고 그 외에도 저처럼 개인택시 하는 분도 두어 명 있습니다.

🎤 김문근

우리가 관심이 없어서 그렇지 증언해 주실 분들이 아직은 꽤 있네요. 향후 10여 년이 지나면 증언해 줄 사람이 별로 없겠지요. 그러면 영원히 그냥 묻히는 거지요. 저는 그것이 무섭고 안타까울 뿐입니다. 고맙고요. 조만간 이분들을 찾아뵙고 그날 어떤 일이 있었는지 증언을 들어보겠습니다. 그리고 (책에 실린 사진을 보면서) 여기 이 사진에 보면 "마을자랑비 제막식"인데 1993년 7월 31일 "증도리 향우회"에서 주최했네요. 혹시 제작하기까지의 사연이라든가 행사와 관련해서 아시는 내용이 있으신지요.

▶ 오재창 님

증도리 향우회는 증도리 출신으로 구성되어 있었지만, 증도리에 사는 사람은 없었어요. 그 당시는 충주댐 건설로 마을이 모두 수몰된 다음이었거든요. 물탱크는 단양면장 하시던 신재복 님이 이걸 만들어보라면서 준 거로 알고 있어요.

마을자랑비는 이창수 님이 당시 새마을 계장인 윤수경 님에게 건의하셨던 거로 알고 있어요. 당시에 마을자랑비 제막을 위해 노력을 많이 하신 거로 알고 있는데 자세한 경위는 모르겠네요.

그래서 시루섬이 잘 내려 보이는 국도변 언덕에 설치했어요. 1993년이면 수해 나고 21년 지나서 제막식을 했네요. 그날 전국 각지에 흩어졌던 시루섬 사람들이 굉장히 많이 왔어요. 떠난 지 오래됐는데 30~40명 정도 왔으니 많이 온 거죠. 연락은 수해 당시 이장 님이셨던 이몽수 님이 맡아 주셨어요. 그분은 연락처를 거의 알고 계실 겁니다.

그 뒤로 우리가 한두 번 50여만 원을 받았어요. 관리하는 사람들한테 받아서 염소를 대접하고 그랬는데 한두 번 오시더니 안 오시더라고요. 물론 돌아가신 분들도 많겠지요.

그런데 이 자랑비를 마을 어르신들이 3년 정도 관리하다 보니까 청소 등 힘드니까 우리 "시루섬 친목회."에 관리를 넘긴 거죠. 시루섬 친목회는 시루섬 출신으로 저처럼 조금 젊은 사람들 10여 명이 모인 친목회입니다. 회장은 멀리 있고 제가 총무를 보고 있습니다.

🎤 김문근

그러면 그 마을자랑비는 지금 어디에 있나요? 현장에 가서 사진도 찍고 내용도 읽어 보고 싶습니다.

▶ 오재창 님

자랑비의 위치는 지금 도로 확장 공사하는 쪽인 동산에 이 마을이 보이는 곳에 있었어요. 우측에 그늘 만들어 놓은 데 있었잖아요. 역전 지나서 1km 가면 우측 커브 돌아 내려가는 넓은 곳이 있었거든요. 그곳에 있었습니다.

그런데 2~3년 전 무렵 국도 확장공사로 이 자랑비를 철거하게 되었어요. 그래서 우리 모임에서 100만 원인가 보상을 받았지요. 처음에 설치할 때는 읍사무소에서 나온 돈에 조금 더 보태가지고 만들었지요. 지금은 겨울에는 보이는데 여름에는 풀이 우거지고 가시나무, 무궁화 나무가 있어 안 보이는 거예요. 그때 당시 공사 마무리되면 해준다고 했는데 아직 그대로인 거죠.

현천리 가면 비석이 있는데 그걸 옮길 때 우리가 보상을 삼백이십 얼마 받았어요. 우리가 이걸 결정을 안 해주면 그 사람들이 공사를 못 하는 거예요. 우측으로 이만한 산 있었잖아요. 그걸 깎아야 하는데 그래서 빨리해줬지. 보상은 대전 국토지방청에서 나왔어요. 그렇게 보상을 받고 쌍용건설에서 자체적으로 보관해놨다가 공사가 끝나면 다시 세워주기로 했지요. 4차선으로 도로 확장하다 보면 안 되고 도로 옆 강 쪽으로 공터가 생기는 곳에 세워주려다 못한 거예요.

도로가 완공되면 비석을 다시 제작하기 위해 몇백만 원 지원을 부탁하는 민원을 넣어보려고 합니다. 옛날에 한 거라 제대로 안 되어 있거든요. 사람 희생도 많았고 많은 사연과 아픔을 간직한 동네인데… 우리 이름은 하나도 안 들어갔고 엉뚱한 이름이 들어가 있어요. 그래서 비석도 다시 제작해서 안승상 님 모친 동상과 함께 설치해 놓으면 얼마나 좋을까 생각이 들더군요.

🎙 김문근

그 자랑비가 풀 속에 묻혀버리고 있다니 안타깝네요. 일정한 곳에 마을자랑비는 물론 그날의 악몽을 재현하는 동상, 안내 설명문 등을 종합적으로 스토리텔링 하는 등 새로운 관광지로 개발해야 합니다. 동상은 물탱크에서 스크럼 짜고 237명이 모여 있는 군상(群像)이 좋겠지요. 이 군상 중에서 당연히 아기를 안고 있는 아기 엄마가 강조되어야 합니다. 관광객들이 이러한 시설을 배경으로 사진도 찍을 수 있도록 포토존도 만들어야 하겠지요. 춘천에 가면 소양강 처녀상이 있어요. 저도 가봤어요. 유행가 가사를 소재로 호수의 도시 춘천시에서 의암호로 흘러가는 소양강 하류에 만들었는데 참고해도 좋겠죠. 남들은 없었던 일도 만들어서 관광 상품화하는데 우리는 실제로 있었던 일을 가지고 스토리텔링 하면 관광 단양에도 한몫할 겁니다.

시루섬의 그날 밤 실화를 바탕으로 영화를 제작하고 싶어요. 주인공은 당연히 아기 엄마가 되어야 할 것이고요. 다큐멘터리 성격의 영화도 좋겠지만 타이태닉호 성격의 영화가 더 좋을 것 같네요.

시루섬을 확장하고 높여서 이곳에 박물관을 세워서 국민 교육장으로 활용할 수도 있다고 봅니다. 후세들이 그날의 아픔을 기억하고 그날 시루섬 사람들이 지혜롭고 단결해서 위기를 잘 극복했다는 걸 배워야 한다고 봅니다. 수중보 댐이 완공되면 유람선이 사시사철 운항할 수 있으니까 시루섬에 선착장을 만들어야 합니다. 당시 실물 크기의 동상, 박물관, 영화 소개관, 안내판, 나무 원두막, 포토존 등을 잘 정비해 놓고 입장료도 받고 스토리텔링 하면 새롭고 멋진 관광지가 될 겁니다.

▶ **오재창 님**

시루섬에서 태어나서 자랐고 지금까지 단양에서 살았지만, 누구 하나 물어보는 사람도 없었어요. 관심 가지는 사람도 없었고요. 7~8년 전쯤 「단양 100년사」 사진연감 책자가 나왔어요. 이만큼 두꺼운 책인데 나도 한 권 가지고 있어요. 그런데 시루섬 수해와 관련해서는 물탱크 사진 딱 한 컷에 불과해서 많이 아쉬웠습니다.

그런데 이렇게 시루섬이라는 동네를 기억하고 기록을 남기려고 하니 고맙기 이를 데 없네요. 잊힌 역사를 다시 발굴하는 그걸 해준다면 시루섬 출신으로서, 현재 단양 살고 있는 사람으로서 아주 반가운 일이죠. 하시는 일이 고마워서 원하신다면, 필요하시다면 제가 일을 며칠 못해도 인터뷰할 분들을 찾는데 모시고 다닐 수도 있어요.

🎙 **김문근**

말씀만 들어도 고맙고 힘이 납니다. 우리 시루섬 주민들이 똘똘 뭉쳐서 어려움을 슬기롭게 극복한 멋진 사례가 되도록 잘 기록, 정리하고 싶습니다. 절대로 과장이 있어서는 안 되고 있는 사실 그대로의 다큐멘터리가 되겠죠.

저는 시루섬 사람들의 그날은 초등학교나 중고등학교 교과서에도 실릴 수 있는 일이라고 봅니다. 개인의 이익이 중요하냐? 전체의 이익이 중요하냐? 1972년도 시루섬에서 동네 사람이 똘똘 뭉쳐서 이렇게 위기를 잘 극복했다. 특히 아기까지 희생하면서 이랬다. 이것이 시사하는 바가 얼마나 교육적입니까? 나라를 위해, 공익을 위해, 전체를 위해 희생하는 정신이야말로 학생들에게 가르쳐야 할 소중한 덕목입니다. 아픈 마음을 삼키며 싸늘하게 식은 아기를 가슴에 품고 말 못 하는 어머니의 마음은 감동을 주기에 충분합니다. 그분은 시대의 영웅이십니다.

더 감격적인 그 뒤에 우리 단양군에서 군민대상을 준다고 두 번이나 찾아가서 말씀을 드렸으나 이분께서는 내 아들이 죽었는데 뭐 잘했다고 상을 받느냐면서 한사코 거절하시어 아직도 상을 못 드렸다는 얘길 들었습니다. 죄책감만 가지고 평생을 살아오셨답니다. 일반적으로 군민대상, 도민대상을 서로 받으려고 안달이 나 있는 게 보통인데 얼마나 훌륭한 일이에요? 눈물이 날 정도로 감동입니다.

▶ 오재창 님

 엄마의 잘못으로 그렇게 된 것도 아니고 어차피 죽은 아기 살릴 수는 없는 일이잖아요? 위로하고 귀감이 되셨다는 군민의 마음을 담은 상인데 두 번이나 거절했다는 건 정말 대단하신 분입니다. 얼마나 가슴에 맺힌 게 많았으면 그랬을까 하는 생각을 해봅니다. 상을 받으려고 난리 치는 세상인데 말입니다. 42년이 지났지만 이런 분에게는 훈장을 줘야 합니다.

🎙 김문근

 그렇습니다. 이런 분들에 대해 잘 기록해서 역사에 남기고 후손들이 존경할 수 있도록 해야 합니다. 그런데 이분을 찾기 위해 제가 몇 달 동안 수소문해서 용인에 사신다는 얘길 들을 수 있다니… 참으로 안타깝습니다.

▶ 오재창 님

 벌써 42년이라는 긴 세월이 지났네요. 지금까지 시루섬에 대해 나선 분이 한 분도 없었다는 게 이상합니다. 단양군청에 직원들도 많고 퇴직하신 분들도 많았는데 그동안 왜 누구도 한 번도 관심을 가진 사람이 없었을까요? 이렇게 늦게라도 그날의 역사를 밝히려고 하는 분도 계신 데 말입니다. 8명이나 죽고 이렇게 살신성인한 사람도 있는데 단양군에서는 관심도 없었는지 그게 좀 이상합니다. 지금 이런 노력이 없으면 그날 그 일들은 계속 묻히고 말 것입니다.

 무엇보다도 안승상 님 모친께서 두 번이나 상을 거절하셨다는 사실을 오늘 처음 알았고 참으로 대단하다고 생각합니다. 웬만하면 두 번째 가면 할 수 없이 받겠다고 하실 수 있을 텐데도 말입니다.

🎙 김문근

 제가 할 일, 제가 나설 일을 남겨두신 것 같아 어찌 보면 고맙고 감사한 부분도 있다고 생각합니다. 개인적으로는 숨겨진 역사, 숨겨진 비밀을 캐는 거 같아 재미있고 기대가 큽니다. 앞으로 10년 이상 지나면 이러한 사실, 역사적 진실도 강물 속에 저 멀리 떠내려가 버리고 말 것입니다. 떠내려가기 전에 누군가는 사실과 진실을 건져내야 합니다. 저는 이 일에 소명의식을 느낍니다. 그날 그 자리에서 경험하셨던 많은 분들을 찾아 인터뷰할 것입니다.

반백 년이 지난 일에 대한 기억이 사람마다 조금씩 다를 수도 있고 중복될 수도 있을 겁니다. 그러나 하나의 진실된 모양은 나올 겁니다.

    그날 시루섬 사람들은 모두가 영웅이었습니다. 그날 시루섬 사람들은 시기 질투하지 않았습니다. 절체절명의 위기 속에서도 나보다는 전체를 위했고 사익보다는 공익을 앞세운 분들이었습니다. 전체의 안전을 위해 내 자식 죽은 것도 얘기 안 하고 밤새 속울음을 삼켰습니다.

    이순신 장군이 전사하면서도 "내가 죽었다는 것을 알리지 마라."라고 한 것처럼 내 자식 죽었다는 것을 꼭꼭 숨긴 엄마의 마음이야말로 우리가 본받아야 할 정신입니다. 저는 바로 이러한 정신이 시루섬의 정신이고 시루섬 정신은 곧 단양의 정신이라고 봅니다. 저는 이러한 시루섬의 정신을 책으로 잘 엮어 우리 단양의 역사와 자손만대에 보전하고 싶습니다. 우리 단양의 영웅들로 길이 추앙하고 싶습니다. 생사를 넘나드는 위기 속에서도 시루섬의 이 분들은 이렇게 지혜로웠고, 단결해서 위기를 잘 극복했다는 것을 후세가 본받아야 한다고 봅니다.

    시루섬 정신을 이어받기 위해서는 우리 군민들은 지금 어떻게 해야 할까요? 우리 도내에서 제일 작은 우리 단양군은 시루섬 사람들의 그날처럼 똘똘 뭉쳐야 합니다. 아시다시피 우리 단양군은 3만 인구로 도내에서 인구가 가장 적은 군입니다. 힘을 합쳐도 모자라는 판인데 최근 선거라는 과정을 통해서 뭉치는 힘이 많이 약해졌어요. 이 시루섬 정신을 이어받는다면 지역 화합은 저절로 될 것이라고 봅니다.

▶ **오재창 님**

    맞는 말씀입니다. 제가 시루섬 사람이라서가 아니라 그날 시루섬 사람들은 지금 생각해도 똘똘 뭉쳐 서로 돕고 희생해서 피해를 최소화했다고 봅니다.

🎙 **김문근**

    역사적으로 볼 때 우리 단양사람 중에 영웅이 없는 것 같습니다. 가슴이 울컥한 감동적인 그 사연, 우리의 영웅이 없단 말입니다. 옛날에 단양군수를 하셨던 퇴계 이황 선생도 단양사람은 아니고 경상도 사람이었습니다. 삼봉 정도전도 도담리가 외갓집이지 단양사람은 아니었습니다. 그렇다면 우리가 후대에게 물려줄 단양의 영웅을 꼽는다면 저는 증도리 사람들이라고 봅니다. 고관대작만이 영웅은 아닙니다. 마을 사람들 모두가 될 수도 있고 아기 엄마처럼 평범한 분도 얼마든지 영웅이 될 수 있습니다.

증언자 10
이대수 님

이대수
1954년생(당시 18세)

- 가족 사항(9명)
  이종음 님의 3남 4녀 중 차남
- 오전에 친구들과 물고기를 잡다가 물이 불어나자 마을 주민들의 대피를 도움
- 물탱크에 연결된 제1원두막으로 대피. 증언자 중 유일한 제1원두막 대피자로서 물탱크의 상황을 가까운 거리에서 관찰

🎙 **김문근**

간단한 인적사항을 여쭙겠습니다. 1972년 수해 당시 가족 상황과 본인 소개를 부탁드리겠습니다.

▶ **이대수 님**

아버님(이종음)이 1919년생이시니 당시 53세였습니다. 7남매 중 제 위로 네 분은 결혼했고 남은 3남매와 부모님까지 6식구였습니다. 그해 제가 단양공고 3학년이었죠.

🎙 **김문근**

수해 나던 날 물들어 오기 전에 무엇을 하고 있었는지부터 이야기를 시작해주시겠습니까?

▶ **이대수 님**

아시다시피 그때는 여름방학 때였죠. 8월 19일 수해가 났으니까 3일 전, 그러니까 8월 16일 나는 친구들과 함께 5명이 영춘으로 캠핑 간다고 오후에 출발했어요. 우리 시루섬은 6·25 전쟁 때 미군이 주둔했던 지역이라 철조망이나 탄피도 많았는데 우리 집에는 미군들이 쓰던 군용 텐트가 있어 그걸 둘러매고 출발했어요. 그때 4~5명이 같이 갔는데 누구누구인지는 기억을 못 하겠네요. 돈도 없었으니 비포장길을 걸어서 가기로 하고 도전리 절벽 앞, 지금의 신단양 선착장 앞 폭포수 있는 곳 주변의 강가에서 텐트를 치고 첫날 밤을 잤죠. 그날은 비도 안 왔고 강물도 별로 없어 잠자는 데는 문제가 없었습니다.

이튿날 다시 걸어서 영춘까지 가는데 뱃삯을 낼 돈이 없어 군간 나루에서 배를 안 타고 강가에 온달동굴 가는 산길로 걸어서 올라갔습니다. 가는 길에 온달산성도 보고 온달동굴 옆 강가에서 다시 하룻밤을 자려고 텐트를 쳤어요. 여름이라 강가에 놀러 나온 사람들이 많더군요. 주변의 어른들이 "여기는 옛날부터 호랑이가 나오는 무서운 곳이다."라고 겁을 주었지만 우리는 "요즘 호랑이가 어디 있느냐?"라며 기어이 텐트를 쳤지요. 고기도 잡아 구워 먹고 놀면서 하룻밤을 보냈습니다. 이튿날 그러니까 8월 18일 집으로 가려고 올라왔던 그 강가 길을 다시 걸어 내려왔어요.

내려오다 보니 시루섬 바로 윗마을인 상진리까지 왔습니다. 마침 상진리 강가에 미루나무가 아주 많은 곳이 있었는데 누군가 "집에 가기도 싫으니 우리 집에 가지 말고 여기서 하룻밤을 더 자고 가자."라고 해서 그렇게 하기로 의견을 모으고 다시 텐트를 쳤죠. 어두워질 무렵 텐트에서 잠자려고 하는데 비가 오기 시작했어요. 비가 막 억수로 왔어요. 앞도 안 보일 정도로 말입니다. 물이 금세 불기 시작하더라고요. 이거 안 되겠구나 싶어 텐트를 걷어 집으로 향했어요.

도로로 올라오려면 도랑물을 건너야 했는데 물이 겁나게 내려오는 그 도랑을 간신히 건너서 집으로 왔어요. 시루섬에 오니 강물이 많이 늘었지만, 배를 타야 할 정도는 아니었기에 샛강을 그냥 건너올 수 있었죠. 집에 와서 자고 이튿날 즉 운명의 8월 19일이 밝았습니다. 오전에는 비가 안 왔어요. 그래서 캠핑 다녀온 친구들과 물고기 잡으러 족대를 갖고 강가로 나갔어요. 결국, 먹지도 못했지만, 물고기는 꽤 많이 잡았지요. 그런데 비가 와서 중단하고 집으로 왔는지 아니면 고기 잡을 때는 비가 안 왔는데 점심 먹고 나서부터 비가 오기 시작했는지 기억이 분명치는 않네요.

하여튼 그때부터 또 비가 오기 시작했는데 순식간에 물이 불어 오르더라고요. 그런데도 나는 정말 우리 집은 신경도 안 썼어요. 마을에서 제일 높은 곳에 살았으니까요. 오히려 강에서 가장 가까운 곳에 사는 김기호 네 집이 있었는데 마당으로 물이 들어오고 있는 그 집으로 가서 이불 보따리 등 살림살이를 리어카로 지대가 높은 곳으로 날라 주었습니다.

기억에 남는 건 그 집에 갔더니 겨울 땔감 나뭇더미 위로 닭이 올라갔는데 기호 아버지가 그 닭을 붙잡으려고 세게 흘러가는 물살을 건너는 게 아니겠어요? 물살에 휩쓸리면 그냥 바로 죽는 상황인데도 말입니다. 아휴! 난 정말 겁이 나더라고요. 그곳은 여울이 가장 센 곳이거든요. 물살이 휘감아 돌아 두명소라고도 불리는 위험한 곳이었습니다. 지금 애곡리 길가의 시루섬 모자 동상이 세워진 곳 바로 앞부분이었죠. 닭 한 마리가 아까워서인지 아니면 닭을 살리려고 하셨는지는 모르지만 너무나 위험한 일을 하시는 기호 아버지의 모습이 생각나네요.

🎤 김문근

그래서 사시던 집에는 언제쯤 어떻게 오셨는지요? 그리고 집에 와서의 상황을 말씀해 보시죠.

▶ 이대수 님

집에 오는데 보니까 순식간에 물이 붇기 시작하는데 우리가 천천히 걸어가는 속도와 똑같이 물이 따라 올라오더라고요. 금방 물바다가 되는 거예요. 우리 집에 오니까 거기까지 물이 따라오는 겁니다. 우리 집은 물탱크에서 50m 정도 떨어진, 마을에서 제일 높은 지대에 있었어요. 우리 집 가까이에 몇 집이 있었는데 이창수 님, 이창열 님, 김수종 님 집이었습니다. 그중에서도 아마 우리 집이 제일 높은 곳이었을 겁니다.

그런데요 약주를 엄청 좋아하시는 우리 아버지는 "설마 물이 들어오겠느냐?"라고 하시면서 계속 약주만 드시고 계셨어요. 물이 마당 앞에 들어오는데도, 방까지 들어오는

데도 말입니다. 아버지는 말은 그렇게 하셨지만, 눈에서는 눈물이 흐르고 있었어요. 그 때는 이해할 수 없었지만, 지금은 알 것도 같아요. 아마 피와 땀을 흘려 농사지은 담배가 강물에 떠내려가니 억장이 무너지는 기분이셨겠지요.

솔직히 나도 물이 우리 집까지 들어오리라고는 생각을 못 했어요. 우리 집 가까이까지 물이 차올라오니 사람들은 물탱크로 올라가고 어떤 분들은 원두막을 짓고 부산하더군요. 원두막 짓는데 나무를 날라 주면서도 설마 여기까지 물이 들어차리라고는 생각하지 못했는데 결국 물이 자꾸 올라오니 나무로 올라갈 수밖에 없었지요. 사람들이 물탱크로 올라간 사다리 두 개가 걸쳐 놓아 있더군요.

🎙 김문근

물탱크로 올라가지 않고 나무 원두막으로 올라갔다는 말씀이신가요? 그렇다면 가족 모두가 올라갔습니까? 그렇게 결정하게 된 과정이 궁금하네요.

▶ 이대수 님

우리 가족들은 모두 미리 물탱크에 올라갔고 나만 여기저기 돌아다니느라 합류하지 못했지요. 친구네 짐 옮겨 주고 마을 어른들이 원두막 만드는데 나무를 가져다드리는 심부름을 하느라 올라갈 틈이 없었죠. 물탱크 위에는 온 동네 사람들이 빼곡해서 도저히 올라갈 공간이 없었으니까요. 이산가족이 된 것이죠.

그래서 나는 원두막에도 맨 나중에 올라갔어요. 물이 허리까지 찼을 상태에서 올라갔는데 원두막 안이 그리 비좁지는 않았어요. 원두막 높이보다 물탱크의 높이가 더 높았을 겁니다.

🎙 김문근

아! 이산가족이 되었군요. 그러면 원두막을 어떻게 만들었는지 그리고 원두막에 올라가서의 상황을 말씀해 주시겠습니까?

▶ 이대수 님

내가 올라간 원두막은 물탱크 바로 옆에 있었어요. 그래서 어른들은 원두막에서 서까래 나무 몇 개를 물탱크에 걸쳐서 물탱크가 지주 역할을 하도록 했지요. 원두막 어떤 곳에 서까래 나무를 묶었는지 그냥 걸쳐 놓았는지는 잘 모르겠고요. 그래서 결과적으로 우리 원두막이 제일 안전했나 봐요. 원두막은 3개 중에서 김현수 님 원두막과 조금 더 위에 있던 원두막은 쓰러졌지만, 우리 원두막은 쓰러지지 않았으니까요.

🎙️ **김문근**

'원두막 3개'라고 말씀하셨는데 원두막이 2개가 아니라 3개였습니까? 김현수 님 원두막과 형님이 올라간 물탱크 연결 원두막만 있었던 걸로 알았는데 제3의 원두막이 있었다고요?

▶ **이대수 님**

원두막은 3개였습니다. 김현수 님 원두막은 아신다니까 생략하고 내가 올라간 원두막에는 기석이 아버지, 복수 아버지, 애들은 나보다 한 살 아래인 김정종을 비롯해 7~8명 올라간 것 같습니다. 복수도 올라간 것 같기도 하네요. 어른들이 그 원두막을 짓는데 어디서 나무를 구했는지 금방 구해 오더라고요. 나보고 저 나무 밑에 갖다 놓으라고 하시길래 내가 부지런히 심부름했어요. 이렇게 어물거리다 보니 내가 제 때에 물탱크에 올라가지 못하고 늦었던 거죠.

김현수 님 원두막보다 조금 더 위쪽에 지었던 원두막에도 박동구, 박동준 두 형제분을 비롯해 여러 사람이 올라간 걸로 알고 있습니다. 그분들의 식구들도 올라가셨는지는 기억이 안 나네요. 어쨌든 원두막 3개 중에서 2개가 쓰러지고 내가 올라온 나무만 안전하게 버텼습니다. 맨 꼭대기 원두막은 쓰러지지 않았고 김현수 님 가족 원두막만 쓰러진 거죠. 오주택 님 아버지는 가족은 밧줄을 준비해서 올라가면서 식구들에게 "만약에 문제가 생기면 이 밧줄을 잡고 있어라."라고 해서 그 밧줄을 붙잡고 살았답니다.

🎙️ **김문근**

김현수 님 인터뷰해 보니 그런 얘기는 하지 않던데요.

▶ **이대수 님**

서울 사는 내 친구 오근택이 그러더라고요. 며칠 전에도 통화했는데 본인도 그 원두막에 올라갔는데 그 밧줄에 본인을 비롯해서 7~8명이 매달렸다고 하더라고요. 아무튼, 그 원두막도 쓰러졌어요.

🎙️ **김문근**

원두막이 본부 격인 물탱크와 연결되어 거리가 아주 가까웠을 테니 물탱크 위에 있던 사람들도 잘 보이고 말소리도 잘 들리었겠네요.

▶ **이대수 님**

아니죠. 비도 많이 내렸고 안개가 너무 자욱해서 전혀 안 보였습니다. 약 2m 정도 앞도 안 보였으니까요. 가깝기는 해서 소리 지르는 건 들렸을 겁니다. 물탱크와 약 30m 정도 거리에 있었던 것 같았어요.

🎙 김문근

물탱크에 대해 기억나는 게 있으시면 말씀해 주세요.

▶ 이대수 님

원통형으로 본체 탱크가 있었고 아래쪽에는 본체 탱크를 받치는 사각으로 된 탱크가 있었어요. 자갈이 많이 깔려 있는 걸로 보아 물을 걸러내는, 자체 정화하는 공간인 것 같았어요. 물이 없을 때 사각 탱크 안에 들어가면 꽤 널찍한 공간이 있었어요. 우리는 그 안에 들어가서 짚단 깔아 놓고 많이 놀기도 했지요.

🎙 김문근

아 그러셨군요. 그러면 원두막에 올라가서의 상황을 말씀해 주시겠습니까?

▶ 이대수 님

나는 그저 덤덤하더라고요. 설마 죽는다는 생각은 한 번도 안 해봤어요. 겁이 나지도 않았고 나는 이상하게 그런 생각이 안 들더라고요. 헤엄쳐 건너볼까 하는 생각은 안 해봤어요. 왜냐하면, 헤엄칠 줄 알아도 저체온 때문에 안 돼요. 장마 물은 엄청 차갑거든요. 체온이 내려가서 못 살아요. 우리는 물가에 살았기 때문에 그런 것을 잘 알잖아요.
그런데 저 위의 나무에 설치한 원두막은 걱정이 되더라고요. 왜냐하면, 그쪽은 배 앞머리처럼 물살이 갈라지는 지역이라 땅이 패일 수 있고 그러면 원두막이 넘어갈 수 있다는 감이 들었기 때문입니다.
한밤중에 소리 지르는 건 들었어요. 밤 10시나 11시쯤 되었는데 김현수 님 원두막에서 악! 하고 소리 지르는 걸 들었어요. 그래서 "아! 저 나무가 넘어갔는가 보다."라고 예감했지만 어찌할 수가 없었죠. 먼동이 트니 물이 빠지더군요. 물 빠질 때도 언제 빠졌는지 모를 정도로 순식간에 빠지더라고요. 위쪽에 설치한 원두막에서는 물이 더 불어날 경우를 대비해 뗏목도 준비해 놓았다는 얘기는 들었는데 정말인지는 잘 모르겠어요.

🎙 김문근

원두막에서의 다른 기억이 없으시다면 그 이후의 상황으로 넘어가 볼까요?

▶ 이대수 님

원두막에서 내려오니 배가 고픈데 우선 먹어야 하지 않겠습니까? 그때 우리 집에 보리쌀 두 가마가 있었는데 물에 잠겼으니 퉁퉁 불어 시커멓더라고요. 어머니는 그 보리 쌀을 꺼내서 밥을 지었어요. 그런데 물 떠올 그릇도 없으니 강가에까지 가서 물을 떠 올 수 없죠. 그 당시 우리 집에는 재래식 화장실 웅덩이가 아주 깊었어요. 물론 물살에 그 웅덩이에 있던 분뇨는 다 떠내려가고 강물이 고였는데 그 화장실 물, 즉 똥통의 물을 떠다가 아침밥을 지었어요. 그릇이 없으니 손으로 둘둘 뭉쳐 주먹밥으로 이웃 사람들과 나눠 먹었는데 나는 그 밥맛이 꿀맛이더라고요. 배가 고프니까 말입니다. 그래서 아침 먹고 미군 헬리콥터가 와서 타고 단양으로 나갔지요.

🎤 김문근

그 헬리콥터에 마을 사람들 6~7명 탔다는 얘기가 있던데요.

▶ **이대수 님**

아니에요. 훨씬 더 많은 사람들이 탔던 것 같아요. 내 기억으로는 헬리콥터가 좀 크더라고요. 소도 실었거든요.

🎤 김문근

아니 소도 탔었다고요? 세상에! 그렇다면 전 세계적으로 역사적으로 전무후무한 일인 것 같습니다.

▶ **이대수 님**

네 그랬어요. (웃음)

🎤 김문근

이재민 수용소로 나와서의 생활은 어떠했는지요?

▶ **이대수 님**

학교 운동장에서 천막생활을 몇 달간 한 것 같은데 그때 나는 고3이라 왔다 갔다 돌아다니기만 했지 별로 기억나는 게 없네요.

🎤 김문근

마지막으로 그 밖에 기억나는 것이나 하고 싶은 말씀이 있다면 말씀해 주시겠습니까?

▶ **이대수 님**

내 생각에는 강가의 미루나무만 아니었어도 그런 최악의 상황까지는 안 갔을 텐데 그 미루나무도 한 원인이 됐을 거라고 봐요. 그때는 강가에 미루나무를 많이 심었어요. 우리 시루섬도 그랬었지만, 특히 영춘 쪽으로 올라가면서 아주 많았는데 그 나무들에 이것저것 많이 걸려서 강물이 미쳐 제대로 흐르지 못했을 겁니다. 게다가 국도인 상진대교 다리에 온갖 나무가 다 걸쳐 있었답니다. 그래서 더 물이 차올랐을 거로 봐요.

그리고 시루섬과 물탱크가 어떤 식으로든 보존이 되었으면 좋았을 텐데 모두 없어지고 말아서 참으로 안타깝다는 생각을 많이 해왔어요. 신단양 건설하면서 모두 파헤쳐 지금은 흔적이 모두 없어졌으니 많은 아쉬움을 느끼고 있습니다.

증언자 11
김기홍 님

김기홍
1957년생(당시 16세)

- 가족 사항(8명)
  김주환 님의 3남 3녀 중 차남(셋째)
- 마을 인척
  김경환: 작은아버지 / 김영환, 김용환: 5촌 당숙
- 수해 당시 물탱크에 올라 스크럼을 짜는 데 참여

🎤 김문근

1972년 수해 당시 중3이라는 어린 나이임에도 물탱크 위에서 스크럼을 짜는데 일원으로 참여하신 거로 알고 있습니다. 당시 수해 상황, 대피 과정에 대한 말씀 이전에 먼저 마을의 특성을 말씀해 주시길 부탁합니다.

▶ 김기홍 님

우리 마을은 모래가 많아 땅콩 농사를 많이 했고 뽕나무가 많아 누에농사를 많이 했지요. 그래서 잠업센터도 우리 마을에 있었고요. 아름드리 소나무가 많아 물탱크 주변 소나무 숲을 "윗송정.", 구단양 쪽 소나무 숲을 "아랫송정."이라 불렀습니다. 그래서 이 소나무 숲으로 초등학생들이 소풍도 많이 왔어요. 아마 소나무 송(松), 정자 정(亭)자를 썼을 겁니다. 그리고 당시 우리 집에는 박광희 님 아버지가 군청에 측량기사로 일하면서 세 들어 살고 있었습니다.

그리고 우리 마을은 6·25 전쟁 때 미군 주둔지였답니다. 할아버지 애기 들어보니 6·25 때 미군이 거의 살다시피 했다고 하더라고요. 1951년생인 우리 형님(김기석)이 당시 아기였으니 미군들이 귀여워서 아기를 안고 다니기도 했다고 하시더군요. 꽤 오랫동안 주둔했던 것 같아요. 그래서 마을에 탄피는 물론 포탄도 많이 나왔어요. 우리 집에도 탄피, 깡통 등 미군 용품이 많이 있었어요.

별다른 놀 거리가 없던 시루섬 아이들은 모닥불에 실탄을 집어넣고 터트리며 놀기도 했어요. 실탄이 위험한 걸 모를 나이기도 했고 터지는 것이 매우 흥미로웠으니까요. 그리고 탄약상자에 바퀴를 달아 친구를 태우거나 돌을 싣고 동네방네 돌아다니기도 했어요.

미군이 쓰던 그리스 깡통도 있었는데 손 베었을 때 이걸 바르면 기름기가 있어 그런지 덧나지 않고 잘 아물었어요. 지금 생각해보면 화공약품 오일이라 덧나지 않았던 게 다행이라는 생각도 들지만, 하여튼 잘 아물었어요.

고물장수들이 쇳덩이를 찾기 위해 동그란 지뢰탐지기로 여기저기 땅에 갖다 대면 윙윙하는 소리를 듣고 포탄, 큰 탄피 등을 많이 캐더군요. 우리도 이런 쇳조각을 주어 엿 사 먹기도 했지요. 어릴 적 어느 겨울에 강물이 꽁꽁 얼어 얼음 위를 지나는데 얼음 아래를 보니 강바닥에 아주 커다란 포탄이 보이더라고요. 지금은 수양개 유적지 있는 곳인 시루섬 맞은편 여울살 지점이었어요. 신고하니까 군인들이 와서 폭파시켜 버린 적도 있었지요.

🎙 **김문근**

아 그러셨군요. 그러면 수해 당시의 상황을 마을에 물이 들어오기 시작할 때부터 기억나는 대로 말씀을 부탁드립니다.

▶ **김기홍 님**

수해 며칠 전 제 또래 몇 명과 함께 텐트를 메고 영춘까지 걸어서 캠핑을 다녀왔습니다.

🎙 **김문근**

청주에 사시는 이대수 님도 캠핑을 다녀왔다고 하면서 일행을 기억하지 못하시던데 혹시 함께 간 것은 아닌지요?

▶ **김기홍 님**

예 맞아요. 같이 갔습니다. 나, 이대수, 오재창, 이재호(사망)는 분명하고 그 외에도 오근택 님인가 그렇게 다섯 명일 겁니다. 걸어서 영춘 온달동굴 앞 모래 위에 텐트를 치고 놀다가 수해 하루 전날 즉 8월 18일 집으로 왔지요. 이튿날 물이 많이 늘자 우리 캠핑 멤버 중 서너 명이 다시 모여 족대나 거랭이로 물고기를 잡았어요. 물이 들어오면 물고기가 많이 나오기 때문이지요.

🎙 **김문근**

오재창 님도 그때 고기 잡았다고 하시던데 지금 말씀 들어보니 아마도 같이 잡은 것도 같네요.

▶ **김기홍 님**

아마 그럴 것입니다. 하여튼 물고기를 많이 잡아서 마을 구판장인 박정호 님 집 앞에서 고기 배를 따려고 하는데 이몽수 님인가 누군가 기억은 명확하지 않은데 그분이 지나가다가 나에게 "지금 너희 할머니 집에 물이 들어오고 있는데 너희들 뭐 하고 있느냐?"라고 하시더라고요. 깜짝 놀라서 잡은 고기를 내버리고 급히 할머니 집으로 내려오니까 하마 물이 마당에 넓게 차 있더라고요.

그래서 할머니 댁 짐을 높은 곳으로 나르기 시작했습니다. 마을에서 제일 높은 곳인 이종음 님 집 마당, 마루, 건조실로 옮겼지요. 우리뿐만 아니라 낮은 곳에 사는 동네 사람들이 모두 짐을 나르느라 분주하더군요. 짐을 나르다 보니까 사방에서 물이 들어오는 거예요.

🎙 **김문근**

할머니 댁이라면 당시 호주가 어느 분인가요? 당시 할머니는 살아계셨는지요?

▶ **김기홍 님**

    친할머니가 아니고 작은 할머니셨습니다. 마을 제일 남쪽에 5촌 당숙인 김영환 님이 장남이라 그 집에 사셨습니다. 김영환 당숙께서는 여러 해 전 미루나무 가지 자르러 나무에 올라갔다가 떨어져 돌아가셨지요. 맞은편 길 건너에는 작은 당숙인 김경환 님이 살았었어요. 할머니 댁은 마을에서 제일 낮은 곳이라 홍수가 나면 늘 제일 먼저 물이 들어오는 곳이었습니다.

    제일 북쪽에 사시는 작은 아버님(김용환) 댁도 걱정이 되었지만 짐도 많고 갈 새도 없어 못 갔습니다. 강물이 점점 불어나더니 낮 11시~12시 무렵 우리 집을 강물이 들고 내려가더라고요. 우리 집은 ㄱ자 돌기와 집인데도 나중에는 지붕까지 덜렁 들고 나가더라고요. 아마 수수깡에 진흙을 덧칠하듯 채운 벽에 나무집이라 가벼워서 서까래, 대들보, 벽체까지 그대로 들고 나간 것 같아요. 그때부터는 아무것도 못 먹었지요.

    물탱크 위에 올라갈 때는 내 기억으로는 대략 오후 3시경 무렵인 것 같아요. 긴 사다리를 1.5m 정도 높이의 사각 물탱크 위에 놓고 한 사람씩 올라가기 시작했어요. 맨 먼저 노인들, 어린이들을 위에서 당겨주고 아래에서 들어주고 해서 올렸습니다. 우리처럼 젊은 사람들은 혼자 힘으로 나중에 올라갔어요. 입은 옷도 난닝구 바람으로 올라갔지요. 결국, 깨끗한 옷은 다 떠내려 보낸 셈이지요.

🎙 **김문근**

그 사다리가 한 개였는지 두 개를 연결한 것이었는지 인터뷰한 분마다 기억이 다르던데요.

▶ **김기홍 님**

    그 사다리는 분명히 한 개였습니다. 누에농사, 담배 농사하느라 낙엽송으로 만든 아주 긴 사다리가 많았습니다.

    물탱크에 사람들이 꽉 차서 더 이상 올라갈 수 없게 되자 김현수 님, 오근택 아버지(오재운) 등 마을 어른들 몇 분은 주변의 큰 나무에다 급히 원두막을 짓기 시작하더군요. 당시 우리 집은 종갓집이다 보니 아주 넓은 마루가 있었는데 오래되어 마루 교체용 송판을 켜다가 마당 가에 쌓아 놓았지요. 물이 점점 불어나자 이게 아깝다고 높은 곳으로 옮겨 놓았지요. 그분들이 이 송판을 갖고 가서 원두막을 쉽게 지을 수 있었던 겁니다. 그리고 우리 시루섬에는 누에를 많이 치다 보니까 잠실에 누에판을 걸치기 위해 서까래, 상서리 떼가 많았어요. 이렇게 긴 나무와 송판이 넉넉하니 비교적 빠르고 쉽게 원두막을 지을 수 있었던 것 같습니다.

김문근

네 그랬었군요. 그러면 물탱크에 올라가서의 상황으로 장면을 옮겨 보겠습니다. 오후 3시 무렵 올라갔으면 많은 시간 많은 사연이 있었을 텐데요. 본인의 역할이라든가 주변 상황에 대해 기억을 더듬어 주시면 좋겠습니다.

▶ 김기홍 님

물탱크에 올라가서 워낙 좁으니 모두 서 있을 수밖에 없었어요. 김성종 님 할머니 등 연세가 아주 많으신 노인 몇 분만 앉도록 했죠. 김성종 님 할머니는 앉자마자 "하느님 살려 주세요." 하면서 잠시도 쉬지 않고 계속 기도만 하시더군요. 농담이지만 이튿날 우리가 물탱크에서 내려와서 그 할머니한테 얘기했지요. "절에 다니는 분도 죽을 때가 되니까 하느님을 찾으십니까?"라고 말입니다(웃음).

노약자, 여자들은 안쪽으로 들어가도록 했고요. 마을의 젊은 사람들은 제일 가생이에 밖을 향해 빙 둘러앉아 서로 팔짱을 끼고 있었어요. 난간이 없으니 자칫 강물로 떨어질 수 있으니까요. 둘러앉은 젊은 사람들이 대략 20여 명쯤 되었을 것 같은데 그중에는 아마 제가 제일 어렸을 것 같아요. 제가 당시 중3이었지만 또래보다는 키가 컸고 덩치도 좀 있었거든요. 한 줄로 둘러앉았는지 두 줄이었는지는 기억을 못 하겠네요.

당시 우리 마을에 웬만한 집이면 소를 키우고 있었는데 이 소들도 모두 물탱크 주변에 모이니 대략 15~20마리 정도 된 것 같아요. 이 소들을 땅에 두고 물탱크에 올라갈 수밖에 없잖아요? 물탱크 올라가기 전에 어떤 분은 소고삐를 아예 떼어 내고 어떤 분은 고삐를 소의 목에 빙빙 돌려 감아 매어 두더군요. 만약에 소가 떠내려갈 경우 긴 고삐 줄이 뭣에 걸리면 죽게 되니까 이를 대비한 배려였죠.

물이 점점 불어 오르자 갈 곳 없는 이 소들은 떠내려가지 않고 물탱크 바로 아래에서 계속 헤엄을 치면서 오르내리고 있더군요. 아름드리 소나무밭 바로 아래에 물탱크가 있어 강 한복판이지만 이런 장애물로 인해 물탱크 아래쪽은 비교적 물살이 약했기 때문일 겁니다. 짐승이지만 사람들이 있는 물탱크와 가까이 있어야 살 수 있다는 마음이 들었는지도 모르겠고요.

이 모습을 보고 나는 혼자 생각했지요. '만약에 내가 떠내려간다면 저 소 중에 어느 한 마리 꼬리만 꼭 붙잡으면 살겠구나.' 이 생각도 했습니다.

이렇게 물살이 약해진 이유에선지 소나무밭 밑에 있던 이창열 님 집과 나뭇가리만은 안 떠내려갔어요. 온 동네 집들이 떠내려갔는데 유일하게 살아남은 집이었습니다. 그 집과 나뭇가리만은 그대로 있었어요. 비록 많이 파손은 되었지만 그대로 들었다 놓기만 한 셈이었죠. 그래서 물탱크에서 내려와 이 나무로 불을 피워 밥을 지어 먹을 수 있었던 것입니다.

어쨌든 이 소들이 둥그렇게 떼를 지어 오르내리고 있는 모습이 물탱크 위에서 잘 보이더군요. 가생이에 있는 소는 물살에 조금 떠내려가다가 다시 가운데로 헤엄쳐 올라와 대열에 합류하기를 계속하더군요. 우리는 "어! 어! 소 나간다."라고 외치기도 했지요. 그런데 한 마리는 헤엄쳐 올라오지를 못하고 결국 멀리 떠내려가더군요. 그 소는 우리 작은 아버님인 김용환 님의 소였는데 이튿날 지금의 꽃거리가든 옆 감나무 밑에서 있는 걸 찾아왔어요. 그 소도 얼마나 힘들었는지 3일간 일어나지를 못하더랍니다. 다른 소들은 모두 살았어요. 그 긴 시간 동안 물에서 헤엄치면서 말입니다.

구미에 가서 떠내려간 돼지를 찾아왔다는 말도 있고 개, 닭은 수없이 떠내려갔습니다. 지붕 위에 올라와 있던 그 짐승들이 둥둥 떠내려가는 걸 보면서 '내가 어떡하면 살까?' 하는 생각에 너무나 무섭더군요.

나중에 들은 얘긴데 누군가 상진 다리 주변에서 보니까 상류에서 떠내려오는 지붕 위에 사람이 있었는데 그 지붕이 상진 다리 교량에 부딪히고 빠져나오는데 사람은 없어졌더랍니다.

🎙 김문근

정말 안타깝고 감동적입니다. 절체절명의 그 순간을 당하지 않으면 상상이 안 되는 드라마보다 더 드라마틱한 얘기네요. 인터넷 확인해 보니 그 날은 임자년 음력 7월 11일로 보름을 4일 앞두고 있었습니다. 스크럼을 짠 일원으로서 그 밤에 보고 들었던 일, 어렵고 힘들었던 일을 말씀해 주시겠습니까?

▶ 김기홍 님

우리는 맨 바깥에 있었기 때문에 안쪽에서 일어난 상황은 전혀 알 수 없었어요. 다만 "밀지 말라."는 고함만 많이 쳤어요. 이리저리 밀리는 경우가 많다 보니 끝에 있는 사람, 특히 난간에서 스크럼 짠 우리는 강물로 떨어질 수 있으니 고함칠 수밖에 없었지요.

비는 아마 밤 11시 전후에 그친 거로 기억합니다. 비가 그친 후에도 수위는 계속 올라오고 있었고요. 비가 그치니까 구름 사이로 달이 약간씩 비치기도 한 것 같아요. 음력 11일이니 달도 꽤 컸겠지요. 그래서인지 원두막 사람들이 떠내려가는 게 어렴풋이 보이더군요. 강물에 새카만 사람 머리만 보이면서 "사람 살려." 외치는데 우리 물탱크 사람들은 어떻게 할 수 없어 그냥 발만 동동 구르고 있었지요. 아마 물탱크보다 상류에 소나무 숲 그러니까 물받이를 해주던 소나무가 뽑혀 넘어가서 원두막이 쓰러진 것 같아요.

한꺼번에 떠내려간 게 아니고 두세 번 나누어 떠내려간 거로 기억합니다. 맨 처음에 김현수 님 가족이 떠내려가고 그다음에 오근택 네 가족, 그리고 광주 영감님 가족이 누구와 같이 있었는지 잘 모르겠는데 그 양반은 소리도 못 지르고 떠내려갔는데 아침에 보니까 사람이 없어서 떠내려가 죽은 줄 알았지요. 김현수 님 아줌마는 이대수네 살구나무인가 뽕나무인가에 올라가서 살았고 딸 옥희는 뽕나무 잡고 살았어요. 하여튼 살구나무에 누군가 올라가서 살았어요. 김현수 님 아줌마인지 오근택 엄마인지 잘 모르겠네요. 이종음 님 집 철조망에 걸려 살아난 분도 있었어요.

그리고 그때 저는 라디오를 한 대 갖고 올라갔어요. 길이가 30여 cm 되는 금성트랜지스터였지요. 농사짓는 분들이 일기예보를 들을 수 있도록 농협에서 보급하는 걸 할부로 구입한 것이었어요. 이 라디오를 계속 틀어놓고 있었어요. 라디오 뉴스를 들어보니 강원도 어디에서 비가 얼마만큼 많이 왔다. 한강에 물이 많이 불었다고 하더군요. 물론 우리 시루섬 얘기는 전혀 없었고요. 그런데 새벽 두 시 무렵 한강의 물 수위가 더 이상은 늘지 않고 있다는 뉴스가 나오더군요. 이 뉴스를 듣고 우리는 희망을 가지기 시작했죠. 그때가 물탱크 꼭대기 1m 아래까지 물이 차올랐을 때였습니다. 물 수위가 가장 높았을 때였지요.

🎙 김문근

1m 아래까지 물이 찼다고요? 물이 가장 높이 찼을 때 그 높이가 어느 정도였는지 인터뷰해 주신 사람마다 조금씩 다르더라고요. 물탱크 높이(6m)의 반 정도였다는 사람이 제일 많았고 1/3까지였다는 사람, 3/4까지였다는 사람도 있던데요. 그 부분을 잠깐만 자세히 말씀해 주신 후 물탱크에서 내려와서의 얘기로 이어 나가면 좋겠습니다.

▶ 김기홍 님

재어 볼 수는 없었지만 내 기억으로는 대략 물탱크 1m 정도 밑까지 찼어요. 아무리 적게 잡아도 2m 아래까지 찼어요. 그래서 우리 시루섬 사람들끼리 만나면 하는 얘기가 "물이 1m만 더 찼어도 우린 모두 떠내려가 죽었을 거다." 합니다.

물은 새벽 3시쯤 보니까 벌써 작은 탱크, 그러니까 사각 보조 탱크 지붕까지 쭉 빠져 지붕이 보이기 시작하더군요. 물 깊이가 땅에서부터 사람 키만큼 될 겁니다. 1.5m 안팎 될 겁니다. 날이 아직 밝지 않았는데도 이때쯤부터 서너 사람이 나무 위에 있는 사람들을 구하러 나서더군요. 사다리를 타고 내려가 배를 타더니 여기저기 나무에 걸려 있거나 나무 위에 올라가 간신히 버티면서 소리치는 사람들을 배에 싣고 오더라고요. 물이 쭉쭉 잘 줄고 있어 갈 때는 배를 타고 갔지만, 나중에 올 때는 땅바닥이 드러나더라고요.

물탱크 위에 있던 사람들도 밤새 추워서 떨었지만 모여 있으니 사람 훈기라도 있었지만, 나무 위에 있던 사람들, 특히 나무나 밧줄을 붙잡고 물 위에 떠 있던 사람들은 얼마나 추웠겠어요? 그래서 사람들은 나무를 구해와 불을 해 놓더군요. 아까도 얘기했지만, 이창열 님 나뭇가리에서 나무를 가져와 불을 지핀 것입니다.

당시 마을에 이현석 님이라는 분이 살았는데 50~60세쯤 되었을 겁니다. 시루섬이 고향은 아니고 외지에서 부부가 자갈 채취하러 들어왔다가 머슴살이하듯이 살았지요. 부인은 물탱크 위에 있어 살았지만, 그분은 나무 위 원두막에 올라가서 떠내려가다가 뽕나무를 잡고 있었답니다. 제 형님(김기석)을 비롯한 몇 사람이 배를 갖고 나가서 그분을 건졌더니 숨은 쉬는데 의식은 없었고 이만 빠드득빠드득 갈고 있더랍니다. 의식도 없는 그분은 배 안에서 제 형님 발목을 꽉 잡더니 놓아 주지를 않더랍니다. 그래서 두세 사람이 억지로 손가락을 꺾다시피 해서 발목을 풀었답니다. 불을 해 놓고 제일 그분을 온기를 쐬려고 불 옆에 누이고 주물러 주고 했는데도 의식이 돌아오지 않고 이만 갈고 있다가 한두 시간 정도 지나자 결국 숨을 거두더군요.

물탱크에서 내려와서도 아기가 찡겨 죽었다는 얘길 못 들었어요. 나중에 알고 보니 그런 얘기가 있더군요. 최옥희 님은 제일 나중에 내려오셨습니다.

내려와서 어른들이 누가 죽었는지 살았는지 인원 파악을 하더군요. 물탱크에 올라간 사람이 237명으로 확인됐어요. 그 숫자를 잊어 먹지도 않고 있어요. 그중에는 잠업센터 사람들도 34명인가 포함된 인원이지요. 나무 원두막에 올라갔던 분까지 합하면 당시 마을 사람들은 모두 270여 명 되었을 겁니다. 나중에 단양사람들, 기자들도 237명 얘기하니까 대단하다는 사람들도 있었고 "거짓말하지 마라."면서 믿지 않는 사람들도 있더군요. 그래서 그 숫자를 확실히 기억하고 있어요. 우리 시루섬 사람들은 모두 그 기억할 겁니다.

김문근

그렇군요. 안타까운 얘기네요. 그러면 아침 식사는 어떻게 했는지요?

▶ 김기홍 님

물탱크에 올라가기 전에 가마솥을 엎어 놓고 온 분이 많았어요. 가마솥을 평상시처럼 입구가 위를 보도록 두면 떠내려가지만 엎어 놓으면 떠내려가지 않기 때문이죠. 하여튼 어느 집에서 가마솥은 가져왔고 어느 집에서 물에 불은 쌀, 보리쌀을 가져와 밥을 해 먹

없어요. 온통 흙물이라 깨끗한 물이 없어 할 수 없이 거름통 물을 떠다가 아침밥을 한 거로 기억됩니다. 이종음 님 집 앞에 김영식 님네인가 잠실이 있었는데 그 집의 거름 발효시키는 통에 담긴 물이었죠. 흙물이지만 흙이 가라앉고 위는 맑으니까 그 물을 떠다가 주먹밥을 해서 가겟집을 했던 박정호 님 집 흙 속에 파묻힌 간장병을 가져와 반찬으로 먹었습니다.

그리고 아까 얘기했듯이 가옥이 안 떠내려간 이창열 님 댁에 닭장이 있었는데 닭장 안에 있던 닭들이 수장이 된 셈이죠. 닭장 안에서 죽어있던 닭들을 꺼내서 황덕불 위에 던져 놓고 구워서 뜯어 먹기도 했지요.

🎤 김문근

그 후 시루섬을 어떻게 나올 수 있었는지요? 전 주민이 헬기로 나왔는지요? 그리고 어떤 분은 소도 탔다고 하는데 보신 적이 있는지요?

▶ 김기홍 님

네. 모든 사람들이 헬리콥터로 나왔어요. 소가 헬기를 탄 것은 못 보았고 사람만 타고 나온 걸로 기억합니다. 한꺼번에 12명인가 태울 수 있는 미군 헬기였어요. 좌우 양쪽에 앉는 자리가 있더라고요. 물은 거의 빠져 마을 입구 언덕 밑까지 수위가 내려가 있었지만, 여전히 그냥 걸어서 강을 건널 수는 없었기 때문에 헬기가 온 것이죠. 헬기로 구단양 단양여중 마당에 내려놓더군요. 이 학교에 수재민 임시 수용소였지요. 가자마자 군용 모포, 옷가지 등 구호품을 주고 교실에서 재우더라고요.

그러다가 학생들 개학하니 우시장에 군 천막 치고 수용소를 옮겨 주더라고요.

🎤 김문근

그밖에 하실 말씀이 있다면 말씀해 주시지요.

▶ 김기홍 님

물탱크에서 내려와 보니 물탱크가 약간 비스듬히 기울어져 있더군요. 내 생각에는 사각 보조 탱크가 없었으면 아마 그 물탱크는 쓰러졌을 것으로 봅니다. 사각 보조 탱크는 문이 두 개 있어 우리가 들락날락 뛰어놀기도 했고 학교 가기 싫으면 이곳에 숨어 있기도 한 공간이었죠. 이 사각 보조 탱크가 땅에서 받치고 있어 그 힘으로 물탱크가 버틸 수 있었을 겁니다.

그리고 제 친구인 김배찬 아버지(김을환)도 시루섬에 와 있었다고 하더군요. 시루섬에 살지는 않았지만, 경혜네 일하러 오셨다가 물탱크에 올라가서 살았다는 말도 들었습니다.

샛강 쪽 윗송정에 공동묘지에 20여 기의 산소가 있었고 물탱크 조금 위에도 산소가 많았는데 모두 쓸려나갔어요. 당연히 시신도 쓸려나갔지요. 마을 여기저기 해골을 비롯한 흰 뼈가 사방에 널려 있었어요. 그런데 회장석으로 묻은 산소는 안 떠내려갔더라고요. 3~4기의 묘소는 강물이 회장석을 쓸어내지 못하여 회장석부터 남아 있더라고요.

김문근

네 장시간 많은 기억을 더듬어 주시어 대단히 감사합니다.

증언자 12
최면호 님

최면호
1964년생(당시 8세)

- 가족사항
  최대우 님의 6남매 중 막내아들(사망자 최면순의 남동생)
  부모(최대우, 석종순), 정숙(큰누나, 출가), 정희(둘째 누나), 정자(셋째 누나), 면배(형), 면순(넷째 누나, 사망), 본인
- 식구들 중 어머니와 본인만 원대이에 사는 큰누나 집을 방문하여 시루섬 수해를 당하지 않았고 어머니와 함께 애곡리 철길에서 횃불을 밤새 밝힘

🎙 **김문근**

바쁘실 텐데 인터뷰에 응해주셔서 고맙습니다. 저는 1972년 8월 19일 시루섬 물난리 때 시루섬 사람들이 겪은 애환과 희생, 헌신하여 위기를 극복한 영웅담을 잘 기록 보전하여 후세에 남기고자 관련자 이야기를 모으고 있습니다.

그날 수많은 이야기가 있었지만 특별한 감동 중 하나는 가족의 안위가 걱정되어 횃불을 들고 애곡리 기찻길을 오가며 밤새 애를 태웠다는 분의 이야기였습니다. 그런데 최근 들리는 바에 의하면 선생님과 어머니께서 그 일의 주인공이었다는 얘기가 있어 이렇게 찾아왔습니다.

▶ **최면호**

시루섬에 특별한 관심으로 책을 엮는 분이 있다는 이야기를 들었습니다. 시루섬 사람으로서 제가 고마움을 표하고 싶습니다. 뭐든 물어보세요. 정성을 생각해서 기억 나는 대로 성심성의껏 답변해 드리겠습니다.

🎙 **김문근**

먼저 1972년 그 당시에 가족은 몇 분이셨는지요?

▶ **최면호**

우리 형제들은 6남매였지요. 수해 나기 몇 해 전 맨 위의 큰누나(정숙)는 시집갔고 집에는 아버지와 어머니, 둘째 누나 정희, 셋째 누나 정자, 형 면배, 넷째 누나 면순 그리고 저 면호 이렇게 일곱 식구였습니다.

🎙 **김문근**

아! 6남매(2남 4녀) 중 막내셨군요. 그럼 그날 혹시 물탱크에 오르셨나요?

▶ **최면호**

아니요, 물탱크에 오르지 않았습니다. 우리 식구 7명 중 어머니와 저만 뺀 나머지 5명은 큰 나무에 서까래를 걸친 원두막에 올랐죠. 그나마 어머니와 저는 원대이 큰누나 집에 갔기 때문에 그곳에 있지 않았어요.

🎙 김문근

원대이요? 원대이는 어디고 왜 가신 것인지요?

▶ 최면호

원대이라는 곳은 자연부락 이름입니다. 증도리 즉 시루섬은 아니고 강 건너 적성면 애곡리에 있는 자연부락이지요. 시루섬에서 보면 본강 건너 서쪽 방향의 언덕 지역을 말합니다. 철길이 지나가는 그 곳 말입니다. 거기 철길 가에 신동문인가 하는 사람이 서울 생활을 청산하고 단양에서 농사를 지었지요.

원대이는 강 언덕, 철길, 큰누나집 언덕 이렇게 3단으로 구성돼 있지요. 뒤로 갈수록 높아서 시루섬이 잘 보이지요. 그날 원대이 언덕에서 시루섬이 물에 잠기는 모습을 지켜보았어요. 본강과 샛강이 넘치고 시루섬의 한가운데 길로 강물이 들이치는 모습도 보았지요.

큰누나가 결혼해서 살고 있는 곳이 원대이라 어머니와 저는 무슨 볼일인지 모르지만, 큰누나네 집에 간 것이지요.

🎙 김문근

아! 신동문 시인을 잘 알고 있습니다. 그분이 거기 살았군요. 그 집을 방문한 것인가요?

▶ 최면호

네, 원대이 집엔 그 양반 혼자 와 있었어요, 가족들은 서울에 있었고요. 제가 어릴 때인데도 생생하네요. 그 양반이 머리가 참 좋았어요. 동그란 모자를 쓰고 다녔지요. 1972년 수해 무렵 그 집에서 누에를 아주 크게 쳤는데 일하는 사람만 10여 명 됐을 겁니다. 이 집에서 제 큰누나가 매형과 함께 누에 치는 일에 책임을 지고 있었어요. 그때가 신접살림을 한 지 1년 될까 말까 했지요.

어머니는 딸 내외가 살고 있는 그 집을 자주 찾았죠. 수해가 있던 19일 전날인가 이틀 전날인가 저를 데리고 갔는데 시루섬을 나와 심곡 나루터에서 배를 타고 수양개 나루터로 들어갔죠. 조금만 올라서면 철길이고 철길을 따라 원대이 누나 집에 갔어요. 보통 때는 헤엄을 쳐서 건너기도 했지만 말입니다.

🎙 **김문근**

본강을 헤엄쳐서 건넌다고요? 물살이 강해서 헤엄치기 어렵지 않으셨나요?

▶ **최면호**

　시루섬 아이들은 모두 헤엄을 잘 쳤어요. 강폭이 좁으니 헤엄쳐 건너다니곤 했지요. 샛강은 넓고 얕았지만, 본강은 강폭이 좁고 깊었어요. 그래서 시루섬 강가 빨래터에서 엄마가 빨래를 하면 강 건너 원대이에 있는 큰누나가 빨래터에서 빨래를 하면서 강을 사이에 두고 모녀가 서로 대화하고 그랬지요. 그만큼 가까웠어요. 어쨌든 큰누나 집에 자주 놀러 갔지요. 그날만 간 게 아니고 평소에도 자주 갔었어요. 그날도 원래는 우리 죽은 면순이 누나도 같이 가려고 했는데 둘째 누나(정희)가 못 가게 한 거예요. '너 여기 집에 있으라고…' 아마도 개학 준비를 하라고 말렸던 것 같습니다. 8월 19일이 토요일이고 이틀 후인 21일이 월요일이니까, 통상 그 무렵에 여름방학을 끝내고 개학을 하죠. 아마도 제 기억이 맞을 겁니다. 그때 면순이 누나는 초등학교 2학년이나 3학년쯤 되었을 거예요. 나보다 두 살 많은 1962년생이었지만 실제 주민등록은 1~2년 늦으니까 그렇게 되죠. 나는 1964년생인데도 주민등록이 늦어 아직 입학도 못 하고 있었을 때였습니다. 면순이 누나가 그때 원대이에 따라갔으면 안 죽었겠지요. 그래서 한동안 우리 둘째 누나가 죄책감에 고생 많이 했어요.

　나는 줄곧 엄마 뒤만 따라다니기만 했지요. 강물은 점점 늘어나고 누나와 매형도 엄마 옆에서 함께 걱정하고 있었고요. 사람들이 물탱크로 올라가는 모습, 그리고 나무에 서까래를 매는 모습이 다 보였어요.

🎙 **김문근**

물안개가 끼고 곧 어둠도 내렸을 텐데 밤에는 어떻게 했는지요?

▶ **최면호**

　밤에도 다 보였어요. 횃불 때문인지는 몰라도 시루섬이 다 보이더군요. 비가 오는데도 물체의 큰 윤곽은 대충 보이더군요. 모습뿐만 아니라 소리도 통했어요. 시루섬과 원대이가 서로 트여 있으니까 물탱크 사람들이 떠드는 얘기가 다 들리더라고요. 물소리 때문에 무슨 말인지는 거의 모르고 대화도 안 되지만 웅성대는 소리는 다 들리더군요. 저쪽도 이쪽에 대고 막 떠들었어요.

🎙 **김문근**

그러면 본격적으로 횃불에 대해서 말씀을 부탁드립니다. 많은 분들이 원대이 철길을 오르내리며 횃불을 들고 뛰어다닌 사람이 있었다는데 최면호 님 어머니셨는가요? 그리고 최면호 님도 횃불을 직접 들었나요?

▶ **최면호**

네. 제 어머니가 맞습니다. 그리고 나이가 어린 저는 횃불을 들지는 않았습니다. 어머니가 막 울고 그러니까 저는 그냥 옆에서 따라 울기만 했지요. 횃불은 어머니와 큰누나, 매형이 주로 들었고 매형하고 같이 살았던 사람들 그러니까 양잠 인부들도 들었습니다. 아까 말씀드렸듯이 매형이 양잠 인부들 책임자였거든요.

🎙 **김문근**

그 부분을 조금 더 구체적으로 얘기해 주실까요?

▶ **최면호**

양잠 인부들 중 기억나는 사람으로 석봉이네가 있어요. 석봉이 아버지와 석봉이, 내 또래였던 석봉이 동생 점순이 이렇게 셋이 거기서 살았지요. 그집 엄마는 없었어요. 석봉이는 나보다 형뻘이었지만 사람들이 석봉이네 하니까 나도 석봉이 하는 거지요. 내 또래는 점순이예요. 다른 사람들도 있었지만, 얼굴은 기억이 나는데 이름을 모르니 누구라고 얘기를 못 하겠네요.

그래서 그 사람들이 든 횃불이 여러 개 있었죠. 안에서는 호야불을 켰고 밖에서는 횃불을 썼는데 막대 끝에 솜뭉치를 철사로 감아서 기름을 묻혀 불을 붙이면 비를 맞아도 꺼지지 않아요. 꽤 오래 탔어요. 밖에도 나가야 되니까 통상 집집마다 비치되어 있었어요. 비가 많이 와도 기름을 묻혀 놓으니까 성냥불을 붙이면 금세 다시 붙었었죠.

🎙 **김문근**

그러면 잠도 안 자고 계속 밖에 있었던가요?

▶ **최면호**

물난리가 나서 시루섬이 다 떠내려가는데 잠을 어떻게 잡니까? 밤 꼬박 지샜지요. 엄마는 주저앉아 복장을 치고 땅을 치고 우시다가 또 나가서 횃불 들고 뛰어다니니까 흙태배기가 되셨지요. 당시에 옷이나 양말이나 제대로 있나. 맨발로 막 다니니까 다리, 발이 막 긁혀서 온통 피 태배기가 되셨어요. 밤새도록 소리 지르고 울고불고⋯ 어머니는 누나들 이름 부르는 것밖에 할 수 없었던 것이죠.
　면순이 누나가 떠내려간다고 할 때는 매란도 없었어요. 강물에 뛰어들려고 하고, 누나와 매형은 못 들어가게 말리고, 그러니까 엄마는 닥치는 대로 당기고 넘어지고 하니까 발뿐만 아니라 손톱도 상해서 아주 피범벅이 되었어요.

🎙 김문근

애곡리 철길뿐만 아니라 저쪽에서도 횃불을 켰다고 하던데 그걸 보셨나요?

▶ 최면호

　시루섬 물탱크 쪽에서도 횃불 켜 들고 있는 걸 다 보았습니다. 이제 살아있다는 서로의 신호였지요. 그 불빛을 보는 순간 이쪽에서도 안도하였지요.

🎙 김문근

가족들이 물탱크가 아닌 제2원두막에 올라갔다는 사실과 그 원두막이 한밤중에 무너져 최면순 누나가 실종된 사실을 혹시 그 밤에 알았는가요? 몰랐겠지요?

▶ 최면호

　원대이에 있던 우리는 당연히 전혀 알 수 없었지요. 그런데 말입니다. 이상하게도 우리 어머니는 다 알더라고요. 직감으로 말입니다. "우리 면순이가 떠내려간다."라고 막 난리를 치더군요. 일종의 텔레파시일 수도 있겠습니다만 달리 생각해보면 이럴 가능성도 있죠. 사실 원대이에서는 시루섬이 아주 잘 보이거든요. 물탱크에 올라가는 것도 보이고 서까래 매는 모습도 다 봤거든요. 그러니까 어머니는 밤이 깊어지도록 한 곳만 살피다가 아마 나무가 쓰러지는 그 희미한 모습을 봤을 수도 있어요. 그리고 그때의 소리도 미세했지만 들었을 수도 있고요. 우리는 못 보고 못 들었지만 초집중하고 있었던 어머니였기에 보고 들었을 가능성을 배제할 순 없죠.
　우리는 다음날 헬기가 날아와 시루섬 사람들은 실어 나를 때 매형하고 철다리(현천 철교)를 건너 중학교로 갔지요. 거기서 면순이 누나가 떠내려간 것을 알았어요. 시신을 못 건졌는데 나중에 건졌다고 하더라고요.

🎙 김문근

지금까지 제가 만난 시루섬 사람들 모두 최면순 님은 시신을 찾지 못해 실종된 것으로 알고 있었는데 시신을 건졌다고요? 처음 듣는 얘기네요.

▶ 최면호

　저는 면순이 누나 시신을 보지는 못했어요. 다만 나중에 건져 묻어주고 왔다는 얘길 아버지한테 들었어요. 물이 빠지고 다시 시루섬에 왔을 때 아랫송정 물웅덩이에 처박혀 있는 걸 찾았답니다. 그 모습을 본 가족들이 멀쩡할 수 있었겠습니까? 아버지가 우리도 못 보게 하고 김씨 성을 가진 아저씨와 애곡리 산에 묻었다고 해요. 나는 시루섬에 묻은 것으로 알았는데 셋째 누나가 산에 묻었다고 그렇게 얘길 하더라고요.

　면순이 누님 죽고 나서 우리 어머니는 아주 타락하다시피 했어요. 아휴! 온 가족이 힘들었지요. 매일 술 먹고 울고… 날마다 집안이 아주 뭐 개판이었지요. 그래서 우리 어머니가 일찍 돌아가셨어요. 67세에 돌아가셨지요. 어머니는 죽으려고 약도 먹고 그랬어요. 반면에 우리 아버지는 오래 사셨지요. 2016년에 돌아가셨으니 90세였지요.

🎤 김문근

그날 시루섬 가족들은 물탱크에 오르지 않고 원두막에 올랐는데 왜 그런 거죠?

▶ 최면호

　집이 걱정돼서 대피를 주저하다가 강물이 코앞까지 오니까 이거 안 되겠다 싶어 뒤늦게 간 거죠. 가니까 물탱크에는 사람들이 다 올라가서 올라갈 틈이 없었다고 아버지가 말하시더군요.

🎤 김문근

그래서 원두막을 엮으셨던 거군요. 혹시 원두막 무너진 것도 말씀하시던가요?

▶ 최면호

　원두막 기둥이었던 큰 나무뿌리 주변의 흙이 물살에 자꾸 쓸려나가니까 나무뿌리가 드러나서 지탱할 힘이 없으니 나무가 쓰러져 원두막이 곤두박질쳤다고 하더군요.

🎤 김문근

그때 돌아가신 분이 아까 말씀하시던 넷째 누나인 최면순 님이었고 나머지 가족들은 어떻게 살아났는지에 대해서도 들은 바 없는지요?

▶ 최면호

　이 부분에 대해서는 기억이 두 가지로 나눠지는데요. 제 기억과 셋째 누나(정자)의 기억이 달라요. 제가 아버지한테 들은 바로는 나무가 쓰러지면서 아버지는 한 손으로는 뽕나무 가지를 잡고 다른 한 손으로는 셋째 누나 손을 잡았고, 둘째 누나(정희)는 아버지 손을 잡았다. 즉 아버지 한 손에는 누나 둘이 매달려 있었던 것이죠. 먼동이 트고 마을 철선이 올 때까지 그렇게 견디셨답니다. 물살에 머리만 내밀고 간신히 숨을 쉰 거지요.

그런데 정자 누나는 다르게 기억해요. 나무가 쓰러질 때 아버지, 정희 누나, 정자 누나, 면배 형, 면순이 누나 이렇게 다섯 식구가 다 제각각 떠내려갔답니다. 누가 누구를 잡아 줄 처지가 아니었다는 거지요. 정신없이 나뭇가지라도 붙잡은 사람들은 살고 못 잡은 면순이 누나만 목숨을 잃었어요.

가까스로 나뭇가지를 잡은 셋째 정자 누나가 살려 달라고 소리를 지르는데, 가까이 있던 둘째 누나가 "정자야! 소리 지르지마. 기운 빠져."라고 말해서 조용히 했다고 해요.

어쨌든 정자 누나는 거의 죽을 뻔했어요. 나뭇가지가 오르락내리락하니까 누나도 물속에 들어갔다 나왔다 하는 거예요. 다음 날 새벽 철선에서 구조되었을 때 누나는 거의 사경을 헤맸다고 해요. 누나 말에 따르면 동네에 기석이 오빠가 있었는데 배에서 따귀를 막 때리면서 깨우던 기억이 희미하게 난다고 해요. 거의 죽기 일보 직전에 구출이 된 셈이죠.

🎙 김문근

당시 물탱크에 물이 어느 정도 차올랐는지 사람마다 다르게 생각하시더군요. 물론 물탱크에 오른 당사자들은 직접 관찰은 어려우므로 법이므로 불확실할 수도 있겠지만 약간 멀리 떨어진 밖에서 본 것이 정확할 수 있을 것 같습니다. 최면호 님이 본 모습은 어땠는지요? 물탱크에 강물이 어느 정도 차올랐다고 생각하시는지요?

▶ **최면호**

밤이라 확실히 보이지는 않았지만 아마 물탱크의 절반 이상은 차올랐을 거예요. 원두막 무너졌을 때 아버지는 한 손으로는 뽕나무 가지를 잡고 살았다고 하셨으니 딱 그 정도 높이였을 것으로 생각합니다.

🎙 김문근

아 그랬군요. 그 후에 식구들 삶은 어땠는지요?

▶ **최면호**

원래 우리 집은 제천 덕산에 살다가 시루섬으로 이사를 했어요. 아버지는 자갈 채취하는 일을 했어요. 먹고 사는 게 중요하니까 누나들도 일을 많이 했지요. 수해 끝나고 1983년인가 충주댐 건설이 시작될 때 우리 가족은 청주로 이사를 가서 살았어요. 근데

난 아파트가 싫어서 시골로 왔죠. 큰누이와 둘째 누이가 충주에 살고 있고 셋째 누이는 화성에서 사는데 나는 누이들이 있는 여기 수안보로 온 거죠. 우리 형제들은 모두 두 살 터울인데, 4살 위 형님은 수산에 있는데 스님이십니다.

큰누나와 둘째 누나는 아직도 그때 생각을 하면 진저리를 칩니다. 누나들 앞에서는 그때 얘길 꺼내지 못해요. 면배 형님도 충격으로 학창 시절을 제대로 보내지 못했어요. 반은 미쳤다고 했으니까요. 그나마 셋째 누나만 비교적 덤덤하게 그때 얘기를 합니다. 물론 면순이 누나 얘기만 나오면 눈물짓기는 하지만요. 나는 아들 하나에 딸 둘을 뒤 딸들은 다 결혼을 했는데 아들만 저러고 있네요.

🎙 김문근

긴 시간 좋은 말씀 고맙습니다. 덕분에 그간 몰랐던 부분을 많이 알게 되었고 큰 도움이 되었습니다. 말씀을 들으니 그날의 모든 일들이 씨줄 날줄 교차되면서 완성도를 높이는 계기가 될 수 있었습니다.

혹시 궁금한 부분이 있으면 추후 전화로라도 여쭤볼 테니까 도움의 말씀을 계속해서 부탁드립니다. 안녕히 계십시오.

증언자 13
김경란 님

김경란
1960년생(당시 13세)

- 가족사항
  김은종 님 3남 1녀 중 장녀
  아버지 김은종(35세), 어머니 신옥연(32세), 본인(여, 13세), 동생 김한수(남, 11세), 김봉수(남, 4세), 김영수(남, 2세)
- 가족(6명) 모두 물탱크 위로 대피

🎙️ **김문근**

안녕하세요? 1972년 시루섬 물난리를 직접 겪으셨다는 얘길 듣고 먼 길을 찾아왔습니다. 생생한 기억이 많으실 텐데 부푼 마음으로 발걸음이 가벼웠습니다. 저는 당시 시루섬 수해가 어떠했는지, 특히 물난리가 시작되어 섬을 탈출하기까지 24시간 동안 마을 사람들이 겪은 자세한 일들을 있는 그대로 기록, 보전하는 일을 해오고 있습니다. 단양군 부군수 때부터 시작했으니 벌써 여러 해 되었네요. 이제 거의 마감 단계에 온 것 같습니다.

20여 명을 만나 증언을 듣고 정리하다 보니 이젠 제가 그 일을 직접 겪은 사람처럼 전체적인 윤곽이 머리에 그려졌습니다. 그러나 부분적으로는 새로운 사실이나 리얼한 상황 묘사가 얼마든지 있을 수 있으므로 이렇게 찾아뵙게 되었습니다. 귀한 시간을 내어주시어 고맙네요.

▶ **김경란 님**

네 저희 고향마을, 그리고 이젠 아득하기 이를 데 없어 거의 잊혀진 그 날의 얘기, 악몽 같은 그날에 대해 관심 갖고 제 얘길 듣기 위해 여기까지 찾아와 주시어 정말 감사한 마음입니다.

🎙️ **김문근**

혹시 잠재된 트라우마를 되살려 고통을 드리지는 않을까 염려가 많이 됩니다만 생각나는 대로 당시의 기억을 더듬어 주시길 부탁드립니다. 그간 인터뷰를 쭉 해오면서 느낀 바는 여성분들의 기억력이 훨씬 더 좋더군요. 표현도 자세하고 리얼하시고요. 부부의 경우 남편께서는 큰 틀에서는 기억을 하시는데 워낙 오래전의 일이라 그런지 세세한 부분에서는 사모님의 기억이 확실히 앞서더라고요.

그럼 먼저 수해 당시 식구들은 몇 분이었는지 가족 사항부터 말씀해 주시겠습니까?

▶ **김경란 님**

네 그 당시 우리 집은 아버지(김은종)가 35세였고 어머니(신옥연)는 32세, 첫째인 제가 13세로 초등학교 6학년이었습니다. 둘째인 김한수(남)가 11세로 4학년, 셋째인 김봉수(남)가 4세, 넷째인 김영수(남)가 2세 이렇게 여섯 식구였지요. 어머니 뱃속에는 7개월 된 다섯째가 있었는데 그해 11월에 태어났습니다.

김문근

아! 그렇군요. 김경란 님은 당시 국민학교 6학년이라 충분히 선명한 기억이 남아 있을 것 같습니다. 김경란 님의 어린 시절 기억에 남은 고향 마을 시루섬은 어떤 곳이었는지요?

▶ 김경란 님

네 생각나는 대로 기억을 되살려보겠습니다. 13년을 살았던 우리 동네를 생각나는 대로 말씀드릴게요.

정말 시루섬 말만 들어도 가슴이 찡해 오는, 그립고 그리운 제 고향 마을입니다. 당시 동네 모습이 눈에 선하게 그려집니다. 지금은 모든 게 사라지고 무성한 잡초만 남았지만 어떻게 보면 그렇게 흔적이라도 있으니 감사한지 모르겠습니다.

시루섬은 마을이 작았어요. 말 그대로 사람 손으로 만든 시루만 한 동네였지요. 게다가 큰 비가 한 번 휩쓸고 가면 마을의 지형이 달라지기도 했으니까요. 그래도 참으로 예쁘고 아름다운 마을이었어요. 관광지였지요. 주변 학교에서 소풍을 오는 장소로 유명했으니까요. 어른들에게는 천렵하는 좋은 장소, 지금으로 말하면 캠핑하기에 좋은 곳이었지요.

마을 좌우로 큰 강(본강)과 샛강이 있었는데 큰 강 쪽에는 돌밭이었고 샛강 쪽에는 모래밭으로 마을 입구에 들어오면 아주 큰 느티

김경란 님이 직접 그린 고향마을

나무가 자리 잡고 있어 동네에서 제(祭)를 지내는 곳이었습니다. 그 옆으로는 송정 소나무밭이 있어 동네 들어오기 전 잠시 쉬었다가 가는 곳이었습니다. 어린 학생들도 가방 놓고 뛰어놀다가 가곤 했죠.

큰 강보다 물이 얕은 샛강 가에서 물놀이를 많이 했는데 온갖 몸동작을 다 해 수영하

고 놀면서 올갱이와 조개를 잡았던 것이 먹거리 양식이 되기도 했었습니다. 샛강 모래밭 가에는 미루나무가 줄지어 무성하여 그 사이로 다니면서 놀았던 기억이 생생하네요. 큰 강가 돌밭에는 수석 줍는 사람들이 자주 와서 두리번거렸지요.

  어린 학생들은 비가 많이 올 때면 마을 배를 타고 강을 건너야 학교를 오갈 수 있었어요. 학교에서 공부하다가도 갑자기 비가 많이 오면 학교에서는 비상이 걸렸어요. 선생님들이 시루섬 학생들은 빨리 집에 가야 한다며 무조건 조퇴를 하고 함께 모여서 부지런히 오면 얕은 물이라 걸어서 무사히 집에 올 수 있으면 아주 운수 좋은 날이라고 즐거워했지요.

  제가 살았던 우리 집을 설명드릴게요. (직접 그린 그림을 꺼내 보이면서) 지난번 전화를 받고 어떻게 말씀드릴까 생각하면서 당시 우리 집 모습을 그림으로 그려 봤어요. 제가 그림은 전혀 못 그리지만 제 얘길 이해하는데 도움 될 것 같아 그렸는데 이 그림으로 말씀드릴게요.

  여기 우리 집을 중심으로 오른쪽으로는 담배 건조실이, 왼쪽으로는 소 마구간이 있고요. 뒤뜰에는 장독대와 김장독이 있었죠. 집주변은 돌담장으로 담장 사이에는 과실나무가 골고루 있었구요. 변소는 약간 멀었어요. 돌담을 돌아 밖으로 나가면 거름더미가 있고 그 맞은 편에 있었는데 어린 나이에 밤이면 어두컴컴한 이 변소를 많이 무서워했던 일들이 아직도 생생하네요.

  그리고 마을 한가운데로 길이 생겼는데 비가 오지 않을 때면 이 길을 따라 소달구지로 농산물을 운반했습니다. 강물이 많아지면 마을 철선으로 운반했고요.

  큰 강은 마을의 식수를 공급해 주는 곳이기도 했습니다. 집집마다 물을 저장하는 물두멍이라는 단지가 부엌 한쪽 땅속에 우물처럼 박혀 있었어요. 말하자면 물통을 땅에 묻어 놓고 물이 정화되면 떠먹는 조상의 지혜가 담긴 단지였어요. 비 오면 강물이 탁한 흙물이라 바로 먹을 수 없기 때문에 물지게로 져다가 이곳에 채워 놓으면 맑고 깨끗한 물로 정수가 되는 방식이었지요.

🎙 **김문근**

이렇게 그림까지 준비해주시니 고맙기 이를 데 없습니다. 감사하고요, 수해 몇 년 전 물탱크가 설치되었는데 지금 말씀하시는 강물을 떠다 물두멍에 담아놓고 먹는 일 대신에 이 물탱크를 이용한 간이 상수도 방식으로 바뀐 것은 아닌지요? 그리고 잠업센터가 생겼는데 이 잠업센터는 물탱크와 어떤 연관성이 있었는지 아시는 바가 있는지요?

▶ **김경란 님**

네 물탱크가 있었어요. 그 유명한 물탱크는 마을에서 제일 높고 마을 한복판인 송정 소나무밭에 있었지요. 물탱크가 왜 만들어졌느냐 하면 강물을 떠다 먹고 살다 보니 힘들기도 했지만, 농사철에는 너무 바빠서 그리고 겨울에는 추워서 얼음을 깨고 강물을 져다 먹는다는 게 힘든 일이기도 했고 깨끗하고 좋은 물도 아니었기 때문이죠.

새마을 운동이 시작되면서 시루섬에도 놀라운 발전이 일어났어요. 집집마다 수돗물을 먹게 될 거라면서 샛강 건너편 산에 흐르는 샘물이 있는 곳에 파이프를 연결하여 물탱크를 세우더군요. 집집마다 수도꼭지를 설치해주고 시험적으로 흙 물이 한번은 나오기는 했었어요. 강물을 안 져다 먹게 되어 좋아했지만 무슨 이유에선지 수돗물은 계속 나오지 않았어요.

그 후 잠업센터가 설치되면서 센터 앞마당에 두레박 우물이 생겼는데 마을 사람들은 홍수로 강물이 흙탕물이면 그 우물을 많이 이용했지요. 흙탕물이 아닌 유일한 곳이었으니까요. 어쨌든 수돗물은 먹어 보지도 못하고 물난리를 겪게 되었습니다.

누에 치는 잠업센터는 뒤와 옆으로는 온통 뽕나무밭으로 가득했지요. 센터 마당 앞에는 공동묘지가 있어 밤이면 더 무서운 곳이었고요. 잠업 연수생 처녀들은 매일 지나다니며 봤을 텐데 어떻게 생활했는지 궁금하기도 하네요.

센터 주변으로는 큰 강과 샛강이 갈라지는 곳엔 자갈이 많아서 이 자갈을 채취하여 상차하는 작업에 마을 사람들이 참여해서 부업으로 돈을 벌기도 했지요.

그때 아마 마을 사람들의 가장 큰 수입원은 누에농사일 겁니다. 뽕나무가 많아서 집집마다 누에를 많이 치다 보니 봄가을 누에 칠 때면 남녀노소 불구하고 눈코 뜰 새 없이 바쁜 시기가 됩니다. 특히 봄이면 오디를 엄청 따먹어서 입술에 까만 칠을 해 놓은 것처럼 아주 볼 만했지요.

다음으로 큰 수입은 담배 농사일 겁니다. 그래서 집집마다 담배 건조실이 있을 정도였지요. 온 가족이 매달려서 담뱃잎을 따고 새끼에 끼고 건조실에 말리고 다 마르면 상품으로 만들기 위해 분리 작업, 즉 담배 조리를 하죠. 이렇게 고되게 일해도 가족이 먹고 살기가 넉넉하지 못했지요.

그리고 우리 마을의 땅콩 농사는 단양군에 널리 알려져 있을 정도로 많이 지었어요. 초등학교 시절 시루섬 애들은 소풍이나 운동회 날이면 땅콩 삶아서 가지고 가는 것이 풍습이기도 했을 정도였으니까요.

마을 한복판에는 '송정'이라 불리는 소나무밭이 있었는데 이 소나무밭 지하로 감자 저장고를 만들었어요. 냉장시설이 없었을 때라 전통적인 농산물 저장시설이었지요. 마을 사람들이 농사지은 감자를 서늘하게 저장해두고 필요할 때 꺼내 먹는 농산물 창고였습니다.

🎙 김문근

그럼 그날 물난리를 겪으신 본론으로 들어가 볼까요? 그날은 아마 여름방학 중이었을 것 같은데 이른 아침부터 어떠한 일이 있었는지 기억을 더듬어 주시면 좋겠습니다.

▶ 김경란 님

비가 많이 오면 늘상 그러하듯이 그날도 강물이 흙탕물로 변하면서 조금씩 늘어나기에 이른 아침부터 마을 사람들은 강변으로 고기잡이를 많이 나갔어요. 물이 조금 늘어나면 고기 떼가 물가 쪽으로 몰려나오기 때문에 몇 명씩 모아서 족대를 가지고 나가시더군요.

그런데 이날은 이상하게도 물이 급속도로 불어나고 있다는 것을 모르는 사람들이 많았던 것 같아요. 아랫마을(아랫송정)에 사는 사람들은 오전부터 움직이기 시작했다는데 윗마을(윗송정) 사람들은 점심때가 지나서 알고 움직였으니까요. 윗마을에 살았던 우리 집은 담배 조리 일하느라 바빴어요. 건조한 담뱃잎을 좋은 상품으로 만드는 담배 조리를 하고 있었기에 밖에서 무슨 일이 일어났는지 전혀 모르고 일만 하고 있었지요.

그런데 물탱크 옆에 살고 계시는 아버지 친구이신 천희 아버지가 오셔서 아버지에게 "지금 물난리가 날 것 같은데 뭐 하고 있느냐?" 소리쳐서 아버지가 큰 강에 가보니 급속히 불어나는 강물을 보고 심상치 않아 보였다고 하시더군요.

아랫마을 사람들은 벌써 대피하고 있다는 말을 듣고 우리 식구들도 물탱크가 있는 곳으로 피신을 서둘렀어요. 어머니는 대피하면서 어느 집 지붕이 둥둥 떠내려오는데 지붕 위에 있는 세 사람이 살려달라고 하더랍니다. 우리도 죽을 위기에 처해 있는데, 그리고 아녀자로서 어떻게 할 방도도 없어 발만 동동 구르고 말았지만, 그 사람들이 생각난다고 두고두고 말씀하시곤 했지요.

그리고 저는 생각이 안 나지만 어머니께서 그러시더군요. 밀려오는 강물과 집이 떠내려가는 것을 보면서 제가 어머니께 "엄마 이제 우리 어디 가면 살 수 있어요?"라는 질문에 어머니도 기가 막혀서 대답을 못 했다고 말입니다. 그래도 살겠다고 집에서 제일 값나가는 물건인 키우던 소하고 재봉틀을 가지고 나왔답니다.

아버지는 동네 사람들을 챙기느라 정작 우리 가족들은 챙기지 못하셨어요. 아버지를 비롯한 많은 분들은 긴 사다리를 구해 사람들이 물탱크에 올라가도록 했어요. 물탱크가 비좁아 더 이상 못 올라갈 수밖에 없자 물탱크 옆에 있는 소나무 몇 그루 가지를 이용해서 서까래를 연결하여 원두막을 만드셨죠. 그 원두막은 아마 물탱크 높이 정도 됐을 겁니다. 그래도 물탱크 위는 워낙 비좁아 사람들이 죽겠다고 아우성치기도 했어요.

점심때가 조금 지나서 우리 식구 모두 물탱크로 올라갔어요. 지금 생각해보면 어린애들과 아가들이 어떻게 그 높은 물탱크를 모두 올라갔을까? 사다리도 부실했을 텐데 대단하고도 놀랍다는 생각이 드네요.

특히 저희 아버지와 천희 아버지(이창수 님)는 사람들을 물탱크 위로 올리는 일과 물탱크와 연결된 원두막(제1원두막)을 만드는 일을 주도했기 때문에 그 내용을 가장 잘 아시는 분들입니다. 아버지는 원두막 만드는 긴 나무를 용상이 아버지(박태호 님)네 곡식을 세우는 어리덕을 가져와 사용했다고 지금도 생생하게 말씀하시더군요.

점심때가 조금 지나서부터 물탱크에 올랐어요. 물탱크 위에서 내려다보니 큰 강 쪽 집들이 떠내려가는 것을 생생히 볼 수 있었어요. 집 안에 있는 물건들이 먼저 둥둥 떠내려가고 지붕 위에는 닭들이 올라앉아서 떠내려가는 모습, 더 무서운 것은 흙탕물이 거세게 밀려오고 밀려 내려가는 모습은 어린 저에게는 엄청 무서운 광경이었어요.

물탱크 위에는 누가 올라왔는지, 몇 명이었는지도 모르는 상태에서 비만 하염없이 계속 내리고 있었어요. 어떤 때는 비닐 같은 것이 머리 위에 덮여 있어 비를 조금이나마 막아 주고 있었을 때도 있었지요.

마을 청년들이 난간으로 팔짱을 끼고 고리를 하여 막아 주었기에 큰 요동은 없었어요. 날이 어두워져서 동네를 삼키려고 밀려오는 물이 캄캄하여 보이지 않으니 무서움이 조금은 덜 하였지요. 물탱크 난간을 빙 둘러싸고 있는 어른들이 "조금만 참아라. 움직이지 마라."면서 움직임이 있으면 막대기 같은 것으로 머리를 쳤어요. 그때 나도 몇 번 맞았지요. 그분들의 지혜로 동네 사람들이 생존할 수 있었던 것입니다.

어머니는 어린 동생들이 끼어서 숨이 막힐까 봐 어깨 위로 들어 올리고 있기도 했어요. 그렇게 숨죽이는 상황에서 사방이 캄캄해서 아무것도 안 보이는데 큰 강 건너편에서 불빛이 보였어요. 건너편에 애곡리 사람들이 여러 개의 불이 횃불인지 후레쉬인지는 모르지만 불을 흔들면서 뭐라고 소리를 지르는데 "조금만 더 기다려요." 하는 소리 같았어요.

🎤 김문근

김경란 님께서는 당시 어려서 스크럼 안쪽에 있었으면 밖이 잘 안 보였을 텐데 애곡리 쪽 횃불을 볼 수 있었나요? 횃불은 몇 개쯤 되었는지 그 상황을 말씀해 주시겠어요?

▶ 김경란 님

네 저는 물탱크 위에서 애곡리 쪽을 바라보는 스크럼 가까이에 있었어요. 그리고 국민학교 6학년이었지만 약간 큰 키라 바깥 광경을 잘 볼 수 있었지요. 횃불은 한 개가 아니었고 4~5개 징도 여러 개였어요.

🎙 **김문근**

아 그랬군요. 그리고 아까 물탱크 옆에 원두막이 있었다고 말씀하셨는데 아시다시피 그 날 그 원두막 중 하나가 쓰러져서 인명피해가 컸는데 원두막에 있으면서 혹시 그 원두막이 쓰러지는 광경이나 얘기를 못 들으셨는지요?

▶ **김경란 님**

전혀 못 들었어요. 날이 밝으면서 물이 빠지고 땅에 내려온 후에야 알게 되었지요. 저는 큰 강 쪽을 바라보고 있었기 때문에 뒤쪽 상황은 알 수 없었지요. 그래서 제2원두막이 쓰러진 걸 전혀 모르고 있다가 다음날 새벽 물탱크에서 내려와서야 소문을 들을 수 있었지요. 반대쪽에 있던 사람들은 밤중의 그 상황을 혹시 알 수도 있었을지 모르겠네요.

소나무밭 지하에 감자 저장고가 있었는데 그 감자 저장고 위의 소나무에다 원두막을 만들어 화근이 되었다고 말하는 사람들이 많았어요. 소나무 뿌리가 드러나서 원두막 기둥이 되었던 소나무가 쓰러졌다는 얘기죠.

어쨌든 마을 사람들은 물탱크에서 내려와서 실종된 사람들을 찾아 나섰습니다. 물이 빠져내려 간 곳으로 애, 어른 할 거 없이 모두 찾으러 다니다가 죽어있는 모습을 보았는데 퉁퉁 부어있는 시신을 발견하기도 했답니다.

물탱크에서 우리 어머니는 승상 어머니를 부축하느라 맨 나중에 내려왔어요. 승상 어머니는 죽은 아기를 가슴에 안고 앉아서 내려오지 못하고 마지막에 내려오는데 부축을 받아 맨 나중에 내려오셨지요. 마을 사람들은 내려 와보니 살던 집들은 흔적도 없이 사라지고 집터만 달랑 남았는데 온통 황토 흙으로 덮여서 어디가 어디인지 모를 정도로 변해 있었어요.

동네 어머니들은 떠 내려와 걸려 있는 쌀 한 가마니를 갖고 고여 있는 흙탕물로 밥을 지었어요. 떠내려온 된장으로 주먹밥을 만들어 뽕잎에 싸서 주신걸 맛있게 받아먹고 있을 때 헬리콥터가 시루섬 사람들을 구해 주러 왔는데 비행기도 처음 보았어요. 코 크고 파란 눈을 가진 외국인도 처음 보았고요. 몇십 명씩 실어 나르는데 단양읍에 있는 여자 중학교 운동장에 내려주더군요. 운동장이 흙탕물로 보여서 조심조심 내려 보니 물이 아니라는 것에 안심했지요. 얼마나 물에 놀랐으면 모든 게 물로 보였겠어요?

처음 타본 헬리콥터에서 내리는 아이들마다 헬리콥터 바람에 멀리까지 날아가기도 하여 무서움에 더 놀라기도 했답니다. 이재민 수용소인 학교 교실 책상 위에서 잠을 자는데 엄청난 물 꿈을 꾸는 무서운 꿈에 또 놀라기도 하는 등 트라우마를 참 많이 겪었지요.

학교 교실로 왔지만 당장 먹고 입고 생활하는 게 문제였지요. 구호 물품이 마구 쏟아져 들어오고 있는데 처음 보는 물품들에 신기하여 옷을 걸쳐보고 신발은 뾰족구두 같은 것을 신어보는 놀이를 했던 생각이 나네요. 얼마간 그곳에 살다가 다른 곳으로 옮겨서 살았어요. 여름방학이 끝나고 학생들이 개학하면서 우시장 마당으로 군용 텐트를 집으로 만들어 주어서 살도록 했는데 텐트 중간에 포장으로 막아 놓고 한 텐트에 두 가정씩 살았습니다.

몇 개월간 그렇게 생활하고 현천리에 수해 주택을 빨리 지어 놓아서 이사를 하게 되었는데 입주하는 날 얼마나 좋았던지 날아갈 것만 같았어요. 새로운 동네에 시루섬 사람들이 사는 새로운 마을이 만들어지게 된 것이죠.

잠잘 집은 마련됐으니 먹고 살길도 문제잖아요? 마을 사람들은 농토가 대부분 시루섬에 있으니 농사짓고자 다시 시루섬에 들어가지 않을 수 없었어요. 자기 땅을 찾아 다시 농사를 짓기 시작했지요. 우리 집은 물탱크 옆 공지에 임시 집과 담배 건조실을 지어서 또 담배 농사를 시작했어요. 그런데 비만 오면 군청에서 나오셔서 "다 나오라! 빨리 나가라." 하고, 시루섬 사람들은 일에 몰두하느라 바로 나오지 않고… 실랑이가 많았지요.

그렇게 하루하루 살아가고 있는데 충주댐이 생기게 되어 시루섬은 완전히 물에 잠기게 되니 몇 푼 안 되는 이주 보상비를 받아 시루섬 사람들 모두가 뿔뿔이 흩어지게 되었습니다. 우리 가족도 서울로 가서 사글세, 즉 월세방을 얻어 서울살이를 시작하게 되었어요.

이제 기나긴 세월이 흘렀으니 그때 우리 마을 많은 분이 돌아가셨을 겁니다. 산 사람들도 소식도 모르고 얼굴도 가물거리는데 모두들 어떻게 살아가는지 궁금하고 그립네요. 언제 한번 함께 만날 날이 있을지 모르지만 만난다면 뛸 듯이 기쁠 것 같습니다. 어쨌든 저는 고향을 떠나왔지만, 우리 고향 단양군이 더 발전되고 좋아지기를 멀리서나마 응원하겠습니다.

🎤 김문근

정성껏 그림도 그려 주시고 상세히 기억해 주시어 대단히 감사합니다. 시루섬 스토리는 정말 감동적입니다. 그날 시루섬 사람들이 보여준 희생, 단결 정신은 각박해져 가는 지금 세대에 큰 교훈을 주고도 남습니다. 단양의 정신으로 발전해나가면 좋겠습니다. 고향 사랑 마음이 남다르신 것 같은데 지켜봐 주시고 성원해 주시길 부탁드리겠습니다. 책이 완성되면 꼭 보내드리겠습니다. 긴 시간 고생 많으셨습니다.

증언자 14
송순옥 님

송순옥
1956년생(당시 16세)

- 인적사항
  송병익 님의 2남 3녀 중 삼녀
- 수해 전년도인 1971년 봄 시루섬 잠업센터에서 1개월 잠업 연수
- 당시 적성면 대가리 거주

🎙 김문근

　서울 지역발전위원회에 출장 왔다가 송 선생님께 잠깐 들렀습니다. 이곳 서울에서 고향 분을 만나 뵈니 더 반갑네요. 시루섬 '잠업센터'에서 잠업 연수를 받으신 적이 있다는 얘기를 들어 이렇게 찾아왔습니다. 저를 위해 귀한 시간을 내어주셔서 고맙습니다.
　며칠 전 전화로 말씀드린 바와 같이 벌써 옛날 얘깁니다만 1972년 단양 시루섬은 유사 이래 최대의 물난리를 겪었습니다. 아시는지 모르겠지만 8명이 소중한 목숨을 잃었어요. 온 동네 집집마다 숟가락 하나 남김없이 모든 게 떠내려갔고요. 너무도 처참한 수해라 그 얘기를 많이 들어 어느 정도는 알고 계시죠?

▶ 송순옥 님

　아닙니다. 아니에요. 제가 시루섬 잠업센터에서 연수받은 것은 1971년도입니다. 수해 1년 전이거든요. 그래서 수해 얘기를 전혀 몰라요. 그때 저는 수해 나기 조금 전에 서울에 와서 살았거든요. 그래서 시루섬에 그런 일이 있었는지 전혀 몰랐어요. 그래서 그때 시루섬이 어떻게 됐나요? 궁금합니다.

🎙 김문근

　모르셨군요. 약 240명의 마을 주민 중 30여 명은 나무 위에 원두막을 지어 대피했고 200여 명이 물탱크 위로 대피했답니다. 그런데 원두막 나무가 쓰러져 7명이 목숨을 잃었고 모두 살아남았답니다. 아기 한 명만 빼고 말입니다.
　그런데 대부분의 마을 사람들이 대피한 이 물탱크는 잠업센터 교육생을 위한 간이 상수도 시설이었답니다. 단양군에서 설치해 준 거죠. 그러니까 이 잠업센터가 있었기 때문에 물탱크가 있었고, 물탱크가 있었기 때문에 마을 사람들이 살아남을 수 있게 된 것이죠.
　그런데 이 잠업센터는 무엇인지 추정은 하지만 정확한 내용을 알 길이 없어요. 교육기관인 것 같은데 무엇을, 몇 명을 가르쳤는지, 기숙사는 어떠했는지 알 수도 없고 특히 건물 사진도 구할 길이 없으니 어떻게 생겼는지도 알 수 없어요. 우리 군에서 운영했어도 42년 전이다 보니까 문서도 없더군요. 미스터리한 곳이 되고 말았어요.
　그래서 수해 당시 물탱크 올라간 연수생을 수소문했지만 찾지 못했어요. 다행히 그해 물탱크에 올라간 분은 아니더라도 1년 전 연수하신 송 선생님과 연결되어 이렇게 만나게 되었습니다. 저는 얼마나 기쁜지 모릅니다. 기대가 큽니다. 잠업센터에서 교육을 받으셨으니 아시는 대로, 기억나시는 대로 말씀해 주시기를 부탁드립니다.
　먼저 잠업센터에 어떻게 입소하게 됐는지 궁금합니다.

▶ 송순옥 님

　고향 분이 멀리서 여기까지 와 주시니 반갑네요. 잠업센터 교육받은 그 시절이 아련히 가물거리지만, 아는 대로 자세히 설명드리고 싶어요. 그런데 저도 나이도 있고 너무나 오래전 일이다 보니까 그리고 한동안 잊고 지내다 보니까 어디까지 기억할지 모르지만, 최대한 더듬어 보겠습니다.

　저는 1956년생입니다. 단양군 적성면 대가리에서 살았어요. 대가리가 고향입니다. 큰언니도 그 동네로 시집갔고요. 저는 마을에 있는 대가초등학교를 다녔지요. 중학교는 제천여중을 다녔어요. 제천에서 자취하면서 다녔지요.

　1971년 초 제천여중을 졸업하고 집에서 부모님 농사일을 도와드리고 있었어요. 그런데 마을 이장님께서 잠업 연수를 받아보기를 권하더라고요. 연수는 무료라고 하시면서 여비, 교육비도 지급되고 연수를 마치면 잠업 지도사로 월급도 탈 수 있다고 하더군요.

　저는 그렇게 이장님 소개, 권유로 연수를 신청했어요. 윗동네인 하원곡리에 사는 저와 중학교 동창생 친구도 같이 갔었죠. 연수받으러 시루섬 들어갈 때 배를 타고 들어갔던 거 같아요. 배를 타고 가서 섬에 내리면 모래밭과 풀밭이 있었어요. 조금 더 가면 뽕나무밭이 아주 넓게 많이 있었어요. 그래서 거기서 뽕을 따서 누에를 친 것이죠.

　연수하면서 이따금 집에 다녀올 때도 있었는데 언젠가 한 번은 물에 빠져서 건넌 적도 있었어요. 배 운행 시각이 맞지 않았던 것 같아요. 샛강이 무릎 정도로 얕아서 위험하지는 않았지요.

🎙 김문근

　아 그러셨군요. 그리고 1971년 그해 연수받을 그 당시에 잠업센터에 수돗물이 들어왔었는지 궁금합니다. 수해와 관련된 내용이라 먼저 여쭙겠습니다.

▶ 송순옥 님

　그럼요. 수돗물이 나왔어요.

🎙 **김문근**

바로 그 수돗물을 공급해 주려고 단양군에서 물탱크를 만들었답니다. 그런데 워낙 큰 수해에 마을 전체가 물에 잠기고 더 이상 피할 곳이 없게 되자 모두 물탱크로 올라갔답니다. 237명이 올라갔대요. 물론 그 당시 연수받던 아가씨들 30여 명도 함께 올라갔고요. 그래서 살았답니다.

▶ **송순옥 님**

세상에! 그랬구나. 그거 하나에… 물탱크 위에서 온 동네 사람이 살았구나. 그 동네가 참 예쁘고 좋았는데 물난리가 나가지고 그랬다니 마을이 너무 불쌍하네요. 잠업센터는 거의 마을 한가운데 있었던 거로 기억합니다. 그런데 그때 홍수가 져서 마을이 그냥 바로 잠긴 거예요?

🎙 **김문근**

워낙 갑자기 많은 물이 들이닥쳐 사람들이 맨손으로 빠져나오기도 바쁠 정도로 온 동네가 바로 잠겼답니다. 잠업센터도 순식간에 물에 잠겼고 마을 전체가 그랬답니다. 그런데 잠업센터는 사진도 남아 있는 게 없더군요. 그래서 더욱 궁금합니다. 송 선생님이 연수받을 때 잠업센터의 건물은 어떻게 생겼고 시설은 어떠했는지요?

▶ **송순옥 님**

증도리, 그러니까 시루섬에 있던 잠업센터는 단양군에서 지은 거예요. 건물이 회관처럼 2층이었어요. 한 개의 동이 있었고 앞쪽으로 다른 건물이 있었던 거 같아요. 회관처럼 3층인가 2층인가 올라가면 옥상이었으니까… 아마 2층이었던 것 같네요.

학교 건물처럼 생긴 우리 잠업센터는 그 마을에서 제일 큰 건물이었어요. 새 건물은 아니고 꽤 오래된 건물로 보였어요. 튼튼하고 괜찮은 건물이었죠. 학교처럼 크지는 않지만 그래도 몇 개의 건물이 있었습니다. 교실, 숙소도 있었고 큰 식당도 있었으니까요. 누에 치는 방도 있었어요. 목욕 시설도 다 있었지요. 마당도 학교 운동장만큼은 아니지만, 피구도 할 수 있는 넓이는 되었어요.

넓은 마당 가에 큰 솥 하나 걸어 놓고 밥을 해 먹기도 했어요. 식당에서 밥을 해주시는 아줌마 한 분이 계셨는데 우리 연수생들과 함께 고추장도 담았던 생각이 납니다. 고추장을 끓이고 함께 간을 보고 그랬었죠.

🎙 **김문근**

잠업센터 연수는 어떤 분들이 몇 명 정도 교육을 받으셨는지요? 그리고 강사는 누구였는지요?

▶ **송순옥 님**

약 30여 명이 함께 연수를 받았어요. 저처럼 16~18세의 아가씨들이 대부분이었지만 20여 세인 아가씨도 있었어요. 30대 이상인 아줌마들은 없었고 물론 남자들은 단 한 분도 없었습니다.

잠업센터를 관리하고 운영하는 두 분이 계셨어요. 연세가 많으신 센터장님과 다른 직원 한 분은 면사무소 공무원인 것 같았어요. 그 두 분이 우리를 가르쳤어요. 교재도 나눠 주고 연수가 끝날 무렵에는 시험도 보았지요. 시험에 합격해야 수료증을 주었어요. 잠업센터에서 교육을 받은 사람들은 단양군 내의 누에 치는 농가에 다니면서 관리를 하는 거예요. 누에 치는 요령, 기술을 현장에서 직접 지도해 드리는 거죠.

🎙 **김문근**

연수받는 기간은 한 달이었지요? 그러면 한 달간은 거기서 숙식을 했겠네요. 숙박 시설은 어땠습니까?

▶ **송순옥 님**

네 연수 기간은 한 달이었어요. 누에 씨부터 시작해서 뽕잎을 따서 누에를 먹이고 첫잠, 두잠, 막잠까지 자고 누에고치가 되어 팔 때까지의 과정이 한 달 정도 됩니다. 그동안 거기서 교육을 받는 거예요. 교육받는 동안 거기서 먹고 자고 했어요.

양잠은 춘잠, 추잠, 하잠 세 가지가 있다는데 시루섬 잠업센터에서는 봄에 한번, 가을에 한 번 그러니까 춘잠과 추잠만 교육했어요. 제가 연수받을 때는 춘잠이었지요. 제가 몇 기였는지는 모르겠네요.

숙박 시설이 있었는데 방이 몇 개나 있었는지는 생각이 안 나네요. 하지만 모두가 한 방에 잠을 잔 것은 아니었으니까 방도 꽤 여러 개 있었던 거 같네요. 한 방에 5~6명씩 배정되어 숙박했던 것 같아요. 하여튼 건물이 꽤 컸어요.

🎙 **김문근**

저도 어릴 때 봤어요. 소나무 가지를 꺾어 와서 누에고치를 받던데 그런 것이 원시적인 방법이 아닌가 하는 생각이 듭니다. 잠업센터에서 특별하고 새로운 기술도 가르쳐 주고 그랬습니까? 교육하는 내용이 농가에서 전통적으로 하던 누에 치는 일반적인 방법보다 새로운 거, 신기술도 있었는지요?

▶ **송순옥 님**

저도 시골에서 농사짓고 누에 치고 하는 건 봤지만 그런 것을 좀 더 효과적으로 하기 위한 내용으로 기억합니다. 당시에는 누에고치가 주 소득원이 되다 보니까 그걸 조금 더 잘 키우기 위한 내용인 것 같아요. 뽕나무 관리에서부터 누에 먹이 주는 시간 등 여러 가지가 있었는데 하도 오래전의 일이다 보니 구체적으로는 낱낱이 기억을 못 하겠네요. 당시에 제가 16살이었는지 17살이었는지 모르지만, 중학교 졸업하고 들어왔거든요.

🎙 **김문근**

한 달간 연수를 마치면 어떻게 되는가요? 활동이라든가 취업이라든가 수입으로 연결되는 부분이 있어야 할 텐데요.

▶ **송순옥 님**

한 달간의 연수 과정을 마치면 수료증을 주고 양잠 교사로 위촉을 해주는 거예요. 그걸 가지고 단양군 내에 누에 많이 치는 집에 잠업 교사로 가는 거죠. 가서 지도해 드리는 거죠. 역시 한 달 동안 그 집에서 먹고 자고 하면서 말입니다.

그러니까 그것이 취업인 거예요. 면사무소에서 돈이 나와요. 그때 제가 얼마를 받았는지 기억도 희미하네요. 4만 원 받았나? 한 번은 매포면 상시리인가 어떤 집에 가서⋯

🎙 **김문근**

아! 상시리이면 제 고향 마을인데요.

▶ **송순옥 님**

그 마을에 뚱뚱한 아줌마네 집에 가서 한 달간 먹고 자고 하면서 지도해 준 후 7천 원인가 얼마를 받은 것 같습니다. 면사무소에서 그 돈을 주는데 그게 한 달 월급이었어요. 여비는 별도로 주더라고요.

이렇게 한 달 동안 일을 하고 나오는 거예요. 왜냐하면, 누에농사는 한 달이면 끝나니까요. 한 달 월급 받고 다음 누에 칠 때 또 가고 그러는 거죠.

🎙 **김문근**

그렇게 추잠을 한 달 지도하면 집에서 쉬었다가 때가 되면 다른 농가로 이동하여 춘잠,

하잠을 지도해 드렸다는 얘기군요. 그러면 송 선생님이 양잠 농가를 지도한 것이 총 몇 번이었는지요?

▶ 송순옥 님

저는 두 번만 참여하고 안 갔어요. 일이 계속 이어지면 오랫동안 했을 텐데 중간에 끊어지니까 다른 일을 찾게 된 거지요. 그래서 서울로 왔어요. 더 좋은 일자리가 있다고 하여 서울에 올라와서 지금까지 살고 있어요. 그래서 저 시루섬이나 양잠 교사에 대한 추억이 별로 없어요. 함께 연수받은 중학교 동창생 친구는 마을 교사로 계속 다닌 거로 알고 있고요.

🎙 김문근

아 그러셨군요. 배운 기술을 계속 활용하지 못하고 상경하신 부분은 아쉽기도 합니다. 그 외에 연수를 받으시면서 재미있는 일이라든가 사건 사고라든가 그런 것 기억은 없는지요?

▶ 송순옥 님

옛날에 모두 순하고 착해서인지 사건·사고는 전혀 없었어요. 그리고 기간도 짧았고 특히 너무 오래전의 일이라 그런지 에피소드 같은 기억이 없네요. 그런데 지금 말씀을 들어보니까 제가 보기엔 1972년도 수해 후에는 그 교육제도가 없어진 거 같아요.

🎙 김문근

정확한 건 앞으로 더 알아봐야 하겠지만 저도 그렇게 짐작하고 있습니다. 그리고 사실 제가 단양군청에 근무하고 있는 신연선 님으로부터 송 선생님을 알게 되었어요. 신연선 님과 대가초등학교 동창생이신가요? 그분이 1956년생이거든요.

▶ 송순옥 님

신연선 님이 나보다 나이가 적은 줄 알았는데 1956년생이라면 저와 동갑이네요. 제가 초등학교를 조금 일찍 입학했으니 학교로는 그분이 1년 후배인 것 같네요.

🎙 김문근

초면임에도 기꺼이 인터뷰에 임해 주시고 기억을 더듬어 주시어 대단히 감사합니다. 나중에 책으로 엮어지면 한 권을 보내 드리겠습니다. 안녕히 계십시오.

증언자 15

신준옥 님

신준옥
1954년생(당시 18세)

- 수해 당시 잠업센터 연수생으로 교육 1주일 만에 수해를 당하여 물탱크 위로 피신
- 당시 적성면 파랑리 거주

🎙 김문근

1972년 수해 당시에 잠업센터 연수생이셨던 것으로 알고 있습니다. 언제부터 교육을 받았는지, 어디서 받았는지, 건물은 어떻게 생겼고 직원이 있었는지, 있었다면 혼자 있었는지 등을 기억나시는 대로 말씀해 주시겠어요?

▶ 신준옥 님

단양 잠업센터는 증도리에 있었어요. 군의 농촌지도소에서 진행하는 잠업센터 교육을 이수하는 일종의 연수였어요. 그곳에서 잘하면 농촌지도소에서 근무할 수도 있어서 그래서 교육을 갔었어요.

제 기억으로는 건물은 지상은 단층이고 지하도 1층이 있는 기다란 건물이었어요. 교육하는 곳이 세 칸 정도 있었고, 저희가 잠자는 숙소가 있었어요. 숙소는 방이 크지는 않았지만 여러 명이 잠을 같이 잤어요. 열 명씩은 안 잔 것 같고 몇 개의 방으로 나눠서 몇 명씩 같이 잔 것 같은데 50년 전이라 정확히 기억이 안 나요.

직원은 있었지만, 자세히는 기억이 나질 않네요. 잠업을 가르치시는 분이 있었고, 밥을 해주시는 분 부부가 있었어요. 저희가 교육할 때는 군의 농촌지도소에서 나와서 실습 교육을 하고 들어가는 분도 있고, 거기에서 상주해서 계시는 분도 한 분 있었던 거 같아요. 저희가 교육받은 기간이 짧은 시간이어서 정확하진 않아요. 만약 보름 정도만 생활했어도 많은 기억이 있었을 텐데…….

🎙 김문근

교육 기간은 얼마나 되셨나요? 어떤 교육을 받으셨는지도 궁금합니다. 그리고 제가 인터뷰 한 분 중에는 교육생이 35~36명 정도라는 말씀도 들었는데 당시 교육생을 몇 명 정도로 기억하시나요?

▶ 신준옥 님

교육 기간은 일주일에서 열흘 정도 사이인 것 같아요. 2주는 안 되었던 것 같아요. 교육을 열심히 받고 그랬었는데 갑자기 하루 전인가 비가 조금씩 오다 그치고 그랬었거든요. 그러다가 물난리가 나는 바람에 불과 일주일 정도만 교육받은 것 같아요.

교육받은 인원은 정확히는 기억이 안 나지만 처음에는 한 사십 명 정도였던 것 같은데 인원이 조금 빠지고 30여 명 정도 된 거 같아요.

잠업 교육은 아침부터 설명해 드릴게요. 일단 일어나면 아주머니가 해주시는 밥이랑 반찬이 있었어요. 교육 첫날은 감자볶음과 양파 김치, 양파국을 줬어요. 그걸 먹고 한 아홉 시부터 움직인 것 같아요. 뽕잎을 따러 나갈 사람은 나가고 안에서 배우는 사람들은 남아 있고, 이렇게 나눠서 교대로 배웠어요.

🎤 김문근

당시 군청은 농촌지도소가 아니고 잠업계가 있었다고 하더라고요. 교육은 누에씨부터 시작했나요? 그때 물난리 났을 때는 누에가 어느 정도 성장했었나요? 그동안에 배우셨던 교육을 생각나는 대로 말씀해 주시겠어요?

▶ 신준옥 님

교육은 아기누에가 나왔을 때부터 시작했습니다. 뽕나무를 따서 아직 아기일 때는 먹기 편하도록 뽕잎을 썰어 줬습니다. 교육을 시작하고 물난리가 나기 전까지는 1주일 정도였으니까 누에가 고물고물 기어갈 정도로 아주 아기였습니다. 개미같이 작고 어린 생명체가 꼼지락거리며 뽕잎을 갉아 먹는 게 신기했어요.

교육과정은 이론과 실습으로 이루어져 있었지만, 저희는 주로 실습을 배웠어요. 밭에 나가서 뽕잎을 따고 그걸 가지고 와서 여럿이 도마 위에 놓고 잘게 썰었어요. 누에가 아직 아기니까 잘게 썰어야 했지요.

뽕잎을 딸 때는 반지처럼 생긴 특별한 도구가 있었어요. 엄지손가락에 반지처럼 끼우면 그 앞에 칼날이 달려있어서 그걸로 뽕잎을 잘랐어요. 손으로 따면 뽕나무에 "눈이 떨어진다."라고 했거든요. 그러면 다시 이파리가 안 나온다고 했어요.

그래서 그 도구를 손에 끼고 바구니에 뽕잎을 담아서 다시 잠업센터로 돌아왔었죠. 센터 안에서는 대나무 잠박이라는 누에를 치는 기구가 있는데 이 잠박이 위에 얇은 창호지를 놓고 누에를 키웠어요. 잘게 썬 뽕잎을 얹어 주었지요.

그때는 아기들에게 이불을 덮어 준다고 생각했어요. 밥을 하루에 몇 번씩 줬어요. 오전에 두 번 오후에 두 번 이런 식으로 자주 줬거든요. 교육하는 분이 누에가 한 잠자고 조금 있으면 두 잠, 세 잠, 네 잠을 자고 나서 누에고치가 돼서 양잠이 된 다음 실을 켠다고, 그런 과정으로 누에를 키운다고 교육을 하신 것 같아요.

🎤 김문근

교육을 시작하고 일주일에서 열흘 정도 만에 물난리를 겪게 되었다고 하셨는데 물난리 본격적으로 시작하기 전은 어땠나요? 전날까지 비가 왔던지, 강물이 막 불었던지 그때의 상황을 기억하시는지요? 물난리가 나던 그때 상황을 최대한 구체적으로 얘기해 주시겠어요?

▶ 신준옥 님

　그날 아침 식사 후 선생님이 비가 올 것 같으니 뽕잎을 좀 많이 따와야겠다고 하면서 뽕나무밭으로 향했어요. 어린 누에가 비를 맞은 뽕잎을 먹으면 설사한다고 해서 우리는 깔깔 웃었지요. 그런데 비가 많이 내리는 거예요. 그래서 급히 센터로 돌아왔어요. 선생님은 바깥을 주시하다가 밖에 나갔다가 들어오더니 "뽕밭 사이 저 멀리에 물이 차올라오고 있다고 하면서 중요한 짐만 챙기고 기다리고 있어라."라는 말을 남기고 다시 나가시더라고요.

　잠시 후 다시 들어오더니 모두 윗동네로 대피하자고 하여 우왕좌왕하면서 나왔어요. 그래서 필요한 짐을 챙겨서 나온 사람도 있고, 그냥 몸만 나온 사람도 있었어요. 정말로 저 멀리 뽕나무 가지 사이로 잔잔한 물이 보이기 시작했어요.

　미처 못 나온 교육생이 있는지 지하실에도 가봤고 교육장에도 가봤어요. 그랬더니 교육장에 영춘면에서 온 친구들이 기도를 하고 있지 뭐예요? 빨리 나오라고 하여 다시 나와보니 강물이 이젠 아주 가까이까지 밀려 들어오고 있었어요.

　강한 빗줄기 속에서도 빨리 걸어 마을 입구에 오니 주민들도 술렁이기 시작했어요. 마을 어른들을 보니 조금은 안심도 됐지만, 뒤를 돌아보니 잠업센터와 뽕밭이 물에 잠겨서 뽕나무 순만 보이더니 진흙 물이 파도치듯 밀려오고 있었어요. 정확한 시간은 기억나지 않지만, 확실히 점심은 먹기 전이었어요. 아마 열 시쯤 돼서 지대가 높은 데로 이동을 시작했던 것 같아요.

🎙 김문근

　피난을 가면서 다른 주민들의 모습은 어떠했는지요. 그리고 그렇게 이동하시면서 본 잠업센터나 시루섬의 모습은 어땠나요? 잠업센터가 어디까지 물에 잠겼는지도 기억이 나시나요?

▶ 신준옥 님

　높은 곳으로 오르다가 보니까 마을 사람들도 난리였어요. 여기저기에서 물이 들어와서 어디로든 피신을 가야 하는 데 가야 할 곳이 마땅치 않았어요. 하여간 높은 지대로 자꾸 올라가자고 해서 조금씩 올라갔어요. 물이 계속 차오르다가 한두 시쯤 양쪽에서 진흙 물이 내려오기 시작해서 전체적인 모습이 바다 한가운데에 있는 섬처럼 달랑 서 있는 그런 기분이었어요.

　잠업센터는 그때는 이미 물에 다 잠겼어요. 우리는 짐도 거의 못 챙기고 나와서 마을 주민들이 있는 곳으로 가서 합세했어요. 조금 있다 보니 어르신들은 아무리 생각을 해봐도 갈 데가 물탱크밖에 없다는 거예요. 그래서 여기라도 올라가서 피신을 하자고 하더군요. 저는 이러다가 떠내려가 죽는 게 아닌가 싶어서 갑자기 눈물이 막 쏟아졌어요. 친구들과 함께 울면서 '이제 엄마, 아빠도 못 보고 여기서 죽는구나' 하면서 무섭고 겁이 났어요.

김문근

그렇게 해서 가장 높은 지대인 물탱크로 피신을 가셨군요. 그런데 제가 인터뷰를 해보니까 물탱크 앞에서 기다릴 때 어떤 분이 외지인들 죽으면 안 되니까 소녀들부터 교육생들부터 먼저 올라가라고 했다는데 그 말이 사실인가요?

▶ 신준옥 님

물탱크에 어르신 몇 분이 올라가고 있었는데 우리(교육생)가 큰일 났다며 걱정하니까 밑에서 기다리시던 분들이 "안심해라! 아마 괜찮을 거다."면서 물탱크에 먼저 올라가라고 했어요. 사람들은 어디서 구해 왔는지 나무 사다리를 연결하더니 올라가라고 하더군요. 저는 사다리가 좁아서 "여기를 어떻게 올라가느냐?"라고 했더니 걱정하지 말라면서 위에서 잡아 주어서 저도 올랐고, 기다리던 연수생들이 다 올라갔었죠.

제가 자세히는 기억이 나지 않지만 아마도 어떤 분들이 저희부터 올라가라고 그러긴 했었던 거로 기억해요. 당시 저희는 15살부터 19살까지 대부분 어린 나이여서 우리가 걱정하니까 먼저 올라가서 안심하고 있으라고 그러신 거 같아요.

그래서 저희 교육생들은 다 올라갈 수 있었어요. 그리고 그 뒤에 올라오신 분들 있고 못 올라오시는 분들도 있었어요. 못 올라오신 분들은 물탱크 바로 옆 양쪽에 소나무에다가 밧줄 같은 걸 매서 거기에 올라가신 분도 있었어요. 한 7~8명 정도가 있었고 한 몇 집이 거기 올라가 있었던 거 같아요. 그 옆에는 나무에다가 잡아맨 배도 하나 있었어요.

김문근

그 배는 마을에서 강을 건너기 위해 사용했던 철배라고 들었습니다. 그 배에는 사람이 대략 몇 명 정도 올라간 것 같으세요?

▶ 신준옥 님

배에도 사람은 올라갔지만 많은 인원은 안 올라간 것 같아요. 아마 일곱 명에서 열 명 정도 될 것 같지만 정확한 수는 기억이 안 나네요. 제가 기억나는 건 배의 바닥에 물이 들어왔던 것이 기억나네요.

🎙 **김문근**

제가 인터뷰를 해보니까 스크럼이 "두 줄이다." 아니면 "한 줄이다."라고 엇갈리더라고요. 혹시 물탱크에 올라갔을 때 스크럼을 짰던 모습이었는지 기억하시나요? 그리고 연수생들 가방이나 짐 보따리를 던지라고 소리를 질렀던 것이나, 좁다고 난리 쳤던 상황이라던가 하는 걸 기억나는 대로 얘기해 주시겠어요?

▶ **신준옥 님**

제가 알기로는 제일 바깥에 있는 분들만 깍지를 끼고 스크럼을 짰던 것 같아요. 안에 있는 사람들까지는 깍지 끼고 그런 건 없었어요. 저희는 그냥 다 손을 들고 서 있었어요. 저도 그때만 해도 키가 또래보다 컸는데 가만히 있으니 옆에 겨드랑이로 자꾸 파고들더라고요. 그래서 저도 손을 들고 있다가 한쪽 손은 내렸다가 했어요. 옆으로 몸을 움직여 주면 자리가 조금 나니까 옆으로 또 조금 밀렸다가 왔다가 그런 상태가 계속됐어요.

다른 분들도 다리가 아프다고 잠깐 앉아 계신 분도 있었지만 거의 다 서 있었어요. 잠업센터에서 모두가 짐 보따리를 가져간 건 아니었어요. 짐 챙기지 말고 몸만 오라고 얘기를 들어서 저는 작은 가방 하나 가지고 가서 밑으로 내려놓고 있었어요.

위에서는 사람들이 갖고 있던 짐을 밑으로 다 집어 던졌어요. 저는 처음에 가방을 메고 있었는데 매고 있기가 불편해서 바닥에 내려놓고 있었어요. 그러다가 옆에 있던 영춘 분이 "우리 가방을 버리자." 해서 강물 한복판으로 다 던졌어요. 돈은 작은 똑딱이 지갑에 넣어서 주머니에 넣어놨고 가방에는 중요한 것도 없었으니까요.

🎙 **김문근**

그러셨군요. 그러면 다시 한번 시간을 앞으로 되돌려 보겠습니다. "외지 사람들 죽으면 안 된다."라고 해서 교육생들이 먼저 올라간 뒤 그 이후 상황부터 다시 한번 얘기해 주시겠어요?

▶ **신준옥 님**

저희가 올라가서 있는데 나머지 분들도 다 거의 오를 때까지도 비는 계속 왔어요. 양쪽을 보니까 철길 있는 쪽하고 그때 당시 지대가 높던 버스가 다니는 곳에 물이 반 이상이 차올라가고 우리가 있는 물탱크의 3분의 1 이상까지 차올라오는 거예요.

망망대해 같았어요. 바다 한가운데에서 등대 하나에 사람들이 매달려 있다는 그런 느낌이었어요. 밖을 내려다보면 조금만 물이 더 차면 우리가 이제 다 쓸려 넘어갈 것 같은 그런 심정으로 바라보고 있었어요.

조금 환했을 때는 집에 물이 확 차니까 멀쩡하던 초가집 기와집이 한번 휙 쓸리더니 집이 뱅그르르 도는 걸 볼 수 있었어요. 물이 한번 휙 치니까 집이 싹 없어지는 거예요. 또 다른 데를 보니까 또 한 채도 금방 넘어가더라고요. 내놓은 소는 물살에 시달리다가 잠깐 안 보이더니 있다 보니까 소가 나무에 매달려 있더라고요. 그러는 와중에 소나무가 집이 밀리면서 다 뽑혀 버렸어요. 소나무가 다 누워버렸더라고요. 떠내려갔는지는 잘 모르겠는데 순간적으로 다 밀려가니까 사람들이 어떻게 하나 이런 걱정하는 소리만 들렸어요.

비는 계속 내리고 온 천지가 밀려오는 물소리, 통나무 굴러가는 소리, 바로 앞의 집들이 하나둘 물에 휩쓸려 없어지는 걸 바라보니 정말 금방이라도 물탱크마저 집어삼키는 건 아닌가 걱정이 많이 됐어요. 애곡리 철길과 심곡리 국도 바로 아래까지 물이 찰랑거렸고 너무나 무서워서였는지 서로의 얼굴만 바라보다가 바깥을 바라보며 무거운 적막만 흐를 때도 있었어요. 그렇게 얼마나 지났는지 모르겠어요. 이렇게 보니까 철길 쪽에서 어디서 나오신 분들인지는 모르겠지만 손을 막 흔드는 게 보였어요. 그리고 아마 옛날 국도 쪽에서도 사람들이 나와서 저희를 바라보고 있었어요.

그러다가 밤이 되었어요. 밤이 되니까 저 길 건너에서 누가 비추는지는 몰라도 옛날 등불 같은 게 보였어요. 심곡리 길 쪽에서 세 개 정도가 있었던 것 같아요. 불빛밖에 안 보이고 양쪽에 물 내려가는 소리가 후다닥 난리였어요.

🎙 김문근

온 동네가 떠내려가고 또 집이 쓰러져서 떠내려갈 때는 낮이었군요. 그런데 원두막에는 21명이 있었는데 거기 나무가 쓰러져서 올라갔던 사람들이 물에 떠내려갔던 시각이 사람마다 기억이 다르더라고요. 선생님 생각으로는 소나무가 쓰러져서 사람들이 쏟아져 간 시각이 대략 몇 시쯤 됐을까요?

▶ 신준옥 님

어렴풋이 기억나는 건 아홉 시 정도 되지 않았나 싶어요. 사람이 보일 듯 말 듯 그랬을 때였어요. 깊은 밤에는 계속 비가 왔지만 열 시쯤에는 비가 그렇게 쏟아지지 않고 그쳤다가 오고 그랬거든요. 저는 안쪽에 있어서 쓰러지는 모습을 제대로 볼 수는 없었지만, 앞에 사람들이 웅성거려서 소나무가 쓰러진 것을 알 수는 있었어요.

🎙 김문근

물탱크 위 꼼짝도 못 하는 상황에서 애어른 할 것 없이 대·소변을 보러 내려갔다 올 수도 없는 상황이었다고 들었습니다. 냄새하고 열기는 어땠었나요?

▶ 신준옥 님

　사람들이 옆에 있고 비가 오니까 축축하고 눅눅했어요. 소변은 봤을 수도 있는데 대변은 기억이 안 나요. 비가 계속 와서 옷이 다 젖어서 물에 흘러내려 갔으니까요.
　다른 건 잘 기억이 안 나고 얼른 비가 그치고 물이 줄어야 다 살 수 있을 텐데 만약 이러다 물이 더 차오르면 어떡하지 이런 생각만 들었어요. 물이 더 불면 집에도 못 가고 괜히 교육받으러 와서 여기서 다 죽는다고 교육생들끼리 몇 명씩 손을 잡고 서로 안고 울었던 기억이 나요.
　춥기도 하고 비좁아 지쳐있을 때 누군가 '어! 물이 빠지는 것 같다'라는 소리에 강을 바라보고 물탱크 아래를 보니 조금 준 것도 같아 희망을 갖게 되었어요. 이제는 안심하고 차례를 잘 지켜서 내려와도 된다고 해서 밑을 보니 물이 양쪽으로 많이 빠져서 땅이 보이더라고요.

🎙 김문근

　당시 올라가신 물탱크의 높이는 6m였다고 합니다. 만약 옆에서 봤다면 물탱크가 어느 정도 높이까지 올랐는지 관찰할 수 있었겠지만, 위에서 정확한 높이는 알 수 없으셨을 것으로 보입니다. 그래도 혹시 어림짐작으로라도 물탱크의 어느 부분까지 찼던 것으로 기억하시는지요?

▶ 신준옥 님

　위에서 바로는 안 보였지만 물탱크가 높으니까 멀찌감치 봤을 때 어느 정도까지 빠진 것은 보였어요. 정확히는 모르겠지만 어느 정도 느낌으로는 알 수 있었어요. 거리상으로 물이 얼마 정도 올라오고 있다고 얘기를 들었거든요. 제가 알기로는 한 3분의 2 정도까지 물이 찼던 것 같아요.

🎙 김문근

　동네 사람들이 밀지 말라면서 밀면 가장자리에서 우산으로 보이지 않는 데 머리를 때렸다고 하는데 혹시 그런 기억은 없나요? 초등학생이나 어린 사람들은 키가 작으니까 한가운데 섰을 때 바깥이 아무것도 안 보이고 캄캄한 기억밖에 안 난다고 하는데 선생님은 바깥에 상황이 비교적 잘 보이는 가장자리에 있었나요?

▶ 신준옥 님

　저는 우산에 맞은 기억은 없어요. 밀리면 여기 다 넘어진다고 서로가 다들 소리 지르고 그랬던 기억만 나네요. 가장 바깥은 남자분들이 서 있었고 그 두 번째는 여자들이 있었고 그 안으로 삼각형으로 사람들이 있었어요.

저는 횃불 쪽도 보였고 상진 다리 쪽에 나무토막 둥근 게 몇 개씩 떠내려오는 것도 보였어요. 지금으로 말하면 기름통 같은 것이 떠내려오더라고요.

🎙 김문근

새벽이 오고 아침에 어떤 일이 있었는지 상황을 설명해 주시겠어요? 물탱크 아래에 내려와서 본 마을 풍경이라던가, 어떤 일을 했다던가, 대화를 주고받았다든가 하는, 기억나는 부분을 말씀해 주시겠어요?

▶ 신준옥 님

저는 새벽에 물탱크에서 내려왔어요. 남자들이 이제 내려와도 된다 그랬는데 저는 막내로 자라서 "무서워요. 저는 못 내려가요." 그랬더니 밑에 물도 다 빠졌으니 걱정하지 말라고 우리가 차례차례 내려와야 노인들이 다 내려올 수 있다고 해서 내려갔어요.

제가 내려갈 땐 좀 어두웠어요. 사다리도 더듬더듬해서 겨우 내려갔으니까요. 물이 다 빠지고 사람들이 내려오는데 그때부터 조금 환해지려고 하더라고요. 그리고 내려와서 저희 몇 명이 "야! 우리 일단은 살았다. 집에 갈 수 있다."라고 울기도 했어요.

식구들을 찾으러 다니는 사람도 있었고 흔적도 없이 사라진 집터에서 멍하니 서 있는 사람들도 있었어요. 그러다 몇 시쯤인지는 모르겠는데 밭에 땅콩이 다 쓸려가고 하얗게 땅콩이 나온 걸 봤어요. 그래서 이제 손으로 땅콩도 캐고 감자도 몇 개 캐고 그러는데 저쪽에 주르륵 뭐가 놓여 있더라고요. "아니 이건 뭐야?" 이러면서 봤는데 어디서 돌아가신 분을 찾아왔는지 옆에다 눕혀 놓은 거였어요.

그래서 얼굴을 봤는데 얼굴이 까맣더라고요. 주변에는 남자분들도 있고, 여자분들도 있었어요. 저는 땅콩을 들고 있었는데 그분들이 돌아가셨다는 생각은 못 하고 그냥 힘들어서 누워있나 보다 생각했어요. 그래서 "어머 왜 그러세요?" 하면서 만져 봤어요. 그러니까 옆에서 어떤 분이 물에 휩쓸려서 떠내려가서 돌아가신 분들이라고 하더라고요. 그때는 무서운 생각이 하나도 안 들었어요.

🎙 김문근

시신은 몇 구 정도 누워있었나요? 남자였다거나 여자였다거나, 어린이들이 있었다거나 기억나시는 것은 어떤 것이든 다 좋으니 말씀해 주세요. 그리고 인터뷰를 해보니까 밥을 짓고 주먹밥을 만들어서 고추장이나 간장을 버무려 뽕잎에 담아서 주었다고도 하던데 그것은 기억이 안 나시나요?

▶ 신준옥 님

제가 본 거는 한 세 분 정도였고 다 어른 남자였던 것 같아요. 옷도 국방색 비슷한 남방인가 티를 입고 계시더라고요. 그분들을 보고 "불쌍해서 어떻게 하나."면서 위쪽으로 올라왔어요. 땅콩이나 감자를 캤던 걸 아줌마들이 있던 곳에 가서 내려놓으면서 "드실 분 드시라."라고 했어요.

그다음에 아주머니들이 밥을 해야 한다고 그러시더라고요. 가마솥에 밥을 지어야 하는데 물이 없다고 하니까 쓸려 내려가고 웅덩이에 파여있는 물로 지었어요. 완전히 깨끗하진 않고 누리끼리한 물이 있으니까 이거라도 퍼다가 해야겠다면서 그걸로 밥을 지었어요.

저는 고추장은 기억이 안 나요. 아무것도 없다면서 저 집에 소금이 있다는 소리를 들었어요. 옛날에는 소금 가마니가 있었는데 거기에 소금이 녹은 것도 있고 안 녹은 것도 있었거든요. 소금을 물에다가 적셔서 지은 밥을 손으로 주물럭주물럭해서 주먹밥을 많이 만들었어요.

주먹밥을 하나씩 다 나눠주고 저희도 다 나누어 먹고 있는데 날이 다 새고 도지사님이 오셨다고 하는데 저는 그 기억은 없고 서로 인사하고 울고 그랬던 기억이 남아요. 누군지는 잘 몰랐지만 "걱정하지 말라." "이제 헬기가 곧 구조하러 올 거다."라고 했어요. 시간이 좀 걸리니까 여기서 마음 놓고 기다리라고 해서 기다리고 있었어요. 드디어 헬기가 날아와 착륙하려고 했을 때 우리는 소리를 지르면서 손을 흔들고 박수를 쳤지요. 이젠 살았다는 확실한 징표였으니까요. 저는 좀 일찍 타고 나왔는데 제가 탄 헬기는 군용 헬기였는데 좀 작았는지 7~8명밖에 안 타는 헬기를 타고 단양여중으로 나왔어요.

📱 김문근

단양여중으로 나오신 다음에는 어떠셨나요? 잠시 수용소 생활을 하시다가 집으로 돌아가셨나요? 아니면 당일에 돌아가셨나요?

▶ 신준옥 님

중학교 마당에 내린 다음에는 멀어서 길이 끊긴 사람들은 거기에 남았어요. 저는 오빠가 제천에서 학교 선생님이었는데 어떻게 소식을 들었는지 왔더라고요. 얘기를 들어보니까 도담까지는 왔는데 그 이후로는 길이 끊겨서 단양까지 걸어왔다고 하더라고요. 당시 오빠는 저보다 18살이 많아서 저를 딸처럼 키우셨어요. 평소 무척이나 무뚝뚝하던 우리 오빠는 절 보더니 "몸은 좀 괜찮냐." 한마디에 저는 또 울었어요. 미안하기도 하고 고맙기도 하고 혈육의 정을 처음으로 느꼈지요. 그렇게 우리 두 남매는 기찻길의 침목을 밟으며 오빠의 집이 있던 매포로 향했어요. 오빠는 걸으며 한마디도 하지 않았고 저는 그런 오빠의 등만 바라보고 걷다 보니 어느새 매포에 도착했지요. 집에 가니까 엄마, 아빠, 언니 등 식구들이 "죽은 줄만 알았던 딸이 왔다."라고 하면서 얼싸안고 울었어요.

🎙 김문근

제가 인터뷰한 송순옥 님에게 듣기로는 신옥희라고 하시던데 성함이 어떤 게 맞나요? 초등학교와 중학교는 어디서 졸업하셨나요?

▶ 신준옥 님

저는 지금은 주민등록 이름을 쓰고 있는데 그때는 신옥희라고 그렇게 불렸어요. 그래서 단양사람들은 거의 신옥희로 알고 있어요.

그리고 초등학교는 대가초등학교를 졸업했고, 중학교는 제천에 있는 계림중학교를 졸업했어요. 제가 중학교를 다닐 때는 중학교가 단양여중밖에 없었으니까요. 오빠가 교편생활을 하고 있어서 제천으로 갔어요.

🎙 김문근

그 당시에 교편생활을 하셨으면 대단했네요. 저는 상시리 출신입니다. 제가 57년생이니 저보다는 3살 위시군요. 상시리와 파랑리는 가까워서 파랑리에서 가평초를 나온 사람도 드문드문 있더라고요. 그래서 저도 파랑리를 잘 알고 있고 친구들도 여럿 있습니다. 그 뒤에 시루섬을 다시 보시면 어떤 생각이 드셨나요?

▶ 신준옥 님

변영숙이라는 친구도 가평초를 다니다가 대가초로 전학 온 걸로 알고 있어요. 그 일이 있고 나서 시루섬에 있던 사람이 몇 명이었는지도 전혀 기억이 안 났고 같은 동네에서 갔다면 기억했겠지만, 영춘에서 한 명, 어상천에서 한 명 이렇게 왔기 때문에 기억이 전혀 나질 않았어요. 너무 오래 잊고 살았던 거지요.

시루섬 쪽으로 지나가다 보면 문득 옛날에 교육 갔다가 빠져서 우리가 죽을 뻔했던 생각이 나서 물만 봐도 무서웠어요. "저기 있던 물탱크 때문에 우리가 살았는데 주민들은 지금 다 어디에 가서 살고 있을까?"라고 저 혼자서만 그렇게 생각하고 말았죠. 옛날에 그렇게 힘들게 보냈던 시간을 생각하면 참 힘들었죠. 이렇게 오늘 말하면서도 참 옛 생각이 많이 나네요. 정말 잊을 수 없는 그날이라 지금도 비 오는 날이면 시루섬 생각에 잠기곤 한답니다.

🎙 **김문근**

눈물도 흘리시는데 아픔을 드렸다면 죄송합니다. 긴 시간이 흐른 뒤라 기억이 잘 나지 않으셨을 텐데도 불구하고 많은 말씀해 주셔서 감사합니다. 나중에 또 궁금한 게 있으면 다시 연락드리도록 하겠습니다. 언제나 건강하시고, 장시간 인터뷰에 응해주셔서 감사합니다.

증언자 16
오선옥 님

오선옥
1957년생(당시 15세)

- 수해 당시 잠업센터 연수생으로 교육 1주일 만에 수해를 당하여 물탱크 위로 피신
- 당시 어상천면 임현리 거주(시루봉)

🎙 **김문근**

    안녕하세요. 저는 1972년 시루섬 수해 당시의 상황을 기록화하고자 당시 생존자분들의 인터뷰를 진행하고 있습니다. 그래서 당시 잠업센터 연수생이었던 오선옥 님에게 몇 가지 여쭙고자 찾아왔습니다. 먼저 잠업센터에 입소하게 된 계기를 기억하시는지요?

▶ **오선옥 님**

    나는 당시 열다섯 살이었는데 아마 연수생 중에 가장 나이가 어렸을 겁니다. 어상천면 임현리 시루산에 살고 있었어요. 당시 저희 부모님은 이북에서 1·4후퇴 때 넘어오셔서 상주, 영춘, 괴산을 돌아다니시다가 어상천에 정착하셨어요. 옛날에 기도원이 많이 있던 시절이었으니 우리 아버지도 시루산에 올라가서 그걸 하셨던 거지요.

    잠업센터에 들어가게 된 계기는 정확하게는 기억이 나질 않지만, 면사무소 누군가에게 잠업센터 입소 추천을 받았던 것 같아요. 그래서 같은 동네에 있던 친구 2명과 함께 입소했어요. 집에서는 내가 잠업 연수원으로 교육받으러 간다고 하니 옷을 한 벌 새로 사주었어요. 그래서 가방도 부담 없이 꾸렸어요.

🎙 **김문근**

    교육받으러 갈 때가 언제였는지 날짜를 기억하시나요? 혹시 잠업센터의 구조나 그곳에서 먹었던 반찬이나 특별한 기억들이 있으신가요? 다른 분들과 인터뷰를 해보니 강변으로 소풍을 가서 울갱이를 잡거나 고추장을 담그기도 했다고 하던데요.

▶ **오선옥 님**

    수해 나기 1주일 전인가 열흘 전인가 가물가물해요. 하여튼 한참 더운 한여름이었으니 8월의 어느 날이었을 겁니다. 먼저, 아침에 집을 나와 친구 둘과 같이 버스를 타고 제천으로 나갔어요. 같은 단양군이라도 끝에서 끝이라 센터가 있는 증도리 가기가 수월하지 않았어요. 시간도 꽤 걸렸고요. 아무튼, 물어물어 제천에서 단양군 증도리 가는 버스를 타고 강가 어디에서 내렸어요. 그러고는 강가 자갈밭, 땅콩밭, 모래밭, 뽕나무밭을 지나 센터에 찾아갔더니 거의 저녁때였어요.

    잠업센터는 단층 양옥 건물이었어요. 옥상은 있었지만, 분명히 단층으로 기억합니다. 지하실도 있었던 것 같고 누에를 키우는 별관도 있었고 꽤 넓은 뽕나무밭도 있었어요.

🎙 **김문근**

잠업센터에서 진행한 강의 내용이라던가, 센터에서 있었던 특별한 기억이 있으실까요? 의식주 생활이나, 소풍을 갔거나, 혹은 다른 것들도 아무거나 다 좋습니다.

▶ **오선옥 님**

하도 오래전이라 교육과정이 자세히는 기억이 안 나요. 다만 누에에게 뽕나무 잎을 먹일 때 어린순부터 먹여 차츰차츰 내려가야 한다. 뭐 그런 내용만 기억나요. 뽕잎은 위로 올라가면서 밑에는 빳빳하고 위에는 연하니까 개미처럼 작은 누에에게 먹이를 주기 위해서는 맨 위에 가장 연한 부분을 따서 썰어서 줬어요. 개미만한 어린 생명이 꼼지락거리며 갉아먹는 것이 참 신기했어요.

오전에는 수업도 듣고 뽕잎도 썰고 오후에는 뽕나무 잎을 따다가 누에에게 먹이는 과정을 배웠어요. 그러다가 입소 며칠 뒤에 바로 물난리가 났으니 기억나는 교육내용이 많지는 않아요.

하지만 또렷하게 기억하는 것도 있어요. 한 달 정도가 교육 기간이었는데 처음 가니까 알에서 갓 깬 아주 작은 누에가 있었어요. 추측건대 센터에서 진행하는 교육을 마치고 나갈 때까지 그 누에를 키우는 거였겠지요.

센터에서 기억나는 건 첫날에 저녁을 먹고 나니 큰 방에 모이라고 해서 모였어요. 한 40명은 되는 것 같았는데 신고식을 한다며 자기소개와 노래를 하라고 했어요. 나는 교회를 열심히 다녀 찬송가 외에는 아는 노래가 없어 고민했는데 다행히 친구(배금숙)가 흑기사로 대신 내 몫까지 불러서 곤란한 상황을 벗어날 수 있었지요. 그 친구는 평생지기로 지내고 있어요.

저는 고추장을 함께 담그거나 강변으로 소풍을 간 추억은 없어요. 아마 제가 교육을 받은 기간이 워낙 짧아서 그런 것일 테지요. 다만 반찬으로 나온 양파 무침이 맛있었던 기억은 있어요. 숙소도 5명이 한 방을 사용했는데 그중에 서너 명이 친구였고 알던 사람이었으니 불편하지는 않았고요.

🎙 **김문근**

네 그렇군요. 그러면 이제 수해 당시의 얘기를 해볼까요? 8월 19일 수해 당일에 대한 기억을 생각나는 대로 말씀해 주세요.

▶ **오선옥 님**

8월 19일 그날만이 아니라 며칠 전부터 비가 계속 내려서 걱정이었고 그때마다 집에 가고 싶었어요. 그날 아침은 비가 계속 내려 불안감이 더 커졌어요. 점심을 먹고 연수생 일부는 뽕잎을 따러 나가고 일부는 강의실에 그대로 있었어요.

나는 강의실에 그대로 있었는데 누군지는 모르겠으나 분위기가 어수선해져서 옷가지와 소지품을 챙겨 가방을 쌌어요. 저는 누군가가 소리치는 건 못 듣긴 했지만 다들 대피를 시작하기에 저도 따라나선 거였죠.

우리는 처음에는 옥상으로 올라갔지만, 강물이 쳐들어오는 모양이 심상치 않아 마을의 높은 곳으로 이동했어요. 옥상에서 내려오니 이때 물은 이미 내 허리까지 차올라 급류를 이루고 있어 길 찾기가 어려웠고 휘청 쓰러질 뻔했어요. 이때가 한 오후 두 시쯤이었던 것 같아요.

🎙 김문근

높은 곳으로 올라간 뒤에 물탱크 위로 올라가는 과정과 물탱크 위에 올라가서의 상황은 어떠했나요? 혹시 원두막이 쓰러지는 모습을 보시거나 들으셨나요?

▶ 오선옥 님

저는 물탱크가 있었는지 어쨌는지 몰랐어요. 아무튼, 앞에 사람 따라 높은 곳으로 땅콩밭, 뽕밭, 동네를 지나니 물탱크가 보였어요. 나는 처음에는 그대로 강을 건너 섬 밖으로 나가는 줄 알았는데 아니었어요. 사실 그곳이 섬인 줄도 그때 알았어요.

물탱크는 높았는데 사다리는 튼튼하지 않았지요. 우리 일행은 어린이 노약자, 할머니 할아버지 그다음으로 올라가라고 해서 흔들리는 사다리를 타고 물탱크 위로 올라갔어요. 가방은 물탱크 아래에 놓았는데 누군가가 집어 던졌어요. 옷, 돈 다 들어있었지만 어쩔 수 없었지요. 가방 걱정을 할 여유가 없었지요.

물탱크에 올라간 시간은 서너 시쯤 되었던 것으로 기억하는데 물탱크 위로 올라가니 할머니 할아버지 어린아이들이 가운데에 있었어요. 우리는 한복판에서 약간 바깥쪽으로 앉지를 못하고 서 있었지요. 대소변도 그대로 해결했고요. 나는 종일 참았는데 친구는 싸고 말았어요. 그때는 냄새를 느낄 겨를도 없었어요.

조금 지나서부터는 서로 밀고 당기는 힘든 시간이 계속되었어요. 그런데 주위가 어두워지고 나니 물이 계속 차오르는 것을 느끼는 것이 공포였어요. 비가 그치질 않으니 "이 비가 그쳐야 물이 줄 텐데······." 하는 생각만 했고요. 밤이 깊어지고 저쪽 다리에서 횃불인지, 전등 빛이었는지가 보이고 희망 같은 것이 생겼어요. 저는 물탱크 위로 올라가면서부터 계속 기도를 했어요. "내가 만약 살아서 나간다면 정말 열심히 살아가겠다." 뭐 그런 기도였지요.

원두막이 무너진 거는 보지나 듣진 못했어요. 다만 시끄러운 소리가 잠깐 들렸던 거

같긴 해요. 직접 보진 못했지만, 그전에는 사람들이 있었던 것 같았는데 시간이 지나니까 사람들이 없어진 것 같은 느낌을 받긴 했어요.

🎙 김문근

물탱크에서 그렇게 밤을 보내고 다음 날 물탱크에서 언제 내려왔나요? 그것으로 잠업센터의 교육은 끝이었나요?

▶ 오선옥 님

새벽에는 비가 그쳤어요. 내려온 시각에 대한 정확한 기억은 없는데 날이 완전하게 밝았던 것만은 확실해요. 물론 물탱크 위에서 갓난아기가 압사한 사실 같은 것은 알지 못했고요. 물탱크에서 내려오는 데도 오랜 시간이 필요했어요. 물탱크 아래로 내려오자마자 친구와 나는 가방부터 찾아봤지만, 흔적도 없었지요.

그때 물에 빠져 죽은 시신을 건져 천을 덮어놓은 것도 보았고요. 사람들이 많이 모여 있는 곳으로 가서 집으로 갈 수 있기만을 기다렸어요. 그랬더니 마을 사람들이 새빨간 주먹밥을 한 덩이씩 주더군요. 소금 간을 한 주먹밥이었어요. 중앙선에는 기차가 다녔고 섬 밖에서는 사람들이 손을 흔드는 모습이 보였어요.

그러더니 작은 헬리콥터가 섬에 내리고 한 남자가 나오더니 한 말씀을 했어요. 다 같이 사진도 찍었고요. 한참 후에 커다란 헬리콥터가 여러 대 들어와서 그편에 섬 밖으로 나갔어요. 수재민 수용소가 마련된 단양여중 운동장이었지요.

그곳에 도착해서는 먼저 전염병을 예방하는 약을 먹었고 교실에서 밤을 지냈어요. 이곳에서도 끼니를 해결하라고 주먹밥을 한 덩이 주었어요. 아침에 먹었던 주먹밥과는 달리 나물을 넣은 것이라 아침보다는 맛이 좀 더 좋았어요. 그리고 아마 정신을 제대로 차릴 수 없었던 아침과 달리 수용소에서 먹을 때는 정신을 조금 차릴 수 있어서 그랬던 것 같기도 해요.

아무튼, 수용소에서 하루를 자고 얼마인지 기억은 나질 않는데 여비를 받아 제천을 거쳐 집으로 돌아갔어요. 수용소 밖은 과수원이었는데 그 큰 홍수에도 아랑곳하지 않고 사과가 주렁주렁 달려있었어요. 삶과 죽음 사이에서 꿋꿋하게 달려 있는 사과를 보니 묘한 생각이 들더군요.

수해로 모든 것이 다 없어져서 센터의 교육은 그것으로 끝이었지요. 교육받은 지 며칠 안 되었고, 수료도 못 했으니 잠업 관련 활동도 할 수 없었고요. 그 후로 이런저런 일을 하다가 결혼했고 딸 하나를 두었어요. 지금은 운동 삼아 아르바이트를 골라 하면서 몸을 움직이는 정도로 지내고 있습니다.

🎙 **김문근**

　그러셨군요. 장시간 인터뷰에 응해주셔서 감사합니다. 나중에 다시 뵙는 그날까지 항상 건강하시고 좋은 일만 가득하시길 바랄게요. 감사합니다.

증언자 17
배금숙 님

배금숙
1956년생(당시 16세)

- 수해 당시 잠업센터 연수생으로 교육 1주일 만에 수해를 당하여 물탱크 위로 피신
- 당시 어상천면 임현리 거주

🎙 **김문근**

안녕하세요. 이렇게 인터뷰를 진행할 수 있도록 시간을 내어주셔서 감사의 말씀을 드립니다. 먼저 인터뷰한 오선옥 님과는 친구 사이였다고 하시던데 다른 분도 같이 입소하신 분이 있는지, 입소하게 된 계기와 잠업센터까지의 이동 과정을 설명해 주시겠어요?

▶ **배금숙 님**

저는 어상천면 임현리가 고향입니다. 집은 초등학교 옆에 있었어요. 저는 1956년생이니까 그때는 16세였지요. 당시 면사무소에서 근무하던 이상하 씨가 잠업센터에 대해 소개를 해주어서 친구 오선옥, 임순일과 함께 입소했어요. 그 날짜는 8월 14일, 15일 전후니까 8월 19일 물난리가 나기 불과 며칠 전이었어요. 오선옥과는 평생 가깝게 지내고 있지만 임순일은 아쉽게도 10년 전에 연락이 끊어졌어요.

우리는 가방을 꾸려 어상천에서 버스를 타고 제천으로 가서 다시 단양 증도리 가는 버스를 갈아타고 가다가 강가에서 내렸어요. 아마 지금의 단양역 지난 어디였을 겁니다. 강가에서 버스를 내려 샛강을 건너 잠업센터를 찾아갔더니 마침 저녁을 먹으려 준비 중이었어요.

한 30명 정도가 되는 사람들이 커다란 상 위에 밥과 반찬을 놓고 있었어요. 그때 전기가 안 들어왔는지 실내는 어두웠고 걸린 불은 호롱불 같았어요. 모두가 희미하게 보였거든요. 그중에는 적성 사는 이경자 같은 아는 얼굴도 있었고 나보다 나이가 많은 언니들도 있었어요. 반찬은 양파를 고추장에 무친 것과 김치뿐이었지만 양파 무침은 맛이 있었어요. 그때 양파는 귀할 때였거든요.

🎙 **김문근**

입소한 뒤에 잠업센터에서는 어떤 교육이 이루어졌나요? 교육은 낯설지 않았는지, 어린 나이에 가족과 떨어져 살아야 하는 연수원의 생활이 어땠는지 궁금합니다.

▶ **배금숙 님**

입소한 지 얼마 되지 않아 수해를 겪어서 잘 기억은 나지 않아요. 교육을 받았다고 하기엔 너무 짧은 시간이었으니까요. 어렴풋이 기억나는 대로 말해보자면, 오전에는 강의를 듣거나 자료를 보고 누에를 돌보았고, 오후에는 뽕밭에서 뽕잎을 따다 잠실로 옮기고 그랬던 것 같아요. 아주 작은 누에, 까만 것을 손가락 굵기만큼 키우는 것이었는데 그날 수해로 다 떠내려갔지요.

우리가 수해 때문에 연수원 생활을 며칠 못해 그런지 강의 내용은 누에와 뽕잎 따는 것 외에는 특별하게 기억나는 것이 없어요. 나는 친정이 어릴 때부터 누에를 키워서 그 일이 친숙했던 것 때문인지 교육이 낯설지 않았어요.

그리고 처음 입소할 때 신고식 비슷한 것을 했어요. 자기소개와 노래를 하라고 해서 나는 "고향 땅이 여기서 얼마나 되나…." 하는 "고향 땅"이라는 동요를 불렀어요. 재미있는 것은 친구 선옥이가 찬송가 외에는 아는 노래가 없다고 해서 내가 흑기사로 나서서 두 번 불렀어요.

숙소는 5명이 한 방에서 생활했어요. 식사는 부부가 상주하면서 마련해 주셨지요. 반찬은 두 가지였지만 그런대로 먹을만했던 것 같아요. 부부 중에 남편 되는 노 기사 아저씨가 "먼 곳에서 왔다."라며 이것저것 잘 챙겨주신 것이 기억에 남아요. 같은 방을 쓰는 5명 중에 4명이 친구여서 불편함도 없었고요.

🎤 김문근

입소하고 수해가 나기 전까지가 워낙 짧은 시간이라 기억이 많이 안 나는 것이 아쉽기도 하네요. 그러면 이제 수해 당일의 기억을 말씀해 주시겠어요? 어떻게 피신했다거나, 물탱크 앞에서 기다렸을 때나 위에 올랐을 때 있었던 일이라던 걸요.

▶ 배금숙 님

주로 오전에는 강의를 받고 오후에는 뽕잎을 따는 일이었어요. 아기누에가 지금도 가물거리는 것 같네요. 그날 나는 점심을 먹고 뽕잎을 따러 나갔다가 누군가가 소리를 치며 "빨리 돌아오라."라는 소리를 들었어요. 그때 주위를 돌아보니 물이 들어오는 거지 뭐예요. 누군가의 소리는 바로 "물이 들어온다."라는 경고였던 셈이지요.

아마 그 누군가는 센터장님이었던 것 같아요. 그때 잠업센터를 책임지시는 분이었는데 그 당시에 우리는 그분을 잠업 기사 아저씨라고 불렀었거든요. 아마 그분이 대피하라고 소리를 치셨던 것 같아요.

그래서 급하게 연수원으로 돌아가 가방을 챙겨서 처음에는 옥상으로 올라갔어요. 다른 친구들도 다 옥상에 올라갔지요. 하지만 물이 너무 급하게 올라오는 것이 심상치 않아 누군가의 외침대로 마을의 높은 곳으로 이동했어요.

그렇게 물탱크 앞으로 갔더니 이미 마을 사람들이 여럿 모여 있었어요. 어디선가 "외지 사람들 먼저 올려라."라고 해서 우리가 먼저 사다리 앞으로 나왔어요. 나와 친구는 물탱크 위에 오를 때도 가방을 챙기려고 했는데 누군가가 그것을 낚아채서는 멀리 던졌어요. 그때야 상황을 인지한 나는 낭창낭창하는 사다리를 타고 물탱크 위로 올라갔어요.

물탱크 위로 올라가니 누군가가 "반듯하게 서 있어라. 죽으면 모두 죽고, 살면 다 산다!"라며 동요하지 말고 침착하게 자리를 지키라는 말을 했어요. 이때가 오후 서너 시 정도였지요. 물탱크 한가운데는 아이들과 할머니 할아버지가 있었고 그 옆으로 우리 일행이 서 있었어요. 그래서 한복판은 아니고 중심에서는 약간 떨어진 곳에 우리가 있었지요.

그때도 비는 계속 내렸지요. 똥오줌은 가릴 수가 없었지요. 나도 오줌은 참을 수가 없었습니다. 그래서 결국 싸고 말았어요. 하지만 별로 신경이 쓰이지는 않았어요. 그런 것을 중요하게 생각할 겨를이 없었거든요. 그리고 그 당시는 젊었으니까 그렇게 답답하고 힘든 것도 많이 느끼진 않았던 것 같아요.

어두워지고 다리 쪽에서 불이 보였지요. 횃불이었어요. 제가 본 횃불은 적성 애곡리 쪽 철길에서 불타오르는 횃불을 보았어요. 그리고 소리치는 것도 제가 들었어요. 횃불뿐만이 아니라 전등불 같은 서치라이트도 있었어요.

밤새 이리 밀리고 또 저리 밀렸어요. 하지만 어떻게 다음날을 맞이했는지 분명하게 떠오르는 기억은 없습니다. 스크럼을 짠 마을 청년들도, 우산대로 사람들을 진정시킨 어르신의 노고도 다 눈에 들어오지 않았어요. 어찌어찌 밤을 지새운 것이지요.

🎙 김문근

밤이 지나고 다음 날의 기억, 그러니까 물탱크에서 내려온 이후 상황은 어땠는지요? 그리고 그다음 섬에서 나와 수재민 수용소에서는 어떠셨나요. 나중에 시간이 흘러 연수원에서의 교육을 활용할 기회가 있었는지요?

▶ 배금숙 님

물탱크에서 내려온 시각은 새벽이 아닙니다. 거의 9시는 되어서였어요. 사다리는 부실했고 노약자도 많았기 때문에 물탱크에서 사람들이 내려오는데도 시간이 상당히 소요되었지요. 그렇지만 저는 밤에 아이가 압사했다는 소리는 듣지 못했어요.

물탱크에서 내려와 옷 가방부터 찾으러 돌아다녔지만 보이질 않았어요. 그래도 혹시 하는데 내 가방과 똑같은 빨간 색깔의 천이 보였지요. 반가운 마음에 달려가 보니 그것은 시신을 덮은 것이었지요. 시신은 그 빨간 천에 덮인 것 말고도 주위에 여러 명이 있었습니다.

그렇게 물탱크 주변을 서성이다 보니 허기가 들었지요. 어느 가족이 감자와 옥수수를 삶아 먹으려고 했는데 지나가던 연세가 50세 정도 되신 어떤 아저씨가 그걸 못 먹게 했어요. "굶어도 같이 굶어 죽어야 한다."라며 삶던 솥을 엎으셨어요. 더러운 물을 써서 조리를 하여 혹시나 전염병에 걸릴 것을 우려해서가 아니라 '나만 살겠다고, 우리 가족만 살겠다고 하지 말고 마을 전체를 생각하여 협동, 단결하자.'라는 말이었다고 생각해 봅니다.

그리고 마을 분이 고추장을 버무린 밥에 뽕잎을 싸서 주었는데 어찌나 맛이 있던지 허겁지겁 먹었어요. 그리고 헬리콥터를 타고 단양여중에 마련된 수재민 수용소로 갔지요. 이곳에 갔더니 된장으로 무친 나물 주먹밥을 나눠주더군요. 교실에서 하루를 자라고 해서 2층 교실로 갔어요.

모두가 비를 맞아 옷이 젖어서 추웠어요. 이불을 요청했더니 "겨우 하루 잘 거면서 무슨 이불이냐."는 핀잔을 들었어요. 그러자 어떤 아주머니가 이불을 한 채 주면서 덮으라고 하기에 5명이 덮고 그 밤을 지냈지요. 다음날 60원인가, 600원인가를 차비로 주기에 단양역에서 버스를 타고 제천으로 갔어요. 제천에서 다시 어상천으로 가는 버스를 타고 그리던 집으로 갔답니다. 일주일 남짓한 그 교육 기간이 몇 년은 지난 것 같이 길게 느껴지는 여정이었어요.

그리고 집에 와서는 기간도 짧았고 교육받은 내용도 별로 없었지만 그래도 고향에서 누에고치를 판매할 때면 선별작업을 꾸준하게 했지요. 상태가 좋은 누에고치를 골라내는 데는 일가견이 있기 때문이었지요. 당시 일당이 120원인가 했던 것으로 기억해요.

🎙 김문근

그리고 이후에는 어떻게 지내셨는지요? 시루섬 주변을 다시 방문하셨던 적이 있나요? 이외에도 못다한 말씀이나 더 하실 말씀이 있으시면 자유롭게 해주셔도 됩니다.

▶ 배금숙 님

수해를 겪고 몇 년 뒤 나이 스물다섯에 결혼했고 아들만 둘을 두었어요. 지금은 손주도 있지요. 잠업센터를 다녀온 몇 해 후 제천에 있는 미용학원에서 친구 이경자와 함께 미용 기술을 습득하기도 했어요.

나는 시댁이 부산이어서 아들을 데리고 갈 때는 꼭 기차를 탔어요. 그때 아들에게 창밖으로 시루섬이 보이면 "엄마가 예전에는 이곳에서 어렵게 살아나온 적이 있단다." 하면서 당시 일을 설명해 주었는데 그때마다 눈시울을 붉히곤 했었지요.

지금도 돌아가신 분들을 생각하면 가슴에 멍울이 박힌 것처럼 계속해서 마음이 아려옵니다. 나와 친구들은 살았지만 돌아가신 분들도 있으니까요. 돌아가신 분들의 명복을 빕니다. 그 당시 어상천면사무소 이상하 잠업 기사님 생각이 납니다. 연수생 친구들도 생각나고요. 벌써 50년이 되었네요. 주먹밥을 해주시던 그 아주머니 지금도 살아계시는지 궁금하네요.

🎤 김문근

오랜 시간이 지나고 워낙 짧은 교육 기간이었던 터라 당시의 기억을 떠올리기 쉽지 않았을 텐데 아픈 기억을 되살리게 해서 죄송하고요. 인터뷰에 잘 응해주셔서 대단히 감사합니다.

증언자 18
조율형 님

조율형
1947년생(당시 25세)

- 단양면사무소 잠업 지도원으로 근무하면서 시루섬 잠업센터 교육을 위해 수시 출장 방문
- 수해 당일 잠업센터 숙직근무 예정이었으나 가정 사정으로 다른 사람이 대신 숙직
- 수해 다음날 시루섬으로 출근하려 했으나 상진대교의 붕괴로 단양면사무소 출근

🎙 **김문근**

시루섬 그날의 참사, 영웅담을 인터뷰하고 정리해 왔습니다. 이제 거의 마감 단계이지만 가장 알기 어려운 부분이 바로 잠업센터 관련 사항입니다. 잘 아시는 분을 만나기 어렵더군요. 남아 있는 기록도 전무하고요. 단 한 장의 사진도 구할 수 없었고, 증언해 주실 분도 찾을 길이 없어 아쉬웠습니다.

수해 나기 1년 전 교육을 받은 분을 간신히 찾아 서울까지 가서 인터뷰를 했습니다만 워낙 오래전의 일이라 그분도 많은 부분을 기억하지 못하시더군요. 그래서 여러 사람을 만나서 기억의 조각들을 합쳐내야만 어떤 형상이 나올 것 같습니다.

선생님께서는 1972년 수해 때 단양면사무소 잠업 지도원으로 근무하시면서 시루섬에 있는 잠업센터에 출장하시어 당직 근무 등 잠업센터 운영 업무를 담당하신 걸로 알고 있습니다.

당시에 잠업센터는 누가 설립했으며 교육내용, 교육 인원, 건물 구조 등은 어떠했는지 기억을 더듬어 주시면 감사하겠습니다. 먼저 잠업센터는 어떤 곳인지 두서없이 말씀해 주시길 부탁드립니다.

▶ **조율형 님**

알다시피 시루섬 마을에는 원래 뽕밭이 많았습니다. 특히 단양군에서 황무지 개간사업으로 뽕밭을 조성하는 바람에 마을 본 부락 위로는 거의 뽕밭이었을 정도로 뽕밭이 많았지요. 이러한 마을 특성이 있었기에 "단양군 잠업센터"를 시루섬에 세운 겁니다. 잠업센터는 시루섬 북쪽 제일 끝부분에 위치해 있었습니다. 담장도 없었지요.

잠업센터는 단양군에서 설립하여 운영했습니다. 건물은 슬라브로 단층 구조였는데 지하실이 있었어요. 뽕잎을 따서 이 지하실에 저장했죠. 시원한 이곳에 뽕잎에 물을 뿌려서 보관해야 뽕잎이 마르지 않기 때문이죠.

교육생 40명 정도를 수용할 수 있는 강의실, 기숙사가 있었고 잠업 관리사, 소장실, 사무실, 숙직실이 있었어요. 별도 건물로 관리사도 있었어요. 관리사는 건물관리와 뽕밭 관리, 누에 치는 제반 잡일을 관리하는 분이 사는 건물인데 봉급을 받는 관리인은 살고 있었어요. 이곳 잠업센터에서 교육받은 영춘 사람이 결혼하여 부부가 관리사에서 살고 있었지요.

교육은 군청에서 담당했는데 매일 교육한 것은 아니었습니다. 이론적인 교육보다는 누에를 치는 실습에 더 치중했어요. 노동, 체험, 실습이 더 중요했기 때문이죠.

잠업센터에서 교육을 이수한 교사가 현지 지도한 농가에서 누에고치를 팔기 위해 수매장에 갈 때는 꼭 교사를 데리고 가더군요. 수매 검사원인 농산물검사소 직원에게 "잠업센터에서 배운 분이 기술적으로 잘 기른 고치입니다."라고 얘기하면 한 등급을 올려서 평가해 주기도 했거든요.

📱 김문근
어르신께서는 그 당시에 단양군 어느 부서에서 어떤 업무를 담당하시면서 시루섬 잠업센터 일을 보시게 되었는지요?

▶ **조율형 님**

　저는 수해 나기 전해인 1971년 10월 군대를 전역하여 공무원 시험을 보려고 집에서 공부하고 있었는데 매포면사무소 산업계장님께서 우선 잠업 지도원으로 근무해 보기를 권하시더군요. 그래서 1972년 6월, 즉 수해 두 달 전 잠업 지도원에 임용되었어요. 그리고 그다음 달인 1972년 7월에 농업직 5급 을류 공무원 시험에 합격했습니다.

　그런데 수해가 나는 바람에 관련 서류가 수장되어 발령을 못 받고 있다가 그 이듬해에 받았어요. 관련 자료가 없으니 담당 부서에서 당사자인 나에게 문의한 후 발령을 내더라고요. 하긴 그때 물에 젖은 호적부 등 서류를 말리기 위해 다리미, 인두로 한 장씩 넘기며 다리기도 했지요.

　군청 잠업 계장이었던 조문행 님은 시루섬 잠업센터 소장을 겸직하면서 총괄하고 있었어요. 군청 잠업계 직원으로 있던 김영배 님도 담당 직원으로서 자주 출장 와서 일했어요. 김영배 님은 돌아가셨지만, 혹시 잠업센터 사진이 있을지 모르겠네요.

📱 김문근
혹시 홍현우 선배님, 지영돈 선배님은 당시 잠업 부서에 근무하지 않으셨는가요? 제가 공무원 시작할 무렵에는 그분들이 잠업 부서에 근무하셨거든요.

▶ **조율형 님**

　홍현우 님은 당시 군청 산업행정계에 있었고 지영돈 님은 적성면사무소에 근무한 것으로 알고 있습니다. 그래서 그분들은 당시 잠업센터를 직접 담당하지 않았을 겁니다. 저는 단양면사무소에 근무하면서 관내에 있는 잠업센터 운영을 협조, 보조하는 담당 직원이라 잠업센터에 자주 출장을 갔습니다. 특히 교육 기간 중에는 이따금 숙직도 했지요.

　수해를 당하던 그날 저에게 숙직을 하라고 하는 걸 제가 못 하겠다고 했습니다. 당시 우리 집에서는 닭을 많이 키웠는데 그날은 집에 무슨 일이 있어 내가 사료를 주지 않으면 안 되기에 "오늘은 어렵다."라고 말했어요. 그랬더니 누군지 모르지만 다른 분이 숙직하러 들어갔을 겁니다.

　당시에 단양면사무소 산업계장 밑에 잠업 담당자 1명 외에도 잠업 지도원 3명이 근무할 정도로 잠업의 비중이 컸습니다. 잠업을 권장하기 위해 뽕나무를 한 그루씩 헤아려서 집중적으로 관리하고 있었을 정도였으니까요.

출장 갈 때는 버스를 타고 국도에서 내려서 샛강을 건너서 들어와야 했습니다. 아가씨들이 총각인 내가 오면 뭘 사 오나 하고 우르르 와서 쳐다보곤 하더라고요. 그래서 나는 들어갈 때 빈손으로 가질 못 했어요. 작은 무엇이라도 사서 가곤 했습니다. 어떤 날은 상진대교 옆 상점까지 걸어가서 사주기도 했습니다. 시루섬에도 상점이 있었지만, 그곳에 물건이 훨씬 많았거든요.

그리고 센터 관리하는 사람은 교육생들과 함께 누에를 길러야 했어요. 누에에게 하루 세 번 뽕잎을 주어야 합니다. 아침에 일어나자마자, 점심때 저녁때 이렇게 뽕잎을 주어야 하기 때문에 뽕잎을 따다가 지하에 저장을 해두지 않으면 안 되었죠. 지하실이라 아주 시원했어요. 몹시 더울 때면 이곳 지하실이나 건물 옥상 위에 올라가 자면 아주 시원했어요. 시원한 옥상 위에는 강바람에 추울 정도였으니까요.

어느 여름날에는 교육생들과 함께 큰 그릇을 몇 개 들고 강가에 나가서 올갱이를 주어서 끓여 먹기도 했어요. 저녁 식사 후 마당에 앉아 노래자랑도 했지요.

김문근

잠업센터 교육생 모집을 춘잠春蠶과 추잠秋蠶만 했는지 아니면 하잠夏蠶도 했는지 인터뷰했던 사람마다 약간씩 다른 기억을 갖고 있던데요. 그리고 수해 나던 그날 즉 8월 19일 교육받던 분들은 하잠이었는지 추잠이었는지 궁금합니다.

▶ 조율형 님

그날 교육받은 분들은 추잠이었습니다. 하잠은 없었고 추잠도 추잠, 만추잠, 만만추잠 이렇게 세 가지가 있어서 세 번을 나누어 교육할 수도 있었어요. 그러나 대부분 춘잠과 추잠만 운영한 걸로 기억합니다.

그때 수해를 만난 아가씨들이 매포면 영천리에도 한 분 있었고 적성면 애곡리에도, 단양면 양당리, 두항리에서도 오신 분도 있었어요. 면사무소 직원들이 담당 부락별로 적극 홍보하고 추천해서 오게 된 것이죠. 저도 담당 부락인 고평리, 양당리 마을에 홍보하여 두 명을 교육 입소해 드렸습니다.

하여튼 수해 무렵 저는 시루섬 잠업센터로 매일 출근하고 있었어요. 수해 다음날, 그러니까 1972년 8월 20일 아침에 저는 시루섬으로 출근해야 했습니다. 매포면 어의곡리 집에서 나루재를 넘어 걸어갔지요. 교육생들 주려고 집에서 달걀 한 판을 삶아서 싸서 걸어가다가 나루고개에서 매포면사무소에 근무하는 김진두 님을 만났어요. 매포면사무소 역시 모두 잠기는 등 매포 지역도 엄청난 수해가 있었기에 그분도 수해 대책에 밤새 웠다고 했습니다. 도로가 끊기고 통신도 두절되어 걸어서 군청으로 가는 길이라고 하더 군요.

아침 식사도 굶어 배고프다고 하여 갖고 있던 계란을 주고 이 얘기 저 얘기하며 가다 보니까 상진대교가 없어진 거예요. 다리를 건너야 출근을 하는데 떠내려갔으니 출근을 할 수 없었습니다. 김진두 님과 함께 중앙선 철길을 따라 걸어 내려갔습니다. 현천 철교 를 건넌 후 국도를 따라 다시 올라오면 시루섬으로 갈 수 있다고 생각했지요.

김진두 님과 함께 896m 길이의 긴 터널 호랑굴을 지나니 왼쪽으로 시루섬이 보이기 시작하더군요. 그런데 마을이 다 떠내려가고 아무것도 안 보이더라고요. 잠업센터도 안 보였어요. 철길을 따라 조금 더 내려가는데 애곡리 옷바위쯤에서 지나가는 기차가 서더 군요. 연결된 열차 없이 기관차 혼자서 운행 중이었는데 기관사가 "타세요." 하길래 "고 맙습니다."라고 하면서 탔습니다.

타고 가면서 왼쪽 시루섬을 보니 물탱크 주변에서 연기가 나고 사람들이 보이더라고 요. 소도 보였어요. 그리고 헬기가 오는 걸 보았습니다. 그래서 저는 '아! 사람들이 어떻 게 살았는가 보다'하는 생각이 들더라고요. 이때가 아마도 대략 9시 무렵일 겁니다. 현 천 철교를 건너자마자 기차에서 내렸습니다.

저는 시루섬으로 들어가는 게 불가능하므로 사무실인 단양면사무소로 가기로 하고 군청으로 향하는 김진두 님과 함께 잿간모퉁이를 지나 읍내로 걸어갔습니다. 제 사무실 인 단양면사무소는 수몰되어 아무것도 없더군요. 임시 수용소인 단양여중 마당에서 면 장님이 핸드마이크로 지휘하시고 있더군요. 면장님은 수해 피해 상황을 조사하라며 경 찰관 1명과 함께 양당리, 두항리, 장회리를 출장 가라고 하더군요.

엉망이 된 길을 걸어서 마을에 도착하여 이장님께 이것저것 피해 상황을 물었더니 이 장님은 "다 떠내려갔는데 남은 게 없다. 조 서기가 알아서 하라."라고 하더군요. 워낙 엄 청난 수해를 당해 화가 나니까 한 말이죠. 그래서 제가 막걸리를 한 말 사고 안주로 소금 을 한 됫박 준비해서 모래 바닥에서 앉아 한 사발씩 드리면서 위로해드렸지요. 이장님 들은 막걸리를 드시면서 한탄하는 얘기를 하시더군요. 많은 얘길 나누고 밤이 되었는데 보니까 제가 입소해 드린 교육생 아가씨 두 명이 막 뛰어오더라고요. 시루섬에서 헬기 타고 나와서 이재민 수용소에 있다가 집까지 걸어서 들어오는 길이라고 하더군요. 얼마 나 반갑던지 안심이 되더군요.

🎙 **김문근**

그날 잠업센터 교육생은 몇 명쯤 되었는지요? 그간 인터뷰한 분들도 정확한 인원을 기억하지는 못하고 대략적인 짐작만 하는데 20명부터 40명까지 다양하더군요. 당시 신문에는 18명으로 보도된 바 있고요.

▶ **조율형 님**

저는 23명으로 기억합니다. 그러나 신문에 18명이라고 보도되었다면 그게 맞을 수도 있겠지요. 입소하신 분이 사정이 있어 중간에 포기하고 퇴소하는 분도 더러 있었으니까요. 워낙 오래전의 얘기라 확실한 기억이 어렵네요.

🎙 **김문근**

그렇군요. 잘 알았습니다. 추가로 궁금한 사항이 있으면 전화로 여쭤보기로 하고 오늘은 여기까지 여쭙는 것으로 하겠습니다. 대단히 고맙고 감사합니다.

증언자 19
김운기 님

김운기
1937년생(당시 35세)

- 전 충청일보 사진기자
- 수해 이틀 후인 1972년 8월 21일 태종학 도지사, 신문기자 2명과 육군 헬기 2대에 분승하여 단양지역의 수해 상황을 촬영
- 제천 청풍 지역에서 착륙 중 추락하여 헬기는 세 토막 나고 탑승자 3명은 중상

🎤 김문근

저는 단양 출신으로 1972년 8월 19일 큰 수해 때 단양 시루섬의 참상과 주변 상황에 대해 관심을 갖고 있습니다. 그간 여러 해 동안 그 상황을 아시는 여러 사람의 증언을 청취해왔고 관련 자료를 모으고 있습니다. 이러한 증언과 사진, 자료들을 모아 앞으로 다큐 형식의 책을 편찬하여 후대에 전해주어야 한다는 목표와 소명의식을 갖고 있습니다.

1972년도 수해 때 선생님께서는 충청일보 사진부 기자로 근무하시면서 직접 사진 촬영을 하시고 헬기 사고도 당하시는 등 많은 부분을 생생히 체험하신 걸로 알고 있습니다. 물론 수많은 세월이 흘러 잊힌 부분도 많으시겠지만, 후대에 진실을 전해줄 역사의 기록이라는 점을 이해하시고 기억나는 대로 말씀해 주시길 부탁드립니다. 그리고 소장하신 자료가 있으시면 보여주시면 고맙겠습니다.

▶ 김운기 님

좋은 일을 하시네요. 누군가는 그 일을 꼭 해야 하는데 여기까지 찾아와 주시어 대견하게 생각합니다.

저는 충청일보 사진부 기자로 36년 근무했어요. 아시다시피 옛날에는 우리 충청북도에 지방신문은 충청일보밖에 없었지요. 그때 그러니까 1972년 8월 19일 그날 충청북도에 비가 많이 왔다고 하여 제가 자전거를 타고 청주에서 오창에 갔어요. 오창에 왜 갔느냐 하면 비가 많이 오면 진천에서 내려오는 냇물로 둑이 다 무너져요. 가보니까 다 무너졌더라고요.

그래서 제가 본사에 가서 편집국장님에게 "이거 큰일 났습니다. 단양이나 제천은 연락도 안 되고 제가 오늘 오창에 가보니 둑도 다 무너지고 그쪽엔 수해가 더 큰 것 같으니까 특파원을 보냅시다. 그랬더니 본사에 있던 조철호 기자가 자원을 했고 박국평 기자도 나도 가겠다고 하여 우선 보냈어요. 그분들이 버스로 충주까지 가서 충주에서 다행히도 육군 헬기를 얻어 탈 수 있어서 그 친구들이 내 카메라 갖고 가서 사진 찍어 필름을 보내왔는데 현상을 해보니 그분들은 아마추어라 사진을 제대로 못 찍었잖아요. 그래서 상황은 있어서 그날 신문이 4페이지 인쇄할 때인데 그 사진으로 화보와 기사를 3개 페이지에 상세하게 실었어요.

그리고 영주에서 우회적으로 들리는 얘기로는 지금 단양은 모든 게 끊겨서 연락도 안 되고 사람들이 굶고 있다는 얘기도 들렸습니다. 8월 21일 아침에 육군 헬기 두 대가 수해 상황 파악을 위해 단양을 가게 되었죠. 헬기 한 대에는 태종학 도지사와 중앙지 풀기자(이름은 생각이 나지 않음)가 탔고 다른 헬기에는 서울에서 온 MBC 기자와 제가 타고 갔지요. 저는 제 카메라 가방에 라면을 세 봉지를 넣고 갔어요.

김문근

헬기로 단양을 가면서, 그리고 헬기에서 내려다본 단양 지방의 수해 상황은 이루 말할 수 없을 정도로 비참했을 것 같은데 어떠했는지요? 기억을 더듬어 보시길 부탁드립니다.

▶ **김운기 님**

8월 21일 아침 헬기가 단양으로 직행한 게 아니라 충주 달천부터 쭉 훑으면서 갔어요. 제천 청풍에서도 내리지 않고 강을 타고 쭉 올라가는데 공중에서 내려다보니 아주 엉망이더라고요. 사방 천지를 다 휩쓸어서 눈 뜨고 볼 수 없을 정도였습니다. 충주에서 단양으로 오는 미루나무 길도 찍었지요. 단양읍내에 들어가니까 아직 물이 덜 빠졌더라고요. 아직 물이 고여 있는 곳이 많았어요. 대충 한 바퀴 돌아보고 이재민 수용소인 단양여중 운동장에 내렸어요.

수용되어 있는 분들이 많더라고요. 모두가 갑자기 물이 차서 몸만 그냥 빠져나왔답니다. 러닝셔츠만 입고 있는 사람도 있고 별사람 다 있었어요. 사람들이 많이 모인 곳에 들어갔더니 사람들이 "당신 누구요?" 묻길래 "나는 충청일보 사진 기잡니다."라고 답변했죠. 사람들이 "왜 이제 왔느냐? 우리 다 죽게 됐는데 왜 이제 왔느냐?"라고 되묻더군요. 내가 "교통편도 안 되어 이래저래 왔는데 여러분 살리려고 왔으니까 저한테 너무 야단치시지 말고 제가 신문 만들어 왔어요. 기자가 둘이 왔어요."라고 말하면서 신문을 2부 갖고 간 것을 펴 보여주었어요. 어떤 나이 드신 분이 작은 글씨가 안 보이니 옆에 있는 젊은 분을 보고 읽으라고 하더라고요. 젊은 분이 1면부터 4면까지 전부 읽어 주었어요. 그랬더니 그분이 나를 끌어안고 고맙다고 하시더군요.

도지사가 단양군수로부터 브리핑을 받는 사이에 나는 나대로, 중앙기자는 그분대로 돌아다니며 2시간 정도 사진을 찍었죠. 이루 말할 수 없이 처참한 광경이었어요. 집집마다 벽이 다 헐고 지게가 꼭대기에 올라가 있고 장 단지도 지붕에 올라가 있었어요. 내 집이라고 생각하니 가슴이 메이더라고요.

그런 걸 찍어서 신문에 냈지요. 당시 우리 신문사 단양 주재 기자인 권영관 님이 있었는데 전화가 왔는데 갈아입을 옷이 없으니 팬티를 몇 개 가져와 달라고 하여 3개를 갖다주었죠. 그 친구도 갑자기 집에 물이 들어와서 그냥 몸만 빠져나왔다고 하더군요. 조철호 기자와 박국평 기자가 먼저 들어가 기사를 써서 보도되는 바람에 청와대에서도 알게 되었답니다.

그때는 마침 육인수 위원장이 공화당에서 끗발이 있었고 박 대통령도 관심 많으니까 바로 미군에 연락하여 헬기로 구호품을 수송토록 하고 취재용 헬기도 지원하게 된 것이죠.

🎙 **김문근**

헬기로 오시면서 한 바퀴 돌아본 후 단양읍내에 들어와 먼저 단양여중을 방문했다고 말씀하셨는데 혹시 시루섬을 둘러보시지는 않았는지요?

▶ **김운기 님**

당시 우리는 시루섬 상황을 전혀 몰랐어요. 나중에 알았지요. 그래서 단양에서 시루섬 가기 전, 그러니까 석회공장까지는 찍었어요. 우리 헬기는 그 위로는 안 올라가고 이재민 수용소인 단양여중 운동장에 내렸습니다. 제천 의림지도 터져서 더 돌아보자고 하니까 연료가 한계가 있어 더 이상은 안 된다고 하여 청풍으로 내려가다가 헬기 사고를 당했지요.

🎙 **김문근**

아 그러셨군요. 안타깝습니다. 헬기 사고 얘기는 조금 후 나누기로 하고 그럼 구호품이 언제쯤 도착했는지요? 헬기로 공수하는 장면을 직접 찍었는가요?

▶ **김운기 님**

우리 헬기가 떠난 뒤 구호품이 도착했기 때문에 제가 직접 찍은 것은 아니고 단양 주재 기자가 찍었어요. 우리는 청주에서 출발하기 전 충청북도에서 간단한 브리핑을 받고 갔어요. 그래서 우리 충청일보 신문을 청와대에서 읽어 보고 박정희 대통령이 긴급 명령했다는 사실과 21일 14:30 미군 치누크 헬기 3대가 구호품을 싣고 가게 돼 있다는 걸 알고 왔지요.

우리가 탑승한 헬기는 오후 1시 무렵 단양을 떠났고 구호품을 실은 헬기는 오후 3시 무렵 단양에 도착할 예정이기 때문에 제가 헬기에서 구호품을 내리는 장면을 찍지는 못했어요. 우리 신문사 주재 기자가 찍었지요. 나중에 사진을 보니 헬기에서 엄청 많은 포대에 구호품을 내려주더라고요. 네 사람이 함께 들고 내리더군요.

저는 단양 수재민 수용소 주민들에게 "저도 아침 식사도 제대로 못 했지만, 여러분들 이틀을 굶으셨다니 얼마나 고통스럽습니까? (라면 3봉지를 꺼내 놓고) 제가 갖고 있는 것은 이것밖에 없으니까 급한 분들은 이거라도 드세요."라고 말하니 모두 박수를 치더라고요. "대통령이 지시해서 오늘 오후 3시쯤이면 헬기가 구호품을 싣고 올 테니 여러분들 조금만 더 기다리세요." 말하고 나왔지요.

11시에 단양 도착해서 13시에 헬기가 떠나므로 두 시간밖에 시간이 없으니 나는 사진 찍기 위해 이리저리 마구 뛰어다녔어요. 전부 사진 찍을 거리였으니까요. 도지사가 청풍도 가보자고 하여 오후 1시쯤 헬기가 단양을 이륙하여 청풍 쪽으로 향했어요. 조금 내려오다 보니 구호품을 싣고 단양으로 향하는 헬기를 볼 수 있었습니다.

헬기가 청풍 북진나루 조금 아래 지점에 내리려고 하는데 헬기장이 하나밖에 없었어요. 그곳에 도지사 헬기는 내리고 우리가 탄 헬기는 주변에 다른 곳에 내리려고 헬기장을 찾다가 고압선에 걸리고 말았어요. 헬기가 공중에서 다섯 바퀴나 빙빙 도는데 "이거 큰일 났구나."라는 생각에 정신이 없더라고요. 결국, 땅으로 내리꽂더군요. 다행히 버드나무가 있는 모래밭에 떨어졌어요. 추락 직전 버드나무를 스치면서 충격이 많이 완화되었지만, 땅에 추락하면서 퍽 소리가 나더라고요. 헬기가 세 동강이 났어요. 다른 두 사람은 비상 탈출하여 벌써 나가더라고요.

그 넓은 자갈밭에 떨어졌다면 폭발하여 다 죽었을 텐데 그래도 벨트를 매고 있어 다행히 튕겨 나가지 않고 허리만 다쳤던 겁니다. 벨트를 풀려고 하는데 밖에서 헬기가 폭발할 수 있으니 빨리 나오라고 소리치더군요. 벨트를 풀고 나오니까 허리가 아파서 도저히 일어서지를 못하겠더군요. 엉금엉금 기어 나오니 이미 탈출한 두 사람도 몸에 여기저기 피가 많이 나더라고요. MBC 기자는 무릎과 발꿈치에서 피가 많이 나고 있었어요. 저는 밖에 나와서 뜨거운 자갈밭에 30분 정도 누워있었어요. 간신히 정신을 차리고 부상당한 몸으로 다시 사진을 많이 찍었지요.

헬기 사고가 났다는 것을 알고 2km쯤 다른 곳에 먼저 내렸던 태종학 도지사를 비롯해 많은 주민들이 몰려와 웅성거리더군요. 제가 도지사에게 "제가 허리는 다쳤지만 죽지는 않았습니다. 저는 이 필름 갖고 가서 우선 신문을 만들 테니까 부상이 심한 MBC 기자나 데리고 가세요."라고 말했어요. 그리고 주위 사람들에게 말했어요. "여러분! 내가 단양에서부터 수해 사진을 전부 찍었는데 이걸 갖고 가서 신문을 만들어야 여러분을 살릴 수 있습니다. 그러니 빨리 저를 청주로 데려갈 수 있는 방법을 구해 주십시오. 제가 지금 걷지도 못하니 어떻게 하면 좋겠습니까?"라고 말이죠.

조금 있으니 주민들이 리어카 한 대를 구해 오시더군요. 그걸 타고 청풍나루에 갔는데 물살도 세고 물이 많아 배를 띄울 수가 없었습니다. 주민들이 다시 상의하더니 배 두 대에 로프를 매어 두 뱃사공이 배를 막 당기고 나는 배를 붙잡고 하여 강을 건넜어요. 강 건너에는 미리 연락을 받고 복구 작업 나온 트럭이 한 대 서 있더라고요. 그 트럭을 타고 제천 수해 대책본부에 들어갔더니 밤 11시예요. 그날 아침도 점심도 못 먹었을뿐더러 몸도 다쳤으니 아주 죽을 지경이었는데 설렁탕을 주시더라고요. 설렁탕 두 그릇을 먹고 제공해 준 지프차를 내어 청주에 왔더니 새벽 5시쯤 되었어요.

그런데 우리 집이 의료원 부근에 살았는데 난리가 났어요. 제가 헬기 사고로 죽은 줄 알고 온 식구들이 울고 있더라고요. 아들도 못 낳고 딸만 둘 낳았으니… 집사람도 울고 어머니도 울고 애들도 울고… 집에 와서 옷만 갈아입고 바로 출근했어요.

그래서 회사에 가서 필름을 현상하고 보니 참으로 기가 막힌 거예요. 내가 찍었던 그 사진들이 엄청 많은데 그런데 신문에 들어가는 사진은 20여 장밖에 못 쓰잖아요? 화보를 만들어도. 그래서 부사장님 결재를 받을 겨를도 없이 재료상에 가서 큰 인화지를 100장을 사다가 사진을 만들었어요. 신문 쓸 것 먼저 만들어서 편집국에 넘기고 그 사진들을 가지고 부사장님에게 갔어요. 부사장님을 찾아가 "이거 단양 큰일 났습니다. 보도 사진전을 열어야 합니다."라고 말했죠. 부사장님이 "응! 해봅시다."라고 하길래 우리 기자들이 부랴부랴 서둘러서 문화원에서 전시했죠. 기자들도 함께 벽에 종이를 붙이고 사진 설명을 쓰고 요란하게 서둘러 준비했지요.

그 자리에 수해 의연금 모금함을 하나 갖다 놨죠. 그랬더니 유치원생부터 노인들까지 모두 줄을 섰어요. 8월 23일부터 5~6일간 모금했는데 아마 수천 명이 다녀갔을 거예요. 보는 사람들마다 아이고! 아이고! 하면서 모금함에 의연금이 가득 찼어요. 지나고 생각해보니 이게 신문기자로서 보람이었죠. '할 일을 했구나!' 하는 생각이 들더군요. 이 사진전을 통해 방송에도 나가고 많은 사람들에게 알려지고 관심 갖게 된 것이죠.

은행원들과 함께 의연금을 세었더니 동전이 몇 바가지가 나왔고 당시 돈으로 8만 5천 원 정도 모금되었어요. 지금으로 환산하면 아마 2억 원도 넘을 겁니다. 전시회에서 모금한 이 금액은 그때 우리 신문사에서 모금한 수해 의연금 총액의 1/3에 이르는 금액이었습니다. 대단한 금액이죠. 그래서 내가 충청북도 대책본부에 찾아가 우리가 언론사에서 모금한 걸 다 모아서 나중에 한꺼번에 지원해 주는 것보다는 단양, 제천, 충주가 급하니 먼저 그곳부터 당장 나눠 주자고 했지요. 그래서 수해가 제일 심한 단양에 성금의 반을 지원해 드렸고 나머지 반을 제천과 충주에 나눠 드렸습니다.

그런데 며칠 지나서 회사에서 나에게 차를 내어주면서 육군 공병 단장(대령)의 영결식이 열리는 충남 논산에 다녀오라고 하더군요. 사연을 알아보니 그분이 왜 죽었느냐 하면 내가 추락한 지 이틀 후인 8월 23일 그분도 수해 시찰하다가 청풍에서 헬기 고장으로 떨어져 죽었다는 겁니다. 제가 헬기 추락한 곳에서 불과 2km 떨어진, 아마 지금 청풍문화재단지 조금 아래 지점에서 사고를 당한 것이죠.

저는 "저도 거기서 죽을 뻔했는데 가기 싫다."라고 했지만 "그 사정 자네밖에 모른다. 아는 사람은 자네밖에 없다."라면서 가라고 하여 아픈 허리를 참고 갔지요. 영결식에 갔더니 부인과 아들딸들이 하얀 소복을 입고 있는데 딱 보니까 가슴이 철렁하더군요. 내가 이틀 전에 죽었다면⋯ 하는 생각이 들더군요. 그래서 사진 몇 장 찍고 돌아와 신문에 냈습니다.

몸은 아프지만 이렇게 바쁜 나날이라 병원에 가지 못하다가 3일이 지난 후 가까운 한 의원에 가서 침을 맞았어요. 그렇게 하면서 버텼죠.

🎤 김문근

당시 기자로서의 사명감과 헌신에 대해 감동했고 존경심이 듭니다. 그러한 희생과 열정이 있었기에 단양지역의 수해 사실이 전국에 알려지게 되었군요. 감사드립니다.

그런데 어르신께서 소장하고 계신 귀중한 사진이 많으신 걸로 알고 있습니다. 그때 단양지역의 수해와 관련한 사진을 보여주실 수 있는지요?

▶ 김운기 님

우리 충청일보사가 청주우체국 옆에 있다가 1976년도에 사창동에 건물을 신축해서 이사했는데 내가 짐이 많아 필름을 미리 이만큼 쌓아 놨어요. 그런데 건물을 잘못 지어 공사 중이라 문을 만들지 않은 상태라 비가 들이쳐 필름이 물에 다 젖어버린 거예요. 그래서 거의 못 쓰게 되어 당시 수해 사진 찍은 필름이 거의 없어져 버렸습니다.

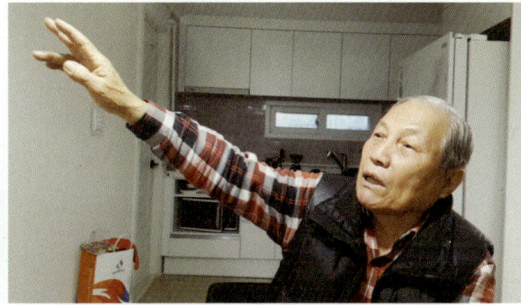

당시 수해상황을 설명하고 있는 김운기 님

내가 아주 급한 것만 내놓고 바로 잘라서 깡통에 넣었는데 그 게 살아서 몇 장을 건지게 되었죠. 그 사진들이 (사진 몇 장을 내보이며) 바로 이 사진들입니다. 그간 이러한 사진들을 단양군청 김종섭 사진 기사님과 공유해 왔고 얼마 전 청주 KBS에도 보여주었죠.

사진①

사진②

(사진 ①을 보여 주며) 이건 제가 떨어진 헬기입니다. 엔진이 앞으로 빠져나가고 여기가 부러지고 뒷부분이 부러지고 세 군데가 부러졌어요.

(사진 ②를 보여 주며) 이 사진은 강물을 건너가는 사진입니다.

(사진 ③을 보여 주며) 이것은 제천 청풍에서 찍은 건데 전봇대에 타이어가 걸려 있는, 나중에 아주 유명하게 된 사진입니다.

(사진 ④를 보여 주며) 이건 도담삼봉인데 정자가 물에 떠내려간 후 물이 빠지는 상황입니다.

(사진 ⑤를 보여 주며) 이 사진은 수재민 임시 수용소입니다. 단양이 아니라 제천이지요.

사진⑥

(사진 ⑥을 보여 주며) 이 사진은 국도 상진대교가 절반 이상 파괴된 사진이지요. 사진 조금 위쪽이 상진 군부대이고요.

1972년 단양지역의 수해와 관련한, 제가 갖고 있는 사진은 이게 전부입니다. 제가 갖고 있는 건 전부 드릴 테니 책이나 잘 만들어 주시고 책이 나오면 저에게도 한 권 주시길 부탁합니다.

이거 외의 사진이 필요하다면 제가 알아보는데 옛 단양에서 이사 가는 사진과 구단양 소금무지 산에 올라가 단양을 찍은 전경 사진 그거밖에 없어요. 아깝지요. 1986년경 청풍문화재단지 조성할 때 전경 사진도 있는데 그건 저만 갖고 있는 사진입니다.

🎤 김문근

진귀한 사진 원본을 제게 주시고 오래된 기억을 잘 더듬어 주셔서 감사합니다. 이러한 자료를 바탕으로 선생님의 기대에 어긋나지 않도록 책을 잘 만들어보겠습니다. 늘 지금처럼 건강하시고 다복하시기를 빌겠습니다.

증언자 20

윤수경 님

윤수경
1949년생(증도리 마을자랑비 제막식 당시 44세)

- 증도리 마을자랑비 제작 시 단양읍 담당 계장
- 이창수 님의 건의에 따라 자랑비 설치에 앞장 섬
- 1995년 「단양의 고을고을 그 역사 따라 향기 따라」 제2집을 저술하며, '신단양 건설해 준 증도리'에서 시루섬의 이야기 소개

🎙 **김문근**

시루섬의 그날을 기록하기 위하여 많은 분을 인터뷰하는 중인데 단양읍에서 새마을 계장으로 재직하실 때 마을자랑비를 건립했다는 이야기를 전해 듣고 이렇게 찾아뵙게 되었습니다. 간략한 소개를 부탁드립니다.

▶ **윤수경**

마을자랑비에 대해서 이렇게 인터뷰를 진행할 날이 오게 될 줄은 꿈에도 몰랐네요. 지금이라도 이렇게 이야기를 할 수 있게 되어 기쁩니다. 먼저 저는 1991년 12월 24일 단성면 창설 요원으로 발령받았습니다. 1992년 1월 1일 공식적인 단성면이 발족되어 재무계장과 총무계장직을 맡아서 신설된 면의 미화 작업과 체납된 세금 징수에 매진했습니다. 그렇게 단성면에서 근무하다가 1993년 단양읍 새마을 계장으로 자리를 옮겼지요. 마을자랑비는 그때 만들어졌어요.

🎙 **김문근**

그러면 마을자랑비는 단양읍에서 주도해서 만들어진 것인가요?

▶ **윤수경**

아닙니다. 마을자랑비는 관에서 주도해서 만든 게 아니에요. 당시 마을 주민이었던 이창수 님의 열정이 있어서 가능했죠. 이야기가 길지만 하나씩 차분히 설명할게요. 단양읍에서 새마을 계장으로 일하던 어느 날 이창수 님에게 전화가 왔어요. 한 번도 아니고 두세 번 전화해서 식당에서 만나자고 제의하셨었죠. 그래서 저는 근무할 때는 자리에 있으니 편하신 시간에 읍사무소에 방문해 달라고 말씀드렸어요.

그리고 며칠 뒤 이창수 님이 읍사무소에 찾아오셨어요. 당시 이창수 님은 단양군새마을지도자 협의회장님도 역임하셨고, 단양군의회 초대 의원으로 출마하실 만큼 경륜과 덕망이 있는 유지셨는데 저에게 찾아와서 아주 황당한 제안을 하는 게 아니겠습니까?

🎙 **김문근**

황당한 제안이라면 어떤 이유에서 황당하다고 말씀하시는지요?

▶ **윤수경**

글쎄, 충주댐으로 인해 수몰되어 한 사람도 살지 않고, 마을 대표자인 이장도 없고, 지을 수 있는 땅도 없는데 마을자랑비를 건립하려고 하니 보조금을 지원해 달라고 하는 게 아니겠어요? 이 얼마나 황당합니까. 그래서 제가 "도대체 어디에 마을자랑비를 세울 겁니까?" 하고 의심스럽게 반문했더니, 이창수 님은 "5번 국도 옆 단성면 방향으로 조성된 공원이 증도리 지번이니까 장소는 충분하다."라고 했죠.

그래도 문제가 다 해결된 것이 아니었어요. 단지 장소만 확보된 것이었죠. 그래서 "주민도 모두 이주하고 한 사람도 안 살고 있는데 도대체 무슨 내용을 어떻게 쓰실 거냐?"라고 물었더니, 1972년 8월 19일 수해 때 마을 사람들과 잠업 연수원생을 포함해서 237명의 목숨을 살린 물탱크 이야기와 생후 돌도 지나지 아니한 아기의 죽음과 어머니의 깊은 사랑을 쓴다고 했습니다. 당시 그 내용을 몰랐던 저는 처음 듣고서 아주 큰 감명을 받았습니다. 그래서 어떻게 하면 마을자랑비를 건립할 수 있을까에 대한 고민을 했죠.

🎙 김문근

하지만 시루섬에 거주하는 분이 없었다면, 사업을 추진하는 데에 어려움이 많았을 것 같은데요. 원활하게 사업이 진행되었는가요?

▶ 윤수경

물론 어려움이 있었지요. 지금이나 30여 년 전이나 보조금은 마음대로 줄 수 있는 게 아니었습니다. 그래서 제가 이창수 님께 다시 역으로 제안했어요. "지금 증도리뿐만 아니고 단양읍 전체 21개 마을의 이장님들도 서로 자기 마을에 마을자랑비를 건립하려고 하니 단양읍 이장 회의가 개최될 때 직접 오셔서 마을자랑비 건립에 대한 내용을 말하는 게 어떠하시냐?"라고 한 것이죠.

그랬더니 이창수 님께서도 동의하셔서 이장 회의 때 말씀을 시작하셨어요. 수해 때 물탱크에서의 사연, 장한 어머니가 아기를 잃은 애달픈 사연, 마을 주민들을 살리기 위한 희생정신을 웅변조로 이야기했습니다. 이창수 님의 말이 끝나자 숙연한 분위기 속에 있던 사람들은 하나둘 "이건 마을의 자랑이 아니라 단양의 자랑이니 증도리 마을자랑비를 건립하자."라고 해서 전원이 증도리 마을자랑비 건립에 찬성했습니다.

하지만 이장 전원이 찬성한다고 모든 문제가 해결된 것은 아니었어요. 보조금을 대체 누구에게 교부하느냐가 큰 문제였거든요. 행정 절차상 이창수 님이 사는 곳은 상진리라서 증도리에 보조금을 주는 조건과 목적에는 전혀 부합하지 않았던 것이죠. 저는 일단 새마을계 직원에게 빨리 서류를 작성하라고 지시했지만 2일이 지나도록 서류를 작성하지 않았습니다. 어쩔 수 없이 제가 직접 보조금 교부 신청서와 사업계획서를 작성해서 총무계로 갔더니 역시 총무계 직원도 보조금 교부를 거부했습니다.

그래서 이유가 무엇이냐고 물었더니 이 건은 행정 사무감사에 반드시 걸리므로 본인은 못 한다는 것이었죠. 행정 절차상 부당한 것을 저도 잘 알면서 담당 직원에게 부당하게 책임을 전가할 수는 없었습니다. 그래서 총무계장과 협의하는 과정에서 "행정 사무 감사 때 누가 책임질 거냐?"라고 하기에 "모든 책임은 내가 진다."라고 해서 두 계의 담당 직원이 거부하는 절름발이 행정으로 마을자랑비를 건립하게 되었습니다.

🎙 김문근

지금은 이렇게 편안히 말씀하시지만, 당시 담당 계장으로서 우여곡절이 상당히 많으셨을 것으로 생각됩니다. 혹시 그 외에도 제작과정에서 애로사항이 있으셨나요?

▶ 윤수경

그럼요. 결재하는 과정에도 애로사항이 많았습니다. 당시 단양읍장님은 박병래 읍장님이었는데 최종 결재를 하시면서 고민하시기에 모든 책임은 제가 질 테니까 결재해 달라고 말씀드리니, 결재해 주시면서 "어렵게 성사되는 만큼 윤 계장이 모든 책임을 지고 마을자랑비 비문도 잘 써서 후대에 부끄러움이 없는 마을자랑비가 되도록 하라."라고 말씀하셨었죠.

그렇게 마을자랑비 건립에 대한 지원이 확정되었어요. 그리고 시간 날 때마다 가보았더니 보조금 50만 원보다 많은 150만 원의 사업비를 투자해서 마을자랑비를 완성시켜 1993년 7월 31일 5번 국도 옆에서 증도리가 내려다보이는 장소에서 제막식을 거행할 수 있었어요. 비문은 주민들을 만나고 옛 문헌을 토대로 작성했습니다.

🎙 김문근

시루섬 사람들을 위해 참으로 노력을 많이 해주셨네요. 지금에 와서지만 저도 감사의 인사를 표합니다. 마을자랑비가 세워진 위치는 어디쯤이었나요? 당시 담당 계장으로서 제막식에도 참석하셨을 것 같은데 제막식에 대한 기억도 있으신가요?

▶ 윤수경

마을자랑비가 처음 세워진 곳은 단양역에서 대강 쪽으로 가는 국도 5호선의 남한강 쪽 언덕에 세워졌어요. 지금은 도로 확장공사가 끝나서 그 모습을 찾아보긴 어렵지만, 예전에는 야트막한 언덕이 있어서 시루섬이 잘 내려다보이는 곳이었어요. 지금 위치로 보자면 국도 5호선에서 시루섬을 잇는 공사가 진행되는 곳 부근이죠.

그곳이 옛날에는 크게 3단으로 나누어져 있었어요. 도로가 1단, 승용차는 네 대 정도 버스는 두 대 정도 주차할 수 있는 공간이 2단, 그리고 마을자랑비가 세워진 곳이 3단이라고 볼 수 있죠. 그곳의 지번이 증도리로 되어 있어서 마을자랑비를 건립했던 것이죠.

물론 제막식 당시에도 제가 참석했죠. 제가 제막식 때 놀란 것은 실향민들과 친척들

300여 명이 모였다는 것이었습니다. 주민들은 마을자랑비를 만져 보면서 자기 이름을 확인하는 사람도 있었고, 고향에서 만난 기쁨에 서로 인사를 나누는 사람도 있었어요. 오랜만에 만나신 분들을 보니 '마을자랑비를 건립하길 잘했다.'라는 생각이 들었어요.

제막식 마지막 순서는 "고향의 봄" 노래를 함께 제창하는 것이었어요. 첫 소절인 "나에 살던 고향은 꽃 피는 산골 그 속에서 놀던 때가 그립습니다."까지는 목소리가 우렁찼으나 차츰 노랫소리는 작아지고 울음소리가 커졌어요. 그러다가 옛날이 생각났는지 서로 부둥켜안고 우는 사람으로 마을자랑비 제막식장은 온통 울음바다가 돼버렸어요. 예기치 않게 말입니다. 정말 감동이었죠.

박병래 읍장님이 "새마을 계장이 마을자랑비 제막식 하러 온 사람들을 다 울려 놓았다."라고 칭찬 반 농담 반으로 얘기하니까 어디선가 함성과 박수가 시작되더니 이내 모두가 손뼉을 치며 제막식을 성대하고 알차게 마무리 지을 수 있었습니다.

행사가 끝난 뒤 "읍장님 모든 책임 제가 졌습니다!"라고 하니까 "자네가 잘 해낼 줄 알았어! 수고했어!"라고 칭찬해 주시더군요. 마을자랑비의 위치가 휴게소 그늘에 있어서 관광객들과 오고 사람 가는 사람들이 모두 볼 수 있고 편히 쉴 수 있게 조성되어 좋다고도 칭찬해 주셨죠.

🎙 김문근

아! 감동과 전율이 전해오네요. 멋진 일을 해내셨군요. 존경의 말씀을 드립니다. 20여 년 만에 고향을 잃은 이웃이 만날 수 있도록 자리를 마련해 주신 윤수경 님께 감사의 말씀을 건네신 분들이 많았을 듯합니다. 그 후에 마을자랑비가 어떻게 되었는지 혹시 아시나요?

▶ 윤수경

그 후 시간이 흘러 국도 5호선 확장공사가 2009~2017까지 9년간 진행되었지요. 그때 폭우로 인한 산사태가 발생해서 중앙선 철도와 5번 국도가 막히는 사고가 일어났었습니다. 그때 저는 '어렵게 건립한 증도리 마을자랑비를 어떻게 하나'라고 걱정만 했는데 어느 날 도로변 공원과 마을자랑비가 사라진 것을 알았죠. 증도리 마을 주민들이 공사 감독관에게 "마을자랑비를 찾아내라."라고 했더니 처음에는 공사 현장 자재 창고에 있다는 대답을 들었습니다.

도로공사 특성상 어느 정도 구간 공사가 마무리되면 인력 감축과 공사의 편익을 위해서 창고를 옮기게 되어 있습니다. 다시 증도리 출신 주민들이 공사 감독관을 추궁하자 현천리 국도변에 방치된 것을 알고 마음이 많이 아팠습니다.

🎙 **김문근**

　마을자랑비가 이렇게 사연이 많은 물건인 줄 오늘에서야 비로소 자세히 알게 되었습니다. 이렇게 시루섬 스토리는 감동을 더해가는, 완성도를 높여가는 것 같습니다. 제가 그 자리에 있었던 것처럼 영상이 그려집니다. 짠한 마음이 진하게 와닿네요. 이렇게 좋은 얘기를 들려주시기 위해 귀중한 시간을 내주시어 대단히 감사합니다.

김문근 다큐멘터리

시루섬, 그날

인 쇄 일	2023년 11월 10일
발 행 일	2023년 11월 17일
지 은 이	김문근
펴 낸 곳	일광(주)
	충북 청주시 상당구 상당로 204번길 12
	T.043-221-2948
출판등록	2002-1001-118호
교정·교열	이은경 / 김은일
삽 화	신소은
디 자 인	강경아

저작권자ⓒ 김문근, 2023
이 책은 저작권법에 의해 보호를 받는 저작물이므로
저자와 출판사의 허락 없이 인용하거나 발췌하는 것을 금합니다.

값 30,000원
ISBN 978-89-6771-261-7